中国农业科学院2008年工作会议

2008年1月14日，以“深入贯彻落实党的十七大精神，加强农业科技自主创新，强化服务‘三农’工作”为主题的中国农业科学院2008年工作会议在北京召开。

2008年12月29日，中国农业科学院在京举办纪念改革开放30年中国农业科技论坛。来自全国农业科研与教学单位的领导、专家代表共聚一堂，畅谈改革开放30年来我国农业农村发生的翻天覆地的巨大变化，共叙农业科技事业取得的辉煌成就，交流科技体制改革的经验体会。

2008年11月9日，中国农业科学院首任院长丁颖教授诞辰120周年纪念大会在华南农业大学隆重举行，我院党组书记薛亮出席大会并致辞。

2008年10月13日，中国农业科学院召开深入学习实践科学发展观活动动员大会，对全院开展深入学习实践科学发展观活动进行全面动员和部署。

2008年11月14日，农业部党组书记、部长，部深入学习实践科学发展观活动领导小组组长孙政才来中国农业科学院考察指导工作。孙部长一行先后到蔬菜花卉研究所、农业质量标准与检测技术研究所考察，听取了翟虎渠院长的工作汇报，与有关专家围绕学习实践科学发展观和贯彻落实党的十七届三中全会精神开展座谈。

中国农业科学院深入学习实践科学发展观活动报告会

深入学习实践科学发展观活动期间，中国农业科学院先后举办了4次系列报告会。图为2008年10月31日，雷茂良副院长以“以科学发展观为指导，为我院科技创新提供坚实的保障”为主题，结合我院基本建设和财务工作作辅导报告。

2008年10月下旬起，中国农业科学院领导分别深入研究所、科研一线，通过现场走访、听取汇报、参与座谈等方式，了解影响我院科学发展的突出问题，帮助各单位解决发展中的问题。

上图为2008年12月17日，翟虎渠院长、雷茂良副院长到马连洼三所进行基本建设专题调研。

下图为2008年10月28日，薛亮书记在郑州果树所调研。

2008年12月3日，为加强各单位的交流与学习，我院召开了解放思想大讨论集中交流会。

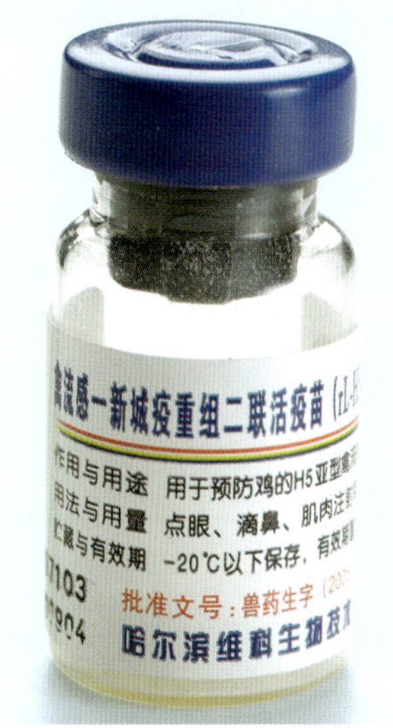

由中国农业科学院哈尔滨兽医研究所主持的"禽流感、新城疫重组二联活疫苗"荣获2007年度国家技术发明奖二等奖。

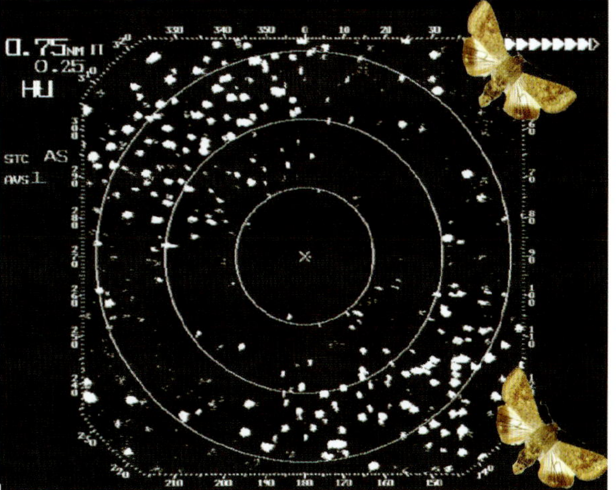

由中国农业科学院植物保护研究所主持的"棉铃虫区域性迁飞规律和监测预警技术的研究与应用"荣获2007年度国家科学技术进步奖二等奖。图为雷达观测棉铃虫迁飞。

由中国农业科学院兰州畜牧与兽药研究所主持的"大通牦牛新品种及培育技术"荣获2007年度国家科学技术进步奖二等奖。

由中国农业科学院油料研究所主持的“油料低温制油及蛋白深加工技术的研究与应用”荣获2007年度国家科学技术进步奖二等奖。图为低温制油技术生产出的部分产品。

2008年1月20日，由547名两院院士投票评选的2007年中国十大科技进展揭晓。我国著名大豆育种家、中国农业科学院原院长王连铮研究员主持育成的高产高油大豆新品种“中黄35”入选。“中黄35”在新疆农垦科学院作物所试验地上，实收1.2亩，亩产达371.8公斤，这是21世纪我国大豆的最高产纪录。

2008年9月19日，《SCIENCE》杂志以封面文章发表了中国农业科学院植保所研究员吴孔明研究团队的研究成果。该成果阐明了转基因抗虫作物对靶标害虫种群演化的调控机理和棉铃虫的区域性可持续控制理论。

2008年4月22日，中国工程院院士、中国农业科学院茶叶所研究员陈宗懋获得中华农业英才奖。

海外高层次人才创新创业基地

中央人才工作协调小组
二〇〇八年十二月

2008年12月28日，中国农业科学院在由中央人才工作协调小组主持召开的“引进海外高层次人才工作会议”上，被授予第一批“海外高层次人才创新创业基地”。

2008年9月5日，中国管理科学研究院《中国大学评价》课题组公布了最新完成的《2008中国大学研究生院评价》，中国农业科学院研究生院连续第七年以农学第一名荣列中国一流研究生院。图为2008届博士毕业生合影。

2008年9月17日，在第十届中国科协年会上，中国农业科学院与河南省人民政府签订了《科技合作协议》。双方商定共同开展科技决策和咨询活动，开展农业科技协作攻关研究，加强农业科技产业对接，加强农业科技人才培训合作等。图为翟虎渠院长与河南省代省长郭庚茂代表双方在协议上签字。

2008年5月，四川汶川发生特大地震。中国农业科学院及时选派专家组赶赴灾区，深入一线实地考察了解受灾情况，制定农业生产恢复和重建方案，并为恢复生产提供技术指导、支持和服务。

2008年12月3日，“中国农业科学院—廊坊市广阳区农技人员和农村实用人才培训班”开班。这是中国农业科学院在全国开展“百县农技人员和农村实用人才培训活动”的首个培训班。

2008年3月26日，中国农业科学院与辽宁省人民政府共同举办“第十二届中国（锦州）北方农业新品种新技术博览会”。

2008年，中国农业科学院与有关国家新签署合作协议或谅解备忘录达14份。图为2008年10月15日，中国国家主席胡锦涛出席签字仪式，翟虎渠院长与巴基斯坦外交部长签署《中国农业科学院与巴基斯坦农业研究理事会农业科技合作谅解备忘录》。

2008年，中国农业科学院共派出12个重要团组赴国外考察访问。图为翟虎渠院长在澳大利亚昆士兰大学农业与食品学院观看牧草抗旱资源圃。

2008年，中国农业科学院接待国外重要来访53批（次）。图为2008年12月3日，刘旭副院长接待比尔·盖茨基金会新任首席执行官Jeff Raikes博士。

2008年，中国农业科学院与有关国际组织联合成立了3个联合研究中心和联合实验室。图为2008年9月22日与国际应用生物科学研究中心成立“农业部－国际应用生物中心生物安全联合实验室”。

2008 年，中国农业科学院共举办重要国际会议 12 个。图为 2008 年 4 月 3～6 日在北京召开的第三届国际马铃薯晚疫病大会。

2008 年 12 月 26 日，中国农业科学院召开“第十三届全国农科院系统外事协作网会议暨中国农业科技国际交流协会第四届代表大会”。会议选举翟虎渠院长为交流协会第四届理事会理事长。

2008年3月29日，"'中国农业科学院农业传媒与传播研究中心'揭牌仪式暨首届全国农业传媒与传播学术研讨会"在北京举行。

2008年7月18日，亚洲最大的动物疫苗产业化基地——兽用生物制品高技术产业化示范基地、国家禽流感疫苗抗原储备库、国家实验禽类种子中心在中国农业科学院哈尔滨兽医研究所新所区落成。

2008年9月12日，“中国农业科学院农业知识产权研究中心”在京揭牌。

2008年8月15日，“国家茶产业工程技术研究中心”在中国农业科学院茶叶研究所挂牌。

2008年1月4日，中国农业科学院被授予全国“爱国拥军模范单位”称号。

2008年6月26日，中国农业科学院隆重召开纪念建党87周年暨“两优一先”、“十佳青年”表彰大会。

2008年4月24～25日，中国农业科学院在山东青岛召开“党的建设和思想政治工作研究会理事会会议暨创新文化建设工作会议”。

2008年12月12日，中国农业科学院与解放军艺术学院联合举办了赴海淀区苏家坨镇科技文化双下乡助民暨捐资助学活动。

2008年9月7～8日，“中国农业科研院所党的建设和思想政治工作研究会第三届理事会第二次会议”在甘肃省兰州市召开。

中国农业科学院年鉴

2008

中国农业科学院办公室　编

中国农业科学技术出版社

图书在版编目（CIP）数据

中国农业科学院年鉴 . 2008/中国农业科学院办公室编 . —北京：中国农业科学技术出版社，2009. 8

ISBN 978 - 7 - 5116 - 0006 - 6

Ⅰ. 中… Ⅱ. 中… Ⅲ. 中国农业科学院 - 2008 - 年鉴 Ⅳ. S - 242

中国版本图书馆 CIP 数据核字（2009）第 152822 号

责任编辑 鱼汲胜
责任校对 贾晓红

出 版 者 中国农业科学技术出版社
北京市中关村南大街 12 号 邮编：100081
电 话 (010)82106629(编辑室)(010)82109704(发行部)
(010)82109703(读者服务部)
传 真 (010)62121228
网 址 http://www.castp.cn
经 销 者 新华书店北京发行所
印 刷 者 北京东方宝隆印刷有限公司
开 本 787 mm×1 092 mm 1/16 插页 16
印 张 53.75
字 数 1 160 千字
版 次 2009 年 8 月第 1 版 2009 年 8 月第 1 次印刷
定 价 196.00 元

《中国农业科学院年鉴 2008》

编辑委员会

目　录

一、总　类

二、科研与推广

三、产业发展与企业管理

四、国际合作与交流

五、人事管理与人才建设

六、计划财务管理与条件建设

七、研究生教育与管理

八、综合政务管理

九、党建、反腐败与精神文明建设

十、深入学习实践科学发展观活动

十一、中国农业科学院首批优秀科技创新团队简介

十二、大事记

十三、附　录

一、总　　类

深入贯彻落实十七大精神
加强农业科技自主创新　强化服务“三农”工作

——中国农业科学院2008年工作会议报告

中国农业科学院院长　翟虎渠

（2008年1月14日）

同志们：

今天召开中国农业科学院2008年工作会议。这次会议的主要任务是，全面、深入贯彻落实党的十七大及中央农村工作会议、全国农业工作会议精神，总结2007年工作，部署2008年任务。会议的主题是：深入贯彻落实十七大精神，加强农业科技自主创新，强化服务“三农”工作。下面，我代表院党组作工作报告。

一、2007年工作回顾

2007年10月，中国共产党召开了第十七次全国代表大会，胡锦涛总书记作了题为“高举中国特色社会主义伟大旗帜　为夺取全面建设小康社会新胜利而奋斗”的报告。十七大准确把握时代特征，高举中国特色社会主义伟大旗帜，坚持改革开放，推动科学发展，促进社会和谐，对全面建设小康社会提出了新的要求，明确了我们党和国家到2020年的奋斗目标。党的十七大，如巍巍丰碑，辉映过去，昭示未来。在全院广大科技人员和全体干部职工，豪情满怀，喜迎十七大胜利召开的同时，迎来了建院50周年。一年来，我院认真落实党中央、国务院和农业部、科技部、发改委、财政部等有关部门的决策部署，紧紧围绕科技服务“三农”这个宗旨，自觉从战略和全局高度谋划现代农业发展科技支撑工作，坚持不懈加强自主创新这个根本，继续强化“三个中心、一个基地”建设，圆满完成各项工作任务。

1. 迎接十七大召开，学习贯彻十七大精神

2007年，院党组把学习贯彻十七大精神，作为我院首要的政治任务，认真部署，狠抓落实，通过组织推荐选举十七大代表，开展“迎接党的十七大胜利召开保持共产党员先进性”主题党日活动，组织收看收听十七大盛况，在全院上下掀起了学习贯彻十七大精神的高潮。

十七大胜利闭幕后，院党组及时组织学心，把深入贯彻落实科学发展观确立为指导我院各项事业发展的指导思想，并及时组织召开干部大会，传达学习党的十七大精神，组织学习孙政才部长关于学习十七大精神的重要讲话，向院属各单位和院机关各部门下发《关于学习贯彻十七大精神的通知》，并邀请中共中央党校教授连续作《十七大基本精神》和《和谐社会与法治建设》辅导报告，为全院干部职工购买和下发了7 000余册十七大报告、新党章及有关辅导材料。学习十七大精神，深入贯彻落实科学发展观的各项活动全面展开。

2. 精心筹备，组织召开院庆系列活动

2007年是我院建院50周年。为了回顾50年来的光辉历程，总结农业科技发展的经验，凝聚全院科技人员和干部职工再创辉煌的斗志，在农业部、财政部等部委的大力支持下，我院举办了建院50周年系列庆典活动。

2007年11月10日，院庆大会在京西宾馆隆重举行。中共中央政治局委员、国务院副总理回良玉，全国人大副委员长乌云其木格，全国政协副主席李兆焯出席庆典。大会由孙政才部长主持。回良玉副总理发表热情洋溢的讲话，充分肯定、高度评价我院50年来的工作，并对我院今后的发展作出重要指示。

围绕院庆，我院还成功组织了全国农业科技成就展、第二届国际农科院院长高层研讨会、系列大型学术报告会、第五届职工运动会、大型文艺晚会等一系列院庆标志性活动，编撰出版了《中国农业科学院50年》、《科技创新成就辉煌》等重要宣传和学术文集，《中国农业科学》杂志专门出版了院庆专刊。

棉花所、信息所、植保所、畜牧兽医所、农机化所、兰兽研等院属有关研究所，先后举办了建所50周年庆祝大会；环发所、加工所、资源区划所、质量标准所为配合院庆也组织了相关学术研讨会等庆祝活动。

3. 加强科研立项工作

2007年，根据科技形势发展，我院认真组织策划科研立项工作。针对各类计划项目特点，跟踪立项动态，超前部署、专题研究、凝炼创新、服务决策。有组织、有步骤地完成年度立项工作。

——国家主体科技计划立项进展顺利。面向国家重大战略需求和科技发展前沿，突出原始创新和引领支撑作用，有14项科研选题进入了“863”计划，有86个项目得到国家自然科学基金资助。“农业转基因生物安全”、“肥料高效利用”等选题顺利进入“973”计划。主持支撑计划后续项目17项，“航天育种”、“循环农业”等重要项目获得支持。完成“转基因生物新品种培育”、“水体污染控制与治理”重大专项的申报准备。

——加强农业部行业科技专项申报工作。有235个农业部财政项目获准立项，承担了16个“948”滚动项目，组织申报2008年农业行业标准项目74项、“无公害农产品质量安全监测”等项目25项。在新设立的现代农业产业技术体系专项中，首批试点的10个重点农业产业领域有6个由我院专家任首席科学家。

——加强基础保障成果转化类项目争取。充分发挥我院在农业生物资源和农业科学数据等领域的优势地位，完成“农作物种质资源标准化整理、整合及共享试点”等国家科技基础条件平台建设重要项目或课题的立项。有21个科技成果转化资金和科研院所技术开发项目得到支持。

4. 紧密结合农业部中心工作，加快成果转化推广

2007年，我院紧紧围绕农业部发展现代农业“十大行动”，周密部署，组织开展了形式多样的科技兴农活动，为全国粮食增产和农民增收做出了贡献。

——加强科技兴农战略对策研讨。先后与农业部有关司局、地方政府联合，举办了“全国马铃薯免耕栽培现场观摩暨产业发展研讨会”、“中国玉米产业峰会”、“环京南奶业发展高层论坛”等系列高层专题研讨会，明确了区域农业创新和技术推广方向。

——多种形式积极开展推广服务活动。研究制定“中国农业科学院贯彻落实‘十大行动’实施方案”，组织专业技术人员，深入重庆、新疆、河北、江苏等20多个省市区的农村，结合农时，开展技术培训、咨询和科普活动。积极参加农业部“送科技下乡，促农民增收”、“扶贫济困送温暖”等活动，提供强有力技术支持。结合院庆，同河北省政府共同组织“百名博士兴百县”、“送科技下乡建设现代农业—廊坊行”等大型科技推广活动。

——稳步推进科技产业发展。2007年，我院兽用生物制品及兽药、作物种子、饲料和农产品加工等支柱产业继续发展壮大，作为科技兴农的重要形式，为我国重大疫病防控、保障国家粮食安全和农民增收发挥了重要作用。同时，积极开拓技术中介服务功能，加快了农业科技成果的转移扩散。

5. 积极谋划并大力推动国际合作

2007年我院国际合作，统筹国际国内两个大局，实现了从迎来送往向项目管理的转变，从项目初级管理向项目战略管理的转变，有效促进了全院科技自主创新工作。

——积极争取国际合作项目。加强重大项目申报，新争经费8 000多万元，比2006年增长30%；将我院工作纳入农业部、科技部、商务部等部委国际合作框架，承担的农业部专项经费增加70%；积极争取国际农业研究磋商组织等渠道的资金支持。

——努力拓展国际合作渠道。积极配合我国整体外交政策，认真履行既有协议或备忘录，深化合作内容；新签署6个合作协议和谅解备忘录。与比尔·盖茨基金会、马来西亚森达美公司等开展合作与交流。

——切实加强国际交流平台建设。成立我院国际顾问委员会；举办“第二届国际农科院院长高层研讨会”、“中国农业科学院—北欧种质资源平台建设与未来合作发展研讨会”等8个重大国际学术活动；加强设在我院的11个国际机构驻华办事处在资源引进、项目合作方面的作用；积极推进国际马铃薯中心亚太中心筹建，推进“中日中心”二期项目的申报；提升“中国和国际应用生物科学中心农作物生物安全实验室”为部级联合实验室。

——大力培养国际合作人才。全年共派出8个院级代表团和5个考察团组分赴国外考察访问；请进派出专家人数比2006年增加36%；接待国际机构和外国政府高层代表团47批，比2006年增加一倍；开展部分省院和我院研究所国际合作管理人员培训工作。在棉花所工作的美籍专家拉塞尔获得国家外专局2007年度“友谊奖”。

6. 加强人事人才工作，启动创新团队建设

2007年我院人事人才工作，以杰出人才工作为基础，启动创新团队建设，深化人事制度改革，加强干部队伍管理，积极参加社会服务活动，有效提升了全院的科技创新活力。

——启动实施创新团队建设。先后印发《中国农业科学院党组关于加强科技创新团队建设的意见》、《关于推进科技创新团队建设有关问题的通知》，由院引领、以所为主，积极推进创新团队建设。2007年7月，我院在长春召开了科研管理和创新团队建设工作会，统一了思想，从杰出人才个体转为创新团队群体建设，标志着我院实施“人才强院战略”进入了新的阶段。

——进一步深化人事制度改革。试用期制、任前公示制、任期目标制、年度任务目标制等领导班子建设和干部任用评价制度逐步推开；完善院、所两级专业技术职务推荐、评审机制；进一步落实收入分配制度改革的各项政策措施，积极探索绩效工资分配制度；全面推进岗位设置管理，制定全院岗位设置方案；开展以基本制度建设、基础资料建设、人事干部基本功训练和人事工作信息化建设为主要内容的“三基一化”基础工作，不断提高人事工作围绕中心、服务大局的能力和水平。

——进一步加强领导班子及干部队伍能力建设。全年共任免所局级干部71人次，全院所局级干部平均48岁，硕士学位以上学历占48%，年龄结构、知识结构进一步优化。全年共选派37位同志参加中组部、农业部组织的培训和挂职锻炼。举办了全国农业科研单位组织人事干部培训班。

——积极推荐我院专家开展社会服务。先后推荐我院有影响、有声望的专家在中国农学会、全国博士后管理委员会等机构任职，或参加部委咨询专家组活动；选派了一批中青年博士和科技骨干，参加中组部、人事部、农业部、科技部等组织的专家服务团，到全国各地开展咨询服务、科技培训等工作。

7. 稳步推进科技基础条件平台建设

2007年，根据我院基本建设事业和科技条件建设的需要，成立了基本建设局，同时在科技局成立了创新能力建设处，科学定位、规范管理、提高能力，大大加快了我院科技基础条件建设的步伐。

——加快重大项目筹划和建设进程。着力推进国家农业图书馆、国家农业应用微生物研究中心等7个重大项目的运筹规划与立项工作，编制“全国动物防疫体系(2009～2015年)规划建议”，全面推进航天育种工程、国家口蹄疫参考实验室等在建重大项目的建设进程。

——加强重点实验室等条件建设。组织申报了“作物科学与技术国家实验室”。组织申报38个农业部第五轮重点开放实验室。顺利通过昌平综合农业工程技术研究中心第三轮评估。组织申报“茶产业”和“柑橘”两个工程技术研究中心并获批准。资源区划所呼伦贝尔站、洛阳站，灌溉所商丘站进入中国陆地生态系统碳氮水通量专项观测平台建设项目。完成植保所等4个研究所质检中心的初次评审，完成作物科学所等6个研究所质检中心的复审和扩建。

——加强修购专项工作。组织完成2007年度修购项目申报立项，获得107个项目，2.9亿元经费支持。完成2008年度86个项目的预报和全院申报答辩，完成2006年、2007年两个年度立项项目实施方案的编制工作。

——组织实施全院资产清查核实。截至2006年底我院资产为51.2亿元，土地188宗，总面积4 154万平方米，基本摸清家底，加强了国有资产监管。

——建设完成院部住宅楼项目主体结构，完成马连洼住宅项目设计招标，为解决京区职工住房，创造了有利条件。

8. 推动党建及创新文化建设更加务实发展

2007年，我院以邓小平理论和“三个代表”重要思想为指导，全面树立和落实科学发展观，以50周年院庆为契机，以促进科技创新为目标，党建和创新文化建设向前推进了一大步。

——全面贯彻落实保持共产党员先进性长效机制。不断加强全院共产党员学习、教育等“六个机制”建设；举办党办主任和党支部书记培训班，不断强化基层党组织建设；鼓励党员做科技创新、服务“三农”、科学民主、求真务实和清正廉洁五个模范；充分发挥《院报》、网络等院内媒体和院《思想政治工作与人才建设》的作用，宣传典型，弘扬正气，发挥了正确的舆论导向作用。

——深入实际开展精神文明创建活动。认真贯彻公民道德实施纲要，大力提倡以爱国主义为核心的民族精神、以改革创新为核心的时代精神、以“八荣八耻”为核心的中国特色社会主义价值体系。通过院庆文艺晚会等形式，进一步强化了与解放军艺术学院的军民鱼水情谊。授予祁阳红壤实验站“扎根红土地的科技先锋”荣誉称号。表彰奖励2005~2006年度5个文明单位标兵、14个院文明单位、10名文明职工标兵和33名文明职工。

——积极开展创新文化建设。院党组下发了关于开展创新文化建设的指导意见和实施方案，广泛开展了院训、院歌、院徽征集活动，使甘于奉献、勇于创新的农科院精神不断发扬光大。

9. 扎实推进廉政建设

2007年，我院及时传达贯彻落实中纪委、国务院和农业部反腐倡廉工作部署，院党组两次召开专门会议，研究部署党风廉政建设，预防为主，保证了各项事业健康发展。

——加强廉政教育。组织党员领导干部认真学习中纪委七次全会、十七大等重要会议文件精神；邀请中央党校等单位，财务基建管理等专家做辅导报告，深入开展廉政教育和法规教育；组织参观最高检察院、农业部等举办的惩治和预防职务犯罪、廉政文化等展览。

——加强领导干部廉洁自律检查。各级纪委负责人同下级党政主要负责人谈话42人次；任前廉政谈话117人次；述职述廉403人次；领导干部个人重大事项报告249人次。

——严格依纪依法办案。2007年，我院共收到群众信访举报42件，处理40件。有一人受到党内严重警告和行政记大过处分。经常召开案情分析会，严格办案程序，加大对涉及重点岗位、重点部门工作人员信访件的督办力度。

——强化审计监督。全面审计、突出重点，完成9个所长任期经济责任审计和两个院办公司经理离任审计。将质标楼、图书馆等基础设施改造和修缮购置项目采购作为监督重点，关口前移、源头把关。全年纪检监察部门共参加有关招投标监督检查57次，促成重新招标3次。

——保质保量完成专项治理。通过委派检查组等方式，认真开展政府采购等领域不正当交易行为自查自纠工作。组织全院党员填写《对照检查表》，认真落实中纪委“八条禁令”。

综上所述，经过全院干部职工的努力，2007年我院总体上取得了以下成效。

第一，50年院庆树立了中国农业科学院人再创辉煌的雄心壮志

50周年院庆，承前启后，是中国农业科学院发展历史上的一件大事，也是中国农业科技事业发展史上的一件大事。院庆庆典大会的隆重召开、党和国家领导人对中国农业科学院50年工作的高度赞扬和新时期发展的重要指示，标志着我院的建设和发展进入了一个新的时代。在过去的50年里，中国农业科学院肩负党和人民的重托，不辱使命，创造了近5 000项成果，为推进我国农业进入新阶段做出了重要贡献。我们坚信，新时期的中国农业科学院，能够发扬光大优良传统，肩负起发展现代农业科学技术的历史使命，成为全国农业科技事业的领头羊、排头兵、主力军和学术重镇。

第二，科技竞争力进一步增强

2007年，我院主持立项合计1 171项，参加项目105项，合同经费8.3亿元，到位经费6.2亿元，留院经费4.2亿元。有4项成果获得国家二等奖。“禽流感、新城疫重组二联活疫苗”获国家技术发明二等奖；“油料低温制油及蛋白深加工技术”、“棉铃虫区域性迁飞规律和监测预警技术”、“大通牦牛新品种及培育技术”获国家科技进步二等奖。

2007年，我院在三系杂交棉、二代植酸酶、蓝耳病、外来生物入侵防控等领域取得重要进展。“转抗虫基因三系杂交棉”已成功构建可应用于大田生产的制种技术体系。利用玉米种子生产第二代植酸酶，使我国饲料添加剂研究进入环保型新阶段。成功建立了高致病性蓝耳病人工感染动物模型。对烟粉虱、松材线虫等农林危险生物入侵机制的研究成果，论文已在《SCIENCE》上发表。

第三，服务“三农”效果显著

2007年，我院以单项集成技术或产品为主线，大力推广农作物新品种新技术，为全国粮食增产做出了贡献。矮败小麦轮回选择理论与技术逐渐成熟，为国内50多家科研教学单位利用，指导选育新品种11个，推广2 000多万亩。“国稻1号”“中浙优1号”超级稻年推广面积均超100万亩。“中单808”玉米、“中棉所35”棉花各超过500万亩。“中黄13”大豆达800万亩，居全国大豆品种推广面积第一位。“中双9号”油菜年推广面积1 000万亩。

2007年，我院畜禽疫苗生产和推广成效显著。口蹄疫抗体液相阻断ELISA检测试剂盒等系列诊断试剂盒，在全国29个省、市（区）推广，免疫检测家畜400多万头份；禽流感系列基因工程疫苗占有全国市场份额近40%；独家生产新城疫—禽流感二联活疫苗；研制成功有效预防高致病性蓝耳病的猪繁殖与呼吸综合征活疫苗。为全国畜禽健康生产和畜产品稳定供给发挥了重要作用。

2007年，我院与北京市大兴区联合共建，重点推广实用技术18项，既解决了生产问题，也为我院在大城市郊区如何开展现代农业技术推广示范建立了一个样板。

第四，国际声誉空前提高

2007年，我院国际合作取得了5个突破。与我院有合作关系的国家突破了70个，与我院签订农业科技协议或备忘录的国家突破了30个；农业科技援外，尤其是援非工作取得突破；突破了国际马铃薯中心亚太中心、中日项目二期等重大战略项目的“瓶颈”；来自国际财团资助的重大农业项目获得了历史性突破。

2007年，我院国际合作开创了6个第一次：①与马来西亚森达美集团成功合作，第一次在境外举办大型成就展，马来西亚总理亲自出席签字仪式；②比尔·盖茨先生成功访问我院，这是他在全球范围内第一次访问农业科研机构；③由我院承办国际农业研究磋商组织年会第一次在中国举行；④我院第一次成立由国际著名专家组成的国际顾问委员会；⑤我院研究生的第一个国际奖学金项目“先正达奖学金”正式启动；⑥在我院的鼎力运作和推动下，国际水稻研究所作为第一个国际机构获得中华人民共和国“国际科技合作奖”。

第五，人才团队建设初见成效

2007年，我院确立了创新团队建设在“十一五”及今后较长时期我院建设与发展中的重要地位。理清了以学科领军人物为核心，以科研骨干为主体，专业人才和科研辅助人员结合，打造紧密合作型创新研究群体的基本思路。确立了建设100个左右主攻方向明确、特色鲜明、竞争有力、影响广泛、潜力巨大的创新团队的目标。各研究所积极行动，制定创新团队建设方案，研究探讨具体对策，为全面提升“人才强院战略”奠定了良好的基础。

2007年，我院一批杰出人才获得特殊荣耀。黄荣峰等5位专家获得享受政府特殊津贴，李付广等5人获第十届中国农学会青年科技奖，张效先获人事部高层次优秀留学回国人员项目资助，李宝聚、陈化兰获得第十届中国青年科技奖，郭三堆荣获何梁何利基金“产业创新奖”，王汉中获得中国科协求是杰出青年成果转化奖，屈冬玉等6人获得全国农业科技推广标兵称号。

第六，财务经费大幅增长，平台建设得到加强

2007 年，全院财政拨款 18.6 亿元，比 2006 年增长 59.3%。特别是项目经费 14.6 亿元，增长 82.7%；预算执行进度比 2006 年同期加快，财政支出 14.2 亿元，增长 75.7%。

2007 年，我院基本建设投资国拨 2.7 亿元，比 2006 年增长 29%；国家农业图书馆、农业生物安全科学中心两个重大项目正式立项，总投资超过 3 亿元；3 000万元以下项目已获得批复 28 个；完成或基本完成农产品质量标准与检测中心科研楼等建设项目 38 个。质检中心科研楼被评为北京市结构长城杯"金杯"、北京市文明建设工地。

2007 年，我院新建成科技部工程技术研究中心 2 个、质检中心 4 个、国家农产品加工技术研发中心 1 个及专业分中心 4 个，命名中国农业科学院重点实验室 52 个。

第七，党建和廉政建设取得实效

2007 年，我院通过建立健全保持共产党员先进性长效机制，使组织建设和制度建设得到进一步加强，得到中央和农业部检查组的充分肯定；通过学习贯彻党的十七大精神，广泛宣传十七大代表刘玉梅研究员的先进事迹，使党员的先锋模范作用和党组织的战斗堡垒作用进一步加强；创新文化建设在全院展开，精神文明建设继续深入，军民共建向纵深发展，2007 年，我院被评为全国"爱国拥军模范单位"称号；大力开展社会主义核心价值观教育活动，涌现出中央国家机关优秀女科技工作者景蕊莲研究员等一批先进人物，全院面貌焕然一新；院属各单位法制意识、廉政意识进一步增强，普遍建立了议事规则，讲程序，讲民主，促进了各项工作公开、公平、公正、规范开展。

2007 年我院各项事业发展较快，取得较好成绩。这是党中央、国务院持续重视"三农"和农业科技工作的结果，是农业部、科技部、发改委和财政部等上级领导部门大力支持的结果，是全院广大科技人员和全体干部职工努力奋斗的结果。在此，我代表院党组，向上级领导部门、向全院科技人员和干部职工表示衷心的感谢！致以崇高的敬意！

二、2008 年主要任务

2008 年，是"十一五"计划承上启下的关键一年，也是我院继承发扬 50 年优良传统，开创未来辉煌的起步年。全院广大科技人员和全体干部职工，要深入贯彻落实党的十七大精神，按照科学发展观的要求，根据中央农村工作会议、全国农业工作会议对当前及今后一个时期农业农村工作的部署，总结提高建院 50 年来的成功经验，优化配置全院科技资源，大幅度提高农业科技自主创新能力，大力培育重大科技成果，大力强化服务"三农"工作。主要任务有：

1. 深入学习贯彻落实十七大精神

党的第十七次全国代表大会是在我国改革开放新时期召开的一次十分重要的大会。我们要把学习和贯彻落实党的十七大精神作为当前和今后一个时期的重要政治任务，切实把思想和行动统一到党的十七大精神上来。

党的十七大从经济社会发展总体布局出发，对新时期“三农”工作作出了重大部署，进一步明确了“三农”工作的重要地位、总体要求、目标道路和工作任务，对推进社会主义新农村建设提出了新的更高的要求。我们学习贯彻十七大精神，重点是认真领会十七大关于“三农”工作的一系列新部署，核心是深刻洞悉“中国特色农业现代化”的道路和本质，目标是准确把握中国农业科技发展的方向和要求，结果是促进中国特色农业科技自主创新道路的具体行动和措施。

院属各单位、院机关各部门，务必结合本单位、本部门的具体实际，自觉把本单位、本部门的工作同中国农业科学院在新时期中国特色农业科技自主创新体系中的历史使命紧密结合起来，同新时期中国特色农业现代化的道路紧密联系起来，科学决策、调整力量、积极行动，把十七大的精神贯彻落实到各自的工作实践中，为我院自主创新和全国农业科技事业的发展提供强大的动力。

2. 着力培育重大科技成果

要“顶天立地”。学术性成果，要加深理论研究，突出创新性，完善理论体系，提升整体水平，在国际国内学术届占有一席之地。应用型成果，要立足农业生产实际需要，突出技术创新的“关键点”，并强化转化推广覆盖面，用实际数据展现对农业农村发展的重大贡献。

要加强重大项目跟踪管理，尽可能创造良好条件，确保项目顺利实施，取得良好进展。要善于发现和扶植苗头性的重大成果。

要加强联合组装，针对目前我院项目规模小、内容比较分散的问题，促进相关成果联合报奖，突出整体优势，提高竞争力。

要把全国农业科研协作作为培育重大科技成果的重要手段，做实做好。

3. 积极主动强化服务“三农”工作

要提高认识。服务“三农”是我院的根本宗旨，加强农业科技自主创新，强化成果转化应用，是党和国家赋予我院的基本任务。院属各单位、院机关各部门，务必提高责任感，增强使命感，紧紧围绕现代农业和新农村建设，进一步重视加强服务“三农”工作。

要积极行动，深入贯彻落实农业部“十大行动”，做好“科技入户”等工作；要持续加强与地方的科技合作，落实好与有关省市签订的科技合作协议；要创新机制，把科技成果产业化开发作为服务“三农”的重要形式，继续抓实抓好，做强做大；要因地制宜，开展直接面向农民、基层推广单位、农业企业的科技推广工作；要配合我国农业的“走出去”战略，为跨出国门的农业企业提供有效的技术支撑；要积极主动，向政府部门提供战略规划、科技决策等重要服务工作。

要注重实效。努力加强新品种、新技术、新产品的转化和普及，努力扩大覆盖面，在保障农产品供给、增加农民收入、促进农业可持续发展中发挥更大的作用；同时，要善于总结生产中的问题和技术制约因素，凝炼区域和全国共性的技术问题，指导我院自主创新工作。

4. 提高国际合作水平

在新的历史条件下，国际合作对于全院的发展、特别是稳固我院的国家队地位具有越来越重要的意义。要巩固、夯实、进一步开展深层次、高水平国际合作，使国际合作真正成为加强我院自主创新，培育高水平大成果的重要手段。

加强重大项目的发展及重要渠道的开拓。加强纳入政府间及双边合作协议项目的协调、管理与服务工作，为争取实施农业部、商务部非洲项目做好技术支持；为开拓 CGIAR 挑战计划项目、欧盟项目、FAO 等国际组织非洲项目、农业部和科技部国际合作项目争取渠道；进一步加深与盖茨基金会、马来西亚森达美公司、先正达公司的合作；拓展与“东盟”、“上海合作组织”合作的范围。

积极促进国际合作交流平台建设。继续推动国际马铃薯中心亚太中心、中日中心项目 2 期、CGIAR 下属研究中心联合示范中心等建设；整合国内外国际合作交流渠道，协同行动，促进共同能力建设；争取建立商务部农业科技培训中心、中国农业科技国际合作分中心及示范基地，积极争取农业部、科技部和国家外专局共同资助的“国际合作重点科研机构”。

进一步加大资源引进力度。加强调查研究，准确掌握信息，向重点国家派驻中短期访问学者或合作研究人员，促进对拉美、东欧、东盟、非洲等国家的资源考察与引进工作。

要对我院国际合作“十一五”规划的实施情况进行中期评估，制定中长期规划，提出国际合作服务“三农”的新方案。

5. 做好定编定岗和人才团队建设

要加快推进“科技创新团队建设工程”的实施步伐。按照“学科引领、资源优化、重点突出、整体带动”的原则，在研究所重点建设的基础上，遴选我院首批优秀科技创新团队。要以学科建设为主线，以领军人才为主导，以科研项目为纽带，优化资源配置，搭建人才梯队，凝聚创新力量。要把创新团队建设与现有研究室重组有机结合，赋予团队负责人充分的资源配置权力。要完善管理体制机制，建立科学的评价体系，提高每一个团队成员的积极性和创造性，实现团队整体效能的充分发挥。

要继续深化人事制度改革。根据国家和农业部关于科研单位岗位总量、最高级别、结构比例的意见要求，做好管理岗位、专业技术岗位和工勤技能岗位设置工作。研究完善科研辅助人员政策措施，建立稳定的科研辅助人员队伍。研究提出院机关、院属单位职能部门实施职员制管理的具体措施，抓好试点工作。要妥善处理好岗位设置管理与现行规章制度的衔接，职员制与干部选拔任用制的衔接。要以岗位设置为核心，依法加强劳动管理，完善政策措施，规范聘用程序，制定绩效工资分配办法，探索绩效评价有效方式。要按照劳动合同法的要求，规范和加强编制外用工管理，不断探索发挥编制外人员重要作用的良好机制。

全面开展人才培训工作。组织英语口语强化培训班，提高所局级、处级干部和科研骨干的口语水平，增强独立参与国际合作与学术交流的能力。统筹规划科研辅助、经营管理、财务、政务等人才的全面发展，加大业务技能培训力度。

6. 突出加强大规模科研平台建设

要围绕现代农业发展支柱学科群建设，编制全院基本建设长期规划，指导未来全院科研平台建设。

要密切跟踪"作物科学与技术国家实验室"的立项动态，积极向上级部门汇报工作，努力争取成功立项。要策划建设综合性试验基地，尤其是针对京区各研究所，打造集项目研究、科研推广、科技服务三位一体的综合性技术支持平台。要做好重大项目的筹划与立项工作，创造性地推进国家农业图书馆等重大项目的实施与管理。

要加强野外台站等试验站、重点实验室、工程技术研究中心或工程中心建设，提升全院科研试验基地的规模和标准，实现科研设施的配套完善，加强基础性研究工作的配套立项。要开展全院质检中心大检查，加强建设，提高社会公信力。

要进一步加强修购专项等财政专项工作。积极把握国家财政政策走向，制定全院财务管理规划，加强财务管理，争取更大财政支持。

要制定完善各种平台管理办法和技术措施，打破部门单位封闭格局，促进全院交流共享，吸引国内外有关单位、优秀科学家参与平台建设，努力使我院创新平台成为在国内外具有重要影响、引领我国科技发展方向的重要创新基地。

7. 加强党建、创新文化与廉政建设

党的十七大报告指出："当今时代，文化越来越成为民族凝聚力和创造力的重要源泉。创新文化是科研院所发展经久不衰的灵魂，在科技创新中具有导向力、激励力、凝聚力、辐射力"。2008 年，我院要以创新文化建设为主线，全面推进党的思想、组织建设和作风建设，为提升自主创新能力提供坚强的政治保证和组织保证。

要结合"优秀共产党员、优秀党务工作者、先进基层党组织"评选活动和 2007 ~ 2008 年度院级文明单位和文明职工的评选工作，及时总结推广先进事迹、先进经验；开展多种形式的创新文化建设主题教育，在全院发扬严谨求实的科学精神、专心科研的执著精神、勇攀高峰的创新精神、精诚合作的团队精神。

要以研为本，以人为本，以研究人员为主体，形成非研究人员，包括院所两级管理人员为一线研究人员服务的创新氛围。要加强正面教育，看主流、看贡献，反对文人相轻，包容不同学术观点，营造优秀人才，包括院士培育成长的有利环境。要妥善处理各种矛盾和问题，创建和谐院所。

要组织开展我院创新文化建设研讨，进一步开拓思路，深入开展各项建设活动。要充分应用和传播院所徽、院所歌、所训等创新文化建设的成果。要以信息化为重点，包括科技创新、科技兴农、人才培养、条件建设、国际合作、党的建设等各项事业，加强历史资料、图片的收集、整理和归档工作，这既是各项事业发展的需要，也是传承传播我院创新文化的重要载体。

要把创新文化建设列入各单位年度考核指标。实行各单位主要领导负责制。各单位党委要认真组织，院直属机关党委要加强指导，工青妇组织要协调配合，齐抓共管，全面推进创新文化建设。要加强离退休总支和各支部的建设，多听取老同志的意见和建议。

要充分发挥纪检监察审计监督部门的作用，准确把握惩防体系的内在要求，坚持依法审计，维护我院经济秩序。全面实行经营性土地使用权出让“招拍挂”制度、工程建设项目招标投标和产权交易制度，加强基本建设竣工决算审计，逐步试行建立后续审计制度，追踪重大审计整改措施的实施结果。逐步健全政府采购制度，2008 年尤其要加强对重大科研项目经费的监管力度。

要完善政策、提高意识、落实责任、强化监管、加强宣传，认真落实《节能减排工作方案》，确保我院实现“十一五”期间建筑能耗和人均能耗节能减排目标，加快推进我院节约型科研单位建设。

要关心和帮助弱势群体。各级领导要优先解决弱势群体和困难职工的生活问题，要尽心尽力帮助他们改善生活条件。各单位春节前后要做好慰问工作。

同志们，经过 50 年的建设和发展，中国农业科学院已经站在新的起跑线上。在过去的 50 年里，我们创造了新中国农业科技的辉煌，今天，让我们更加紧密地团结在以胡锦涛同志为总书记的党中央周围，高举中国特色社会主义伟大旗帜，深入贯彻落实科学发展观，继往开来、开拓进取，在农业部、科技部、发改委、财政部等上级部门的领导下，全面完成 2008 年的各项工作任务，为保障农产品供给、增加农民收入做出新的贡献，为再创中国农业科学院的辉煌迈出坚实的第一步。

2008 年春节就要到了，我代表院党组，向在座的各位并通过你们，向全院干部职工拜个早年。祝大家在新的一年里身体健康，工作顺利，家庭美满，生活幸福！

谢谢大家！

翟虎渠院长在纪念
中国改革开放30周年座谈会上的讲话

（2008年12月30日）

各位领导、同志们、朋友们：

在全国上下隆重纪念中国改革开放30周年之际，中国农业科学院召开这次座谈会，邀请全国农业科研机构和重点农业高等院校的领导和各位同仁共聚一堂，畅谈改革开放30年来我国发生的翻天覆地的巨大变化，共叙农业科技事业取得的辉煌成就，对于我们进一步增强学习实践科学发展观的自觉性，进一步坚定走改革开放之路的决心，妥善应对农业科技面临的巨大挑战，继续谱写农业科技改革发展的新篇章，都将产生积极的影响和极大的促进作用。下面，我谈几点感受。

一、改革开放30年中国农业科技发展成就与启示

改革开放30年来，我国农业科技取得了举世瞩目的巨大进步。据统计，从1979～2007年，全国各省、市、自治区确认的农业类科技成果5万多项，获国家和部门奖励的科技成果9 485项，其中国家奖励的重大科技成果2 008项。一些重大科技成果达到国际先进水平和领先水平。超级稻、杂交玉米、转基因抗虫棉、杂交油菜、地膜覆盖技术等一大批突破性科技成果的研发和推广应用，使主要农作物良种覆盖率达到95%以上，大大提高了粮棉油等大宗农作物的生产能力，粮食总产量从6 000亿斤跃上了1万亿斤的台阶。畜禽品种改良和规模化养殖、重大动物疫病防控、名特优新水产品养殖技术的进步，使我国畜牧、水产养殖业的科技进步贡献率达到50%以上，肉类、禽蛋和水产品总产量跃居世界首位。农业机械化技术进步和应用，工厂化农业和设施农业的兴起，大幅度提高了农业劳动生产率和土地产出率，农业综合机械化程度达到38%。30年来，农业科技的巨大进步，使我国农业科技整体水平跃升发展中国家前列，为解决我国农产品供应短缺、保障国家粮食安全、推动农业结构调整、实现农业和农村经济持续稳定发展做出了重要贡献。

改革开放30年来，我国农业科技自主创新的丰富实践，给我们留下宝贵的经验和深刻的启示。

（一）解放思想，坚持科学技术是第一生产力

30 年来，邓小平同志提出了“科学技术是第一生产力”的重要论断，党中央、国务院先后颁布了一系列指导文件，为中国农业科技的快速健康发展提供了坚实的思想保证和政策支持。全国农业科技界焕发青春，轻装上阵，合力攻关，实现了科技先行、科技引领、科技支撑，涌现出袁隆平院士、李振声院士等一大批做出杰出贡献的农业科学家。实践证明，坚持科学技术是第一生产力的重要思想，大力发展农业科技，依靠农业科技进步，是解决我国粮食等主要农产品有效供给，提高农产品质量，促进农民增收等一系列重大问题的根本途径。

（二）立足国情，坚持农业科技自主创新

30 年来，我国农业科技始终坚持立足国情，围绕关键技术与共性技术，从政策扶持、资金投入、人员配备和项目支持上加强引导，不断提升自主创新能力，取得了一大批农业科技自主创新成果，为实现我国由传统农业向现代农业的跨越，缩小与发达国家的差距，解决不同时期的重大农业问题发挥了关键性作用。实践证明，农业科技发展坚持立足国情、自主创新，是在农业发展中掌握主动，引领农业生产取得突破性进展，支撑我国农业持续稳定发展的必由之路。

（三）服务“三农”，坚持科技与生产紧密结合

30 年来，我国农业科技始终坚持面向农业农村经济主战场，围绕农业生产急需解决的重点问题，加强关键领域和核心技术的研发和集成。在加强农业技术推广体系和农业社会化服务体系建设的基础上，展开大规模的科技下乡、科技入户和农民科技培训，促进多渠道、多形式的产学研、农科教相结合。实践证明，农业科技与生产实际相结合，是依靠科技解决农业发展的实际问题，提高农业科技成果的转化推广效率，实现科技与其他生产要素的有效配置，促进传统农业向现代农业转变的基本要求。

（四）联合协作，坚持科技体制与机制的改革创新

30 年来，我国农业科技体制改革不断深化，为构建充满生机与活力的农业科技创新体系提供制度保障。实施了全国杂交水稻协作攻关、黄淮海平原中低产地区综合治理等跨行业、多学科联合科研，获得了重大成果。进行了农业科研投资体制、人事制度、分配制度以及科研管理制度等一系列改革，调动了广大科技人员的积极性、主动性、创造性，基本形成了“开放、流动、竞争、协作”的运行机制；造就了一支专业水平过

硬、综合素质较高的农业科研队伍；调整和完善了农业学科体系，有力推动了现代农业科研院所的建设与发展。实践证明，体制机制的改革和创新是促进农业科技事业进步、推动农业科技跨越式发展的动力和源泉。

二、改革开放30年中国农业科学院的发展与进步

在30年的伟大历史进程中，中国农业科学院作为我国农业科研的“主力军”和“国家队”，紧跟改革开放的时代步伐，坚持科研与经济建设相结合，以体制创新实现科技创新，引领国家农业科技创新体系建设，走具有中国特色的农业科技创新之路，为农业农村经济发展提供了坚实的科学基础和有力的技术支撑。

（一）中国农业科学院机构重建与稳步发展

20世纪六七十年代在“左”的思潮和“文革”的冲击下，中国农业科学院遭到重创，所属研究所几乎全部被打散下放。1978年2月，中国农业科学院建制开始得到恢复，收回了下放的研究所，大批科技人员重返科研第一线。1979年，党的十一届四中全会通过的《中共中央关于加强农业发展若干问题的决定》中明确指出，要组织技术力量研究解决农业现代化中的科学技术问题，要办好中国农业科学院等几个重点的高级农业科学研究院，逐步形成门类齐全、布局合理的农业科学技术研究体系。在党中央、国务院的关怀和农业部的直接领导下，中国农业科学院进入了新的发展时期。

30年来，中国农业科学院根据不同时期国家宏观农业经济发展目标，把握世界农业科技发展趋势，不断优化学科建设和科研布局，基本形成了结构合理、种类齐全、重点突出的现代农业科研学科体系。研究领域覆盖我国主要农作物、畜禽与特种经济动植物的遗传育种、栽培饲养、疫病防治、产后加工、质量标准与检测、农业与农村经济、农业可持续发展、农业工程以及农业高新技术等方面。

30年来，中国农业科学院不断强化人才培养机制，初步建立了一支专业素质较高、创新能力较强、学历和专业布局较为合理的农业科技人才队伍。全院编制10 286，有两院院士11人、国家级专家26人、省部级专家218人、政府特殊津贴专家985人、国家“百千万人才工程”人选40人。科技人员占职工总数的67.3%，具有高级职称的人员占科技人员的38%，拥有硕士、博士学位的人员占科技人员总数的43%。

30年来，中国农业科学院科技创新条件和环境明显改善，一批科研基地初步建成。建设了农作物基因资源与基因改良国家重大科学工程、国家农业生物安全科学中心、国家农作物种质资源库（圃）、国家农业微生物菌种资源库，5个国家重点实验室、32个部级重点开放实验室，16个国家动植物改良中心和分中心，29个国家和农业部重点野外台站，5个国家工程技术研究中心，38个国家及部级质检中心，藏书210万余册的国家农业图书馆，为科技创新能力和科技竞争实力的提升奠定了坚实的基础。

（二）中国农业科学院科技创新不断突破

30 年来，中国农业科学院围绕国家重大战略需求，大力开展科技创新，共获得科技成果 4 054项，获国家级奖 267 项，其中国家自然科学奖 6 项，发明奖 30 项（特等奖 1 项，一等奖 4 项），科技进步奖 113 项（一等奖 8 项），获省部级一等奖 69 项。

1. 推进农业基础研究及高新技术研究

建成国家作物种质长期库，保存种质 39 万份，居世界首位。在国际上率先构建了水稻、小麦、大豆等主要作物的核心和微核心种质，实现了以 5% 的种质资源代表 90% 的遗传性状，为进一步发掘新基因提供了基础。开展了棉花、黄瓜、马铃薯等基因组测序，发掘并利用了一批具有重要农艺性状的新基因，为分子育种提供了重要保障。利用我国特有的遗传资源，研制出小麦群体改良的理想工具——矮败小麦，实现了小育种方法的重大创新，可以提高育种效率 100 多倍，居国际领先水平，被誉为“小麦育种的革命”。率先培育出具有自主知识产权的转 Bt 基因单价、双价抗虫棉，形成了国际领先水平的国产转基因抗虫棉创新体系。近年来，又在国际上首次成功创建转抗虫基因三系杂交棉，该技术推广应用后，每年新增的皮棉产量相当于再造一个长江流域棉区。利用种子生物反应器，获得了高效表达植酸酶的玉米种子，可大大降低饲料成本，并有效减少磷对环境的污染。

2. 培育动植物新品种

发掘利用印水型水稻不育胞质，培育杂交组合 79 个，年种植面积户 4 500万亩，为我国种植面积第二大杂交水稻；选育出“协优 9308”、“国稻”系列等高产、优质、抗逆性强的超级稻组合；育成的“中单 2 号”是我国推广种植面积最大、利用时间最长的多抗、丰产玉米杂交种；育成“中棉所”系列优质多抗棉花新品种，占据我国棉花推广品种的半壁江山，自主研发的转基因抗虫棉种植面积已超过我国抗虫棉总面积的 90%；以“中双 9 号”为代表的一批双低油菜新品种，品质、产量和抗性均达到国际先进水平，种植面积超过全国三成；“中蔬牌”系列蔬菜品种在全国大面积推广应用；拥有自主知识产权的大通牦牛新品种覆盖率达 75%；选育出的瘦肉猪品系和肉乳兼用的中国西门塔尔牛新品种达到国际领先水平。

3. 创新种养殖技术

建立小麦栽培“叶龄指标促控法”。创新了与小麦、玉米、超级稻、双低油菜等优良品种相配套的超高产理论模型与技术规程。明确了黄河流域麦棉两熟种植制度套种棉花新机制，研发了棉花工厂化育苗机械化移栽技术。提出了蔬菜设施工厂化育苗技术规程，推广面积占蔬菜育苗总面积的 34%。根据旱作农田肥水协同效应及其耦合模式，构建了不同类型区主要粮食作物高产高效栽培技术体系。地膜覆盖技术、科学施肥和节水灌溉技术取得突破和大面积推广应用，达到显著的增产效果。研究推广良种良法配套、畜禽集约化饲养技术，使畜禽蛋生产能力显著提高。

4. 提高动植物重大疫病防治防控能力

查清小麦条锈病、稻瘟病、稻飞虱、棉铃虫等30多种重大病虫害的发生流行与迁飞规律，提出了中短期预测预报技术。构建了300多个入侵农林危险生物实验种群，开展入侵生物风险分析，为预防与检测潜在危险性入侵生物提供了理论和方法。在国际上率先研制出马传贫弱毒疫苗，突破了慢病毒免疫的世界性难题；自主研发出国际领先水平的新型H5N1、H5N2型基因重组禽流感灭活疫苗及配套诊断防制技术，极大地提高了我国禽流感的防控能力；自主研发的口蹄疫高效疫苗，为预防口蹄疫的流行暴发做出了重要贡献。

5. 拓展可持续农业技术领域

创新了一批水、土等农业资源高效利用和农业生态环境保护等关键技术，创制出一批生物肥料、节水制剂等新型投入品；在资源循环利用、生物节水、土壤修复和地力培肥等方面取得重大突破，研究提出有机肥和改良剂等联合修复重金属污染土壤的方法；系统评估了全球气候变化对我国农业的影响与对策，提出防灾减灾技术对策；推进农村沼气工程，建立了适合不同类型区域的沼气技术应用模式，为生物质能源的充分利用、发展循环经济提供了技术依托。

（三）中国农业科学院服务“三农”成效显著

30年来，中国农业科学院以科研成果和人才资源为依托，始终紧密围绕“三农”工作，不断探索科技兴农工作的有效途径和方法，充分发挥了科技第一生产力的巨大推动作用。

1. 大力开展科技成果转化和示范推广

中国农业科学院坚持科研与生产结合，不断加强体制和机制创新，加大科技成果转化力度。截至2007年底，累计推广农作物新品种26亿亩以上，推广畜禽新品种20亿头（只），推广各类新技术应用面积31亿亩。

2. 大力开展与地方的科技合作

根据各地科技需求，通过与地方签订科技合作协议、建立科技示范基地、开展项目联合攻关等多种形式，帮助解决地方农业农村生产和发展中的实际问题。先后在河南省唐河县、河北省鹿泉县、山西省绛县、湖北省浠水县与地方政府共建中国农业科学院科技综合示范县；此外还在全国各地建立各种科技示范基地和示范点1 000余个。与黑龙江、河南、吉林等粮食主产省开展科技合作，通过科技支撑使粮食生产再上一个新台阶。

3. 大力开展多形式的科技服务

组织专家和科技人员送科技下乡，通过技术培训、技术服务、技术咨询等多种形式，将农民最急需的科技成果送到田间地头。先后在豫、鲁、冀、苏、京、津、湘、鄂、川、贵10个省（市），连续多年开展科技兴农、科技扶贫工作。为响应国家“西部大开发”的号召，中国农业科学院组织百人专家团，先后到内蒙古、宁夏、甘肃、新疆四省（区）开展了“农业科技西部万里行”活动。通过选派干部挂职、举办培训班、参与“西部之光”访问学者培训计划等多种形式，在合作研究、人才培养等方面，为西部地区农业科技事业发展提供支持。

三、新时期，中国农业科技面临的历史重任和严峻挑战

党的十七届三中全会指出，我国总体上已进入以工促农、以城带乡的发展阶段，进入加快改造传统农业、走中国特色农业现代化道路的关键时刻，进入着力破除城乡二元结构、形成城乡经济社会发展一体化新格局的重要时期。在农村改革发展的新形势下，要建设资源节约型、环境友好型现代农业生产体系，提高农业综合生产能力，就必须把推进农业科技进步作为一项重要任务来抓，全面提升农业科技的整体实力和自主创新能力，为现代农业发展和社会主义新农村建设提供有力的科技支撑。我们要自觉站在全面建设小康社会全局的高度，认清农业科技发展面临的严峻挑战和所负的光荣而艰巨的历史使命。

（一）提高综合生产能力、确保国家粮食安全对农业科技提出更高要求

人多地少是我国的基本国情，耕地、水资源等农业资源相对紧缺，2007 年我国人均耕地面积已降至 1.39 亩，人均水资源拥有量仅为世界平均水平的 1/4，每年农业灌溉缺水约 300 亿立方米。人口增长和经济社会发展都对农产品供给提出了更高的要求。据预测，在我国人口达到 16 亿峰值之前，今后粮食需求总量每年将增长 80 亿斤以上。作为我们这样的人口大国，国内粮食需求不可能依赖国际市场，这就要求我们必须依靠自身的力量，满足日益增长的农产品需求。从根本上说，在有限的资源条件下，只有依靠农业科技进步，提高农业综合生产能力，才能保证国家粮食安全和农产品有效供给。

（二）转变农业发展方式、发展现代农业对农业科技提出更高要求

从世界农业发展的历程、特别是发达国家农业现代化所走过的道路来看，农业科技是现代农业发展的决定因素和主要推动力。当前，我国正处在由传统农业向现代农业转变的重要时期，生物技术已成为引领未来农业的前沿领域，精准农业、设施农业、机械化、信息化等成为现代农业发展的重要趋势，材料科学、环境科学等高新技术也将在农业上广泛应用，农业发展将越来越依靠科技的贡献。对此，农业科技必须加速进步，以适应现代农业发展对其提出的更高要求。

（三）缓解生态环境压力、实现可持续发展对农业科技提出更高要求

据统计，我国有40%的耕地处于不断退化的状态、30%左右的耕地不同程度地受水土流失的危害；全国草原退化面积达10亿亩，目前仍以每年2 000多万亩的速度在退化；旱涝灾害、病虫鼠害、低温冻害、高温热浪及地震、风暴等自然灾害频发，给农业生产带来巨大损失；全球气候变化对农业生产的影响也日益突出。为有效缓解对农业资源的过度使用、改善生态环境，必须依靠农业科技，创新资源高效利用技术，增强农业抗风险能力，建立起人口、资源和环境良性互动机制，确保我国农业及整个社会的可持续发展。

（四）应对全球化挑战、提升农业国际竞争力对农业科技提出更高要求

在经济全球化的背景下，农业的国际竞争归根结底是农业科技的竞争。进入21世纪，农业科学技术已成为推动各国农业发展的强大动力，以生物技术和信息技术为标志的新一轮农业科技革命正在世界范围内兴起。只有增强农业科技自主创新能力，才能把握先机、赢得主动，跻身于世界农业强国之列。必须从抢占农业科技制高点、掌握自主知识产权的核心技术着手，加快农业生物技术、信息技术和资源环境等前沿领域的原始创新，加快农业高新技术研究与开发，提升我国农业科技整体水平，努力占领国际农业产业体系分工中的有利地位，增强农业竞争优势。

四、坚持科学发展，勇攀科学高峰，再创科技辉煌

中国农业科学院作为国家级综合性农业科研机构，要充分认识新的历史时期所肩负的重大使命和面临的严峻挑战，将重点抓好以下工作。

（一）加强农业科技自主创新

按照自主创新、重点跨越、支撑发展、引领未来的要求，围绕现代农业发展需求，加强作物科学、畜牧兽医科学、农业资源与环境科学等九大学科群建设；从重大关键共性技术攻关、战略前沿高新技术开发、重大应用基础研究三个层面统筹布局全院科技创新工作，大力推动农业科技原始创新、集成创新和引进消化吸收再创新。争取在种质资源收集挖掘利用与动植物新品种培育、农产品高效生产与质量安全、重大农业生物灾害预防与控制等领域，突破一批重大科学选题，创新一批关键技术，带动全国农业科技及农业产业的跨越式发展。

（二）加快农业科技成果转化应用

围绕农业农村经济发展需求，发挥中国农业科学院的综合优势，加快成果培育与推广；加强与地方、尤其是与重点农产品主产区的科技合作，促进区域农业发展；进一步创新体制机制，把科技成果产业化作为服务“三农”的重要内容抓实抓好、做强做大；因地制宜，开展直接面向农民、基层推广单位、农业企业的科技推广服务工作；积极配合我国农业“走出去”战略，为跨出国门的农业企业提供有效的技术支撑。

（三）加快自主创新团队建设

坚持人才强院战略，围绕国家重点科研任务和学科建设，集聚和培养一批站在国际农业科技前沿、推动重大科技创新的战略科学家、学术领军人物和创新骨干力量；培养造就一批技术精湛、业务一流、兢兢业业的科研辅助人才；形成一批具有攻坚能力和较高水平的创新团队；搭建人才梯队，优化资源配置，努力打造一批具有国际竞争力的创新队伍。

（四）加强科研条件平台建设

围绕中国农业科学院未来的发展战略目标，建设一批国际一流的重大科学设施和重点实验室，完善种质资源库圃、科学实验基地和野外观测台站，建设完善一批国际一流的农业科学数据库，形成完善的网络科技环境，为全院及全国农业科技工作者打造高水平的农业科技创新平台。

（五）深入推动农业科技国际交流与合作

巩固和拓展改革开放以来国际交流与合作的渠道，加强与国际农业科研机构和国外农业大国、农业科技强国的科技合作，组织全国农业科研机构参与国际重大合作计划，承担重大国际合作项目，发挥中国农业科学院国际农业科技合作交流中心的地位和作用。

（六）积极开展全国农业科研大联合大协作

利用中国农业科学院建立的小麦水稻育种协作网、航天育种协作网、矮败小麦育种协作网、农业科学数据共享中心等科研协作网络，创新合作机制，从联合攻关、人员交流、学科共建、平台建设等多个层次，充分发挥中央级综合性农业科研机构的优势，全面加强与全国各农业科研机构的交流与协作，推进全国农科教、产学研大联合、大协作，整体提升全国农业科技创新能力。

（七）加强创新文化建设

大力弘扬严谨求实的科学精神、潜心科研的执著精神、勇攀高峰的创新精神、精诚合作的团队精神，倡导尊重科学、尊重人才、尊重创造、尊重劳动的良好风尚，营造鼓励创新、促进合作、诚实守信、宽容失败的学术氛围。通过加强理念文化建设、制度文化建设、标识文化建设和院所环境建设等工作，着力创造以人为本、激励创新、宽松和谐的科研环境，使全院保持旺盛持续的创新活力。

各位领导、同志们，党的十一届三中全会实现了党和国家历史发展的伟大转折，改革开放为我国经济社会发展提供了不竭动力。在新的形势下，继续坚定不移地贯彻党的十一届三中全会以来的路线、方针和政策，继续坚定不移地推进改革开放，继续坚定不移地深入落实科学发展观，以改革创新的精神不断解决发展中遇到的各种困难和问题，大力提高农业科技自主创新能力，是我们对改革开放 30 周年最好的纪念。中国农业科学院将以党的十七届三中全会精神为指导，深入贯彻落实科学发展观，以改革开放 30 年为新的起点，与农业科技界各兄弟院、校携手并肩，共同推动农业科技发展，继续谱写我国农业科技事业改革发展的新篇章！

在纪念丁颖先生诞辰 120 周年纪念大会上的讲话

中国农业科学院党组书记　薛　亮

（2008 年 11 月 9 日）

各位领导、各位来宾、同志们：

今天，我们怀着十分崇敬的心情参加丁颖先生诞辰 120 周年的纪念大会，缅怀他在我国农业科技和教育事业中所做的伟大贡献，弘扬他热爱祖国、严谨治学和倡导科技兴农的精神。这是农业科技界和教育界一次非常有意义的活动，在此，我代表中国农业科学院向主办单位和参加这次活动的各界人士和同志们，表示衷心的感谢。

丁颖先生是我国近代农业的开拓者，中国近代农业科学的先驱，中国人民优秀的农业科学家，我国现代稻作科学的奠基人，他发表的多部专著和 170 多篇学术论文对中国水稻的起源、生态类型，以及新品种培育、丰产栽培技术等理论和实践方面都有重大贡献。丁颖先生卓著的科学成果在国际国内产生了很大影响，1955 年被选聘为中国科学院学部委员，被喻为“中国稻作学之父”。

丁颖先生是中国农业科学院首任院长，为中国农业科学院的建立和发展做出了突出贡献。建院初期，丁颖先生以他杰出的学术声望，凝聚了国内一大批优秀的农业科学家到中国农业科学院工作，并根据新中国农业科技发展的需求，初步建立了我院相对完善的学科体系。他重视科研与生产结合，主持开展“中国水稻品种对光照和温度反应特性的研究”，组织全国 12 个科研单位，在 8 省 10 个试验点对 161 个代表品种进行试验。他深入南方水稻主产区和东北、华北、西北地区考察研究水稻生产，足迹遍布全国农区。他重视国际合作，多次前往前苏联、东欧一些国家访问，进行学术交流，开创了我院农业科技国际合作的先例，并荣获前苏联列宁农业科学院通信院士，前东德农业科学院通信院士、前捷克斯洛伐克农业科学院荣誉院士等荣誉。

今天，我们纪念丁颖先生，要赞颂他开创中国近代农业科技的丰功伟绩，弘扬他科技兴农的先进思想。丁颖先生学识渊博，著述丰厚，在学术上有很深的造诣。他运用先进科学技术，把农业置于近代科学基础之上。他在中国栽培稻种起源、野生稻与栽培稻远缘杂交、稻种分类和稻作区域划分、良种选育、水稻栽培学等方面均做出了开创性的历史贡献。

我们纪念丁颖先生，要学习他以毕生精力无私奉献给农业科技教育事业、全心全意为人民服务的献身精神。丁颖先生从少年时代就决心致力于学习和研究农业科学技术，中学毕业后，他怀着“要使吃不尽苦头的农民与现代科学发生联系”，向同学们表示“诸君！当今之血性青年，当为农夫温饱尽责尽力，我决意报考农科。”他以热爱祖国和人民的一片赤子之心，三次远赴日本攻读农学专业，回国后即投身农业科研，传授知识，培育人才，一生为农、矢志不移，为农业科技事业鞠躬尽瘁，死而后已。

我们纪念丁颖先生，要学习他好学不倦、治学严谨、正直敢言、清正廉洁的科学精神和高尚品德。他始终坚持到农业生产第一线调查研究，亲自下田观察，获取第一手资料。他坚持科学精神，实事求是，每一个理论都要有试验论据支持，每一个论述都字斟句酌，做到准确可靠，从不跟风浮夸。丁颖先生有句名言："真诚的科学工作者，就是真诚的劳动者。"这也是他一生的光辉写照。

丁颖先生离开我们已经44年了，值得告慰先生的是，中国农业科学院经过50多年的发展，已逐步形成人才资源雄厚、综合实力较强国家农业科技创新中心。拥有39个专业研究所和研究生院、中国农业科学技术出版社。建成了5个国家重点实验室、32个部级重点实验室、38个国家及部委质量监督检测中心、16个国家农作物改良中心、分中心，拥有保存量居世界首位的国家作物种质资源库、亚洲最大的国家农业图书馆及我国农业领域唯一的国家重大科学工程。

建院50多年来，中国农业科学院始终遵循丁颖先生所倡导的"以研为本，科研与生产相结合"，共取得各类科技成果近5 000项，获奖成果2 400多项，其中获国家级奖270多项。创立了水稻、小麦品种光温反应特性理论，发现并建立了蝗虫、黏虫、小麦条锈病等重大病虫害流行规律和防治技术体系；突破了杂交水稻、超级稻、杂交玉米、转基因抗虫棉、矮败小麦、杂交油菜、畜禽疫病基因工程疫苗等重大核心技术；取得了农作物新品种培育、中低产田改造、畜禽良种繁育、集约化养殖，畜禽胚胎分割、胚胎移植、性别控制，猪瘟、牛瘟、马传贫、口蹄疫、禽流感疫苗等一大批科研成果，为我国农业科技跨入世界先进行列奠定了坚实的基础。"十五"以来，我们提出要把中国农业科学院建设成为"三个中心、一个基地"的战略目标，即世界一流的农业科技创新中心、农业科技成果转化中心、农业国际交流与合作中心、农业高层次人才的培养基地。力争为我国农业的发展再创辉煌。

进入21世纪，我国进入了解决好"三农"问题、破除城乡二元结构，实现经济社会可持续发展的重要时期。农业面临着极好的发展机遇，也面临着严峻的挑战。我们必须依靠科技来保障粮食安全、生态安全、农产品质量安全，并为促进农民增收，推进现代农业发展、新农村建设提供强有力的科技支撑。要实现这些战略目标和任务，广大农业科技工作者任重道远。我们将进一步增强紧迫感和责任感，深入贯彻落实科学发展观，大力提高自主创新能力，将丁颖先生等老一辈农业科学家所开创的中国农业科技事业不断推向前进，为实现中国特色农业现代化做出更大的贡献。

中国农业科学院关于表彰 2008 年度任务目标考核为优秀的单位（部门）的通知

农科院人〔2009〕41 号

院属各单位、院机关各部门：

根据《中国农业科学院院属单位年度任务目标考核暂行规定》，经 2009 年 2 月 2 日院党组会议研究审定：植物保护研究所、人事局等单位（部门）为 2008 年度任务目标考核结果优秀单位（部门），现予以表彰。

附件：中国农业科学院 2008 年度任务目标考核为优秀的单位（部门）名单

中国农业科学院

二〇〇九年二月九日

附件：

中国农业科学院2008年度
任务目标考核为优秀的单位（部门）名单

一、综合考核为优秀的单位名单

植物保护研究所、作物科学研究所、棉花研究所、油料作物研究所、中国水稻研究所、农业资源与农业区划研究所、蔬菜花卉研究所、兰州兽医研究所、生物技术研究所、特产研究所。

二、单项任务目标考核为优秀的单位名单

1. 科技创新：植物保护研究所、作物科学研究所、哈尔滨兽医研究所、油料作物研究所、中国水稻研究所。

2. 成果转化：哈尔滨兽医研究所、兰州兽医研究所、棉花研究所、油料作物研究所、特产研究所。

3. 交流与协作：作物科学研究所、植物保护研究所、农业资源与农业区划研究所、棉花研究所、油料作物研究所。

4. 人才与团队建设：作物科学研究所、植物保护研究所、农业资源与农业区划研究所、哈尔滨兽医研究所、中国水稻研究所。

5. 条件建设：哈尔滨兽医研究所、上海兽医研究所、作物科学研究所、棉花研究所、油料作物研究所。

6. 党建与精神文明：蔬菜花卉研究所、农业资源与农业区划研究所、作物科学研究所、植物保护研究所、研究生院。

三、综合考核为优秀的部门名单

人事局、国际合作局、科技管理局。

四、单项任务目标考核为优秀的部门名单

1. 工作作风：人事局、国际合作局、科技管理局。

2. 业务水平：人事局、科技管理局、国际合作局。

3. 工作效率：人事局、国际合作局、科技管理局。

4. 部门职责完成情况：人事局、国际合作局、科技管理局。

二、科研与推广

中国农业科学院2008年科研计划执行情况

2008年，在农业部、科技部等上级部门领导下，中国农业科学院以科学发展观为指导，深入贯彻中央农村工作会议精神，全面推进创新团队建设，着力加强科研项目实施管理和重点项目跟踪管理，培育重大科技成果，提高服务“三农”成效，积极促进学科、项目、平台、成果上新台阶，有力推动我院科技工作又好又快地发展。2008年全院新增科研项目1 043项，合同经费7.22亿元，取得各类科研成果137项，其中获奖成果66项（国家奖4项，省部级奖24项）。作物科学研究所的“中国小麦品种品质评价体系建立与分子改良技术”研究成果荣获国家科技进步一等奖。选育并通过国家、省级农作物新品种审定品种64个，获品种权8个，新兽药证书3个，获国家专利135项，公开发表论文3 930篇，其中被SCI收录434篇，出版科技专著168部。

一、农作物种质资源

农作物种质资源收集与鉴定评价　收集国内外种质资源2 412份，完成了玉米、食用豆、棉花、花生等10种（类）作物499份种质资源入长期库保存。完成了水稻、小麦、玉米、大豆、食用豆等12种（类）作物10 021份入中期库保存，保存总份数达171 759份。进行了抗病虫、抗逆和品质鉴定评价11 102份次，创新种质150多份。初步构建了小麦、水稻、大豆、燕麦等作物抗病，抗逆、优质、高产等应用核心种质和微核心种质。建立了全国小麦核心种质协作网，向全国25个科研单位提供微核心种质、应用核心种质与优异基因资源25 810份次。通过系谱和表型分析，初步勾画出了骨干亲本的表型特征，完成了小麦、玉米、水稻骨干亲本遗传组成在衍生品种中的分布特征，发现了一些与主要农艺性状相关的基因组区段。完成了336多个农作物种质资源描述规范、数据标准和数据质量控制规范的研究制定，出版《农作物种质资源技术规范》丛书110册。扩建了国家农作物种质资源数据库，完成了中国作物种质信息网的改版，向14万人次提供了信息共享和服务。建立了国家作物科学数据中心，研制了国家作物科学数据共享网络系统，构建了国家植物种质资源平台门户系统。

收集蔬菜种质资源499份，繁种入库411份，更新种质323份，评价鉴定种质1 278份。种植鉴定蔬菜杂交组合2 500多个，选出优良新组合共111个。从1 651份大白菜种质中构建出501份初选核心种质和4个候选核心种质。114份马铃薯新品系参加区域试验品比试验，50份表现比对照增产35%以上。收集重要花卉资源800余份，筛选优良种质50余份。

考察收集珍稀特油种质资源 12 份、野生濒危特油种质资源 78 份，补充完善特油资源数据 155 份。向国家农作物资源数据库提供近 2 000份资源共性数据库及 1 800余份图像数据库。收集麻类种质资源 211 份，提供资源实物共享 384 份，其中濒危、珍稀资源 32 份。采集及标准化整理麻类资源数据共 605 份，完成 55 份麻类资源编目，36 份种子入国家长期库，完成 456 份种子生活力测试。

新收集桃、葡萄种质资源 142 份，其中野生资源 114 份，国外资源 18 份，更新资源 202 份。引进苹果资源 24 份，梨资源 43 份，其中收集野生苹果、梨资源 20 余份。对 50 份苹果资源、82 份梨资源进行了共性数据整理和特性数据整理，共完成数据 1 580个。引进国外茶树资源 4 份，收集地方特异资源 12 份。完成了 100 份茶树种质资源的共性数据整理，录入标准化数据 3 000多条。国家烟草种质资源库繁种更新 1 291 份、品质鉴定 202 份、病（虫）害鉴定 828 份，完成 200 份烟草核心种质遗传多样性研究。

农作物种质资源分子标记和基因组研究：

小麦　首次发现了小麦半冬性基因和小麦光周期基因 *Ppd*1 有 5 种单倍型、明确了它们的分布规律及其对农艺性状的影响。初步明确了我国著名的小麦矮秆资源矮变 1 号矮秆基因的致矮机理和大拇指矮秆基因的突变位点。通过分子检测和纹枯病抗性分析，鉴定出抗纹枯病的转 Rs – AFP2 基因小麦（扬麦 12）T4 代株系（5 个）、转 TiERFl 基因小麦（扬麦 12）T4 代株系（12 个）。创造与鉴定出小麦—中间偃麦草易位系 HW642（Bdv2）的感病突变体 8 个。通过 VIGS（KNOCK – DOWN）方法证明 TNBLl 为抗黄矮病重要基因。构建了基因枪法转 TNBLl 基因的表达载体，转化高感黄矮病的小麦品种中 8601 和感黄矮病的小麦品种扬麦 12。

水稻　完成了显性矮秆、白化、矮秆不育等突变基因的精细定位，正在进行候选基因的测序和验证。完成了水稻抗旱表达谱分析，水稻抗旱蛋白组学分析以及部分功能候选基因的 RNAi 分析。开发出 Pi20（t）稻瘟病抗性基因 5 个紧密连锁标记，为该基因的分子辅助选择提供了重要支持，对稻瘟病抗性新基因 Piym（t）进行遗传互补实验。成功转化 287 多个来自于拟南芥和玉米的基因到粳稻品种 Kitaake，获得了大批的 T_1 和 T_2 代转基因株系。成功克隆出控制水稻米粒大小的 GIFl 基因。利用 TAIL – PCR 技术分离出转双价基因抗虫水稻科丰 6 号基因组与 T – DNA3′ – 连接区域的序列，建立了该转基因水稻品种特异性定性 PCR 检测方法，检测灵敏度达到 0. 1%。进一步完善了水稻 T – DNA突变体库，克隆出控制花期、育性、株型、抗逆等重要性状的基因。

棉花　通过对 300 多份我国特有的陆地棉品种以及近年创新的优质、大铃等优异基因资源进行了 SSR 引物的筛选，获得转基因抗虫、彩色、丰产、优质、抗病等性状聚合的创新棉花种质 10 多份。构建棉花全发育时期和花发育均一化、纤维发育时期 cDNA 文库和棉花 BAC 文库。构建陆海和陆陆棉高密度连锁图谱，获得与纤维品质性状相关的83个QTL，其中有14个QTL可用于分子标记辅助育种。以三系杂交棉为材料，分离到一个UDP葡萄糖转移酶基因、一个钙调节蛋白基因、一个整合酶基因以及4个高度同源的多聚半乳糖醛酸酶基因（PG），这些基因可能参与棉花生殖器官发育。

蔬菜 完成了白菜耐抽薹基因FLCl多态性及其与抽薹性状的关联分析，确定该基因一个剪切变异是导致白菜抽薹差异的主要原因之一。白菜和油菜比较基因组研究分析了21个白菜BAC与对应的油菜BAC的序列差异。利用Solexa技术测定了8个不同白菜类作物的叶绿体基因组序列，初步开展了基于叶绿体白菜类作物起源与进化分析。开展了甘蓝显性雄性不育基因的精细定位研究，通过紧密连锁标记从2 000个单株中筛选出重组单株145株。开展了白菜基因组测序工作，获得了Solexa测序数据45X，初步开展了全基因组序列拼接工作。马铃薯基因组已经基本完成测序工作，正在进行拼接。通过转基因获得了番茄抗晚疫病的新种质资源，构建了晚疫病抗性信号传递的突变体系，为克隆信号传递的关键基因打下基础。利用新一代Solexa测序技术与传统测序技术相结合的策略，获得了覆盖了99%的基因组区域和96%的基因区域的高质量黄瓜基因组框架图。初步建立了黄瓜—甜瓜—西瓜的比较遗传图谱，为其他瓜类作物利用黄瓜基因组序列提供依据。

其他 克隆了玉米、大豆中VE合成途径中的关键酶基因HPT、γ-TMT、MP-BQMT，分别在模式植物拟南芥中验证了几个基因的功能，目前已获得转γ-TMT基因的玉米株系。克隆获得50个左右的光受体基因、生物钟基因、开花调节基因，30个磷高效相关的基因和多个控制植物发育和抗逆性的大豆基因。从特殊生境植物胡杨中克隆得到20个NAC基因家族成员，试验证明PeNAC基因是一个定位在核内的转录因子，能够对干旱、高盐等逆境胁迫信号及ABA、乙烯、生长素、赤霉素等植物激素信号做出应答反应。克隆了香蕉内源的抗病基因（R）和系统获得抗性基因，克隆了籽粒苋中的PPDK基因及其部分启动子序列。采用Cap-trapper方法分别构建了四倍体—栽培烟草红花大金元，二倍体绒毛状烟草等在旺长期的叶片、茎、根的全长cDNA文库8个，完成测序2万余条，生物信息学分析正在进行。

二、农作物新品种选育

水稻 通过回交结合目标性状表型鉴定和标记辅助进行前景和背景选择，将抗稻瘟病供体Dacca6和抗白叶枯病供体IRBB23导入明恢63、9311和金23等不同背景的恢复系和保持系中，获得了一系列抗稻瘟病、抗白叶枯病的恢复系和不育系。进行大规模新品系选育和优势组合测配，已选育出24个水稻新品系，包括4个抗旱新品系、13个优质高产抗病新品系和7个高产优质新组合。选育出增产潜力大、稻米品质优、株叶形态好的杂交稻组合中浙优1号，该组合综合性状好，已成为大面积应用的主导品种。育成的杂交晚稻“天优华占”将产量、米质和抗性结合在一起，已通过国家审定。通过分子标记辅助选择技术与常规育种技术相结合，将水稻白叶枯病广谱抗性基因Xa21导入恢复系中，成功选育出优质、抗白叶枯病和稻瘟病、高配合力恢复系中恢 8006、R1176、J111，并组配出国稻系列组合、中优 1176 组合、中 5 优 111 组合，国际同行认为这是 Xa21 基因商业化开发的成功典例。

小麦　获得了一系列抗病、优质、高产小麦育种材料，10 个小麦育种新品系已经进入区域试验或生产试验。中育 12 通过河南省品种审定委员会审定。建立了小麦品种品质评价体系和矮败小麦轮选群体，形成了具有鲜明中国特色的小麦育种新方法。小麦新品种轮选 987 高产稳产，比北部冬麦区原有小麦品种每亩增产 100～120 公斤，具有大面积推广的潜力。

玉米　获得了转入单价和双价抗虫基因的玉米和烟草植株以及转 *aroA* 基因的玉米植株。对玉米 AGPase 的大小亚基编码基因进行改造，获得在高温条件下（44℃）有淀粉合成活性的突变体。创建了完整的玉米杂种优势群划分与利用理论，将我国重要玉米自交系划分为 3 个杂种优势群（含 6 个亚群），在深入分析各群遗传特点的基础上，引入热带种质资源，进行新型种质的创新和育种。已培育出 20 多个玉米品系。中单 808 在西南地区表现优良，推广迅速，2008 年推广面积超过 200 万亩以上。

棉花　中棉所 66、中棉所 68、中棉所 69、中棉所 70 棉花新品种通过国家或地方审定。通过分子标记辅助育种技术、常规育种技术和棉花远缘杂交筛选技术相结合，获得综合性状理想的纤维优良材料 26 份。加强了棉花育性相关基因、抗病、耐旱新基因的分离及功能鉴定，多基因表达载体及基因敲除植物表达载体的构建及表达、棉花线粒体基因组等研究，为未来培育新型高产优质三系杂交棉新品系和创造新型种质材料，探索三系杂交的分子机制奠定了坚实基础。培育出优质、丰产、多抗、雄性不育等各类优良亲本材料 300 多份，参加国家或省级以上区试新组合或新品系 96 个，其中完成区试程序、符合审定标准的组合 6 个。

大豆　“中豆 37”和“天隆 1 号”2 个大豆新品种通过审定。选育的大豆品种中黄 13 已成为我国推广面积最大的品种，2008 年推广面积达 1 100万亩，居全国大豆品种推广面积第一位。大豆品种中黄 35 是继中黄 13 之后又一个具有突破性的高产、高油、早熟大豆新品种，该品种含油量达到 23.45%。油春 05－8 大豆新品系在国家长江中下游春大豆生产试验中比对照增产 17.6%，表现出较高的生产潜力，综合性状优良，具有很好的应用前景。

油料作物　中双 11、中油 112、中油杂 13、中油 9606 等 11 个油料作物新品种通过省部级以上审定；20 多个油菜品种（组合）参加了国家和省级新品种区域试验，其中 4 个常规高含油量品种进入国家区试，含油量均大于 50%，且品质优良。中双 11 油菜新品种成为我国通过品种审定的含油量最高的油菜品种，两年 17 个试点中平均亩产量为 167.3 公斤，抗病性和抗倒伏性强。该品种的审定标志着我国克服了油菜育种中高油与高产、高油与抗病、高油与双低的三大矛盾，为显著提高我国油菜含油量奠定了良好基础。高油酸花生品种培育取得突破性进展，利用高油酸种质在杂交后代中选择到农艺性状优良的多个株系，其油酸含量达到 82%，油亚比 40∶1。芝麻育种获得超高产、早花、抗苗病、矮秆短节间等有益突变体16个，选择出高油突变体06SP3－2－13，含油量61.89%，比一般品种高3个以上百分点。

蔬菜 研究了甘蓝、青花菜等蔬菜雄性不育育种技术，获得新的雄性不育材料和已转育多代可实际应用的雄性不育系，获得了甘蓝和青花菜游离小孢子后代植株倍性检测方法。利用分子标记辅助选择手段，已将抗番茄叶霉病基因（*Cf5*，*Cf9*）、病毒病基因（*Tm2*，*Tm2a*）、根结线虫基因（*Mi*）等基因聚合到了番茄骨干材料中，获得了多抗番茄新种质。马铃薯耐低温糖化分子标记研究，获得二倍体马铃薯分离群体近400个基因型的试管苗，进行了较精密的分子遗传图谱构建和QTL性状分析。甘蓝转Bt CrylAh基因获得转基因植株，饲虫结果表明CrylAh转基因植株对小菜蛾幼虫具有程度不同的抗性。种植蔬菜育种材料13 974份，通过利用常规技术和生物技术进行材料创新研究，获得优质、抗病蔬菜优良材料共342份。

果树 利用花药培养技术分化出10个嘎拉胚状体，15个寒富胚状体，培养花药植株10余株，获得苹果元帅系新种质1个，采用常规育种技术初选出梨矮化与品质优异新种质各1份。常规育种获得优质、熟期、抗逆性、抗病性及加工专用等为目标的苹果杂交组合50余个，梨杂交组合60余个。通过对实生苗植物学性状、生物学性状、果实性状观察鉴定，复选出苹果优系10个，梨优系8个。选育出1个晚熟无籽甜橙优选系和1个大果无籽甜橙优选系。筛选出铜水72－1锦橙和奥林达夏橙的最适宜砧木，通过杂交育种和胚抢救方法，获得一批杂种苗。

麻类 开展了苎麻分子育种及转基因抗虫苎麻研究。摸索出了“中苎1号”等基因型苎麻的再生和遗传转化体系，初步建立了苎麻分子育种技术平台。建立云麻1号大麻和灰叶剑麻胚性愈伤高效诱导技术，并获得少量再生植株。进行了亚麻cDNA序列分析，建立了包括序列及预测信息在内的亚麻部分功能基因数据库，2 289条Unigene序列在GenBank登记。

茶树 筛选出年度重复较好的品系5个，夏秋茶审评总分接近或超过对照福鼎大白茶；夏秋茶氨基酸含量大于1.5%的品系5个。其中TRl003、TRl013已经进入品系比较试验，TRl003参加了第四轮全国区试。

烟草 通过鉴定筛选获得4个高抗TMV种质、2个高抗CMV种质、获得8个高抗PVY种质。筛选出与烤烟高香气性状紧密连锁的TRAP标记和与PVY抗病性紧密连锁的2个SRAP标记，分离到了PVY－NE－11的近缘系并克隆了该株系的HC－Pro基因，初步发现了与PVYN抗性有关的碳水化合物、酶、激素、氨基酸。

甜菜与甘薯 育成甜菜新品种4个，探索了甜菜分子标记辅助选择育种技术，建立甜菜室内早期抗丛根病筛选鉴定技术以及病地与非病地同步鉴定的轮回选择技术。育成新品种徐薯25通过山东省农作物品种审定委员会审定，并申报植物新品种保护，徐02S5－17参加国家甘薯北方薯区生产试验，另有6个品种（系）参加国家或省区域试验。

三、农作物栽培

水稻 杂交稻育秧技术研究提出了机插秧的肥水调控、底土配制及壮秧育秧技术以及首创水稻钵型毯状秧苗机插秧技术。开展杂交稻条播及定位定量育秧播种研究，在确保较低漏秧率的前提下，降低杂交稻播种量。在分析浙江及长江中下游稻区生态条件与技术、经济发展状况的基础上，通过茬口配对、技术组装与熟化完善，形成水稻高产与地力培肥相结合的稻田可持续高产组合模式。同时开展了稻田土壤多元化培肥新途径及关键技术研究、氧营养的根系效应研究、高产水稻的产量构成与株型特点研究、水稻垄畦栽培技术研究等调控技术研究。灌溉稻“麦作式”水稻湿种技术以具有明显杂种优势的杂交稻组合为材料，按水稻生理需水规律，构建了以“湿土播种、浅水护苗、旱管培根、沟水育穗、干湿防衰”等为主的灌溉稻田麦作式水稻旱种技术，其增产、节水、环保效果显著。开展了转基因水稻应答高盐逆境胁迫的田间鉴定研究，为作物耐逆性状的分子改良设计提供理论依据和具有知识产权的基因源。

小麦 研制了冬小麦“一晚三省”关键栽培技术，即因地制宜，适当晚播，节约用种，适当降低播量，创建合理群体，提高群体质量，推迟春季灌水时期，节省返青水，合理运筹施肥，降低施用量。

玉米 提出了作物产量性能的定量化公式，建立了性能关键因子的模型，量化了不同高产途径。东北春玉米超高产群体冠层优化技术取得突出成绩，创高产16 500公斤/公顷纪录。华北平原冬小麦—夏玉米“双晚双增”取得新突破，增产幅度为993公斤/公顷。研制出了新型绿色生长调节剂2个，并申报国家专利，已在生产中应用。

油菜 开展了油菜高效栽培技术研究，重点研究推广油菜直播高产技术、保护性耕作技术和机械化生产农艺。在单项栽培技术创新突破的基础上进行了集成组装优化和示范推广。开展了油菜免耕直播栽培技术研究，进行了油菜直播全苗及迟播促早发、机械化播种及收等试验，取得了较好的进展。开展了油菜抗冻减灾技术研究，研究了品种、播期和密度对油菜抗寒能力的影响，优选一批抗寒能力较强的油菜品种，并系统研究了油菜干物重、叶绿素含量、光合速率等对冻害的响应及其与植株抗寒性的关系。建立了杂交油菜制种技术体系，通过人工诱变产生的抗咪唑啉酮类除草剂油菜分别与保持系和恢复系杂交，筛选出抗除草剂不育系和恢复系。利用该抗除草剂恢复系和不育系已研制出无风险的杂交油菜制种技术体系，可以保证杂交种子纯度100%，提高制种效益。

蔬菜 探明了番茄、甜瓜叶片可溶性糖含量高低等指标可以作为抗性鉴定的量化指标以及甜瓜优质高产的追肥配方；采用热水锅炉对土壤进行高温消毒，种植菌根苗，可以获得高营养的蔬菜瓜果；建立了周年环境数据库。研制出新型无土栽培基质配方4种，有机固态肥配方可明显改善了无土栽培基质中的根际微生物区系，提高了基质活性和营养转化能力；明确了新型缓释高含量复合钾肥及有机肥在不同基质类型中速N、速P、速K及氨态氮、硝态氮释放规律。筛选出最佳的生长抑制剂种类、施用浓度及配套的施用方法，明确了 SA、CTS 对胁迫下幼苗体内活性氧平衡的作用。

果树 开展了郁闭苹果园控冠改形技术研究，进一步明确了控冠改形技术对果实品质、营养制造等方面的影响，初步制定了控冠改形技术操作规程，为构建优质、高效生产体系奠定基础。对苹果新品种华红在简化树形、花果管理、土壤管理、病虫害控制等方面开展技术攻关，建立了一套华红苹果的现代栽培管理模式。开展葡萄设施栽培技术研究，建立了葡萄设施栽培适用品种的优选评价体系，筛选出葡萄设施栽培适用品种无核白鸡心、藤稔、红旗特早玫瑰等品种，提出并创新了葡萄设施栽培高光效树形和叶幕形，初步确立了葡萄高效破眠剂配方，建立了葡萄设施栽培连年丰产技术体系。加强 3 个苹果新品种栽培技术的研究和配套，推广应用高细长纺锤形整形修剪技术、生草和地面覆草等管理制度。

茶树 研究发现茶叶产量和品质与氮肥施用量之间呈线性加平台的关系。明确了茶树对氮元素吸收季节性变化特点，氮素的吸收量与采摘标准有较大关系，不同采摘标准氮素吸收出现的高峰时间有差别。研究建立了叶绿素反射仪（SPAD）测定鲜叶 NO_3^- 和鲜叶氨基态氮测定分析方法，成熟叶 SPAD 读数作为氮素诊断方法。初步提出了适合机采的茶树树冠结构和手采茶园改机采茶园的修剪技术和施肥技术。

烟草 构建了烟叶成熟采收的理论和实用判断指标体系，建立了以 SPAD 值和总氮阈值范围为主、外观等其他指标为辅的优质烟叶适宜成熟度理论指标体系及田间成熟采收特征图谱。首次提出了在我国不同气候类型区以“适宜成熟度”为核心的优质烤烟生产技术体系。定量验证了卷烟工业对不同烟叶产区适宜成熟度烟叶的需求，提出了适合我国卷烟工业的适宜成熟度概念，为中式卷烟优质原料生产提供了重要的技术支持。

四、农业资源环境

农业微生物菌种资源平台建设 整合 2 180 微生物菌株信息到数据库，1 800 株实物到菌种库。建立了项目网站和农业微生物菌种保藏管理中心网站，开发了资源信息、培养基、分级分类编码等检索系统，实现了微生物资源信息的网络化和数据共享。基本完成对全国 31 个省级农科院的 100 多个相关研究所和中国农业科学院部分研究所的微生物菌种资源的调查工作。成功组建了秸秆降解复合细菌菌系 5 个、复合真菌菌系 4 个，常温下以秸秆为唯一碳源培养液 4 天左右可以降解全部秸秆。选育出具有降解苯并［a］芘能力的微生物菌种 35 株，其中降解能力较强的微生物菌种 8 株，修复功能菌群 5 个，并研制出高效降解苯并［a］芘的微生物菌剂 2 种。

农业微生物和酶工程技术 建立多个有机磷降解酶的突变体表达库，筛选到一些具有高效广谱降解特性的有机磷降解突变株。对乳糖酶基因进行了全基因优化改造，完成高效表达元件的优化、整合及重组毕赤酵母表达载体的构建，获得酶活性达到 8 000IU 的高表达乳糖酶转化子。从乳酸杆菌、双歧杆菌、芽孢杆菌中克隆了多个乳糖酶新基因片段，其中来源于纤维单胞菌属的乳糖酶新基因已在原核和真核表达系统中获得活性表达。

从耐辐射微生物中分离克隆新型抗逆基因 irrE，在 E. coli 表达显著增强了细胞的高盐、高温高糖浓度等抗逆能力。转入油菜、烟草后使其耐盐能力达 350mM（NaCl）。开展了 irrE 对 E. coli 耐盐的全基因组转录图谱及蛋白图谱分析。建立了代谢工程改造和优化产乙醇重组菌的技术平台。优化的重组菌耐乙醇达 60g/L，葡萄糖发酵产乙醇的效率达理论值的 94.6%。利用内含肽环化蛋白质技术，对植酸酶进行分子改造，建立了蛋白质工程技术平台，优化的植酸酶的热稳定性、蛋白酶抗性大大提高。

沼气发酵过程微生物调控技术研究　分离、筛选到厌氧纤维素降解菌 9 株，其中分离自泥炭样品的中温厌氧纤维素菌具有较高的纤维素酶活性能够快速降解纤维素类物质。获得以厌氧降解纤维素为优势菌群的高效降解纤维素的富集培养物，通过连续传代培养及组配获得高效稳定降解纤维素产沼气的复合菌系 10 个，提高了纤维素降解速率，同时保持了高效稳定产甲烷的能力。对沼气发酵生物刺激因子进行筛选与复配，筛选到乙二胺四乙酸二钠、四氢呋喃、洋葱浸提液、芹菜浸提液和植酸等 8 种能够明显影响纤维素降解效率、产甲烷速率和甲烷品质的生物刺激因子，明确了沼气发酵各阶段微生物群落结构动态变化规律。

肥料减施增效与农田可持续利用研究　建立了肥际研究方法，研制了肥际微域研究的实验装置，形成了适合微域研究的切片取样方法，发现肥际微域氮素养分迁移转化过程快速而剧烈，初步筛选出高效脲酶抑制剂和硝化抑制剂。进行了不同玉米品种氮肥利用效率及节肥潜力评价和磷素高效吸收利用玉米基因型的筛选。研究发现随磷肥用量增加，AM 真菌种群降低，开展了提高土壤氮磷利用效率的根层调控试验。在典型农区开展氮素循环特征研究，探索提高植物氮磷利用效率的分子途径。

磷循环过程、有效性机制及其影响因素　系统揭示了主要农田生态系统中磷、钾长期积累或亏缺规律，土壤难溶性磷钾的活化机理和途径；阐明不同农田生态系统中磷、钾素的迁移机制、影响因素和生态环境效应；提出不同区域农田土壤中磷、钾余缺的阈值和诊断技术。

农田肥水资源可持续高效利用技术研究　初步构建了三大平原农田肥水资源信息管理系统，形成了不同作物高产/超高产土壤营养控制指标体系、土壤—作物营养时空有效性控制技术、高产条件下农田养分平衡调控技术、农田土壤有机定向培育技术、土壤养分流失控制技术、肥水高效协同共效技术、高效节水技术、土壤—作物营养高效实时监测技术；初步建成三大平原农田养分高效实时监测技术体系和肥水信息化管理决策系统。

中南贫瘠红壤与水稻土地力提升关键技术模式研究　明确了不同水蚀退化程度红壤有机质含量与团聚体结构的关系，得到了氮肥施用水平对低肥力红壤抗旱能力和作物产量的影响。初步获得了中南典型红壤地区大气酸沉降及其主要组分；确定了土壤可溶性有机氮（SON）和土壤可溶性有机碳（SOC）的增加是有机物料减缓土壤酸化进程的主要原因之一。研究发现红壤旱地长期施用化学氮肥加速土壤酸化，影响土壤微生物数量和土壤酶的活性；施用有机肥（猪粪）对酸性土壤具有良好的修复作用。研究发现不同耕作方式、农艺措施对作物的生物、经济产量有一定的影响，中耕盖草和施用除草剂增产效果较明显。初步提出了湖南省高产、超高产水稻土的质量标准。

平衡施肥与养分管理技术 制作出了东北和华北中量元素有效性的区域化分布图，确定了中量元素有效养分的测定方法和分级诊断标准；确定适宜的肥料种类和施用方法，提出主要作物中量元素肥料高效施用技术，并开展示范。研制出含硫、含镁作物专用肥和喷施用高效钙肥。形成了控氮、调磷、增钾硫、补硼锌、氮钾肥后移、秸秆还田快速腐解的集成技术；研究了规模经营和分散经营条件下土壤养分空间变异规律与精准调控技术，建立主要作物精准/分区平衡施肥技术体系，并提出施肥技术规程。

土壤中铜和镍的生物毒性及其主控因素和预测模型研究 通过有代表性的中国土壤外源铜和镍的番茄、大麦根伸长、小白菜毒害试验，发现土壤 pH 值是影响植物铜和镍毒性阈值最重要的因子。中国本地小白菜对土壤中铜和镍毒害的敏感性高于其他作物，可以作为土壤中铜和镍的生态风险评价终点植物。明确了 pH 值是通过影响羟基铜离子的形态而影响铜的毒害，而对镍而言，是通过影响水溶态 $NiCO_3O^-$ 离子而影响镍的毒害。发光菌微生物可以用于土壤中铜和镍毒性测定，为土壤中重金属生态风险评价提供快速廉价的诊断方法。

二氧化碳诱导植物富集放射性铯的机理研究 研究发现铯污染可明显降低高丹草的生物量，而 CO_2 浓度升高增加高丹草的生物量。CO_2 浓度升高条件下，根、茎、叶中铯含量均出现了先增长后降低的趋势，在 500mg/kg 植株各部位铯含量达到了最大值，CO_2 浓度升高对各部位铯含量的增加作用达到了显著水平。

耕地地力提升与退化耕地修复关键技术研究 探明了土壤速效磷的磷素长期盈亏规律，不施磷肥时，土壤 Olsen 磷含量都有不同程度下降。不同土壤 Olsen 磷下降分为三种情况，即大于 20mg/kg 时，25 年内一直呈现明显下降趋势；10～20mg/kg 时，15 年内一直呈现出明显的下降趋势，其中前 5 年下降 15mg/kg 左右；小于 10mg/kg 时，25 年内一直变化不明显。土壤中 Olsen 磷下降有一定阈值（5mg/kg 左右）。围绕土壤肥力退化、耕地质量提升、退化耕地培肥等共性关键技术问题，形成了退化红壤旱地修复、设施菜地地力调控、灰漠土地力培肥、紫色土地力提升与修复等技术模式 4 套。

污染农田治理关键技术研究 完成了低吸收植物品种的筛选，重金属原位钝化（螯合）剂的试制及重金属阻抗剂的应用试验。研制成具有降解有机磷、有机氯农药残留同时具有防病、防虫、肥效等多种功能的复合微生物菌剂“五源生态菌”。分离筛选到降解磺酰脲类除草剂菌株 6 株。

畜禽养殖污染物减排和废弃物资源循环利用技术研究 建立了畜禽养殖废弃物阴离子、重金属、有害气体快速检测方法 19 项。开展了养殖污染源头控制技术研究，通过肉鸡日粮中脲酶抑制剂的添加，改善肉鸡体内氮代谢，能有效减少鸡粪中氨气的释放。提出了猪场少/无污水发酵床技术工艺，使用该工艺养殖生长育肥猪的生产性能、舍内温热环境、有害气体浓度以及用水量与传统猪舍相当。开展了猪场污水移动床生物膜反应器（MBBR）工艺中试研究，对 COD 和 TN 的去除率分别达到 90% 和 80%，运行费用降低 20%。对猪场厌氧出水种植牧草和水产养殖等农业利用技术进行了研究，污水替代率达到 30%。开发养殖场粪污连续干发酵厌氧工艺并提出相关运行参数 1 套。

农村生态污染源控制关键技术 完成了农村主要污染源的调查技术规程，开展了农村污染源调查，对农村生活垃圾和生活污水的产生量及其特性、养殖污水和沼液污染物、河道、鱼塘和水稻田水的污染物特性以及西部民用燃煤的氟和硫的释放情况进行了测试分析；对农村污染源的解析方法进行了初步研究，开发了农村面源水污染地理信息系统，为农村污染源数据库的建立奠定基础。研究提出小型化农村固体废弃物综合处理工艺技术，完成发酵装置的设计和样机试制，提出了农村固体废弃物堆肥发酵控制装置运行的关键技术参数。开展农村液体废弃物减排技术研究，提出猪场污水过程减排组合新技术，通过对饮水器和生产工艺的改进，从生产过程减少养猪生产污水产生量。提出农村分散式粪便污水卫生收集处理技术工艺，通过真空排污阀的抽吸，在黑水与灰水分离的同时实现远程排放，卫生冲洗水量大大减少。

农田污染物源头控制关键技术研究 研究表明设施菜地中重金属含量总的呈现累积趋势，部分土壤中 Cd、As 含量已经超过国家二级标准，有的甚至超过了三级标准。设施菜地中重金属含量在施肥和管理方式相近的情况下，与种植年限呈正相关关系。不同肥料种类和品质、用量及管理方式，对设施菜地中重金属的含量有显著影响，其中在施用猪粪条件下土壤重金属的累积较明显。不同利用方式下土壤重金属含量比较，设施菜地中 Cd、Cr、Pb、As、N、Cu、Zn、Mn 的平均含量均明显较高，其顺序为设施菜地 > 露天菜地 > 大田 > 林地。

气候公约谈判和履约对策的综合基础研究 建立和完善了农、林业活动碳吸收汇的估算模型和碳源/汇计量体系。阐明了中国不同基年、不同时段林业活动碳汇潜力，评估了我国重大林业工程的固碳效应和不同管理措施对农田与草地土壤碳储量的影响。评价人类活动对陆地生态系统碳循环的影响和中国陆地生态系统固碳潜力。为我国政府参加《联合国气候变化框架公约》及《京都议定书》第二承诺期谈判及 IPCC 有关谈判提交对策建议近 4 项。

气候变化对中国农业影响研究 首次综合评估了未来 20 ~ 50 年中国主要农作物生产和粮食安全受气候变化及农业用水、土地利用变化的影响，特别对宁夏主要农作物生产的影响及适应对策作出了更为详尽的模拟评估。首次分析了气候变化对农民生计的影响、构建了适应气候变化战略评估框架和提出了宁夏农业领域适应气候战略建议，推进宁夏成为我国第一个把适应气候变化纳入地方“十一五”计划的省级单位，为国内和国际相关研究和适应政策制定提供了一个有较大影响的范例。

低温冷害与霜冻调控技术研究 针对玉米、棉花、园艺作物等抗低温胁迫问题，获得了 4 类抗低温制剂的化学配方，可提高作物的抗逆性，其中棉花促早防霜枯叶吐絮剂等制剂已申报国家发明专利。应用现代微电子技术和信息网络技术的集成，开发出了多功能环境远程监控系统，可对野外农田和温室设施的气象生态环境要素进行实时动态监测、远程传输、网络信息发布；并在远程监控硬件系统的基础上，开发出两项远程监控诊断管理系统，可用于玉米低温冷害和温室环境质量的监测诊断与调控管理。

五、农业节水灌溉

作物需水信息实时采集设备研究 研制出了 SWR－4 型管式土壤水分传感器，测定结果重现性较好，精度高，操作简单，对各类土质有较好的适应性。改善了适用于连续自动监测作物需水信息的茎直径变化和作物蒸腾速率测量传感器。完成了便携式灌溉预警装置样机的电路设计，初步建立了基于气象资料的膜下滴灌棉花实时灌溉指标体系，确定了膜下滴灌棉花全生育期以及各生育阶段的累积蒸发量与作物实际耗水量之间的量化关系。

地下滴灌系统与产品研究 研发出抗根系入侵功能的地下滴灌灌水器、防鼠害灌水器、抗堵塞地下滴灌灌水器等 5 种类型的专用灌水器，研制出具有自洁净功能的网式、迭片和砂石过滤器原型机各 1 套。初步开发出地下滴灌系统设计软件 1 套。在新疆、甘肃、广西等地建成了棉花、啤酒花、甘蔗等不同作物地下滴灌示范田 500 亩。

不同区域农业用水节水潜力评价 整理分析了华北地区气象、水资源、灌溉试验及作物种植结构等基础数据 25 万多个，提出了适用于华北、东北地区应用的工程节水技术、农业技术措施、管理技术措施和综合节水技术模式，开展了我国灌溉水利用系数的现状调研及测算方法研究，初步构建了基于 WEBGIS 的华北地区节水农业基础数据查询系统框架。

灌区地下水开发利用关键技术研究 开展了灌区地下水资源及环境承载力的评价指标体系和评价模型、机井修复的技术和合理布局技术、增大机井出水量技术、成井新材料、地下水与地表水联合利用优化配水方案、地下水资源优化管理等研究与试验，研发了新型辐射井辐射管施工设备、基于 GIS 的灌区水资源管理系统、基于 GIS 的灌区地下水资源及开发潜力评价系统、地下水动态观测的可视化平台、地下水与地表水联合调度的分布式智能监控系统、作物水分信息采集和土壤孔隙水流速测量装置等设备与平台。

小麦优质节水高效灌溉指标与非充分灌溉模式 进行了非充分灌溉对冬小麦生长发育及产量、耗水特性、生理特性的影响研究，制定了冬小麦各生育时段的适宜土壤水分控制指标，以冬小麦产量与分阶段耗水量关系的数学模型为目标函数，采用动态规划法，对有限水量在作物生育期内的分配进行了优化，提出了冬小麦不同典型水文年的节水高效非充分灌溉制度。

作物生命健康需水信息系统与非充分灌溉模式 研究了节水灌溉条件下作物生命健康需水指标与经济需水量标准，构建了数字化中国主要作物生命健康需水量信息系统，探索了作物生命健康需水信息的时空变异特征与尺度转换技术，提出了中国北方主要农作物的节水、高效、生态健康的非充分灌溉技术操作规程。

节水农作制度关键技术引进与创新 初步建立了北京地区主要农作物用水状况参数

库，提出了北京地区冬小麦—夏玉米常规种植的替代模式，提出了基于引进模型应用的北京地区主要作物灌溉制度。建立了全国农业气候信息系统，明确了北方地区种植模式需水特征及降水资源对作物满足程度，确定了北方典型地区不同种植模式的作物系数。初步完成北方地区节水农作制基础数据库数据录入。完成了对 SIMETAW 模型的敏感性分析、模型的验证、模型的校正、应用。建立了 DSSAT4.0 模型数据库，运用模型进行了不同种植模式的模拟研究，初步建立了一套区域节水高效种植制度评价指标体系。开展了西北一熟灌区、西北一熟雨养区、东北一熟雨养区、二年三熟雨养区、二熟井渠结合灌区、二熟井灌区节水种植模式与配套技术试验研究与示范。

农田水分生产潜力及适度开发研究　初步完成了东北、华北、西北和西南地区 1 600多个县市旱作农业基础数据调研，构建了旱作农业基础数据库，完成了研究区 1961 ~2000 年 455 个气象站点气象数据的收集。提出了采用阶乘模型、农业生态区域模型等进行水分生产潜力计算模拟和空间插值方法。在辽宁省阜新、甘肃省甘南、山西省寿阳和三峡库区等地开展了农田水分平衡和生产潜力定位试验。

北方农业干旱综合调控技术研究：水肥互作抗旱技术研究结果表明，土壤剖面硝态氮的富集与施肥量相关性最强，其次受灌水量、次数及不同生育期影响。小麦收获后，土壤剖面中残留的硝态氮量与生育期相比呈增加趋势，并随施氮量增加，残留累积量增加显著。小麦生长期间土壤中硝态氮累积值高，收获后残留量高，总趋势与施入氮量有关，施入量高收获后残留量高，反之则低。

环境协调型旱作节水农作制度研究　收集了 1978 ~2008 年典型旱作农业区的资源环境资料，完成了部分数据资料的数字化录入和校对，并设计了旱作区“水—土—气—生”资源环境电子数据库基本框架。收集整理了旱作区农作制度历史资料，选择了典型的种植模式进行定位试验，并对典型种植模式下水土资源要素的响应规律进行了初步分析，发现大豆、玉米等间作和轮作模式优于单作模式，并能明显改善土壤水分平衡，提高水分、养分、土地利用率和经济效益。依据主要类型区旱作农业经济、资源环境特点，初步确立了水土资源承载能力和环境容量评价指标体系及其模糊综合评价方法。初步建立了适合旱作作物的水分 - 产量响应模型和种植结构优化模型，筛选出适合旱作种植模式优化的作物生长机理模型，设计了环境协调型旱作节水农作制度决策支持系统的基本框架和界面。

绿色环保多功能保水制剂　使用衣康酸、淀粉、纤维素、壳聚糖、腐殖酸等生物质原材料部分替代石油产品丙烯酸，结合难溶性富钾、富磷矿物，引入凹凸棒土、高岭土等无机黏土，制备了生物质有机无机复合保水剂。植物蒸腾抑制抗旱制剂研究，选用具有生长调控生物活性和成膜特性的甲壳素（壳聚糖）、淀粉及其衍生化合物，实施生物质基质缩聚、胶联和融合浸织等化学过程，制备生物质成膜材料。黄腐酸植物蒸腾抑制活性物复配不产生絮凝，产品在流动性、附着性、持续性等方面得到改善和统一。

六、农作物病虫害防治

植物病原菌的变异、监测与快速检测技术研究 组织鉴定了全国12个省（市）的973份小麦条锈菌标样，发现出现频率最高的“条中32”为29.50%；“水源11-14”为26.72%，比2007年有明显上升，且寄生适合度较高，有较大发展潜力，应予以高度重视，被正式定名为“条中33”小种。对收集到的146份冀鲁豫生产品种进行了全生育期抗条锈性鉴定及成株期监测，结果发现抗性比例仅为3.42%，必须引起高度重视，为建立时间配置控制条锈病的种植模式提供了依据。

测定了从国内不同地区采集的28小麦矮缩病毒分离物的基因组全序列并与玉米条纹病毒属的18其他病毒全序列进行分析，小麦矮缩病毒、大麦矮缩病毒、燕麦矮缩病毒和玉米条纹病毒相对的分化时间与其寄主的分化时间对应。对包括30个中国分离物在内的58个大麦黄矮病毒-PAV分离物的基因组全序列进行了系统进化树和分子群体多样性分析，揭示了它们之间的进化关系，表明中国的BYDV-PAV分离物存在广泛的多样性和分子变异。研究建立了用于定量检测水稻条纹病毒的定量检测方法、大豆孢囊线虫一步双重SCAR标记PCR检测方法、A型和B型马铃薯腐烂茎线虫一步双重的快速分子检测方法以及梨枯梢病、梨火疫病菌一步双重PCR检测体系。

构建了世界上数量最大、范围最广的小麦赤霉病菌单胞菌种库，涵盖了14省256个采样点的4 000个单胞菌种。建立了高通量真菌核酸提取技术平台，揭示了中国南方大麦F. asiaticum的群体遗传结构、地理分布与产毒类型具有明显的相关性。发现福建省存在特异的15-AcDON毒素类型群体，补充完善了中国禾谷镰刀菌的病害流行假说。采用国际最新的青枯菌种内演化型分类框架，对采自我国17种寄主上300个青枯菌菌株进行了种内演化型分类，发现中国只存在演化型Ⅰ和演化型Ⅱ菌株。

寄主植物与病原菌的互作研究 从灰葡萄孢菌中获得了纯化的激活蛋白及其编码基因pebCl，分别在大肠杆菌和毕赤酵母细胞中获得了可明显促进小麦生长，对烟草花叶病毒病和番茄灰霉病表现良好的诱导抗病功能高效表达白。缺失突变体蛋白与PeaT1蛋白一样具有很好的热稳定性，均对小麦具有抗病促长的作用，推测PeaT1的2个结构域可能具有相对独立或类似的生物功能。

害虫种群遗传分化研究 研究表明我国各个地区的红火蚁已经存在一定的遗传分化，并可能是来自不同的红火蚁发生地。但不同发生区的虫源存在同一入侵源的可能。对来自13个不同地理种群的亚洲玉米螟进行了ISSR分析，结果表明地理位置的差异阻隔了不同种群间的基因交流，导致了种群的遗传分化，并进一步验证了亚洲玉米螟成虫的迁移主要为近距离的扩散。

害虫生物学研究 成功克隆了亚洲玉米螟中肠类钙黏蛋白（CAD）基因的全长阅读框，并测序验证。开展了草地螟触角气味结合蛋白基因克隆及表达，完成了普通气味结合蛋白I、信息素结合蛋白、核糖体蛋白L24基因、性别特异性基因PBPFM1、PB-

PFM2 等的 cDNA 克隆及序列分析，并已在 GenBank 注册。开展了草地螟越冬生物学和抗寒性研究，揭示了草地螟的抗寒机制，明确了田间草地螟对产卵寄主选择性的变异。克隆了甜菜夜蛾性信息素合成激活肽受体 cDNA 序列全长，并在 GenBank 登录。建立了果胶甲酯酶、多酚氧化酶、纤维素酶、葡糖苷酶的定性鉴定方法，初步比较防御基因 mRNA 转录水平的差异。

病虫害防治技术研究 研究建立了茄果类蔬菜白粉病和设施辣椒根腐病综合治理技术体系，筛选出具有自主知识产权的防治茄果类蔬菜白粉病的新药剂 20% 唑菌酯悬浮剂。研究确立了我国北方设施辣椒根腐病的病原菌为辣椒疫霉，筛选出具有自主知识产权的药剂 25% 烯肟菌酯乳油。提出了具有自主知识产权的应用“药物隔离膜法”控制甜椒根腐病新技术，枯草芽孢杆菌药物隔离膜法控制甜椒根腐病田间防治效果在 80% 以上。初步建立了时间序列自回归模型预测茶小绿叶蝉种群动态的方法，短期（10 天以内）预测准确度 70% ~80%。研制出高效茶毛虫性诱剂，防治效果从通常的 45% ~81% 提升为 82%。进一步明确了甲基茉莉酸酯（MeJA）诱导茶树产生抗虫性和对茶尺蠖的拒食机理，优化了茶尺蠖拒食剂配方并确定了有效剂量、喷施方法，在防治适期施用对茶尺蠖的田间防效可达 70% 以上。

生物防治技术研究 利用 Access、Visual Foxpro 等技术建立起天敌昆虫资源数据库，完成了 200 种天敌昆虫的基本信息、应用情况、繁殖技术、利用情况，并开展了天敌昆虫种质资源活体库建设工作。完成了一种螨类和昆虫微胶囊人工卵制作方法，筛选了寄生我国亚洲玉米螟卵的玉米螟赤眼蜂优势亚种群，改进了腰带长体茧蜂的饲养技术，为今后规模释放控制玉米螟奠定了基础。研发出一种适合我国捕食性蝽类昆虫人工饲料的基础营养配方。明确了东亚飞蝗体温调节特性与绿僵菌致病性的关系，为进一步开发利用耐热性绿僵菌治蝗或抑制蝗虫的热调节行为来提高生物防治效果奠定了基础。优化了粘帚霉产厚垣孢子培养基配方筛选及条件研究，建立了 6 000个哈茨木霉 T-DNA 插入突变体库。从微生物中分别克隆和表达了一种对桃蚜具有显著的生物活性的昆虫蛋白酶抑制剂，以及对棉铃虫有较强的抑制活性的淀粉酶抑制剂。微生物除草剂研究完成了 HGE 孢子防治杂草的田间试验，分析确定了 HGE 孢子和毒素侵染和防治稗草过程的超微结构变化规律，初步确定 HGE 菌的致病机理，并筛选获得与 HGE 菌相容性好的助剂、表面活性剂及化学除草剂。

外来入侵生物防控技术研究 在海南、广东、福建、浙江和重庆 5 个省市考察完成了 80% 地理网格的调查任务，建立了中国外来入侵物种调查数据库。对小麦一号病、稻水象甲、三叶草斑潜蝇、玉米霜霉病等病害进行了潜在分布分析，并制定了控制预案。建立了飞机草、加拿大一枝黄花、椰心象甲、红棕象甲等 4 种入侵物种的风险评估技术标准。建立和完善了广聚萤叶甲和豚草卷蛾的规模化生产技术及参数，建立并推广示范了大范围防控豚草的应用技术。

开展了黄顶菊入侵生物学机制及其生态修复研究，发现黄顶菊水提液对小麦、棉花、苜蓿、大豆、玉米等多种作物的化感作用，对作物幼苗根系发育、根系形态以及幼苗根系生理指标等几个方面的影响尤其严重。揭示了黄顶菊化感作用的机理，化感物质首先作用于细胞膜，使细胞膜透性增加，进一步造成氧自由基含量升高，打破正常的细胞代谢，进而造成小麦的生理活性降低，生长受到抑制，从而为自身生长争取空间和时间优势。在黄顶菊的生态修复研究方面，初步筛选出了向日葵等几种入侵后生态修复作物，并比较筛选出了其最佳混播方式、各作物的比例。

转基因生物安全性及检测技术研究 对1992～2006年华北地区6省100个观测点的棉铃虫种群监测数据分析发现，近年来各种作物上棉铃虫发生为害明显降低。表明Bt棉花的种植不仅有效控制了棉田棉铃虫种群，而且明显减轻了其他作物上棉铃虫的为害，从而减少了这些作物上化学农药的使用量。这一研究结果为解释转基因抗虫作物对靶标害虫种群演化的调控机理和棉铃虫的区域性可持续控制提供了理论依据、指明了途径。美国《科学》杂志2008年9月19日以封面文章发表了该研究论文。

采用LD－PCR等方法，测定了转基因抗虫棉GK12和33B的Bt基因表达框完整序列，通过比较它们之间的差异，建立了鉴别两者的双重PCR快速检测鉴定方法。将基因拆分技术和叶绿体转基因技术结合使用，探索在烟草和杂交稻上限控基因漂流的效果。克隆了高抗草甘膦的EPSPS基因，构建了融合基因含叶绿体导肽的双子叶植物表达载体，转化获得了转基因烟草植株。

新农药研制与高效使用技术研究 高毒农药替代研究筛选出氟虫腈、多杀菌素、吡虫啉、啶虫脒等6种防治棉花蓟马高活性、低毒的备选杀虫剂品种。设计并合成了对家蝇和蚜虫具有杀虫活性的20个有机磷二效价簇合物。开展了昆虫性信息素的高效合成研究，发现盲蝽科性信息素的主要成分以酯类居多。室内优化完善了阿维菌素、氯磺隆纳米微囊乳界面聚合制备方法，确定了聚合条件，开展了具有缓控释性能纳米药物载药系统的构建与性能表征研究。构建了阿维菌素纳米分散粒剂、纳米微囊悬浮剂和纳米微乳剂载药系统，并进行综合性能评价与参数优化研究。

研究表明卡死克、氟铃脲、印楝素等特异性化学农药与绿僵菌配合使用可有效提高对蝗虫的防制效果。针对小菜蛾、甜菜夜蛾、水稻二化螟、稻纵卷叶螟等害虫，选出了共毒系数在160以上的农药配伍，并提交给有关农药企业开发。研究提出静电喷雾器、超低容量喷雾器对紫茎泽兰的防治效果与常规喷雾器相当，并且具有省水、喷雾均匀等优点。

七、畜禽种质资源与品种选育

种质资源 标准化整理100个畜禽种质资源的个性描述信息和标志性数据的补充完善，对40个活体畜禽种质资源及其遗传物质进行了繁殖和更新。抢救性收集和保存了20个濒危畜禽种质资源和6个濒危野生动物体细胞资源，对5个畜禽优异基因资源进行了评价。向E平台提交500幅资源图片，并开展了畜禽种质资源的实物共享。

对300份蜜蜂种质资源进行了标准化整理以及共性数据和个性数据信息的数字化表

达，向 E 平台提供了 300 幅资源图片，300 份蜜蜂资源活体、遗传物质（精液）材料；完成了 1 000份蜜蜂寄生虫标本的样品处理、玻片标本制作、显微图像采集、特征数据测量及数据库录入等工作。完成了 18 个类型（品种）鹿类动物资源、40 个类型（品种）毛皮动物资源、20 个类型（品种）特禽等特种经济动物种质资源的整理、整合。完成北京油鸡抗病特色品系遗传资源群体的构建；利用原产地引种，抢救具有代表性的濒危地方鸡种 6 个，基因库保存地方鸡种 29 个。

新品种选育　研究建立了肉牛分子标记辅助选择技术体系，组建了 3 000头肉牛分子育种试验群体，收集 150 多头后代集中育肥。继续组建、扩大肉用羊品种（系）核心群、育种场，选留种群数量达 2 251只，并对理想型 F2、F3 代杂交羊进行横交固定，建立品种结构，针对多胎和肥羔品系特点选种选配。育种辐射区域开展杂交改良，生产杂交羔羊 18 000多只。完成了黑萨福克等 6 个肉用绵羊品种与小尾寒羊之间遗传距离的测定。采集育种参数，BLUP 育种值辅助选种和杂交亲本目标性状的分子遗传学辅助标记研究，取得育种数据 63 028个。建立了肉羊“三级”繁育体系，初步创建了肉用绵羊重要经济性状的分子标记辅助选择技术体系。升级原中国西门塔尔牛综合信息管理系统至 Windows 版，并增强了部分模块的功能，增加了线性评分库和遗传标记库，实现不同育种区之间的数据交换和共享，提高了育种效率。

开展北京油鸡活体保种和抗病、抗逆性状的测定，优质、抗病特色肉鸡新品系的持续选育。进行了北京鸭 A - FABP、LPL、MSTN 基因多态性与北京鸭胴体、脂肪性状、屠体性能等关联分析，并在连续家系选育和个体表型选育的基础上，继续进行 Z 型北京鸭继代选育工作。

生物技术　筛选获得 35 个显著差异表达的脂类代谢基因，结果表明 ω6/ω3 比值对生产性能、肉品质、长链 PUFA 的沉积、体液免疫功能均产生不同程度的影响。建立了“猪油酸 - 急性肺损伤模型”，获得猪肺表面活性蛋白 A 的完整 cDNA 序列，检测后发现其 SNP 位点呈完全连锁不平衡状态。完成卵泡刺激素等 10 个候选基因的多态性与北京黑猪产仔性能之间的关联研究。利用 LongSAGE 技术，在 9 个中外猪种中克隆获得 12 个影响猪肌肉生长发育、肉质、背膘厚等复杂性状相关的候选基因，并进行了染色体物理定位、多态检测和性状关联分析。完成通城猪 MSTN 前肽定点诱变表达载体构建、蛋白纯化鉴定，成功克隆了 MSTN 前肽基因。获得转入 MxA 基因转基因小鼠和转 ω3 脂肪酸去饱和酶基因的克隆猪，完成转基因安全评价试验。

研究中国荷斯坦奶牛主要性状新标记，检测三磷酸腺苷结合转运蛋白 G 超家族成员（ABCG2）的多态性，发现两个与产乳性状相关的突变位点，突变纯和子与高乳蛋白量和高乳蛋白率呈正相关。建立了 BoLA - DRB3 基因 PCR - RFLP 诊断技术，分析了 toll 样受体 1 基因、6 基因的遗传变异及其与奶牛乳房炎抗性之间的关系。

完成了胰岛素样生长因子 I 基因、神经肽 Y 基因多态性等与小尾寒羊高繁殖力、济宁青山羊高繁殖力关系的分析。研究肉羊肌肉生长分子机制、繁殖性状功能基因，扩增得到 BTG2、BTG3 和 TOB2 基因的全长 cDNA 序列，发现 MC4R、CAST 基因在外显子和调控区中存在 SNP 位点，CAST 基因的 3' - UTR 中存在相应的酶切位点，并完成 CAST、BTG1 基因组织表达谱的分析。研究发现 12 个候选 microRNA，其中 7 个候选 miRNA 均在羊中未见报道，应用生物信息学的方法进行羊 miRNA 的预测，获得 22 个候选 miRNAs，预测获得 87 个靶基因、136 个靶点。

繁殖与饲养 超排高产奶牛、皮埃蒙特、体细胞克隆牛 85 头次，生产可用胚胎 587 枚，其中体内性控胚胎 60 枚。移植受体 290 头次，移植妊娠率平均为 47% ~52%；性控移植产母犊率 100%，生产皮埃蒙特牛精液 1.5 万份。对牛 XY 精子表面膜蛋白差异进行了研究，得到多个蛋白差异位点，进行性别相关基因的检测分析；此外还进行马的异种体细胞核移植，获得桑葚胚。研究肉猪福利饲养与配套技术，确定了以动物为基础的猪福利评价体系框架。根据猪的生理和行为需要，完成福利型饲养设备的研制，并对适用不同饲养模式的猪舍和圈栏进行了改造。

开展了北京油鸡抗病性状主效基因的分子鉴别和肉鸡、蛋鸡健康养殖关键技术研究。进行平养和笼养比对研究，发现不同饲养方式鲜味物质 IMP 和香味前体物 IMF 含量在肉鸡不同部位存在差异，对鸡的肉质和健康存在影响。集成国内外畜禽健康养殖技术，起草了畜禽健康养殖过程控制点及符合性规范和肉鸡福利养殖规范，在全国范围内建立了肉鸡、蛋鸡、鸭、猪、牛健康养殖示范基地 12 个。

通过蜜蜂饲养技术体系和杂交组合选育技术体系研究，初步建立了蜂蜜优质、高产、规模化蜜蜂饲养技术体系。解决了水貂、蓝狐高效优质化养殖关键技术，开展水貂、蓝狐适宜营养需要量研究，开发适合我国饲料及饲养条件的日粮配方。开展了梅花鹿、马鹿 TMR（全混合日粮）饲喂技术研究，建立不同区域的饲养模式和评价体系；研究梅花鹿、马鹿繁殖调控技术，开发出快速、简便和经济实用的早期妊娠诊断技术。

八、动物营养与草业科学

动物营养 在反刍动物幼畜生理营养需要研究方面，开展了以国产大豆蛋白代替乳蛋白、犊牛和羔羊对蛋白水平和能量水平的需要量、用淀粉 + 淀粉酶代替乳糖对犊牛生长发育的影响等相关研究。在动物应激管理与福利饲养调控技术研究方面，在我国首次开展了肉羊圈养及其福利措施的研究，得出了肉羊圈养的养殖密度、饮水条件、早期断奶等关键技术环节，使羔羊在 60 日龄体重达到 38 千克，达到国际水平。同时研究了圈养肉羊的福利措施，促进肉羊的健康生长，人和动物和谐相处。在青贮饲料的研究方面，明确了产酸益生菌的作用，得出玉米青贮微生物消长的规律，筛选出一个可以有效防止青贮饲料二次发酵，抗氧稳定性强的菌种，并已得到该菌种的基本生物学特性，实验室效果明显。

完成了饲用油脂、小麦的鸡代谢能评定，对 5 种鸡饲常用原料可利用氨基酸和代谢能数据进行研究。开展了淘汰产蛋鸡的肉质测定和日粮调控措施，功能性禽肉生产的机理，有机微量元素 Cu、Fe、Zn、Mn 的生物利用率及其对肉仔鸡生产性能、胴体品质和组织沉积的影响等相关研究。在饲料原料可利用养分评定技术研究方面，建立了化学成分法估测猪对棉籽蛋白类饲料、大豆蛋白类饲料消化能值，鸡对棉籽蛋白类饲料代谢能值，鸭对玉米代谢能值的数学模型各 1 套。初步构建了饲料原料基础数据库，完成了肉鸡能量和氨基酸营养需要的动态模拟软件 1 种。研究提出了稳定和改善原料奶乳脂肪和乳蛋白质含量的饲养技术、基于日粮淀粉/脂肪和阴阳离子的热应激营养调控技术、犊牛营养参数及高养工艺等。

新型饲料与添加剂 初步建立了从环境微生物中高通量筛选饲料工业专用酶新基因的技术体系。开展了大量的产酶微生物的筛选和新基因的克隆工作，克隆到了多个新的寡糖相关酶编码新基因。筛选获得植酸酶 Y4、植酸酶 Y1 和 Y9、木聚糖酶 XYNW 等大量具备比活性高、强蛋白酶抗性的饲料用酶，初步建立了酶分子改良技术体系。单菌种发酵或混合发酵法对棉粕进行发酵，以提高棉粕蛋白的消化利用效率，探索获得最佳的发酵工艺。

开展了葡甘露寡糖和阿拉伯木寡糖高效制备技术、海洋寡糖单一组分制备及饲用评价、饲料安全监管用基准物质研制、矿物源性和植物源性物质生产关键技术及新型饲料添加剂藤茶黄酮中试研究。完成了酶反应——膜分离耦合新型反应器的构建及性能的评价研究，制备出了聚合度 DP2 - 6 的葡甘露寡糖标准品。成功研制了一种高比活性的甘露聚糖酶 BSMA，表达量达到 1.6×10^6 U/mL。

开展了反刍动物饲料中不安全因素分析检测及动物油质量安全检测，并对防范疯牛病饲料检测技术进行了研究。开展国内外饲料管理法规比较研究，以水产动物为靶动物对 3 种饲料原料和添加剂进行安全性评价。在违禁添加物专项监控方面，进行专项监测结果分析汇总，组织专项监测检验能力比对。

草业科学 整理整合、繁殖更新牧草种质资源达 5 800多份，并对 5 000余份牧草种质材料进行了系统评价和抗性鉴定；对 1 360余份的引进牧草材料进行了更新繁殖、评价鉴定。向 E 平台提供了 2 500份牧草种质及 7 500余幅图像。研制和完善的 40 套描述规范和数据标准，初步构建起了中国牧草种质资源共享网络系统。

完成 200 个杂交组合抗寒性、再生性、产量的测定，获得了 2 个优良苜蓿杂交组合。对 50 份高产、抗寒、抗旱、耐盐根茎型及多叶苜蓿的单株后代材料进行了苗期筛选，初步获得苜蓿材料 10 份。从毛偃麦草和紫花苜蓿根部中分离克隆了 Na^+/H^+ 逆向运转蛋白基因和几丁质酶基因 AF328，已向 GenBank 申请登记序列号。获得紫花苜蓿全长 DREB 基因，并构建了其植物表达载体和酵母表达载体，建立起高效的组培转化体系。首次将离子束注入应用到高产和耐盐牧草育种上，利用适当剂量的低能氮离子束注入鹅观草的 M1 代，使其出苗率、株高、生长速度均有所提高。

开展了草地高效生产配套、人工草地高效生产、热带地区放牧草地高效生产等技术研究，显著提高了生产水平。开发了基于 GRASSGROW 模型的生态安全型放牧管理决策支持系统，完成了新疆可持续草地畜牧业发展战略研究。摸清了农区奶牛草地农业模式、饲养模式和饲草料均衡供应模式的现状及其存在的问题。首次在生态建设工程围封恢复中的退化沙地草场建立家畜系统适宜利用技术，制定了草畜平衡科学利用技术规程。利用遥感技术评价草原沙化治理工程生态效益，提出一套实用的草原沙化治理工程生态效益评价指标体系。在国内首次利用生物防治技术，通过释放天敌控制加拿大蓟、乳浆大戟的蔓延、危害。

九、畜禽疫病防控

家禽疫病 首次证明H5N1亚型禽流感病毒的M1蛋白与其对哺乳动物致病力有关，并可为人用H5N1弱毒活疫苗的构建提供靶基因位点。研究表明鸽子对H5N1亚型禽流感病毒较为易感，为病毒潜在的危险携带者；H9亚型禽流感病毒的HA145N是被糖基化的，证明HA蛋白的糖链在禽流感病毒抗原性变异方面具有重要影响。明确了我国目前流行的H5N1亚型禽流感病毒主要为南方水禽型，筛选出与现地流行毒株抗原性匹配更好的疫苗株。更换了禽流感疫苗生产用种毒，有效控制了禽流感新疫情的发生。进行了流感大流行的疫苗储备，建立了流感病毒冷适应株反向遗传操作系统，构建了一系列含有H5N1亚型禽流感病毒HA和NA基因的冷适应重组病毒疫苗株。人H5亚型禽流感灭活疫苗储备研究进展良好。

运用反向遗传操作平台，对鸡传染性法氏囊病毒等禽类病原致病力、细胞嗜性和复制效率的关键基因开展深入研究。开展了传染性支气管炎病毒、鸡传染性法氏囊病毒、马立克氏病毒等主要禽类病毒的分子流行病学及其遗传变异规律的研究，研究结果达到了国际先进水平。根据禽霍乱的流行特点，对不同毒力、不同培养特性的禽多杀性巴氏杆菌疫苗株（G190E40、C48－1）和弱毒株（P7810）进行了培养方法的筛选与囊芯材料的特性研究。建立了禽霍乱血清抗体间接ELISA检测方法。对家禽接种微胶囊化疫苗后产生的细胞免疫进行了检测，确定了不同微胶囊化疫苗的免疫途径。

家畜疫病 对近40株口蹄疫牛源和猪源流行毒株完成了乳鼠传代复壮、毒价测定和序列测定，细胞传代试验，初步确定了两株备选疫苗毒株。建立了以双灭活剂配方为核心的O、A和AsiaⅠ型口蹄疫病毒灭活工艺。对口蹄疫AsiaⅠ型空衣壳抗原规模化生产、抗原纯化和疫苗制备工艺进行优化和完善，初步制定了空衣壳抗原规模化生产和疫苗制备的质量技术标准。经研究使O型口蹄疫空衣壳抗原的表达量已达1：4 096以上，约为常规灭活抗原效价的60倍，并研制成功口蹄疫O型、AsiaⅠ型空衣壳复合型二价疫苗。建立了稳定的AsiaⅠ型口蹄疫病毒反向遗传操作技术平台，初步证明VP2和VP3基因内两个位点的突变对病毒具有致弱作用。进行了口蹄疫病毒分离，明确了目前我国主要流行的病毒类型，并对这些分离株病毒进行了系统的生物学与免疫学研究。

制定了高致病性猪蓝耳病病毒HuN4株强毒标准和动物模型，完成了高致病性猪蓝耳病活疫苗（HuN4－F112）所有临床前研究，结果表明该疫苗安全有效。猪病毒性腹泻三联苗和猪圆环病毒疫苗研究取得阶段性成果，完成了临床试验，填补了国内空白。建立了猪瘟基础和应用研究技术平台，初步研发了猪瘟病毒反向遗传操作系统，实验室研制成功猪瘟重组腺病毒疫苗，已完成安全性、免疫效力和最小免疫剂量试验，保护效果良好。建立了马流感、马动脉炎实验室鉴别诊断系列方法，对我国马流感疫情进行了监测和调查研究，进行了马流感病毒流行株的分型鉴定。将多年研制的马传贫诊断技术应用于奥运马匹检测，为保障北京奥运会赛马活动做出了应有的贡献。建立了诊断奶牛结核、布鲁氏菌病、犊牛腹泻病、隐形子宫内膜炎、乳房炎病原菌等8种诊断方法，形成了蠕虫病、螨病、球虫病、巴贝斯虫病4种诊断监测操作规范程序。建立了小鼠金黄色葡萄球菌乳腺炎模型，奶牛乳房炎高效多联疫苗研制，建立了人工感染的效力检验试验和菌苗最佳免疫剂量的研究，完成奶牛布鲁氏菌基因缺失标记疫苗候选株构建和确定。完成了狐狸脑炎活疫苗身缠工艺流程改造，保护率提高到98%，并完成了狐狸脑炎活疫苗符合复核临床检验。

人畜共患病 重组山羊痘病毒载体小反刍兽疫基因工程疫苗、布氏杆菌标记疫苗、布氏杆菌单抗竞争ELISA和间接诊断试剂已进行中间试验。重组新城疫病毒载体狂犬病疫苗动物试验显示出良好免疫原性，基因修饰狂犬病弱毒疫苗神经细胞侵嗜性显著降低。建立了裂谷热病毒、戊型肝炎病毒、狂犬病毒、水泡性口炎病毒、口蹄疫病毒等多重PCR及芯片检测技术，初步建立了裂谷热、爱博拉出血热、马尔堡出血热、拉沙热、西尼罗病毒烈性传染病的血清学与病原学诊断技术，为控制外来人畜共患病入侵提供技术支持。开展结核分枝杆菌复合物分型研究，揭示目前流行于牛群中的分枝杆菌以结核分枝杆菌（人型）为主，人结核病感染家畜的现象严重。

动物源性人畜共患衣原体和螺旋体病防控生物新制剂的研究获得禽衣原体MOMP基因重组腺病毒疫苗和奶牛衣原体病灭活疫苗，初步建立了高灵敏度的禽衣原体PCR诊断方法。通过PCR技术获得弓形虫RH株保护性抗原基因，成功构建了原核表达质粒及真核表达质粒，纯化表达的融合蛋白，并将其免疫小鼠进行初步的保护性试验和制备抗体，探索进行彩色聚苯乙烯微球的研制和运用其进行弓形虫病诊断试剂的研制。通过食源性人畜共患病生物防控制剂的研究，实现了45W－4B和TSOL18在大肠杆菌和毕赤酵母中的可溶性高效表达，猪体试验表明大肠杆菌表达的45W－4B抗原疫苗对猪带绦虫攻击感染的的减虫率达94%，重组表达产物具有较好的稳定性。土源性人畜共患蠕虫病防控生物新制剂的研究，初步对盐析法纯化抗原的方法进行了筛选，确定了醋酸盐盐析法为较好的抗原纯化方法。对人畜共患病重要传媒——微小牛蜱基因重组亚单位疫苗研究，扩增出了Bm86、Bm91和4D8等疫苗候选基因，并在毕赤酵母和大肠杆菌中进行了表达。

畜禽寄生虫病 继续开展8个动物血吸虫病流行病学调查和疫情监测，并提出相应的防治策略，初步建立了家畜血吸虫病流行病学数据库。应用PCR技术和RACE技术等扩增获得11个血吸虫童虫期高表达基因，应用生物信息技术等分析了其中几个重要童虫差异表达基因的抗原表位，开展了多表位基因工程研究。组织编写出版了《农业血防50年》一书。

应用生物信息学技术和Real－time PCR技术对童虫差异/特异表达蛋白作进一步的

验证分析及鉴定，构建了日本血吸虫早期童虫期别差异表达消减 cDNA 文库。建立了柔嫩艾美耳球虫和毒害艾美耳球虫的鸡胚培养体系，对早熟株进行进一步选育，并进行生物学特性研究，为研制肉鸡球虫病四价弱毒活疫苗提供基础。开展鸡球虫病基因工程疫苗和弱毒活疫苗研究，对重组表达蛋白进行了免疫保护性试验，结果显示所有免疫组在增重、卵囊产量、肠道病变记分等方面都有不同程度的保护性。开展畜禽隐孢子虫检测技术和流行病学研究，通过对上海地区畜禽养殖场的调查发现，隐孢子虫感染率均较高。开展隐孢子虫病基因工程疫苗研究，进行了隐孢子虫抗原基因的克隆和表达，优化表达条件，增强表达产物的免疫反应性。

实验动物 引进了广西巴马小型猪，建立了小型猪基础群。通过猪蓝耳病毒、口蹄疫病毒、猪瘟病毒等 11 种病原体和抗体监测，表明该小型猪可作为 SPF 化的基础群。培育并建立了具有自主知识产权的两个品系 HBK - SPF 鸭基础群。转基因模式动物研究取得新进展，得到了分别表达 miRNA 和 Mx 基因以及双表达转基因鼠，具有部分抵抗禽流感病毒攻击的能力。建立了表达多靶点 RNAis 基因的重组慢病毒的制备、鉴定方法，为以慢病毒感染法构建转基因鸡的技术奠定了基础。在国内首次利用分子遗传学技术对 SPF 鸡进行全面的遗传多样性研究，并建立了免疫遗传位点纯合的家群，为建立我国具有自主知识的近交系 SPF 鸡奠定了基础。

新型兽药 进一步对伊维菌素纳米乳剂进行了改进，完成了伊维菌素纳米乳剂的急性毒性试验，建立了简便、准确、重现性好的测定微乳中伊维菌素含量的 HPLC 方法。开展防治奶牛乳房炎药剂的研究，完善了对六茜素的提取和合成中试工艺，并进行了临床试验。防治犊牛腹泻药剂的研究，确定了新型药剂生产工艺流程，进行了稳定性和质量控制标准研究。奶牛主要寄生虫病防治新药剂的研究，对乙酰氨基阿维菌素糊剂、地克珠利口服液，进行了稳定性试验、药代动力学和牛奶中残留消除规律研究。建立硝唑尼特制剂含量测定和有关物质分析方法，制定了质量标准草案，并对硝唑尼特在同属偶蹄目的山羊体内的药物代谢动力学进行了研究。研制成功金丝桃素可溶性粉新制剂，为今后金丝桃素注射剂的研制奠定基础。对氢溴酸槟榔碱片剂的制备及其质量进行了评价，建立了氢溴酸槟榔碱原料药及片剂的含量测定的高效液相色谱法。完成吡喹酮注射液的处方工艺优化、理化性能评估和筛选，结果显示，该处方工艺合理，制剂外观性状符合要求，可以顺利实现中试放大。

十、农产品质量安全

农产品安全生产技术体系 系统收集分析了 FAO/WHO、欧盟、美国、德国、加拿大、日本、澳大利亚等组织和国家相关资料，研究提出了我国农产品质量安全风险分析制度构建框架和基本运行程序及支撑保障条件、起草了“农产品中化学污染物危害特征评价指南”（草案）和“农产品中化学污染物暴露评估指南（草案）”，引进转化并验证了 4 套评估模型软件，提出了适合我国国情的农产品质量安全风险评估模型及软件构建方案。建立了各种危害因素的剂量—反应模型，结合我国人口膳食结构调查和普查数据，对我国农产品中危害因素进行了探索性风险评估，形成了水产品中甲醛、花生中黄曲霉毒素、稻米中重金属镉、龙眼中二氧化硫、鸡肉中硝基呋喃风险评估初步报告。

油料质量安全生产与检测技术　研制筛选出高质量黄曲霉毒素抗体杂交瘤细胞株17株，实现了黄曲霉毒素单克隆抗体稳定、批量、可持续制备，解决了黄曲霉毒素速测的“瓶颈”性技术难题。双低油菜全程质量控制标准体系荣获国家科技进步二等奖，该成果首次构建了系统配套的双低油菜全程质量控制保优栽培技术及标准体系，研究制定出双低油菜产前种子源头质量控制，到产中产地环境、菌核病防治及保优栽培技术和产后低芥酸、低硫苷产品以及配套检测方法等，把产前、产中、产后全过程纳入标准化轨道，实现了双低油菜保优栽培技术成果标准化转化，解决了制约我国双低油菜产业发展和行业科技进步的重大关键技术难题，在我国油菜主产区得到广泛推广应用。研制出拟除虫菊酯类农药通用人工抗原5种；研制出溴氰菊酯与菊酯类通用单克隆杂交瘤细胞共4株，通用多克隆抗体3种，农药免疫亲和微柱1种，初步建立了溴氰菊酯农药免疫分析方法。开展了菜籽饼粕生物改良技术与多效益生蛋白饲料的研究，首次构建了菜籽饼粕饲用品质评价与检测技术体系。

茶叶质量安全与检测技术　研究明确了茶园中常用和茶叶出口常检的有机磷农药—甲胺磷、乙酰甲胺磷等在茶叶中的基质效应规律；并提出了一种可代替基质匹配标准校正的混合物基质保护剂，提高了茶叶中有机磷农残检测定量准确性；基本建立起1个基于基质保护剂进行基质效应补偿的茶叶中近30种有机磷多农残的测定方法，方法检测限0.01~0.02mg/kg，方法加标回收率在80%~110%。建立了茶叶中92种农药多残留气相色谱分析方法，92种农药的平均回收率在80.3%~117.1%，相对标准偏差在1.5%~9.8%，检出限为0.0025~0.10mg/kg，实际应用这项技术测定茶叶样品500个以上。建立了茶叶中添加人工合成色素亮蓝的检测方法，检出限达到1.0mg/kg。建立了茶叶中亚硝酸盐含量的检测方法，检出限达到1.0mg/kg。

肉品品质检测方法及评价体系研究　初步建立了嫩度生化预测方法模型、生理成熟度分子生物学预测方法模型，嫩度预测近红外光谱预测模型、嫩度预测的计算机图像识别技术研究方法。

动物饲料安全关键因子监测评价技术　研制了基于肾上腺素能受体激动剂微流控芯片技术检测系统，制备了蓖麻粕中毒素粗提物、棉籽粕中毒素粗提物、植物黄酮粗提物和木寡糖和葡甘露寡糖粗提物，建立了不同种属动物源性饲料原料快速鉴别样本库和基于近红外光谱的鱼粉中肉骨粉的快速定性和定量分析方法、肉骨粉中牛羊源成分的NIRS判别分析方法以及肉骨粉中不同种类成分的NIRS定量分析方法，完成了饲料和动物尿液中13种β-受体激动剂和10种蛋白同化激素同步检测技术研究，初步确定了我国饲料中玉米赤霉烯酮真菌毒素的限量阈值，建立了转基因大豆的定性、定量检测方法，搭建饲料安全预警体系的框架。

牛产品溯源检测技术研究　配制了不同梯度全株玉米+羊茅（C4）、小麦+苜蓿

（C3）饲粮，完成了毛发、牛肉中稳定同位素丰度比测定。在基础饲粮上对使用不同比例、不同来源（同位素丰度比本底值不同）动物源性饲料、矿物质饲料的溯源技术进行了研究，完成了毛发、牛肉中稳定同位素丰度比测定，研究发现，日粮中 C4 植物的不同比例能够通过牛毛中 δ13C 的沉积量清楚地反映出来，由此可以采用检测牛产品中 δ13C 含量进行溯源。

食品污染溯源技术研究 初步建立了基于同位素指纹、矿物元素指纹、近红外光谱的食品产地和污染物溯源技术体系；建立了以猪 SSR 标记为基础的 DNA 特征指纹识别技术体系，并利用 SSR 特征 DNA 指纹分析技术，确证了肉样和血样中的 DNA 指纹可以一一对应，为大型动物个体溯源提供了理论依据；建立了食品以及大型饲养动物食品的全程电子编码技术和食品电子标签溯源数据库，初步完成了食品污染溯源系统的电子设计。

十一、农产品加工与农机

果品贮藏 完成了丰水、黄金、圆黄等 6 种砂梨采后生理及品质变化研究，丰水、黄金、圆黄预冷技术及最佳贮藏温度参数研究，丰水、黄金、圆黄最佳气调参数及其 CO_2 阈值研究以及 1 - MCP 处理保鲜技术研究。开展早红考密斯、阿巴特、凯斯凯德等西洋梨品种和秋子梨、京白梨采收技术标准研究，制定采收技术规程。开展了适宜采收成熟度研究，MAP 小包装自发气调技术研究，以及商业化后熟技术研究等。进行了早红考密斯、阿巴特和京白梨不同后熟温度条件研究，在北京市大兴区建立梨产后综合储藏保鲜关键技术应用示范点 2 个，实现 2 000吨规模的保鲜技术示范。研发出甜橙冷湿通风贮藏方法及控制参数，优化了中晚熟甜橙留树贮藏制剂配方，通过探索早熟甜橙品质发育规律，制定并实施了有效的促熟提质栽培技术方案。

果品加工 柑橘加工关键技术研究，明确了 30 多个我国主要早、中、晚熟加工原料品种的加工适应性及其橙汁产品的质量；通过改进设备和工艺，中试线上夏橙出汁率由 40% 提高到 45% 左右，果肉回收率由 2% 提高到 5%。从果肉和果渣回收橙汁，使橙汁产出率分别提高 4.2% 和 10%。设计出全自动果汁标准化调配成套工艺和设备，200 升的橙汁不锈钢贮罐控温贮藏试验取得成功。建成皮渣发酵饲料中试生产线，完成了皮渣发酵饲料中试生产；开展了功能性成分的分层次提取和皮渣生物质能源转化等技术研究，完成了关键设备试验机的研制。制定出《柑橘种植加工全程质量控制技术规范》草案。

建立了 HPLC 测定红枣多糖分子量的方法，初步摸索出利用超声对红枣多糖进行可控降解的工艺方法，筛选出 4 种可提高红枣多糖和苹果多糖生物活性的分子修饰方法。设计试制了西瓜番茄红素复合软胶囊，融合番茄红素、瓜氨酸等多种精华成分，辅以富含多不饱和脂肪酸成分的紫苏油，充分发挥西瓜功能性成分的保健作用，实现产业化发展。建立了一套较完善的分析了西瓜类胡萝卜素组分的方法，已经得到番茄红素、胡萝卜素纯品。

茶叶加工 研究提出了针芽茶鲜叶分级指标以及不同鲜叶原料的标准化加工工艺，初步提出了液态绿茶饮料加工的最优工艺参数，研制和完善一批茶叶加工与检测新设备。初步研究发现了普洱熟茶的特征成分、特征香气成分和矿质元素。初步确定板栗香型化学特征物质为顺—茉莉酮和香叶基丙酮。提出了整套鲜茶固体饮料加工关键技术，研制出鲜茶固体饮料产品。完成了茶氨酸提取制备技术的工业化生产试验和工艺参数优化，得到茶氨酸含量 >40% 和 >60% 两种工业化产品，完成茶氨酸产品的企业标准制定。已明确茶氨酸改善睡眠和增强免疫的功能及人体推荐剂量，初步完成茶氨酸保健食品的试制、毒理试验和功能性评价等工作。

乳品加工关键设备及材料 完成了干酪加工设备、低温喷雾干燥设备的设计，设计制造了中型低温喷雾干燥机、中试型重制干酪乳化机、气动阀干酪压榨设备及相关模具、灌装液态食品的无菌灌装机等。

甘薯蛋白深加工 实现了从甘薯淀粉加工废液中对甘薯蛋白的提取和纯化；开展了甘薯蛋白或蛋白肽物化及功能特性研究，进行了甘薯蛋白抗癌及抗糖尿病效果的初步研究。

生物质成型燃料产品及装备开发 开展不同生物质原料采用不同处理方法和不同生物质原料采用不同粉碎方法的试验研究。通过试验研究，为多种生物质原料一次粉碎技术提供了理论依据。完成了组合粉碎机、颗粒成型机、筛理冷却机的图纸设计工作，正在开始产品的试制工作。

机械化挖掘收获技术研发 研制出适应我国花生主产区的半喂入式花生联合收获机第一轮样机。研制开发出第二轮花生联合收获机和分段收获模式下的升运链式、振动式两款花生收获机，并在江苏南通、淮安和河南开封进行田间试验。三种机型处于国内领先地位。开发出适宜于大蒜、花生等根茎类作物的多功能联合收获机，并已进入样机试制阶段。

十二、农业信息技术

农业信息分析与预警 完成了肉、蛋、奶、饲料等主要产品产业发展动态以及存在的问题等相关文字资料收集整理工作。完成了奶牛存栏、奶类产量、生猪存栏、猪肉产量、牛肉产量、城镇居民畜产品消费量、畜产品市场价格、进出口数量与金额等相关数据的收集与整理。完成了玉米、大豆、小麦、水稻、棉花、糖料等产品相关监测信息和分析报告的收集、整理，对主要农产品市场监测预警报告进行审核会商，相关分析预测报告通过农业部指定渠道进行发布。完成了 2007 年、2008 年夏粮生产与收获信息的监测与分析、全年农业与农村经济形势监测与分析部际和部内会商，在会商基础上形成发布报告。

农业科学数据共享中心 制定和修订农业科学数据共享标准规范和有关管理办法，

制定了重点专业领域急需的科学数据采集、描述和共享标准规范。加大农业科学数据资源整合力度，新增检疫微生物数据库、生物防治微生物数据库、植物生物反应器数据库等23个主体数据库，更新维护主体数据库48个。目前数据总量达680GB，全部实现网络化共享。在共享软件方面，重点加强了农业科学数据共享网络系统的安全性、稳定性和可靠性建设，积极推进农业科学数据的在线和离线数据共享服务。

农业资源利用与管理信息化技术研究 获取了全国700个气象台站的多年气象观测数据，在时间和空间实现了气象数据的空间连续化表达。建立了课题集成网站，完成了农业资源空间数据的数据融合与数据同化技术的研究及其软件开发。研究并开发土壤水力学性质的物理—经验方法预测软件PSD2WRC，化肥、叶面积指数空间化系统，并开展WNMM—农田水氮管理模型在县域尺度的应用。完成了基于GIS的区域优势产业分析系统、区域农业经济统计功能与区域经济信息查询分析系统。

农产品质量安全预警技术与信息支撑体系研究 进行了农产品质量安全预警系统的设计，建立了安全预警基础数据比对表，进行了安全预警实证研究与应用软件开发。建立了农产品质量安全预警基础数据表，已完成了多种农产品化学性危害、生物性危害、物理性危害等指标限量值标准的数据库，包含了种植类、畜禽类、水产类3大类型，9类农产品，727个品种，近千种有害物的质量标准。构建了农产品质量安全预警系统总体框架，明确了其工作原理，成功解决了长期以来农产品质量安全预警工作难以进行的重大技术难题。

大田作物病害智能诊断 确定了标准化的数据图像采集，多算法融合的诊断模型建立，硬件化的诊断设备研制。设计完成了水稻标准化图像采集箱2种，在宁夏水稻产区收集4种水稻病害图像4 000张，研究和完善了水稻病害图像采集标准。建立了以神经网络为主的水稻病害图像特征识别模型。

农业科技信息移动智能服务 在分析农业信息移动服务现状的基础上，开展农业科技信息需求模型研究，设计了农业科技信息移动服务系统架构，开发了农业科技信息移动服务终端及基于WAP的移动应用模块。在对国内外用户模型构建进行广泛深入调研的基础上，采用知识本体论的理论和方法，开展农业科技信息用户需求模型的构建研究，利用中国知网（CNKI）的500万余条检索信息为样本进行用户分类，对用户输入关键字、细览及下载文章的题目做比较，建立一个初级的本体，作为该类用户的粗糙的兴趣描述。

中文农业网址数据库及智能搜索引擎 建立了农村网站信息数据库及其管理系统，获得21 000多个农业网站的地址，对近10个栏目信息资源进行了规范的描述。开发了基于网站元数据的农业网页信息智能采集系统，已抓取网页200多万个，并以每天1万的速度增加。研制了农业网页自动分类与编辑系统，在200多万个农业网页上，形成8类样本库和相似网页筛选模型。

信息平台建设 以葡萄和苹果为对象开展市场分析，将农产品市场信息分析预测网络化平台熟化与应用研究成果应用于河北怀来县和定兴县基地。建立了全国水果批发市场价格数据库，完成日价格信息的采集和整理，研究了其产销形势与市场价格变动趋势分析。完善农业信息智能采集处理与利用平台的信息采集与标引等功能，增强系统采集模块的稳定性及提高标引模块的准确性，研发出信息推送服务功能和数字化信息的导入接口。

十三、农业宏观战略

我国植物新品种保护的政策取向与体系建设 研究分析了国际植物新品种保护的变革动因，预测未来国际植物新品种保护的发展趋势。通过 UPOV 发展动态和主要国家植物新品种保护制度及管理体系的比较研究，总结了世界种子产业的发展趋势，分析了发达国家实施植物新品种保护可供借鉴之处，对我国的种子产业发展及植物新品种保护制度的完善和体系建设提供参考。系统地研究了日本植物新品种保护体系及制度沿革的背景、原因及对我国的影响，为我国植物新品种保护的立法提供借鉴与参考。对我国植物新品种保护制度 8 年来的实施效果进行了全面分析，发现了影响植物新品种保护制度效率的主要障碍，深入研究了其产生的原因。提出了我国植物新品种保护的政策取向，并就应对国际植物新品种保护的变革、参加 WTO 知识产权谈判、保护国家种质资源、构筑与规避种权贸易壁垒给出了相应的策略选择，对于我国的相关实践与相应制度建设具有重要的参考意义。

国家农业科技园专家大院技术推广与农民对接的机制与模式比较 对我国农业科技园区专家大院建设的发展背景、理论基础、发展现状，农业专家大院与农民对接的技术推广机制和存在的主要问题，以及加快试点技术对接的政策建议等进行了深入的研究。揭示了国家农业科技园区专家大院与农民对接机制的构成要素以及各个要素之间的相互关系，得出了农业科技园区专家大院与农民对接机制的理论基础，为各地农业科技园区建设农业专家大院提供科学依据和参考方案。

农业综合生产能力安全与资源保障研究 在分析农业综合生产能力安全的基本理论与资源保障机制的基础上，构建了基于农业综合生产能力安全的资源阈值模型与资源供给保障程度评测标准，测算了 2020 ~ 2030 年我国农业综合生产能力安全的国家目标及其耕地、农用水、草地和水产四大资源阈值，评估了同期农业综合生产能力安全的资源保障程度，借鉴国际经验，结合国情提出了农业综合生产能力安全的资源保障体系。

生态系统服务与扶贫效益 通过广泛详细地文献查阅和实地调研，与利益相关者和咨询委员会成员进行访谈、咨询，深入分析当前我国生态系统服务功能及其对贫困人口生活的影响。宁夏回族自治区的案例分析，为中国生态系统服务和扶贫提供了更详尽的分析，这项案例研究从微观层面清晰描绘了中国脆弱生态系统和贫困的高度相关性。总结了中国生态环境和贫困的现状。分析了人类活动引起的气候变化、干旱缺水以及人口增长是导致生态系统变化和贫困的主要决定因素和驱动因素。确定了加强生态系统管理以减轻贫困的五大关键性挑战和约 50 个重点研究需要。明确了科研人员和科研成果使用者间的差距和需求，提出了下一步生态扶贫科学发展战略。

中国农业保险应用 对“风险”的概念进行了界定，分析了风险的类型和特征，指出了各类型风险的最优管理工具；对作物单产分布形态进行了拟和，定量化地估计出了农作物的生产风险水平，为我国风险分区和保险费率厘定等奠定基础；根据保险精算原则，借用数理软件 MATLAB 计算出了农作物多重险（MPCI）的合理费率水平，并以新疆三个棉花主产县为例进行了实证研究，对我国农业保险的推广、保险公司运营和政府补贴水平确定具有重要意义；跟踪国际研究动态，对传统农业保险产品和指数保险进行了对比研究，还利用河北省邢台县和枣强市小麦生产数据，对这两种保险产品的风险管理效能进行了定量比较和评价。

中国农业科学院 1957 ~ 2008 年科技成果情况表

类　别	数　量
成果总数	4 796
获奖成果	2 412
国家级奖	274
自然科学奖	6
二等奖	1
三等奖	3
四等奖	2
发明奖	31
特等奖	1
一等奖	6
二等奖	11
三等奖	11
四等奖	2
科技进步奖	176
一等奖	9
二等奖	83
三等奖	84
全国科学大会奖	58
星火奖	3
三等奖	2
四等奖	1
省、部级奖	931
科技进步奖	812

续表

类　　别	数　　量
一等奖	49
二等奖	247
三等奖	493
四等奖	22
丰收奖	16
一等奖	5
二等奖	4
三等奖	7
技术改进奖	102
一等奖	34
二等奖	68
星火奖	2
一等奖	1
二等奖	1
院级奖	830
技术改进奖	382
三等奖	298
四等奖	84
院技改奖、科技进步奖	276
一等奖	75
二等奖	201
院科学技术成果奖	172
一等奖	54
二等奖	118
其他奖	377
通过鉴定、审定未获奖成果	1 714
1977 年以前成果	670

中国农业科学院 2008 年度科技成果情况表

项目	数量
成果总数	137
获奖成果	66
国家奖	4
国家科技进步奖 一等奖	1
国家科技进步奖 二等奖	3
省、部级奖	24
一等奖	5
二等奖	7
三等奖	12
院科学技术成果奖	22
一等奖	10
二等奖	12
其他奖	16
鉴定未获成果	71

注：同一成果获不同级别奖励，只统计高等级的成果奖。

中国农业科学院2008年度科技成果统计表（第一完成单位成果）

序号	单位名称	成果总计	获奖成果																			2008年度鉴定未获奖成果数
			获奖成果总计	国家级奖										省（市）部级奖				院级奖			其他奖	
				总计	自然科学奖			技术发明奖			科技进步奖											
					小计	一	二	小计	一	二	小计	一	二		一	二	三	小计	一	二		
1	作物科学所	6	1	1							1	1										5
2	植保所	8	6	1							1		1					1	1		4	2
3	蔬菜花卉所	2	2	1							1		1					1		1		
4	环境发展所																					
5	畜牧兽医所	2	1															1	1			1
6	蜜蜂所																					
7	饲料所																					
8	农产品加工所																					
9	生物所	1																				1
10	农经所																					
11	资源区划所		2															2	1	1		6
12	信息所	2	1															1		1		1
13	质量标准所	3	1															1	1			2
14	灌溉所	3	3											2		1	1	1		1		
15	水稻所	12	5											2	1		1	3	2	1		7
16	棉花所	2	1											1		1						1
17	油料所	7	5	1							1		1	2		1	1	1	1		1	2
18	麻类所	4	1															1	1			3
19	甜菜所	3	2											1			1	1		1		1

续表

序号	单位名称	成果总计	获奖成果																			2008年度鉴定未获奖成果数
			获奖成果总计	国家级奖										省（市）部级奖				院级奖			其他奖	
				总计	自然科学奖			技术发明奖			科技进步奖				一	二	三	小计	一	二		
					小计	一	二	小计	一	二	小计	一	二									
20	果树所	2	2											1			1	1	1			
21	郑州果树所	10	5											4		2	2	1		1		5
22	茶叶所	3	1											1			1					2
23	哈尔滨兽医所	5	5											2	2			1	1		2	
24	兰州兽医所	3	3											2	1		1				1	
25	兰州牧药所	9	2											2		1	1					7
26	上海兽医所	1	1															1		1		
27	草原所	3	2															1		1	1	1
28	特产所	11	3											1			1	1		1	1	8
29	环保所	2																				2
30	沼气所	1																				1
31	农机化所	8	2											1		1		1		1		6
32	烟草所	2																				2
33	柑橘所																					
34	蚕业所																					
35	遗产室																					
36	水牛所	5	1											1			1					4
37	草原生态所																					
38	家禽所	3	2															1		1	1	1
39	甘薯所	6	6											1	1						5	
合计		137	66	4							4	1	3	24	5	7	12	22	10	12	16	71

中国农业科学院2008年度作为参加单位获奖成果统计表

序号	单位	获奖成果名称	获奖类别	等级	本单位获奖排序	本单位获奖人姓名及名次
1	植保所	重大外来入侵害虫—烟粉虱的研究与综合防治	国家科技进步奖	二等奖	3	万方浩（第3）
2	作物科学所	抗旱高产优质小麦新品种“运旱21-30”选育与应用	山西省科技进步奖	一等奖	2	景蕊莲（第4）
3	作物科学所	玉米无公害生产关键技术研究与应用	山东省科技进步奖	一等奖	2	李少昆（第2）赵明（第5）
4	蔬菜花卉所	南方蔬菜无公害生产关键技术研究与产业化示范	湖南省科技进步奖	一等奖	2	张友军（第2）张德咏（第3）谢丙炎（第4）
5	植保所	褐家鼠鼠害防治及持续控制技术研究	黑龙江省农业科学技术奖	一等奖	2	刘晓辉（第2）
6	环境发展所	洞庭湖流域生态功能优化与水土资源利用关键技术研究及应用	湖南省科技进步奖	一等奖	5	曾希柏（第11）
7	作物科学所	优质高产广适强筋小麦新品种济麦20的选育与应用	山东省科技进步奖	一等奖	3	何中虎
8	农机化所	大中型机电一体化种子加工成套设备	河南省科技进步奖	二等奖	2	胡志超（第2）谢焕（第10）田立佳（第11）胡良龙（第12）
9	柑橘所	三峡库区生态环境安全及生态经济系统重建关键技术研究与示范	重庆市科技进步奖	二等奖	3	邓　烈（第4）
10	水牛所	提高水牛产奶量的营养技术研究与应用	广西省科技进步奖	三等奖	2	梁贤威
11	植保所	玉米矮花叶病流行与防治	甘肃省科学技术奖	三等奖	3	周广和（第3）
12	柑橘所	西南季节性干旱区柑橘非充分灌溉综合技术研究与大面积应用	重庆市科技进步奖	三等奖	2	彭良志（第4）
13	作物科学所	组织培养诱导小麦-簇毛麦异源易位及兼抗白粉病和黄矮病种质创造	河北省自然科学奖	三等奖		李洪杰（第2）
14	作物科学所	高产早熟绿豆冀绿9239、冀绿9309的选育与应用	河北省科技进步奖	三等奖	2	程须珍（第3）
15	烟草所	大理州烤烟品质区划研究	云南省科技进步奖	三等奖	2	陈　刚（第2）

中国农业科学院 2008 年度获社会力量奖情况统计表（第一完成单位）

序号	获奖单位	奖种名称	获奖成果名称	获奖等级	颁奖单位
1	哈尔滨兽医研	神农中华农业科技奖	鸡传染性法氏囊病超强毒变异机制及防制技术研究与应用	一等奖	中国农学会
2	资源区划所	神农中华农业科技奖	大田作物专用缓/控释肥料技术	一等奖	中国农学会
3	作物科学所	神农中华农业科技奖	中国农作物及其野生近缘植物多样性研究	一等奖	中国农学会
4	作物科学所	神农中华农业科技奖	中国北方冬小麦抗旱节水种质创新与新品种选育利用	二等奖	中国农学会
5	水稻所	神农中华农业科技奖	香稻骨干亲本的筛选利用与高档优质香稻研发	二等奖	中国农学会
6	农机化所	神农中华农业科技奖	大中型种子加工成套技术装备的研制与集成	二等奖	中国农学会
7	作物科学所	神农中华农业科技奖	冬小麦高产高效应变栽培技术研究与应用	三等奖	中国农学会
8	家禽所	神农中华农业科技奖	隐性白羽鸡种质创新利用及其产业化	三等奖	中国农学会
9	资源区划所	神农中华农业科技奖	农区水污染调查评价与富营养化水体治理技术研究	三等奖	中国农学会
10	资源区划所	神农中华农业科技奖	国家级农情遥感监测信息服务系统研究与开发	三等奖	中国农学会
11	农业信息所	神农中华农业科技奖	食物安全信息共享与公共管理体系研究	三等奖	中国农学会
12	郑州果树所	神农中华农业科技奖	三个优质早中熟梨新品种选育与应用推广	三等奖	中国农学会
13	果树所	神农中华农业科技奖	梨矮化砧木选育及配套栽培技术示范推广	三等奖	中国农学会

续表

序号	获奖单位	奖种名称	获奖成果名称	获奖等级	颁奖单位
14	柑橘所	神农中华农业科技奖	柑橘病毒病分子检测及无病毒三级繁育体系技术	三等奖	中国农学会
15	兰州兽医所	神农中华农业科技奖	猪传染性胸膜肺炎防控技术研究	三等奖	中国农学会
16	特产所	神农中华农业科技奖	毛皮动物犬瘟热疫苗毒株驯化和产业化配套关键技术	三等奖	中国农学会
17	茶叶所	神农中华农业科技奖	假眼小绿叶蝉和茶蚜等害虫及其天敌引诱技术的研究及应用	三等奖	中国农学会
18	环境发展所	神农中华农业科技奖	红壤旱地的肥力演变与调控技术研究	三等奖	中国农学会
19	植保所	中国植物保护学会科学技术奖	玉米重大病虫害发生监测、控制技术研究与应用	一等奖	中国植物保护学会
20	植保所	中国植物保护学会科学技术奖	农作物重要病害新型生物农药的应用基础研究	二等奖	中国植物保护学会
21	植保所	中国植物保护学会科学技术奖	农药制剂微乳化形成与稳定的机制与应用研究	二等奖	中国植物保护学会
22	植保所	中国植物保护学会科学技术奖	绿僵苗防治椰心叶甲可持续配套技术与示范推广	三等奖	中国植物保护学会
23	烟草所	中国烟草总公司科技进步奖	烟草主要病毒病有效控制技术的研究	三等奖	中国烟草总公司

中国农业科学院2008年获奖项目

一、国家级奖项目

序号	成果名称	获奖等级	奖种类别	获奖单位
1	中国小麦品种品质评价体系建立与分子改良技术研究	一等奖	科技进步奖	作物科学所
2	重大外来入侵害虫—烟粉虱的研究与综合防治	二等奖	科技进步奖	蔬菜花卉所
3	防治重大抗性害虫多分子靶标杀虫剂的研究开发与应用	二等奖	科技进步奖	植保所
4	双低油菜全程质量控制保优栽培技术及标准体系的建立与应用	二等奖	科技进步奖	油料所

二、省部级奖项目

序号	成果名称	获奖等级	奖种类别	获奖单位
1	口蹄疫亚洲Ⅰ型和O型亚洲Ⅰ型二价灭活疫苗的研制和应用	一等奖	甘肃省科技进步奖	兰州兽医所
2	鸡传染性法氏囊病超强毒变异机制及防制技术研究与应用	一等奖	黑龙江省科技进步奖	哈尔滨兽医所
3	H5N1亚型禽流感重组禽痘病毒活载体疫苗研究与应用	一等奖	黑龙江省科技进步奖	哈尔滨兽医所
4	抗条纹叶枯病优质高产粳稻品种徐稻3号	一等奖	江苏省科技进步奖	甘薯所
5	优质香型不育系中浙A及超级稻中浙优1号的选育与产业化	一等奖	浙江省科技进步奖	水稻所
6	优质肉用绵羊产业化高新高效技术的研究与应用	二等奖	甘肃省科技进步奖	兰州牧药所
7	中国棉花生产景气报告研究与应用	二等奖	河南省科技进步奖	棉花所

续表

序号	成果名称	获奖等级	奖种类别	获奖单位
8	大中型种子加工成套技术装备研制与集成	二等奖	江苏省科技进步奖	农机化所
9	小果型西瓜种质创新及新品种金玉玲珑的选育	二等奖	河南省科技进步奖	郑州果树所
10	高产、优质、多抗新品种中农红灯笼柿选育与应用	二等奖	河南省科技进步奖	郑州果树所
11	全自动反冲洗过滤器的研制	二等奖	河南省科技进步奖	灌溉所
12	双低早熟高产广适性杂交油菜中油杂4号的选育与应用	二等奖	湖北省科技进步奖	油料所
13	口蹄疫诊断检疫新技术及试剂盒研制	三等奖	甘肃省科技进步奖	兰州兽医所
14	奶牛乳房炎主要病原菌免疫生物学特性的研究	三等奖	甘肃省科技进步奖	兰州牧药所
15	后备母水牛能量、蛋白质营养需要量及其代谢规律的研究	三等奖	广西科技进步奖	水牛所
16	中甜一号甜菜纸筒育苗苗床专用肥技术应用	三等奖	黑龙江省科技进步奖	甜菜所
17	酿酒山葡萄左优红和双红品种选育及大面积推广	三等奖	吉林省科技进步奖	特产所
18	苹果新品种选育及无公害生产关键技术研究与推广	三等奖	辽宁省科技进步奖	果树所
19	鲜茶汁饮料关键加工技术及其产业化	三等奖	浙江省科技进步奖	茶叶所
20	灌溉稻“麦作式”水稻湿种技术研究与示范	三等奖	浙江省科技进步奖	水稻所
21	甜樱桃矮化、密植、早丰产栽培技术	二等奖	河南省科技进步奖	郑州果树所
22	梨果早熟增大生物源制剂“梨果早优宝”的研制及高效应用	三等奖	河南省科技进步奖	郑州果树所
23	长江流域油菜模拟优化栽培管理决策系统（Rape-CSODSS）的研制和应用	三等奖	湖北省科技进步奖	油料所
24	水资源联合调控与保护技术研究	三等奖	河南省科技进步奖	灌溉所

三、中国农业科学院科学技术成果奖

序号	成果名称	等级	主要完成单位
1	水稻重要遗传材料的创制及其应用	一等奖	水稻所
2	高含油广适性油菜中油杂 11 的分子辅助选育和利用	一等奖	油料所
3	香稻骨干亲本的筛选利用与高档优质香稻研发	一等奖	水稻所
4	优质高产苎麻新品种“中苎 1 号”选育与推广	一等奖	麻类所
5	梨矮化砧木选育及配套栽培技术示范推广	一等奖	果树所
6	中国地方绵羊品种遗传多样性分析研究	一等奖	畜牧兽医所
7	口蹄疫诊断检疫新技术及试剂盒研制☆	一等奖	兰州兽医所
8	我国 H5N1 亚型高致病性禽流感病毒抗原变异株的鉴定及防控研究	一等奖	哈尔滨兽医所
9	农区水污染调查评价与富营养化水体治理技术研究	一等奖	资源区划所
10	哈密瓜细菌果斑病种子带菌分子检测技术及防治研究	一等奖	植保所
11	饲料及畜产品中重要违禁/限量药物检测的关键技术与产品研发	一等奖	质量标准所
12	水稻可持续高产组合模式及调控技术	二等奖	水稻所
13	双低早熟高产广适性杂交油菜中油杂 4 号的选育与应用☆	二等奖	油料所
14	中蜜系列网纹甜瓜品种选育及配套优质栽培技术研究	二等奖	蔬菜花卉所
15	丰产、优质、多抗甜菜新品种 ZD204 的育成与推广	二等奖	甜菜所
16	西瓜叶片后绿资源的发现利用及新型品种郑果 5506 的选育与推广	二等奖	郑州果树所
17	奶牛乳房炎主要病原菌免疫生物学特性的研究☆	二等奖	兰州牧药所
18	日本血吸虫生长发育相关基因的筛选、分析及功能研究	二等奖	上海兽医所
19	鹿茸再生机理及生茸干细胞研究	二等奖	特产所
20	青壳蛋鸡品系选育及蛋的营养功效的研究	二等奖	家禽所
21	加拿大蓟、乳浆大戟生物防治技术研究	二等奖	草原所

续表

序号	成果名称	等级	主要完成单位
22	防治重大抗性害虫多分子靶标杀虫剂的研究开发与应用☆	二等奖	植保所
23	劣质水安全灌溉技术与评价指标体系研究	二等奖	灌溉所
24	国家级农情遥感监测与信息服务系统	二等奖	资源区划所
25	茶叶生产加工机械化关键技术及产业化开发	二等奖	农机化所
26	食物安全信息共享与公共管理体系研究	二等奖	信息所

注：☆为该项目同获国家或省部级奖。

中国农业科学院2008年科技论文等有关数据统计表

单位	科技论文（篇）		科技专著（部）	获得专利（个）	其他成果形式			
	总计	其中SCI、EI等收录			审定品种	获品种权	新农药兽药	软件著作权
院机关	21		1					
作物科学所	282	85	3	14	9	1		3
植物保护所	351	64	4	10	4			1
蔬菜花卉所	117	12	10	2	6			
环境发展所	93	10	2	3				7
畜牧兽医所	271	21	10	9				9
蜜蜂所	91	8	3	3				
饲料所	102	27		4				
农产品加工所	51	3	2					
生物技术所	92	33	2	10				
农业经济所	82		13					
资源区划所	163	33	24	1				11
农业信息所	182		8					23
质量标准所	38	1	7					
研究生院	14	7	1					
灌溉所	50			1				
水稻所	177	22	6	3	8	3		

续表

单位	科技论文（篇）		科技专著（部）	获得专利（个）	其他成果形式			
	总计	其中SCI、EI等收录			审定品种	获品种权	新农药兽药	软件著作权
棉花所	105	9		2	4			
油料作物所	113	16	6	5	16	2		
麻类所	30	3	2	3	3			
果树所	46		5					
郑州果树所	74		5		5	2		
茶叶所	80	4	3	6				
哈尔滨兽医所	298	39	11	2				
兰州兽医所	160	22		8			2	
兰州牧药所	195	3	3	4				
上海兽医所	84	5	7	1				
草原所	127		7	1				
特产所	85		10	6	2			
环境保护所	70	2	2	2				
沼气所	24	1		7				
农机化所	68	1	1	24				1
烟草所	49		3					1
柑橘所	43	1	2	1				
甜菜所	36				4			
蚕业所	48	2	2	3	3		1	
农业遗产室	18		3					
合计	3930	434	168	135	64	8	3	56

中国农业科学院 2008 年获得的其他形式成果

2008 年获得专利目录

序号	专利名称	类别	公告日	专利号	单位
1	植物脱水应答元件结合蛋白及其编码基因与应用	发明专利	2008. 2	ZL200410103476. 4	作物科学所
2	构建串联重复顺序式作用元件的方法及其专用引物与应用	发明专利	2008. 5	ZL200310115573. 0	作物科学所
3	一种脱水应答元件结合蛋白及其编码基因	发明专利	2008. 6	ZL20041000046563. X	作物科学所
4	一种植物乙烯应答元件结合蛋白及其编码基因	发明专利	2008. 6	ZL20041000046564. X	作物科学所
5	一种乙烯应答元件结合蛋白及其编码基因	发明专利	2008. 6	ZL20041000046565. X	作物科学所
6	中间偃麦草 ERF 转录因子及其编码基因与应用	发明专利	2008. 11	ZL200510104827. 8	作物科学所
7	一种培育抗病小麦的方法及其专用基因	发明专利	2008. 6	ZL200610076216. 1	作物科学所
8	一种小麦抗黄矮病基因 Bdv2 的 PCR 标记及其应用专利申请号	发明专利	2008. 7	ZL03146706. 7	作物科学所
9	一种与小麦抗黄矮病基因 Bdv2 连锁的同源序列及其应用	发明专利	2008. 3	ZL0314360. 6	作物科学所
10	一种培育矮败小麦的方法	发明专利	2008. 5	ZL20051000239. 1	作物科学所
11	稻曲病菌的实时荧光定量 PCR 检测试剂盒及其应用	发明专利	2008. 10	ZL200510126357. 5	作物科学所
12	获得转基因硬质强筋小麦的方法及其专用表达载体	发明专利	2008. 1	ZL00410078136. 0	作物科学所

续表

序号	专利名称	类别	公告日	专利号	单位
13	移动式微管密孔涌流灌溉装置	实用新型	2008.9	ZL200720190043.6	作物科学所
14	自流插入式滴灌装置	实用新型	2008.10	ZL200720190042.1	作物科学所
15	木霉菌液体深层发酵生产厚垣孢子的方法	发明专利	2008.2	ZL200610057339.0	植保所
16	氟硅唑微乳剂及其制备方法	发明专利	2008.11	ZL200410033766.6	植保所
17	啶虫脒与吡呀酮杀虫组合物	发明专利	2008.11	ZL200510115346.7	植保所
18	大豆孢囊线虫特异性SCAR标记、特异性引物及快速PCR检测方法	发明专利	2008.9	ZL200510012246.1	植保所
19	大麦黄矮病毒介体蚜虫体内与传毒有关蛋白基因及其应用	发明专利	2008.1	ZL200510066115.1	植保所
20	人工合成的美洲商陆抗病毒蛋白基因PAPs、表达载体及其重组工程菌	发明专利	2008.11	ZL200610011794.7	植保所
21	一种作物青枯病生物枯草芽孢杆菌菌株	发明专利	2008.7	ZL200610012179.8	植保所
22	防治土壤传播和种子传播病害的种衣剂	发明专利	2008.4	ZL200510011396.0	植保所
23	一种具有杀虫、抗菌活性的新化合物	发明专利	2008.5	ZL200510112916.7	植保所
24	小麦矮腥黑粉菌检测的一种PCR方法	发明专利	2008	ZL200510080073.7	植保所
25	防潮安全型烟剂组合物及其制备方法	发明专利	2008.1	ZL03104633.9	蔬菜花卉所
26	一种防治设施蔬菜土传病害的土壤消毒方法	发明专利	2008.10	ZL200510012204.8	蔬菜花卉所
27	畜禽粪便及粪水快速生物无害化处理方法	发明专利	2008.10	ZL200610089709.9	环境发展所

续表

序号	专利名称	类别	公告日	专利号	单位
28	多功能水耕栽培设施装置	实用新型	2008. 2	ZL200720148895. 9	环境发展所
29	一种甘薯根系功能分离栽培空中连续结薯装置	实用新型	2008. 10	ZL200720190763. 2	环境发展所
30	多功能生物样品收集保存箱式工作台	实用新型	2008. 10	ZL200720310205. 5	畜牧兽医所
31	耳缘组织样品采集收集器	实用新型	2008. 10	ZL200720310202. 1	畜牧兽医所
32	变量凝胶制备模具	实用新型	2008. 10	ZL200720190667. 8	畜牧兽医所
33	透光雨水调控装置	实用新型	2008. 2	ZL200720148824. 9	畜牧兽医所
34	一种猪用玩具—咀嚼器	实用新型	2008. 6	ZL200720173963. 7	畜牧兽医所
35	用于活畜无抓捕称重的动态电子秤	实用新型	2008. 8	ZL200720173964. 1	畜牧兽医所
36	动物唾液采集器	实用新型	2008. 8	ZL200720173961. 8	畜牧兽医所
37	一种检测牛奶共轭亚油酸（CLA）组成和含量的方法	发明专利	2008. 4	ZL200510090054. 2	畜牧兽医所
38	一种改善牛肉大理石花纹质量等级的方法	发明专利	2008. 10	ZL200410096646. 0	畜牧兽医所
39	蜂花粉营养口服液及其制备方法	发明专利	2008. 4	ZL200610083869. 2	蜜蜂所
40	蜂花粉软胶囊及其制备方法	发明专利	2008. 4	ZL200610083870. 5	蜜蜂所
41	组合式蜜蜂蜂箱支架	实用新型	2008. 9	ZL200720149417. X	蜜蜂所
42	一种β-露糖酶及其编码基因和应用	发明专利	2008. 8	ZL200510085377. 2	饲料所
43	水产动物消化道优势菌群结构的分子鉴定方法及专用引物	发明专利	2008. 5	ZL200610001676. 8	饲料所
44	一种甘露聚糖酶及其编码基因与应用	发明专利	2008. 9	ZL200510103125. 8	饲料所

续表

序号	专利名称	类别	公告日	专利号	单位
45	一种抗大肠杆菌的鸡卵黄抗体及其制备方法与应用	发明专利	2008. 8	CN200310112980. 6	饲料所
46	Maize bZIP transcription factors and genes encodingt he same and use thereof	发明专利（美国）	2008. 1	US7323339B2	生物技术所
47	高抗草甘膦的 EPSP 合成酶及其编码序列和用途	发明专利	2008. 10	ZL03826892. 2	生物技术所
48	利用衣藻叶绿体基因工程生产新型口蹄疫疫苗的方法	发明专利	2008. 2	ZL03146483. 1	生物技术所
49	一种昆虫杆状病毒生物反应器的制备方法	发明专利	2008. 8	ZL200410037750. 2	生物技术所
50	一个玉米抗逆转录调控因子及其编码基因与应用	发明专利	2008. 6	ZL200510053677. 2	生物技术所
51	转抗虫基因的三系杂交棉分子育种的方法	发明专利	2008. 11	ZL2005101091174	生物技术所
52	融合杀虫基因 cryci 及其应用	发明专利	2008. 10	ZL200510076823. 3	生物技术所
53	棉花中草甘膦诱导表达的 ag2 启动子	发明专利	2008. 10	ZL200510088631. 4	生物技术所
54	编码禽流感血凝素的基因及其植物表达载体和应用	发明专利	2008. 8	ZL200510068057. 6	生物技术所
55	编码大肠杆菌热敏毒素基因及其表达载体和用途	发明专利	2008. 5	ZL200510068058. 0	生物技术所
56	基于 MODIS 数据自动探测草原火灾迹地的方法	发明专利	2008. 8	ZL200510109291. 9	资源区划所
57	灌溉管路联结件	实用新型	2008. 10	ZL200720187715. 8	灌溉所
58	超级杂交水稻育种亲本选配方法	发明专利	2008. 1	ZL02110994. X	水稻所
59	水稻广谱抗稻瘟病基因的分子鉴别及转育技术	发明专利	2008. 8	ZL200610004058. 9	水稻所

续表

序号	专利名称	类别	公告日	专利号	单位
60	基于沼渣的作物促生诱抗异源真菌蛋白农药的生产方法	发明专利	2008. 7	ZL200610050443. 7	水稻所
61	棉花播种浇水分水器	发明专利	2008. 5	200720103298. 4	棉花所
62	棉花播种起垄开沟机	发明专利	2008. 1	200720103378. X	棉花所
63	甘蓝型油菜脂肪酸延长酶基因缺失突变型核酸序列及其应用	发明专利	2008. 8	200610019695. 3	油料作物所
64	胞内分泌型全细胞催化剂的制备方法	发明专利	2008. 11	2006101248550	油料作物所
65	超声波强化生物酶油脂脱胶的方法	发明专利	2008. 3	200610019311. 8	油料作物所
66	油菜转基因的方法	发明专利	2008. 8	2006100184886	油料作物所
67	一种广谱抗虫转基因十字花科油菜和蔬菜的培育方法	发明专利	2008. 1	200810046824. 7	油料作物所
68	一种环保型麻地膜涂层装置	实用新型	2008. 10	ZL200720065410. X	麻类所
69	环保型麻地膜的制备装置	实用新型	2008. 7	ZL200710303484. 7	麻类所
70	横向喂入式苎麻剥麻机	实用新型	2008. 7	ZL200720064439. 6	麻类所
71	茶树工厂化育苗方法	发明专利	2008. 2	ZL200510060922. 2	茶叶所
72	茶叶保鲜剂	发明专利	2008. 4	ZL200510062020. 2	茶叶所
73	一种昆虫多角体病毒繁殖中的收集方法	发明专利	2008. 4	ZLCN03150442. 6	茶叶所
74	绿茶常温生物保鲜剂及其应用方法	发明专利	2008. 5	ZL200610049831. 3	茶叶所
75	一种茶叶逆流浸提柱	实用新型	2008. 1	ZL200720105534. 6	茶叶所
76	一种便携式名优茶采摘机	实用新型	2008. 8	ZL200720184003. 0	茶叶所
77	猪链球菌菌株及其应用	发明专利	2008. 2	ZL200510008763. 1	哈尔滨兽医所

续表

序号	专利名称	类别	公告日	专利号	单位
78	一种诊断牛结核病的重组蛋白及其制备方法	发明专利	2008. 2	ZL200510005002. 0	哈尔滨兽医所
79	反刍动物食道及咽部黏液探杯	实用新型	2008. 1	ZL200720031283. 1	兰州兽医所
80	牛羊等反刍动物口蹄疫O、A 型双价灭活疫苗	发明专利	2008. 2	ZL03103300. 8	兰州兽医所
81	利用衣藻叶绿体基因工程生产新型口蹄疫苗的方法	发明专利	2008. 2	ZL03146483. 1	兰州兽医所
82	口蹄疫病毒感染性互补脱氧核糖核酸及其制备方法	发明专利	2008. 2	ZL200410000102. X	兰州兽医所
83	弓形虫代谢分泌抗原疫苗及其制备方法	发明专利	2008. 7	ZL200510096046. 9	兰州兽医所
84	检测布鲁氏菌的方法和用于该方法的引物	发明专利	2008. 8	ZL200510007981. 3	兰州兽医所
85	牛衣原体病灭活疫苗及其制备与检验方法	发明专利	2008. 10	ZL200510042611. 3	兰州兽医所
86	O 型口蹄疫病毒多基因复制缺陷型腺病毒活载体疫苗及制备方法	发明专利	2008. 10	ZL200510041945. 9	兰州兽医所
87	金丝桃素的一种提取方法	发明专利	2008. 7	ZL200610078988. 9	兰州牧药所
88	金丝桃素在制备抗 RNA 病毒药物中的应用	发明专利	2008. 11	ZL200610072935. 6	兰州牧药所
89	治疗奶牛乳房炎的药物组合物及其制备方法	发明专利	2008. 4	ZL200410073373. 8	兰州牧药所
90	毛丛分段切样器	实用新刑	2008. 10	2008200034455	兰州牧药所
91	镰形扇头蜱 RhcA 和 Rh-cB 基因的克隆、表达和抗蜱免疫保护作用	发明专利	2008. 3	ZL200410016414. X	上海兽医所
92	豆科牧草脱粒机	实用新型	2008. 8	Z1200720149785. 4	草原所
93	黄花乌头发根及其获得方法	发明专利	2008. 7	200610089523. 3	特产所

续表

序号	专利名称	类别	公告日	专利号	单位
94	五味子软胶囊	发明专利	2008.5	ZL200410011288.9	特产所
95	洋参软胶囊	发明专利	2008.6	ZL200410011293.X	特产所
96	洋参王浆软胶囊	发明专利	2008.5	ZL200410011290.6	特产所
97	一种脂肪酸种类均衡的植物精华素	发明专利	2008.2	ZL200410011294.4	特产所
98	桂皮醛在α-葡萄糖苷酶抑制剂中的应用	发明专利	2008.6	200610145093.2	特产所
99	复合枯草芽孢杆菌和乳酸菌微生物制剂的制备方法	发明专利	2008.3	ZL200510136003.9	环境保护所
100	一种快速检测重金属镉的试纸、制备方法和应用	发明专利	2008.3	ZL200510013379.0	环境保护所
101	沼气壁灯	实用新型	2008.1	ZL200620036809.0	沼气所
102	防回火沼气灯	实用新型	2008.1	ZL200620036810.3	沼气所
103	导流式沼气灯	实用新型	2008.1	ZL200620036811.8	沼气所
104	配气式沼气灯	实用新型	2008.1	ZL200620036812.2	沼气所
105	防爆沼气灯	实用新型	2008.3	ZL200620036813.7	沼气所
106	节能沼气灯	实用新型	2008.3	ZL200620036814.1	沼气所
107	沼气灯	实用新型	2008.3	ZL200620036815.6	沼气所
108	大粒种子精良排种器	实用新型	2008.10	ZL200720131967.9	农机化所
109	一种夹持式油菜裸苗移栽机	实用新型	2008.3	ZL200720035047.7	农机化所
110	气吸式水稻钵体穴盘育秧精密播种机	实用新型	2008.5	ZL200720037973.8	农机化所
111	气吸式小播量水稻毯壮苗育秧精密播种机	实用新型	2008.5	ZL200720037972.3	农机化所
112	可分离式常温烟雾机	实用新型	2008.1	ZL200620165143.9	农机化所
113	自动贴标机	实用新型	2008.10	ZL200720042678.1	农机化所
114	根茎类作物联合收获机	实用新型	2008.1	ZL200720034526.7	农机化所

续表

序号	专利名称	类别	公告日	专利号	单位
115	就仓通风干燥垂直风管安装装置	实用新型	2008. 1	ZL200720034525. 2	农机化所
116	一种升运链式花生收获机	实用新型	2008. 8	ZL200720044073. 6	农机化所
117	水果自动称重装箱设备	实用新型	2008. 4	200710135192. 7	农机化所
118	水果自动称重装箱设备	实用新型	2008. 10	ZL200820030720. 2	农机化所
119	一种有机堆肥翻抛机	实用新型	2008. 8	200810020324. 6	农机化所
120	压紧式线速测定轮	实用新型	2008. 7	ZL200720038130. X	农机化所
121	离心雾化综合性能试验台	实用新型	2008. 4	ZL200720038131. 4	农机化所
122	植保机械动态喷洒综合性能试验车	实用新型	2008. 3	ZL200720038128. 2	农机化所
123	喷杆自动控制匀速升降机构	实用新型	2008. 3	ZL200720038129. 7	农机化所
124	便移式三维风机调节架	实用新型	2008. 7	ZL200720039485. 0	农机化所
125	远程均匀雾陶瓷组合喷枪	实用新型	2008. 1	ZL200720035017. 6	农机化所
126	可分离式常温烟雾机	实用新型	2008. 1	ZL200620165143. 9	农机化所
127	畜禽信息接收处理器	实用新型	2008. 10	ZL200820030492. 9	农机化所
128	畜禽信息采集器	实用新型	2008. 10	ZL200820030491. 4	农机化所
129	稳压止滴阀	实用新型	2008. 10	ZL200720041902. 5	农机化所
130	茶叶加工专用急冷机及茶叶加工成套设备	实用新型	2008. 7	ZL200720046369. 1	农机化所
131	用于紫色土区柑橘滴灌系统的复合肥料及其制备方法	发明专利	2008. 6	ZL200510057356. X	柑橘所
132	全蚕粉中降血糖活性物质的分离方法	发明专利	2008. 8	ZL200610040722. 5	蚕业所
133	蚕用复合消毒剂（产品：亚迪欣）	发明专利	2008. 9	2007100196799	蚕业所
134	电动桑树伐条机	实用新型	2008. 9	ZL200720042060. 5	蚕业所

2008 年审定品种目录

序号	品种名称	审批时间	审批号	审批部门	单位
1	中单 815	2008	冀审玉 2008008	河北省农作物品种审定委员会	作物科学所
2	中单（青贮）29	2008	京审玉 2008022	北京市农作物品种审定委员会	作物科学所
3	中糯 318	2008	京审玉 2008018	北京市农作物品种审定委员会	作物科学所
4	中麦 175	2008. 10		全国农作物品种审定委员会	作物科学所
5	中优 306	2008. 8		山西省农作物品种审定委员会	作物科学所
6	轮选 519	2008. 12		天津市农作物品种审定委员会	作物科学所
7	中麦 12	2008. 4	京审麦 2008002	北京市农作物品种审定委员会	作物科学所
8	中黄 43（中作 50106）	2008	冀审豆 2008005	河北省农作物品种审定委员会	作物科学所
9	宁粳 3 号	2008. 2	苏审稻 200809	江苏省农作物品种审定委员会	作物科学所
10	中植棉 6 号	2008. 10	国审棉 2008007	全国农作物品种审定委员会	植保所
11	中植棉 8 号	2008. 10	国审棉 2008004	全国农作物品种审定委员会	植保所
12	新植杂 2 号	2008. 10	国审棉 2008010	全国农作物品种审定委员会	植保所
13	新植 5 号	2008. 8	豫审棉 2008005	河南省农作物品种审定委员会	植保所
14	中白 62 大白菜	2008. 5	京审菜 2008009	北京市农作物品种审定委员会	蔬菜花卉所
15	香秀西瓜	2008. 5	京审瓜 2008003	北京市农作物品种审定委员会	蔬菜花卉所

续表

序号	品种名称	审批时间	审批号	审批部门	单位
16	中农20黄瓜	2008.4	晋审菜（认）2008008	山西省农作物品种审定委员会	蔬菜花卉所
17	中农106黄瓜	2008.4	晋审菜（认）2008008	山西省农作物品种审定委员会	蔬菜花卉所
18	中杂105番茄	2008.11	国品鉴菜200800	全国农业技术推广服务中心	蔬菜花卉所
19	中椒105甜椒	2008.11	国品鉴菜200800	全国农业技术推广服务中心	蔬菜花卉所
20	内2优111	2008	2008014	浙江省农作物品种审定委员会	水稻所
21	中优9号	2008		浙江省农作物品种审定委员会	水稻所
22	天优6号	2008		广东省农作物品种审定委员会	水稻所
23	春优58	2008	国审稻2008025	全国农作物品种审定委员会	水稻所
24	中浙优1号	2008	湘审稻2008026	湖南省农作物品种审定委员会	水稻所
25	中嘉早17	2008		浙江省农作物品种审定委员会	水稻所
26	天优华占	2008.5	2008020	全国农作物品种审定委员会	水稻所
27	中早31	2008.2	赣审稻2008001	江西省农作物品种审定委员会	水稻所
28	中棉所66	2008.8	国审棉2008020	全国农作物品种审定委员会	棉花所
29	中棉所68	2008.4	豫审棉2008014	河南省农作物品种审定委员会	棉花所
30	中棉所69	2008.4		河南省农作物品种审定委员会	棉花所
31	中棉所70	2008.5	国审棉2008011	全国农作物品种审定委员会	棉花所

续表

序号	品种名称	审批时间	审批号	审批部门	单位
32	中芝 326	2008. 3	皖品鉴登字第 0704003	安徽省非主要农作物品种鉴定登记委员会	油料作物所
33	中油 5628	2008. 9		全国农技推广中心	油料作物所
34	中油 6766	2008. 9		全国农技推广中心	油料作物所
35	中花 14	2008. 1	630	湖北省农作物品种审定委员会	油料作物所
36	中花 15	2008. 4		全国农作物品种审定委员会	油料作物所
37	中豆 37	2008		全国农作物品种审定委员会	油料作物所
38	天隆一号	2008		全国农作物品种审定委员会	油料作物所
39	大地 55	2008		湖北省农作物品种审定委员会	油料作物所
40	中油 519	2008		全国农作物品种审定委员会	油料作物所
41	中农油 6 号	2008		全国农作物品种审定委员会	油料作物所
42	9606	2008		贵州省农作物品种审定委员会	油料作物所
43	中双 11	2008		全国农作物品种审定委员会	油料作物所
44	中油 112	2008		全国农作物品种审定委员会	油料作物所
45	中油 116	2008		全国农作物品种审定委员会	油料作物所
46	中油杂 13	2008		全国农作物品种审定委员会	油料作物所
47	中油 115	2008		全国农作物品种审定委员会	油料作物所
48	黄麻新品种 C-1	2008. 9		湖南省种子管理站	麻类所

续表

序号	品种名称	审批时间	审批号	审批部门	单位
49	黄麻新品种 0—1	2008.9		湖南省种子管理站	麻类所
50	中亚麻 2 号（华星 001）	2008.3		云南省种子管理站	麻类所
51	“郑抗无籽 8 号”西瓜	2008.4	2008005	河南省农作物品种审定委员会	郑州果树所
52	中油桃 11	2008.2	豫 S-SV-PP-001-2007	河南省林木良种审定委员会	郑州果树所
53	“红酥脆”梨	2008.2	豫 S-SV-PP-008-2007	河南省林木良种审定委员会	郑州果树所
54	“美人酥”梨	2008.2	豫 S-SV-PP-001-2006	河南省林木良种审定委员会	郑州果树所
55	“满天红”梨	2008.2	豫 S-SV-PP-001-2008	河南省林木良种审定委员会	郑州果树所
56	人参“福星”	2008.9		吉林省农作物品种审定委员会	特产所
57	“北冰红”	2008.1	2008006	吉林省农作物品种审定委员会	特产所
58	KWS0143	2008.4		黑龙江省农作物品种审定委员会	甜菜所
59	KWS9145	2008.4		黑龙江省农作物品种审定委员会	甜菜所
60	ZM202	2008.4		黑龙江省农作物品种审定委员会	甜菜所
61	甜单 305	2008.4	黑审糖 2008005	黑龙江省农作物品种审定委员会	甜菜所
62	新莹×玉泉	2008.11	苏审蚕 200801	江苏省蚕品种审定委员会	蚕业所
63	丝雨一号	2008.11	苏审蚕 200802	江苏省蚕品种审定委员会	蚕业所
64	野三元	2008.11	苏审蚕 200803	江苏省蚕品种审定委员会	蚕业所

2008 年获品种权目录

序号	获新品种保护品种名称	作物种类	申请国	申请号	授权日	公告号	品种权人
1	中麦 0045	普通小麦	中国	20040481.4	2008.7.1	CNA001718G	作物科学所
2	R1176	水稻	中国	20050209.3	2008.9.1	CNA001759G	水稻所
3	中恢 111	水稻	中国	20050210.7	2008.9.1	CNA001760G	水稻所
4	中早 27	水稻	中国	20030400.3	2008.7.1	CNA001640G	水稻所
5	中花 12	花生	中国	20050102.X	2008.9.1	CNA001838G	油料作物所
6	中双 10	甘蓝型油菜	中国	20040286.2	2008.11.1	CNA001864G	油料作物所
7	天源红	猕猴桃	中国	20050771.0	2008.5.1	CNA001634G	郑州果树所
8	红宝石星	猕猴桃	中国	20050772.9	2008.5.1	CNA001635G	郑州果树所

2008 年获软件著作权目录

序号	软件名称	批准时间	登记号	著作权人	单位
1	作物种质资源地理信息系统（网络版）V1.0		2008SRBJ4771	方　沩	作物科学所
2	作物种质资源网络信息系统 V2.0			方　沩	作物科学所
3	玉米苗情联报系统（网络版）V1.0	2008.1	2008SR00277	李少昆	作物科学所
4	玉米病害诊断系统（图像规则）V1.0	2008.1	2008SR00278	李少昆	作物科学所
5	棉花高光谱特征分析软件 V1.0	2008.11	2008SR29301	李少昆	作物科学所
6	入侵生物安全性评价系统 V1.0	2008.11（登记）	0032081114001393	谢明、万方浩、钟良平	植保所

续表

序号	软件名称	批准时间	登记号	著作权人	单位
7	温室环境远程诊断系统	2008.8	2008SRBJ2923	孙忠富	环境发展所
8	基于养分模型的温室作物模拟系统	2008.8	2008SRBJ2921	孙忠富	环境发展所
9	农业环境多功能远程监控系统	2008.8	2008SRBJ2915	孙忠富	环境发展所
10	基于嵌入式技术的通用数据采集系统	2008.8	2008SRBJ2917	孙忠富	环境发展所
11	基于嵌入式技术的数据采集系统	2008.8	2008SRBJ2924	孙忠富	环境发展所
12	玉米低温冷害远程诊断管理系统	2008.8	2008SRBJ2914	孙忠富	环境发展所
13	日光温室墙体结构优化模拟软件	2008.7	2008SRBJ2572	杨其长	环境发展所
14	奶牛饲料网络远程优化配方系统	2008.3	2008SR11200	畜牧兽医所	畜牧兽医所
15	奶牛个体信息采集PDA智能系统	2008.4	2008SR11227	畜牧兽医所	畜牧兽医所
16	饲料微量元素硒GIS盈缺规律查询与分析系统	2008.6	2008SR15752	畜牧兽医所	畜牧兽医所
17	猪日粮优化及养分诊断PDA系统	2008.7	2008SR19756	畜牧兽医所	畜牧兽医所
18	鸡日粮优化及养分诊断PDA系统	2008.7	2008SR19758	畜牧兽医所	畜牧兽医所
19	IgG/Lf高合成能力奶牛筛选系统V1.0	2008.5	2008SR11617	畜牧兽医所	畜牧兽医所
20	筛选高乳铁蛋白Lf合成能力泌乳奶牛的方法	2008.5	200810106185.9	畜牧兽医所	畜牧兽医所
21	草地空间信息管理系统	2008.5	2008SRBJ2613	张保辉 辛晓平	资源区划所
22	紫花苜蓿生长仿真系统	2008.5	2008SRBJ2612	张宏斌 杨桂霞	资源区划所

续表

序号	软件名称	批准时间	登记号	著作权人	单位
23	人工草地产量与管理模型	2008. 5	2008SRBJ2535	张宏斌 王　旭	资源区划所
24	草地生产力动态监测系统	2008. 5	2008SRBJ2606	张保辉 李　刚	资源区划所
25	草地产草量动态监测系统	2008. 5	2008SRBJ2605	辛晓平 杨桂霞	资源区划所
26	草地旱灾动态监测系统	2008. 5	2008SRBJ2603	辛晓平 杨桂霞	资源区划所
27	草地长势动态监测系统	2008. 5	2008SRBJ2620	杨桂霞 张保辉	资源区划所
28	草地属性信息管理系统	2008. 5	2008SRBJ2614	杨桂霞 王　旭	资源区划所
29	遥感数据融合软件 V1.0	2008. 9	2008SR20262	陈仲新 邹金秋	资源区划所
30	空间数据同化软件 V1.0	2008. 9	2008SR20260	陈仲新　金秋 任建强	资源区划所
31	空间数据插值与温度校正软件 V1.0	2008. 9	2008SR20261	陈仲新 刘　佳	资源区划所
32	基于 USB 总线的文本语音转换装置的控制软件	2008	2008SR04516	农业信息所	农业信息所
33	“村村响”实用技术信息采集管理系统	2008	2008SR04517	农业信息所	农业信息所
34	社会主义新农村信息化案例库管理系统	2008	2008SR04518	农业信息所	农业信息所
35	“村村响”文本语音转换软件	2008	2008SR04519	农业信息所	农业信息所
36	农业信息服务平台系统	2008	2008SR04520	农业信息所	农业信息所
37	鸡场生产经营管理辅助决策支持系统	2008	2008SR08259	农业信息所	农业信息所
38	牛个体信息采集无线传输系统	2008	2008SR08260	农业信息所	农业信息所

续表

序号	软件名称	批准时间	登记号	著作权人	单位
39	农业科技信息移动客户端 MIDLet	2008	2008133730	农业信息所	农业信息所
40	粮油产品质量安全跟踪与溯源系统	2008	2008133731	农业信息所	农业信息所
41	基于 FMECA 的粮油产品质量安全追溯链系统	2008	2008133732	农业信息所	农业信息所
42	粮油产品质量安全信息发布系统	2008	2008133733	农业信息所	农业信息所
43	基于 GPRS 的农产品质量跟踪移动溯源终端控制软件（单片机部分）	2008	2008133734	农业信息所	农业信息所
44	科研交流系统 V1.0	2008	2008SR00353	农业信息所	农业信息所
45	实时咨询系统 V1.0	2008	2008SR00354	农业信息所	农业信息所
46	农业经济电子地图软件	2008	20081325814	农业信息所	农业信息所
47	农业古籍知识管理系统	2008	2008132025	农业信息所	农业信息所
48	基于 GPS 的农业经济信息空间服务	2008	2008132023	农业信息所	农业信息所
49	基于 GPS 的区域农业优势产业分析	2008	2008132022	农业信息所	农业信息所
50	小麦玉米周年生产仿真系统	2008	2008132178	农业信息所	农业信息所
51	小麦生产管理服务系统	2008	2008132177	农业信息所	农业信息所
52	小麦玉米生产管理定向服务系统	2008	2008132024	农业信息所	农业信息所
53	玉米生产管理服务系统	2008	2008132179	农业信息所	农业信息所
54	农业专利信息分析系统	2008	2008136834	农业信息所	农业信息所
55	雾化实验数据分析软件 V1.0	2008.8	2008SRl5566	农机化所	农机化所
56	ePILP－电子 ILP 标记开发平台软件 1.0	2008.6	2008SR11436	任　民	烟草所

2008 年新药（疫苗）登记目录

序号	新药名称	类别	批准时间	证书号	主要完成人	单位
1	口蹄疫亚洲Ⅰ型灭活疫苗（AKT 03 株）	疫苗	2008. 6	（2008）新兽药证字 16 号	徐春河等	兰州兽医所
2	口蹄疫 A 型灭活疫苗（AF 72 株）	疫苗	2008. 6	（2008）新兽药证字 19 号	王永录等	兰州兽医所
3	三氯异氰尿酸、磷酸三钠粉（蚕用）（商品名：亚迪欣）	三类	2008. 4	（2008）新兽药证字 27 号	黄可威等	蚕业所

中国农业科学院2008年获奖科技成果简介

一、国家级奖

1. 中国小麦品种品质评价体系建立与分子改良技术研究

主要完成单位： 中国农业科学院作物科学研究所
主要完成人员： 何中虎、晏月明、夏先春、张　艳、安林利、庄巧生、王德森
张　勇、陈新民、夏兰芹、胡英考、蔡明华、王光瑞、阎　俊
起 止 时 间： 1988年1月～2007年12月
获 奖 情 况： 2008年国家科技进步一等奖
内 容 提 要：

采用常规分析与生物技术相结合的方法，从分子标记—生化标记—籽粒和面粉性状—食品加工品质四个层次首次创立了符合国际标准的中国小麦品种品质评价体系，包括7类72个指标及其标准化的测试方法，其中24个指标（占33%）为国际最早报道；建立了中国面条的标准化实验室制作与评价方法，提出并验证面条小麦的选种指标和分子标记选择体系。

创立蛋白质鉴定新方法2种，高分子量麦谷蛋白亚基酸性毛细管电泳新体系，能准确鉴定难以分辨的亚基及新亚基，效率比常用的SDS－PAGE提高3倍以上，已获发明专利。首次将质谱技术用于小麦高、低分子量谷蛋白亚基鉴定，能精确快速确定分子量大小，准确度和灵敏度比SDS－PAGE高100倍。

发现新基因和新标记26个，发掘并验证可用于育种的分子标记13个，占国际上已报道品质性状标记的60%，建立了多重PCR反应体系，效率比常用的分子检测方法提高2～3倍；在中国小麦中发现7个新的硬度等位基因，占普通小麦中已报道等位变异的46%，发现Pinb－Dlb基因的出粉率比Pinb－Dla基因高5.4%；鉴定克隆出6个有重要利用价值的蛋白新亚基基因。

制定的全国小麦品质区划方案由农业部发布试行，已成为指导我国小麦生产和科研的重要文件。育成优质小麦新品种3个，其中中优9507的面包和面条加工品质达国际一级优质麦标准，通过北京等4省市审定，累计推广310万亩；中作8131—1是我国最早育成的优质专用小麦新品种，通过北京市及全国审定，用此作亲本育成优质品种10个，累计推广0.3亿亩。筛选鉴定的临汾5064已成为全国优质麦育种的第二个骨干亲本，用它作亲本育成13个优质专用品种，累计推广1.5亿亩。

2. 重大外来入侵害虫—烟粉虱的研究与综合防治

主要完成单位： 中国农业科学院蔬菜花卉研究所，北京市农林科学院植物保护环境保护研究所，中国农业科学院植物保护研究所

主要完成人员： 张友军、罗　晨、万方浩、张　帆、吴青君、王素琴、朱国仁、徐宝云、于　毅、褚　栋

起 止 时 间： 1998 年 1 月 ~2007 年 12 月

获 奖 情 况： 2008 年国家科技进步二等奖

内 容 提 要：

本项目首先发现了 B 型和 Q 型烟粉虱入侵我国，并率先开发了能快速检测这两种外来入侵生物型的分子检测方法。率先揭示了 B 型和 Q 型烟粉虱在我国的入侵分布现状。发现 B 型烟粉虱已扩散到我国广大地区，而 Q 型主要分布在南方地区，甚至有取代 B 型成为当地优势危害种群的趋势。首次阐明了入侵我国的烟粉虱的入侵来源、扩散路径和入侵特点，发现 B 型烟粉虱有多个入侵来源，其首先分别传入我国的沿海地区后，逐步向内陆地区扩散；入侵的 Q 型烟粉虱主要来源于地中海地区，其入侵与 1998 年在云南召开的世博会密切相关；B 型和 Q 型烟粉虱在入侵过程中没有明显的“瓶颈”效应，不同种群之间存在显著的基因交流。

发现入侵我国各地的烟粉虱种群间存在着显著的遗传分化，并首次阐明了这种遗传分化与寄主植物、温湿度环境和杀虫药剂使用密切相关。发现 B 型烟粉虱扩散、爆发与其个体发育时间短、种群扩繁速度快、生殖竞争能力强等独特的生物学特性，以及对高温和变温更强的适应能力和更强的寄主适应性有关。首次阐明了入侵烟粉虱在我国北方地区的发生、危害规律及其生物生态学特性；开发出了具有自主知识产权、对烟粉虱有优良诱杀效果的物理防治产品；建立了粉虱天敌－丽蚜小蜂的质量标准、生产技术规程和规模化生产线；筛选出了噻嗪酮等 10 余种对天敌安全、对环境友好的高效低毒药剂。创造性地提出了与我国设施栽培条件相适应，以“隔离、净苗、诱捕、生防和调控”为核心技术的烟粉虱可持续控制技术体系，该技术体系可减少杀虫剂使用量 70% 以上，从 2000 年至今已在京、津、鲁、冀、辽、吉 6 省市推广应用 610.91 万亩，累计经济效益 56.48 亿元，经济、社会与生态效益重大。

3. 防治重大抗性害虫多分子靶标杀虫剂的研究开发与应用

主要完成单位： 中国农业科学院植物保护研究所

主要完成人员： 冯平章、高希武、芮昌辉、陈　昶、黄启良、张刚应、郑永权、袁会珠、曹　煜、蒋红云

起 止 时 间： 1989 年 1 月 ~2007 年 12 月

获 奖 情 况：2008 年国家科技进步二等奖

内 容 提 要：

研究明确了棉铃虫、小菜蛾、稻飞虱等重大害虫抗药性主导机制和抗性早期预警技术体系及其抗药性种群遗传特性；制定了抗药性治理策略。通过杀虫剂三级分散体系、活性成分控制措施及药剂分散行为和影响因子研究，明确了杀虫剂在药液中分散度与生物活性关系，雾滴在空气、作物、害虫不同部位沉积分散行为、分布规律及助剂在杀虫剂使用中的增效减量规律。研制的杀虫剂新品种共毒系数超过 200，甚至高达 500 以上，增效显著，减少了药剂用量。产品质量稳定，热分解率≤2%；微乳剂中有机溶剂用量<20%，减少有机溶剂田间投放量 10 000多吨。应用多分子靶标位点治理抗性害虫的策略所研制的 20% 斑潜净微乳剂、3% 高氯甲维盐微乳剂、20% 菊马乳油、15% 阿维毒乳油等系列杀虫剂新品种，在棉铃虫、斑潜蝇、水稻螟虫、稻飞虱等抗药性严重的害虫相继暴发过程中，表现出突出防治效果。仅中国农业科学院植保所农药中试厂在 1993 ~2007 年推广使用多分子靶标位点杀虫剂 24 500多吨，防治面积 73 350万亩次，减少使用高毒农药 60 000吨，已实现经济效益 1 404.5亿元，近 3 年实现经济效益 390 多亿元。该系列成果在北京顺义农药厂、广东化州第一农药厂等全国 30 多家企业转化，累计推广应用 200 多万吨，取得了巨大的经济效益和社会效益。构建了以抗性害虫大发生时空动态为线索，以科研成果示范推广为先导，以植保专家专业技术服务为纽带，以及时有效解决抗性害虫防治需要为宗旨的覆盖全国的推广体系，加快了成果推广速度，提高了农民用药水平。

4. 双低油菜全程质量控制保优栽培技术及标准体系的建立与应用

主要完成单位：中国农业科学院油料作物研究所、全国农业技术推广服务中心、湖北省种子管理站

主要完成人员：李培武、李光明、张冬晓、刘汉珍、丁小霞、杨 湄、张 文、姜 俊、谢立华、聂练兵、刘胜毅、李志玉、陈小娟、汪雪芳、赵合句

起 止 时 间：1988 年 2 月 ~2007 年 2 月

获 奖 情 况：2008 年国家科技进步二等奖

内 容 提 要：

系统研究了双低油菜生理与生育特性及品质影响因素，发现了双低油菜糖高氮低的生理特征，双低与普通油菜糖氮含量差异梭型分布和叶片与种子硫苷变化规律及相关性，破解了双低油菜与普通油菜栽培生理特性差异；探明了油菜种子繁育、施肥水平、产地环境等对芥酸、硫苷及其他生化品质的影响，建立了双低油菜产前良种繁育、产中保优栽培生产技术体系；并通过多年多点田间试验、检测、调研及全国双低油菜连续质量普查研究，制定了双低油菜从产前种子源头质量控制、到产中产地环境、菌核病防治

及保优栽培生产技术和产后低芥酸、低硫苷产品以及配套检测技术方法等4大类20多项技术标准，实现了双低油菜保优栽培技术成果标准化转化，构建了系统配套的双低油菜全程质量控制保优栽培技术及标准体系，解决了双低油菜产业发展中质量控制一系列复杂技术难题。

在我国油菜主产区13省市推广应用，覆盖率达油菜产区90%，实现了我国由普通油菜向双低油菜生产的技术跨越，显著促进双低油菜行业科技进步，社会效益及经济效益显著。

二、省部级奖

1. 优质香型不育系中浙A及超级稻中浙优1号的选育与产业化

主要完成单位： 中国水稻研究所

主要完成人员： 章善庆、童海军、童汉华、唐昌华、王浩良、尹设飞、曹一平、卢王印、吴其宝、董文忠、余海根、叶定池、何建清、丰作成、朱凤姑

起止时间： 1991年1月~2008年11月

获奖情况： 2008年浙江省科技进步一等奖

内容提要：

针对我国籼型三系杂交稻存在稻米品质较差，株叶形态单一的突出问题，开展以选育优质不育系为突破口，建立新理想株型模式为途径，采用常规育种和航天育种相结合技术手段，综合运用地理远缘、籼粳亚种差异产生杂种优势的原理，把国外优质稻米基因与国内带籼粳亲缘的理想株型恢复基因重组，选育出增产潜力大、稻米品质优、株叶形态好的杂交稻组合中浙优1号。中浙A不育系具有品质优、香味浓、株型好、育性稳等突出优点，尤其是与食味品质有关的“胶稠度”指标有突破性改进，由一般的50mm增加到90mm，是国内第一个利用印度香稻品种转育而成并在生产上大面积应用的不育系。中浙优1号稻米外观品质有重大突破，垩白粒率由现有推广组合的90%~100%降低到10%~15%；垩白度由10%~20%下降到2%~5%，透明度由2~3级提高到1级，米饭松软可口，香味四溢，冷不回生。中浙优1号株型挺拔，剑叶挺直，改变了籼型三系杂交稻的叶片软、薄、披、散的株型模式。单季种植一般产量550~600公斤，高产田块达到750公斤以上。通过多个省的品种审定，成为农业部首批认定的中国超级稻。

与企业成功创建了“育-繁-推-销”为一体的产业化模式，2006~2008年推广面积500多万亩，产生经济效益5亿元。中浙优1号是浙江省8812计划立项20年来，第一个育成的省内年推广水稻面积超百万的组合，首次打破汕优63、两优培九30多年占据浙江省推广面积第一的局面。

2. 口蹄疫亚洲Ⅰ型和O型亚洲Ⅰ型二价灭活疫苗的研制和应用

主要完成单位：中国农业科学院兰州兽医研究所

主要完成人员：刘西兰、王超英、徐春河、孙素梅、魏怀菊、王光祥、张　军、翟国元、牟克斌、张永兴、李　健、吴锦艳、靳　野

起止时间：2003年11月~2007年12月

获奖情况：2008年甘肃省科技进步一等奖

内容提要：

采用分子生物学、血清学和细胞学技术选择优势流行病毒株为制苗毒种研制成功了《口蹄疫亚洲Ⅰ型灭活疫苗》和《口蹄疫O型亚洲Ⅰ型二价灭活疫苗》，用于预防牛、羊O型和亚洲Ⅰ型口蹄疫。该两种疫苗符合OIE标准，对牛羊安全。用牛作效力检验，亚洲Ⅰ型苗每头份疫苗对成年牛含4.53~5.20PD_{50}，对犊牛含3.3~4.2PD_{50}；O型亚洲Ⅰ型二价苗每头份疫苗对成年牛含O型5.5~8.1PD_{50}，含亚洲Ⅰ型5.2~6.5PD_{50}；对犊牛含O型3.3~4.2PD_{50}，含亚洲Ⅰ型3.3~4.2PD_{50}；对成年羊的保护率为15/15，对羔羊保护率为13/15。免疫持续期牛6个月，羊4个月。疫苗于2~8℃中可保存12个月。

2004年11月至2007年12月，共生产疫苗约6.98亿毫升，用于甘肃、内蒙古、陕西等26个省市自治区口蹄疫预防。销售收入2.80亿元，为企业新增利润8 385.87万元，纳税1 306.61万元。两种疫苗的推广和应用有效控制了口蹄疫流行，减少了家畜发病，每年可为国家减少经济损失50亿~100亿元，产生了显著的经济效益和社会效益，在促进和保障我国畜牧业发展方面发挥了重大作用。两种疫苗已获农业部颁发的新兽药注册证书。

3. 鸡传染性法氏囊病超强毒变异机制及防制技术研究与应用

主要完成单位：中国农业科学院哈尔滨兽医研究所

主要完成人员：王笑梅、高宏雷、高玉龙、付朝阳、祁小乐

起止时间：1996~2007年

获奖情况：2008年黑龙江省科技进步一等奖

内容提要：

本成果研究了超强毒变异机制及防控用疫苗与技术等亟待解决的热点课题，从国内发病鸡场分离IBDV，经致病性、抗原性及基因序列分析表明，符合标准超强毒的特征，命名为vvIBDV Gx。将vvIBDV Gx株经SPF鸡胚和鸡胚成纤维细胞（CEF）连续传代致弱，获得具有较好免疫原性、对鸡无致病性的弱毒株Gt，对Gx、Gt和致弱过程中的关键代次毒株进行基因序列分析，揭示了超强毒向弱毒演化过程中，主要结构蛋白VP2、VP3、VP5基因序列的变化规律。将引入了分子标签和核酶结构的Gt株全基因组克隆于

真核表达载体 pCAGGS，构建了 IBDV 感染性克隆 pCAGGmGtAHRT 和 pCAGGmGtBHRT，将其共转染 CEF 可拯救出病毒。该系统高效、稳定、简便、有自主知识产权，为从分子水平上深入研究病毒变异机制奠定了基础。在反向遗传操作平台上构建了强弱毒替换的六个系列嵌合病毒和两个点突变克隆，并对嵌合病毒进行生物学特性分析，从基因及分子水平阐述超强毒的变异机制。发现 VP2 上 253 和 284 位氨基酸的改变是 IBDV 细胞嗜性和致病力变异的重要分子基础；VP3 的变异也能改变病毒的体外复制能力，但不影响病毒致病力；VP4 对病毒体外复制和致病力均无影响。Gx 株经筛选、培育后，在 SPF 鸡胚和 CEF 上快速传代，得到生长特性稳定、毒价高、免疫原性好、适应细胞的强毒株 IBDVG 株，以其为毒种研制了高效、安全的 IBD 灭活疫苗。该疫苗免疫 SPF 鸡对国内 vvIBDV 的保护率达 100%，种鸡免疫 1～8 个月的子代鸡均可获得较好的被动免疫，可有效地控制鸡群 IBD 的早期感染。将 IBDV G 株在 CEF 上连续传代致弱获得弱毒株 IBDV－Gt，以其为种毒，研制成功 IBD 弱毒疫苗。该疫苗免疫 SPF 鸡对国内 vvIBDV 的保护率达 100%；可有效地控制鸡群 IBD 的暴发与流行。进行了两种疫苗配套使用研究，并进行种鸡免疫灭活疫苗、雏鸡免疫弱毒活疫苗，雏鸡单独免疫弱毒活疫苗，雏鸡免疫弱毒活疫苗同时免疫灭活疫苗以及雏鸡免疫弱毒活疫苗后用灭活疫苗加强免疫的免疫程序的研究与制定，为 IBD 的防制提供理论与技术支持。本成果项目中研制的两种系列疫苗 IBD 灭活疫苗（G 株）和 IBD 活疫苗（Gt 株）已获得农业部颁发的新兽药证书、生产文号和国家重点新产品证书，在全国 21 个省区推广应用 24 亿羽份，效果良好。据农业经济研究所测算，该系列疫苗在已推广的 4 年获经济效益 103 亿元。IBD 是各类鸡场必防之病，由于该系列疫苗可以预防我国 vvIBDV 的流行，保护鸡群的免疫机能，降低对其他病原的易感性，市场前景广阔。

4. H5N1 亚型禽流感重组禽痘病毒活载体疫苗研究与应用

主要完成单位： 中国农业科学院哈尔滨兽医研究所

主要完成人员： 于康震、乔传玲、陈化兰、姜永萍、田国彬、王秀荣、李呈军、邓国华、李雁冰、施建忠、李泽君

起 止 时 间： 2000～2004 年

获 奖 情 况： 2008 年黑龙江省科技进步一等奖

内 容 提 要：

本研究首次利用 RT－PCR 方法扩增 H5N1 亚型禽流感病毒早期分离株的 HA 和 NA 基因，以高度成熟安全的禽痘病毒疫苗株 S－FPV－017 为载体构建含有这两种基因的重组转移载体，利用脂质体转染、蓝白斑筛选获得表达 HA 和 NA 基因的重组禽痘病毒（rFPV－HA－NA）。经多轮蚀斑纯化、PCR、Western－blot 分析表明，重组禽痘病毒 rFPV－HA－NA 可高效表达 AIV 的 HA 和 NA 蛋白；经细胞连续传代，确证了重组病毒具有良好的遗传稳定性，在基因水平及免疫效力方面不会发生改变。动物试验结果表

明，该重组疫苗的最小免疫剂量为100个蚀斑形成单位（PFU），以一个免疫剂量（2000PFU）的疫苗经翅下刺种SPF鸡及商品鸡，一周后可诱导产生HI抗体，2周后HI抗体达到5log2以上，保护性抗体（4log2以上）可持续6个月以上。免疫后9个月内，对100CLD$_{50}$的H5N1亚型高致病性禽流感病毒攻击均可提供100%的保护。该基因工程疫苗抗原针对性强，免疫接种后不产生琼脂扩散（AGP）抗体，不影响疫情监测，具有高效、安全、免疫效力产生快、免疫保护期长及免疫接种成本低等优点。可广泛用于预防由H5亚型禽流感病毒引起的禽流感，有效防止高致病性禽流感在禽群中的大面积暴发和传入人群而导致人类流感的大暴发。

5. 大中型种子加工成套技术装备的研制与集成

主要完成单位： 农业部南京农业机械化研究所，中国农业机械化科学研究院，甘肃酒泉奥凯种子机械有限公司，江苏省洪泽湖农场

主要完成人员： 胡志超、刘国定、彭宝良、郭恩华、谢焕雄、田立佳、王正平

起 止 时 间： 2004年10月~2006年12月

获 奖 情 况： 2007年江苏省科技进步二等奖

内 容 提 要：

研发出5t/h和8t/h两种规格种子加工成套技术装备，包括双风系自平衡式风筛选、精细化自平衡式比重选、智能化种子包衣机、组配式窝眼精选机、圆筒筛分级设备和包衣种子干燥设备等14种单机。

该项目研发的“等惯量反向配置自平衡技术”，有效解决了现有设备的震动大、噪声高、可靠性差等问题；研发的“双风系宽幅均衡技术”、“均配给料技术”和“精细化调控技术”，有效解决了现有设备种子加工粗放落后问题；研发的“模块化设计技术”、“快速转化组配技术”、“对称设计技术”和“流水线弹性工艺技术”，克服了现有设备的适应性差等问题；研究“智能化控制技术”，有效提高了成套设备的技术水平。

成果已在江苏、河南建成2个示范基地，已在江苏省洪泽湖农场、盐城市种子公司、江苏大华种业白马湖分公司、江苏昆山大绿种苗公司、河南农科院种业有限公司、中国农业科学院甜菜所等地建成8条加工生产线，加工种子6 000万kg以上，种子公司获效益已超过1 000万元。项目成果显著提升了我国种子加工整体技术水平，从根本上扭转了我国种子加工关键设备长期依赖进口的局面，推进了江苏乃至全国种业的发展。

6. 优质肉用绵羊产业化高新高效技术的研究与应用

主要完成单位： 中国农业科学院兰州畜牧与兽药研究所

主要完成人员： 杨博辉、郭　健、姚　军、梁春年、程胜利、孙晓萍、吴正忠、

罗金印、焦　硕

起 止 时 间：2001 年 10 月～2007 年 10 月

获 奖 情 况：2008 年甘肃省科学技术进步二等奖

内 容 提 要：

在国内首先筛选出西北生态条件下肉羊选种的动物模型，开发出 BLUP 育种值估计及计算机模型优化分析系统（中文版）；研究了肉用绵羊各杂交（系）群的群体遗传结构和分子遗传学基础，确定了杂交组合和杂交进程；初步创建了肉用绵羊重要经济性状的分子标记辅助选择技术体系，筛选出 3 个可能与生长发育性状关联的分子标记，2 个可能与繁殖性状关联的分子标记。

JIVET 技术的国产化研究获得初步成功，每只供体羔羊每次超排平均可获得成熟卵母细胞 45～80 枚，最多达 113 枚，并通过体外授精和胚胎移植试验研究：设计了肉用绵羊 MOET 核心群培育规划优化生产系统。建立了羔羊早期断奶、肉羊繁殖调控、肉羊优化杂交组合、肉羊高效饲养及管理、肉羊现代医药保健及疫病虫防制等高效技术；研制出“羊痢康合剂”［甘兽药字（2003）Z006559］和牛羊舔砖手工制砖机（ZL03210748.6）；开发肉羊生产专家系统；制定 7 项肉羊产业化生产技术规范。培育肉羊新品种（系）群 5.34 万只，核心群母羊 8 300只，种公羊 270 只；繁殖率多胎品系 170%～230%，肥羔品系 150%；1～3 月龄羔羊平均日增重 250g。

本成果为快速培育我国专门化肉羊新品种、提高肉羊产业化水平，提升肉羊业在国际市场上的竞争力提供理论和技术支撑。已大面积应用，累计杂交改良地方绵羊 67.69 万头，生产各代杂交羊及横交后代 37.86 万只，实现肉羊产值 137 571.20万元，新增产值 58 770.32万元，新增利润 17 658.10万元，新增税收 1 057.87万元。同时；推动了肉羊企业产业化升级及农牧户生产模式的转变，形成肉羊产业化发展格局。

7. 小果型西瓜种质创新及新品种金玉玲珑的选育

主要完成单位：中国农业科学院郑州果树研究所

主要完成人员：刘君璞、徐志红、徐永阳、刘学勋、陈彦峰、鹿智江、张俊平、韦小敏、张　健、孔维虎

起 止 时 间：1986 年 1 月～2005 年 11 月

获 奖 情 况：2008 年河南省科技进步二等奖

内 容 提 要：

通过资源创新，得到了稳定的高代自交系 61 份，选育出“金玉玲珑”小果型西瓜，通过全国西甜瓜品种鉴定及河南省、北京市、江苏省品种审定。

“金玉玲珑”全生育期 85 天左右，果实发育天数约 28 天。植株生长势稳健，第一雌花出现在 6～8 节，以后每隔 4～6 片叶又出现一雌花。果实高圆形，果型指数 1.1，外观周正，浅绿果皮上覆深绿色齿状条带，中心含糖量 11.0%～12.0%、果实边部含

糖量 9.0%，果肉橙黄色，剖面色泽匀、肉质细，口感好，果皮厚度平均为 0.3 ~ 0.5cm。最大单瓜重 2.2kg，平均单瓜重 1.5 ~ 2.0kg，该品种坐果优良，可坐多茬果，产量表现比对照“黄小玉”约增产 13%，亩产约 3 000公斤。2005 年进行了枯萎病抗性鉴定，结果表明“金玉玲珑”达到了轻抗水平。该品种抗逆性好，可在露地栽培，但保护地栽培更能体现其早熟、优质的特点。从 2003 年开始，“金玉玲珑”陆续在河南、河北、湖北、山东、福建、江苏、浙江、北京等省市推广，2003 年至 2007 年累计推广面积达 22 500亩，新增产值 8 437.5万元，新增效益 3 147.05万元。

8. 高产、优质、多抗新品种中农红灯笼柿选育与应用

主要完成单位： 中国农业科学院郑州果树研究所

主要完成人员： 曹尚银、马学文、郭俊英、薛华柏、辛长永、薛茂盛、马领战、樊红丽、刘学增、姚增福、刘彦斌、马晓燕、许彦婷、陈玉玲、蒋　雪

起 止 时 间： 1996 年 1 月 ~2008 年 11 月

获 奖 情 况： 2008 年河南省科技进步二等奖

内 容 提 要：

“中农红灯笼”柿味香甜、易脱涩、品质极上；果实圆整、耐贮性强、商品性好、经济效益高，亩收益为对照品种的 278%；适应性广、国内外市场前景广阔。1999 年以后，进行了品种比较试验和多点区域试验。据不完全统计，全国种植面积在 1.3 万亩以上，经济效益在 1.3 亿元以上。结合经过广泛的区域试验，综合运用国内外先进的科技成果，研制出的适应多种生态气候条件下配套的栽培技术和质量标准体系，可以做到良种良法配套，规模化、商品化生产。

9. 双低早熟高产广适性杂交油菜中油杂 4 号的选育与应用

主要完成单位： 中国农业科学院油料作物研究所

主要完成人员： 王新发、王汉中、曹庆云、金河成、陈吾新、杨　庆、张冬晓、张楚珍、刘　静、刘凤兰、徐文斌

起 止 时 间： 1993 年 3 月 ~2007 年 12 月

获 奖 情 况： 2008 年获湖北省科技进步二等奖

内 容 提 要：

该品种首次采用了“复合杂交 + 小孢子培养 + 综合筛选双低杂交油菜新组合”选育技术体系，突破了我国油菜杂交种高产与优质、优质与抗病及波里马系统杂交种高产与杂种安全性的矛盾。显著降低了芥酸和硫苷含量，实现了双低、早熟、高产、多抗等多个优良性状的重组聚合。2002 年、2004 年和 2005 年分别通过湖北省、国家和江西省

品种审定。

中油杂 4 号具有：①丰产性好：2000 ~ 2001 年度湖北省区试中，平均亩产 189. 44 公斤，比对照高芥酸、高硫苷品种中油 821 增产 15. 23%，2000 ~ 2002 年度湖北省区域试验中平均亩产 168. 52 公斤，比对照中油 821 增产 12. 97%。②熟期早：比对照品种中油 821 早熟 1 天。③品质优：国家区试中芥酸含量 0. 20%，商品籽硫苷含量 20. 24μmol/g（饼），达国际先进水平。④适应性广，稳产性好：湖北省、江西省区试及国家区试 46 点次中，38 点次增产。⑤抗病抗倒性强：国家区试中菌核病病情指数比对照抗病品种中油 821 降低 10. 1%，湖北省和国家区试 4 年 38 点次调查。35 点次表现抗倒伏。⑥不育系不育彻底，制种安全高效：湖北省区试中，其杂种 F1 代纯度为 96. 98%，6 年大面积生产杂交种纯度平均在 95% 以上，优于国家一级标准 5 个百分点。中油杂 4 号在双低、早熟、高产、抗（耐）病、广适性、杂交种制种安全等综合性状优于国内外同类品种的相应技术指标。该成果达到了国内领先水平。

中油杂 4 号自 2002 年通过审定以来，连续 3 年列为湖北省主推品种之一，累计在湖南、湖北、江西、安徽、陕西等省示范推广 2 294. 5万亩，创经济效益 11. 4 亿元。该品种大面积推广应用，明显提升了我国油菜的产量和品质水平，显著提高了我国油菜产业的国际竞争力。

10. 中国棉花生产景气报告研究与应用

主要完成单位：中国农业科学院棉花研究所、河南农业科学院植物保护研究所、山东棉花研究中心、湖北省农业科学院经济作物所、江苏省农业科学院经济作物所、河北省农林科学院棉花研究所、安徽省农业科学院棉花研究所、新疆维吾尔自治区农科院经济作物所

主要完成人员：毛树春、李亚兵、王香河、韩迎春

起 止 时 间：1997 年 1 月 ~2008 年 11 月

获 奖 情 况：2008 年河南省科技进步二等奖

内 容 提 要：

一是创建了独具特色的棉花生产监测和预测系统。建立了信息采集、加工、诊断和发布系统，制定了信息采集手册，开发可跨网络运行的数据处理平台和数据库、形成适合国情的监测和预测方法，为数据的采集和分析提供可靠的技术支撑。二是根据供需平衡理论创建了 CCPPI 模型，具有预测决策的前瞻性、预见性和及时性功能，为棉花产业提供了决策依据。三是创建了 CCGI 模型。依据棉花生长发育动态实地调查结果，结合相关监测模型和产量模等模型，提高了监测的准确度，具有及时性、准确性和应用价值。四是建立了预警信息发布渠道。连续出版了《中国棉花生产景气报告》100 多期，创办了中国优质棉网（www. CCPPI. com. cn），及时准确地为棉花产业领域提供了信息来源。五是《中国棉花生产景气报告》得到政府的肯定，企业、棉农和协会的广泛认

可，已成为棉花产业领域重要的信息源，成为对政府信息的一种重要补充，产生了积极的社会经济效益。

11. 全自动反冲洗过滤器的研制

主要完成单位：中国农业科学院农田灌溉研究所

主要完成人员：翟国亮、仵　峰、冯俊杰、刘　杨、李明亮、宰松梅、邓　忠、牛军宜

起 止 时 间：2001 年 1 月 ~2005 年 12 月

获 奖 情 况：2008 年河南省科技进步二等奖

内 容 提 要：

本项目开发出了用于节水灌溉的关键设备：全自动反冲洗砂过滤器，即 AFS 系列过滤器，还研制出了具有自主知识产权的全自动反冲洗控制仪、水动反冲洗三向阀和新型结构过滤罐体。通过开展室内模拟过滤器的模型试验，取得有关过滤和反冲洗参数设计的基本依据，然后将取得的数据进行数学模拟分析处理，并运用于过滤器的电路控制、水路监控和控制软件之中，进而开发出了新型灌溉过滤器通用的反冲洗控制机构，取得了国家专利。通过 3 年多田间应用考核，不断完善过滤器的整体功能，改进反冲洗控制仪和水动反冲洗三向阀的性能，使控制功能更加灵敏、耐久和可靠。新研制的全自动反冲洗砂过滤器与国内外的同类产品比较，一是创新性结构设计，控制仪采用监控水路和电路一体化模式，从而使控制仪自成体系，携带、安装和拆卸非常方便。二是控制要素基本相同，均可实现按照进出口压降、过滤周期和过滤水量指标进行控制；主要芯片采用国外进口元器件可靠性更强。三是具有成本优势，它体现在加工、运输和售后服务等环节上。四是在过滤功能和反冲洗耗水量方面，AFS 过滤器采用的是国产石英砂，与国外滤料比较差距不大，反冲洗耗水量都介于 3% ~5%。为了尽快使该成果转化为生产力，课题组采取与生产厂家合作开发产品，与节水灌溉工程公司签订推广协议，与用户开展田间示范与培训等措施来推广该项成果。5 年多来，AFS 型过滤器已在我国的新疆、甘肃、河南和海南等省（区）应用近 80 台（套），发展的农业节水灌溉面积达 4 万多亩，其中仅新疆就发展近 2 万多亩，分别在大田作物微灌、温室滴灌和园林绿化灌溉工程上应用。年均节约灌溉用水 1 000万立方米以上。同时为生产企业带来产值 500 万元，利税 135 万元。

12. 牛乳房炎主要病原菌免疫生物学特性的研究

主要完成单位：中国农业科学院兰州畜牧与兽药研究所

主要完成人员：李宏胜、郁　杰、李新圃、罗金印、徐继英、张　捷、乐　威

起 止 时 间：1990 年 1 月 ~2007 年 12 月

获 奖 情 况：2008 年甘肃省科技进步三等奖

内 容 提 要：

本项研究通过对奶牛乳房炎主要病原菌培养特性、诊断方法、抗原性、免疫原性的研究，阐明了乳房炎的主要病原菌的免疫生物学特点，查明了引起我国奶牛乳房炎的主要病原菌区系分布，阐明了乳房炎病原菌的感染与诸多因素的相关性，乳房炎主要病原菌对常见抗生素的耐药情况。研究制定了一套简单实用的分离和鉴定乳汁中病原菌的"奶牛乳房炎乳汁细菌的分离和鉴定程序"。建立了用多重 PCR 快速检测无乳、停乳和金葡菌的方法，明确了金葡菌在含 10% 乳清的肉汤培养基中培养后，可出现完整的荚膜结构。筛选出了无乳菌的优化液体培养基，探明了无乳菌生长过程中的影响因素。明确了无乳菌培养过程中细菌浓度与荚膜多糖的相关性和无乳、停乳和金葡菌三种菌之间无血清学交叉反应，我国各地同种异地间各菌株存在不同程度的血清学交叉反应。首次明确了引起我国奶牛乳房炎的无乳和金葡菌血清型分布及优势血清型，填补了国内空白。建立了无乳、停乳和金葡菌三种菌菌体蛋白纯化提取方法，采用 IEP 和 SDS－PAGE 技术对三种菌菌体蛋白 PI 和主要抗原成分的等电点 PI 进行了分析，明确了三种菌主要抗原成分的分子量和等电点。建立了三种菌人工感染诱导奶山羊和奶牛急性乳房炎的实验动物模型。明确了无乳、停乳和金葡菌三种菌菌体抗原之间无免疫增强和拮抗作用。筛选出了多联苗三种菌体抗原的最佳配比，建立了疫苗效力检验的检测方法，确定了疫苗免疫程序。研制出了奶牛乳房炎多联苗，制定了疫苗制作规程。先后在全国 30 多个奶牛场对 25 026头泌乳奶牛进行了大规模临床免疫试验，结果表明，平均可降低临床型乳房炎发病率 40.00% ~70.00%，免疫持续期可达 6 个月以上。

13. 水资源联合调控与保护技术研究

主要完成单位：中国农业科学院农田灌溉研究所

主要完成人员：齐学斌、樊向阳、高胜国、王和洲、李　平、黄仲冬、周新国

起 止 时 间：2001 年 1 月 ~2005 年 12 月

获 奖 情 况：2008 年河南省科技进步三等奖

内 容 提 要：

该项目的主要研发内容为：①区域水资源现状、未来发展需求及对策研究；②农业水资源决策支持系统研究。包括建立农业水资源数据库管理系统、模型库管理系统、人机交互管理系统，为农业水资源的合理配置及作物的优化配水提供决策依据；③地下水限量开采无线自动控制系统研制。包括硬件设备（计算机控制接口设备、数据编码和数字无线传输设备、数据采集和指令执行设备）、系统软件（基于 Windows 平台、面向对象编程（OOP）、虚拟仪器技术）。该成果拥有自主知识产权，已获两项发明专利和两项国家实用新型专利。系统具有功能强、性能稳定，成本较低等特点；通过参数设置，可实现区域水资源利用的均衡控制；操作简便，基层管理人员经过简单培训即可操

作系统，推广应用前景广阔。该成果主要应用于黄淮海平原农业水资源严重短缺、地下水位连年持续下降区域，以期在一定程度上解决农业水资源可持续利用及未来缺水条件下粮食安全保障问题。该项研究成果目前已示范推广300万亩，截至2007年底共取得直接效益42亿元，在保证粮食产量的前提下，共计减少地下水开采量1.5亿立方米。

14. 长江流域油菜模拟优化栽培管理决策系统（Rape－CSODS）的研制和应用

主要完成单位： 中国农业科学院油料作物研究所

主要完成人员： 张春雷、曹宏鑫、李光明、李　锋、石春林、李　俊、马　霓、汪宝卿、胥　岚、杨良金

起 止 时 间： 2002年1月～2007年11月

获 奖 情 况： 2008年湖北省科技进步三等奖

内 容 提 要：

建立了长江流域冬油菜生长发育模型、叶面积与光合生产模型、干物质积累模型以及产量形成模型等模拟模型，整合优化理论和专家经验，研制成长江流域油菜模拟优化栽培管理决策系统（Rape－CSODS）。在我国首次建立了与长江流域各地种植制度相适应的以目标决策为基础、常年与当年决策相结合的最佳产量、最佳施肥决策、最佳灌水决策等高产栽培优化模型。首次在油菜决策支持系统中实现了模型优化的动态参数调整，提高了模型预测的准确性和地区适应性；注重专家知识及常年气象、种植模式、病虫草害信息与模拟优化决策系统的结合，实现了信息的数字化和参数化处理，简化了输入信息，标准化、规范化、科学化输出结果；实现了专家－计算机－农户（或农业科技推广人员）的三者交互功能；解决了现有栽培系统决策措施呆板、人性化程度低等问题。

2004年以来，先后在湖北省武穴市、江陵县、红安县，四川省绵阳市，安徽省芜湖市等县（市）进行了系统的试验示范，根据试验示范的结果，对系统进行了数据维护更新和示范推广，累计应用推广487.10万亩。取得经济效益3亿多元。利用该系统实现了标准化管理，与同等条件下的常规栽培技术相比，化肥、水分利用效率显著提高，病虫草害明显降低。专家现场鉴定结果表明，应用本系统比对照增产28.79～98.10kg/亩，增幅达14.31%～14.6%，降低了肥料和劳动生产成本，亩节本增效31.30～90.50元/亩；系统的功能与主要技术性能指标检验总体符合度在95%以上，生育期预测正负不超过2天、产量预测与当年实际测定值正负误差不超过5%。并邀请专家先后在芜湖、绵阳进行了现场考察验证。经专家鉴定，该系统为大田油菜生产提供了有效的辅助决策手段，科学性、先进性和实用性强，应用推广前景广阔。该成果在油菜模拟模型与优化模型的结合应用方面具有创新性，整体居国际同类研究的先进水平。

15. 甜樱桃矮化、密植、早丰产栽培技术

主要完成单位： 中国农业科学院郑州果树研究所

主要完成人员： 赵改荣、黄贞光、韩礼星、李　明、李玉红、齐秀娟、李四俊、乔小金、王建立、荀　俊、王成荣、梁合亭、郭晓成

起 止 时 间： 1995 年 1 月 ~2005 年 5 月

获 奖 情 况： 2008 年河南省科技进步三等奖

内 容 提 要：

甜樱桃矮化、密植、早丰产栽培技术适宜在全国各樱桃栽培区的露地和温室栽培中应用。我国甜樱桃栽培及研究起步较晚，树体生长旺盛，进入结果期晚、产量低是生产中存在的主要问题。针对上述问题进行了甜樱桃优质早丰产品种筛选、适于矮化密植栽培的砧木筛选、中高栽培密度（83 株、111 株、222 株、555 株/亩）对早期产量影响的研究、授粉品种的筛选及亲和力研究、整形修剪技术研究等。从 100 多份资源中，筛选出综合性状优良的品种 11 个，矮化、半矮化砧木 3 个，确定了 8 个主栽品种的授粉组合及各类栽培的合理密度，简化、改良了细长纺锤形的整形修剪方法，对摘心技术提出了具体量化指标及应用方法，完成了配套的砧木、品种、整形修剪、栽培密度及化控、土、肥、水、病虫害防治等综合栽培技术集成。

该项成果可以实现栽后 2 年结果、5 年进入丰产期，比原来的乔化栽培提前 2 年进入初果期和盛果期，在河南、陕西等地推广 25 万亩以上。

16. 梨果早熟增大生物源制剂“梨果早优宝”的研制及高效应用

主要完成单位： 中国农业科学院郑州果树果树研究所

主要完成人员： 陈锦永、方金豹、顾　红、李秀根、杨　健、张威远、赵长竹、魏世忠、王　龙、吕润航

起 止 时 间： 2005 年 1 月 ~2007 年 8 月

获 奖 情 况： 2008 年河南省科技进步三等奖

内 容 提 要：

通过多年配方筛选、使用时期、使用剂量、处理方法及品种适宜性等方面的研究，研制出了促使梨果早熟增大的生物源制剂“梨果早优宝”，解决了大部分早中熟梨及部分晚熟梨品种果个较小、市场竞争力不强的问题。在中梨 1 号、黄金、圆黄、丰水、红香酥等梨的盛花期后 20 ~ 30 天使用“梨果早优宝”涂抹果柄，可使果实增大 30% 左右，而且果实均匀一致，成熟期提早 7 天左右，品质提高，同时有效减轻部分易裂果品种的裂果。

与国内同类技术相比，该项技术具有成本较低，增产效果显著等特点，在促进早中

熟梨品种丰产、优质、安全生产方面达到国内领先水平。

本技术在河南、河北、山东、江苏、浙江、四川、福建等省应用，累计推广面积400公顷以上，每公顷投资1 200～1 800元，增收18 000～30 000元，投入产出比在1∶15以上，为果农新增总产值1 000多万元，新增纯收益900多万元，产生了显著的经济效益和社会效益。

17. 鲜茶汁饮料关键加工技术及其产业化

主要完成单位：中国农业科学院茶叶研究所

主要完成人员：尹军峰、袁海波、许勇泉、林　智、杨　平、沈修华、汪　芳、陈建新、钱晓军、叶　扬、王一丁

起 止 时 间：2001年1月～2006年12月

获 奖 情 况：2008年浙江省科技进步三等奖

内 容 提 要：

通过7年的实验室、中试和工业化应用研究，提出了C. T. C. 细胞破碎/超声波低温逆流浸提联合技术、膜冷除菌工业化生产技术、多级分离膜错流和综合保鲜等多项创新性技术，建成了世界上第一条集超声波低温逆流浸提/膜冷除菌/无菌冷灌装为一体的茶饮料工业化生产线，提出了1整套鲜茶汁饮料工业化生产技术，首次实现了鲜茶汁饮料的全程低温加工。

本项目关键技术可广泛应用于各类纯茶饮料的工业化生产，目前已在云南建立了一条年产10万吨的茶饮料生产线，部分技术已在深圳、浙江等地的多家企业进行应用生产。从已投产的企业销售情况看，市场前景良好，经济效益高，总计实现产值2亿多元。

18. 苹果新品种选育及无公害生产关键技术研究与推广

主要完成单位：中国农业科学院果树研究所

主要完成人员：程存刚、刘凤之、丛佩华、康国栋、魏长存、仇贵生、聂继云、王　强、董丽梅、李成志、马树环

起 止 时 间：1996年3月～2006年12月

获 奖 情 况：2008年辽宁省科学技术进步三等奖

内 容 提 要：

一是培育出了具有自主知识产权的优质、多抗苹果新品种“华红”和“华金”，丰富了我国苹果中晚熟优良品种。二是率先提出了乔砧密植苹果园控冠改形系统技术，解决了长期制约我国苹果园郁闭、果品质量差的难题，该技术被果农誉为“一分钟技术”，并在主产区推广。三是制定了农业行业标准《无公害食品　苹果生产技术规程》

(NY/T5012—2002)；通过系统研究和集成，建立了适合我国渤海湾苹果产区新的生产技术体系，制定了《渤海湾优势区域苹果生产技术规范》，为苹果生产规范化和标准化提供了科学依据。四是总结集成了一整套实用性较强的苹果病虫害综合防控技术，用药次数减少40%左右，用药量降低30%以上，由此建立的大面积示范区，生产的果品均达到无公害标准要求。项目承担单位多年来持续在辽宁省的葫芦岛、大连等苹果主产区推广上述新品种、新技术，累计推广面积达到210万亩，增加经济效益8.2亿元，同时在河南、河北、山西、北京等其他苹果产区建立了多个试验示范基地。相关技术累计在全国总推广面积651万亩左右，增加经济效益约15.4亿元。

19. 口蹄疫诊断检疫新技术及试剂盒研制

主要完成单位：中国农业科学院兰州兽医研究所

主要完成人员：谢庆阁、刘在新、曹轶梅、包慧芳、卢曾军、郭建宏、刘湘涛、杨苏珍、李　冬、陈应理、常惠芸

起 止 时 间：1999年1月~2005年9月

获 奖 情 况：2008年甘肃省科技进步三等奖

内 容 提 要：

检测感染抗体的是口蹄疫病毒非结构蛋白3ABC抗体检测ELISA试剂盒（FMDV NSP 3ABC-I-ELISA），包括牛、羊和猪的试剂盒。该试剂盒使用基因工程表达的纯化复性抗原，采用间接ELISA模式。其特异性不低于95%，对感染1~5个月的牛、羊、猪的敏感性为100%，特异性高于95%。与国外的Ceditest、Intervet和UBI同类制品相比，符合率与Ceditest为98.05%，比其余两者敏感性高。该试剂盒的技术内容已申获专利（专利号：ZL3160188.X）。检测病原分子的是口蹄疫病毒多重RT-PCR（FMDV Multi-RT-PCR）检测试剂盒。该试剂盒没有病原血清型之分，扩增的三个DNA片段在琼脂糖凝胶上可以明显的分开，容易判定结果。可查到0.07LD50的病毒量，最高可检测到0.002TCID50的病毒量。对反刍动物OP液、淋巴结和扁桃体等低微含量样品的检出率具有明显的优势，比单一引物RT-PCR和病毒分离方法敏感。不管是非免疫动物，还是免疫动物，都能从人工感染和同居感染牛的OP液中检测到病毒分子。

根据经济效益评估，每年科研投入的年利润率达到了40%，经济效益显著。该技术是OIE推荐的口蹄疫诊断检疫新技术，自主研发，提升了我国口蹄疫诊断检疫水平，消除国际贸易检疫壁垒；也是国家口蹄疫参考实验室的日常诊断技术。该试剂盒用于2003~2008年我国口蹄疫疫情监测，明确了数起口蹄疫的病原分子特性和畜群感染状况，对口蹄疫的防治起到了支撑作用；也是全国大多数省市兽医实验室和出入境检验检疫局常用的口蹄疫诊断试剂盒，在家畜调运检疫、口蹄疫感染状况监测等方面得到广泛应用。

20. 酿酒山葡萄左优红和双红品种选育及大面积推广

主要完成单位： 中国农业科学院特产研究所

主要完成人员： 宋润刚、路文鹏、沈育杰、李晓红、焦培娟、郑永春、艾 军、张宝香

起 止 时 间： 1999年1月~2007年12月

获 奖 情 况： 2008年吉林省科技进步三等奖

内 容 提 要：

采用山葡萄种内和种间杂交，从种内杂交 F_1 代中选育出高抗霜霉病、产量高、酒质好、两性花山葡萄品种“双红”。该品种1998年通过吉林省农作物品种审定委员会审定。从种间杂交 F_2 代中选育出穗粒大、含糖和出汁率高、总酸和单宁低、抗寒、抗霜霉病、早期丰产、高产、可酿造干红葡萄酒新品种“左优红”。该品种2005年通过吉林省农作物品种审定委员会审定，两个品种的成功选育，对山葡萄大面积人工栽培起了重大作用。

1999~2007年，在东北三省和内蒙古等地区推广“双红”和“左优红”16.49万亩，累计3年创产值16.99亿元，上交税金0.1584亿元，纯收入12.48亿元。“双红”和“左优红”品种累计3年分别比对照品种“左山一”平均增产17.6%和34.5%，共增产33 525.6吨，纯收入7 862.9万元。

21. 后备母水牛能量，蛋白质营养需要量及其代谢规律的研究

主要完成单位： 中国农业科学院水牛研究所

主要完成人员： 梁贤威、邹彩霞、梁 坤、庞春英、覃广胜、陈明棠、杨炳壮、夏中生、赵 峰、韦升菊、李忠权、黄 锋、方文远、黄海鹏

起 止 时 间： 2004年1月~2006年12月

获 奖 情 况： 2008年广西科技进步三等奖

内 容 提 要：

项目通过绝食代谢、消化代谢和气体代谢等试验，在国内首次系统地研究了后备母水牛能量和氮代谢规律，取得了如下研究成果。

获得后备母水牛日粮能量及氮代谢规律、能量蛋白需要量的预测模型。后备母水牛日粮总能消化率为69.0%，总能代谢率为57.15%，消化能代谢率为82.52%。后备母水牛日粮氮消化率为68.61%，氮沉积率为67.78%。后备母水牛净能需要量预测公式为：NE（kJ/d）：$400.31\ W^{0.75}+13\ 988.70\Delta W$；粗蛋白质需要量预测公式为：CP（g/d）：$3.34W^{0.75}+559.86\Delta W$；可消化蛋白质需要量预测公式为：DCP（g/d）：$2.20\ W^{0.75}+368.39\Delta W$（其中W为牛体重，ΔW为牛只日增重，单位为kg/d）。

专家评审鉴定认为，该项成果为我国进一步开展水牛营养需要研究和制定水牛饲养标准提供了科学数据，具有创新性和学术价值，达到国内同类研究领先水平，对今后指导和促进我国水牛奶产业的发展具有重要意义。

22. 灌溉稻“麦作式”水稻湿种技术研究与示范

主要完成单位： 中国水稻研究所

主要完成人员： 陶龙兴、王　熹、沈　波、谈惠娟、董文忠、施小明、裘小荣、季茂荣、俞爱英、张世华、孙菊英、端木银熙、苏建国、王建军、吴增琪

起 止 时 间： 2000 年 1 月 ~2007 年 12 月

获 奖 情 况： 2008 年浙江省科技进步三等奖

内 容 提 要：

该项研究成果以具有明显杂种优势的杂交稻组合为材料，按水稻生理需水规律，构建了以“湿土播种、浅水护苗、旱管培根、沟水育穗、干湿防衰”等为主的灌溉稻田麦作式水稻旱种技术，经实施，其增产、节水、环保效果显著。

未来稻作不仅追求高产，尚需节水与环保。该研究成果比较了“水稻麦作式旱作技术”与水层灌溉为特征的传统稻作法的生育与生理特性，阐明了旱作条件下的水稻生育特点、产量形成规律、个体光合效率、根系发育形态等生理变化规律。

经专家鉴定，该技术比常规栽培每亩水稻可节水 150 吨，节水 40% 左右，并可省工、节电和减少化肥施用量，成果的应用对粮食安全、节约能源、生态环境保护和缓解水资源紧缺等有重要意义，具有明显的经济、生态效益和社会效益。

23. 中甜一号甜菜纸筒育苗苗床专用肥技术应用

主要完成单位： 中国农业科学院甜菜研究所

主要完成人员： 周建朝、韩卫平、杨　骥、陈连江、卢秉福、李绍君、王孝纯、奚红光

起 止 时 间： 1995 年 12 月 ~2008 年 12 月

获 奖 情 况： 2008 年获黑龙江省政府科技进步三等奖

内 容 提 要：

该项成果应用甜菜纸筒育苗的苗床，适于各种甜菜生长的土类型及地区和国外进口的多胚磨光单胚包衣种和国内非包衣单胚及多胚甜菜种子。通过室内盆栽、室外苗床、小区与大面积示范、物理和化学分析相结合的方法，从土学、肥料学和植保学等多学科对甜菜苗床期营养元素用量比例、杀菌剂、活化剂等诸方面进行了较详细深入的研究，最终筛选出高效、广谱、成本低、物化性状稳定的甜菜纸筒育苗苗床专用肥。

纸筒育苗移栽技术是甜菜生产上的一项主要增产措施，现应用面积逐渐扩大。由于中甜一号甜菜苗床专用肥集营养与防病于一体，具有出苗早、促根壮苗、增产增糖、产品物化必稳定、简化育苗程序等特点，深受农户欢迎。2000 年以来，每年均保持在 30 万～40 万亩，近 3 年累计社会效益 23 827万元，并给本单位创直接效益 100 余万元。目前，该项成果是全国甜菜纸筒育苗上的唯一成熟的专用肥，有相当广阔前景。

二、中国农业科学院科学技术成果奖

1. 我国 H5N1 亚型高致病性禽流感病毒抗原变异株的鉴定及防控研究

主要完成单位： 中国农业科学院哈尔滨兽医研究所

主要完成人员： 陈化兰、李雁冰、田国彬、施建忠、曾显营、姜永萍、邓国华、王秀荣

起 止 时 间： 2006～2008 年

获 奖 情 况： 2008 年中国农业科学院科学技术成果一等奖

内 容 提 要：

2006 年，从山西省一鸡场分离到一株 H5N1 亚型 HPAIV CK/SX/06（H5N1），序列分析发现该毒株的 8 个基因片段与我国曾发现的其他亚群病毒存在明显的差异，属于新的亚群，将其命名为“山西鸡型”禽流感病毒。随后的疫情诊断及流行病学调查证明，该“山西鸡型”病毒广泛流行于山西、宁夏等省区的免疫鸡群，引起产蛋大幅下降和高达 30% 的死亡率。抗原性分析发现该“山西鸡型”病毒具有较大的抗原差异性，Re－1疫苗对其只能提供 80% 的免疫保护性。利用流感病毒反向遗传操作技术，以 CK/SX/06 为 HA 基因供体，研制了针对“山西鸡型”变异株的重组禽流感病毒灭活疫苗，于 2006 年 8 月投入生产，应用于“山西鸡型”变异株的流行地区及受威胁地区，使由该变异株引起的疫情得到了有效控制。该疫苗已累计推广使用 20 亿羽份以上，累计销售额达 1.5 亿元人民币，取得了巨大经济效益和社会效益。

2. 哈密瓜细菌果斑病种子带菌分子检测技术及防治研究

主要完成单位： 中国农业科学院植物保护研究所

主要完成人员： 赵廷昌、回文广、王建荣、孙福在、张　卉、邓志斌、郑传临

起 止 时 间： 2003 年 1 月～2006 年 12 月

获 奖 情 况： 2008 年中国农业科学院科学技术成果一等奖

内 容 提 要：

一是在国内首次系统地鉴定和明确了我国哈密瓜果斑病病原是燕麦食酸菌西瓜亚种（*Acidovorax avonae* subsp. *citrulli*）。二是在引进美国的西瓜细菌性果斑病菌的 BIO－PCR

检测技术的基础上，通过对病原亚种的 ITS 区序列测定，找出分子标记片段，设计了特异性引物和探针，建立了自主知识产权的 BIO - IMS - PCR 检测技术（ZL200410009268.8）。检测灵敏度达到 2 CFU/ml ASCM 培养液或 1 粒带菌种子/1 000 粒种子的水平。BIO - IMS - PCR 检测方法为哈密瓜生产中检测细菌果斑病提供了快速准确的新技术。三是系统比较了国内外病菌分离物对抗生素的敏感性差异等特征，对选择性培养基 ASCM 和 EBB 进行了改进，显著提高了培养基的选择性。四是研发出高效实用的哈密瓜种子处理技术，结合土壤湿度控制等栽培配套措施，对果斑病控制效果达到了 90%。累计推广 11.15 万亩，经济效益达到 980 万元。

3. 中国地方绵羊品种遗传多样性分析研究

主要完成单位： 中国农业科学院北京畜牧兽医研究所

主要完成人员： 马月辉、关伟军、郭　军、赵倩君、何晓红、浦亚斌、吕慎金、侯冠彧、王　昕、杨　燕、孟详人、霍俊宏、管　松、陈红艳、阎景娟、苑存忠、付宝玲

起 止 时 间： 2003 年 1 月 ~2006 年 12 月

获 奖 情 况： 2008 年中国农业科学院科学技术成果一等奖

内 容 提 要：

本研究成果可广泛应用于绵羊品种鉴定、遗传背景和遗传潜力综合评价，为开展我国地方绵羊品种种质检测工作和建立种质检测标准奠定基础。研究结果也为培育、改良我国的肉用绵羊品种提供了候选分子标记。本成果的研究和应用为我国畜禽遗传资源保护决策的制定提供了新思路，实现科学、有效保护畜禽资源的最大遗传多样性。

采用微卫星、线粒体和比较基因组学等生物技术对我国 44 个绵羊品种和 4 个外来品种进行了系统和深入的研究，全面分析我国地方绵羊品种的起源、群体遗传结构、群体间和群体内遗传变异，度量了 36 个品种间遗传距离，研究了三大绵羊系统遗传距离与地理距离之间的相关性；构建了绵羊品种聚类图；检测了 38 个中国绵羊品种的线粒体控制区和编码区的多态性，分析我国绵羊的系统发育、网络进化、群体扩张情况和各类群的分化时间；并对部分品种的 MSTN 基因非编码区（5'UTR 和 3'UTR）遗传多样性进行了分析。结合分子生物学、地理学、生产性能等数据，应用边际多样性方法计算了品种的灭绝概率、边际多样性、保护潜力、品种贡献率和保护潜力，提出地方绵羊品种的优先保护次序。

4. 香稻骨干亲本的筛选利用与高档优质香稻研发

主要完成单位： 中国水稻研究所、湖南省水稻研究所、湖南金健米业股份有限公司

主要完成人员： 胡培松、唐绍清、赵正洪、罗　炬、黄发松、王建龙、龚超热、

应杰政、周　斌、余应弘、段传嘉、李克勤、张世辉

起 止 时 间： 1983 年 1 月 ~2006 年 12 月

获 奖 情 况： 2008 年中国农业科学院科学技术成果一等奖

内 容 提 要：

从大量资源中，筛选鉴定获得优质半矮秆弱感光香稻资源 80－66，并分发同行利用，国内共育成品种 38 个，累计面积 2.1 亿亩；项目组利用 80－66 育成优质香稻 10 个，其中高档优质香稻中健 2 号、中香 1 号、湘晚籼 5 号、湘晚籼 13 等作为“九五”国家攻关和“十五”“863”重大成果，稻米品质达国标一级和农业部部颁一级食用优质稻标准，完全可与国际名牌香米媲美。成为长江中下游稻区优质香型中晚籼主导品种，据湖南、江西、湖北等种子站不完全统计，已累计推广 4 784.95万亩。

中香 1 号和湘晚籼 5 号的育成和应用，推动了湖南及周边省份优质稻的发展，湘晚籼 13 近 3 年年均推广面积在 300 万亩左右。目前这些品种已在多家粮食企业进行产业化开发，开发出了金健牌天然香米、泰香米、良兴牌衢州香米、润珠牌中国香米等畅销品牌。本项目育成的香稻品种占国内高档优质香米市场的 70% 以上，打破了“泰国香米”在国内高档稻米市场上的霸主地位，其进口总量从 1995 年的 164 万吨下降到 2006 年 10.6 万吨。

5. 水稻重要遗传材料的创制及其应用

主要完成单位： 中国水稻研究所

主要完成人员： 钱　前、朱旭东、程式华、郭龙彪、杨长登、曾大力、李西明、胡慧英、曹立勇、张光恒、马良勇、董国军、颜红岚、陈红旗、胡　江、滕　胜、颜辉煌、董凤高、闵绍楷

起 止 时 间： 1986 年 1 月 ~2007 年 12 月

获 奖 情 况： 2008 年中国农业科学院科学技术成果一等奖

内 容 提 要：

通过化学、辐射和自然突变等技术，筛选了多种形态、生理、生化突变材料；结合的遗传分析及与国内外科学家的合作，将控制水稻穗粒数基因 *GN*1、粮饲两用的 *bc*1 突变体基因、水稻顶节间伸长的突变体 *EU*1 基因等克隆，促进了我国在水稻功能基因组研究中的国际地位。构建的国际上第一套籼型形态标记等基因系涵盖了水稻 12 条染色体，作为遗传分析的工具被广泛应用，所携带的 27 个标记基因已全部克隆；创建的经 8 个世代套袋自交的、基因型高度纯合的“广陆矮 4 号”为水稻全基因组测序奠定材料基础。从野生稻、地方种和现代改良种中挖掘抗病虫种质资源，并对相关基因进行分子定位和 QTL 分析，通过分子辅助技术将之和其他抗病虫基因进行聚合，育成高抗白背飞虱、抗褐飞虱、稻瘟病及白叶枯病的系列优质米品种正在南方稻区推广应用。

6. 优质高产苎麻新品种“中苎 1 号”选育与推广

主要完成单位： 中国农业科学院麻类研究所

主要完成人员： 熊和平、喻春明、唐守伟、罗素玉、严文淦、臧巩固、赵立宁、王延周、朱爱国、汤清明、王国栋、何超群、郭运玲、潘昌立、沈迪辉

起 止 时 间： 2001 年 1 月 ~2006 年 12 月

获 奖 情 况： 2008 年中国农业科学院科学技术成果一等奖

内 容 提 要：

中苎 1 号先后通过湖南省品种登记和国家鉴定，其特点一是稳产高产，一般年平均原麻产量为 220 公斤/亩左右，高肥水条件下可超 300 公斤/亩，比对照芦竹青增产约 35%，比对照圆叶青增产 10% ~15%，全国区域试验居第一位。二是纤维品质优良，年平均单纤维细度 1 916支左右，头麻单纤维细度 2 205支，单纤维强力为 46. 75cN。青绿色，手感柔软，锈脚短，可纺高档产品。三是适应性广，全国不同生态条件的各苎麻产区均适宜种植。四是多抗，抗风抗倒伏，抗花叶病和根腐线虫病。2004 年被科技部列为国家科技成果重点推广品种，是目前国内推广面积最大、适应范围最广、生产上最受欢迎的苎麻品种。至 2006 年底，在全国苎麻产区累计推广面积 85. 6 万亩。其中在湖南沅江、汉寿、南县等地推广约 50 万亩。中苎 1 号品种覆盖率约 60%，在湖南省的品种覆盖率约 80%。

本成果的创新性，一是通过多种育种技术的成功组装实现集成创新，选择变异丰富的优良辐射育种品种圆叶青和具有多项抗逆性状的材料为亲本，克服了亲本遗传基础的单一性；提升原有育种水平，打破了优质与高产性状负相关的传统育种难题，实现多项优良性状聚合。二是繁育技术上有重要创新，采用嫩梢扦插为主的无性繁殖技术，建立种苗繁育基地，实现了种苗繁育规模化、集约化，解决了生产上大规模利用无性繁殖种苗的关键问题。

中苎 1 号与国内过去推广面积最大的品种圆叶青及其推广面积较大的当地品种相比，其在纤维品质、增产幅度、抗逆效果、适宜区域、种植范围、推广面积等方面均具有较大优势，同时还解决了圆叶青分株能力不强，易死蔸的问题，是集优质、高产、多抗、广适于一体的综合高效型品种。

7. 饲料及畜产品中重要违禁/限量药物检测的关键技术与产品研发

主要完成单位： 中国农业科学院农业质量标准与检测技术研究所

主要完成人员： 杨曙明、杨振海、王旻子、李祥明、沈富林、刘　全、杨晓慧、李　云、曾　平、于洪侠、高　生、宋　荣、张建勋、范　理、

李　兰

起 止 时 间：2001年9月~2006年9月

获 奖 情 况：2008年中国农业科学院科学技术成果一等奖

内 容 提 要：

该成果研究了饲料及畜产品中盐酸克仑特罗（瘦肉精）、莱克多巴胺、苏丹红、安定、呋喃唑酮等19种重要违禁/限量药物ELISA检测试剂盒、一步法胶体金试纸条和免疫亲和柱等关键技术和产品，建立了定量/确证分析方法标准，同时研制了饲料中牛羊源性成分的测定标准和快速检测试剂盒。

取得的重大成果主要包括：①在国际上首次利用固体光气法作为偶联剂合成喹乙醇人工抗原，并研发出喹乙醇ELISA试剂盒；②首次利用β2肾上腺素受体（β2AR）作为感应器，建立一次能检测多种β2－激动剂的快速检测技术；③首次研发成功碘化酪蛋白ELISA试剂盒和莱克多巴胺胶体金试纸条。共研发生产出瘦肉精一步法试纸条、安定等药物检测试剂盒、莱克多巴胺免疫亲和柱和苏丹红筛查层析柱等产品近5万盒（条/个），性能指标达到国外同类产品水平，部分参数优于国外产品；④获得13种药物的克隆抗体，研制开发出三个实时牛羊源性成分PCR检测试剂盒；⑤申请国家发明专利6项，其中2项已获授权，出版专著5部；⑥完成快速检测及确证/定量检测方法标准23个，其中14个已作为国家、行业或地方标准颁布实施。

项目成果总体上达到了国际先进水平，其中喹乙醇人工抗原合成技术等达到国际领先水平。快速检测产品的自主生产打破了国外产品在国内的垄断，降低了检测成本，缩短了检测时间，提高了检测效率。在饲料中违禁/限量药物的国家监管中得到了广泛的推广应用，被农业部列入每年的《全国饲料和畜产品违禁药物监测计划》，共检测饲料和猪尿样品近6万批次。从2003年到2006年，饲料、猪尿、猪肝中瘦肉精等违禁药物的检出率分别下降了0.8、5.8、4.5个百分点。提高的0.8个百分点的配合饲料合格率，等于节约了40万吨配合饲料。本成果的推广实施，提高了我国药物残留的检测水平，有效地打击了违禁药物的非法滥用，对保障饲料安全及畜产品的安全、实现饲料生产和畜牧业的可持续发展具有重大意义。

8. 农区水污染调查评价与富营养化水体治理技术研究

主要完成人员：任天志、邱建军、王立刚、王道龙、王迎春、张士功、屈宝香、周旭英、白可喻、王宗礼、张金国、卢雁平、党俊梅

主要完成单位：中国农业科学院农业资源与农业区划研究所

起 止 时 间：2001年1月~2006年12月

获 奖 情 况：2008年中国农业科学院科学技术成果一等奖

内 容 提 要：

本研究成果将我国农区水污染按照“调查—评价—规划—预警—防治”作为一个

整体进行系统研究，系统地构建了我国农区水污染的研究方法体系和相关技术支撑，并对我国农区水污染预警和治理技术进行了系统分析和试验研究。重点完成了对我国农区水污染状况的调查与评价，建立了基于网络的我国农区水环境质量数据库，研究提出了我国农区水污染监测预警框架体系，模拟估算了我国农田氮素平衡及其空间分布，研究提出了富营养化水体生物治理技术体系，并探讨了生物治理技术的“脱氮”、“除藻”机理。

本成果提出的农区水污染防治总体规划、水体质量预警体系框架和具有针对性的对策建议，被《农业部“十一五”农业污染防治规划》采用；项目的总体研究直接支撑了“十一五”国家科技支撑计划项目“我国农业面源污染防治关键技术集成与示范”的获准启动。本成果提出的适合我国富营养化水体特点的以生物技术为核心的综合技术体系：海藻提取物 + 微生物 + 曝气 + 水体助净剂，示范效果十分明显。

9. 梨矮化砧木选育及配套栽培技术示范推广

主要完成单位：中国农业科学院果树研究所

主要完成人员：姜淑苓、贾敬贤、马　力、丛佩华、陈长兰、方成泉、冯霄汉、张红军、张子维、程恩明、张艳珍、龚　欣、纪宝生、王　斐、王志刚

起 止 时 间：1981 年 3 月 ~ 2007 年 12 月

获 奖 情 况：2008 年中国农业科学院科学技术成果一等奖

内 容 提 要：

首次通过种间远缘杂交培育出具有自主知识产权、与不同种群梨均亲和良好的矮化砧木新品种“中矮 1 号”和“中矮 2 号”，矮化程度分别为 60% ~ 70% 和 50%，综合性状均优于国外同类砧木品种，填补了国内的空白。通过对 2 个矮化砧木进行解剖学研究，首次在国际上提出了梨矮化砧木新的致矮机理，丰富了梨矮化育种理论。首次利用该砧木在国内进行梨矮化密植生产栽培、设施栽培、盆栽，定植第二年平均株产即达到 3 千克，第四年平均产量为 2 652. 9 千克/亩。矮化梨园管理用工量节省 38% ~ 50%；已在 20 省（市）试栽，建立示范基地 20 余个，辐射推广面积 9. 0997 万亩，累计新增经济效益 10. 1 亿元。

10. 高含油广适性油菜中油杂 11 的分子辅助选育和利用

主要完成单位：中国农业科学院油料作物研究所

主要完成人员：李云昌、徐育松、李英德、胡　琼、梅德圣、柳　达、周枝乾、张冬晓、涂　勇、肖建军、刘凤兰、张晓玲、李晓琴、余有桥、谢国强

起 止 时 间： 1993 年 3 月 ~2004 年 8 月

获 奖 情 况： 2008 年中国农业科学院科学技术成果一等奖

内 容 提 要：

针对我国油菜生产中菜籽含油量和单位面积产油量偏低，导致油菜生产效益较低和缺乏国际竞争力的实际问题，在充分明确优质油菜亲本材料及重要性状遗传特性的基础上，通过分子标记评估遗传距离并预测杂种优势、目标性状重组、聚合与互补潜力分析，采用杂交聚合育种技术，把高含油量作为重要目标性状，通过复合杂交、单株成对测交、高含油量定向选择、分子标记估算亲本遗传距离辅助预测杂种优势等方法，结合室内品质分析结果，克服了高产、优质和抗（耐）病的矛盾，选育出集高产、稳产、优质、抗（耐）病、广适性等多个优良性状于一身的杂交油菜新品种中油杂 11。该品种在国家 2003 ~ 2004 年长江上、中、下游区试中产量分别比对照增加 20.35%、25.71% 和 11.97%，达极显著水平。其含油量高，在国家区试中，长江上游区为 46.68%，长江中游为 46.21%，比对照分别高出 8.66 个和 6.48 个百分点，是国家（长江上、中游）审定的首个含油量超过 46% 的油菜新品种。由于其显著的高产和高含油量特性，产油量表现也非常突出，两年区试（长江上、中、下游）平均产油量均居第一位，分别比对照增产 29.41%、28.07% 和 20.94%。同时该品种还具有适应性强、品质优的优势，在长江上、中、下游区试共计 87 个点次中，增产点次占 86% 以上，是首个同年通过国家长江上、中、下游三大生态区审定的品种。其种籽中芥酸含量为 0.265%，硫苷含量为 18.80μmol/g，达国际领先的加拿大优质油菜标准。2004 年通过湖北省品种审定，2005 年通过国家农作物品种审定委员会审定（长江上、中、下游）后，在湖北省和长江流域冬油菜土产区累计推广面积多于 2 000万亩，创经济效益 20 亿元以上。该品种的应用推广在调整农业结构、促进农民增收、增加油脂供给、保护农业生态环境、推动优质油菜产业化、提升油菜科研生产整体水平和国际市场竞争力等方面发挥了重要作用。

11. 国家级农情遥感监测与信息服务系统

主要完成人员： 周清波、陈仲新、王长耀、李 林、刘 佳、姚艳敏、邹金秋、杨桂霞、辛晓平、王利民、艾建玲、杨 鹏、吴文斌、邓 辉、潘学标

主要完成单位： 中国农业科学院农业资源与农业区划研究所、中国科学院遥感应用研究所、中国农业大学、浙江大学农业信息科学与技术中心、农业部规划设计研究院

起 止 时 间： 2003 年 5 月 ~2005 年 5 月

获 奖 情 况： 2008 年中国农业科学院科学技术成果二等奖

内 容 提 要：

该成果系统地研发了基于多源遥感、气象、土壤与地面调查数据的主要农作物（小麦、玉米、水稻、棉花和大豆）和草地的面积、产量监测模型群，实现了主要农作物、草地和农业灾害的实时监测。运用了作物物候历、高分辨率影像改进中低分辨率卫星影像的分类技术和综合产量预测模型等，大幅提高了作物遥感监测精度和时效性。研究了全球重点地区农作物遥感监测的技术与方法。编制了 8 个国家级农情遥感监测技术规范和 2 个国家级农情遥感运行规范，现已成为农业部农情遥感的技术规范。研制了设计合理、功能齐全、界面友好、运行稳定的基于 WEBGIS 和遥感图像处理平台的国家级农情遥感监测与信息服务业务系统。

成果已经投入农业部业务运行，并纳入国家农情信息发布日历，成为农作物产量会商的三大信息源之一，是国内第一个业务化运行的国家级农情遥感监测与服务系统。同时，在河南、四川、黑龙江等省也投入业务运行。

12. 加拿大蓟、乳浆大戟生物防治技术研究

主要完成单位： 中国农业科学院草原研究所

主要完成人员： 刘爱萍、陈红印、徐林波、张礼生、陈长风、范光明、李笑硕、王俊清、郝　俊、高书晶、王　慧、杨玉平、赵淑芬、康　跃、狄彩霞

起 止 时 间： 2000 年 10 月 ~2004 年 12 月

获 奖 情 况： 2008 年中国农业科学院科学技术成果二等奖

内 容 提 要：

通过实地调查，明确了加拿大蓟、乳浆大戟的天敌资源，研究发现天敌 26 种，天敌昆虫 18 种，病原微生物 8 种，其中加拿大蓟绿叶甲 Trycophysa campobasso、大戟天蛾 Hyles lineata livornica、大戟透翅蛾 Chamaesphecia schroederi 为发现的新种。对优势天敌的生物学生态学特性、发生规律、寄主专一性、耐饥能力等进行研究，为将其作为生防作用物释放利用提供了依据。对几种主要天敌进行了室内扩繁和田间释放，并根据杂草受损程度提出不同分级标准，综合评价天敌的控制效果。通过几年的系统研究，形成了从天敌的室内育苗饲养、扩繁、野外释放到控制效果评价等一套较为成熟的天敌昆虫扩繁及释放应用的技术体系。

该成果的各项技术，包括天敌的生物学特性与发生规律、寄主专一性测定、室内扩繁技术、田间释放及控制效果评价等技术已经成熟，通过 2002 ~2006 年在内蒙古、甘肃、新疆、宁夏等省（区）农牧交错带、人工草地及天然草地进行推广应用，防治加拿大蓟、乳浆大戟面积累计达 125 万 hm^2，共挽回牧草损失 6 218.97万 kg、农作物（小麦）损失 2 219.38万 kg，经济纯收入达 8 338.34万元。该项研究成果对我国正在实施的西部草原生态环境治理与可持续利用工程具有十分重要的理论意义及实践意义。

13. 壳蛋鸡品系选育及蛋的营养功效的研究

主要完成单位： 中国农业科学院家禽研究所

主要完成人员： 丁余荣、苏一军、邹剑敏、陈宽维、张以训、厉宝林、周新民、汤青萍、卜　柱、章双杰、李慧芳、戴有理、韩　威

起 止 时 间： 1988 年 10 月 ~2006 年 6 月

获 奖 情 况： 2008 年中国农业科学院科学技术成果二等奖

内 容 提 要：

育成“苏禽青壳蛋鸡”新品种，采用传统育种理论和现代分子育种技术相结合，对我国地方鸡种中控制特殊性状的基因进行选择，使产青壳蛋比率从 69.7% 提高到 99% 以上，产蛋数从 155.2 个提高到 2002 年的 166 个，后又提高到 2005 年的 183.5 个。育成具有特色的优质蛋鸡新品种——“苏禽青壳蛋鸡”。

探明青壳蛋鸡青壳基因的遗传规律，研究发现青壳蛋鸡青壳基因受一对等位基因 O 和 o 控制，呈显性遗传。产青壳蛋的母鸡基因型为 OO 和 Oo，产非青壳蛋的母鸡基因型为 oo。采用 RAPD 技术对青壳蛋鸡进行遗传分析，进行辅助选择加速提高青壳蛋鸡的基因纯合，减少测交成本和节省选育时间。

研制的青壳蛋鸡专用饲料添加剂配方经江苏省食品饲料工业办公室批准，已在生产上广泛使用。经初步统计，本成果在江苏的扬州、泰州、南通、连云港、淮安、徐州、宿迁、南京、镇江、无锡、苏州、张家港等市县以及山东、河南、安徽、江西、上海、浙江、四川、福建、河北、北京、陕西、辽宁、吉林、黑龙江等十几个省市中试推广，数量达 1 000万羽以上，经济产值 10 亿元以上，净增经济效益 2 亿元以上，经济效益和社会效益显著。

14. 茶叶生产加工机械化关键技术及产业化开发

主要完成单位： 农业部南京农机化所

主要完成人员： 肖宏儒、宋卫东、朱志祥、钟成义、任彩红、沐森林、赵挺俊、茅健源、刘　燕、黄幸福、史永健、董加胜、郭东歌、赵六华、孙荣华

起 止 时 间： 2004 年 9 月 ~2006 年 9 月

获 奖 情 况： 2008 年中国农业科学院科学技术成果二等奖

内 容 提 要：

该项技术成果实现了茶叶加工的连续理条、连续整形与不落地加工，是对传统理条、整形技术的创新和革新，为研究开发茶叶加工流水线提供了重要技术支撑，将促进茶叶加工业朝规模化、连续化、自动化方向发展。一是热能利用率显著提高，充分利用

热源，防止热量损失。二是解决了传统理条机存在的茶条按逆时针和顺时针交替滚动，实现了茶叶的连续理条与不落地加工。三是实现了茶叶的连续理条，不会造成二次污染，同时很容易与其他加工设备组装成加工流水线。其创新点主要体现在，一是实现了茶叶整形的机械化、自动化，由于整形过程无需人工干预，解决了传统人工整形易造成茶叶二次污染的问题，提高了茶叶的卫生指标。二是解决了传统的扁茶机模仿手工制茶导致茶机设计过于复杂，制出的茶叶品质不稳的问题。三是实现了茶叶整形的连续化，很容易与其他加工设备组装成加工流水线。

该项成果已在方山茶场、溧阳龙谭林场等单位得到了推广应用，取得了显著的经济、社会效益。

15. 劣质水安全灌溉技术与评价指标体系研究

主要完成单位： 中国农业科学院农田灌溉研究所

主要完成人员： 齐学斌、吴海卿、樊向阳、李　平、乔冬梅、黄仲冬、朱东海、胡　超、樊　涛、赵志娟、周新国、亢连强、吕谋超、高胜国、郭冬冬

起 止 时 间： 2004 年 1 月 ~2006 年 12 月

获 奖 情 况： 2008 年中国农业科学院科学技术成果二等奖

内 容 提 要：

该项目在对劣质水灌溉污染物运移机理研究基础上，建立污染物转化运移模型及污染物预测模型；进行劣质水安全灌溉田间试验，进而提出劣质水安全灌溉控制指标及主要作物劣质水灌溉制度及技术规程；在对污水灌溉环境影响综合分析基础上，建立污水灌溉环境评价模型及评价指标体系。提出了劣质水灌溉的安全控制指标体系 1 套；主要作物的劣质水灌溉制度及灌水技术规程 4 套；建立了污染物在作物—土壤—地下水系统中转化运移模型；污灌区地下水和土壤污染预测技术 1 套；建立了劣质水灌溉环境监测评价指标体系 1 套；劣质水高效安全利用技术示范区面积 2 153亩；获得国家实用新型专利 1 项，申请国家发明专利 1 项（已授权）。研究成果对于我国污水灌区以及微咸水分布较广的地区农业生产，具有普遍的指导意义。

16. 鹿茸再生机理及生茸干细胞研究

主要完成单位： 中国农业科学院特产研究所

主要完成人员： 杨福合、李春义、邢秀梅、高秀华、高志光、李光玉、王　雷、孙红梅、李一清、杨　颖、吴　琼、荣　敏、马雪峰、贾金龙、巴恒星

起 止 时 间： 2003 年 1 月 ~2006 年 12 月

获 奖 情 况：2008 年中国农业科学院科学技术成果二等奖

内 容 提 要：

研究了鹿茸再生形态学和组织学过程，得出自然形成的角柄残桩与人工干预产生的角柄残桩在鹿角脱落前期、鹿角脱落期、伤口愈合早期、伤口愈合晚期、主干和眉枝形成过程的皮肤、骨组织、软骨组织、血管等组织的变化过程。对鹿茸再生和典型性割处再生进行比较研究，鹿茸再生是独立于神经分布的过程，构建再生鹿茸的 EST 序列数据库，测定 4 500个鹿茸 EST 序列，找到 23 个与干细胞共同拥有的特异基因。定位鹿茸生茸干细胞，鹿茸再生干细胞仅存在于角柄骨膜中。每年约有 3.3 百万个骨膜细胞参与鹿茸再生；测定角柄中鹿茸干细胞的数量为 10 000细胞/mm^3骨膜；角柄骨膜细胞在鹿茸再生过程中重新激活端粒酶的活性。通过潜在发生区与休眠区角柄骨膜细胞比较，对鹿茸干细胞与包裹其皮肤的相互作用进行系统研究。探讨鹿茸再生的组织再生、血管再生和神经再生过程，鹿茸主干和眉枝的生长中心几乎同时在角柄残桩后端和前端分别独立形成，覆盖每个鹿茸生长中心的增生软骨膜是由角柄远端骨膜增厚而直接形成的，鹿茸主干和眉枝生长中心的出现远远早于角柄残桩断面愈合过程的完成，角柄残桩断面伤口的愈合是由角柄远端周围的皮肤，包括表皮和真皮在内，向中央部迁移而完成的，伤疤是该伤口愈合的最终结果。鹿茸组织中血管和神经纤维的形成和定位。角柄的骨膜为鹿茸的再生提供了细胞和组织来源。骨膜细胞的分离和定性，证实骨膜细胞是成体干细胞，骨膜细胞可以分化成了软骨细胞、脂肪细胞和神经样细胞。

17. 日本血吸虫生长发育相关基因的筛选、分析及功能研究

主要完成单位：中国农业科学院上海兽医研究所

主要完成人员：林矫矫、冯新港、程国锋、苑纯秀、傅志强、刘金明、石耀军、金由辛、蔡幼民、周元聪、金亚美、姚利晓、朱传刚、陆 珂、李 浩、夏艳勋、孙安国、陶丽红、赵晓宇、张 慧、杨 柳

起 止 时 间：2002 年 1 月~2006 年 12 月

获 奖 情 况：2008 年中国农业科学院科学技术成果二等奖

内 容 提 要：

经分析发现一批基因和蛋白在日本血吸虫不同发育阶段及雌、雄虫不同性别虫体呈差异表达。获得了 272 个日本血吸虫期别和 297 个血吸虫性别差异表达基因信息及 93 个日本血吸虫差异表达蛋白信息，其中新发现基因（EST）38 个。深入开展血吸虫抗原基因功能研究，克隆了 23 个含 ORF 的血吸虫抗原基因，其中 SjGCP、SjTSP2、SjTEGF、Sj314C10、SjIF5、Sj423、SjWnt4 和 Sj21.7 等 8 个基因为首次报道，应用家蚕细胞和酵母表达了 3 个新基因，构建了 3 种含目的基因的 DNA 疫苗。在小鼠和绵羊等动物 10 多批基因工程和多价疫苗免疫试验基础上，开展了血吸虫天然宿主水牛免疫试验，初步试验结果表明，研制的三价重组抗原苗和单价基因重组抗原苗分别诱导了

73.84%和50.15%的减虫率及84.34%和55.99%的粪便孵化毛蚴减少率，提示这两种疫苗都有很大的研究潜力和发展潜力。

应用RNAi技术在体内外试验发现，日本血吸虫雄虫差异表达基因SjGCP的表达状况影响了血吸虫雌雄虫的合抱。首次在国内外明确某种基因可影响血吸虫雌雄虫的合抱，首次在动物体内实现利用RNAi技术成功干扰血吸虫基因功能。

本研究结果为揭示血吸虫的生长发育机制，研制开发抗血吸虫病疫苗和新治疗药物，开拓血吸虫病防治新途径提供了重要基础，具有重要的理论意义和实际意义。采用的技术方法和策略已被在国内相关实验室借鉴应用于球虫、猪蛔虫等重要寄生虫的功能基因组学研究。分离、鉴定的一些重要血吸虫功能基因或蛋白，已被应用于开展生物学功能的深入研究，包括评估其作为血吸虫候选疫苗或药物靶标的潜力。

18. 中蜜系列网纹甜瓜品种选育及配套优质栽培技术研究

主要完成单位： 中国农业科学院蔬菜花卉研究所

主要完成人员： 张志斌、吴明珠、王怀松、伊鸿平、贺超兴、冯炯鑫、王耀林、王登明、马　跃、赵　玮

起 止 时 间： 1995年1月~2007年12月

获 奖 情 况： 2008年中国农业科学院科学技术成果二等奖

内 容 提 要：

项目以集成创新优异种质和选育抗病、抗逆性强、适合设施生产的网纹甜瓜为主要目标，对搜集引进的420余份甜瓜品种资源进行评价，创新种质资源10份。选育出了具有抗白粉病、耐低温、耐弱光、耐高温、网纹易形成等特性的中蜜1、2、3、4号系列高档网纹甜瓜品种，果实网纹美观，品质好，抗病、抗逆性强，可适合不同设施类型栽培。项目研究明确了网纹甜瓜果实发育过程中整枝、肥水供应、栽培基质对网纹形成的影响；探明了网纹甜瓜果实形成规律及设施环境对网纹甜瓜生长的影响，建立了网纹甜瓜生长与环境数据库；并建立网纹甜瓜设施优质栽培技术规程，为优质甜瓜品种推广与优质高效生产开辟了新途径。

自2002年起，该项目已在北京、宁夏、河北、山东、陕西、山西、河南、安徽、湖南、江苏等省市区进行示范与推广，取得了明显的社会效益与经济效益。

19. 水稻可持续高产组合模式及调控技术

主要完成单位： 中国水稻研究所，中国农业科学院作物所，浙江省农业厅农作物管理局，江山市农技推广中心，湖南省农业厅粮油作物局，安徽省农技推广总站，浙江省杭州市农业局，江西省农科院土肥所，江苏省南通市农业局，浙江省平湖市种子管理站

主要完成人：章秀福、赵　明、王丹英、赖凤香、孙　健、徐春梅、姜海燕、邵国胜、李克勤、汪兴国、严建立、彭春瑞、周昌南、陆玉其、彭长青

起 止 时 间：2004 年 1 月 ~2007 年 12 月

获 奖 情 况：2008 年中国农业科学院科学技术成果二等奖

内 容 提 要：

1. 水稻可持续高产组合模式筛选：在分析浙江及长江中下游稻区生态条件与技术、经济发展状况的基础上，通过茬口配对、技术组装与熟化完善，形成水稻高产与地力培肥相结合的稻田可持续高产组合模式。

2. 稻田土壤多元化培肥新途径及关键技术研究：研究建立以生物培肥、生态培肥、秸秆还田、保护性耕作等为主要内容的稻田土壤培肥新途径。

3. 氧营养的根系效应研究：研究氧营养对水稻根系生长发育与活力的影响，分析氧营养与水稻根系及植株早衰的关系，探讨改善土壤氧营养的途径与方法。

4. 高产水稻的产量构成与株型特点研究：通过分析水稻超高产典型的产量构成与植株形态特点，我国水稻品种演变过程中植株形态的改良，研究高产水稻的产量构成与株型特点。

5. 水稻垄畦栽培技术研究：通过分析垄畦栽培水稻的微生态效应、株型形态与生理特征以及产量、品质效应，建立以垄畦栽培为核心的水稻可持续高产和超高产集成技术。

在浙江、江西、湖南、安徽及江苏南通等省、市大面积应用推广，累计推广 3 816 万亩，其中 2005 年至 2007 年共推广 3 154. 4万亩，增产稻谷 92 738. 2万公斤，节本 9 636. 4万元，产生经济效益 157 780. 5万元，社会经济效益显著。

20. 丰产、优质、多抗甜菜新品种 ZD204 的育成推广

主要完成单位：中国农业科学院甜菜研究所

主要完成人员：马亚怀、李彦丽、柏章才、吕晓刚、杨明珠

起 止 时 间：1996 年 3 月 ~2006 年 12 月

获 奖 情 况：2008 年中国农业科学院科学技术成果二等奖

内 容 提 要：

ZD204 系中国农业科学院甜菜研究所和德国 KWS 公司合作育成的多胚二倍体雄性不育杂交种。1996 年以二倍体完全雄性不育系 KWS6462M 为母本，以二倍体姊妹复合系 PT35 - 3 为父本杂交。1997 ~1999 年，参加所内小区鉴定和多点异地鉴定，2000 ~ 2001 年参加国家甜菜品种区域试验和生产试验，2001 年 12 月通过全国农作物品种审定委员会审定，命名为推广品种。

ZD204 适应性广，杂种优势强，丰产性突出，块根含糖较高，抗丛根病和褐斑病，

耐根腐病，属丰产标准型多抗甜菜新品种。ZD204 种子活力强，苗期发育快，田间生长势强，叶片功能期长，根、叶比较高，有利于干物质的积累。叶丛斜立、较矮，叶片数较少，叶片犁铧形、淡绿色、较小，叶柄较细短，有利于密植，光能利用率高。块根纺锤形，根形整齐，根头较小，根沟浅平，根体光滑、白净。该品种群体一致，块根大小均匀，造蜜剂（K、Na、α—N 等）含量低，糖汁纯度高、块根品质好，工艺损失小；抗逆性强，耐贮藏性好，生态品质好。

ZD204 适应性广，适宜在东北、华北、西北三大甜菜产区种植推广。

21. 食物安全信息共享与公共管理体系研究

主要完成单位：中国农业科学院农业信息研究所

主要完成人员：许世卫、李志强、李哲敏、陈永红、孙君茂、王启现、刘自杰、李干琼、刘　宏、赵瑞雪、王　川、陆美芳、迟凤玲、潘月红、信丽媛、孔繁涛、李辉尚、董晓霞、丁晨芳、韩胜文、赵锡海、舒妍妍、罗　宁

起 止 时 间：2002 年 7 月 ~2007 年 6 月

获 奖 情 况：2008 年中国农业科学院科学技术成果二等奖

内 容 提 要：

该项目全面开展了食物安全信息共享与公共管理理论研究，论证了食物安全具有信用品属性和公共物品属性，提出了市场机制不能自我实现食物安全达到理想状态的观点；首次设计了集食物数量安全、质量安全和可持续性安全于一体的食物安全预警指标体系，确立了预警指标的计算方法、预警指标安全阈值，对不同类型食物安全预警指标阈值进行了适应性验证和评价；构建了具有中国特色的食物安全公共管理体系的战略构想与理论框架，研究提出了实现信息共享的三大机制，系统提出了食物安全公共管理体系应具备的监测、预警、导向、产业发展和安全保障功能；利用现代信息技术，综合集成软构件技术、XML 技术以及网络自动挖掘技术，研究开发了“中国食物安全信息共享与公共管理系统（CFS）”，实现了基于多种分类分词算法的信息自动采集与过滤，自动内容分析、分类整理、信息发布与共享等功能，可有效地解决当前食物安全信息分散、重复及共享不足的难题，并在信息技术集成应用和信息采集引擎对新一代基于 WEB2.0 的网站支持方面具有开创性，建立了包含食物资源、生产、加工、消费、营养、标准、法规等信息的食物安全数据库 70 余万条。

该项目取得了良好的经济效益与社会效益。主要结论和观点在农业部、卫生部、科技部等制定规划、条例、文件、计划中采用或参考。设计开发的“中国食物安全信息共享与公共管理系统（CFS）”网站开通 2 年多来，其用户访问数量达 45.5 万人次。仅根据 10 家成果应用单位统计，研究成果就为应用单位节支和增收 4 926.8万元。

22. 西瓜叶片后绿资源的发现利用及新型品种郑果5506的选育与推广

主要完成单位： 中国农业科学院郑州果树研究所

主要完成人员： 马双武、张　莉、王吉明、韦小敏、何　楠、职法清、谢汉忠、徐小军、尚建立

起 止 时 间： 1994 ~ 2008 年

获 奖 情 况： 2008 年中国农业科学院科学技术成果二等奖

内 容 提 要：

1996 年选配了西瓜新型品种郑果 5506，1997 ~ 1999 年进行组合比较筛选，2000 ~ 2002 年参加河南省西瓜中熟品种区域试验和生产试验，2003 年 3 月通过河南省农作物品种审定委员会审定（豫审西瓜 2003001）。该品种中熟，全生育期 100d，果实发育期 32d，单瓜重 5kg 左右，最大可达 10kg。植株苗期生长较弱，后期生长比较旺盛，分枝中等，第一雌花着生节位 8 ~ 10 节，雌花间隔 6 ~ 8 节，雌花率 17% 左右；果实椭圆形，果形指数 1.37，果皮墨绿色，有蜡粉，果皮厚 1.2cm，果肉红色，质地脆沙；籽粒黑色，千粒重 59g；果皮硬、耐贮运。在参加的河南省西瓜中熟品种区域试验和生产试验中，平均比对照西瓜增产 16.5%，产量高；2002 年经农业部果品及苗木质量监督检验测试中心（郑州）检验，该品种果肉中心可溶性固形物含量为 12.0%，果肉边缘可溶性固形物含量为 10.3%，品质优。该品种现已在豫东、安徽、湖北、山东等黑皮西瓜种植区域推广，累计栽培 20 万亩，亩新增产值 200 元以上。

中国农业科学院承建的科技平台

（1）国家重大科学工程

序号	平台名称	依托单位
1	农作物基因资源与基因改良国家重大科学工程	作物科学所
2	国家农业生物安全科学中心	植物保护所

（2）重点实验室

国家重点实验室

序号	实验室名称	依托单位
1	植物病虫害生物学国家重点实验室	植物保护所
2	动物营养学国家重点实验室	畜牧兽医所、中国农大
3	水稻生物学国家重点实验室	水稻所、浙江大学
4	兽医生物技术国家重点实验室	哈尔滨兽医所
5	家畜疫病病原生物学国家重点实验室	兰州兽医所

农业部重点开放实验室（第五批）

序号	实验室名称	依托单位
1	农业部作物种质资源利用重点开放实验室	作物科学所
2	农业部果树种质资源利用重点开放实验室	果树所
3	农业部作物生物技术重点开放实验室	生物技术所
4	农业部作物遗传改良与育种重点开放实验室	作物科学所
5	农业部油料作物生物学重点开放实验室	油料作物所
6	农业部棉花遗传改良重点开放实验室	棉花作物所
7	农业部蚕桑遗传改良重点开放实验室	蚕业所
8	农业部园艺作物遗传改良重点开放实验室	蔬菜花卉所

续表

序号	实验室名称	依托单位
9	农业部作物生理生态与栽培重点开放实验室	作物科学所
10	农业部作物营养与施肥重点开放实验室	资源区划所
11	农业部作物需水与调控重点开放实验室	农田灌溉所
12	农业部旱作节水农业重点开放实验室	环境发展所
13	农业部生物防治重点开放实验室	植物保护所、中国农大
14	农业部农药化学与应用技术重点开放实验室	植物保护所、中国农大
15	农业部畜禽遗传资源与利用重点开放实验室	畜牧兽医所
16	农业部饲料生物技术重点开放实验室	饲料所
17	农业部授粉昆虫生物学重点开放实验室	蜜蜂所
18	农业部草食动物疫病重点开放实验室	兰州兽医所
19	农业部动物流感重点开放实验室	哈尔滨兽医所
20	农业部动物寄生虫学重点开放实验室	上海兽医研
21	农业部兽医公共卫生重点开放实验室	哈尔滨兽医所、兰州兽医所
22	农业部能源微生物与利用重点开放实验室	沼气所
23	农业部茎纤维生物质与工程微生物重点开放实验室	麻类所
24	农业部农产品加工与质量控制重点开放实验室	农产品加工所
25	农业部茶及饮料植物产品加工与质量控制重点开放实验室	茶叶所
26	农业部烟草类作物质量控制重点开放实验室	烟草所
27	农业部农业环境与气候变化重点开放实验室	环境发展所
28	农业部草原资源与生态重点开放实验室	草原所
29	农业部产地环境与农产品安全重点开放实验室	环境保护所
30	农业部农业机械重点开放实验室	农机化所
31	农业部资源遥感与数字农业重点开放实验室	资源区划所
32	农业部智能化农业预警技术重点开放实验室	农业信息所、畜牧兽医所

中国农业科学院重点开放实验室

序号	实验室名称	单位
1	中国农业科学院作物种质资源与生物技术重点开放实验室	作物科学所
2	中国农业科学院作物遗传改良与生物技术重点开放实验室	作物科学所
3	中国农业科学院粮棉油料作物生理与栽培重点开放实验室	作物科学所
4	中国农业科学院植物病虫害生物学重点开放实验室	植物保护所
5	中国农业科学院农药化学与应用技术重点开放实验室	植物保护所
6	中国农业科学院生物入侵与生物防治重点开放实验室	植物保护所
7	中国农业科学院杂草鼠害生物学与治理重点开放实验室	植物保护所
8	中国农业科学院园艺作物遗传与生理重点开放实验室	蔬菜花卉所
9	中国农业科学院农业环境与气候变化重点开放实验室	环境发展所
10	中国农业科学院旱作节水农业重点开放实验室	环境发展所
11	中国农业科学院动物营养学重点开放实验室	畜牧兽医所
12	中国农业科学院家养动物遗传资源与种质创新重点开放实验室	畜牧兽医所
13	中国农业科学院牧草遗传改良与利用重点开放实验室	畜牧兽医所
14	中国农业科学院授粉昆虫生物学重点开放实验室	蜜蜂所
15	中国农业科学院饲料生物技术重点开放实验室	饲料所
16	中国农业科学院农产品加工与质量控制重点开放实验室	农产品加工所
17	中国农业科学院农作物分子生物学与生物技术重点开放实验室	生物技术所
18	中国农业科学院国家农业政策分析与决策支持系统重点开放实验室	农业经济所
19	中国农业科学院植物营养与养分循环重点开放实验室	资源区划所
20	中国农业科学院资源遥感与数字农业重点开放实验室	资源区划所
21	中国农业科学院土壤质量重点开放实验室	资源区划所
22	中国农业科学院智能化农业预警技术与系统重点开放实验室	农业信息所
23	中国农业科学院农产品质量与食物安全重点开放实验室	质量标准所

续表

序号	实验室名称	单位
24	中国农业科学院农业水资源高效安全利用重点开放实验室	灌溉所
25	中国农业科学院水稻生物学重点开放实验室	水稻所
26	中国农业科学院棉花遗传改良重点开放实验室	棉花所
27	中国农业科学院油料作物生物学重点开放实验室	油料作物所
28	中国农业科学院茎纤维生物质与工程微生物重点开放实验室	麻类所
29	中国农业科学院麻类遗传育种与生物加工重点开放实验室	麻类所
30	中国农业科学院果树种质资源与育种技术重点开放实验室	果树所
31	中国农业科学院果树生长发育与品质控制重点开放实验室	郑州果树所
32	中国农业科学院茶及饮料植物产品加工与质量控制重点开放实验室	茶叶所
33	中国农业科学院兽医生物技术重点开放实验室	哈尔滨兽医所
34	中国农业科学院动物流感重点开放实验室	哈尔滨兽医所
35	中国农业科学院人兽共患病重点开放实验室	哈尔滨兽医所 兰州兽医所
36	中国农业科学院家畜疫病病原生物学重点开放实验室	兰州兽医所
37	中国农业科学院草食动物疫病重点开放实验室	兰州兽医所
38	中国农业科学院新兽药工程重点开放实验室	兰州牧药所
39	中国农业科学院动物寄生虫学重点开放实验室	上海兽医所
40	中国农业科学院兽药安全评价与兽药残留研究重点开放实验室	上海兽医所
41	中国农业科学院草地资源生态重点开放实验室	草原所
42	中国农业科学院特种经济动物种质资源遗传改良重点开放实验室	特产所
43	中国农业科学院农业环境与农产品安全重点开放实验室	环境保护所
44	中国农业科学院能源微生物重点开放实验室	沼气所
45	中国农业科学院农业机械重点开放实验室	农机化所
46	中国农业科学院烟草遗传改良与生物技术重点开放实验室	烟草所

续表

序号	实验室名称	单位
47	中国农业科学院柑橘学重点开放实验室	柑橘所
48	中国农业科学院北方糖料作物资源与利用重点开放实验室	甜菜所
49	中国农业科学院蚕桑遗传改良与生物技术重点开放实验室	蚕业所
50	中国农业科学院草地农业系统学重点开放实验室	草原生态所
51	中国农业科学院家禽遗传资源评价与繁育重点开放实验室	家禽所
52	中国农业科学院甘薯遗传改良重点开放实验室	甘薯所

（3）野外台站

国家级野外台站

序号	野外台站名称	依托单位
1	全国农作物种质资源野外观测研究圃网	作物科学所
2	全国农业土壤肥力效益野外研究站网络	资源区划所
3	南方红黄壤地区农业生态环境监测试验站	资源区划所
4	内蒙古呼伦贝尔草原生态系统国家野外科学观测研究站	资源区划所
5	河南商丘农田生态系统国家野外科学观测研究站	灌溉所

农业部野外台站

序号	野外台站名称	依托单位
1	农业部廊坊有害生物防治重点野外科学观测试验站	植物保护所
2	农业部寿阳旱地农业重点野外科学观测试验站	环境发展所
3	农业部昌平畜禽资源重点野外科学观测试验站	畜牧兽医所
4	农业部迁西燕山生态环境重点野外科学观测试验站	资源区划所
5	农业部洛阳旱地农业重点野外科学观测试验站	资源区划所
6	农业部呼伦贝尔草甸草原生态环境重点野外科学观测试验站	资源区划所

续表

序号	野外台站名称	依托单位
7	农业部衡阳红壤生态环境重点野外科学观测试验站	资源区划所
8	农业部昌平潮褐土生态环境重点野外科学观测试验站	资源区划所
9	农业部德州农业资源与生态环境重点野外科学观测试验站	资源区划所
10	农业部商丘农业资源与生态环境重点野外科学观测试验站	灌溉所
11	农业部武昌花生资源重点野外科学观测试验站	油料作物所
12	农业部沅江麻类资源重点野外科学观测试验站	麻类所
13	农业部兴城北方落叶果树资源重点野外科学观测试验站	果树所
14	农业部杭州茶树资源重点野外科学观测试验站	茶叶所
15	农业部兰州黄土高原生态环境重点野外科学观测试验站	兰州牧药所
16	农业部鄂尔多斯沙地草原生态环境重点野外科学观测试验站	草原所
17	农业部沙尔沁牧草资源重点野外科学观测试验站	草原所
18	农业部长白山野生生物资源重点野外科学观测试验站	特产所
19	农业部镇江桑树资源重点野外科学观测试验站	蚕业所
20	农业部徐州甘薯资源重点野外科学观测试验站	甘薯所

（4）工程中心

国家工程技术研究中心

序号	工程中心名称	依托单位
1	国家昌平综合农业工程技术研究中心	中国农业科学院
2	国家饲料工程技术研究中心	中国农大饲料所
3	国家油菜工程技术研究中心	华中农大油料作物所
4	国家茶产业工程技术研究中心	茶叶所
5	国家柑橘工程技术研究中心	柑橘所

国家工程实验室和工程研究中心

序号	名　　称	依托单位
1	作物分子育种国家工程实验室	作物科学所
2	作物细胞育种国家工程实验室	蔬菜花卉所
3	棉花转基因育种国家工程实验室	棉花所
4	动物用生物制品国家工程研究中心	哈尔滨兽医所
5	生物饲料开发国家工程研究中心	饲料所

（5）改良中心（分中心）

国家农作物、畜禽改良中心（分中心）

序号	改良中心（分中心）名称	依托单位
1	国家小麦改良中心	作物科学所
2	国家大豆改良北京分中心	作物科学所
3	国家蔬菜改良中心	蔬菜花卉所
4	国家畜禽分子育种中心	畜牧兽医所
5	国家牛奶质量改良中心	畜牧兽医所
6	国家水稻改良中心	水稻所
7	国家棉花改良中心	棉花所
8	国家油料作物改良中心	油料作物所
9	国家麻类作物育种中心	麻类所
10	国家苹果育种中心	果树所
11	国家桃、葡萄改良中心	郑州果树所
12	国家茶叶改良中心	茶叶所
13	国家烟草改良中心	烟草所
14	国家柑橘品种改良中心	柑橘所
15	国家糖料改良中心	甜菜所
16	国家蚕桑育种中心	蚕业所

（6）国家级作物种质库（圃）

国家级农作物种质库

序号	种质库名称	依托单位
1	国家作物种质长期库	作物科学所
2	国家农作物种质资源保存中心	作物科学所
3	国家蔬菜中期库	蔬菜花卉所
4	国家水稻中期库	水稻所
5	国家棉花中期库	棉花所
6	国家油料作物中期库	油料作物所
7	国家麻类作物中期库	麻类所
8	国家西甜瓜中期库	郑州果树所
9	国家牧草中期库	草原所
10	国家烟草中期库	烟草所
11	国家甜菜中期库	甜菜所
12	国家种质徐州甘薯试管苗库	甘薯所

国家级农作物种质圃

序号	种质圃名称	依托单位
1	国家种质北京多年生小麦野生近缘植物圃	作物科学所
2	国家种质海南野生棉圃	棉花所
3	国家种质武昌野花生圃	油料作物所
4	国家种质沅江苎麻圃	麻类所
5	国家种质兴城梨、苹果圃	果树所
6	国家种质郑州桃、葡萄圃	郑州果树所
7	国家种质杭州茶树圃	茶叶所
8	国家种质多年生牧草圃	草原所
9	国家种质左家山葡萄圃	特产所
10	国家种质重庆柑橘圃	柑橘所
11	国家种质镇江桑树圃	蚕业所

（7）质检中心

国家质检中心

序号	质检中心名称	依托单位
1	国家饲料质量监督检验中心（北京）	饲料所
2	国家化肥质量监督检验中心（北京）	资源区划所
3	国家植保机械质量监督检验中心	农机化所

部级质检中心

序号	质检中心名称	依托单位
1	农业部谷物品质监督检验测试中心	作物科学所
2	农业部作物品种资源监督检验测试中心（北京）	作物科学所
3	农业部植物病虫害抗性监督检验测试中心（北京）	植物保护所
4	农业部转基因植物环境安全监督检验测试中心（北京）	植物保护所
5	农业部蔬菜品质监督检验测试中心（北京）	蔬菜花卉所
6	农业部畜牧环境设施设备质量监督检验测试中心（北京）	环境发展所
7	农业部奶及奶制品质量监督检验测试中心（北京）	北京畜牧兽医所
8	农业部转基因动物及饲料安全监督检验测试中心（北京）	北京畜牧兽医所
9	农业部蜂产品质量监督检验测试中心（北京）	蜜蜂所
10	农业部辐照产品质量监督检验测试中心	农产品加工所
11	农业部微生物肥料和食用菌菌种质量监督检验测试中心	资源区划所
12	水利部节水灌溉设备质量检测中心	灌溉所
13	农业部转基因植物环境安全监督检验测试中心（杭州）	水稻所
14	农业部稻米及制品质量监督检验测试中心	水稻所
15	农业部转基因植物环境安全监督检验测试中心（安阳）	棉花所
16	农业部棉花品质监督检验测试中心	棉花所
17	农业部油料及制品质量监督检验测试中心	油料作物所
18	农业部转基因植物环境安全监督检验测试中心（武汉）	油料作物所

续表

序号	质检中心名称	依托单位
19	农业部麻类产品质量监督检验测试中心	麻类所
20	农业部果品及苗木质量监督检验测试中心（兴城）	果树所
21	农业部果品及苗木质量监督检验测试中心（郑州）	郑州果树所
22	农业部茶叶质量监督检验测试中心	茶叶所
23	农业部实验动物质量监督检验测试中心（哈尔滨）	哈尔滨兽医所
24	农业部动物毛皮及制品质量监督检验测试中心（兰州）	兰州牧药所
25	农业部特种经济动植物及产品质量监督检验测试中心	特产所
26	农业部环境质量监督检验测试中心	环境保护所
27	农业部转基因生物生态环境安全监督检验测试中心（天津）	环境保护所
28	农业部沼气产品及设备质量检验测试中心	沼气所
29	机械工业旋耕机械产品质量监督检测中心	农机化所
30	机械工业茶叶加工机械质量监督检测中心	农机化所
31	农业部微水电设备质量监督检验测试中心	农机化所
32	农业部烟草质量监督检验测试中心	烟草所
33	农业部转基因烟草环境安全监督检验测试中心（青岛）	烟草所
34	农业部转基因植物用微生物环境安全监督检验测试中心（北京）	生物技术所
35	农业部柑橘及苗木质量监督检验测试中心	柑橘所
36	农业部甜菜品质监督检验测试中心	甜菜所
37	农业部蚕桑产业产品质量监督检验测试中心（镇江）	蚕业所

探索科技兴农机制　推动都市农业发展

——中国农业科学院与大兴区人民政府 2006～2008 年院区合作工作总结

为了进一步加快北京市大兴区都市现代农业和小康社会的建设步伐，充分发挥中国农业科学院科技和人才优势，中国农业科学院与北京市大兴区人民政府在第一期院区合作的基础上，继续实施了第二期院区科技合作。目标是瞄准世界现代农业发展的前沿，探索适合我国国情的现代都市农业发展模式，通过开发和推广一批农业高新科技成果，完善科技服务和技术培训体系，加快大兴区农业经济结构调整，创建具有核心竞争力的品牌，提高农产品的质量和市场竞争力，增加农民收入，建立具有中国特色的现代都市农业生产体系，全面促进大兴区现代都市农业的发展。

第二期科技合作始终围绕大兴农业生产急需解决的重点、难点问题，加强关键领域和核心技术的研发、集成和推广，共同确定了 6 个项目，领域涉及优质安全畜产品生产、CLA 牛奶标准化生产、功能性西瓜新品种选育、西洋梨新品种引进与贮藏、特色花卉等。项目自 2006 年执行以来，进展顺利，成效显著，有力地推动了大兴农业生产跨越式发展。

一、项目实施的成效

通过项目的实施，引进和试验了新品种 218 个、新技术 47 项。推广了适合当地的甘薯、西瓜、西洋梨、地被植物等 36 个品种；应用饲料添加剂、CLA 牛奶标准化生产、奶牛性控、甘薯脱毒、小型西瓜无土栽培和梨的贮藏等技术 25 项；制定了《黄金梨冷藏指南》和《丰水梨冷藏指南》2 个地方标准，填补国内空白；发表学术文章 64 篇，出版专著 2 本；科技人员累计下乡 1 255 人（次），培训技术人员和农民 10 320 人（次）；建立或升级生产试验基地 25 个；主要新品种新技术推广面积 3. 85 万亩、牲畜 9 000余头，4 500余农户直接受益，创造直接经济效益 1. 14 亿元。

（一）推广了一批新品种，壮大了农业主导产业

结合大兴区甘薯、西瓜、西洋梨、畜禽、花卉等具有区域特色的主导产业，通过项目的实施，引进和试验甘薯、西瓜、西洋梨、地被植物新品种 218 个及大批优异种质资源，推广适合当地的新品种 36 个，并研发了配套的高效育苗技术、良种繁育技术，有

效地促进了大兴区主要农作物新品种的更新换代，提高了大兴区农业生产水平。

3年共引进甘薯新品种155个，培育和筛选出适于当地生产的徐薯23、徐紫薯1号和徐22－5等甘薯新品种5个，比当地主栽品种平均增产20%以上，形成了不同类型的专用品种系列。

选育出高番茄红素小果型、高瓜氨酸和无籽西瓜品种9个。培育出的高番茄红素和高瓜氨酸含量的西瓜品种，在国内外处于领先水平，并已经列入农业部行业计划项目。高番茄红素含量西瓜流星雨和中兴红先后在2007年和2008年大兴西瓜节擂台赛中获得新品种奖。引进西洋梨新品种11个，筛选出适于大兴栽培、优质、抗性较强的西洋梨新品种3个；筛选出适宜日光温室栽培的品种3个。

引进地被植物30个，筛选出适合当地的新型地被植物10个，繁殖100万株以上。开发出适合北方气候、水土条件的地被植物配套栽培及高效扩繁技术。

（二）应用了一批先进实用技术，提升了科技支撑能力

结合大兴区主导产业，对饲料添加剂、CLA牛奶标准化生产、奶牛性控、甘薯脱毒、小型西瓜无土栽培和贮藏等25项关键技术进行重点研发和推广，解决了生产实际问题。

研究形成了一批技术规程，提升了农产品标准化生产水平。种植业方面，在国内首次研究制定了西洋梨标准化采收技术、I－MCP处理保鲜技术等规程；研究、制定了《黄金梨冷藏指南》和《丰水梨冷藏指南》2个地方标准，填补国内空白；研发出无公害达标甘薯生产技术规程，初步形成优质甘薯的周年供应能力；研发了小型西瓜有机生态型无土栽培技术规程和西瓜瓜氨酸含量的简易快速测定方法，促进了西瓜高端产品的形成。畜牧业方面，形成了奶牛、猪、肉羊等天然物品添加剂饲料配方和养殖技术规程等7套，形成产品质量标准2套，提高了奶牛生产性能、畜禽产品品质和肉羊对秸秆饲料的利用能力。

集成配套了一批技术，提升了生产能力。建立了火鹤生产环境调控、病虫害控制和专用营养液配套技术体系，解决了生产“瓶颈”问题，完成了大兴产火鹤种苗对进口种苗的替代，占有北京市场70%以上的份额，并实现年200万株种苗、50万盆成品的生产能力；研发了优质食用品种徐薯23及其他品种的高效配套栽培技术，增加了品种的鲜薯产量，提高了品种的商品率和商品性。

研究成功了一批产品，开拓了农业生产新领域。研制成功的“富CLA（共扼亚油酸）功能性牛奶”，是国内第一种真正意义上的功能性牛奶，共扼亚油酸含量比普通牛奶提高20倍，3年来共产销CLA液态奶产品1 400吨以上，销售收入累计达2 700万元以上，目前每天可以向市场供应CLA功能奶7吨多，2009年将继续扩大奶源基地规模，预计每天可向市场供应功能奶20吨以上；研制成功母猪、乳仔猪和中大猪专用三个系列天然中草药添加剂，可替代抗生素，减少药物的使用，生产出的优质安全猪肉，色香

味俱佳，达到了出口欧盟的标准，有效保证了消费者的食肉安全。

（三）建立了一批试验示范基地，促进了科技成果的快速转化

项目实施过程中，建立了 2 个研发中心、1 个组培室、25 个生产试验示范基地，夯实了院区科技合作的基础，构筑了科技成果转化的桥头堡，形成了“院区合作 + 示范基地 + 农户”的模式，有力促进了新品种、新技术的推广应用。

在培育和建立研发基地方面，继续加强双方联合共建的功能牛奶研发中心、动物饲料科技研发中心的建设，3 年间，中国农业科学院额外追加投入 174 万元。2006 年还依托动物饲料科技研发中心建立了小型科技饲料加工基地。目前两个中心已进入正常运转阶段，并承担院区合作新技术和新产品的研发、示范、推广任务，在奶牛免疫增强剂、猪用免疫增强剂、禽用免疫增强剂、秸秆颗粒饲料、生态环保养猪技术以及其他技术研发和成果推广等方面取得了很好的效果；同时在大兴区庞各庄永定河甘薯示范区建设了甘薯脱毒组织培养室，建立了甘薯脱毒种薯繁育基地，实现了甘薯生产用种薯脱毒化，增加了甘薯产量，提升了品质。

根据大兴生产特点和产业发展要求，在全区进行了相关产业试验、示范点和配套生产基地的布局。甘薯产业，在庞各庄镇建立了试验基地，在西高村西大营村、石垡村建立了生产基地；火鹤产业，在大兴区苗圃、合众力源公司、人地公司建立推广基地；西洋梨产业，在全区布局选择建立了 13 个生产、贮藏示范基地；养殖产业，分别选择市九牧养猪合作社、兴牧富民奶牛合作社、安定镇佟营村肉羊合作社作为生产基地；牛奶产业，将沧达福奶牛养殖场建成了牛奶标准化生产的基地，将创新奶牛场、黎明奶牛场等建成了性控技术示范基地。

科技成果的快速转化带来了巨大的商业价值，形成了良好的品牌效应。以猪用天然物添加剂技术为基础，成功与北京九牧养猪合作社、北京二商等进行合作，在九牧 19 个规模猪场中的 17 个猪场落实了安全猪肉的生产计划，形成 50 000头优质生猪的养殖规模，生产了优质安全猪肉，共创了首都优质生猪品牌；初步建立了“绑田”牌甘薯，并与甘薯产销协会紧密结合，积极为各主产镇的甘薯产销协会提供产前、产中、产后的技术服务，初步建立了产供销一体化的甘薯产业链，使甘薯销售效益增加 3 倍，提升了整个产业的经济效益。

（四）培训了一批新型农民，提高了农民的科技素质

加强农技人员和农民培训工作，切实使农业科技成果进入千家万户。3 年来，共派出科技人员科技下乡 1 255人（次），先后派出 100 余名专家长驻大兴试验基地。通过各类专题技术培训，直接培训农技人员和农民 10 320人次，其中集中培训、现场指导薯农 2 700余人次、果农 1 000余人次、奶牛、生猪、肉羊等养殖户 5 500余人次；举办西

洋梨栽培及贮藏保鲜等技术培训班 10 次，邀请大兴区科技人员到甘薯所举办 2 期甘薯脱毒苗组织培养及病毒检测技术高级培训，重点提高农技人员技术水平；发放各类技术资料 5 万余份，其中技术手册、种养规范、地方生产标准等近万本。技术推广和专家指导、农民培训的有机结合充分保证了推广效果，使农民尝到了科学种田的甜头，提高了农民科学意识。

（五）创造了显著的经济效益，加快了农民的增收步伐

主要新品种新技术推广面积 3.85 万亩、牲畜 9 000余头，4 500余农户直接受益，创造直接经济效益 1.14 亿元。

种植业方面，通过甘薯产业化升级，增收 1 113万元；通过无土栽培种植小型西瓜技术，使每亩大棚产值达 1 万元；推广红伟无籽西瓜 1 500亩，为农民直接增收 150 万元；大兴苗圃共种植火鹤 137 亩，生产盆花 176 万盆，直接经济效益 2 852万元，实现了年产优质火鹤种苗 200 万株、盆花 50 万盆的能力。

畜牧业方面，通过天然物添加剂、秸秆颗粒饲料、饲料桑等技术和产品的推广，产生经济效益 620 万元；建起 CLA 原料奶奶牛生产群，年产 CLA 原料奶 1 050吨，应用性控技术获得高产奶牛 1 000头以上，直接效益 2 750万元，促进了大兴区奶业健康高效地发展。

二、项目实施的原则与组织管理

（一）明确指导思想和目标，推进科技推广和产业发展相结合

院区科技合作坚持科学技术是第一生产力、坚持科技与生产紧密结合、坚持科技成果转化和技术推广机制的改革创新，始终围绕大兴农业生产急需解决的重点、难点问题，加强关键领域和核心技术的研发、集成和推广，促进多渠道多形式的科技推广和产业发展相结合。

在农业科技成果转化和推广的具体工作中，始终坚持五大原则：

一是用户导向原则。改变过去手拿技术成果找人转化和推广的观念，引导和要求研究人员善于对大兴各级政府、企事业单位、农户的需求进行评估，在市场调研的基础上新开发或二次开发相应的技术成果，然后经由特定的渠道，有选择性地在大兴推广科技创新成果。

二是效益原则。农业科学技术成果的转化和推广过程是社会效益、经济效益、生态效益和技术效益四种效益的实现过程。作为一种具体的转化和推广模式，实践证明，使政府的投入有回报、科研院所的付出有成效、专家的参与有收获、农民的劳动有收入，才能保证政府和科研院所合作的持续有效开展。

三是政府主导原则。其一，大兴区政府在工作中应占据主导地位。其二，农业科技成果的转化和推广体系的运行成本主要应由政府财政负担。其三，院区合作各项目间和项目内不同组织之间的协调运行应由政府统一宏观调控和管理。

四是专家参与原则。工作中科技专家直接参与到农业科技成果的转化和推广活动之中，并成为一个重要影响因子。通过专家将成果的选择、研发、转化、推广有机地结合起来，将科研部门、推广部门、公司、专业合作组织、农户有机地组织起来，从而提高整个农业科技成果转化和推广系统的运作效率。

五是实事求是的原则。根据不同产业的需求和基础，建立不同的项目合作方式和不同形式的研发、试验、生产基地，培育多元化的推广组织，做到成果推广到千万家，充分保证项目的实施效果。

（二）加强组织和管理，有效保证项目实施

院区合作工作由大兴区人民政府、中国农业科学院共同领导，大兴区农业委员会和中国农业科学院科技局共同负责组织管理。由中国农业科学院的专业研究所和大兴区农口相关服务中心、局共同负责项目的具体实施。

1. 项目组织机构

每个项目组建项目组，成立项目领导小组、项目执行小组和项目技术专家小组。并推荐产生首席专家一名，在技术研发的工作上实行首席专家负责制。在项目的整体实施与示范推广过程中，则实行领导小组统一协调领导，技术专家小组负责具体实施。

2. 日常管理

项目执行中遵守项目任务要求、按内容开展工作，分工具体到人。项目技术专家组定期向项目领导小组汇报工作进展。项目领导小组定期或不定期对项目实施情况进行检查，有效保证项目的实施。

大兴区农业委员会和中国农业科学院科技管理局坚持对各项目执行工作进行按月抽查、半年检查、年度总结的管理方式，并在每年年底召开项目年度总结工作会议，了解项目进展，帮助解决问题。

（三）优势互补、协同工作，加速技术推广示范

1. 双方项目承担单位的协作方式

采用“优势互补、协同工作”的协作方式，由研究所组织专家赴大兴调研，筛选有针对性的成果、技术，组织相关研究和试验工作；大兴区相关服务中心、局积极配合安排好试验场地，与一线农户、养殖场（户）进行沟通，并深入实地，指导农户生产。

在示范过程中由大兴区农口相关服务中心、局负责联系示范场地和培训场地，召集基层技术管理人员、农民，中国农业科学院则负责培训专家的选派、培训内容的选择与

讲授等。

2. 人员选派

由双方共同选派人员参加项目的实施。中国农业科学院根据项目要求和自身优势选派了奶牛、饲料、果树、花卉、甘薯等产业及遗传育种、栽培生理、植物保护、动物营养、性别控制、食品安全以及生物技术等领域的专家负责研发、推广工作；大兴相关服务中心、局派出专人负责项目的沟通、协调和实施，确保了项目的顺利实施。

3. 基地的选择与建设

主要是根据大兴农业产业发展的要求和布局，根据不同地区现有农业生产条件、资源优势，先确定研发中心或试验基地，再建立生产基地、示范养殖场。在农户的选择上遵从了从专业协会、生产大户、规模场到中小户、从先进积极者到保守落后者的原则。在基地的建设上，中国农业科学院专业所派驻专家参加一线研发示范工作，大兴相关服务中心、局则派驻专人参与管理工作。

4. 项目内容的充实

项目执行过程中，在经费无法增加的情况下，合作双方注意主动根据大兴区生产实际情况和市场需求，充实项目实施内容。如甘薯项目在执行中增加了甘薯茎线虫病综合防治研究内容，并根据北京市场的需求调整甘薯育种目标，突出食用品质、抗病性等符合项目区要求性状的品种选育。

5. 技术示范和推广

以中国农业科学院专业研究所为技术依托，提供技术支持，以北京市大兴区相关农业中心为技术推广主体，引导企业参与，引入市场化运行机制，有效地推动了技术成果的推广应用。并注意发挥典型的示范作用，加速技术的推广。促进部分项目与科技成果转化、科技入户工程等国家、部门项目紧密结合，服务于北京市大兴区农业科技的发展。

工作中要求各项目具体执行人员充分调研，提出本区相关农业产业发展的重点推广技术，为产业发展的难点提出针对性的解决办法。引导科技人员注意研究产业发展问题，积极献计献策，加速提升地区产业水平和实力。

三、探索了科研院所与地方政府成功合作的“大兴模式”

通过两期项目6年的时间，以项目为纽带的院区合作工作，探索出了科研院所与发达地区进行科技经济合作的新模式——“大兴模式”。这一模式通过政府提供资金、研究机构提供科技成果、科研选题直接来源于生产实际、双方共同实施项目，建立了双方密切合作的机制；成立了完整系统、分工明确的多级院区项目合作组织；形成了良好高效的运转机制；真正建立起以企业或专业合作组织为“龙头”，科研机构为“躯干”，政府为“尾翼”的系统。

这种模式以改造农业、富裕农民、建设发达地区现代化新农村为目标，以市场为导向，坚持用户导向原则、效益原则、政府主导原则、专家参与原则，引入竞争机制、激励机制、协调机制，切实提高农业生产效益、增加农民收入，转变农业增长方式。

实践证明，这种以经济作后盾、技术作保障的“大兴模式”，是解决当前我国农村承包责任制下农业生产中存在的公益性、普遍性、关键性技术难题的最佳途径，是增加我国农产品国际竞争力的重要措施，是经济发达地区率先实现农业现代化的有效方法，也是院区科技合作工作成功实施的关键所在。

通过 6 年时间、两期项目的实施，“大兴模式”在取得大量技术成果并成功进行大面积推广应用的同时，获得了丰富经验。

1. 项目实施内容直接来自于生产实际并与现有科研成果有机结合，充分保证了实施效果

项目的选题直接来自于大兴农业生产实际中的热点、难点、重点问题，然后结合中国农业科学院专业学科人才优势确定项目实施内容，并在大兴区共建研发中心和技术推广体系，保证了项目实施和推广成果的有效性、针对性，更有利于新品种新技术的进一步推广。

2. 整合资源，调动多方参与，增强了项目实施的深度与广度

项目实施过程中，注意引导项目承担单位将其他项目资源与院区合作项目进行有机的整合，引入其他科研院所、大专院校、协会、企业参与项目工作，增强了项目实施的深度与广度，提高了推广应用的效果。

3. 注重推进标准化生产和高效健康生产方式，夯实了农业生产可持续发展基础

通过项目实施形成的一批行业和地区标准，促进了相关领域的基础条件建设、标准化种养技术的推广及农民科学生产意识的培养，初步解决了传统的种植养殖业因陋就简、粗放管理、效益低下等问题，改善了经营管理方式，明显提升了种养业技术水平。

4. 建立不同技术推广形式，多层次科技渗透，提升了农业产业效益

科技成果的实际推广效果一直是院区合作工作中的重中之重，也是项目实施、检查、考核中的关键所在。工作中建立的科研院所与当地农技推广部门长效合作机制，充分保证了新技术、新成果的应用。

在工作中本着实事求是的原则采用不同的方式提升技术推广效果，畜牧业方面主要采用了“政府 + 专家 + 合作社 + 农户”、“政府 + 专家 + 企业”的形式，形成的健康猪肉、CLA 牛奶等生产、加工和销售运行协调的产业化模式，具备了可持续发展的能力；种植业方面采用了“政府 + 专家 + 协会 + 农户”、“政府 + 专家 + 示范园（基地） + 农户”、“政府 + 专家 + 企业”等方式进行技术的推广，初步形成了甘薯、功能西瓜、西洋梨、火鹤新品种引进、培育和推广、种苗生产及繁育体系，提升了产业实力。

工作中，还注意将新品种新技术的示范推广与专家科技下乡、农技人员和农民培训、发放技术资料相结合，直接为农业生产和农民提供技术服务，提升基层农技人员和农民的科技素质。

四、今后计划

在前两期合作的基础上，围绕都市型现代农业发展，依托大兴区资源优势和中国农业科学院科技优势，继续开展院区科技合作。按照以“需求定项目、项目建平台、平台促发展”的思路，今后 3 年，双方将在牛奶安全生产、生态养殖关键技术、优质保健型甘薯、功能性西瓜新品种、西洋梨、切花菊、花卉关键技术等方面合作实施项目。

同时，还将加大合作力度，健全合作平台，创新管理机制，注重构建技术成果转化和推广联动机制，注重搞好后续研究和推广工作，通过区、镇农技推广机构大力推广合作项目的成果。力争通过院区合作，深入探索和推广我院与发达地区进行农业科技合作的“大兴模式”，提高我院农业科技成果的转化推广效率，为将大兴区建设成为我国农业科技的强区做出新的贡献。

中国农业科学院 2008 年
科技兴农工作总结

2008 年在农业部和院党组的正确领导下，中国农业科学院科技兴农工作以强化服务“三农”为目标，以科技创新与科研能力为依托，充分发挥我院科技优势，深入农业生产第一线，不断探求科技兴农工作的有效途径和方法，努力提高全院科技兴农和服务“三农”的水平，加速科技成果的推广应用，为我国农业和农村经济发展、社会主义新农村建设提供强有力的科技支撑。据不完全统计，一年来全院共计组织科技下乡 10 571人次，组织举办现场展示、观摩会、技术培训、讲座、咨询会等 1 990次，直接或间接培训基层技术人员和农民 62. 9 万人次，发放科技图书、资料等 165 万余份，签订意向合作协议 1 521个，推广水稻、小麦、玉米、棉花、蔬菜及畜禽新品种 453 个、新技术 238 项，新品种、新技术示范推广面积 2. 2 亿亩，禽类 1. 6 亿羽，牲畜 1 500多万只（头），建立各级各类科技示范基地、示范点 305 个，创造了经济社会效益 70 亿元。各项科技兴农工作取得了显著的成绩，为发展现代农业、扎实推进社会主义新农村建设做出了新的贡献。

一、推进重大科技兴农行动，服务现代农业发展

根据国家农业重大需求，围绕农业部的统一部署和要求，全力开展重大科技兴农行动，制定了计划和实施方案，并将计划和任务具体落实到研究所。通过广大科技人员的共同努力，为发展现代农业做出了新的贡献。

（一）大力推广新品种、新技术，不断增强种植业综合生产能力

为配合开展粮食综合生产能力增强行动，我院在加快水稻、玉米、小麦、马铃薯、甘薯等粮食作物新品种及其配套栽培技术研发的同时，制定了相关政策鼓励科技人员积极推进科技成果转化，大力推广新品种、新技术。多次举办新品种现场展示会、观摩会，通过高产示范区以点带面、点面结合，促进大面积种植业生产水平提高，为稳定提高农业综合生产能力和保障国家粮食安全提供了有力的科技支撑。

2008 年在全国主要水稻产区，累计推广水稻新品种 26 个，新技术 20 项，建立示范基地 24 个，新品种、新技术推广面积 4 300万亩；推广小麦、玉米、大豆等新品种 50 余个，推广面积 3 000多万亩；组织水稻技术专家 366 人次下乡开展技术指导、培

训、咨询77次，培训基层科研人员、农技推广人员和稻农4 495人，共赠送、发放技术宣传资料等3 728份。编撰《服务浙江简报》75期，专题报告8个；累计检测稻米、蔬菜、水果等样品10 666份。

积极推进国产转基因抗虫棉持续快速稳步发展。2008年，国产抗虫棉年推广面积超过350万公顷，已占国内抗虫棉市场份额的90%以上。积极推广烟草粗有机肥、精有机肥及绿肥施用技术，累计推广面积达120万亩，对基本烟田保护、耕地质量提升提供了有力的技术支撑。

配合湖北省政府实施的“优质油菜产业化工程”，建立了800万亩优质油菜示范区，双低率达100%；建立了4.2万亩的核心示范区，平均单产204.2公斤，最高单产达220公斤；对口支援的湖北省鄂州、当阳、襄樊3个双低油菜基地县市，年推广优质油菜面积超过了80万亩，双低普及率由对口支援前的70%上升到现在的100%。花生、大豆、芝麻等新品种推广面积200万亩左右，成果转化率达95%以上。

（二）加强重大疫病防控，开展健康养殖科技行动，为畜牧业生产提供科技支撑

中国农业科学院充分发挥自身科技和人才优势，配合畜牧业发展，加强养殖业中有关疫病的防控，全力生产疫苗、诊断试剂盒等产品，并从4个兽医研究所选派有关专家赴相关地区提供科技服务，为我国重大动物疫病防控做出了重要贡献。2008年，哈尔滨兽医研究所维科生物技术公司生产禽流感系列疫苗22.4亿毫升，免疫家禽45亿羽/只，销售收入近3亿元。为我国动物流感防控提供了重要的技术保障。此外，禽流感疫苗还出口埃及、越南等国，帮助上述国家成功防控了流感疫情；生产蓝耳病系列疫苗3 400万毫升，免疫近900万头猪，销售收入达2 300多万元，为我国2008年控制高致病性猪蓝耳病疫情做出突出贡献。兰州兽医研究所向全国推广口蹄疫系列疫苗5.5亿毫升，累计免疫猪、牛、羊等2.1亿头份；推广口蹄疫系列诊断试剂盒新品种6个计14 407套（瓶），免疫检测家畜约200万头份。

全年选派20多名专家分别对南方10个重点省份和西部5个省进行了现场采样和禽流感流行病学调查。分别采集鉴定棉拭子样品4 500份、血清样品3 800份，及时筛选了与现地流行毒株抗原性匹配更好的疫苗株，有效控制了禽流感新疫情的发生。在11个省（市、区）的发病猪场推广23个猪繁殖与呼吸综合征防制技术，现场剖检病猪316头，检测样品1 123个，有效控制该病在当地的发生与蔓延。兰州兽医研究所在河南、湖南、山东、广西、安徽、贵州、内蒙古、云南等省（区）分别举办技术培训班10余次，培训人数超过2 200人。

同时，我院开展了畜禽健康养殖科技行动。在北京成功推广了母猪、乳仔猪和中大猪专用三个系列天然中草药添加剂，生产出的优质安全猪肉，色香味俱佳，可替代抗生素，减少药物的使用，保障肉制品安全；在湖北、江苏、北京等地，继续推广无公害、

绿色蛋鸡养殖技术；经过3年持续建设，2008年国内第一种真正意义上的功能性牛奶“富CLA（共扼亚油酸）功能性牛奶”已形成日产CLA功能奶7吨多的能力，销售收入达1 500多万元，在增加奶农收入的同时，提升了产业水平，打造了品牌。

（三）积极开展农产品质量监督检测，为国家应对重大紧急事件保驾护航

认真开展农产品质量监督检测工作，积极参加农业部组织的部农产品质量安全专项行动，充分发挥技术、设备、人才优势，为各专项行动的实施提供良好的科技支撑，为国家应对重大紧急事件保驾护航。配合农业部保障奥运会期间动物食品安全的“助奥行动”，农业质量标准与检测研究所组织100余人次奔赴10余个省市抽取样品，完成了23个检测标准的制定，完成了8个省（市、区）55个养殖基地9 400多项次违禁药物的检测工作。获农业部“助奥行动”先进集体称号。环境与可持续发展研究所开展了两次奥运赛区城市农产品质量跟踪监测工作，共抽检蔬菜、水果、茶叶等样品350多个，获得并向农业部上报有效检测数据近12 500个。

“三鹿奶粉”事件后，第一时间对北京市场上的奶粉展开调查，用3天时间即完成了140批次奶粉中三聚氰胺的检测，作为饲料质检体系提供的第一批数据，为行政主管部门提供了重要参考；派出9人抽样小组在3天时间内完成了3省19县（区）180多个批次牛奶和饲料样品的抽样；完成9个省（市、区）的230批次饲料样品的检测任务；完成了农业部紧急部署的全国饲料摸底调查工作，完成了全国30个省市近4 000批样品的全部编号下发和其中三大类样品的检测任务。2008年10月，国家饲料质检中心举办饲料中三聚氰胺检测技术能力比对考核培训班，36家检测机构45人参加培训和考核。为打击非法使用三聚氰胺、保障饲料质量安全监管工作做出了贡献。

（四）围绕农业部中心工作，深入开展科技入户工作

继续派遣专家参加农业部实施的农业科技入户工作，以效益为根本，以产量和质量为核心，形成以农业专家为源头、技术指导员为纽带、示范户为核心、农业新闻媒介为载体、连接周边农户的技术传播网络。切实提高农业科技入户工程的技术到户率和到田率，提高农业技术的保障作用和对生产的应急能力。

水稻 培育并推广了中嘉早32、内2优111等27个水稻新品种，总结提炼了16套高产栽培配套技术。在不同稻区建立了60个万亩高产创建示范片，50个千亩示范方和100余个百亩示范片，筛选各类品种500多个、示范品种150个，展示品种200个，为大面积均衡增产奠定了基础。组织各类培训班、技术讲座260余期，培训基层技术人员和种稻大户700余人次、培训农民10万人次以上，发放各类明白纸、技术手册、技术资料、科技简报10万余册（份），实地指导30场次。

小麦 筛选出扬麦13、郑麦9023等12个主导品种，以及小麦测土配方施肥技术、

小麦病虫草害综合防治技术等8套主推技术。建立县级万亩节本高产优质小麦展示区112处，千亩以上展示区30处，总面积130多万亩，涉及99个示范县。印发《2008年小麦技术资料》7 000册和大量明白纸；编辑全国农业科技入户工程《小麦简报》14期，共计印发5 489份。采用如集中培训、田间观摩、发放材料、庙会集市、电视电话、网络和电子商务（手机短信）等多样化培训形式，确保项目相关技术人员和示范户掌握重大关键技术的要领，在关键农时全面开展小麦田间管理和栽培技术指导与服务。

对99个示范县（市、区）的测产结果表明，2008年科技入户工程小麦示范县的小麦种植总面积6 288.5万亩，平均亩产400.8公斤，示范户小麦总面积79.95万亩，平均亩产461.4公斤，示范户较全县平均亩增产15.1%，较前三年平均每亩增收137.5元；同辐射户相比，示范户平均亩产较辐射户亩增产9.4%；示范户平均每亩节约成本28元。

玉米 一年来在涵盖不同玉米产区的全国13个省（自治区）的30个县（市、区）积极组织实施“玉米科技入户工程”。全国共有267名县级专家和42家县级技术指导单位参与了项目的实施，聘任了1 500名技术指导员，遴选了30 013名科技示范户，辐射带动了近30万农户。每个试点县（市、区）培育1 000名科技示范户，辐射带动2万多户普通农户。据不完全统计，2008年度玉米科技入户示范县共培训技术人员180次、5 500人次；培训示范户和农户8 720次，63万人次；发放明白纸、技术手册和光盘74万份；电话和网络咨询38 500人次；设立县、乡、村各级示范田505个，面积18.1万亩；示范展示新品种168个，面积180万亩；示范推广新技术133个，示范面积1 250万亩。电视、报纸、网络及简报等报道1 500次。经秋季组织对30个示范县测产和成本效益调查，2008年度30 013户科技示范户玉米平均产量580.2公斤/亩，辐射带动户516.3公斤/亩，普通农户463.1公斤/亩，示范户比普通农户每亩增产63.1公斤（12.4%），比广大农户每亩增产117.1公斤（25.3%）。进一步巩固和完善了“部专家—省专家—县专家组—技术指导员—示范户—辐射户—普通农户”的农业技术推广网络，实现了“科技人员直接到户、良种良法直接到田、技术要领直接到人”，有效地解决了农技推广“最后一公里”的难题。农技推广队伍及示范户的素质逐步提高，玉米新品种、新技术的推广速度显著加快。

棉花 分别在湖南澧县、新疆沙雅、新疆生产建设兵团农一师、农四师和农八师进行棉花科技入户工作，培育示范农户5 491户，辐射带动70 982户。组织专家推荐棉花主推品种8个，主导技术4项。编写技术教材和明白纸材料60份，开展技术培训26场次，培训科技入户的农民技术员和农民10 000人次。

园艺作物 面对2008年年初南方的冰冻雪灾，先后5次陪同农业部领导深入广西、湖南、湖北等省蔬菜重灾区，为菜农提供技术指导和服务。在宁夏固原举办了设施蔬菜生产技术培训班，培训农业技术人员200多人，并发放了《设施蔬菜春茬管理技术要点》明白纸 1 500份等。

马铃薯 启动了湖南永顺县、广东惠东县等6个马铃薯科技入户示范县。在湖南永顺连片种植马铃薯 1 050亩，无偿提供适合当地种植的鲜食和加工型马铃薯 9 个新品种微型薯 15 万粒和脱毒一级原种 1 万多公斤。

奶牛 全年共制作各类《工作简报》300 余期，发放各类技术明白纸、实用性科技小册子 10 万册，组织各类咨询、交流会议 60 多次，培训奶农和各类科技人员超过 5 万人次；组织编写《牛奶优质安全生产 100 问》和《生鲜乳安全生产知识系列挂图》，分别印刷 20 万册和 60 万份，免费向全国奶农发放。2008 年奶牛科技入户示范户先进技术入户率和良种精液使用率均达到 100%，产奶牛年单产水平突破 6 000公斤，平均每头成母牛年养殖效益达 3 000元以上。

生猪 针对 2008 年南方多省突发的冰雪灾害、高致病性猪蓝耳病等疫病的频发和饲料原料、猪肉价格连创新高又逐渐回落等情况，及时编辑了各种工作简报或通信 298 期，调整实施县市主管领导和示范户养殖思路，适时调整培训内容，精心准备了不同的专题，如《低温冰雪气候养猪技术要点》、《生猪抗灾救灾各项技术措施》、《高致病性猪蓝耳病的防制措施》、《猪群的健康管理》、《如何降低饲养成本》、《如何提高养猪效益》、《母猪的饲养管理》和《农户怎样在肉价高位进行补栏》等系列内容，收到了很好的效果。各示范点共计举办各种培训 426 期，累计培训人数达 15. 2 万人，发放各种资料数量 42 万余册（份）。2008 年示范县（市）示范户的人工授精技术使用比例已达到 78. 8%，与项目实施初期相比，母猪年提供商品猪头数和全期日增重分别提高 3. 7%和 5. 5%，全群饲料利用率提高 5. 1%。

二、加强与地方的科技合作，为地方农业和农村经济发展提供科技支撑

2008 年，中国农业科学院与各地进一步加强了科技合作工作，新建各级各类科技示范基地、示范点 305 个，签订各类合作协议 400 余份，加速科技成果转化为现实生产力，积极开展科技服务工作，为当地农业增效、农民增收、农村发展全力提供科技支撑。

（一）与地方政府签订并落实合作协议，建立全方位的科技合作关系

为建立长期稳定全方位的科技合作关系，2008 年我院与河南省人民政府、江西省人民政府等签署了 100 余份科技合作协议。

9 月 17 日，中国农业科学院与河南省人民政府签订了科技合作协议，双方商定共同开展科技决策和咨询活动，开展农业科技协作攻关研究，加强农业科技产业对接，加强农业科技人才培训合作等。

12 月，我院与江西省人民政府签订了科技合作协议，我院与江西省农业科研机构和有关地区在农业生态技术、水稻、柑橘、南方红壤、畜禽种质资源研究与示范等方面

开展全方位、深层次的合作，共同为推动江西农业科技进步做出不懈努力。

蔬菜花卉研究所与宁夏贺兰县、河北省饶阳县、青县、围场县、廊坊市广阳区等单位签订了科技合作协议及合同36份，在上述地区新建黄瓜、番茄、辣椒、茄子等品种展示基地27个，进行蔬菜优良品种的推广、高新技术示范和农民培训。油料作物研究所分别同湖北的钟祥、荆州、鄂州、宜昌和武穴5个市签订了双低油菜产业发展合作协议书，为地方提供高产双低油菜新品种和高效油菜产业技术。茶叶研究所先后与四川省农业厅、贵州省农业厅及浙江缙云县、湖北鹤峰县等9个茶叶主产省及基地县签订了全面科技合作协议，并与杭州西湖龙井茶叶有限公司等43家企业新签订技术服务或合作协议。草原所与内蒙古锡林郭勒盟苏尼特右旗签署了联合合作和建设科技示范旗协议。环发所与重庆市农业科学院、湖南省农业科学院、云南省农业科学院和陕西三环实业有限公司共同签署农业环境领域合作协议，并联合申报课题。

继续推动"省院紧密合作，培育支柱产业，百名博士兴百县科技行动"。选派13个研究所的专家与河北省的重点县对接，为河北省发展特色产业和重点产业服务。在河北故城，指定专家为"三豆"（红小豆、绿豆、乌皮青仁豆）产业化经营合作社提供技术服务和生产指导，覆盖种植面积5万多亩，带动2万多农户，累计实现农民增收6 000多万元，创社会效益上亿元。与饶阳县、肃宁县等10多个县（区）签署了科技合作协议。在廊坊市广阳区进行"瓜类蔬菜根结线虫病的防治"、"甜瓜高产、高效栽培技术"等试验示范工作；在永清县进行了胡萝卜、黄瓜品种示范；为围场县和康保县提供了3 000多份抗晚疫病马铃薯材料，初步筛选出40多份综合性状优异的抗晚疫病品系，引进了中薯9号、中薯3号等马铃薯新品种10多个。

为进一步落实我院与宁夏回族自治区人民政府签订的科技合作协议，加速推进双方农业科技合作上规模、出效益，实现互利共赢的发展模式，6月19日，我院与宁夏回族自治区人民政府共同开展了"院地合作、所县共建"活动。我院11个研究所与宁夏22个市（县、区）分别结成共建单位，对全区22个市、县、区实现"科技全覆盖"，着力解决宁夏农业农村经济发展过程中的一批关键性科技难题，帮助建立一批支柱型产业，培训一批懂技术、会经营的人才。蔬菜花卉研究所与贺兰县、银川市农牧局、西吉县等签订了合作协议。接受银川市农牧局6名技术人员到研究所进行为期6个月的花卉技术培训，马铃薯专家赴宁夏5次开展马铃薯技术服务和技术培训，为宁夏的4个马铃薯脱毒中心提供脱毒试管基础苗共1万多株。兰州兽医研究所对宁夏回族自治区银川市、吴忠市部分奶牛场发生的牛流产病进行了诊断，通过有效的预防和治疗，控制了牛衣原体病的蔓延和扩散。

根据中组部和团中央精神，选派孙东升研究员到宁夏回族自治区挂职锻炼担任农牧厅党组成员、副厅长，负责制定了"院地合作、所县共建活动实施方案"，推动了"院地合作、所县共建"活动的成功启动；参与组织召开了宁夏马铃薯产业工作会议，负责签约工作，共实现签订合作项目24个，协议资金数千万元。

（二）承担地方科技项目，为地方解决生产实际问题

作为农业科研国家队，中国农业科学院在积极争取承担国家农业科技项目的同时，根据农业生产地域性强、学科间差别较大的特点，加强与各级地方政府、企事业单位的合作，共同承担地方科技项目，切实解决地方生产实际问题，促进地方经济发展。

为了加快北京市大兴区农业科技发展，加快农业现代化和小康社会的建设步伐，充分发挥中国农业科学院科技和人才优势，中国农业科学院与北京市大兴区人民政府继续实施院区科技合作工作。根据大兴区农业生产的实际需求和中国农业科学院的科技和人才优势，双方在第二期合作中确定了6个项目，领域涉及优质安全畜产品生产、CLA牛奶标准化生产、功能性西瓜新品种选育、西洋梨新品种引进与储藏、特色花卉等。项目自2006年执行以来，进展顺利，成效显著，达到了预期的目标。通过项目的实施，引进和试验新品种218个、新技术成果47项；筛选并推广了适合当地的甘薯、西瓜、西洋梨、地被植物等36个品种；应用饲料添加剂、CLA牛奶标准化生产、奶牛性控、甘薯脱毒、小型西瓜无土栽培和梨的贮藏、套袋等技术25项；制定了《黄金梨冷藏指南》和《丰水梨冷藏指南》2个地方标准，填补国内空白；发表学术文章64篇，出版专著2本，在网站和报纸等媒体发表报道100余篇；科技人员科技下乡1 255人（次），培训技术人员和农民10 320人（次）；建立或升级生产试验基地25个，主要新品种新技术推广面积3.85万亩、牲畜9 000余头，4 500余农户直接受益，创造直接经济效益1.14亿元。

2008年，水稻研究所对承担20年的浙江省水稻育种重大科技专项“杂交稻新组合选育与中试”进行了全面总结。20年来，项目选育通过省级以上审定组合77个，申报品种权20个，获准品种权11个，有7个组合被农业部认定为超级稻品种，居全国各省之最。育成组合在浙江省及全国累及推广面积超过1亿亩，农民增收37.5亿元。育成组合占浙江省杂交稻种植面积的75%以上。兰州畜牧与兽药研究所积极争取地方政府项目，加强院地合作，本年度新争取到地方政府项目11项，总经费166万元。水牛研究所在2008年参与实施“百万改良牛养殖技术集成示范”和“新增5 000头奶水牛”等项目，在广西的灵山、北流、永福和临桂等10多个县建立奶水牛开发示范区，推动水牛奶业产业化发展。南京农业机械化研究所共计承担37项江苏省及相关地市的地方科技合作项目，促进了地方农业机械化水平的提高。

（三）合作建立示范基地，加大科技成果的辐射带动作用

在继续建设宁夏、青海、辽宁等综合示范基地的基础上，2008年全院根据自身学科优势和当地经济发展要求，共建立各类各级示范基地305个。

作物科学研究所大力推广优质专用小麦、玉米、大豆等良种繁育示范工作，在河南

新乡、吉林梨树、山东禹城等地建立优质新品种高产示范点 20 个。水稻研究所在南方 13 个省共计设立 20 多个新品种示范点，示范品种 8 个，辐射 50 个水稻主产县，带动农民种植新品种面积达到 350 万亩。甘薯研究所在徐州市及其周边地区建立了 74 个试验示范基地（点），推广自育新品种（系）22 个、新技术 8 项、新产品 3 个（果蔬脆片、脱毒山药、大蒜新品种）。

棉花研究所在江苏黄海农场、安徽固镇县、河南延津县和河北任县等地新建“棉花工厂化育苗和机械化移栽”示范基地 10 个，使基地数量达 50 个。蔬菜花卉研究所在宁夏、河北、青海、辽宁等地新建黄瓜、番茄、辣椒、茄子等品种展示基地以及蔬菜栽培、病虫害防治技术示范基地 27 个。茶叶研究所在浙江武义、贵州凤冈和江苏丹阳等地建设了一批重大科技成果示范基地。果树研究所在辽宁绥中县李家、西甸子等地建立示范基地 6 个，总面积 6 000亩左右，技术辐射面积 20 万亩。烟草研究所在云南楚雄、湖北恩施、皖南等地区建立了 9 个包括 5 000亩核心示范区和 10 000亩辐射示范区的科技示范基地，在全国的科技示范基地达到了 36 个。

农业信息研究所继续加强与河北怀来县和定兴县的合作，将此两县作为成果示范基地，2008 年重点帮助怀来县建设全国一流的标准化村级农业信息服务站。目前已完成土木、二台子、东花园等 5 个村级试验点。农业机械化研究所与洪泽湖农场、江苏省盐城市种子公司等单位建立了 4 个种子加工试验示范基地，2008 年加工水稻（小麦）种子 3 000万公斤。

（四）加强与企业合作，加速科技成果向市场转化

为了实现科技成果向市场的高效应用转化，我院在科技兴农工作中注意引导研究所、科研人员加强与企业的合作。2008 年与企业的合作主要采取了签订协议直接转让技术、建立联合体加速技术推广、合建示范生产线提高企业科技水平等方式，促进我院科技成果直接面向市场，尽快满足经济发展要求。其中水稻研究所转让拥有完全知识产权的新品种 3 个，获得成果转化合同金额 160 万元。蔬菜花卉研究所与沽源德道公司合作，建立了马铃薯脱毒种薯生产示范基地，开展种薯繁殖，生产种薯 760 吨。农产品加工研究所与开封金源食品有限公司在河南省杞县开展胡萝卜深加工项目建设，消化胡萝卜 3 000吨，每户农民增收 3 000元，解决农民就业 100 余人。

（五）开展科技服务工作，解决产业实际问题

为了普及科学技术，推广先进的科技成果，我院积极组织开展送科技下乡活动，开展了技术服务、技术咨询等不同形式的科技兴农活动，解决农业生产中的实际问题，提高农业生产水平和效果。水稻方面实施了“百人百县计划”，开展水稻新品种、新技术的示范推广应用，全年联系江苏、江西、浙江、湖北、湖南、四川等 6 个省的 110 个

县，水稻面积达1亿亩。科研人员在关键农时，走乡进村，下到田间地头，直接受益农民4 500余人。

畜牧业方面，在甘肃天水、甘南、定西等地区推广蜜蜂为油菜授粉技术24 000公顷，平均每公顷增产230公斤，农户共增加收入3 100余万元；对12 000余头牛、2 000余头（匹）其他家畜进行血吸虫病的流行病学调查，掌握流行动态，提出防治措施。另外为地方政府和企业编制农业发展规划和起草项目可行性研究报告共14项，与相关企业新签或正在执行技术服务项目共10项。

2008年加强了青海的科技服务工作，接受青海4名基层农业技术人员来院学习2个月；承担了两批来自青海省畜牧兽医科学院、青海省畜牧总站等单位的12名科技人员的专业技术培训；对青海省农牧厅从全省各地选派的6名科技骨干进行了动物病毒病、细菌病、寄生虫病实验室检测诊断技术的培训；为民和县作物脱毒中心技术人员进行了为期15天的“马铃薯脱毒快繁和微型薯生产技术”培训。海西州2008年大面积发生羊的流产，我院及时派出专家进行检验，确定为羊流产衣原体，并给出相应的预防和治疗方案，控制了羊流产衣原体的流行。

（六）开展“百县农技人员和农村实用人才培训”行动，提升基层农技人员和农民科技素质

派出大批人员送科技下乡，直接为农业生产和农民提供技术服务；举办各种专题技术培训，提升基层农技人员和农民的科技素质。全院统一组织了百县农技人员和农村实用人才培训，在河北廊坊广阳区、北京大兴区、宁夏银川市等100多个县市开展了“奶牛繁殖技术与管理”、“蔬菜病害显微镜诊断培训班”等500多场以基层农技人员为主体的现代农业技术培训活动，培训农技人员3万余人次。全年累计派出茶叶科技人员1 000多人次深入全国茶区，开展科技兴农、科技扶贫等活动，组织各类实用技术培训班60多期，受训人数超过5 000人次。采取专题培训、现场培训、烟农夜校、入户指导等多种形式，培训烟农累计达440 000人。在安徽省濉溪县、山东省东明县、河南省中牟县等18个县进行了18次大规模的西瓜技术培训，印发小册子10 000余份，培训瓜农15 000余人次。麻类专家科技下乡200多人次，举办各种培训班、观摩会等10次，直接培训农民1500余人，发放技术资料4 500余份。

三、不断强化科技支疆支藏和科技扶贫工作，促进地方农村经济发展

根据党中央、国务院“稳疆兴疆，富民固边”、支持新疆又好又快发展等一系列重要指示精神，我院进一步加大了科技支疆的工作力度；紧紧围绕“推进小康西藏、平安西藏、和谐西藏建设”、“以安居乐业为突破口的社会主义新农村建设”工作，突出

“农牧民增收”这一中心任务，积极开展科技支藏工作。在合作研究、人才培养、科技兴农等方面为支援、建设与科技振兴新疆和西藏发挥了积极作用，取得了显著成绩。

响应国务院扶贫开发领导小组号召，按照农业部的总体部署，我院积极与国家扶贫开发工作重点县开展科技合作，以马铃薯、茶叶产业为重点加速科技成果转化，促进当地发展，积极投入到中西部地区的新农村建设中去。

（一）加强项目合作，带动新疆、西藏农业科技实力提升

中国农业科学院在科技支疆工作中注重通过国家地方各级各类项目与新疆有关单位开展了资源收集、新品种的引种和示范、育种、动物疫病防治、节水灌溉等合作研究工作，带动了新疆农业科技实力提升。

蔬菜花卉研究所执行的国家社会公益研究专项“中国起源特色花卉资源监测与保护技术研究”，对野生蔷薇天然分布群落进行调查、勘测，并对种子、植株进行采集与保存。在新疆库尔勒、昌吉等地进行了极早熟加工番茄新品种红杂10、红杂35，早熟品种红杂31、红杂33的推广，使加工番茄新品种提前10天红熟。与新疆农科院园艺研究所、农六师共同承担自治区科技计划项目，进行生物技术研究和耐盐加工番茄新品种的选育。

哈尔滨兽医研究所将牛结核诊断科技成果推广应用到新疆阿勒泰地区，并共同申请地方成果转化项目，获得资助经费达50万元，对当地牛结核的检测和根除发挥了重要作用。

农田灌溉研究所参加的科技支疆支撑计划“香梨、棉花配套农艺节水技术研究”等3个子课题，在巴州建立了地下滴灌试验示范田。在兵团水利局的支持下，开展了膜下滴灌棉花灌溉预警技术研究，指导了兵团灌溉试验中心站的施工，培训人员150人。

我院还围绕制约农业生产发展的关键技术问题，与兵团农五师、农六师、新疆农垦科学院、新疆畜牧科学院、新疆农牧机械化技术推广总站、新疆科神农装科技开发公司等单位合作，共同承担了“抗黄、枯萎病棉花新品种选育、示范和开发”、“分子标记技术在西甜瓜种质创新上的研究与应用”、“塔里木盆地西南缘农区地方良种绵羊肉用多胎性状改良利用和产业化集成与示范”、“先进棉花收获机械化技术及关键部件的引进”和“中国内蒙古和新疆农业保险应用与缓解贫困及促进持续发展”等多个科技项目，成效明显。

我院在科技支藏工作中注意加强与西藏科研教学机构合作，通过相关项目在西藏主要开展了家禽、沼气等工作，带动西藏农业科技实力提升。其中家禽研究所是江苏省科技厅对口支援西藏拉萨市科技局的技术支持单位，重点开展了藏鸡的有关工作，并使藏鸡项目获得了扬州市经费支持。2008年完成了藏鸡标准的制定，并申报了国家标准项目。取得了完整的藏鸡肉、蛋品质的数据，证实了藏鸡肉、蛋品质优良的特点。同时进行了相关杂交母系品系的扩繁。沼气科学研究所通过自治区重点科技招标项目“高原

地区沼气发酵原料配比研究—高原地区沼气优良菌种培育研究”，编写完成西藏自治区沼气发酵技术手册；在山南地区扎囊县共 15 口户用沼气池进行沼气应用示范；培养研究生 3 名，为能源中心培养沼气技术人员 2 人次。

（二）加强科技成果转化和实用技术推广，帮助解决新疆、西藏生产实际问题

针对生产实际，中国农业科学院在新疆重点开展了棉花、蔬菜、马铃薯、果树等优良品种和配套栽培、植保技术以及农业信息技术的推广工作。蔬菜花卉研究所在新疆哈密、阿克苏等地区进行了蔬菜有机生态型无土栽培技术的推广应用，提高了新疆设施蔬菜无公害生产的技术水平。为吉木乃县引进了鲜食、出口和淀粉加工品种 6 个，并制定了马铃薯产业发展规划。郑州果树研究所在示范基地推广枣、核桃优良品种 6 个，推广盐碱地改良技术 3 项，培训维吾尔族技术人员 500 人次。已建立枣、核桃标准化示范园 700 亩。生物技术研究所在新疆开展了“马铃薯抗甲虫转基因育种体系的建立”和“马铃薯甲虫持续防控技术研究与示范”的研究工作，获得了转单、双价 Bt 基因的马铃薯品系，在新疆伊犁进行抗虫性鉴定，转基因马铃薯抗虫性达极显著水平。哈尔滨兽医研究所与新疆畜牧科学院兽医所开展了联合攻关，共同进行边境地区动物疫病防控合作研究。

针对生产实际，我院在西藏重点开展了蔬菜、果树、饲草等优良品种和配套栽培技术的推广工作。如蔬菜花卉研究所在西藏搜集、整理和鉴定西藏大白菜种质资源，以“藏白系列和日喀则系列、健春、良庆”等资源材料 100 余份，选育出自交不亲和系，配制了优良组合。帮助西藏农科院组建了组培室，提供了脱毒品种试管苗，目前已开始生产微型薯。兰州畜牧与兽药研究所在拉萨、山南和日喀则种子生产示范基地种植饲草燕麦和箭舌豌豆，提高了当地农户牧草栽培技术水平。郑州果树研究所在西藏林芝农场建立了葡萄示范基地，推广新品种 2 个，发展葡萄面积 500 亩，对当地葡萄种植者进行技术培训 2 次。

（三）积极开展科技服务工作，努力提高基层农技人员科技素质和农牧民科技致富的本领

在作物生长的关键时期，选派专家到新疆举办培训和专题讲座，并印发技术资料，现场指导，培训生产人员和技术人员。同时派出董红敏博士参加由中组部和团中央选派的“博士服务团”，赴新疆就任新疆畜牧科学院副院长，任期一年，为促进新疆农业科研的创新与发展出一份力量。棉花研究所在新疆推荐棉花主推品种 8 个，主导技术 4 项，派出大批科技人员长期驻守兵团和自治区棉花主产区，开展技术培训、进行现场技术指导、技术咨询，编写大量技术教材和明白纸材料发放到棉农手中，为棉花生产提供

全程科技服务。生物技术研究所在库尔勒市建立了抗虫棉科技示范区，抗虫棉新品种9708已成为新疆建设兵团农2师的主栽品种。沼气研究所在新疆阿克苏市依干其乡布隆科瑞克村和阿克苏市喀拉塔勒镇中学建立了两个沼气示范工程，推广示范沼气标准池的建设。植物保护研究所与昌吉州农牧业局开展了草原生物灾害监测与防治技术合作研究，为昌吉州草原站从地方财政争取研究经费5万元。农业资源与农业区划研究所与新疆兵团农5师共青团农场签订协议并编制完成了《五家渠市兵团现代农业园区总体规划》。

中国农业科学院在选派专家到西藏进行科技服务的同时，注重建设示范基地，提供技术支援方案，加速技术辐射带动作用。派专家指导川青藏交界金沙江流域西藏飞蝗的防控工作，协助指导西藏飞蝗等草原有害生物的监测与防控工作，协助制定了“2008年西藏飞蝗应急防控方案”。编写了5种牧草种子生产技术指导材料，提供给西藏自治区农业科技推广服务中心对基层农技人员进行技术培训。沼气所在西藏高寒地区建立了试验示范基地，在昌都地区新建了昌都县卡若镇乡乃达通中心小学新农村卫生新校园建设工程。

（四）共同建立科技平台、培训高层次科技人才，增强新疆、西藏农业科技发展后劲

科技研发能力的提升、科技平台的打造、科技人才的培养是科技支疆工作不可或缺的部分，是新疆自身科技实力持续提高和发展的根本保证，也是我院科技支疆工作的重要内容。

我院派出梁永超研究员兼任石河子大学农学院院长，是自治区目前唯一的“长江学者奖励计划特聘教授”，2008年依托前期工作基础，双方签订了“石河子大学和中国农业科学院农业资源与农业区划研究所合作协议”，并与石河子大学正在联合共建绿洲生态农业重点实验室。

我院在新疆畜牧科学院建立了中国农业科学院新疆畜牧研究中心，与新疆牧科院共同组建了“中国农业科学院新疆畜产品加工研发中心”等，通过国家油菜产业技术体系在乌鲁木齐市设立了综合试验站，为提升新疆农业科技持续创新能力做出了应有的贡献。

2008年我院作科所、畜牧所、生物所、植保所4个研究所为自治区和兵团培养完成4名“西部之光”学者，资划所、饲料所、生物所3个研究所接收自治区和兵团3名“西部之光”学者。

2008年生物技术研究所为西藏培养完成1名“西部之光”学者，作科所、资划所、环发所和质标所4个研究所接收西藏4名“西部之光”学者。培训西藏农科院2名专业技术人员15天，培训内容涉及马铃薯脱毒组培技术、栽培技术和病虫害防治技术。

（五）推进科技扶贫，促进地方产业发展

工作中重点发展贫困地区马铃薯产业，并将其纳入全国马铃薯产业技术体系规划中。在马铃薯现代产业技术体系规划中，以湖北省恩施州农业科学院和贵州省毕节地区农业科学研究所为依托单位，开展南方地区的高产栽培技术研究和贵州省优良品种示范和推广研究，带动当地马铃薯产业发展，促进增产增收。以云南农科院负责云贵地区、四川农科院负责西南地区和湖南农业大学负责中南地区开展马铃薯资源创新和栽培技术研究，共育成5个新品种，高产栽培技术示范2万亩，推广实用技术4项。在贵州毕节地区进行了中薯5号、中薯7号和中蔬901等5个马铃薯新品种试验示范。一名专家因为在贵州扶贫工作中表现突出，获贵州省2008年度“优秀科技工作者”称号。

茶叶产业方面，重点在湖北省恩施鹤峰县、湖南省古丈县开展帮扶工作。2008年4月，我院茶叶研究所与湖北恩施鹤峰县人民政府签订了技术合作协议。开展了无性系良种茶园基地建设、有机茶基地建设、低产茶园改造、茶叶加工企业技术改造以及“鹤峰茶”品牌打造等工作。根据与湘西古丈县签订的帮扶合作协议，为“古丈毛峰”品牌的打造以及生产提供技术扶持和现场指导。

响应农业部号召，委派朱立志同志挂职湖南省湘西土家族苗族自治州永顺县，重点帮扶湖南省永顺县，积极开展扶贫工作。

四、主办各类农展会，进一步扩大社会影响力

2008年中国农业科学院主办或参加各类科技洽谈会、展销会和咨询会等活动246次，涵盖动植物新品种、植物栽培技术、动物养殖技术、农业机械、农业信息化等农业科技各个领域。在积极组织参加有关部委和有关地区科技展览交易会的同时，我院还结合本职工作，有重点地主办、协办各种科技展览展示会。

与辽宁省人民政府共同主办了第十二届中国（锦州）北方农展会。我院有16个研究所的58位专家共展出科技成果展板172块、新品种、新技术成果152项，共发放各类科技成果刊物3万多册，发放宣传资料4万多份，现场答疑7万多人次，签订合作意向6项，销售了一批蔬菜、花卉种子、果树种苗、化肥、农药以及科技致富的音像制品等。

与山西省运城市人民政府共同主办了“第八届运城农业新技术新产品展示展销会暨首届苹果文化节”。我院8个单位共18名专家共展出科技成果45项，发放科技成果宣传资料4万多份，接待农民技术咨询5 500多人次。

此外，我院还与农业部、山东省人民政府共同主办了九届中国（寿光）国际蔬菜科技博览会，取得了明显的成效。

五、重视自身科技成果转化，提高科技投入产出效能

在重视科技创新的同时，中国农业科学院把科技成果的推广应用作为一项重点工作来抓。2008 年我院推广水稻、小麦、玉米、棉花、蔬菜及畜禽新品种 453 个，新技术 238 项，新品种、新技术示范推广面积 2.2 亿亩，禽类 1.6 亿羽，牲畜 1 500 多万只（头），建立各级各类科技示范基地、示范点 305 个，创造了巨大的经济社会效益。

（一）大力推广作物良种，保障种植业增产增收

在重视新品种选育的同时，我院还高度重视新品种的推广应用，制定相关政策，鼓励科技人员从事新品种推广应用工作。2008 年，我院以单项集成技术或产品为主线，大力推广农作物新品种新技术，共推广水稻、小麦、玉米、大豆、棉花、油菜、甘薯、果树、茶叶、蔬菜等植物新品种 350 个，推广面积 1.7 亿亩，为农业增产和农民增收做出了贡献。

作物科学研究所 2008 年审定农作物新品种 8 个，发放试种品种 50 余个。重点推广大豆新品种中黄 13，2008 年推广面积达 1 100万亩，连续第二年成为全国种植面积最大的品种。中国水稻研究所推广新品种 26 个，推广面积 1 300万亩。

棉花研究所推广棉花新品种 21 个、新技术 10 项，面积 1 300万亩，新增社会经济效益 3.7 亿元。油料所全年通过省级以上审定油料作物新品种共计 9 个，推广新品种 23 个；建立优质油菜杂交种和常规种繁育示范基地共 3 000亩、生产基地 30 000亩，共生产杂交油菜种子 240 万公斤和常规油菜种子 100 万公斤，推广种植面积 3 500万亩以上，占全国油菜生产面积 1/3，占湖北省油菜生产面积 70% 以上。在保证油菜籽价格稳定的情况下，农民纯收益可以达到 40 亿元。在第二届全国优质油菜产销衔接会上，共签约供应“双低”油菜良种 882 万斤，占签约良种供应总量的 81.6%；签约总金额达 1.2 亿元，占产销会签约金额总数的 70%。

2008 年，蔬菜花卉所推广蔬菜花卉新品种 60 多个，推广新技术 23 项，新品种、新技术示范推广面积达 400 多万亩，使农民增加收入 2 亿多元。

（二）强化生产技术推广应用，提升产业科技综合水平

在注重新品种研发应用的同时，还强调重大技术的组装集成配套，并针对各地生产实际推广应用相关技术，为动植物新品种的推广、科技知识的普及提供了良好的载体。2008 年，共推广新技术 238 项，推广面积 5 000万亩、禽类 1.6 亿羽。其中“棉花工厂化育苗和机械化移栽”新技术在长江和黄河的示范应用扩大，面积达到 100 万亩，在瓜类、蔬菜、花卉、果树和中药材上的应用面积达到 20 万亩。青壳蛋鸡专用饲料添加

剂配方已在生产上广泛使用，数量达 1 000万羽。全年推广茶园生物农药达 8 万亩次；推广甜菜纸筒育苗专用肥 30 万亩，覆盖我国甜菜纸筒面积的 50% 以上。

（三）签订技术转让协议，带动企业技术升级

聚集资源、发挥各方优势、提倡合作、争取多方共赢、直接走向市场转化技术是中国农业科学院科技成果转化工作的方向之一。2008 年，全院签订意向协议、合同等 1 521份。2008 年，生物技术研究所分别与澳大利亚满江（控股）有限公司、北京奥瑞金公司、北京银田浩海公司签订了“转基因棉花技术”、“植酸酶转基因玉米”和“转基因抗虫棉技术”项目技术转让合同，合同签约总额为 2. 1 亿元。茶叶研究所与茶叶基地县及茶叶企业共签订技术合同 61 份，合同金额 200 多万元。

（四）物化先进实用技术，推动科技成果走向市场

通过产品的销售，不仅促进了成果转化，增加了各方收入，也促使科技人员了解市场需求和农民需要，密切了科学研究和生产实际的联系。植物保护研究所农药厂累计推广新农药 45 个品种、140 个规格、2 200吨、防治面积 8 000万亩次，销售收入近亿元，挽回经济损失达 100 亿元。

六、积极参加科技救灾活动，依靠科技恢复生产发展

（一）抗击冰雪灾害，为恢复生产提供科技支撑

2008 年 1 月中旬，我国多个省区大面积遭受了五十年一遇的罕见雨雪冰灾，给农业生产带来了严重损失。根据农业部关于救灾恢复生产的紧急部署，我院分行业分领域，积极联系、组织各地相关产业专家深入生产一线，了解灾情，提供技术服务。

1. 灾后第一时间组织专家赴灾区考察，进行灾情诊断与评估

院领导及 10 余个研究所的领导分别带领蔬菜、油菜、柑橘、茶叶、水稻、小麦、果树和畜牧业等 70 多个专家组 500 多人（次）第一时间分赴河南、江西、湖南、湖北、广西、四川、重庆、安徽、贵州等 10 多个灾区调研、考察，会同当地领导和相关技术人员，进行灾情诊断与评估，具体掌握冻害特点和造成损失情况，开展灾后恢复农业生产的技术指导工作。派出柑橘专家 80 余人次分赴江西、四川、重庆、贵州、湖南等地抗冻救灾一线，派出 30 余名茶学专家赴浙东茶区、安徽黄山茶区实地考察茶叶遭受雪灾冻害的情况，现场诊断与评估此次受灾程度，以提出相应抗灾救灾及恢复生产技术措施。

同时派出蔬菜、油料等专家陪同农业部领导多次赴湖南、湖北、广西等地察看灾

情，与当地农业部门和相关专家就灾后重建、救灾减灾及主要农作物受灾后病虫害发生情况及其如何监测防治等方面进行了讨论与交流，积极献计献策，并提供技术保障。

2. 制定科技救灾方案，组织编写减灾实用技术资料

在安排技术人员到生产一线进行技术指导的同时，分作物、分专业针对受灾严重的蔬菜、油菜、柑橘、茶叶、畜牧以及水稻、小麦、果树等农作物及畜禽品种的受灾情况，提出了灾后恢复生产的技术措施及科技救灾行动方案40多套。并将主要技术措施制作成图文并茂的挂图、明白纸寄发至各省灾区，发放到受灾群众手中，指导灾后恢复农业生产。

为了尽快将有关技术送到农户手中，我院还专门开通了蔬菜、油菜、柑橘、茶叶等科技救灾专家热线和咨询网站，安排有经验的专家解答问题，随时提供技术支持。

3. 组织现场科技服务，加速恢复生产

据不完全统计，全院举行雪灾冻害后恢复生产技术措施专题讲座40多个，培训生产技术人员、农民等共10 000余人，现场发放明白纸及挂图100 000余份，刻制光盘5 000份，免费赠送价值200多万元的猪蓝耳病疫苗、畜禽消毒药剂和蔬菜种子、桃、梨、枣等果树种苗，为灾后恢复农业生产提供了有力的技术支撑。

其中派出茶叶科技人员专家180余人次共56批分赴浙江的绍兴、安徽的黄山、四川的万源等21地市开展冻害调查、现场技术服务和开展技术培训。派出柑橘专家现场咨询和操作培训5 000人次，发放抗冻救灾资料3万多份，赠送了价值近10万元的千余册《中国柑橘实用技术精编》资料。

（二）积极参加抗震救灾，为灾后重建和恢复农业生产提供技术支撑

为响应党中央、国务院“万众一心、众志成城、抗震救灾”的号召，中国农业科学院作为中国农业科研的“国家队”，在灾后第一时间作出反应，深入“科技救灾”斗争的第一线，开展了一系列科技救灾工作，取得了良好效果。包括中国农业科学院院长翟虎渠，副院长刘旭、唐华俊在内的各位院领导均深入灾区，指导抗震救灾工作。5月20日，我院组织蔬菜所、作科所、畜牧所等13个有关研究所的专家开会，研究提出了针对四川灾区的抗震救灾和灾后重建农业生产技术方案，将小麦、玉米、水稻、蔬菜、猪、鸡等17个专项生产技术方案及抗震救灾具体建议迅速上报农业部，用于指导灾区农业生产。还在第一时间组织专家在网上开展了马铃薯种植、设施蔬菜、生猪养殖、家禽养殖等技术的视频讲座。6月3日又派出首批由17人组成的专家组与四川省农科院专家共同组成5个片区工作小组分赴广元市的青川县、德阳市的什邡市、绵阳市的北川县、成都市的崇州市等4个市的12个县（市）重灾区乡村实地调研和开展现场科技服务。提出了水稻、果树、玉米、蔬菜、马铃薯、食用菌、遥感监测等方面促进灾后农业生产恢复与发展的建议，以及建立灾后农业生产恢复与发展核心科技示范片方案。其他相关研究所也纷纷根据自身优势，派遣专家赴灾区实地指导灾后农业重建工作。同时向

灾区赠送灾区脱毒微型薯 10 万粒、脱毒种薯 2 吨，消毒药 12 吨，帮助调入马铃薯品种 60 吨。

根据科技部安排，我院组建了以畜牧专家为核心的汶川地震灾后恢复重建科技特派团，对口帮扶崇州市，确定了帮扶工作计划，派出了两批专家深入灾区开展工作。主要启动了优质黄鸡品种的选育、家禽饲养方式的转变、家禽技术推广体系的建设，建立中国农业科学院科技成果推广转化基地等工作，推动崇州家禽业长期稳定发展。

强化自主创新 推进团队建设 服务“三农”发展

——在中国农业科学院第六届学术委员会第三次会议上的讲话

主任委员 翟虎渠

各位委员，同志们：

中国农业科学院第六届学术委员会第三次会议，是在全国上下认真学习党的十七大会议精神，全面贯彻落实科学发展观的形势下召开的。2008年中央一号文件、中央农村工作会议和全国农业工作会议，为我国农业生产发展和农业科学研究提出了新的目标和任务，指明了方向。这次会议的主要任务是：深入贯彻落实党的十七大、中央一号文件和中央农村工作会议精神，进一步加强全院自主创新能力建设，加速推进创新团队建设，强化科技成果转化工作，评审2008年度中国农业科学院科技成果奖和首批优秀创新团队。

下面，我简要讲三个方面的问题。

一、2007年主要工作回顾

在过去的一年里，全体委员积极努力工作，认真履行职责，紧紧围绕国家重大需求和我院的中心工作，开展了形式多样的学术活动，取得了良好的成效。

（一）组织召开了第六届学术委员会第二次会议

我们于2007年3月31日~4月1日在北京组织召开了中国农业科学院第六届学术委员会第二次会议。参加会议的各位委员用战略发展的思维，结合我院的实际情况，对我院的科技自主创新、发展现代农业、创新体系建设、科技兴农工作以及科技平台建设等进行了认真的讨论与交流，提出了一系列对我院科技发展具有建设性的意见和建议。有些建议已被我们列为重要工作内容并加以考虑和实施，取得了很好的效果。希望在这次会议讨论过程中，各位委员继续发挥聪明才智，提出更多更好的意见和建议，促进我们的工作。

会议期间，各位委员还对《中国农业科学院科研道德规范》进行了讨论研究，提出了很多改进完善意见，我们都一一进行了认真的研究分析。考虑到这项工作还有许多需要改进的地方，今天我们就不再继续讨论，待时机成熟时再完善颁布。各位委员还以高度负责的精神，评审了2007年度中国农业科学院科技成果奖，评审出2007年度中国农业科学院科学技术成果奖20项，其中一等奖7项，二等奖13项。通过成果奖的评审，肯定了广大科研人员的劳动成果，激发了他们的工作热情，同时也为重大科技成果的形成奠定了基础。

（二）成功地举办了院庆系列学术活动

在庆祝中国农业科学院建院50周年期间，组织举办了各种学术会议和交流活动，取得了良好的效果。一是举办了大型学术报告会，邀请到卢良恕院士、李振声院士等4位专家，从战略高度阐述了现代农业科技发展的前景和方向，精彩的学术报告引起了强烈的反响。二是成功举办了由我院发起主办、联合国粮农组织和国际农业研究磋商组织协办的“第二届国际农科院院长高层研讨会”，来自24个主要农业国家及联合国粮食计划署和比尔·盖茨基金会等8个国际组织以及我国各地100多名代表参加了会议，会议研讨与交流了国际农业科技及农业可持续发展问题。三是成功地举行了中国农业科学院国际顾问委员会第一次会议，取得了积极的成效，进一步扩大了我国农业科技的国际影响力。此外，围绕院庆工作，学术组还组织编写了《中国农业科学院50年》、《科技创新成就辉煌》和《中国农业科学院国际合作50年》等学术专著，编辑出版了《中国农业科学》学术专刊，促进了农业科技的学术繁荣和发展。

（三）开展了形式多样的学术活动

在过去的一年里，院学术委员会在各研究所的积极配合下，在学科建设、重大科学问题策划、科研立项、研究方案制定、重大科技成果培育、人才培养等方面，发挥了重要作用，先后主办和承办了“第二届植物分子育种国际研讨会”、“中法小麦科学家峰会”、“中英小麦品质研讨会”、“全国园艺植物生物技术研讨会”、“园艺作物育种技术国际培训班”、“第五届东北亚农业政策研究国际研讨会”等国际和国内学术研讨会100多次，活跃了学术气氛，拓展了国际交流渠道，大大提高了我国农业科技在国内外的知名度和影响力。

二、2008年主要工作任务

最近，中共中央政治局常委、书记处书记习近平同志在致我院水稻研究所的贺信中指出，“解决好‘三农’问题，事关全面建设小康社会大局，根本出路在于加快农业科技进步，坚持走中国特色农业现代化道路。希望你们认真学习贯彻党的十七大精神，深入贯彻落实科学发展观，进一步增强发展现代农业的使命感和责任感，紧紧抓住机遇，充分发挥优势，着力造就一批农业科技领军人才，着力攻克一批农业关键技术和核心技术，着力推动农业科研成果的转化和推广，百尺竿头，更进一步，为发展高产、优质、高效生态农业，确保我国粮食安全，为建设创新型国家和社会主义新农村做出新的更大贡献”。

深入学习党的十七大精神，贯彻落实党和国家领导人对中国农业科学院工作“三个着力”的重要批示，强化领军人才培养、强化科技创新、强化服务“三农”是2008年全院工作的中心，也是我们长期努力的方向和奋斗目标。因此，我想重点谈谈这三个方面的事情。

（一）着力造就一批农业科技领军人才，加快创新团队建设

现代科学技术的发展，使学科间的相互交叉与渗透显得更加重要。组建科技创新团队，促进成员间的相互协作和交流，形成创新性大的科研成果，培养人才梯队，实现持续发展，是科技发展的必然要求。“十五”以来，我院实施了基础人才工程，引进国外、国内和院内培养200多名人才。从组织实施“杰出人才工程”到“科技创新团队建设工程”，围绕学科建设与发展，加强高层次人才队伍建设和人才梯队建设，不断提高人才素质，完善人才结构，提升科技创新能力和学术地位。

1. 以院引领，以所为主，启动实施“科技创新团队建设工程”

在学科建设和“杰出人才工程”的基础上，院党组于2007年4月出台了《关于加强科技创新团队建设的意见》，启动实施了“科技创新团队建设工程”，这是我院继“杰出人才工程”之后实施“人才强院”战略的又一重大举措。从杰出人才个体转为创新团队群体建设，标志着我院实施“人才强院”战略进入了新的阶段。

按照“学科引领、资源优化、重点突出、整体带动”的原则建设创新团队，目的是通过以院引领，以研究所为主的持续建设，以学科发展为主线，以领军人才为主导，以科研项目为纽带，优化资源配置，搭建人才梯队，凝聚创新力量，建成一批具有明显优势的科技创新团队群体，形成一批以学科领军人物为核心，以科研骨干为主体，专业人才和科研辅助人员相配套、优势互补、团结协作的紧密型创新研究群体。打造100个左右在重点学科领域具有明确稳定的主攻方向、特色鲜明、竞争有力，在国内外具有一定影响和发展潜力的科技创新团队，从中培养和形成20个左右在本学科领域中处于领先地位、能够引领学科发展、在国际学术界占有重要地位并具有相当影响力的优秀创新团队，力争其中有3~5个创新团队获得国家自然科学基金委员会的创新研究群体科学基金。通过这些扎实有效的工作，大幅度增强我院自主创新能力和国际竞争力。

“科技创新团队建设工程”实施以来，全院上下各级领导和科技人员不断提高思想认识，逐步推进工作向纵深发展。院里积极制定有利于科技创新团队建设与发展的政策，组织召开相关会议，积极抓，认真促，不断把工作引向深入；研究所积极行动，所领导作为第一责任人，组织成立领导小组，人事和科研部门协同配合，学术委员会认真

研究，制定并不断完善本单位的科技创新团队建设方案，凝聚科研力量，搭建创新平台，整合条件资源，落实支持措施。经过近一年的努力，以学科发展为基础，以平台建设为依托，以创新人才为核心，以科研项目为纽带的创新团队在全院逐步形成和发展，"科技创新团队建设工程"有了良好开局。

2. 好中择优，典型示范，开展首批优秀科技创新团队的遴选工作

在本次学术委员会召开之前，也就是昨天和前天，中国农业科学院召开了为期两天的科技创新团队建设工作会议，院科技创新团队建设工作领导小组成员和院属各单位的主要领导近 80 人参加了会议。院属各研究所及有关单位逐个汇报了各单位科技创新团队的建设情况，初步提出了本单位重点建设的创新团队，明确了其中推荐的优秀创新团队，全院共提出 122 个所内重点建设的创新团队，其中推荐 42 个为首批优秀科技创新团队。提出的 122 个所内重点建设的创新团队基本覆盖了我院 41 个一级学科，推荐的 42 个优秀团队大多是基础条件较好，人才实力雄厚，有相当的科研成就积累，有能够引领学科发展的核心人物首席科学家。这些首席科学家大部分都是院一级、二级岗位杰出人才，具有较高的学术水平和组织管理能力，在本学科领域具有一定的学术地位和影响力。团队骨干成员年富力强，有些还联合了院外科研机构和大学的专家学者。这些团队大部分是在长期合作基础上形成的，也有的是围绕某一学科领域经过有机整合和科学组织而形成的，个别是整体引进的成熟团队。

在科技创新团队建设工作会议上，与会的领导对院属各单位提出的重点建设和推荐的优秀团队进行了分析论证，对重点建设团队和推荐优秀团队提出了评价意见和调整建议。在此基础上，我们将进一步召开有关方面的会议，进一步讨论、评议，按照《院优秀科技创新团队管理办法》的要求，确定和产生我院首批优秀科技创新团队和各所重点创新团队。

3. 突出重点，带动整体，以团队建设促进学科和人才的健康和持续发展

通过前两天对各单位创新团队的论证分析，可以明显地看出，我院目前的团队从人才基础、科研实力、学术积累、平台条件等方面既有一定基础，又有较大差距，团队的学科定位和研究方向需要进一步凝炼，首席科学家的学术水平和组织管理能力需要进一步提高，成员之间的凝聚力和自主创新能力需要进一步加强。因此，我们要突出重点，整体带动，使我院的学科和人才在团队建设中得到发展。

要实现学科建设、人才培养和团队建设的相互协调与促进，全面提升我院的创新能力和国际竞争力，实现创新的跨越式和可持续发展。要以项目任务为手段，培养和造就具有国内外领先水平的优秀学科带头人才和优秀创新团队，以学科的发展凝聚创新团队，以团队建设促进学科的发展。通过优秀科技创新团队的培养与建设，发挥优秀团队的示范带动效应。通过以院引领、以研究所为主的持续建设，推动我院重点学科、新兴学科和交叉学科的发展，培养和造就学科领军人才、战略科学家、优秀学科带头人和青年科技创新人才，培育在国内外具有重要影响的原创性科研成果，实现人才队伍和科技创新的健康、持续发展。

4. 加强领导，狠抓落实，扎实推进科技创新团队建设工作

科技创新团队的建设是一项复杂、长期的系统工程。院、所要进一步抓好建设工作，落实支持措施，进一步引导好、支持好、建设好本单位的重点团队和院优秀团队。

要倡导“求真、务实、协作、创新”的科学道德风尚，营造百家争鸣、开放和谐、尊重人才、尊重创造的科研环境，允许学术上的不同见解，激发和保护科技人才的创新激情和活力，鼓励创新，宽容失败，努力形成尊重人才、尊重知识、尊重劳动、尊重创造的良好氛围。促进创新文化与科技创新的良性循环，从机制和环境上推动创新团队的建设和创新能力的提高。

要加强国内外的学术交流与合作，以开放的意识进行科学研究，积极开展高层次人才联合培养和高级专家相互聘用和兼职，组织重大国际学术交流活动，形成面向国际的创新环境，培养在国际上具有重要影响的优秀人才。

要大力弘扬团队合作精神，大力营造协同攻关、顾全大局、和谐共进、团结奋斗的氛围，培养团队的向心力和凝聚力。通过持续不断地建设，使我院学科建设得到大发展，德才兼备的学科领军人才得到锻炼和培养，学术梯队得到持续发展，全面提高科技创新能力和国际竞争力，为发展现代农业、建设社会主义新农村提供强大的科技支撑。

（二）着力攻克一批关键技术和核心技术，提高科技自主创新能力

加强创新研究，攻克一批农业关键技术和核心技术，大幅度提高科技自主创新能力，我认为应该重点抓好下述工作。

第一要深入实际，从生产中提出重大科学技术选题。作为国家农业科研机构，工作中心必须始终围绕国民经济发展，围绕农业生产的重大战略需求，解决关键问题和核心技术。同时，加强对重大现实问题的研究，也是探索新形势下农业科技特点和建设国家农业科技创新体系的迫切需要。目前，我国农业科技事业进入了一个新的发展时期，有许多新的问题需要我们去探索，有许多新的事物需要我们去认识，有许多新的规律需要我们去研究和把握。只有这样，才能切实加快农业科技创新的步伐，促进农业和农村经济又好又快地发展。

第二要加快学科建设步伐。瞄准国家战略发展方向，围绕我院确定的学科建设目标，以重大科研项目为载体，以新的学科为平台，开展重大基础和应用基础研究，着力培育原创性科研成果。巩固和加强新兴学科与交叉学科，努力提升学科的影响力和国际地位，加快创新步伐，建立起优势显著、支撑创新发展的学科体系。

第三要协调发展基础研究与应用研究间的关系。继续加强农业基础、应用基础、高技术研究以及科技基础性工作，实现协调发展。合理布局科技力量，建立现代农业科学技术的理论、方法、技术和应用的完整发展体系。在跨学科研究与重大项目、重点团队、重点平台、重点成果等方面，形成相互促进的良性循环。

第四要重点做好“三大创新”工作。近年来，我院学科建设不断加强，初步培育

了一批优势学科，凝聚了一批高水平的创新人才，形成了自主创新的主导力量，有效提升了科技自主创新能力，提升了国际影响力和竞争力。实践证明，只有提高农业科技的原始创新能力、集成创新能力和引进消化再创新能力，创新拥有自主知识产权的专有技术，才能在国际竞争和全球经济格局中占有一席之地，才能有效地加快自身的发展。在原始创新方面，要突出抓好基础、应用基础、前沿高技术和关键技术研究，创造推动农业科技进步的高技术成果；在集成创新方面，要注重重大理论和技术成果的组装集成，提高综合应用水平；在引进消化吸收再创新方面，要坚持"走出去"和"引进来"战略，继续引进国外先进科学技术，结合自己的具体情况和生产实际消化吸收，进行改造和创新，形成拥有自主知识产权的技术或产品。

第五要加快科技平台建设，为自主创新提供保障。紧紧围绕提升自主创新能力这一目标，突出加强科技平台建设，为出人才、出成果提供支撑。要从学科建设和产业的需求出发，根据中国农业科学院实际情况，促进项目、人才向平台聚集，加强学科对平台的引领作用，做实平台；扩大平台开放度，提高利用效率，做大平台；加强筹划和培育，促进现有平台的升级，做强平台。加速形成科技创新、科技支撑、科技服务三类平台体系，努力打造集科学研究、成果推广、科技服务三位一体的综合性科技平台。同时，要促进平台资源的交流共享，吸引国内外优秀科学家参与平台建设，扩大平台开放度，提高利用效率，努力把我院科技平台建设成在国内外具有重要影响、引领我国农业科技发展方向的国家创新基地。

第六要加强重大科技成果培育。经过多年的积累和"十一五"前两年的研究，我院有些研究方向与内容取得了重要进展和突破，开始进入重大科技成果培育的关键时期。要不断加强成果的组装集成，提炼理论、方法、创新点，强化后续研究，提高成果的高度、深度、熟度和产出效能。要加强组织协调，加强重大和重点科研项目管理，突出创新性，建立理论体系，完善技术体系，形成知识产权体系，提升整体水平，努力在国际学术界占有一席之地。要采取有效措施，创造良好条件，注意发现和扶植苗头性的重大成果，促进相关项目与成果的合作与联合，突出整体优势，提高竞争力。要立足于农业生产的实际，着力培育面向农业生产和农村经济发展需求的应用型成果，加快转化步伐，扩大示范推广覆盖面，用实际数据展现成果的"亮点"，对农业和农村经济的发展做出贡献。

第七要组织好全国科研大协作。在努力提高自身创新能力的同时，还要积极加强合作，联合国内有关单位开展重大农业科研协作与联合攻关，继续搞好学科共建，完善科研协作网，形成全国农业科研一盘棋的良好局面，从整体上提升我国农业科技创新能力、创新效率和国际竞争力。

（三）着力推动农业科研成果的转化和推广，加快科技兴农的步伐

进一步强化科技兴农和成果转化工作，是贯彻落实党中央、国务院关于积极发展现

代农业，扎实推进社会主义新农村建设战略决策的重要行动，也是我院服务经济主战场，促进自身发展，扩大社会影响的重要举措。

1. 充分发挥科技支撑作用，深入开展科技兴农工作

农业与农村经济的发展，离不开科学技术的支撑。通过多年的努力工作，中国农业科学院在农业科技基础性工作、基础研究、应用基础研究、前沿高技术研究、共性关键技术研究及重大技术集成与示范以及在解决农业与农村经济发展中的基础性、方向性、全局性、前瞻性重大问题和关键技术研究方面，取得了一系列重大进展，每年都产生出一大批新成果，为我国农业和农村经济的发展奠定了坚实的基础。同时，通过科技成果的推广与转化，一大批科技成果得到广泛应用，如：抗虫棉、双低油菜、禽流感疫苗等的推广应用，给我院自身的发展奠定了良好的基础。但是，我们现在大的和有影响的成果还不多，这一方面说明我们成果的水平还需要继续提高，另一方面也说明我们成果的推广转化力度还要进一步加大。因此，要在努力培育重大科技成果的同时，进一步加大成果转化应用的工作力度，努力提高科研成果的转化率、推广率、贡献率和支撑度，为农业生产和农村经济发展做贡献。

一是要围绕现代农业和社会主义新农村建设，深入贯彻落实农业部“十大行动”。要积极配合农业部等上级部门做好科技兴农工作，针对农民的科技需求，加大技术指导和培训力度，大力提高农民科技文化素质，为发展现代农业，实现农业稳定发展，农民持续增收，促进经济社会又好又快发展做出新的更大的贡献；二是要持续加强与地方的科技合作，落实好与有关省市签订的科技合作协议。要在解决地方实际科技需求上下工夫。通过与地方的科技合作，加快新品种、新技术、新产品的宣传展示，加快农业科技成果的转化和先进实用技术的普及，努力扩大我院优良品种和先进实用技术的覆盖面；三是要大力推进科技成果的转化与应用。把科技成果转化作为我院科技兴农工作的重点，大力推广新品种新技术，努力把我院的科研成果迅速做强做大；四是要抓好科技示范工作。在全国不同生态区建立科技综合示范县，组织开展科技综合示范工作；五是要继续做好与有关地区的科技成果联合展览展示活动，进一步扩大我院的社会影响力；六是要把科技成果产业化开发作为服务“三农”的重要形式，继续抓实抓好。

2. 建立和完善科技兴农长效机制，增强服务“三农”工作实效

一是要提高认识。服务“三农”是我院科技工作的根本宗旨，是党和国家赋予我院的基本任务，要切实增强使命感和责任感，进一步重视加强服务“三农”工作；二是要建立完善机制，制定出工作计划，加强考核管理。要建立科技兴农工作的长效机制，制定激励措施，充分调动科研人员深入基层开展成果转化和推广工作的积极性，要引导鼓励科学家深入一线从事科技推广和提供服务，建立稳定的科技推广队伍，鼓励科技人员“把论文写在大地上，让成果留在农民家”，在服务“三农”和建设现代农业的实践中建功立业；三是要注重实效，提高服务“三农”的水平。要注意形式和内容的结合，努力发挥我院的自身优势，注意提高科技兴农工作的显示度，务求做到“有声音、有身影、有影响”，在促进农业与农村经济发展中发挥更大的作用。

三、关于院学术委员会的工作

科技成果奖的评审是中国农业科学院学术委员会的一项重要工作，今年的评审仍然按照申报的学科与领域分成 5 个组进行。请各位委员一如既往地按照科学、公平、公正、从严的原则，按规定的评审条件和办法进行评审。在主审委员对每项成果进行详细介绍和充分讨论的基础上，投票评选出今年的我院科技成果奖。详细情况和具体要求由王小虎秘书长再作介绍。

同志们，今年是“十一五”科研计划组织实施、重大科技成果培育的关键一年。为了进一步强化农业科技创新、强化人才培养、强化成果转化，促进各项工作又好又快地落实，建议院、所学术委员会重点考虑抓好以下几个方面的工作。

第一是发挥学术委员会的咨询作用。继续深入开展调查研究，充分发挥我们的聪明才智，利用我们的人才优势，主动为上级领导部门服务，为国家农业科技事业的发展献计献策，积极参加国家、部门农业科技规划顶层设计、重大计划策划、计划实施方案制定等。我们有许多委员是全国和各省市的人大代表和政协委员，我们可以在适当的时机提出相关的提案和议案，把我们的想法和思路建议给各级领导，争取得到他们的重视和支持。

第二是要高度重视人才培养。人才队伍建设是我们今后的重点任务之一，这次我们还要评选出优秀创新团队。我们各位委员，大多数都是在各自领域资深的专家学者，在人才培养方面，除了要发挥对青年科研人员传、帮、带的作用外，还要协助院所策划培养方案，制定计划，帮助他们成长，使之尽快成为科研的主力军。

第三是在立项和成果培育上把关。在科研项目选题、研究内容与技术路线的设计、论证、评审、把关上，充分发挥我们学术委员会的优势，提高命中率。尤其是在重大成果培育和报奖方面，我们要积极出谋划策，加大成果的培育和转化的力度，争取有新的突破。

第四是积极开展学部工作，广泛开展学术交流。在院第六届学术委员会成立时，我们根据形势的发展和工作实际需要，建立了以学科领域为基础的五个学部，负责各学科群的日常学术工作，组织重大学术活动，开展科研协作，对科学发展的重大问题提供咨询，提出决策建议等。希望我们的学部认真履行职责，制定出各自的工作计划，积极开展学术活动，着力服务“三农”。

各位委员、同志们，进入新的发展时期，党和国家给我们提出了新的目标和任务，指明了方向。我们一定要认真学习党的十七大、中央一号文件以及中央农村工作会议精神，深入贯彻落实科学发展观，按照党中央提出的战略部署，紧紧抓住机遇，着力造就一批农业科技领军人才，着力攻克一批农业关键技术和核心技术，着力推动农业科研成果的转化和推广，加快农业科技创新步伐，加快农业科技成果转化步伐，大力提高农民科技文化素质，为发展现代农业、建设创新型国家和社会主义新农村做出新的更大的贡献！

谢谢大家！

着眼未来　厉兵秣马　把握机遇　再攀高峰

——在中国农业科学院技术预测与战略研究培训班开幕式上的讲话

中国农业科学院党组成员、副院长　刘　旭

（2008 年 7 月 6 日）

各位老师、各位学员、同志们：

中国农业科学院技术预测与战略研究培训班今天开班了，我代表院党组向各位授课老师表示衷心的感谢，向各位学员表示亲切的问候和良好的祝愿，预祝大家圆满完成学习任务。

下面，我代表院党组讲三点意见。

一、长春会议以来我院科研管理工作进展回顾

2007 年 7 月 29 ~ 31 日，中国农业科学院在长春召开了科研管理工作会议。一年来，我院科研管理工作深入贯彻落实长春会议精神和要求，坚持以服务为本，以项目、平台为抓手，以效能升级为着力点，不断加大工作力度，各项工作均取得了新的进展。科研立项规模继续扩大，项目质量与产出效率得到有效提升，科技平台建设与管理水平不断提高，重大科技成果培育与报奖工作取得新突破，服务“三农”取得了新成效，科研管理和服务能力有了明显提高，有力地推动了我院科研管理工作又好又快地发展。

（一）科研立项工作健康、稳定发展

在院所的共同努力和全院广大科技人员的积极配合下，我院科研立项工作取得了新突破。2007 年共获主持项目 1 171项，参加 105 项。其中“973”计划 2 个项目获得立项，参加了作物养分、鼠害以及南方牧草改良等项目；国家自然科学基金 86 个项目获得资助，其中重点项目 2 个、重大国际合作项目 2 个；“863”计划立项 14 项，科技支撑计划新增主持项目 17 个、参加项目 62 个，农业行业科技计划项目主持 15 个、参加 15 个，235 个农业部财政项目获准立项。

2008 年上半年，我院科研立项工作进展顺利，共主持申报国家主体科技计划项目 553 项，包括“973”计划 3 项、国家自然科学基金项目 527 项、“863”计划重点项目 2 项、科技支撑计划项目 21 项。其中，“外来生物入侵基础研究”已通过“973”项目

初评和复评，完成终审答辩；陈化兰主持申报的杰出青年项目通过终审答辩，周建华、李奎申报的国家自然科学基金重点项目进入终审答辩；畜牧所和农机化所分别主持申报的“鸡分子育种”和“低空喷药机械高技术”2 项重点课题进入“863”评审答辩；农业行业科技计划和跨越计划项目共获得立项 21 项；科技成果转化资金项目 23 个进入科技部评审。

（二）科研项目实施管理工作不断加强

2007 年年底组织了全院科研检查工作。在各所自查的基础上，院里分 3 个组对 20 个所进行了重点抽查，初步掌握了“十一五”前期我院科研立项、项目实施、成果培育、平台建设、学科发展等方面取得的重要进展，总结了经验，发现了问题，提出了对策、建议，为我院进一步提高创新能力和搞好科研管理工作提供了依据。

对国家重点科技计划项目进行了重点跟踪管理。启动了“农业转基因生物安全风险评价与控制基础研究”、“肥料减施增效与农田可持续利用基础研究”、“973”项目、对“主要农作物骨干亲本遗传构成和利用效应的基础研究”、“动物重大传染病病原变异与致病的分子机制”等项目以及部分国家科技基础平台项目、“948”项目进行中期总结、评估和检查；配合农业部和科技部组织完成了 15 个科技成果转化资金项目、3 个“948”项目、14 个农业结构调整专项项目、3 个“跨越计划”项目和 1 个社会公益性研究专项课题的验收工作。

（三）科技成果培育和报奖工作取得新突破

2007 年，中国农业科学院创新工作取得较大进展，共获得省部级奖励 76 项，鉴定成果 80 项，通过品种/规程审定 46 个，新品种保护 9 个，软件登记 20 个，公开发表论文 3 774篇，其中 SCI 收录 355 篇，国家专利授权 121 项。我院植保所主持的“973”计划项目“农林危险生物入侵机理与控制基础研究”，首次揭示了 B 型烟粉虱的“非对称交配互作”生物入侵机制，研究结果发表在 2007 年 11 月 8 日的《SCIENCE》上；生物技术研究所主持完成的“联合固氮斯氏假单胞菌的固氮基因岛和根际竞争特性”部分成果发表在 2008 年 5 月 21 日的《PNAS》网络版上。陈宗懋院士荣获中华农业英才奖，郭三堆研究员荣获 2007 年度何梁何利基金产业创新奖，陈化兰研究员荣获第十届中国青年科技奖。

2008 年上半年，我院组织申报 9 项国家成果奖，油料所的“双低油菜全程质量控制保优栽培技术及标准体系的建立与应用”、作科所的“中国小麦品种品质评价体系建立与分子改良技术研究”、蔬菜花卉所的“重大外来入侵害虫烟粉虱的研究与综合防治”和植保所的“防治重大抗性害虫多分子靶标杀虫剂的研究开发与应用”4 项成果通过专业组评审，其中“中国小麦品种品质评价体系建立与分子改良技术研究”被推荐为国家科技进步一等奖。

（四）科技平台建设与管理不断完善

2007 年组织参与农业部重点开放实验室第五轮评估和组织申报工作，共申报 38 个实验室，其中第四轮滚动 20 个、新申报 18 个，首批命名了 52 个中国农业科学院重点开放实验室，我院重点实验室建设得到了农业部的认可。组织申报“茶产业工程技术研究中心”和“柑橘工程技术研究中心”通过科技部评审，国家投资均为 500 万元。组织完成了 4 个研究所质检中心的初审和 6 个研究所的复审双认证。

2008 年上半年，我们组织修订了中国农业科学院“十一五”科技平台规划，进一步明确了发展思路、重点任务和落实措施，统筹和优化配置来自农业部、科技部、财政部、发改委和其他渠道的平台资源。

创新平台建设。2008 年我院 5 个国家重点实验室共获得运行费和基本科研费 3 300 万元；通过大量的沟通协调和前期工作，动物营养学国家重点实验室验收准备工作已经就绪；棉花生物学国家重点实验室建设申请材料已通过农业部上报科技部。

支撑平台建设。棉花所申报的作物转基因育种国家工程实验室获立项批复，作物分子育种和作物细胞育种国家工程实验室以及生物饲料开发和动物用生物制品国家工程研究中心也获准立项组建。一方面说明我们有竞争力，另一方面说明我们有准备，当国家发布工程实验室和工程研究中心指南时，有些单位还不知道怎么回事，我们储备稿子已经起草好了。如果我们不提早介入，不提早关注，不提早准备，就不可能得到这么多立项支持，我们全程介入前期战略研究、技术预测和规划制定、指南起草等起了重要作用。我们办这个班，就是希望更多的研究所和专家关注国家的战略需求和前期研究，把我们的想法和建议变成国家战略和国家计划内容，才能得到国家支持。

服务平台建设。组织新申报质检中心 2 个，7 个质检中心通过农业部农产品质量安全检测机构“双认证”，推荐新试验机构与安全性评价机构 6 个，组织 3 个农业转基因生物安全检测中心通过双认证。

（五）科技兴农与科技成果转化工作不断加强

围绕农业部发展现代农业“十大行动”计划，积极参加农业科技下乡活动和农业部放心农资下乡进村活动；组织了同河北省人民政府的合作项目“百名博士兴百县”活动，在河北省重点选择 100 个产业特色突出的县作为共建县，我院选派 100 名科研一线的学科带头人为首席专家以及 200 名博士研究生到县里开展农业科技服务工作。继续推进与河北省、北京市大兴区、宁夏回族自治区、青海省、新疆生产建设兵团的科技合作工作，进一步组织落实了有关合作事宜，签订了所、县共建合作协议；共同举办了多次农业新品种新技术博览会、科技成果交易会，进一步扩大了我院的影响，促进了科技成果的转化与应用。

四川地震后，我院立即紧急行动起来，在部、院党组的统一部署下，组织专家制定了《中国农业科学院四川地震灾区生产应急与恢复技术方案》和《中国农业科学院抗震救灾和灾后重建工作方案》，提出了灾后恢复生产的技术措施和工作建议，用于指导灾区农业生产。先后派出了5批专家工作组，分赴陕西、甘肃和四川的地震灾区指导农业生产。

二、当前农业及农业科技形势

（一）农业生产形势

党中央、国务院高度重视“三农”工作，连续下发了5个指导农业和农村工作的中央一号文件。2007年我国粮食总产达到5 016亿公斤，这是近8年来的最好成绩，但仍没有达到1998年5 123亿公斤的水平。目前农产品总量平衡、品种丰富、质量提高，保证了国家粮食安全和城乡居民生活需求。2000年以来，我国每年总的生产量不足以支持国家总需求量，要靠库存维持，1998年总体评价是“基本平衡、丰年有余”，2007年至今，中央和各级领导，包括专家观点倾向于“紧平衡”。

2008年，在经受南方低温冰雪灾害、部分地区持续严重干旱、重大病虫害频发、四川大地震等多重灾害影响下，我国夏季粮油仍取得丰收，夏粮总产超过2 408亿斤，增产61亿斤以上，实现自新中国成立以来首次连续5年增产；油菜总产稳定在1 185万吨，增产40多万吨，扭转了连续3年下滑局面；同时，“菜篮子”生产稳定发展，农民收入保持较快增长，农产品市场运行总体平稳，质量安全水平稳步提高，重大动物疫情总体上得到控制。2008年以来国际市场粮价大幅度攀升，专家分析有三个原因，第一是由于石油价格攀升造成了生产资料涨价，大概占了25%的贡献；第二是生物质能源消耗了一部分粮食，2007年全世界消耗1亿吨玉米，仅美国就消耗了6 500万吨，对粮价上涨起了30%的作用；第三是国际投机者炒作。但是最根本的原因，还是一个总供给长期预期不足的问题，1986年到2006年的20年间，世界粮食产量没有大的增长；中国从1998年到2007年10年间，虽然已经连续5年恢复性增长，但仍没有恢复到1998年的水平。就是说世界20年，中国10年，粮食总产都没有大的进步。人口在增加，总需求在增加，这可能是粮价上涨最根本的原因之一。

（二）自主创新形势

6月23日，胡锦涛总书记在全国两院院士大会上对改革开放30年来科技事业发展进行了系统总结，对当前科技发展的新任务、新要求及科技在党和国家决策中的重要地位等进行了深刻阐述。提出了6个必须坚持：必须坚持科学技术是第一生产力，必须坚持人才资源是第一资源，必须坚持提高自主创新能力，必须坚持发挥社会主义制度能够集中力量办大事的政治优势，必须坚持科技为经济社会发展服务、为人民服务，必须坚持弘扬科学精神。对自主创新提出了4个必须：必须把提高自主创新能力作为科技发展的首要任务，必须以制度创新促进科技进步和创新，必须培养造就宏大的创新型人才队伍，必须以创新文化激励科技进步和创新。对自主创新领军人才的成才规律进行了系统阐述，提出了6大要求。

《国家中长期科学和技术发展规划纲要（2006~2020年）》提出，要“经过15年的努力，农业科技整体实力进入世界前列，促进农业综合生产能力的提高，有效保障国家食物安全”。使命光荣而艰巨，作为农业科技的“国家队”，我们中国农业科学院要对保障粮食安全起到中流砥柱的支撑作用。

（三）农业部、科技部等近期的部分工作安排

1. 农业部

“转基因生物新品种培育”重大专项。经过两年多努力，前不久通过了专家组论证，得到刘延东国务委员的高度评价，有望在近期通过国务院常委会讨论并在年内启动。我个人估计可能还要加快，因为7月2日国务院开常务会议，讨论国家粮食发展纲要的时候，温家宝总理说了一句话：保障粮食安全，自主创新目前最大的、最有成效和前途的可能就是转基因育种技术。

农业行业科技专项。部里2008年对支持领域进行了调整，在首批立项基础上进一步完善了产业技术类专项设置，同时加大了公共安全、公共管理等共性技术的支持力度。

2. 科技部

“水体污染控制与治理”国家重大专项。已经完成申报项目的财务预算，近期即将启动，涉及我院6个所，正在稳步推进。

“973”计划。农业领域支持力度进一步加大，最近在香山“973”会议上提出，在水稻、土壤、区域治理等方面有可能实施项目群管理模式，就是对同时在研的5个、6个同一方向的项目，以项目群的方式来管理。顾问组专家已经就“十二五”“973”计划规划开始前期调研，这是一个很重要的动态，我们要积极响应、全力参加、努力做出重要贡献。

“863”计划。科技部计划司已委托战略研究院完成“十二五”高技术预测与技术路线图分析等战略研究与规划制定的工作框架和方案，并试点启动了“中国生物技术与产业创新能力”战略研究，为“十二五”高技术发展战略与规划制定做准备。我们这次培训班主请的授课老师就是这方面的权威专家，希望大家认真学习，及早进入临战状态。

国家重点实验室专项。今年开始启动，总投入20亿元左右，其中实验室开放运行

经费分为每年 600 万元、300 万元、200 万元三档，自主选题研究经费分为每年 600 万元、500 万元、400 万元、300 万元四档。同时，对已经运行的实验室 3 年资助 800 万元的仪器设备经费。

3. 最近即将颁布的规划

国家粮食安全中长期规划纲要。7 月 2 日国务院常务会议已经原则通过，即将颁布实施。国务院常务会议还批准了吉林省再增加 100 亿斤粮食生产能力的大规模综合治理规划，计划用 260 亿元进行大规模的土地治理，每年增产 100 亿斤粮食，说明国家对粮食的高度重视。《纲要》有几条硬指标：从 2008 年到 2020 年，粮食自给率稳定在 95% 以上，其中稻谷、小麦自给，自给就是要求百分之百，玉米保持基本自给，食用植物油自给率不低于 40%；2010 年综合生产能力应稳定在 1 万亿斤，其中谷物 9 000亿斤以上，2020 年达到 10 800亿斤，其中谷物 9 500亿斤以上；2010 年粮食亩产达到 650 斤，年平均增长 0. 98%，2020 年要达到 700 斤，年平均增长 0. 82%；粮食播种面积应稳定在 15. 8 亿亩，1998 年大概是 17 亿亩，2003 年只有 14. 9 亿亩，经过几年恢复，2007 年达到 15. 84 亿亩；耕地面积不能低于 18 亿亩，去年是 18. 26 亿亩。这些指标根据测算是可以达到的，但是任务很艰巨。

科技基础性工作规划（2008 ~2015）。今年 4 月完成了规划初稿，科技部有关部门正在审核，估计不久可颁布。

院科技局、各研究所都要千方百计掌握相关部门科技计划的最新动态，早知道、早介入、早谋划、早准备，不打无准备之仗，认真做好项目建议、专家推荐和申报组织工作。

三、下阶段我院科研工作任务和要求

（一）任务与目标

我院“十一五”创新任务与目标：在种质资源收集挖掘利用与动植物新品种培育、农产品高效生产与质量安全等领域，重点突破 20 个左右重大科学选题，创新 100 项左右关键技术，组装集成和示范 20 项左右重大技术，完成 20 项产业技术的中试和转化，培育 500 个以上动植物新品种和重大产品，获得 400 项以上国际、国内专利和新品种保护权，在影响因子 1. 0 以上的学术刊物上发表文章 1 000篇以上，获得国家级成果奖 30 项，新增科技平台 50%。

2008 年的工作任务和目标：坚持以服务为本，以效能升级为目标，以学科发展为主线，以项目、平台为抓手，完善院所协同机制，继续扩大科研立项规模，增加平台数量，提高立项质量，加大重大科研成果培育与组装报奖力度，探索服务“三农”新形式，提高科研管理和服务水平，积极推进项目、成果、平台、学科上新台阶，推动我院科研工作又好又快地发展。突出抓好“重大项目立项、重大成果培育、重大平台建设、重点学科发展”等四方面的工作。力争全院年度新增项目合同经费5亿元，新建科技平台8~10个，新获国家级奖励成果3~5项，学科建设迈出新的步伐。

（二）工作要求

完成上述任务目标，要重点做好下述六方面的工作。

1. 继续花大力气抓好科研立项工作

科研立项工作始终是中国农业科学院科研管理工作的主要任务。由于“十一五”国家出台了科研基本业务费，我院科研立项工作可望达到预期目标。最好不要把科研基本业务费放在这里来计算，因为那是稳定支持的，不在国家大科技计划和部门计划之列，我们要实事求是。科研基本业务费支持仅限于非营利的研究所，我院直属的非营利研究所目前只有16个，还有15个非非营利研究所不能得到，经费相对比较紧张。有一些研究所，争取到的科研经费不少，但档次和层次比较低，如“863”、“973”计划课题少，尤其是还有10个研究所没有主持“863”课题，与我们国家队的地位、使命、形象和要求还不相符。各所的学科、专业、研究领域情况不一样，不能一概而论，比较大、比较全面的研究所，要想在全国占据主导地位，就要主持国家的各类主体科技计划项目，在本专业研究领域涉及的重大项目我们都应该争取，有的我们要主持，有的要参与，都不能忽视。这不仅仅是经费的问题，而是一个研究所在全国的地位和影响力问题，是如何带领同行进行自主创新的问题，希望大家要高度重视。目前，国家和部门科技计划还有几块需要我们重点抓的项目和经费，包括国家重大科技专项，一个是转基因专项，另一个是水污染专项，今年都要启动，希望涉及的研究所要抓紧工作，做到未雨绸缪、志在必得、稳操胜券；“973”、“863”和国家自然科学基金每年都有新的项目启动，请大家要早做筹划。

院科技局、各所科研处、每一个科研人员都应该关注国家主体科技计划的发展动态，加强所内外联合申报的力度，提高项目预研、组织、把关和申报的质量，最主要的是根据各类科技计划的支持方向凝炼科学问题和目标，积极向上级有关部门建议，争取列入项目计划指南。这就需要准确把握国家需求，进行技术预测和战略研究，精心凝炼国家需求中的重大科学问题和技术问题。

2. 突出抓好在研项目的实施管理

到目前为止，“十一五”期间我院已承担各类项目2 000多项。“十一五”已经过半，大家要把主要精力放在科研项目管理和组织实施上。2007年院里进行了检查，大部分研究所做得不错，但也存在一些问题，要引起我们高度注意。科研管理人员要熟悉各类计划的管理办法，认真做好项目任务书、预算、中期评估、总结、审计及验收工作。现在课题过程管理的工作越来越细，财务审查越来越严，验收越来越难，搞不好就要出问题，决不可掉以轻心。

院里今年将要出台关于加强科研项目管理的意见，进一步明确院科技局、所科研处和项目组在项目实施管理中的责任和义务，加强项目立项、启动、执行、结题、验收和成果培育等环节的管理工作，提高项目产出效能。已经有一个初稿，会上还要请大家提一些意见和建议，以便尽早修订、发布。科技局要突出抓好院重点跟踪的跨所项目、优势项目、重点发展项目，其他项目由所里抓。

3. 下大力气抓好成果培育和报奖工作

中国农业科学院在“十五”期间共获得了 20 项国家成果奖，其中 3 项一等奖，17 项二等奖。“十一五”争取获国家奖 25 ~ 30 项，一等奖能有多少现在难以预料，2008 年有希望获得 1 项。只要大家齐心协力，还是有希望的。报奖关键有三点：一是成果要过硬，这是最基本的；二是申报材料要组织得当，有些所报奖成功率很高，每年都有奖，说明方法对头、工作到位就有希望，报奖本身是一门学问；三是院所领导要高度重视，真抓实干，不辞劳苦，甘为科研人员“作嫁衣”。一个研究所一个五年计划总得要有一个国家奖，对个别所来说可能有难度，但不能上个五年没有，这个五年也没有，下个五年还看不到，这就有问题了。国家队拿不到高级别国家奖，别人不说，我们自己心里也会愧疚。所里要有一个专门领导负责组织策划和申报国家奖，科研处要有专人组织协调。有些申报项目不是成果不过硬，而是材料不合格、不规范，没有凝炼出真正的创新点和贡献点，说明工夫下得还不够。有的研究所成果不少，但是大奖没有，我认为强所的标志之一就是要有几个一等奖，院内排前 1/3 的所都应该有国家一等奖。

4. 不断提升科技平台建设与管理水平

“十一五”以来，国家高度重视科技平台的建设和发展工作。科技平台工作已经成为我们科技管理工作的主要抓手和重点工作内容。现在我院已经形成了三级三类平台体系，有国家重点实验室、有部级重点实验室、院级重点实验室和改良中心等。我认为，我院绝大部分研究所至少要有 1 个部级重点实验室。工程中心和改良中心，有条件的也应该有。关于国家实验室，我们要下决心利用几年或更长一点时间来完成这项工作。农业部的重点实验室建成以后，并不是大功告成了，后面的工作还要加强，千万不要在五年后的评估中掉下来，评不上优也要拿个良，总不能拿个 C 来交账，当然拿个 C 不比没有部实验室强。我们院有 6 个所在部重点实验室评估中曾经得到过 C。虽然不能说这些所没有努力、所领导不重视，但是至少说明努力得不够，重视得还不够。

5. 积极开展“十二五”战略研究

最近，农业部和科技部已经召开会议部署“十二五”预研工作了，国家和部门的“十二五”战略研究工作也在陆续启动。按照以往的经验，“十二五”规划工作明年将要全面展开，我们在座的不可能都参加“十二五”战略研究工作，但人人都要为此做出努力。我院参加“十二五”战略研究的人员越多，工作才能做得越好，希望大家把学到的东西结合战略研究做出自己的贡献，希望大家通过学习了解掌握预测的理论、技术和方法，运用战略研究把专家们的想法变成国家的想法。

6. 努力提高我院科研管理能力和服务水平

科研管理工作要尽快适应国家科技体制改革、预算制度改革和科技计划管理改革的新形势与要求。现在国家新政策一出台，大家往往感到不适应，为什么？说明学习得不够，要抓紧学习，这次的培训学习就是很重要的一环。

中国农业科学院科研管理工作要进一步加强服务意识和服务功能。工作重心要“上移”和“下沉”，上面要能够到天，下面要能摸到地，“天”就是你要能和高层的战略专家说上话，最好是能够参与进去，参与不进去最好也能说上话，说不上话也要能找一个能和他说上话的人，这就是水平。我们的想法来自基层科研人员，要把他们的想法凝聚起来，靠一个人的努力是不够的，我们管理专家、战略专家最大的任务之一就是归纳和提升，在此基础上进行创新。

加强科研管理的队伍建设，提高管理人员的素质。“十一五”以来，我院有一批高学历、高职称的中青年加入了科研管理队伍，这是好事。我希望刚刚进入这个行列的科研管理人员要加强学习：一是要向多年从事科研管理的老同志学习；二是要学习政治、经济、法律等，知识面宽一些；三是要学习科研管理的理论、方法和程序，要知道有了想法该找谁，以后一步步该怎么办。这个程序不是简单的、不加思考和调查研究的层层汇报，而是你找领导谈话、汇报前应该深思熟虑、形成方案建议及其方式方法等，要争取领导接受你的东西。除了正确的方式方法和程序之外，这里面还有一个个人魅力问题，形成自己的人格魅力，把你的才华表现出来，让别人接受。

作为高素质的科研管理人员，院科技局、所科研处，我们扮演的角色是部队的参谋部，不是传令部、不是传令兵。国家需求出了题目，我们来规划、建议、安排如何完成这个题目。什么是参谋？参谋就是军师，中国古代最大的军师就是诸葛亮，就是出主意、拿办法。院长、所长布置了什么任务，我们就要完成，就要研究怎么进行、怎样规划、布置怎么打。我殷切期望我们培训班每个学员，大家人人都学诸葛亮、人人都成为诸葛亮！我希望大家通过这次培训班的学习，都能有很大的收获。

谢谢大家！

狠抓我院重点实验室工作
大幅度提高农业科技自主创新能力

——在中国农业科学院重点实验室工作研讨会上的报告

中国农业科学院副院长　刘　旭

（2008 年 11 月 27 日）

各位代表，大家上午好！

在全党深入学习和实践科学发展观之际，今天中国农业科学院召开重点实验室工作研讨会，农业部科教司、科技部基础司的领导亲临大会，分别给我们作了重要指示，详细讲解了国家和部门重点实验室的背景、地位、作用与意义，以及管理体制、运行机制、环境与文化、评估办法和要求等，对依托我院建设的第五轮农业部重点实验室和首批院重点实验室进行了授牌。这是我院学习科学发展观，落实《国家中长期科学与技术发展规划纲要（2006～2020 年）》和《中国农业科学院“十一五”科学技术发展规划》的实际行动，也是大力加强农业科技自主创新能力建设，狠抓重点实验室体系这个创新能力建设的核心，促进农业科学技术事业又好又快、科学发展的重要举措。

受翟虎渠院长委托，我代表中国农业科学院，向长期以来在重点实验室工作的广大科研人员和科技工作者致以崇高的敬意！向长期以来关心、支持重点实验室发展的农业部领导和科技部等有关部门的领导表示衷心的感谢！

下面我代表翟院长谈谈对这次工作研讨会的认识和对下一步工作的部署意见。

一、农业领域重点实验室体系是农业科学技术创新能力的核心与主导支撑，体现着一个科研机构的研究水平与学术地位，其内涵丰富、地位重要、意义重大

大家知道，中国的重点实验室是改革开放的产物和成果，是我国农业科研活动中的一个比较特殊的研究群体、创新单元和运行实体，肩负着源头创新、开展前瞻性研究、组织开拓性工作的重要使命，起着超前思维、战略谋划、引领布局、指导跨越、支撑发展的核心作用。因此，农业领域的重点实验室是农业科学技术的学科体系、条件平台体系与国家创新体系的主导支撑体系，是国家组织农业基础性工作、基础研究、应用基础研究、竞争前高技术发展，聚集和培养高级农业科研人才，进行农业科技国际合作与交流的主要基地和依托平台，也反映着一个科研机构在国内外的研究水平、学术地位、创

新能力与综合竞争力。

农业重点实验室除了是进行知识、理论、方法、技术等原始创新活动的国家基地外，还是服务国家经济与社会发展的重大战略需求，即围绕国家粮食安全、食物安全、营养健康、农民增收、资源高效利用、环境保护与新农村建设等“三农”发展长期面临的重大问题，发展具有中国特色的现代农业科学技术体系的国家创新基地，这既是我们农业领域重点实验室的出发点，也是归宿点，既是宗旨，也是目的和目标；也是我们显著区别于综合性大学、中国科学院生命科学领域部分涉农重点实验室的特色和优势，是我们看家的“三板斧”；科学院、综合性大学搞 PURE SCIENCE 的东西，既是人类发展科学需要的，也是在整体国家创新链条的高度上国家长远发展需要的，因为他们可以引领各个科学与技术领域未来的发展，进行超前的谋划和布局，储备必要的理论、技术、方法和人才；我们搞农业基础性工作、基础研究、应用基础研究则要紧紧着眼于解决中国农业的实际问题，举个不恰当的例子，如果他们是战略空军、优势在天上的话，我们就是陆战大队、优势在地面，这是我们有别于他们的地方，也是我们农业领域搞基础研究有必要长期存在的地方，当然也是国家在最高利益层面进行的内在整体布局、合理分工和有机衔接，是国家利益最大化的需要。我理解，昨天专家们在评审讨论创新团队时，郭予元院士谈到什么是领军人才、学术带头人的内在含义时，说的是我们的学术带头人，实际上也是农业基础与应用基础研究的定位问题，这两者是一回事、是一致的。对此，我希望我们中国农业科学院的同志们始终要有非常清醒的认识和准确的定位，否则就容易偏离方向，“种了别人的田、荒了自家的地”。

农业重点实验室是吸引、聚集、培养和造就高水平的农业科学家队伍的摇篮，代表我们国家农业科学技术人才在本领域的最高学术水平、最强创新能力和国际竞争力，肩负着培养高级农业科研人才的历史使命。

农业重点实验室是与国际基础研究的通行规则接轨，组织开展国际合作与交流，代表国家参与农业领域国际竞争的前沿主阵地，这一点在中国和平崛起、全球化进程日益加快的今天，具有格外重要的现实意义，也是一个国家级研究单位、国家创新基地应该肩负的两大战略使命之一。

农业重点实验室不仅是开放、流动、竞争、服务的国家创新平台，而且要引领、带动和组织相关研究领域中下游的研究队伍，“顶天立地”开展全国农业科研大协作，是开放、合作、协作的策源地、组织者和服务员。

经过 20 多年的发展，我国的国家重点实验室已经形成了一套专门的组织体系、机构布局、管理制度、运行机制，以及体现自己鲜明特色的创新文化和学术品牌。农业领域的国家重点实验室已经成为高效率、高产出的独特创新单元和得到国际同行认可的学术品牌，吸引、凝聚了国内农业领域一批优秀的人才和团队，产出了一批在国际上有影响的研究成果，为解决“三农”问题提供了理论、方法、技术、途径的指导。

农业领域的重点实验室与野外观测试验台站、动植物遗传改良体系、国家工程技术（研究）中心体系等共同构成国家农业科技创新链条中的创新体系。其中，重点实验室体系处于这个体系的上游，品种改良体系位于中游，工程技术中心体系则处于下游。因此，重点实验室在国家农业科技创新链条体系中处于源头、主导与核心的地位，具有“龙头”的属性，起着扮演“统领”的决定作用。

根据我院的定位和使命，中国农业科学院始终把重点实验室体系建设工作放在我院创新能力建设的核心位置。在农业部、科技部的大力支持下，在院所领导、全院科技人员和管理人员的不懈努力下，特别是经过近几年的艰苦努力，我院重点实验室建设工作取得较快发展，已经建设了植物病虫害生物学、兽医生物技术、水稻生物学、动物营养学、家畜疫病病原生物学 5 个国家重点实验室。在作物种质资源、动植物生物技术与遗传育种、动植物营养生理与栽培饲养、农业有害生物防控、食品科学与加工、农产品安全与质量标准、农业资源、农业环境、农业装备与信息技术、农业工程、农业政策等 12 个领域建设了 32 个农业部重点实验室，评估命名了 52 个中国农业科学院重点实验室，初步形成了国家、部门、院三级递进支撑的重点实验室框架体系，承担完成了大量的国家重点科研任务，成为我国农业科技自主创新的源泉和高地、农业领域高水平科研人才培养的基地、农业科技国际交流与合作的中心。

回顾我院重点实验室这几年所起的作用和取得的成绩，我认为主要体现在以下方面：一是农业科技基础性工作的优势和特色更加突出，通过长期、系统的农作物、畜禽、牧草、农业微生物等种质资源收集、保存、评价与利用研究，建立了农作物种质资源保存长期库、复份库各 1 座、中期库 10 座、多年生作物种质圃 32 个、农业野生植物原生境保护点 27 个，长期安全保存 180 种作物种质资源共 39 万份，居世界首位；二是基础研究取得重大突破，在基因资源与基因改良、分子机理与遗传育种、品质与抗逆机理、动植物营养、病虫害发生规律、动物疫病防控、外来生物入侵、转基因生物安全等重要研究方向形成了优势和特色，水稻生物学、兽医生物技术、植物病虫害生物学国家重点实验室的一批相关研究成果近年相继发表在《NATURE》、《SCIENCE》、《THE PLANT CELL》、《PANS》等国际知名刊物上，一批成果获得国家级奖励；三是发展现代农业高技术的主体地位不断提升，在动植物基因工程、细胞工程、分子育种、杂种优势利用等前沿高技术领域，突破了一批核心技术和关键技术，形成居国际领先或先进水平的三系配套的转基因抗虫棉、超级稻、“双低”油菜、矮败小麦等重大成果，培育出一批骨干品种，大面积应用，产生了巨大的经济效益和社会效益，自主研发的禽流感灭活基因工程疫苗，极大地提高了我国动物重大疫病的预防控制能力和国际地位；四是传统优势更加巩固，我院的传统优势领域在农业种质资源与材料创新、主要农作物遗传育种、耕作栽培技术、高效种养殖技术、农业区域综合治理、病虫草鼠害综合防治、农业动物重大疫病防控等基础上，依托重点实验室平台，已经拓展到资源高效利用、农业环境工程、气候变化与防灾减灾、农业信息技术、食品科学与农产品加工、农产品质量与标准等新的国家重大需求和战略领域，涌现出“国稻 6 号”、“轮选 987”、大通牦牛等一批具有自主知识产权的重大技术成果，为近年来我国农业和农村经济持续、稳定、健康发展提供了强有力的支撑；五是创新人才队伍不断壮大，依托重点实验室这个创新基地，通过引进、培养等多种渠道，实施“杰出人才工程”、“创新团队建设”，我院三级重点实验室体系人才的整体素质得到空前提高，创新能力和国际竞争力显著增强；六是组织国内外农业科研大协作，成为国际合作与交流的中心，依托重点实验室体系，我院牵头组织开展了农作物种质资源、农作物育种、植物保护、畜禽育种与养殖、重大畜禽疫病、土壤与肥料、资源与环境等领域2 000多项全国农业科研大协助项目，起着忠实地扮演了重点实验室作为排头兵、领头雁的引领作用；依托重点实验室，我院与世界上66个国家和地区的农业科研机构、高校、国际组织和国际农业研究中心建立了广泛的业务联系，已建成国际联合实验室15个，正在建设中的有30个，在种质资源、生物多样性、食品安全等农业科学技术的各个领域开展了富有成效的合作，发起和组织了挑战计划、国际马铃薯、黄瓜、棉花、小麦基因组测序计划等重大国际合作项目，组织国际小麦玉米穿梭育种、全球小麦锈病协作、灌溉稻协作、超级稻协作等国际大协作，其中我院与IRRI的长期合作2007年获得了中华人民共和国国际合作奖颁发的第一个国际合作机构奖。建院50年来，在重点实验室体系的核心支撑下，全院已累计取得各类科技成果4 618项，其中获奖成果2 359项，审定品种935个，获得专利441项，登记软件著作权180项，获得新兽药证书59项，出版专著2 465部，发表SCI文章2 000多篇。

二、围绕“三个中心、一个基地”目标，按照学科、平台、人才、团队、项目五位一体的技术路线，深入贯彻落实“十一五”规划各项任务，大幅度提升我院自主创新能力

1. 牢牢抓住学科建设这个总纲

大家知道，学科建设与科学技术发展是结构与功能的关系，一个研究领域如果没有一个基本的学科框架结构，就难以发展相应的科学技术，因为结构决定功能。农业领域的学科建设，既是一个基础的功能构建问题，也是凝聚各种资源发展农业科学技术的物质平台和精神载体，还是繁荣科学技术发展与交流的学术平台，是衡量一个科研机构硬实力和软实力的重要标志。因此，学科建设是提高农业科研机构创新能力和学术水平的基础性工作，是关系一个单位长远发展和前途命运的系统工程，也是国家农业科技创新体系建设的重要有机组成部分。可以说，学科建设工作处于引领我院科技事业全面发展的基础和战略地位，具有“纲”的性质。“纲”举则“目”张，学科建设对于建设重点实验室体系具有指导的作用。院党组十分重视我院的学科建设，从2001年开始，通过多次组织研究所领导、专家一起研究、讨论，凝炼学科建设思路、目标和方向，经过院学术委员会全体委员的三次大讨论，历时4年时间确立了“作物科学、畜牧兽医科学、农业微生物科学、农业资源与环境、食品科学与工程、农业信息科学、农业质量标准与检验、农业工程学、农业经济与科技政策”等9大优势学科群、41个一级学科、173个二级学科的院重点学科建设规划框架，以及研究所重点学科建设规划及其实施方案。经过几年来的不懈努力，目前已经初步形成了传统学科、新兴学科、综合学科兼

顾，支撑农业科技基础性工作、基础与应用基础研究、高技术发展、重大技术攻关、技术集成示范与转化，面向现代农业、门类齐全、结构合理、重点突出、纵横交叉、具有中国农业科学院特色的现代农业学科发展体系。

2. 重点加强杰出人才与创新团队建设

为了加快培养领军人才、战略科学家、优秀学术带头人和青年后备人才，形成一支具有世界前沿水平和竞争力的创新人才队伍，我院于21世纪初实施“人才强院”战略，2002年启动“杰出人才”工程以来，从国内外招聘到一级人才43个、二级人才124个、三级人才239个，覆盖了全院9大学科群、41个一级学科和173个二级学科的整个重点实验室体系，人员的学历结构、专业结构、年龄结构、梯队层次结构得到了空前的改善和提高，促进了人才的良性循环，实现了人才引进的国际化，使我院的重点实验室体系里高密度地汇聚了我国农业科研的精华力量。在此基础上，“十一五”以来我院重点实施“创新团队建设”。按照我院中长期科学技术发展规划目标，我们要在未来的5~7年时间，紧紧围绕10个左右的国家重点实验室、40~50个的农业部重点实验室、100个左右院重点实验室的发展目标，依托10个左右的国家重点实验室，建设10个以上国际一流的创新团队，依托40~50个的农业部重点实验室，建设50个左右国内一流的创新团队，依托100个左右的院重点实验室，建设100个以上在国内有特色的研究所创新团队。院里的安排是，第一期先重点培养和扶持20个左右的院级优秀创新团队，目的是希望通过这样的倾斜支持和明确引导，使其中的优秀者能够尽快走向世界，冲刺国际一流的创新团队，在国际上占有一席之地。经过高层次专家严格的评审，昨天已经初步产生了其中的13个，这项工作，院里还要继续抓下去。各个研究所会后还要着眼于依托农业部重点实验室、院重点实验室，围绕建设50个左右国内一流的创新团队、100个左右在国内有特色的研究所创新团队，制定各自的创新团队建设规划和实施方案，狠抓50个和100个的落实，这个工作的重点和主体在各个研究所。鉴于这样的总体设计，我们重点实验室体系的发展和建设工作就一定要加快步伐，要超前谋划和布局，要在战略上与人才、团队、学科的发展密切协同，提供可靠的依托和有力的支撑。

3. 始终抓住科技条件平台这个抓手

常言道“铁打的营盘、流水的兵”，以重点实验室为主体的农业科技创新平台就是铁打的营盘、是永远不会动的。大家知道，进入知识经济时代以来，科技基础设施条件和装备水平等，已经成为衡量一个国家科学技术发展水平、创新能力、综合国力和国际竞争力的重要标志之一。近年来，国家相继出台了《2004~2010年国家科技基础条件平台建设纲要》、《国家自主创新基础能力建设“十一五”规划》、《“十一五”国家科技基础条件平台建设实施意见》等，这充分标志着国家对科技平台建设加大了支持和投入力度，我国科技平台建设已经进入了一个新的发展时期。

我院在农业部的领导下，在国家发改委、科技部的长期大力支持下，相继建成了“农作物基因资源与基因改良国家重大科学工程”、“农产品质量标准与检测技术研究中心”、“中日农业技术研究发展中心”和即将动工的“国家农业生物安全科学中心”，建成国家重点实验室 5 个、部门重点实验室 32 个、院级重点实验室 52 个，部门重点野外台站 24 个，正在建设的国家发改委工程实验室 3 个、工程中心 2 个，建成了科技部国家工程技术研究中心 5 个，国家级质检中心 3 个、部门农产品质检中心 36 个、筹建 2 个，以及国家禽流感、口蹄疫参考实验室和血吸虫、饲料专业实验室等，初步形成了创新、支撑和服务三级三类科技条件平台体系。

三、进一步解放思想，提高认识，把握机遇，凝炼目标，强化措施，追求实效，努力开创我院重点实验室工作的新局面

中国农业科学院重点实验室工作虽然取得了很大成绩，但也要清醒地看到，还存在一些发展中出现的迫切需要解决的新问题：

1. 与实现“三个中心、一个基地”战略目标不相适应

建设“三个中心、一个基地”，是我院的性质、定位、使命赋予的基本任务，也是我们必须实现的战略目标。其中，农业科技创新中心是这三个中心的核心与主导，与其他两个中心是皮与毛的关系。因此，建设三个中心的关键是建设创新中心。农业科技创新，既包括知识创新，也包含技术创新，知识创新是人类认识自然界新规律、新知识、新理论、新方法的活动和过程，技术创新包含创新设计、创新控制、技术工艺、标准、制式以及实现商业利润的过程，前者为后者的发展提供理论基础和方法指导，决定和制约着后者的发展，后者的需求促进前者的发展。农业领域的重点实验室在农业科技创新中主要是支撑知识创新活动，开展农业科技基础性工作、基础研究、应用基础研究、发展竞争前战略高技术，为突破核心技术、关键技术、研制重大产品、设备、工艺、标准、规程等，提供思路、理论、方法、途径方面的指导和依据。因此，重点实验室处在创新活动的上游和源头，起着引领、主导和核心支撑作用，其发展的水平与地位也自然成为衡量一个科研机构研究水平与学术地位的重要标志。由此可见，我们中国农业科学院要想在新的历史条件下，通过继续深化改革，在求生存中谋发展，要想履行好国家队的神圣使命、引领我国农业科技发展、代表国家参与国际竞争，就必然要紧紧抓住自主创新这个研究所业务的核心和主线，把重点实验室工作放在研究所各项工作的首位，以重点实验室工作这个重要抓手，理顺研究所战略定位、发展思路、发展目标、战术原则、突破口选择与学科建设、平台建设、人才培养、团队建设、优先领域和重点发展方向等业务关系，引领和带动其他各项工作。这是面对新的历史机遇和挑战，我们突破重围、后来居上，实现跨越发展的必然选择。

由于复杂的历史原因与客观原因，我们的大部分研究所，对于已经发生深刻变化的国内外环境、国家需求与国家政策，对于重点实验室在研究所今后发展中的战略意义、主导地位、核心支撑、决定作用、学术形象、品牌打造等方面的认识和观念还存在比较大的差距，还没有强烈意识到这种深刻变化背后存在的危机与机遇，没有在领导班子和

全体科研人员中引起重视、形成共识和行动，重点实验室还没有成为我们各个研究所的主导运行机制，因此也就没有达到研究所的精华在重点实验室、重点实验室就是研究所的主体、研究所与实验室运行浑然一体的管理境界。

2. 没有满足“三农”发展的强大而迫切的需求

目前我国正处于发展现代农业、建设社会主义新农村的关键时期，“三农”发展对农业科技自主创新、创新能力建设和重点实验室建设，提出了许多新的重大需求。前不久闭幕的党的十七届三中全会提出 2020 年前保障国家粮食安全要新增 1 000亿斤粮食、农民收入从现在4 150元增加到8 300元、显著改善农村生态环境的奋斗目标。就以保障国家粮食安全来讲，过去是南粮北运，现在是北粮南调，水资源高效利用的问题异常突出，南水北调只能解决城市生活和部分工业用水，农业如何节水的问题就凸现出来，而且对我国来讲是个长期的大战略、大问题，迫切需要有个国家重点实验室来专门研究解决这样的问题；再如现在耕地在持续减少、质量在下降，好地不能过量依靠化肥，偏远地方的耕地更要大幅度增加有机质，耕地保育、化肥减施增效、保障农业可持续发展等问题，也需要有相关的国家重点实验室研究解决；全球气候变暖，农业自然灾害的频率和危害都在加剧，如何趋利避害、有效防灾减灾，显然属于应用基础研究的范畴，仍然需要有相关的国家重点实验室研究解决。截至目前，我们对这些农业和农村经济发展重大需求中的重要科学问题，主动进行深入的战略思考和研究，凝炼重点实验室的战略定位、科学问题、发展目标、建设任务等工作还不够，还没有具体地落实到各个研究所重点实验室的谋划、布局、建设和运行上来。

3. 与重点学科建设规划布局不相适应

我院确立了“作物科学、畜牧兽医科学、农业微生物科学、农业资源与环境、食品科学与工程、农业信息科学、农业质量标准与检验、农业工程、农业经济与科技政策”等9 大优势学科群、41 个一级学科、173 个二级学科的重点学科建设规划框架，与重点学科建设迫切的要求相比，有关重点实验室的建设工作显然是比较滞后的。目前全国各行业国家重点实验室 220 多个，农业部所属 5 个，农业部原属的七大农业院校 6 个，其他的都在中国科学院，农业领域的国家重点实验室占国家整个重点实验室不到 10%，比例与农业的地位和作用相比是偏低的，我院占农业领域的 23%，比例也明显偏低；农业部重点实验室目前是 132 个，依托我院建设的 32 个、占 24%，数量与比例都是偏低的。按照我院的发展战略规划，今后 5 ~ 7 年要再建设 5 个左右国家重点实验室、20 个左右部重点实验室、50 个左右的院重点实验室，我们的 38 个研究所每个至少都要有 1 个农业部重点实验室，综合排名前 1/3 的所都要有国家重点实验室，这才与我们国家队的地位、使命和作用相称；院重点实验室主要靠二级学科来培育和建设，我们现在的 173 个二级学科至少要建设 100 个以上的院级重点实验室（当然这里包含国家重点实验室、部门重点实验室，因为他们是在院重点实验室的基础上培育起来的，出于避免重复和便于管理运行的考虑，升级后虽然不再挂院重点实验室的牌子了，但他们永远隶属于这个序列），才能从创新平台的角度直接支撑 100 左右的研究所创新团队的培育和建设。这是一个从实际出发的、比较务实的、也是不能再低的标准和要求，这就是我们中长期发展要建设的目标。

4. 学科、专业之间发展不平衡

目前我院传统优势学科领域的重点实验室比较多，涉及战略需求的重要领域如自然资源高效利用、农业环境工程、农业信息技术、农业防灾减灾、农产品质量安全等，以及新兴、前沿和交叉学科领域如农业生物基因工程、农业微生物工程、细胞育种工程、分子设计育种等方面的重点实验室布局和建设相对滞后。一般来说传统学科有多年的积淀，在人才、平台上有优势和基础，而新兴学科有旺盛的生命力，是国家重大需求和科学技术前沿重要领域急需发展的。由于长期的历史原因，我院的学科、平台、人才等资源多集中于种植业领域，种植业又多偏重于种质资源和遗传育种方面，这有其长期存在的合理性，但是我们现在迫切需要在动物科学、资源高效利用、农业环境、农业微生物、质量安全与标准、农业信息、农业工程、农业经济等学科、专业和研究领域加大工作力度；在新兴、前沿和交叉学科领域，在相对薄弱和空白的地方，更要以战略的敏锐性和前瞻性，重视和加快重点实验室平台的布局和建设。

5. 实现规范管理、科学运行还有许多工作要做

我们必须看到，除了少数几个走在前面的研究所外，目前我院的重点实验室在全员参与意识、机构定位、科学问题、发展目标、研究单元设置、空间布局、管理制度、运行机制、评估考核、人员招聘、人才培养、自选课题、开放基金、信息服务、数据共享、学术氛围、文化建设、后勤支撑和日常管理等方面，特别是在重点实验室的硬件环境建立、浓厚学术氛围营造和文化建设方面，与搞得好的兄弟单位、一流的国家重点实验室相比，与科技部提出的国际化的目标和要求相比，还存在比较大的差距，有的还长期没有得到解决，对于这一点我们要有足够清醒的认识。当然，这些问题是制约我们发展的短板，也恰恰是我们向管理要潜力的切入点所在，是我们下一步工作的重点和突破口。

6. 尚需要与人才培养引进和运行经费争取密切配合

由于学科、专业、领域、方向的区别和地理区域的限制，我们已有的重点实验室中具有国内外影响力的领军人才、学术带头人、后备青年人才的数量，虽然已经得到大大的改善和提升，但与我们事业发展的要求和目标相比，仍然显得不足，支撑100个左右院级重点实验室、50个左右部级重点实验室、10个以上国家重点实验室体系所需要的杰出人才与创新团队建设的任务还十分的艰巨，需要持续努力！在部门重点实验室和院重点实验室的建设与运行经费支持上，目前确实存在实际困难，也是制约我们有关工作开展的关键因素。部里一直在想方设法寻求在国家财政专项中解决这个问题，使部门重点实验室也能得到长期稳定的公共财政支持，我们相信在上级领导的高度重视和努力下，这个问题很快就能得到解决。院里也在财政极度困难的情况下，在设法研究解决院重点实验室管理运行的投入和引导机制问题。希望各个研究所也开动脑筋想办法，统筹修购资金、所长基金、开发收入等资源，解决重点实验室运行中的实际问题。

7. 尚待抓住国际化这个重要的历史机遇

目前，我院的大部分重点实验室在积极主动思考、谋划、设计、布局、推进和参与国际重大农业科学研究计划，特别是以我方为主牵头组织开展国际合作与交流方面的国家队意识、使命感、责任感、主动性、自信心、主观努力等方面还不够，因此一些战略机会没有被我们抓住，一些新的生长点、重要的研究方向、新的发展领域、新的学科丧失了难得的乘势而上发展的机会，没有得到事半功倍的效果。“风物长宜放眼量”，我们每一个农科院人，尤其是各级领导，要更新观念、拓展视野，以国际眼光、战略思维，瞄准建设一流研究所的目标，思考我们研究所的发展，谋划学科建设、实验室建设、人才与团队建设等战略问题。

下面我就下一步如何加强我院重点实验室工作，提几点具体的工作建议和要求。

1. 要解放思想、更新观念、统一意志，始终把重点实验室工作放在“三个中心、一个基地”建设和研究所事业发展的核心位置

各研究所要以重点实验室工作为抓手，结合科学发展观学习，发起一场解放思想、更新观念的大讨论，深刻认识重点实验室在研究所发展中的地位、作用和意义，理清研究所的发展思路、目标和策略，明确和解决重点实验室定位、科学问题、发展目标、研究单元设置、整体空间布局、人力资源配置等重要问题，以此带动其他各项工作，实现重点实验室作为相对独立的创新单元运行。要尽快建立研究所一把手抓重点实验室工作的制度机制、组织机制和责任机制。要建立重点实验室运行的全员参与意识和制度机制，充分调动和发挥科研人员、管理人员、后勤人员的积极性、主动性和创造性。要着重在解决重点实验室运行机制上下工夫，重点实验室运行机制与创新团队内部运行机制实际上是一致的，机制问题是制约平台建设、重点实验室建设和创新团队建设的核心。

2. 要紧紧围绕国家重大战略需求，谋划布局我院重点实验室工作

我们要紧紧围绕保障国家粮食安全、食品安全、农民增收、资源高效利用、生态环境保护等国家重大需求，研究其科学问题和创新能力需求，在种质资源、遗传育种、耕地保育、平衡施肥、耕作栽培、健康养殖、农业节水、气候变化与防灾减灾、农业环境监测与保护、农产品质量安全与标准、设施种养殖、农业新能源新材料等重要研究领域，重点部署重点实验室建设；在农业生物基因工程、细胞育种工程、分子设计育种、农业生物反应器、农业微生物工程、农业信息科学等新兴、交叉和空白领域，加快重点实验室建设步伐。

3. 要牢牢抓住学科建设这个纲，建设我院重点实验室体系

根据《中国农业科学院“十一五”科学技术发展规划》，我院“十一五”期间学科建设的主要任务是：通过培育 9 大优势学科群，形成 10 个左右国际上有影响、40 ~ 50 个国内一流、100 个左右具有我院特色的创新团队和重点学科，新增博士一级学科授权点 8 ~ 10 个、二级学科授权点 60 个左右、硕士授权点 70 个左右、博士后流动站 10 个左右。各个研究所要围绕这个目标，统筹设计，以学科建设规划指导重点实验室建设，打造重点实验室创新平台，吸引和凝聚创新人才，培育代表国家、院、所三级参与国内外竞争的创新团队梯队，利用自身优势和特色，在未来2~3年内集中精力，分别再建设1~3个重点学科，以此引导重点实验室、杰出人才和创新团队的建设，形成布局合理、重点突出、支撑有力的我院重点实验室体系，通过长效机制的建立，形成四者互动支持的良性循环，支撑我们国家农业科学技术事业的科学发展、长期稳定发展。

4. 要强化建章立制，尽快实现制度化、规范化和科学化运行

国家重点实验室有国家的管理条例，部重点实验室有部的管理办法，院重点实验室有院的管理办法，核心都是开放运行问题，主要是制度化、规范化和科学化管理问题。各个研究所、重点实验室的领导要重点在开放机制、流动机制、评估与考核机制、激励机制、人才培养机制、学术环境机制、文化建设机制、后勤服务机制等动态管理与运行机制方面，在相应的管理制度和办法细则上狠抓建章立制和组织落实。没有一套好的运行机制，就不可能形成良好的创新氛围与环境，就不可能吸引、凝聚和培养一流的杰出人才，外面的人才不敢来、已有的人才也会流失掉，因为你那里不留人，就不可能形成以杰出人才为核心的一流团队，如果在主体研究单元上没有几个一流的有影响力的团队，好的重点实验室就无从谈起了。我们要从解放思想、更新观念、统一认识开始，高标准、严要求，围绕建章立制扎实工作，苦练内功，进行一场管理革命。为了加强引导、改善服务、追求实效，院里计划明年组织专家组，以部重点实验室为主体，抓中间、带两头，以运行状态为核心，进行年度重点实验室运行大检查，以促进重点实验室的制度化、规范化和科学化管理，也为迎接2年后的农业部滚动评估和争取更多的国家重点实验室做好必要的前期准备工作。

5. 要建立浓厚的创新氛围和环境，形成重点实验室科学运行的长效机制

硬件环境和软件环境在重点实验室建设中缺一不可，没有必要的硬件及其构成的空间环境，就产生和支持不了软环境的形成，没有软环境的滋润和营养，硬件就不能充分发挥作用，实验室也难以长期为续。各所领导班子要针对实验室用房面积保障、研究单元空间集中布局、仪器设备运行、中英文墙报布置与更新、重点实验室的 RECEPTION DESK、学术报告厅设置、茶歇地方与器具、科普空间布置等硬件建设方面存在的突出问题，拿出有前瞻性、有力度的方案和措施，尽快解决问题。要在实验室图文标识、学术委员会工作制度与计划、学术交流制度与计划、实验室年度学术报告会、课题组周会、学科固定品牌论坛与动态 SEMINAR、PUBLIC DAY 与日常科普接待等具体的工作环节和方面狠抓学术制度和创新文化建设。

6. 要加快国际化步伐，引领农业科技交流与合作

以重点实验室管理和运行的国际化，实现我院创新事业的跨越发展，是我们根据我院的使命、面临的新形势、历史机遇以及各个研究所现有的人才基础等，经过审慎研究而提出的发展路径与策略。重点实验室责无旁贷地要牵头组织重大国际科技合作计划，创建一批国际联合实验室，自主组织开展高水平国际学术交流与合作，努力用最短的时间实现我院重点实验室体系建设、管理、运行的国际化。从全院看，我们一些优势学科和实验室已经从参与国际合作变成领导和组织国际合作，即 player leader，如黄瓜基因组已经主导国际基因组计划；还有一批实验室的国际合作项目开始在参与国际合作项目中占据较大的份额，在部分领域主导国际合作项目，成为 major player，比如挑战计划和盖茨基金项目。这方面我们的潜力还很大，还没有完全发挥出来。希望各个研究所与重点实验室要认真地研究分析、谋划布局和组织实施，使我院的重点实验室尽快地实现国际化运行。

7. 要继续狠抓人才培养引进和运行经费争取，为重点实验室建设运行提供有力支撑

各所要在制定研究所重点实验室建设规划和实施方案的基础上，围绕国家、部、院三级重点实验室建设目标，尽快提出年度行动计划、工作任务分解、人员责任分工、进展日程安排等，保障部重点实验室现有的 32 个在下一轮评估中至少要增加到 35 个以上；要新建 5 个左右国家重点实验室，院里要继续加大这方面的工作力度，哪个实验室成熟了、哪个实验室就先上。要围绕支撑 100 个左右院级重点实验室、50 个左右部级重点实验室、10 个以上国家重点实验室所需要的杰出人才与创新团队，继续进行领军人才、优秀学术带头人的引进，青年后备人才的培养，建设结构合理、竞争有力、良性发展的创新团队。要千方百计地积极争取国家和部门的重点实验室运转经费；院里将在基本建设专项资金、中央公益性科学事业单位修缮购置专项资金中对重点实验室予以重点支持，院里还打算筹划设立院重点实验室专项经费，以保障重点实验室运行，各所要用好这些宝贵的资金资源，努力发挥最大的使用效果。

同志们，我国正处于发展现代农业、建设社会主义新农村和创新型国家的关键时期，我院正处于加快实现“三个中心、一个基地”战略目标的关键时期。作为国家级农业科研机构，在发展现代农业、建设社会主义新农村的伟大历史进程中，肩负着发展农业科学技术、培养高级农业科研人才、组织全国农业科研协作、开展国际交流与合作、代表国家参与国际竞争、服务宏观决策的神圣使命，在农业科技基础性工作、基础与应用基础研究、前沿高技术发展、共性和关键技术创新以及重大技术集成、示范、推广与转化，解决农业与农村经济发展中的基础性、方向性、全局性、前瞻性重大问题和关键技术，引领我国农业科学技术发展等方面，行使“国家队”的职责。因此，中国农业科学院的各个研究所一定紧紧抓住难得的发展机遇，高度重视和加强重点实验室工作，使学科建设、平台建设、人才建设、团队建设和项目发展五位一体，大幅度提高我国农业科技自主创新能力，为发展现代农业科学技术、支撑“三农”发展、服务社会，做出新的伟大的历史贡献。

三、产业发展与企业管理

中国农业科学院
2008 年科技开发调查统计简况

据院属 32 个单位报来的《中国农业科学院 2008 年度科技开发情况调查表》统计（院机关、院办公司、后勤服务中心、柑橘所、甜菜所、遗产室、蚕业所、水牛所、草原生态所、家禽所、甘薯所、上海兽医所等单位的开发收入情况未作统计）：

一、2008 年开发收入情况

2008 年全院开发毛收入 87 314.53 万元，支出 66 194.21 万元，开发纯收入 21 120.32万元。

二、2008 年开发纯收入构成情况

表 1　**2008 年开发纯收入构成情况表**　（单位：万元）

项　目	合　计	其　　中				
		技术收入	经营收入	房地产收入	其他收入	附属单位上交收入
开发纯收入	21 120.32	13 779.1	1 4636.55	1 919.17	767.5	18
%		65.24	21.95	9.09	3.63	0.09

三、2008 年开发纯收入层次构成情况

表 2　**2008 年开发纯收入层次构成情况表**　（单位：万元）

项目	合计	3 000 万元以上 (2 个单位)	1 000 万～3 000 万元 (2 个单位)	500 万～1 000 万元 (7 个单位)	200 万～500 万元 (3 个单位)	100 万～200 万元 (3 个单位)	50 万～100 万元 (4 个单位)	50 万元以下 (11 个单位)
纯收入	21 120.32	12 536	2 252	4 554.89	926.08	474.58	280.44	96.33
%		59.35	10.66	21.57	4.38	2.25	1.33	0.46

表 3 **2008 年开发纯收入超过 1 000 万元的单位情况表** （单位：万元）

单位名称	哈兽医所	特产所	植保所	作科所
开发纯收入	6 736	5 800	1 176	1 076

四、2008 年人均创收层次构成情况

2008 年被统计单位人均创收 3.12 万元，其中人均创收超过 2 万元的有 11 个单位，占被统计单位的 34.375%，人均创收低于 2 万元的有 21 个单位，占被统计单位的 65.625%。

表 4 **人均创收超过 3 万元的单位情况表** （单位：万元）

单位名称	哈兽医所	特产所	植保所	茶叶所	作科所	研究生院	畜牧所	兰兽医所
人均创收	14.96	11.5	6.42	4.01	3.4	3.39	3.24	3.09

五、其他方面情况

2008 年签订各种合同 1 259 项，成交金额 41 952.3 万元，当年实收金额 14 962.24 万元。参加各种技术（产品）交易会 144 次，成交金额 3 330万元。茶叶研究所等研究所的产品出口美国、阿曼等国，出口创汇 1 095.82万美元。技术（产品）开发推广的直接经济效益在 10 万元以上的共 38 项，其中有 22 项直接经济效益达到百万元以上。

七、附　　表

表一　中国农业科学院 2008 年开发收入情况汇总表
表二　中国农业科学院 2008 年科技开发经费投入情况汇总表
表三　中国农业科学院 2008 年科技开发人员投入情况汇总表
表四　中国农业科学院 2008 年合同签订情况汇总表
表五　中国农业科学院 2008 年开发推广成效较大的技术（产品）情况汇总表
表六　中国农业科学院 2008 年技术转让情况汇总表
表七　中国农业科学院 2008 年出口创汇情况汇总表
表八　中国农业科学院 2008 年参加技术（产品）交易会情况汇总表

表一

中国农业科学院2008年开发收入情况汇总表

（单位：万元）

序号	填报单位	总收入			占事业费拨款	技术收入			经营收入			房地产收入			其他收入			附属单位上交收入	人均创收
		收入	支出	净利润		收入	支出	净利润	收入	支出	净利润	收入	支出	净利润	收入	支出	净利润		
1	作物科学所	1 544.5	468.5	1 076	40.5	377.5	128	249.5	67	31.5	35.5	1 100	309	791					3.4
2	资源区划所	1 760	1 228	532	45.2	830	664	166				780	414	366	150	150			2.18
3	植保所	1 587	411	1 176		1 087	411	676	450		450	50		50					6.42
4	蔬菜所	3 100	3 050	50	9	2 317	2 267	50				700	700		83	83			0.25
5	环发所	334.16	334.16			300	300		6.87	6.87					27.29	27.29			
6	畜牧所	1 194.98	672.86	522.12	59.66	612.8	285.64	327.16							582.18	387.22	194.96		3.24
7	蜜蜂所	697.59	527.82	169.77	30	161.7	82.65	79.05				415	337	78	120.89	108.17	12.72		1.76
8	饲料所	444	366	78	67.39	275	197	78				77	77		92	92			0.72
9	农产品加工所	664	672	-8	-1.8	131	102	29				306	270	36	227	300	-73		
10	生物所	768	592	176	32	692	554	138							76	38	38		1.46
11	农经所	532	532			28	28					504	504						
12	农业信息所	1 988.7	1 900	88.7	7.7	1 521.7	1 514	7.7	226	145	81	241	241						0.41
13	质标所	223.79	223.79			223.79	223.79												
14	灌溉所	101.1	83.2	17.9		94.6	77.5	17.1							6.5	5.7	0.8		0.12
15	水稻所	1 378	789	589	18	554	303	251				410	232	178	414	254	160		0.89
16	棉花所	5 781.42	4 956.96	824.46	40.39	1 586.05	918.59	667.46	4 165	4 008	157				30.37	30.37			1.94
17	油料所	854.6	823.6	31	76.15	474.6	455.6	19				380	368	12					0.12

续表

序号	填报单位	总收入			占事业费拨款	技术收入			经营收入			房地产收入			其他收入			附属单位上交收入	人均创收
		收入	支出	净利润		收入	支出	净利润	收入	支出	净利润	收入	支出	净利润	收入	支出	净利润		
18	麻类所	85.16	61.49	23.67	11.22	40.72	29.76	10.96	35.87	26.37	9.5				8.57	5.36	3.21		0.13
19	果树所	298.96	235.22	63.74	7	298.96	235.22	63.74											0.28
20	郑果所	1 151.5	711.5	440	70.9	1 121	682	439	0.5	4.5	-4	30	25	5					2.1
21	茶叶所	1 705	1 057.96	647.04	101.16	1 586.22	1 050.08	536.14				41.5	7.88	33.62	77.28		77.28		4.01
22	哈兽医所	36 400	29 664	6 736	282	7 691	4 845	2 846	28 551	24 819	3 732				158		158		14.96
23	兰州兽医所	6 021.8	5 118.53	903.27	90.64	5 870.54	4 989.96	880.58							151.26	128.57	22.69		3.09
24	兰州牧药所	508.93	380.12	128.81	25.96	2.11		2.11	351.18	348.01	3.17	146.9	31.36	115.54	8.74	0.75	7.99		0.41
25	草原所	339.01	339.01			19.18	19.18		47.6	47.6		258	258		14.23	14.23			
26	特产所	11 200	5 400	5 800		8 560	2 975	5 585	2 500	2 300	200				140	125	15		11.5
27	环保所	519	519			405	405		78	78					36	36			
28	沼气所	538.14	496.64	41.5	126.45	425.58	384.08	41.5	112.56	112.56									0.43
29	农机化所	1 550	1 305.3	244.7	0.18	1 041.7	922.1	119.6	320	326.7	-6.7	26	7.8	18.2	162.3	48.7	113.6		1.06
30	烟草所	2 444.5	1 907.5	537	92.9	2 386	1 886.5	499.5							40.5	21	19.5	18	2.91
31	研究生院	298.52	57.14	241.38	85.72							292.63	56.82	235.81	5.89	0.32	5.57		3.39
32	出版社	1 300.17	1 309.91	-9.74	-7				1 288.99	1 309.91	-20.92				11.18		11.18		
	合计	87 314.53	66 194.21	21 120.32		40 714.75	26 935.65	13 779.1	38 200.57	33 564.02	4 636.55	5 758.03	3 838.86	1 919.17	2 623.18	1 855.68	767.5	18	3.12

注：1. 占事业费拨款指总净利润占事业费拨款的比例（%）。

2. 总收入＝技术收入＋经营收入＋房地产收入＋其他收入＋附属单位上交收入。

3. 人均创收指当年末在编职工人均净利润数。

表二 **中国农业科学院 2008 年科技开发经费投入情况汇总表**

（单位：万元）

序号	填报单位	合计	国家拨款	地方拨款	主管部门拨款	本所自身投入	开发部门投入	国外投入	借(贷)款	其他
1	作物科学所	550				550				
2	资源区划所	45				45				
3	植保所	1 587				1 587				
4	蔬菜所	390				390				
5	环发所									
6	畜牧所									
7	蜜蜂所	675. 8	675. 8							
8	饲料所	10				10				
9	农产品加工所	131		131						
10	生物所	120				120				
11	农经所	1 840				1840				
12	农业信息所									
13	质标所									
14	灌溉所									
15	水稻所	20. 1				20. 1				
16	棉花所	1 200	1 200							
17	油料所	3 000				3 000				
18	麻类所	14			2	10	2			
19	果树所									
20	郑果所	720	280	38	42	360				
21	茶叶所	63					63			
22	哈兽医所									
23	兰州兽医所									
24	兰州牧药所									
25	草原所									
26	特产所	150				150				
27	环保所	110	70			40				
28	沼气所									
29	农机化所	490	50			90	350			
30	烟草所	1 774				102				1 672
31	研究生院									
32	出版社									
	合计	12 889. 9	2 275. 8	169	44	8 314. 1	415	0	0	1 672

表三

中国农业科学院2008年科技开发人员投入情况汇总表

序号	填报单位	当年末在编职工数	其中科技人员数	从事科技开发人员数			专职科技开发人员中							兼职科技开发人员中						
				合计	专职	兼职	科技人员	行政人员	工人	高级职称	中级职称	初级职称	其他	科技人员	行政人员	工人	高级职称	中级职称	初级职称	其他
1	作物科学所	316	264	14	14		12		2	1	7	2	4							
2	资源区划所	243	212	58	12	46	12			5	7			46			38	8		
3	植保所	183	162	26	4	22	3		1	3			1	21		1	14	4		4
4	蔬菜所	194	156	47	20	27	16	2	2	5	5	6	4	26	1		13	10	1	3
5	环发所	132	90	2		2									2		1		1	
6	畜牧所	161	130	19		19								18		1	14	4		1
7	蜜蜂所	96	72	25	25		9	5	11	4	4	1	16							
8	饲料所	108	85	58	30	28	25	5		15	13	2		28			10	15	3	
9	农产品加工所	94	64	9	9		7	2		1	7	1								
10	生物所	120	90	5	3	2	1	2		1	1	1		1	1		1	1		
11	农经所	89	82	6		6								5	1		3	1	1	1
12	农业信息所	215	155	54	54		7	10	37	2	10	3	39							
13	质标所	66	63	66	66		47	16	3	24	20	10	12							
14	灌溉所	143	98	21		21								14		7	4	7	3	7
15	水稻所	659	125	18	6	12	3	3		1	5				1	11		1	2	9
16	棉花所	424	192	148	132	16	26	8	98	12	14	6	100	16			16			

续表

序号	填报单位	当年末在编职工数	其中科技人员数	从事科技开发人员数			专职科技开发人员中							兼职科技开发人员中						
				合计	专职	兼职	科技人员	行政人员	工人	高级职称	中级职称	初级职称	其他	科技人员	行政人员	工人	高级职称	中级职称	初级职称	其他
17	油料所	247	173	63	18	45	10	3	5	5	8		5	41		4	22	18	1	4
18	麻类所	180	86	50	50		20	2	28	7	4	1	38							
19	果树所	223	88	46	18	28	7	3	8	4	4	10		26		2	4	10	5	9
20	郑果所	209	167	115	31	84	22	3	6	6	11	5	9	74	2	8	30	35	11	8
21	茶叶所	161	123	66	35	31	22	3	10	2	7	13	13	31			15	12	4	
22	哈兽医所	450	207	207	207		29	76	102	21	47	70	69							
23	兰州兽医所	292	245	121	86	35	73		13	15	28	27	16	35			8	7	16	4
24	兰州牧药所	308	176	87	60	27	43	12	5	16	20	7	17	27			20	5	2	
25	草原所	173	119	15	15		7		8	5	2		8							
26	特产所	504	330	187	182	5	64	2	116	6	24	34	118	4	1		2	2		1
27	环保所	142	116	29	6	23	4	1	1	2	2	2		20	2	1	6	11	5	1
28	沼气所	96	57	57	51	6	51			17	14	20			6		6			
29	农机化所	229	181	181	162	19	151	6	5	60	57	35	10	12	4	3	9	6	4	
30	烟草所	184	125	61	30	31	30			13	9	5	3	28	3		13	15	3	
31	研究生院	71																		
32	出版社	36	25	36		36								26	10		15	10	11	
	合计	6 748	4 259	1 897	1 326	571	701	164	461	253	330	261	482	499	34	38	264	182	73	52

表四

中国农业科学院2008年合同签订情况汇总表

序号	填报单位	合同总数（份数）	合同交易总金额（万元）	当年实收金额（万元）	技术合同总数（份数）				其他合同总数（份数）		合同买方类型（份数）					
					技术开发	技术转让	技术咨询	技术服务	产品销售	其他	政府部门	科研机构	大、中专院校	大、中型企业	乡镇企业	其他
1	作物科学所	3	80	20		3										3
2	资源区划所	24	783	690			14	10			8			16		
3	植保所	116	1 087	1 087	116									116		
4	蔬菜所	2	2 317	2 317				2			2					
5	环发所	10	300	500				5		5		5		5		
6	畜牧所	15	195.5	152	1	2		12			1	1		13		
7	蜜蜂所	3	14.5		3							3				
8	饲料所	9	223	223	1	3		5						9		
9	农产品加工所	11	135.5	135.5	4		2	4		1		1		2	7	1
10	生物所	3	21 468	692		3								3		
11	农经所															
12	农业信息所	242	149.1	149.1	5		233	4			4	123	107	8		
13	质标所	1	50	24		1								1		
14	灌溉所	3	82	17	1			2				1				2
15	水稻所	3	245	40		3								3		
16	棉花所	5	678	678		5						5				

续表

序号	填报单位	合同总数（份数）	合同交易总金额（万元）	当年实收金额（万元）	技术合同总数（份数）				其他合同总数（份数）		合同买方类型（份数）					
					技术开发	技术转让	技术咨询	技术服务	产品销售	其他	政府部门	科研机构	大、中专院校	大、中型企业	乡镇企业	其他
17	油料所	30	586.7	290.7	4	1	1	15	4	5				16		14
18	麻类所	3	5.735	5.735				2	1		1				2	
19	果树所	130	56	56				130						130		
20	郑果所	65	230	125	5	1		7	50	2	4	2		2	12	45
21	茶叶所	84	425	349.5	7	4		65	8		9			25	50	
22	哈兽医所	37	4 890		6	31								37		
23	兰州兽医所	17	5 808.59	5 126.35		4			13		9	1		7		
24	兰州牧药所															
25	草原所															
26	特产所															
27	环保所	233	465	405			233				8	8	4	120	83	10
28	沼气所	114		425.88				114							114	
29	农机化所	70	320	295.8	18			5	19	28	2	5	4	51	6	2
30	烟草所	26	1 357.67	1 357.67			26							26		
31	研究生院															
32	出版社															
	合计	1 259	41 952.3	14 962.24	171	61	509	382	95	41	48	155	115	590	274	77

表五　**中国农业科学院 2008 年开发推广成效较大的技术(产品)情况汇总表**

序号	技术(产品)名称	推广面积(万亩)	产品数量	效益情况(万元)		填报单位
				社会效益	直接经济效益	
1	中黄 13	807				作物所
2	中单 306	70				
3	轮选 987	120				
4	中单 808	50				
5	食用菌种	400 万棒				资划所
6	TC－20 热电偶温度采集器				2.7	环发所
7	气调环境检测控制系统的设计与制作		1		2.9	
8	嵌入式网络环境控制系统的设计与制作				2.5	
9	甘蓝新品种推广	217	5.44	17 423	435	蔬菜所
10	椒类新品种推广	8.7	0.87	2 395	122	
11	番茄新品种推广	9.1	0.22	1 466	32	
12	黄瓜新品种推广	16.3	1.63	1 630	163	
13	白菜新品种推广	4.4	0.56	225	27	
14	瓜类新品种推广	1.2	0.15	60	5	
15	15%阿维毒乳油	2 000	600 吨	300 000	20 000	植保所
16	4.5%瓢甲敌乳油	1 000	320 吨	150 000	10 000	
17	72%霜霉疫净 WP	300	100 吨	45 000	6 000	
18	天然高 CLA 多效奶		1 106 吨	显著	800	畜牧所
19	蜂种	6 万群	1 000 只	300		蜜蜂所
20	蜂药	4 万群	4 000 包	100		
21	蜜蜂授粉技术	3 万群		5 000		
22	抗虫棉	5 000	437 500 万公斤	700 000		生物所
23	节水灌溉产品	1.6		190	21	灌溉所

续表

序号	技术(产品)名称	推广面积(万亩)	产品数量	效益情况(万元)		填报单位
				社会效益	直接经济效益	
24	中浙优1号	230		50元/亩	110	水稻所
25	中优207	110		40元/亩		
26	国稻1号	120		60元/亩	60	
27	国稻6号	80		80元/亩		
28	中棉所49	10.5	84	630	168	棉花所
29	中棉所53	17	10	1 500	20	
30	中棉所41	25	50	3 000	20	
31	中棉所47	20	12	1 800	24	
32	中双9号	300	1	30 000	300	油料所
33	中双5、6、7、10号	500		2 500	140	
34	其他油菜品种	50		250	10	
35	中油杂11	600	120	6 000	100	
36	中豆33	5		90	5	
37	中苎1号新品种及配套栽培技术	10		1 000		麻类所
38	红麻新品种示范推广	10		8 000	0.35	
39	西甜瓜、蔬菜种子	19	25 200公斤	35 000	80	郑州果树所
40	果树苗木	1.2	105万株	7 000	187.5	
41	果实套袋	1.1	150万只	300	15	
42	植物生长调节剂	6	25万瓶	2 500	25	
43	茶树良种	800亩	380万株		63.56	茶叶所
44	茶叶质量检测		4 400		180	
45	农药残留检测		7 500		517.12	
46	有机茶认证				276.38	
47	生物农药产品				92	
48	茶树叶面肥		9万包		90	

续表

序号	技术(产品)名称	推广面积(万亩)	产品数量	效益情况(万元)		填报单位
				社会效益	直接经济效益	
49	猪蓝耳病活苗		600 万头份	30 000	360	哈兽医所
50	禽流感 H5N1		216 万瓶	100 000	2 000	
51	禽流感双价		54 万瓶	28 000	600	
52	生物制品	10 省区	4 800 万头份		5 585	特产所
53	生测喷雾塔		12 台	500	57	农机化所
54	茶叶微波杀青干燥设备		9 台	550	48	
55	担架式高效喷雾机		150 台	600	70	
56	优质烟草基地技术服务	886		180 000	1 357.67	烟草所
	合计			1 663 009	50 274.68	

表六 **中国农业科学院 2008 年技术转让情况汇总表**

序号	技术转让项目名称	转让次数	转让总收入(万元)	填报单位
1	中单 322	1	20	作物科学所
2	中麦 11	1	10	
3	中单 518	1	50	
4	中苜 3 号	1	30	畜牧所
5	白牛肉生产技术	1	30	
6	天然抗菌剂藤茶黄酮微囊制备方法	1	12.5	饲料所
7	甘露糖酶生产技术	1	20	
8	β－甘露聚糖酶生产技术	1	40	
9	植酸酶转基因玉米	1	400	生物所
10	转基因棉花技术	2	550	
11	鱼腥草饮料配方	1	50	质标所

续表

序号	技术转让项目名称	转让次数	转让总收入（万元）	填报单位
12	中新优 T 950	1	160	水稻所
13	中优 161	1	60	
14	中优 3 号	1	25	
15	中棉所 49 新品种转让	2	567	棉花所
16	中棉所 53 新品种转让	1	35	
17	中棉所 41 新品种转让	1	48	
18	中棉所 47 新品种转让	1	28	
19	中油 98D	1	47	油料所
20	观赏桃品种资源的收集、评价、创新及高效利用	1	25	郑州果树所
21	茶树钾镁营养特性与养分管理技术	1	10.5	茶叶所
22	浙江省茶安全生产全程质量控制和检测技术研究与示范	1	14	
23	一种蒸青珠茶的生产工艺	1	10	
24	信息素诱集茶园天敌制约主要害虫技术中试示范	1	7	
25	口蹄疫系列疫苗生产技术	1	4 000	兰州兽医所
26	猪 O 型口蹄疫疫苗制苗种毒	5	1 500	
27	禽流感 Re－5	7		哈兽医所
28	禽流感 Re－1＋Re－4	2		
29	禽流感 H5＋H9	2		
	合计	43	7 749	

表七 **中国农业科学院2008年出口创汇情况汇总表** (单位:万美元)

序号	技术(产品)名称	技术产品数量	创汇金额	出口国家	填报单位
1	甘蓝、番茄、黄瓜、西葫芦	3 000kg	408	塞内加尔、俄罗斯、越南	蔬菜所
2	20%氰杀乳油	5 000L	108.8	约旦	植保所
3	龙井茶	230公斤	7.1	阿曼	茶叶所
4	气吸式穴播蔬菜播种机	2台	12.92	美国	农机化所
5	中油杂11	5万公斤	30		油料所
6	禽流感系列疫苗	192 000瓶	529	越南	哈兽医所
	合计		1 095.82		

表八 **中国农业科学院2008年参加技术(产品)交易会情况汇总表**

序号	填报单位	参展次数(次)	参展项目(项)	成交金额(万元)
1	作物科学所	3	农作物新品种	
2	资源区划所	7	31	
3	植保所	10	40	3 000
4	蔬菜所	16		80
5	环发所	3	6	
6	畜牧所	8	35	
7	蜜蜂所	2	2	
8	饲料所	5	10	100
9	农产品加工所	8	6	
10	生物所	4	8	
11	灌溉所	2	4	
12	水稻所	5		
13	油料所	2	2	
14	果树所	4		
15	郑果所	35	60	
16	茶叶所	6	70	
17	兰州牧药所	3	8	
18	特产所	5		
19	农机化所	16	18	150
	合计	144	300	3 330

中国农业科学院2008年全院科技企业年报汇总表

2008年我院各单位共上报了63户科技企业年报，注册资本金合计29 344万元。2008年末资产总额134 955.29万元，负债总额62 530.93万元，净资产合计72 424.37万元。2008年全年营业收入累计96 895.11万元，实现净利润12 368.13万元。

序号	1	2	3	4	5	6	7
研究所名称	资源区划所	植保所	植保所	蔬菜所	蔬菜所	蔬菜所	蔬菜所
企业名称	北京龙安泰康科技有限公司	中国农业科学院植保所廊坊农药中试厂	北京中保绿农高新科技有限公司	北京中蔬绿源马铃薯科技开发中心	北京中蔬园艺良种研究开发中心	北京中蔬卉园宾馆	北京蔬卉科技开发公司
注册时间	2002.7	1994	2003.4	2005	1988	1994.8	1993.8
注册资本（万元）	40	500	450	50	500	230	30
企业性质	有限责任	国有独资	国有独资	国有独资	国有独资	国有独资	国有独资
法定代表人	唐华俊	冯平章	吴孔明	杜永臣	杜永臣	杜永臣	杜永臣
总经理	孙富臣	冯平章	冯平章	金黎平	刘　伟	宗明虎	梁　励
经营范围	销售定型包装食品	杀虫剂、杀菌剂、除草剂、植物生产调节剂、叶面肥、微肥、农药技术咨询服务等	农药销售	马铃薯品种育种和选育，优质种苗的推广与开发，马铃薯省加工技术的推广示范	蔬菜良种及相关领域的技术开发、转让、咨询、服务等	宾馆住宿、会议接待	花卉、肥料、农药及相关的农业生产资料

续表

序号	8	9	10	11	12	13	14
研究所名称	畜牧所	畜牧所	畜牧所	蜜蜂所	蜜蜂所	饲料所	饲料所
企业名称	北京中畜阳光牧业科技发展有限公司	北京中畜东方草业科技有限责任公司	北京华谷生物营养科技发展有限公司	北京中农蜂蜂业技术开发中心	北京中蜜科技发展有限公司	北京中农盛世农业科技有限公司	北京精准动物营养研究中心
注册时间	2002	2003.11	1999.6	1981.1	2002.9	2008.7	2000
注册资本（万元）	100	200	250	35	200	200	300
企业性质	有限责任	有限责任	有限责任	国有独资	有限责任	有限责任	有限责任
法定代表人	时建忠	王加启	时建中	吴　杰	吴　杰	蔡辉益	屠　焰
总经理	张军民	吕会刚	张敏红	彭文君	彭文君	熊林杰	段学民
经营范围	饲料加工及销售	主要经营草种和豌豆种子	经营本企业和成员企业自产产品及技术出口业务，本企业和成员企业生产所需的原辅材料，销售鸡蛋、生鸡等	生产、销售蜂产品	生产经营蜂产品、蜂产品的研制开发	销售定型包装食品、饮料、酒、水果、蔬菜、茶叶	代乳粉、预混料

续表

序号	15	16	17	18	19	20	21
研究所名称	饲料所	生物所	信息所	信息所	信息所	作科所	作科所
企业名称	北京天可瀚传媒科技有限公司	北京科佰瑞生物技术有限公司	北京金农信息高科技有限责任公司	农牧产品开发杂志社	北京海淀国际农业开发中心	北京中农作科技发展有限公司	北京特品降脂燕麦开发公司
注册时间	2006.4	2005	2004.11	1999.11	1988.6	1987.11	1993.6
注册资本（万元）	100	500	150	60	11	1 000	60
企业性质	有限责任	有限责任	有限责任	国有独资	国有独资	有限责任	国有独资
法定代表人	蔡辉益	林　敏	许世卫	冯艳秋	邵长磊	万建民	赵　炜
总经理	王湘黔	吴燕民	王文生			王步军	赵　炜
经营范围	杂志广告、技术咨询、论坛、培训	技术咨询、技术转让、技术服务	信息技术研发服务、信息工程建设	期刊出版、技术培训、信息咨询、组织文化艺术交流	农业技术开发、服务、成果转让、信息咨询、草坪种植、销售良种果树牧草、一般农作物种子、化工产品	销售农作物种子及自育杂交种	生产加工燕麦保健品

续表

序号	22	23	24	25	26	27	28
研究所名称	作科所	出版社	研究生院	灌溉所	水稻所	水稻所	棉花所
企业名称	北京中品开元种子有限公司	北京立业时代图书经销中心	北京中农研科技服务中心有限公司	水利部中国农业科学院农灌所科技开发中心	浙江中稻高科技种业有限责任公司	中国水稻研究所科技咨询开发服务部	河南省安阳中国农业科学院棉花研究所科技贸易公司
注册时间	2000.4	1993	2003.12	1983	1997	1990.4	1994
注册资本（万元）	50	70	60	10	500	200	1 000
企业性质	有限责任	国有独资	有限责任	国有独资	有限责任	国有独资	国有独资
法定代表人	王述民	林聚家	王秀玲	温　季	程式华	倪建平	喻树迅
总经理	任　军				李春生	倪建平	喻树迅
经营范围	甜玉米、糯玉米种子	图书营销	住宿、培训	农田水利技术转让、技术开发、技术咨询、技术服务	大米、种子的销售及品种转让	科研仪器及农机的销售	棉种销售、技术咨询、服务等

续表

序号	29	30	31	32	33	34	35
研究所名称	油料所	油料所	油料所	油料所	油料所	油料所	麻类所
企业名称	武汉中油科技新产业有限公司	武汉中农油种业科技有限公司	武汉中油大地希望种业有限公司	武汉中油阳光种业科技有限公司	武汉中油天隆种业科技有限公司	武汉中油康尼科技有限公司	中国农业科学院麻类研究所新技术推广中心
注册时间	2000.6	2004	2004.12	2005.12	2005.5	2003.3	1994.6
注册资本（万元）	3 000	500	500	500	100	118	50
企业性质	有限责任	有限责任	有限责任	有限责任	有限责任	有限责任	国有独资
法定代表人	王汉中	刘贵华	李云昌	邹崇顺	周新安	黄风洪	熊和平
总经理	王移收	刘贵华	徐育松		吴学军	黄风洪	熊和平
经营范围	农业新技术、新品种、新成果的研制开发、推广和经营；农产品加工及相关产品销售、生物制品研发销售	油菜品种	主要从事农作物新品种、新技术、新成果的研制、推广、农作物种子销售、技术咨询、技术服务、农业机械及配套设备的销售	主要从事农作物新品种、新技术、新成果的研制、推广、农作物种子销售、技术咨询、技术服务、农业机械及配套设备的销售	大豆新品种、新技术、新成果研制，种子销售	油料、食品、油脂产品及设备研制、开发、技术服务、咨询；食用植物油生产、销售、保健食品、农用机械器材、农副产品批发零售	麻类作物种子、种苗、种蔸、麻类加工机具及麻类科技成果转化

续表

序号	36	37	38	39	40	41	42
研究所名称	果树所	郑州果树所	郑州果树所	茶叶所	茶叶所	茶叶所	哈兽医
企业名称	中国农业科学院果树所科技开发部	郑州科丰脱毒种苗有限公司	郑州宏科园林景观工程有限公司	杭州龙冠实业有限公司	杭州中茶技术服务公司	杭州中农质量认证中心	哈尔滨维科生物技术开发公司
注册时间	2003.6	2002.5	2004.5	1996.3	1994.1	2003.6	1992.10
注册资本（万元）	40	100	1 100	211	50	300	3 000
企业性质	国有独资	有限责任	有限责任	国有独资	国有独资	国有独资	国有独资
法定代表人	丛佩华	刘君璞	刘君璞	杨亚军	杨亚军	杨亚军	孔宪刚
总经理	张红军	叶永刚		姜爱芹		傅尚文	魏风祥
经营范围	技术咨询服务	果树种苗	园林绿化工程施工及苗木花卉、草坪种植与销售	茶叶、茶具、茶叶包装、茶制品等生产、加工、批发、零售	茶叶及制品、茶叶加工机械、农副产品、文教用品、茶树苗、农药、肥料（除化肥）、茶叶技术咨询、推广、服务	有机产品认证	禽畜用生物制品

续表

序号	43	44	45	46	47	48	49
研究所名称	兰兽医	兰牧药	上海兽医所	草原所	特产所	特产所	特产所
企业名称	中农威特生物科技股份有限公司	中国农业科学院中兽医研究所药厂	上海依诺科技发展有限公司	内蒙古中农草业发展有限公司	吉林特研药业有限公司	吉林中农特研饲料有限责任公司	特产研究所参茸制品厂
注册时间	2003.6	1984.10	1999.5	2005.8	2002.4	2004.7	1987
注册资本（万元）	5 000	11.6	50	500	200	100	10
企业性质	有限责任	国有独资	国有独资	有限责任	有限责任	有限责任	国有独资
法定代表人	才学鹏	杨志强	童光志	王宗礼	姚春林	董　学	王再幸
总经理	卫广森		徐富荣	杨玉平	齐俊生	李光玉	王再幸
经营范围	家畜口蹄疫灭活疫苗系列	兽药、农药生产与加工	生物制品研制、科技开发、成果转让、技术咨询服务，自有房屋物业管理及后勤服务，销售兽药、饲料添加剂	农牧业	中成药制造	饲料加工、生产、销售	果酒、保健酒、参茸制品等

续表

序号	50	51	52	53	54	55	56
研究所名称	特产所	沼气所	沼气所	沼气所	南农机	南农机	烟草所
企业名称	吉林中特生物技术有限责任公司	成都环能国际合作公司	农业部成都沼气研究所科技开发公司	农业部成都能源环境工程设计所	江苏大浩科技实业有限公司	南京春浩科技有限公司	中国农业科学院烟草研究所青岛科技开发中心
注册时间	2005.6	1994.4	1994.5	1993.2	2004.8	2004.8	2004.10
注册资本（万元）	200	54.8	50	100	500	150	3
企业性质	有限责任	国有独资	国有独资	国有独资	有限责任	有限责任	国有独资
法定代表人	杨福合	邓光联	邓光联	邓光联	陈巧敏	侯志洁	陈　刚
总经理	吴　威	张　密		邓良伟	黄振新	侯志洁	陈　刚
经营范围	特产	有关能源环境工程的技术咨询、服务交流、转让，技术培训	能源（仅限沼气）、环境工程的设计、承包、资源综合利用及节能技术和产品开发	国内外农业、工业沼气工程的研究、设计及小型工业及民用建筑的设计	农林机电、化工涂料的开发、生产、销售	科技开发、成果产业化、技术转让、咨询服务等	烟草农业生产技术研究及技术咨询、培训、成果转化；农药销售、应用软件开发

续表

序号	57	58	59	60	61	62	63
研究所名称	中国农业科学院	中国农业科学院	中国农业科学院	中国农业科学院	中国农业科学院	中国农业科学院	中国农业科学院
企业名称	北京中农种业有限责任公司	北京市中农良种有限责任公司	北京中农福得绿色科技有限公司	北京中农科技术开发公司	北京中固生物新技术开发公司	北京泛太科技发展有限公司	北京中农世纪虫草科技发展中心
注册时间	2003.12	1993.9	2002.8	1988.7	1988.12	1994.4	2004.3
注册资本（万元）	3 000	500	1 000	500	110	4 680	200
企业性质	有限责任	有限责任	有限责任	国有独资	国有独资	中外合作	有限责任
法定代表人	任运良	罗全起	屈冬玉	张逐陈	雷茂良	陈万金	张　富
总经理	刘淑兰	王振乾	程高祥	葛正炎	史志国	史志国	李育慧
经营范围	农作物种子	小麦、玉米	绿色、有机和无公害农产品产业化经营及相关产业孵化；农业高新技术四技服务及相关产品经营	进出口业务、经营部销售、技术开发与合作	停车场经营、物业管理	写字楼出租及管理	北冬虫夏草的人工培育及相关保健品的销售

中国农业科学院关于印发《中国农业科学院京区大院房屋出租管理暂行办法》的通知

农科院财〔2008〕334号

院属京区各单位：

现将《中国农业科学院京区大院房屋出租管理暂行办法》（以下简称《办法》）印发给你们，今后各单位的房屋出租管理严格按本《办法》执行。

对现在已经出租的房屋，请各单位于12月31日前向科技产业发展办公室备案合同复印件1份（已经备案的门市房合同除外），并按本《办法》的相关规定，认真做好监督检查工作。在各单位自查的基础上，院里将按照本《办法》第三十二条的规定组织年度检查，发现问题将按第五章相关规定执行。

联 系 人：刘 洁

联系电话：82105592

中国农业科学院

二〇〇八年十二月十二日

中国农业科学院
京区大院房屋出租管理暂行办法

第一章　总　　则

第一条　为了进一步加强院属京区大院房屋出租管理，规范房屋出租行为，明确相关方的管理责任，更好地保护中国农业科学院的名称权、名誉权和其他知识产权以及广大消费者的合法权益，依据国家有关法律、法规和规章，结合本院实际情况，制定本办法。

第二条　院属京区大院房屋出租应以服务科研、方便生活为目的，以不影响良好的科研、生活环境为出发点，保证京区大院正常的工作、生活秩序为前提，应遵守大院建设总体规划和区域功能布局的要求。

第三条　本办法所指房屋，是指院属京区大院各单位将自有或自用房产向其他单位或个人出租用于办公、经营的公房，临建房出租也适用于本办法。

第四条　房屋出租管理按照“谁出租、谁管理、谁负责”的原则，坚持管理与服务相结合，分级管理，民主决策，严格程序，依法监管。

第五条　相关方的责任和义务

（一）出租方应当加强对房屋出租管理工作的领导，建立房屋出租管理责任制，明确一位所、局级领导作为责任人。房屋出租管理责任人负责本单位房屋出租的管理工作。

出租方不得将房屋出租给经营本院和下属研究所研发、生产同类产品的非本院和下属研究所及其控（参）股实体的承租户。

出租方应加强对出租房屋的跟踪管理。对承租方擅自转租、改变用途、破坏结构、形成安全隐患或从事非法活动的，应及时采取相应措施，直至依法解除房屋出租合同。

（二）承租方应遵守国家有关物业管理的法规，遵守本院及出租方的相关管理规定，履行合同约定，尊重并维护本院的名称权、名誉权和其他知识产权。不得冒用本院和下属研究所及有关机构名称，不得在广告宣传、推介活动中及产品包装物上涉及本院和下属研究所及有关机构的名称。

承租方不得利用出租房屋及场地从事非法生产、加工、储存、经营爆炸性、毒害性、放射性、腐蚀性物质或者传染病病原体等危险物质和其他违法活动，不得损害公共利益或者妨碍他人正常工作、生活。

（三）院科技产业发展办公室负责院属京区大院内单位房屋出租的统筹与监督管理，并负责本院名称权、名誉权及其他知识产权的保护、维权及侵权处理。

（四）院后勤服务中心负责对出租房屋的出租方和承租方治安、消防、安保管理等的监督和房屋产权证及签章管理。

第六条　房屋出租应订立书面租赁合同，明确出租方和承租方的权利和义务。房屋出租管理须按照国家《合同法》及北京市物业管理的相关规定，规范制作符合国家法规要求和本院要求的租赁合同文本，并包含相应的要约条款，以确保租赁合同的合法性和完整性。

租赁合同样本由院科技产业发展办公室统一制作。

第二章　出租房源审批程序

第七条　对本院京区大院拟出租房屋实行审批制度。

第八条　拟出租房屋的单位，应提交房屋出租申请，报院科技产业发展办公室。院科技产业发展办公室按规定程序报分管院领导或院常务会议批准。

第九条　各单位以正式文件形式报送房屋出租申请，内容应包括：

（一）房屋出租申请理由（包括拟出租房屋的权属、位置、面积、结构、使用现状、出租原因等）；

（二）房屋出租实施方案（招租方案、招租范围、租赁期限、租价确定方法、对承租方的限定条件等）；

（三）领导班子集体研究会议情况；

（四）其他需要提交的材料。

出租申请经院批准后，出租方可开始招租的各项具体工作。

第十条　整体房源出租应坚持以公开招租为主要方式，坚决抵制商业贿赂，努力实现国有资产保值增值。公开招租由各单位自行组织或委托具有相应资质的中介机构组织，通过张榜公布或在平面、网络媒体上发布招租公告等方式实施。

第十一条　各单位在招租前，应自行组织调查或委托资产评估机构对拟整体出租房屋的租金水平进行评估，综合考虑房屋所在地段、租赁市场行情、租赁期限等因素，合理确定招租底价。

第十二条　各单位应重视对出租房屋的风险管理，加强对承租方的资信调查，收取一定的保证金，特别对承租期限较长的整租客户，应当收取不低于一年房租的保证金，努力降低出租风险。

第十三条　有下列情形之一的房屋不得出租：

（一）未取得其他共有人、共用人同意的；

（二）不符合安全、环保、卫生等有关标准的；

（三）已抵押、未经抵押人同意的；

（四）未经集体研究及未按程序申报批准的；

（五）其他违反法律、法规不得出租的。

第十四条 经批准出租的房屋，承租人不得改变用途、改变房屋结构、转租，如需发生上述改变，须按照原审批程序报批。

除需要委托或成立物业管理公司管理的整体房源外，其他房屋均由出租方直接出租给实际使用的承租方，一律不得采取整租后再由承租方分租的方式出租。

第十五条 办公用房出租期限原则上不得超过5年，门市房出租期限原则上不得超过2年，如遇特殊情况，确需超过以上年限的，需报院常务会审批。

如因大院规划调整、项目建设等需要变更或中止租赁合同造成承租方损失的，可经双方协商，出租方可给予承租方适当补偿。承租方不得以租期未到为由影响大院规划及项目建设。

第三章 房屋出租审核与备案

第十六条 京区大院各单位房屋出租实行审核与备案制度。院科技发展办公室归口负责经批准的出租房源的房屋出租具体事项的审核与备案。各有关部门分别承担有关事项的审核。

第十七条 出租方负责承租方的资格审核工作，主要审核承租方的以下事项并在审核表上签章：

（一）民事主体资格审核，主要审核承租方营业执照或居民身份证，法定代表人相关信息，注册资本等事项。

（二）经营事项审核，主要审核经营范围、经营资质等。对出租房屋不能满足经营事项要求的不得出租；对依法应当取得许可证或其他批准文件和营业执照而未取得的单位不得出租。

（三）工商年检和变更审核，主要审查承租方的年检及相关工商登记的变更情况。对于没有通过工商年检的承租方，不得再续签租赁协议；涉及（一）、（二）项审查内容的变更事项，根据相应规定决定是否续租。

（四）其他需要审核的事项。

出租方完成上述审核后，将租赁合同审核表、合同草本等材料报院审核。

第十八条 院科技产业发展办公室负责知识产权责任事项审核，主要审核以下事项并在审核表上签章：

（一）审核承租方或其法定代表人以前有无侵犯我院名称权、名誉权及其他知识产权行为，发生过该类侵权行为的，不得出租。

（二）审核租赁合同中有无知识产权责任条款。

（三）非本院及各研究所所属或控（参）股企业的承租方是否经营本院及各研究所同类产品。

（四）向出租方解读、强调知识产权责任条款及相应处罚规定。

（五）其他需要审核的事项。

第十九条 院后勤服务中心负责出租房屋安保事项审核，主要审核以下事项并在审核表上签章：

（一）审核租赁合同中有无安保责任条款。

（二）向出租方解读、强调安保条款及相应处罚规定。

（三）其他需要审核的事项。

第二十条 院后勤服务中心在以上审核均通过的条件下，分别在工商注册、年检资料上加盖产权证明章。

第二十一条 房屋租赁合同变更或者终止的，出租方应当自合同变更或者终止之日起 5 个工作日内，到院科技产业发展办公室办理变更备案手续。

第四章 监督检查制度

第二十二条 院科技产业发展办公室联合本地区工商行政管理部门、院机关相关部门、后勤服务中心、出租方等单位对出租房屋进行年度检查，填写年度检查表。重点检查有无违法、违规及违反本院相关规定的情况等。对年检中发现承租方有违反相关规定一般行为的，责令其立即改正；承租方有违反相关规定严重行为的，本院有权中止房屋租赁合同，并由承租方承担相应损失。

第二十三条 出租方负责出租房屋日常监督检查工作，根据实际需要进行定期或不定期检查，并填写检查记录表。检查中发现承租方有侵犯我院知识产权，有改变房屋用途和结构、私搭乱建、室外占地经营等行为的，责令及时整改，对拒不整改或整改不到位的立即解除房屋租赁合同，对已经侵权的报院科技产业发展办公室。检查中发现所出租的房屋存在安全隐患，不具备出租条件的，应立即终止合同，妥善处理与承租方的租赁关系。

第二十四条 院科技产业发展办公室不定期的对各单位房屋出租情况进行抽查，并根据需要可联合工商行政管理部门、行业执法部门进行联合专项检查。

第二十五条 院后勤服务中心负责对出租房屋的安保、消防情况进行定期或不定期检查，发现问题应督促及时整改或处理。

第二十六条 根据工作需要，出租方、科技产业发展办公室、后勤服务中心可联合进行综合检查。

第二十七条 承租方、出租方有义务积极配合相关检查。

第五章 违规、侵权、安全事件处理

第二十八条 对未履行报批程序、擅自出租房屋或虚报、瞒报的单位，取消单位、所局级领导和相关责任人的年度评优资格，收回相应房屋的出租权限，收缴相应房屋出租收入。未履行审核、备案程序、监督检查责任的单位，取消单位和相关责任人年度评优资格；造成责任事故的，追究失职责任，给予相应的行政处分；造成经济损失的，按国有资产管理的相应规定处理。

第二十九条 对违反《中国农业科学院京区单位出租房屋规范管理有关问题的规定》及本办法的承租方，出租方要根据相关规定作出责令整改、终止租赁、不予续租等相应处理。

第三十条 对已经侵犯本院名称权、名誉权及其他知识产权的承租方，将通过工商行政管理部门、行业执法部门对其进行处罚，本院将追究其相应的法律责任。出租方负有举报、举证责任。

第三十一条 对客户、消费者的投诉、举报，以及承租方的异常经营行为，出租方要第一时间做出反应，及时、妥善处理，以防事态扩大，并将相关情况通报院科技产业发展办公室、后勤服务中心。

对可能造成安全责任事故的事件，应及时向院保卫处、农研派出所通报。

第六章 附 则

第三十二条 本院所属各相关单位可依据本办法和本单位实际情况制定相应的实施细则。实施细则应报院科技产业发展办公室备案。

第三十三条 马连洼三所、蜜蜂所的房屋出租管理参照本办法执行。

第三十四条 本办法发布后，本院有关规定与本办法不一致的，以本办法为准。

第三十五条 本办法由院科技产业发展办公室负责解释。

第三十六条 本办法自印发之日起施行。

中国农业科学院院部大院出租房屋治理方案

农科院财〔2008〕336号

院属京区各单位：

现将《中国农业科学院院部大院出租房屋治理方案》印发给你们，请有关各单位遵照执行，并将执行情况报院科技产业发展办公室。

联 系 人：王登山

联系电话：82105602

中国农业科学院

二〇〇八年十二月十二日

中国农业科学院院部大院出租房屋治理方案

为了进一步加强院属京区大院房屋出租管理，更好地保护中国农业科学院的名称权、名誉权和其他知识产权以及广大消费者的合法权益，保证院部大院正常的工作、生活秩序，我院决定对京区大院出租房屋进行全面、彻底的治理，将房屋出租工作纳入规范、有效、可持续的管理。

一、房屋出租治理的总体目标。实现办公、科研、生活服务在区域上基本分开，门市经营规范、整洁、安全，有利办公，方便生活。承租方不得经营我院开发和生产的同类产品，切实保护我院知识产权。

二、组织管理机构。成立院房屋出租治理领导小组，由翟虎渠院长任组长，薛亮、雷茂良任副组长，院办公室、财务局、基建局、科技局、监审局、后勤服务中心、出租单位的主管领导参加。领导小组办公室设在财务局，统筹协调房屋出租治理工作。

三、实施步骤。总的原则是：先核心、后外围，先院内、后周边，先急需、后长远。分三个阶段进行治理：

第一阶段：从现在到2008年12月31日，对严重影响大院环境、近期项目建设需要拆迁的重点区域、路边的临时建筑等进行清理、整顿，关闭、调整现有门市，拆除私搭乱建房屋和影响环境的临时建筑。

重点区域：车队、谷香园四周门市房全部关闭；11 号楼西侧临建房向西、向北开的门关闭，改由向东、向南开门；原计算中心小楼南侧、西侧门市房关闭；原基建办南面小院的临建出租门市关闭，院子西门关闭，可以在里面建菜市场，门向别的方向开。

第二阶段：2009 年，规范院内其他区域及周边出租房，将南门西侧门市改造成为我院优质产品展示展销区，树立良好形象和优秀品牌。

第三阶段：全面清理整顿临时建筑并对生活服务设施作出长远规划。

四、建立房屋出租长效机制。今后房屋出租严格按《中国农业科学院京区大院房屋出租管理暂行办法》执行。

房屋租赁合同（范本）

出租方（甲方）：

承租方（乙方）：

为明确甲、乙双方的权利与义务，双方依据《中华人民共和国合同法》、《中国农业科学院京区单位出租房屋规范管理有关问题的规定》、《中国农业科学院京区大院房屋出租管理暂行办法》等相关法律、法规的规定，本着服务科研，方便生活的目的，共同协商，就房屋租赁的有关事宜达成协议如下：

第一条 房屋基本情况

该房屋坐落于北京市______区（县）________________________________。

该房屋为：□楼房/□平房____间，使用面积__________平方米。

第二条 房屋权属状况

该房屋权属状况为第_______种：

（一）甲方对该房屋享有所有权的，房屋所有权证证书编号为：____。

（二）甲方对该房屋享有转租权，房屋所有权人允许甲方转租该房屋的书面凭证，该凭证为：________________________________。

第三条 房屋用途

该房屋用途为：______________________。乙方保证，在租赁期内未征得甲方书面同意以及按规定经有关部门审核批准前，不得擅自改变该房屋的用途。

乙方日常工作、经营活动不得影响甲方良好的科研、生活环境，应保证甲方正常的工作、生活秩序，遵守建设总体规划和区域功能布局的要求。

第四条 租赁期限

房屋租赁期为____年____个月，自_______年____月____日至_______年____月____日。

第五条 续租

（一）同等条件下乙方享有优先租用权。

（二）乙方应在本合同期满前，向甲方书面提出续租，双方商定后签订新的租赁合同。若合同期满前两个月时，乙方未作续租表示，则甲方有权在预先通知的情况下带新客户进入乙方所租房间内察看，并另行出租该房间。

第六条 租金及保证金

（一）乙方所租房屋年租金总额人民币（大写）________________________元整，（小写）￥____________元整，租金总计（大写）____________________元整，（小写）￥______________元整。

（二）在合同签订日，乙方应交纳_________元保证金；如乙方在合同执行期间，未有违约行为，终止合同时，甲方退还其保证舍。

第七条 租金支付方式

（一）□年付

付款日期：________________。每次期满前七日内将下期租金缴付甲方。

（二）□分期付款

首期付款日期：______年______月______日，支付__________元整。

剩余款项分别于______年______月______日，支付__________元整，

______年______月______日，支付__________元整，

______年•______月______日，支付__________元整，

______年______月______日，支付__________元整，

______年______月______日，支付__________元整，

______年______月______日，支付__________元整。

承租人逾期缴付租金的，每日需向甲方支付所欠租金______‰的滞纳金。

第八条 其他费用

租赁期内，与该房屋有关各项费用的承担方式为：

（一）乙方承担（□水费/□电费/□电话费/□电视收视费/□供暖费/□燃气费/□物业管理费/□______________________）等费用，按□每月/□每季度实际发生额缴付，乙方在收到甲方缴费通知后七日内，将本期费用缴付甲方。

（二）乙方不能按期缴付上述费用，需提出书面申请，说明理由和延缓缴纳日期，并取得甲方书面同意，否则甲方将采取必要手段进行催缴。

第九条 甲方权利及义务

（一）保证标准用水、用电和取暖。

（二）对房屋的主体结构和框架负有安全责任，负责房屋主体与框架的维修。

（三）甲方因合理事由，在提前通知乙方后（紧急情况除外），有权临时终止使用楼内的任何公共设备、设施，可以进入乙方租用的房间进行有关检查、维修或改建工程（不含土建）。

若甲方在检查中发现所出租房屋存在安全隐患，不再具备出租条件的，有权立即终止合同。

第十条 乙方权利及义务

（一）与甲方签订租赁协议时，出具能够证明其独立民事主体资格的材料原件，并向甲方备案复印件。

承租期间，乙方营业执照或居民身份证，法定代表人、注册资本等相关事项发生变更的，应在变更后一个月内向甲方备案复印件。

（二）以书面形式向甲方备案主营业务，主营业务变更后一个月内要及时向甲方变更备案。

（三）涉及农资经营、涉农类信息咨询、技术转让或农产品、保健品经营的企业、

个体工商户或个人，在其简介、宣传资料、网站、技术资料、名片的地址栏，通信地址只能使用“北京市海淀区中关村南大街 12 号 × ×信箱”，或直接在邮政管理局开立的不涉及中国农业科学院的其他信箱，并及时向出租方备案以上材料；必须在其经营场所的醒目位置设置顾客提示牌（内容：本公司经营活动与中国农业科学院无任何关系）。

（四）在经营活动过程中，乙方必须使用国家工商管理部门、民政部门、国家编制机构及其他法定名称登记管理机构登记注册的正式名称，不得擅自冒用中国农业科学院或下属单位名称，侵害中国农业科学院名誉权和知识产权。中国农业科学院的名称包括“中国农业科学院”、“中国农科院”、“农科院”、“中农科”、“CAAS”、“caas”以及所有中国农业科学院下属研究所的名称等。具体行为包括但不限于：

（1）在承租方的公司简介、宣传资料、网站、技术资料、公司地址中出现、使用以上名称。

（2）在名片上印刷以上名称。

（3）在产品包装上印刷以上名称。

（4）在经营过程中，以口头形式或默许使用以上名称。

（5）其他能够误导消费者误以为承租方为中国农业科学院研究所或下属企业行为。

（五）在承租期内，乙方每年年检后一个月内，向甲方提供书面年检合格证明文件，以做备案。年检未合格者，合同自动终止。承租期为起租日至年检未合格日。

（六）乙方如对所租房屋进行装修、装饰或添置新物，需将装修、装饰计划和方案报甲方，待甲方书面同意后方可进行，且乙方负责施工过程中的所有相关安全问题。若乙方擅自对该房屋进行装修、装饰或添置新物的，甲方可以要求乙方恢复原状或者赔偿损失。

乙方添置的新物除可移动的家具和装饰物外，其他一切改建、增建的固定物从安装之日起即为甲方所有。

（七）经甲方同意，乙方利用承租房屋自设灯箱、户外广告牌的安全山乙方负责，如发生安全责任事故全部由乙方承担。

（八）乙方不得利用出租房屋及场地生产、销售假冒伪劣商品；不得从事非法生产、加工、储存、经营爆炸性、毒害性、放射性、腐蚀性物质或传染病病原体等危险物质和其他违法活动；不得在承租房屋内存放武器弹药、易燃易爆等违禁物品；不得从事其他损害出租方权益和广大农民及消费者权益的活动。

（九）乙方须遵守甲方相关管理规章制度及国家有关法律法规，与甲方签订安全防火责任书，对所租赁房屋的防火、防盗负安全责任，因乙方原因造成财产损失和人员伤亡时，乙方负全部责任。

（十）乙方违反上述规定的，应当承担相应法律责任，并赔偿由此给农科院造成的一切损失，包括但不限于直接经济损失、间接经济损失、名称权和名誉权等无形财产损失。

第十一条　合同终止

（一）在合同执行期间，乙方如有下列行为之一时，甲方有权终止合同，收回房屋及租赁物，并不负违约和赔偿责任，乙方所付租金及保证余不予退还：

（1）侵犯中国农业科学院及下属单位名称权、名誉权和知识产权。

（2）以签约公司正式名称之外名义经营所租场所。

（3）未经甲方书面同意，擅自将所租房屋全部或部分转租、转借、转让、承包或以其他形式给第三人使用（包括与第三人共同使用）。

（4）擅自改变所租房间的用途、房屋主体结构、私搭乱建、室外占地经营等或从事非法经营活动，损害公共利益的。

（5）拖欠租金及其他应缴费用达30天以上的。

（6）违反治安管理规定的。

（7）违反本合同附件二《承诺书》中的承诺的。

（二）合同终止时，乙方应将所租房间及设备完好地交还甲方（合理的自然损耗除外），双方验收认可后在《房屋附属设施、设备清单》上签字盖章，结清各自应当承担的费用后，乙方应在________天内搬离。

第十二条 免责条款

因发生地震、飓风、暴雨、市政规划建设及其他不可抗力导致无法下常履行合同的甲、乙双方互不承担责任。

第十三条 违约责任

（一）甲乙双方任何一方未能履行本合同规定的条款或者违反国家法律、行政法规的规定，应按本合同及法律、行政法规的规定承担违约责任。

（二）在本合同期内，除非本合同另有规定，甲方及乙方双方不得在本合同履行期内单方面终止合同。任何一方违反本规定将按年租金的________%支付违约金。

第十四条 争议解决

甲、乙双方在本合同履行中发生争议时，应协商解决；若协商不成，任何一方可向本合同标的物所在地法院提起诉讼。

第十五条 合同生效

本合同（及附件）一式三份，双方各执一份，甲方上级备案一份，具有同等法律效力。本合同自甲、乙双方签字、盖章之日起生效。

第十六条 附件

入户前乙方应履行以下程序：

A 提交企业执照复印件　　B 提交法人身份证复印件

C 提交机构代码证复印件　　D 签订安全防火协议书

出租方（甲方）：　　承租方（乙方）：

地址：　　地址：

邮编:	邮编:
电话:	电话:
证照号码:	证照号码:
法定代表人:	法定代表人:
年　月　日	年　月　日

附件一：

《房屋附属设施、设备清单》

注：甲乙双方可直接在本清单填写内容并签字盖章，也可将自行拟定并签字盖章的《房屋附属设施、设备清单》附在本页。

附件二：

承　诺　书

______________________________在承租北京市______区（县）__________________之前，未曾侵犯过中国农业科学院及其下属任何单位的名称权、名誉权及相关知识产权；在承租期间，不生产、加工、储存、经营与本院及各研究所或控（参）股企业所属同类产品相同或类似的产品。在此作出承诺。

承诺人：

年　　月　　日

中国农业科学院举办2008年农业知识产权培训班

国务院于2008年6月5日发布了《国家知识产权战略纲要》，把知识产权工作提到了战略高度。为了深入学习贯彻《国家知识产权战略纲要》，加强我院知识产权管理力度，更好地创造、运用、保护、管理我院知识产权，11月25日，院科技产业发展办公室组织举办了一期农业知识产权主题培训班。

培训班邀请了科技部知识产权事务中心杨林村副主任、清华大学国际技术转移中心谭鸿鑫主任、我院农业知识产权研究中心宋敏主任等三位专家，就知识产权管理与技术创新、技术转移与知识产权、战略性运用知识产权提升农业竞争力等主题作了精彩的讲解，并就一些工作中的典型案例作了深入细致的分析。

院科技产业发展办公室吴胜军副主任主持开班仪式并作了讲话。京区研究所主管产业、知识产权的所领导、部门负责人、有关工作人员、科研人员和院机关各部门相关工作人员50多人参加了培训班。

四、国际合作与交流

中国农业科学院2008年国际合作工作回顾和2009年工作安排

（2009年1月16日）

2008年，在农业部党组和中国农业科学院党组坚强领导下，在部国际合作司、科技教育司等上级部门大力支持下，我院坚持以科学发展观统领国际合作工作，以创建“文明单位”为龙头，以提高业务层次水平为支点，以务实合作为核心，强化服务国家产业发展与农业科技创新体系，服务国家外交战略。双边合作全面开花，多边合作精彩纷呈，区域合作争奇斗艳，民间合作凸显异彩，实现了我院农业科技国际合作又好又快的跨越式科学发展。作为我院对外形象的一个窗口，国际合作工作展示了我院开拓、创新、效能、文明的崭新精神风貌。

尽管2008年受到特大雪灾、汶川地震以及北京奥运会等国家重要事务的影响，但我院国际合作工作在2007年基础上又有了较大突破，实现了3年迈出三大步的战略目标。2008年争取到99项国际合作项目，获得国际合作项目经费2.46亿元，比2007年增长近两倍；新签署14个合作协议或谅解备忘录，比2007年增加了133%；引进种质资源2 635份，比2007年增加36.5%。我院还获得“全国引智工作先进单位”荣誉称号，获国家外国专家局通报表彰；国际合作局历史上第一次获得“院文明单位”、“院先进基层党组织”等多项荣誉，多人获得“院文明职工标兵”、“院巾帼建功标兵”、“院优秀党员”等称号。

一、2008年度工作回顾

（一）加强务实调研，摸清国际合作新情况

根据牛盾副部长的重要指示，国际合作局具体对我国与国际农业研究磋商组织（CGIAR）30年来的合作进行了全面调研，形成了比较详细的调研报告，对今后双方合作的领域、方式和机制等提出了具体建议。

强化国别调研，初步摸清与我院有合作关系的主要国家的农业科研情况，包括科研机构、主要科研人员和重点领域，目前已在做的国别调研包括保加利亚、荷兰、法国、美国和加拿大等。

对我院1994年以来与欧盟合作的情况进行了调研、总结与回顾，形成了《中国农业科学院与欧盟合作项目汇编》。

启动出版《国际农业科技快讯》，及时跟踪国际农业科技领域发展动态。邀请中国农业科学院有关研究所顶尖专家，对气候变化、转基因技术安全、食品安全、植物新品种保护等 10 个技术领域国内外研究进展、国外重点合作对象和重点合作方向进行了梳理，以满足中长期科技发展需求，并形成统一对外口径。

（二）争取多方支持，加大种质资源引进力度

“十一五”以来，国际合作工作最重要的目标之一就是引进国外的优异种质资源。此项工作得到了院领导和国家有关部委的大力支持，从 2006 年开始重点实施，2008 年国际合作局以种质资源的收集引进为重点，以作物所、麻类所、水稻所等所为主要工作对象，多方位、多渠道、集簇式争取资金，获得科技部重大国际合作专项、农业部国际合作与交流专项项目等专项资助约 1 356万元，确定了引进的重点品种和地区，为我院和我国进一步扩大资源的数量奠定了基础。2008 年度，实际引进优异农作物种质资源达 2 635份。

（三）建立双多边合作平台，融入国家战略

2008 年，我院新签署了 12 个院级科技合作协议或谅解备忘录，2 个联合实验室协议。其中，与孟加拉国农业研究委员会、巴基斯坦农业研究理事会签署了合作协议，是国家外交活动的一部分，国家主席胡锦涛和国务院总理温家宝分别与巴、孟国家元首共同出席了签字仪式。其他协议包括与加拿大奎尔夫大学、澳大利亚联邦科学与工业研究组织、孟加拉国农业研究委员会、巴基斯坦农业研究理事会、意大利波罗尼亚大学等。与国际水资源管理研究所（IWMI）、国际半干旱地区热带作物研究所（ICRISAT）和国际干旱地区农业研究中心（ICARDA）签署 2 个联合实验室协议。

与拜耳作物科学公司签署了农业科技开发合作协议。这是我院第一个促进产业发展和技术研发方面的国际合作协议，对实现我院“三个中心、一个基地”的战略目标有重要作用。

“中荷农业创新与促进中心”是根据 2007 年 4 月回良玉副总理访问荷兰期间签署的国家级协议建立的，得到了双方政府高度重视和大力支持。2008 年 7 月，两国农业部签署了“中荷农业创新和促进中心及指导委员会管理协议”，明确了“中心”的主要目标、任务及运行机制。

“国际马铃薯中心亚太中心”的建设，目前与国际马铃薯中心就东道国协议达成共识，并将于 2009 年尽早举行签署仪式。

（四）狠抓重大项目立项，为研究所办实事

2008年国际合作局加大力度，与研究所和科学家密切合作，成功落实项目资金2.46亿元，比2007年增长近两倍。单项资助金额百万元以上的国际合作项目，增长近3倍。

全院获得科技部重大国际科技合作交流项目6项，政府间项目14项，经费增长幅度较大；农业部国际合作与交流项目和中德农业科技合作项目也有一定增长。农业部科教司与国际玉米小麦改良中心联合资助重大项目1项。

国际资金合作项目实现大丰收，具体包括WFP/IFAD联合项目、联合国粮农组织（FAO）执行的联合国气候变化伙伴关系项目、农业领域清洁发展机制（CDM）开发可行性研究项目、比尔·盖茨基金会水稻项目、国际农业研究磋商组织挑战计划项目、欧盟框架计划项目等，经费支持力度均在300万元以上。

在项目实施方面，我局制定了中国农业科学院国际合作基金的使用办法，并重点支持了农业资源与农业区划研究所、灌溉所等的科研人员赴以色列学习我国及我院最稀缺的节水灌溉技术。

（五）围绕国家外交战略，服务国家主战场，走向非洲和四川

非洲是我国的重要战略合作伙伴，2008年我局接受商务部委托，成功完成了援助阿尔及利亚土壤项目的可行性考察，并成功获得项目。

汶川大地震发生后，国际合作局积极配合抗震救灾工作，协调国际机构包括国际农业研究磋商组织（捐赠20万美元）、国际原子能机构和联合国粮农组织、国际应用生物科学中心等，并通过协调国内有关资源在地震中心区域，捐助建设了“灾后马铃薯种植示范区（500亩）”、“灾后农业设施重建示范区”，并实施“灾区百人培训和就业工程”。国际应用生物科学中心赠送CABI图书（总价值972英镑）和免费开放CAB文摘数据库网络版（6~12个月），为地震灾区恢复农业科研和生产服务，得到了当地政府的好评。

（六）扩大国际宣传，塑造国际合作新形象

加强中英文宣传力度，出版了中文国际科技简讯3期和英文科技简讯4期，收集全院各所的中英文简介，进行润色和加工。在大型宣传画册方面，我局组织编纂了《国际农业研究磋商组织年会画册》，《中国农业科学院高级代表团赴马来西亚考察参展回顾画册》等多部画册。目前，正全力进行中国农业科学院简介光盘的法语、俄语、西班牙语、韩语、日语等语种的编辑出版工作。

（七）提高工作效率，提升业务水平

2007 年院机关各部门工作评比中，国际合作局工作效率被评为第一。2008 年，我局在原有基础上继续通过规章制度、技术水平和设备装备，进一步提高整体工作效率。通过编辑整理《中国农业科学院国际合作工作手册》，对有关工作程序和工作内容进行规范。设计院国际合作办公自动化软件及网站，将通过网上及纸件办公相结合的形式，减轻各所工作负担，达成全院一致的工作标准。设立专人办理院内签报及农业部外事审批系统事宜，安排局领导值班制度，100% 达到局内审批“一个工作日”目标。组成专业小组办理京外所科研人员出国审批手续，以节省科研人员有效工作时间。

（八）学习落实科学发展观，坚决执行有关规定，强化党的建设

我院严格执行中共中央办公厅、国务院办公厅、中共中央纪律检查委员会等的有关文件规定，加强对国际合作派出和引进工作的审查和管理，特别在北京奥运会期间（2008 年 6 ~ 10 月）对团组来访、大型活动及团组派出等工作进行了严格审批，为实现平安奥运目标做出了贡献。

结合 2008 年学习实践科学发展观、党的十七届三中全会以及纪念中国改革开放 30 年的系列学习活动，强化党的建设，联系实际情况和工作，我局认真组织学习实践活动，广泛征求了院士和院所级老领导、全院国际合作系统对我院国际合作工作的意见，与制定我院国际合作中长期规划相结合，把精神文明建设和党的基层组织建设作为基础工作，做到科学发展观学习与业务促进相结合。2008 年，我局 1 名预备党员顺利转正，新发展了 1 名党员，并且获得了院先进基层党组织称号。

（九）摸清情况，找准问题，为制定中长期国际合作规划奠定良好基础

为制定我院国际合作中长期规划，局领导带队有选择地结合各项工作任务实地调研了 16 个研究所，详细摸底调查了各所国际合作情况及各所中长期国际合作规划方案。通过调研，发现我院国际合作工作的基础和形势不容乐观，尽管各所均有较大发展，但极不均衡。目前我院 39 个研究所国际合作一类、二类、三类所，各占 1/3，其中有 1/6 研究所基本处于“三无”（无项目、无资金、无人员）状况，有 1/8 研究所有了专职外事人员，有 60% 研究室主任没有出国经历。由于专业的限制，我院部分研究所的专业属于小众，比如蜜蜂所、蚕业所、麻类所等，很难找到大规模的国际合作伙伴或合作资源。目前的状况对于提高我院整体国际合作工作水平具有较大制约。

二、2009 年工作安排

（一）总体思路与目标

2009 年我局工作的总体思路，是以“三个重大”为目标，通过提高整体作战能力、加大国际合作项目争取、执行和评估力度，争取国内外国际合作资源、加大种质资源和我国急需技术引进力度等，进一步强化务实合作。

（二）拟重点抓的几项工作及预期目标

1. 锁定重点领域，稳固推进我院科技创新团队步入国际舞台

充分挖掘和利用国内外资源，推动我院优秀科技创新团队争取国际重大项目。总结比尔·盖茨基金会水稻项目申请经验，争取在禽流感、马传贫病毒、小麦、棉花等我院优势领域有所突破。

2. 争取国家支持，大力推动国家级国际合作平台建设

积极利用政府高层和政府支持项目，加快国际马铃薯中心亚太中心、中荷农业创新与促进中心、科技部国际合作中心、CGIAR 下属研究中心联合示范中心等大型国际合作平台项目得到稳固支持，发挥重要作用。

3. 集中优势力量，重点培育国际合作队伍

加强我院国际合作体系能力建设，包括五种能力，即外语能力、专业能力、了解外国文化的能力、与人交往的能力和应变能力。有针对性地制定调查研究计划，针对重点国家、重点国际机构（国际黄麻小组以及国际动物卫生组织等）和国际农业科技相关重点问题（主权国家遗传资源的惠益分享和知识产权保护等）进行调研，提高队伍研究和储备能力。

4. 整合各方支持，加大资源引进力度

积极争取国内有效资源，加大资源引进的力度，各种方式相结合，提高优势资源引进和利用率。向重点国家派驻中短期（3～6 个月）的访问学者或合作研究人员，收集资源。

5. 抓好中国农业科学院国际合作中长期规划编制

在进一步调研基础上，结合国家农业科技中长期发展战略，编制农科院的《国际合作中长期规划（2008～2020 年）》。

中国农业科学院和国际水资源管理研究所关于联合建立中国农业科学院－国际水资源管理研究所农业水管理联合研究中心的协议

总部设在中国北京的中国农业科学院（以下称CAAS）和总部设在斯里兰卡科伦坡的国际水资源管理研究所（以下称IWMI）达成本协议。

1　总　　述

1.1　CAAS和IWMI以下称为协议双方。

1.2　协议双方于2005年9月共同签署了关于科学技术合作的谅解备忘录。

1.3　双方已从过去的合作中获益，希望进一步增强合作关系，并同意在提升可持续农业水管理领域加强合作，以保障粮食安全、实现脱贫和保护环境。

1.4　为加强在水管理领域的合作提供一个平台，双方基于共同目标倡导建立联合研究中心，现达成如下协议。

2　联合研究中心的地位

联合研究中心的名称是“中国农业科学院－国际水资源管理研究所农业水管理联合研究中心”，以下称为CEWMA。自双方签署协议之日起，CEWMA正式开始运行。

3　职能和任务

3.1　CEWMA的职能如下。

a. 作为农业水管理研究，尤其是农业水资源与环境保护的研究和开发平台；

b. 成为水管理技术的培训中心，包括个人、团体研究培训以及学位培训；

c. 成为IWMI、CAAS以及其他相关组织的实践基地；

d. 组织筹办中国乃至亚太地区水管理研究与开发的重要学术会议/研讨会等；

e. 成为促进和增强亚太地区，尤其在东亚地区水管理机构合作的主要力量。

3.2　CEWMA履行的任务主要包括：

a. 全球灌溉面积动态监测研究，尤其是中国灌溉面积动态监测图的开发；

b. 促进区域、国家和地区尺度的资源利用与环境保护的流域管理技术和信息的传播；

c. 研究水管理策略，为国家、区域乃至世界的政策制定提供科技支撑；

d. 其他双方感兴趣的项目。

4 机构和管理

4.1 指导委员会

联合指导委员会将构成CEWMA的管理主体。委员会由7名成员组成，其中4名来自于CAAS，3名来自于IWMI。委员会由从委员中选举产生的主席和副主席领导。委员会日常事物交流主要通过电子邮件进行。委员会每年至少举行一次会议，其职责是：

a. 批准和/或修订双方协定的研究项目的工作计划，批准CEWMA的年度工作计划和拟定新项目；

b. 评议所有CEWMA发起和计划的研究活动，向CAAS院长和IWMI所长提交改进工作的建议。

4.2 中心主任

CEWMA设置1名主任和多名副主任，由中国农业科学院任命，由指导委员会授权。主任将负责中心总体管理，并向指导委员会汇报年度工作计划的进展和执行情况。副主任将负责中心的日常管理并协调中心的各项研究工作。

4.3 秘书处

指导委员会在CAAS设1个秘书处。秘书处将协助中心主任日常工作以协调和执行指导委员会确定的工作计划。

4.4 研发团队

CEWMA将组建农业水管理研发的团队，涵盖水资源、流域管理、水环境、政策和法规等领域。研发团队由指导委员会组建和管理。

5 依托单位和资产管理

5.1 CEWMA将设在位于北京的中国农业科学院农业环境与可持续发展研究所。农业环境与可持续发展研究所代表CAAS负责CEWMA的日常管理。

5.2 CEWMA的办公用硬件设备由CAAS提供，并归其所有。由此CAAS负责维护和管理CEWMA的硬件设施，并负责购置和维持所有必要保险责任。CAAS相关的安全、劳保、纪律、保卫、卫生等各项规章制度都适用于CEWMA。因此，CAAS应保证免除IWMI在CAAS内执行或实施本协议时产生的责任、损坏、花费，或任何索赔、诉讼等。

5.3 双方一致认为当一方比另一方更合适管理某个特定项目的经费时应该由双方协商拟定。因此，双方一致同意相关的决定必须在每个项目开始运作时达成，并且遵循一事一议的原则。具体的经费管理将遵循负责一方的规章制度。

6　经费支持和其他职责

6.1　依据双方协定的工作计划和经费资助预算，CAAS 将：

a. 升级改造和维护 CAAS 农业环境与可持续发展研究所相关的基础设施和研究设备，以便维持 CEWMA 的正常运转；

b. 为每个研究团队配备 3 ~ 4 名资深科学家和必要的技术人员。为正在执行的项目和未来项目的执行招聘更多的职员，以便更好地实施 CEWMA 的工作计划。当 CEWMA 需要发展和科研项目业务增多时，可根据情况招聘研究人员；

c. 当 IWMI 经费有限时，积极增加中方年度投入以保障 CEWMA 项目计划的执行；

d. 支付 CAAS 的科学家参加合作框架内的地区或国际培训和学术会议的旅费开支；

e. 在合作框架下，为 CEWMA 举办的与水管理相关的培训和学术会议提供必要的经费和人力资源支持。

6.2　依据双方协定的工作计划和经费资助预算，IWMI 将：

a. 派遣本单位研究人员到 CEWMA 参与研究项目，主要由中方提供限制性资助；

b. 以合作研究项目和其他捐助基金的形式，为 CEWMA 的日常运行提供经费支持；

c. 在合作框架下，支付 IWMI 研究人员旅费，让其参加 CEWMA 举办的地区或国际培训和学术会议；

d. 尽可能地为联合组织的与农业水管理相关的培训、学术会议提供经费和人员支持。

6.3　双方将以下列方式为 CEWMA 的运行提供支持。

a. 优先考虑对方作为参加者参加亚洲农业水管理领域的项目；

b. 为完成 CEWMA 工作计划，在合作框架下共同致力于寻求国家、地区和国际基金。

7　知识产权管理

7.1　双方同意所有 CEWMA 的研究开发中产生的知识产权被视为联合知识产权。知识产权不仅仅包括专利、著作权、规划图纸、登记的设计图纸、商标，还应包括任何需要保密的信息的产权。双方将共同享有和署名联合知识产权。遇到下列情形双方应当诚恳地协商解决。

a. 与联合知识产权相关专利的申请和归档；

b. 专利归档何处；

c. 由哪一方支付专利申请、归档、维持和终止所发生的费用。

7.2 专利应用方面，一致认为自专利申请开始时申请方（主权方）应负责联合知识产权的商业化。

8 出版物署名

所有与 CEWMA 研究工作相关的出版物，包括学术出版物、会议幻灯片、多媒体光盘、新闻出版物以及内部、外部报告，应联合出版，并依据研究中相关科学家（即作者）的贡献大小予以署名。对于此类出版物，通信地址一律写为：中国农业科学院－国际水管理管理研究所农业水管理联合研究中心，中国农业科学院农业环境与可持续发展研究所，中华人民共和国，北京中关村南大街 12 号，100081。

9 双方自主权利

任何一方既不能作为对方的合资者，也不能出于任何目的成为对方的代理人。任何一方都没有权利代表对方通过指使或暗示达成共识，独揽权利，或以任何方式托付给对方，除非协议中规定或者有书面的协定。

10 赔偿和责任

依据本协议的条款，任何一方应当保证免除对方的雇员、代表、项目执行者在执行或实施本协议时产生的责任、损坏、花费，或任何索赔、诉讼等。除非以下情况：

a. 产生的责任、损坏、花费，或任何索赔、诉讼等是由责任方故意造成，或

b. 产生的责任、损坏、花费，或任何索赔、诉讼等是由责任方对法定责任的疏忽造成。

11 生效、修订和终止

11.1 本协议自双方签名之日生效，有效期为 5 年。任何一方均可终止本协议，但需要提前 3 个月以书面形式通知本协议的另一方。本协议的有效期经过双方同意可延长，需要双方书面签署生效。

11.2 本协议可以在双方协商同意的基础上进行修改。一旦经双方授权代表签署后，修改协议即时生效。

11.3 执行本协议出现争议时，双方坦诚地协商解决。

11.4 本协议不影响双方过去在相关领域达成协议的执行。

11.5 本协议备忘录一式两份，每份都用中文和英文写成，两种文本具有同等效

力。双方各持中、英文备忘录一份。

签名：

中国农业科学院	国际水资源管理研究所
____________________	____________________
院长翟虎渠博士	所长 Colin Chartres 博士
____________________	____________________
日期	日期

中国农业科学院与卢旺达国家农业技术研究院农业科技合作协议

为了加强两国之间的友好与合作关系，中国农业科学院（CAAS）与卢旺达国家农业技术研究院（ISAR）将在互惠互利的基础上推动农业及相关重要领域的技术和人员交流。双方同意开展下述的合作活动。

第一条

双方在遵守各自国家有关法律法规的基础上，在共同感兴趣的领域开展科学与研究合作。

第二条

双方同意开展的合作活动包括如下几个方面。

1. 互派科技人员；
2. 动植物种质资源交换；
3. 农业信息交换。

双方应向各自的科技主管部门通报本协议框架下所开展的活动。

第三条

双方将推动以下领域的合作。

1. 主要作物育种；
2. 农业生物技术；
3. 交换动、植物基因资源；
4. 动物养殖与生产；
5. 兽医学；
6. 园艺，包括蔬菜、花卉、水果；
7. 土壤学；
8. 植物保护；
9. 食品加工与食品安全；

10. 双方同意的其他形式的合作。

为实现上述合作目标，双方同意各指定一名协调员如下：

中方：中国农业科学院国际合作局　张陆彪博士

卢方：Dr. Jonas Mugabe，副院长（主管科研）

第四条

双方专家之间的交流与合作，其食宿、交通、保险及国际旅费均由派出方承担。

本协议不能使 CAAS 或者 ISAR 承担任何上述条款明确规定之外的财务支出义务。如有该项义务，将在本协议基础之上制定“特别工作协议”，并使双方的资金上的责任和运行机制得到清晰的界定。

第五条

双方确保科技信息的交换，包括本协议框架下所产生的合作成果；在没有提前征得双方书面同意的情况下，任何一方不得向第三方转移或提供。

第六条

本协议在诠释或执行过程中出现的分歧应由双方通过协商，友善地解决。

第七条

本协议从签字之日起开始生效，有效期 5 年。经双方协商并一致同意，本协议可延长 5 年；任何一方欲终止本协议，须提前 6 个月以书面形式通知对方。

本协议用英文签署，双方各持一份，具有同等法律效力。

2008 年 10 月 16 日于北京。

中国农业科学院副院长　　　　卢旺达国家农业技术研究院院长

唐华俊博士　　　　Mark Cyubahiro Bagabe 博士

中华人民共和国中国农业科学院与哥斯达黎加共和国科学技术部科技合作协议

为增进了解，开展农业研究与推广领域的合作，哥斯达黎加科学技术部（以下简称“哥科技部”）高级代表团于2008年11月6日正式访问了中国农业科学院。

中国农业科学院与哥科技部（以下简称“双方”）均同意建立直接联系，以此促进和加强双方在农业科技领域的合作。

双方同意如下。

条款一

签署本协议的目的是为了促进和加强双方在农业科技领域的合作。双方一致同意在两国法律允许范围内，在互利互惠的基础上开展农业科技合作。

条款二

双方均同意以如下方式开展合作。

1. 科研人员和专家互访；
2. 农业科技信息交换；
3. 联合举办会议、座谈会、研讨会等学术会议；
4. 双方同意的其他形式的合作。

条款三

双方同意在以下领域及其他共同感兴趣的领域开展合作。

1. 动植物遗传和育种；
2. 农业生物技术；
3. 农产品加工（比如鳄梨）；
4. 环境保护和有机废弃物利用；
5. 食品质量和安全监测体系；
6. 农业经济与农村发展。

条款四

双方成立联合工作小组，每两年轮流在各国举行会议，回顾合作进展情况，确定下一期合作计划，并形成初步意向。

双方应按如下方式开展合作。

1. 通过协商确定合作计划；

2. 以下人员是双方为实施合作协议所涉及的合作活动指定的协调员：

中国农业科学院：张陆彪博士，国际合作局局长

哥科技部：Ricardo Chacón Salazar 博士，国际合作司司长

任何一方更换协调员，必须以书面形式通知对方。

条款五

双方根据本协议互派的专家和技术人员的费用（包括国际旅费、食宿、交通、保险等）均由派出方承担。

条款六

双方的知识产权受到保护。在合作过程中产生的知识产权归双方共同拥有；将合作成果转让给第三方，必须经过另一方书面同意。

条款七

本协议自双方签署之日起生效，有效期5年。期满后，可再延长5年。本协议经双方同意后可修改。在有效期内，任何一方提出终止合作，必须提前6个月通知对方。

本协议用中文、西班牙、英文签署，双方各持一份，具有同等法律效力。

2008年11月17日于圣何塞。

中国农业科学院代表	哥斯达黎加科技部代表
____________________	____________________
翟虎渠院长	Eugenia Flores Vindas 部长

中国农业科学院、国际干旱地区农业研究中心和国际半干旱地区热带作物研究所关于联合建立旱地农业联合研究中心的协议

总部设在中国北京的中国农业科学院（以下称 CAAS）、总部设在叙利亚的国际干旱地区农业研究中心（以下称 ICARDA）和总部设在印度的国际半干旱地区热带作物农业研究所（以下称 ICRISAT）达成本协议。

1 总述

1.1 CAAS、ICARDA 和 ICRISAT 以下称为协议三方。

1.2 三方已从过去的合作中获益，希望进一步增强合作关系，并同意在提升可持续的旱地农业领域加强合作，以保障食物安全、实现脱贫和保护环境。

1.3 为搭建一个促进旱地农业领域合作的平台，三方基于共同目标倡导建立联合研究中心，现达成如下协议。

2 联合研究中心的地位

联合研究中心的名称是“中国农业科学院－国际干旱地区农业研究中心－国际半干旱地区热带作物研究所旱地农业联合研究中心”，以下称为 CEDA。自三方签署本协议之日起，CEDA 正式开始运行。

3 职能和任务

3.1 CEDA 履行的职能如下。

a. 作为旱地农业的研究和开发平台，重点致力于解决干旱与半干旱地区的食物安全、消除贫困和环境保护；

b. 成为旱地农业技术的培训中心，包括个人、团体研究培训以及学位培训；

c. 成为 CAAS、ICARDA、ICRISAT，以及其他相关组织的实践基地；

d. 组织筹办中国乃至亚太地区的旱地农业研究与开发学术会议/研讨会等；

e. 成为促进和增强亚太地区，尤其在亚洲地区旱地农业研究机构合作的主要力量。

3.2 CEDA 开展的项目主要包括：

a. 与资源、环境、生计相关的旱地生态系统研究和生物多样性管理；

b. 区域食物安全保障、减轻和消除贫困以及环境保护的综合技术研究与开发；

c. 促进国家、区域和全球范围内资源保存、环境保护与旱地农业方面技术和信息的传播；

d. 研究旱地农业发展策略，为国家、区域乃至世界的政策制定提供科技信息与支撑；

e. 其他三方感兴趣的项目。

4　机构和管理

4.1　指导委员会

联合指导委员会将构成 CEDA 的管理主体。委员会由 7 名成员组成，其中中国农业科学院 3 名，国际干旱地区农业研究中心 2 名，国际半干旱地区热带作物研究所 2 名。委员会由从委员中选举产生的主席和副主席领导。委员会日常事物交流主要通过电子邮件进行，委员会每年至少举行一次全体会议，其职责是：

a. 批准和/或修订三方协定的研究项目的工作计划，批准 CEDA 的年度工作计划和拟定新项目；

b. 评议所有 CEDA 发起和计划的研究活动，向中国农业科学院院长、国际干旱地区农业研究中心主任和国际半干旱地区热带作物研究所所长提交工作的建议。

4.2　中心主任

CEDA 设置 1 名主任和多名副主任，由中国农业科学院任命，由指导委员会授权。主任将负责中心总体管理，并向指导委员会汇报年度工作计划的进展和执行情况。副主任将负责中心的日常管理并协调中心的各项研究工作。

4.3　秘书处

指导委员会在中国农业科学院设 1 个秘书处。秘书处将协助中心主任日常工作以协调和执行指导委员会确定的工作计划。

4.4　研发团队

CEDA 将组建旱地农业研发的团队以执行本协议条款 3.2 中所列的项目，涵盖旱地生态系统、耐旱生物多样性、旱地生产力、减轻贫困及政策和法规等领域。研发团队由指导委员会组建和管理。

5　依托单位和资产管理

5.1　CEDA 将设在位于北京的中国农业科学院农业环境与可持续发展研究所内。农业环境与可持续发展研究所代表中国农业科学院负责 CEDA 的日常管理。

5.2　CEDA 的办公用硬件设备由中国农业科学院提供，并归其所有。由此中国农业科学院负责维护和管理CEDA的硬件设施，并负责购买和维持所有必要保险费用。中国农业科学院相关的安全、劳保、纪律、保卫、卫生等各项规章制度都适用于CEDA。因此，中国农业科学院应保证免除国际半干旱地区热带作物研究所和国际干旱地区农业研究中心在中国农业科学院内执行或实施本协议时产生的责任、损坏、花费，或任何索赔、诉讼等。

6 经费支持和其他职责

6.1 依据三方协定的工作计划和经费资助预算，中国农业科学院将：

a. 升级改造和维护中国农业科学院农业环境与可持续发展研究所相关的基础设施和研究设备，以便维持CEDA的正常运转；

b. 为本协议第四部分指定的每个研究团队配备3~4名资深科学家和必要的技术人员。为正在执行的项目和未来项目的执行招聘更多的职员，以便更好地实施CEDA的工作计划。当CEDA需要发展和科研项目增多时，可以根据情况招聘研究人员；

c. 当国际干旱地区农业研究中心和国际半干旱地区热带作物研究所经费有限时，积极增加中方年度投入以保障联合研究中心的项目计划的执行；

d. 支付中国农业科学院的科学家、国际干旱地区农业研究中心和国际半干旱地区热带作物研究所参加合作框架内的区域或国际培训和学术会议的旅费开支；

e. 在合作框架下，为CEDA举办的与旱地农业相关的培训和学术会议提供必要的经费和人力资源支持。

6.2 依据三方协定的工作计划和经费资助预算，国际干旱地区农业研究中心和国际半干旱地区热带作物研究所将：

a. 定期派遣本单位研究人员到CEDA参与研究项目，主要由中方提供有限的基金资助；

b. 以合作研究项目和其他捐助基金的形式，为CEDA的运行提供经费资助；

c. 根据合作项目的预算，在合作框架下，支付国际干旱地区农业研究中心和国际半干旱地区热带作物研究所研究人员旅费，让其参加中心举办的地区或国际培训和学术会议；

d. 根据合作项目的预算，为联合组织的旱地农业相关的培训、学术会议提供经费和人员支持。

6.3 三方将以下列方式为中心的活动提供支持。

a. 优先考虑对方作为参加者参加亚洲旱地农业领域的合作项目；

b. 为完成CEDA的工作计划，在合作框架下共同致力于寻求国家、地区和国际基金。

6.4 任何在本协议框架之下实施的协作项目应该分别签订具体的合作项目协议，在具体的协议中规定合作项目的目标和期限，每一方执行的任务、资金和适用条件。

6.5　三方一致认为，当一方比另外两方更适合管理某个特定项目的经费时，应该由三方协商拟定。因此，三方一致同意相关的决定必须在每个项目开始运作时达成，并且遵循一事一议的原则。具体的经费管理将遵循负责一方的规章制度。

7　知识产权管理

7.1　三方同意所有的CEDA研究开发中产生的知识产权被视为三方公共知识产权。知识产权不仅仅包括专利、著作权、规划图纸、登记的设计图纸、商标，还应包括任何需要保密的信息的产权。三方将共同享有和署名公共知识产权。遇到下列情形，三方应当诚恳地协商解决。

a. 与公共知识产权相关专利的申请和归档；

b. 专利归档何处；

c. 由哪一方支付专利申请、归档、维持和终止所发生的费用。

7.2　专利应用方面，一致认为自专利申请开始时申请方（主权方）应负责公共知识产权的商业化。

8　出版物署名

所有与CEDA研究工作相关的出版物，包括学术出版物、会议幻灯片、多媒体光盘、新闻出版物以及内部、外部报告，应联合出版，并依据研究中相关科学家（即作者）的贡献大小予以署名。对于此类出版物，通信地址一律写为：中国农业科学院－国际干旱地区农业研究中心－国际半干旱地区热带作物研究所旱地农业联合研究中心，中国农业科学院农业环境与可持续发展研究所，中华人民共和国，北京中关村南大街12号，100081。

9　三方自主权利

任何一方既不能作为对方的合资者，也不能出于任何目的成为对方的代理人。任何一方都没有权利代表对方通过指使或暗示达成共识，独揽权利，或以任何方式托付给对方，除非协议中规定或者有书面的协定。

10　赔偿和责任

依据本协议的条款，任何一方应当保证免除对方的雇员、代表、项目执行者在执行或实施本协议时产生的责任、损坏、花费，或任何索赔、诉讼等。除非以下情况。

a. 产生的责任、损坏、花费，或任何索赔、诉讼等是由责任方故意造成，或

b. 产生的责任、损坏、花费，或任何索赔、诉讼等是由责任方对法定责任的疏忽造成。

11 生效、修订和终止

11.1 本协议自三方签署之日生效，有效期为5年。任何一方均可终止本协议，但需要提前3个月以书面形式通知本协议的另外两方。本协议的有效期经过三方同意可延长，需要三方书面签署生效。

11.2 本协议可以在三方协商同意的基础上进行修改。一旦经三方授权代表签署后，修改协议即时生效。

11.3 执行本协议出现争议时，三方坦诚地协商解决。

11.4 本协议不影响三方过去在相关领域达成协议的执行。

11.5 本协议备忘录一式三份，每份都用中文和英文写成，两种文本具有同等效力。三方各持中、英文原始文件一份。

签名：

中国农业科学院

____

副院长 唐华俊 博士

____

日期

国际干旱地区农业研究中心	国际半干旱地区热带作物研究所
____________________	____________________
主任 Mahmoud Solh 博士	所长 William D. Dar 博士
____________________	____________________
日期	日期

中国农业科学院与意大利波洛尼亚大学合作协议

中国农业科学院翟虎渠院长，代表中国农业科学院，与意大利波洛尼亚大学校长，Pier Ugo Calzolari 教授，代表波洛尼亚大学，同意如下条款。

条款一

该协议由中国农业科学院与意大利波洛尼亚大学共同制定，目的是促进双方科研和教学合作，同时推动相互感兴趣的科学与文化项目的交流。

条款二

双方的合作包括：

a. 相互感兴趣的科研项目的开展；

b. 科研人员与教学人员互访以开展科研活动，促进人员培训；

c. 根据双方共同感兴趣的主题联合举办研讨会或学术讨论会；

d. 交换和联合培养博士及博士后研究生（研究生交换和联合培养有关事宜，波洛尼亚大学与中国农业科学院研究生院将另签署具体实施协议）。

条款三

波洛尼亚大学和中国农业科学院每年通过签署协议文本，来接受一定数量的教学人员和科研人员的访问。派出方负担其教学人员与科研人员的国际旅费和医疗保险费，而接待方将承担访问人员在当地的食宿费用。

出访的教学人员与科研人员在接待方访问期间所参与的上述双方合作内容，将被认可为出国“执行任务”。

条款四

每一方将任命一位协调员负责双方交流项目。

条款五

双方在解释或履行该协议条款过程中可能出现的争议，将通过委员会仲裁解决，委员会由双方指定的 1 名人员和经双方同意选出的 1 名第三方人员组成。

条款六

该协议有效期为 3 年。3 年后自动生效并再次延续 3 年，除非一方在有效期结束前 6 个月通过书面形式通知另一方希望终止该协议。

该协议自签字之日起生效，用英文形式签署，一式两份，具有同等法律效力。

翟虎渠　教授
中国农业科学院　院长
日期..............................
....

Pier Ugo Calzolari　教授
波洛尼亚大学　校长
日期..............................
....

五、人事管理与人才建设

中国农业科学院 2008年人事人才工作综述

2008年，中国农业科学院人事人才工作在院党组领导下，以全面提高农业科技自主创新能力为目标，坚持以人为本、以研为本、坚持服务科技创新、服务我院“三个中心、一个基地”建设，各项工作都取得了一定的成绩。通过持续实施杰出人才工程和加强创新团队建设，把一批优秀人才汇聚到我院的科技事业中来，人才队伍建设再上新台阶；加强领导班子建设和干部队伍建设，院属单位贯彻执行党的路线、方针、政策的自觉性和能力进一步增强；加强人事部门基础工作，加强基本制度建设、基础资料建设、基本功训练和信息化建设，注重人事干部的能力培养，人事人才工作整体效能不断提高；深化内部运行机制改革，实施岗位设置管理，完善人员聘用制度，在收入分配制度改革、健全考核评价制度方面进行了积极的探索，主要工作有以下几个方面。

一、深入学习实践科学发展观，树立组工干部新形象，不断提高广大人事干部的政治素质、思想作风和工作能力

1. 积极开展深入学习实践科学发展观活动，统一思想，提高认识，解决突出问题，理清发展思路。按照党中央的统一部署，从2008年9月开始，全面开展深入学习实践科学发展观活动。加强组织和领导，认真研究制定工作方案，通过广大组织人事干部共同努力，取得了阶段性成果。通过理论学习、开展调研和广泛征求意见，对我院人事人才工作面临的形势与任务、深化改革面临的问题与对策有了更深的理解。通过解放思想大讨论，查找影响和制约我院人事人才工作科学发展的突出问题，理清思路、加强能力建设，进一步提高了围绕中心服务大局的能力和水平。

2. 认真开展“讲党性、重品行、作表率”活动，抓好我院组织人事系统作风建设和能力建设。按照中组部、农业部的统一部署，从2008年开始，利用3年时间在组织人事系统开展“讲党性、重品行、作表率”活动。根据《中国农业科学院组织人事系统开展“讲党性、重品行、作表率”活动方案》要求，扎实推进各项工作的开展，并做好宣传动员和监督检查，面向全院广泛听取广大干部职工对人事人才工作的意见、建议，组织全院人事干部开展自查剖析活动。活动期间，先后组织院属京区单位62人次参加农业部3场专题报告会；组织68人次参观北京市反腐倡廉警示教育基地。组织开展主题征文评选活动，院机关各部门和院属单位选送征文44篇，经评选，其中20篇获优秀论文组织奖。

二、大力加强科技创新团队建设和人才选拔培养，积极推进科技协作与联合攻关，不断提升我院科技实力

截至 2008 年底，我院在职职工总数 7 150 人，其中专业技术人员 4 905 人，占 68.6%，比 2007 年提高 2.1%；专业技术人员中博士、硕士学位人员 2 289 人，占 46.7%，比 2007 年提高 3.7%；高级技术职务人员 1 878 人，占 38.3%，我院职工队伍结构和专业技术人员学历、职称结构进一步优化。

1. 全面推进创新团队建设工作。探索创新团队建设的基本思路和对策，研究创新团队形成和成长的机制和环境。通过加强政策引导和宣传，统一思想和认识，明确科技创新团队建设对提高创新能力和实现“三个中心、一个基地”建设目标的重要地位和作用。

按照《中共中国农业科学院党组关于加强科技创新团队建设的意见》要求，加快实施“科技创新团队建设工程”步伐，大力推进以院引领、以所为主的科技创新团队建设工作。印发了《中国农业科学院优秀科技创新团队管理办法》，并围绕团队创建工作召开了“科技创新团队建设工作会议”、“科技创新团队建设座谈会”等 5 次会议，针对创新团队的规模、组成、结构、机制等内容进行研讨，广泛征求意见，完善创建措施和办法。制定了首批优秀科技创新团队遴选工作方案，2008 年 11 月 26 日，组织召开了首批优秀科技创新团队遴选会议，确定了我院重点建设的首批 13 个优秀团队，标志着我院创新团队建设工程进入新的阶段。

2. 积极选拔培养优秀人才，优化专业技术队伍结构，高层次人才队伍建设再上新台阶。从完善专业技术职务评聘机制和规范杰出人才的考核管理入手，培养优秀人才，优化专业技术队伍结构。2008 年，共评审通过正高级技术职务人员 51 人，副高级技术职务人员 106 人，把优秀科研人员选拔到重要岗位上来。

一批杰出科技骨干受到国家和社会的表彰。我院茶叶所陈宗懋院士荣膺第二届中华农业英才奖；植保所吴孔明所长等 9 位专家被评选为 2007 年度“新世纪百千万人才工程”国家级人选；推荐我院 4 名博士专家作为中组部第九批博士服务团成员赴西部挂职锻炼；完成了 2008 年度享受政府特殊津贴专家、2008 年度留学人员科技活动择优资助项目的申报、第十一届中国科协求是杰出青年奖成果转化奖候选人、引进国外智力先进单位和先进个人的推荐工作。向北京市农村工作委员会推荐 12 名农业相关专业系列职称评审专家。

根据国家外专局的要求，组织进行引进国外智力先进单位的推荐工作，报送了我院作为先进候选单位和植保所张泽华作为先进个人候选人的推荐材料；油料所丹麦籍专家赫尔马 · 索恩森荣获国家外专局 2008 年度“友谊奖”，并应邀参加国庆庆典活动。

3. 积极开展高级专家的教育培训工作，提高专家科研素质和对宏观政策的把握能力。组织我院专家参加中组部、农业部组织的高级专家培训班 30 人次。按照中组部和

农业部的部署，认真做好2007年度30名“西部之光”访问学者培养工作，并做好2008年度29名访问学者接收落实工作，根据地方选派访问学者的专业及研修方向落实培养导师，并通过召开交流座谈会、组织参观考察等，提高学习成效。

三、着力改革和完善干部选拔任用工作机制，不断加强院属单位领导班子和干部队伍建设

1. 认真做好领导班子换届和调整。着力提高领导班子政治思想建设和执政能力建设，一批年富力强、德才兼备的干部走上了领导岗位，完成了草原所等5个研究所的领导班子换届工作；完成了对兰州牧药所等8个单位党委的换届审批工作；完成了沼气所等3个单位领导班子届中考察。全年共任免所局级干部19人次，其中正职11人次，副职8人次，完成所局级领导干部试用期满转正14人次。

2. 积极组织好领导班子任期制试点和领导干部年度考核工作。在2006年我院14个首批任期制试点单位的基础上，2008年又有11个单位列入新一批任期制试点单位。按照要求，11个单位领导班子和班子成员按时制定了任期目标。组织完成领导干部年度考核工作，在分类和加权打分的基础上，经院党组会议研究，部管干部报农业部审定，确定33名所局级领导干部为2007年度考核优秀等次。经院机关各部门研究并经人事局审定，确定27名处级（含）以下干部2007年度考核结果为优秀等次。

3. 以提升干部队伍执政能力为目标，认真组织实施干部教育培训和监督工作。积极组织和参加中组部、农业部举办的干部教育培训活动，全院先后有80人次参加9类19期干部培训班。在南京农业大学的大力支持下，在南京举办了首批为期3个月的英语培训班，大幅度提高了他们的英语听、说、读、写水平，增强了他们参与国际合作与交流的能力。采取积极有力的措施，加强后备干部的培养，不断提高政治理论水平和组织领导能力。

加强了院属单位处级干部和青年干部管理能力和写作能力的培养。组织院属11个单位的11位处级干部参加部属单位处级干部能力提高班；组织院属10个单位的12位副处级干部参加部属单位副处级干部任职培训班；组织院属19个单位27名青年干部参加部属单位青年干部调研写作能力提高班；1人参加人事劳动司举办的2008年组织人事干部培训班，5人参加农业部举办的农村节能减排与发展循环农业专题研究班。

加强政治思想建设和党风廉政建设，按照农业部的要求，对院属单位领导班子政治思想建设情况进行调研，起草了我院领导班子政治建设情况报告，组织完成了全院处以上领导干部收入申报和重大事项报告工作。

四、积极开展调查研究，深化干部人事制度改革，不断营造良好的科研环境和氛围

1. 认真开展岗位设置、干部任用、人才管理等课题调研工作。开展了岗位管理相关研究并起草了调研报告，对岗位设置的政策背景、我院的人员现状、国内外科研单位组织机构设置及岗位设置现状进行了较深入的研究，并结合我院特点提出了我院岗位设置的实施建议。

承担农业部人事劳动司组织的领导干部选拔与成长机制、岗位设置管理、科研事业单位绩效工资分配、毕业生接收与管理等方面的四个调研任务，组织开展了院基本科研业务费专项课题岗位设置与绩效分配、农业科技创新团队建设研究两个方面的专题研究工作，为推进改革和加强制度建设打下了良好的理论基础。

2. 积极稳妥地推进岗位设置管理工作。按照农业部关于科研单位岗位设置管理的有关要求，在规定的岗位总量、最高级别和结构比例范围内，结合我院科研发展、学科建设、机构编制和人员现状等实际情况，制定了全院管理岗位、专业技术岗位、工勤技能岗位设置方案。研究制定岗位聘任工作的方法及工作程序，起草并印发了《中国农业科学院岗位设置管理暂行规定》等 4 个岗位设置管理和人员聘用办法。

2008 年 12 月，在青岛召开全院人事劳动工作会议，按照科学发展观和全院组织人事干部树立新形象的要求，总结、回顾我院 2008 年人事人才工作，明确 2009 年工作重点，并对全院岗位设置工作进行部署。

3. 完善收入分配制度，做好绩效工资政策调研。一方面按照农业部要求，开展院属单位的收入分配调查，将各类人员的收入水平进行统计分析，掌握第一手资料，为下一步制定绩效工资政策做好充分准备；另一方面，在深入调研的基础上，针对我院当前收入增长缓慢、水平整体偏低的情况进行调研分析，并积极向农业部反映，争取得到政策支持，建立职工收入水平的正常增长机制。

五、认真做好离退休人员的管理和服务、劳动工资管理和安全生产等日常工作

1. 认真做好工资的日常管理工作，充分发挥工资分配的激励保障和导向作用。组织召开全院统计工作会议，对院属 38 个工资单位干部队伍、科技人员队伍、工人队伍人员构成情况以及工资现状进行了全面数据统计和汇总；在对全院工资总额情况进行摸底调研的基础上，编制 2008 年度职工人数和工资总额计划，并按要求完成农业部核定计划的分解下达工作；完成了院属京区 17 个单位 2008 年度 2 572人次正常增加薪级工资工作；完成发放防暑降温费、冬季取暖补贴的组织工作，完成了机关工作人员有关费用的核发工作；按时完成职务和技术等级变动人员工资异动审批工作。

2. 加强离退休工作管理，服务水平和能力不断提高。坚决执行党的离退休政策，做好“两费”的落实与监督，保证离退休人员待遇。加强机关离退休党总支建设，发挥好党支部在政治学习、沟通情况、凝聚人心、传递信息方面的重要作用。提高活动站管理水平，做好服务，支持老年文艺团体开展活动，丰富老年生活。

3. 安全生产取得新的成效。一年来，认真贯彻党中央、农业部和院党组关于加强安全生产工作的指示精神和重大工作部署，在分析和研究我院安全生产面临的形势和任务的同时，通过加强组织领导、落实安全责任制、完善规章制度、加强监督检查等措施，把我院安全生产工作各项措施落到实处，全年召开安全生产工作会议 3 次，组织安全生产检查、自查 4 次，成功组织开展了“安全生产月”活动、安全生产“百日督查”活动，以实际行动保证了奥运期间的安全稳定，为广大干部职工营造了良好的工作生活环境，得到了农业部、北京市各级领导的好评。

4. 积极稳妥地做好出国（境）人员审查等工作。一是严格按照文件要求，把好我院出国（境）人员的政治审查关，确保出国（境）人员的政治素质和思想品质，维护国家的声誉和形象，先后办理因公出国（境）人员政治审查 446 人次，因公出国（境）免审人员备案 338 人次，办理因私出国（境）人员审查 38 人次。组织开展了出国（境）审查自查工作，并按照农业部要求，完成出国（境）人员备案登记表信息重新录入工作；二是做好流动调配工作。2008 年全院共接收 227 名高校毕业生（含 4 名国外留学人员），其中博士 82 人，硕士 130 人，本科 15 人。办理了 9 人解决夫妻分居调配偶进京的材料审核和上报工作；三是严格按照核定的机构编制数，办理了蔬菜所等 16 个单位内设机构的设定及调整的审批工作。办理成立了“科技经济政策研究中心”依托财务局进行管理；四是认真完成院属单位 2007 年度法人年审工作，以及对 7 个院属单位 2007 年度法人年审资质材料的审核工作；五是认真做好中层干部的任免和备案工作。完成了科技局等 9 个单位 11 人次中层干部任免工作：完成了院属 15 个单位 57 人次中层干部职务任免备案工作；六是根据农业部人事劳动司有关文件精神，对 2008 年技术工人评聘工作进行了部署和组织，和院属京区单位一起，做好资格审查和材料把关工作。

回顾过去的一年，我院人事人才工作取得了一定成绩，这主要得益于上级有关部门和院党组的正确领导和大力支持，得益于广大人事干部的密切配合和通力协作。2009 年，我院人事人才工作将继续以党的十七大精神为指导，全面落实科学发展观，围绕我院中心任务，进一步开拓创新，深化改革，发扬人事干部甘于奉献、勇于创新、锐意进取的精神，为全面提升我院自主创新能力，建设现代农业和社会主义新农村做出新的贡献。

中国农业科学院组织机构图

院长、党组书记

副院长

党组副书记、党组成员

院机关

院办公室　科技管理局
人事局　财务局（科技产业发展办公室）
基本建设局　国际合作局
直属机关党委　监察与审计局

后勤服务中心

在京研究所

作物科学研究所
植物保护研究所
蔬菜花卉研究所
农业环境与可持续发展研究所
北京畜牧兽医研究所（中国动物卫生与流行病学中心北京分中心）
蜜蜂研究所
饲料研究所
农产品加工研究所
生物技术研究所
农业经济与发展研究所
农业资源与农业区划研究所
农业信息研究所
农业质量标准与检测技术研究所（农业部农产品质量标准研究中心）

中国农业科学院研究生院

中国农业科学技术出版社（中国农业科学院农业传媒与传播研究中心）

京外研究所

农田灌溉研究所
中国水稻研究所
棉花研究所
油料作物研究所
麻类研究所
果树研究所
郑州果树研究所
茶叶研究所
哈尔滨兽医研究所（中国动物卫生与流行病学中心哈尔滨分中心）
兰州兽医研究所（中国动物卫生与流行病学中心兰州分中心）
兰州畜牧与兽药研究所
上海兽医研究所（中国动物卫生与流行病学中心上海分中心）
草原研究所
特产研究所
农业部环境保护科研监测所
农业部沼气科学研究所
农业部南京农业机械化研究所
烟草研究所

共建单位

柑橘研究所
甜菜研究所
蚕业研究所
农业遗产研究室
水牛研究所
草原生态研究所
家禽研究所
甘薯研究所

中国农业科学院及院属单位领导人员名单

(以2008年12月底在职为准)

院长、党组副书记：翟虎渠
党组书记：薛 亮
副院长：雷茂良 刘 旭 屈冬玉 唐华俊
党组副书记：罗炳文
党组成员：翟虎渠 薛 亮 雷茂良 刘 旭
屈冬玉 罗炳文 唐华俊 贾连奇

院办公室

主任：刘继芳
副主任：汪飞杰 方宜文（兼）

科技管理局

局长：王小虎
副局长：王晓举 戴小枫 袁龙江

人事局

局长：贾连奇（兼）
副局长：郝志强 李增玉

财务局（科技产业发展办公室）

局长（主任）：史志国
副局长（副主任）：吴胜军 潘燕荣 刘瀛弢

基本建设局

局　　　　　　长：付静彬
副　　局　　长：周　霞（女）　刘现武

国际合作局

局　　　　　　长：张陆彪
副　　局　　长：贡锡锋

直属机关党委

书　　　　　　记：罗炳文（兼）
常　务　副　书　记：高淑君（正所级，女）
副　　书　　记：林定根（正所级）
工会常务副主席：胡海涛（副所级）

监察与审计局

局　　　　　　长：张逐陈
副　　局　　长：刘凤彦

后勤服务中心（局）

主任、党委副书记：孟祥云（女）
党委书记、副主任：方宜文
副　　主　　任：孙启刚

作物科学研究所

所　　　　　　长：万建民
党委书记、副所长：张保明
副　　所　　长：王述民　陈新华　齐秀改（女）

植物保护研究所

所长、党委副书记：吴孔明
党委书记、副所长：高士军
副所长：陈万权　邱德文　郑永权

蔬菜花卉研究所

所长、党委副书记：杜永臣
党委书记、副所长：蒋淑芝（女）
副所长：孙日飞（副司级）　张宝玺

农业环境与可持续发展研究所

所长、党委副书记：梅旭荣
党委书记、副所长：栗金池（女）
副所长：李瑞林　张燕卿

北京畜牧兽医研究所（中国动物卫生与流行病学中心北京分中心）

所长（主任）、党委副书记：时建忠
党委书记、副所长（副主任）：袁学志
副所长（副主任）：文　杰
副所长（副主任）、党委副书记：何胜才
副所长（副主任）：王加启

蜜蜂研究所

所长、党委副书记：吴　杰
党委书记、副所长：王　勇
副所长：周　玮　彭文君

饲料研究所

所长、党委副书记：蔡辉益
党委书记、副所长：张步江
副所长、党委副书记：秦玉昌
副所长：齐广海

农产品加工研究所

所长、党委副书记：魏益民
党委书记、副所长：舒文华
副所长：王志东　王　强

生物技术研究所

所长：林　敏
党委书记、副所长：田小薇（女）
副所长：路铁刚

农业经济与发展研究所

所长、党委副书记：秦　富
党委书记、副所长：任爱荣（女）
副所长：王东阳　马　飞

农业资源与农业区划研究所

所长：唐华俊（兼）
党委书记、副所长：王道龙
副所长：张海林　张维理（女）　任天志

农业信息研究所

所长、党委书记：许世卫
党委副书记、副所长：刘　俐（女）

副所长：孟宪学　王文生

农业质量标准与检测技术研究所
（农业部农产品质量标准研究中心）

所长、党委副书记：叶志华
党委书记、副所长：李恩普
副所长：钱永忠
副所长：苏晓鸥

研究生院

院长：翟虎渠（兼）
党委书记、常务副院长：韩惠鹏
党委副书记、副院长：王秀玲（女）
副院长：刘荣乐

中国农业科学技术出版社
（中国农业科学院农业传媒与传播研究中心）

社长、直属党支部副书记：李思经（副所级，女）
直属党支部书记、副社长：林聚家（副所级）
总编：赵庆慧（副所级）

农田灌溉研究所

所长、党委副书记：段爱旺
党委书记、副所长：黄修桥
副所长：温　季　周子奎

中国水稻研究所

所长、党委副书记：程式华
党委书记、副所长：周晓震
副所长：李西明　廖西元
党委副书记：姜仁华

棉花研究所

所长、党委书记：喻树迅
党委副书记、副所长：侯志勇
副所长、党委副书记：李付广
副所长：王坤波

油料作物研究所

所长、党委副书记：王汉中
党委书记、副所长：黄佑安
副所长：王移收　李光明　刘曾保

麻类研究所

所长、党委书记：熊和平
党委副书记、副所长：王朝云
副所长：贺德意　臧巩固

果树研究所

所长：刘凤之
副所长、党委副书记：丛佩华
党委副书记：项伯纯
副所长：程存刚

郑州果树研究所

所长、党委书记：刘君璞
副所长：王志强
党委副书记、副所长：李松章
副所长：方金豹

茶叶研究所

所长、党委副书记：杨亚军
党委书记、副所长：陈　直
副所长：江用文　鲁成银

哈尔滨兽医研究所（中国动物卫生与流行病学中心哈尔滨分中心）

所长（主任）、党委副书记：孔宪刚
党委书记、副所长（副主任）：姜维民
副所长（副主任）：管国忠　魏凤祥　王笑梅（女）　赵国辉

兰州兽医研究所（中国动物卫生与流行病学中心兰州分中心）

所长（主任）、党委书记：才学鹏
党委副书记、副所长（副主任）：白银梅（女）
副所长（副主任）：火德昌　张永光　殷　宏

兰州畜牧与兽药研究所

所长、党委副书记：杨志强
党委书记、副所长：刘永明
副所长：张继瑜　杨耀光

上海兽医研究所（中国动物卫生与流行病学中心上海分中心

所长（主任）：童光志
党委书记、副所长（副主任）：杨　瑾（女）
党委副书记、副所长（副主任）：林矫矫（正所级）
副所长（副主任）：丁　铲

草原研究所

所长、党委副书记：侯向阳
党委书记、副所长：王育青
副所长：徐　柱　陆致成　李志勇

特产研究所

所长、党委副书记：杨福合
党委书记、副所长：沈育杰
党委副书记：董　学
副所长：孙长伟　程世鹏

农业部环境保护科研监测所

所长、党委书记：高尚宾
副所长：李玉浸（正所级）
党委副书记、副所长：牛力平
副所长：唐世荣

农业部沼气科学研究所

所长、党委副书记：李　谦
党委书记、副所长：方　向
副所长：李克伦　胡国全

农业部南京农业机械化研究所

所长、党委副书记：易中懿
党委书记、副所长：曹曙明
副所长：陈巧敏　梁　建

烟草研究所

所长、党委副书记：王元英

党委书记：管　辉
副所长：王树声　张忠锋

蚕业研究所

党委书记：王文义（兼）
常务副所长：张国政
党委副书记：张光明
副所长：李　龙

甜菜研究所

所长：陈连江
党委书记、副所长：韩卫平
副所长：杨　骥　姜志军

柑橘研究所

所长：周常勇（兼）
党委书记：龙　力
常务副所长：陈善春
副书记：邓　烈
副所长：焦必宁　彭良志　钟广炎

农业遗产研究室

主任：王思明

中国农业科学院 2008 年各单位职工情况统计表

（单位：人）

序号	单位	核定编制	在职职工总数	干部			工人						
				小计	行政干部	科技干部	小计	高级技师	技师	高级工	中级工	初级工	普通工人
	全院总计	10 300	7 150	5 176	962	4 214	1 974	10	181	1 234	400	109	40
	机关小计	174	187	186	83	103	1			1			
	京内合计	3 507	2 538	2 145	451	1 694	393	7	98	210	64	5	9
	京外合计	6 793	4 612	3 031	511	2 520	1 581	3	83	1 024	336	104	31
1	院办公室	17	28	28	14	14							
2	科技局	28	28	28	11	17							
3	人事局	25	25	25	13	12							
4	财务局	28	31	34	17	17	1			1			
5	国合局	20	23	23	4	19							
6	基建局	17	17	17	9	8							
7	机关党委	15	16	16	9	7							
8	监审局	15	15	15	6	9							
9	服务中心	216	252	127	79	48	125	1	18	79	26	1	
10	作科所	642	314	261	31	230	53		15	34	3	1	

续表

序号	单位	核定编制	在职职工总数	干部			工人						
				小计	行政干部	科技干部	小计	高级技师	技师	高级工	中级工	初级工	普通工人
11	植保所	252	183	162	21	141	21	1	10	7	2		1
12	蔬菜所	254	194	161	34	127	33	2	9	14	7	1	
13	环发所	161	139	133	27	106	6		2	2	1		1
14	畜牧所	277	155	128	15	113	27		13	14			
15	蜜蜂所	130	96	77	22	55	19	1	7	8	1		2
16	饲料所	120	108	103	12	91	5				3		2
17	加工所	246	90	67	10	57	23		5	16	2		
18	生物所	120	98	93	14	79	5	1	1	3			
19	农经所	130	89	87	15	72	2	1		1			
20	资划所	284	243	231	32	199	12		3	4	4		1
21	信息所	319	217	173	26	147	44		12	20	9	1	2
22	质标所	87	66	63	6	57	3		1	2			
23	研究生院	55	71	58	18	40	13		2	5	6		
24	出版社	40	36	35	6	29	1					1	
25	灌溉所	210	143	98	10	88	45		2	33	10		
26	水稻所	1 270	622	251	46	205	371		14	234	59	56	8
27	棉花所	690	416	192	30	162	224		9	192	23		
28	油料所	323	238	171	22	149	67		2	56	2	7	

续表

序号	单位	核定编制	在职职工总数	干部			工人						
				小计	行政干部	科技干部	小计	高级技师	技师	高级工	中级工	初级工	普通工人
29	麻类所	234	179	94	21	73	85		2	40	42	1	
30	果树所	372	222	109	35	74	113		5	75	31	2	
31	郑果所	245	209	167	28	139	42		3	31	5	3	
32	茶叶所	196	161	126	17	109	35		4	20	6	2	3
33	哈兽研	566	450	301	43	258	149		9	126	3	1	10
34	兰兽研	292	292	246	19	227	46		3	24	15	4	
35	兰牧药	342	210	169	29	140	41			38	2	1	
36	上海兽医	98	120	105	16	89	15				12	3	
37	草原所	275	172	122	20	102	50	3	16	25	2	3	1
38	特产所	692	504	335	58	277	169		2	41	107	16	3
39	环保所	150	123	116	13	103	7			7			
40	沼气所	150	95	84	23	61	11			2	4	1	4
41	农机化所	450	229	184	40	144	45		4	37	1	2	1
42	烟草所	238	184	131	31	100	53		4	38	11		
43	祁阳站		16	13	4	9	3			2	1		
44	德州站		15	13	2	11	2			1		1	
45	廊坊基地		12	4	4	0	8		4	2		1	1

注：1. 以上数据以工资统计口径为准。

中国农业科学院2008年各单位科技人员情况统计表

（单位：人）

序号	单位	科技人员总数	职称情况				学历情况			学位情况		年龄情况						专家情况				
			正高级	副高级	中级	初级及未聘	研究生	大学	大专及以下	博士	硕士	35岁及以下	36岁至40岁	41岁至45岁	46岁至50岁	51岁至54岁	55岁及以上	两院院士	国家级专家	部级专家	政府特贴	百千万人才
	全院总计	4 905	619	1 259	1 813	1 214	2 120	1 735	1 054	1 003	1 286	1 688	738	912	729	575	263	11	7	131	116	40
	机关小计	181	26	72	49	34	78	82	21	26	61	49	31	22	30	26	23	2		5	4	1
	京内合计	2 002	363	616	684	339	1 060	624	322	648	485	563	331	428	320	231	129	9	5	60	73	25
	京外合计	2 903	256	643	1 129	875	1 060	1 111	732	355	801	1 125	407	484	409	344	134	2	2	71	43	15
1	院办公室	26	9	9	5	3	17	5	4	7	8	6	3	5	2	3	7	2		4	3	1
2	科技局	27	7	10	6	4	11	12	4	5	10	5	4	5	8	3	2			1	1	
3	人事局	25	1	13	6	5	7	14	4		10	6	6	1	5	4	3					
4	财务局	34		13	14	7	10	20	4	3	8	13	4	4	6	4	3					
5	国合局	23	7	6	4	6	15	7	1	8	7	7	5	2	3	2	4					
6	基建局	17		9	4	4	7	10		3	6	5	5		3	3	1					
7	机关党委	14		6	6	2	4	7	3		6	3	1	2	1	4	3					
8	监审局	15	2	6	4	3	7	7	1		6	4	3	3	2	3						

续表

序号	单位	科技人员总数	职称情况				学历情况			学位情况		年龄情况						专家情况				
			正高级	副高级	中级	初级及未聘	研究生	大学	大专及以下	博士	硕士	35岁及以下	36岁至40岁	41岁至45岁	46岁至50岁	51岁至54岁	55岁及以上	两院院士	国家级专家	部级专家	政府特贴	百千万人才
9	服务中心	48		3	38	7	1	20	27			3	17	8	13	6	1					
10	作科所	250	70	88	73	19	130	71	49	101	49	33	39	80	47	28	23	2	1	10	16	6
11	植保所	162	37	58	45	22	104	34	24	87	24	37	30	37	24	26	8	2	1	9	10	2
12	蔬菜所	156	27	40	52	37	63	58	35	36	39	47	30	19	27	18	15	1	1	5	9	1
13	环发所	133	22	36	40	35	84	25	24	48	30	44	16	29	23	13	8			4	3	2
14	畜兽所	126	29	38	44	15	76	37	13	62	14	40	18	34	14	11	9	1		8	8	6
15	蜜蜂所	74	7	19	31	17	24	45	5	8	25	35	7	13	11	6	2					
16	饲料所	103	14	29	46	14	66	24	13	30	36	39	25	21	8	6	4			4	3	2
17	加工所	67	9	19	26	13	34	17	16	16	18	17	10	14	9	12	5				1	
18	生物所	93	18	27	26	22	57	27	13	45	17	25	21	18	17	8	4	1	1	3	4	4
19	农经所	82	21	28	26	7	52	25	5	39	12	19	12	21	16	9	5			1	2	
20	资划所	218	41	64	84	29	150	51	17	94	55	73	37	47	31	23	7		1	8	10	1

续表

序号	单位	科技人员总数	职称情况				学历情况			学位情况		年龄情况						专家情况				
			正高级	副高级	中级	初级及未聘	研究生	大学	大专及以下	博士	硕士	35岁及以下	36岁至40岁	41岁至45岁	46岁至50岁	51岁至54岁	55岁及以上	两院院士	国家级专家	部级专家	政府特贴	百千万人才
21	信息所	173	19	59	58	37	66	65	42	32	47	49	21	34	36	29	4			2	1	
22	质标所	63	9	15	25	14	33	24	6	13	22	29	9	12	2	5	6				1	
23	研究生院	40	10	11	11	8	24	13	3	8	21	13	5	13	4	3	2			1	1	
24	出版社	33	4	10	10	9	18	6	9	3	15	11	3	6	8	2	3					
25	灌溉所	98	10	24	31	33	31	44	23	7	25	35	8	20	24	6	5			4	1	
26	水稻所	235	24	52	98	61	110	72	53	55	57	77	32	52	40	21	13		1	5	3	3
27	棉花所	186	17	53	74	42	37	92	57	21	30	39	37	52	33	19	6		1	7	4	2
28	油料所	171	19	47	91	14	85	35	51	40	40	57	15	40	22	27	10			15	7	2
29	麻类所	73	11	16	19	27	27	34	12	7	27	37	5	16	7	6	2			2	1	
30	果树所	88	8	16	30	34	34	25	29	4	30	36	12	7	16	10	7			1		
31	郑果所	167	13	41	75	38	49	61	57	7	48	61	14	29	31	25	7			4		
32	茶叶所	122	12	30	48	32	33	61	28	8	36	50	29	19	15	6	3	1		3	1	

续表

序号	单位	科技人员总数	职称情况				学历情况			学位情况		年龄情况						专家情况				
			正高级	副高级	中级	初级及未聘	研究生	大学	大专及以下	博士	硕士	35岁及以下	36岁至40岁	41岁至45岁	46岁至50岁	51岁至54岁	55岁及以上	两院院士	国家级专家	部级专家	政府特贴	百千万人才
33	哈兽研	301	25	48	125	103	117	113	71	48	69	132	50	32	37	32	18	1		2	4	2
34	兰兽所	242	19	40	102	81	97	109	36	36	78	121	39	35	23	15	9			5	4	2
35	兰牧药	163	10	45	64	44	67	50	46	17	50	58	18	31	29	19	8			3	1	
36	上兽所	98	13	19	40	26	49	38	11	26	29	57	19	10	4	7	1			5	3	3
37	草原所	120	11	41	32	36	43	61	16	15	40	35	6	22	29	22	6			3	2	
38	特产所	335	15	42	117	161	101	117	117	20	81	131	58	47	45	46	8			4	4	
39	环保所	103	9	16	41	37	83	11	9	24	59	51	18	10	12	8	4					
40	沼气所	70	8	18	14	30	22	37	11	4	17	28	7	7	11	11	6			2	1	
41	农机化所	180	16	53	66	45	29	98	53	3	35	63	23	29	17	39	9			3	2	
42	烟草所	131	15	34	55	27	42	42	47	13	46	52	17	23	11	19	9			3	5	1
43	祁阳站	9		3	4	2	2	4	3		2	3		2	1	1	2					
44	德州站	11	1	5	3	2	2	7	2		2	2		1	2	5	1					
45	廊坊基地																					

中国农业科学院
2008 年各单位离退休人员情况统计表

（单位：人）

序号	单位	离退休人员情况							中共党员数	高级专业技术职务	
		小计	离休	退干	工人	退养	退职	街道代管		研究员	副研究员
	全院总计	5 486	300	3 141	1 879	65	64	37	1 875	821	1 221
	京内小计	1 925	134	1 431	275	48	3	34	869	459	596
	京外小计	3 561	166	1 710	1 604	17	61	3	1 006	362	625
1	院机关	363	48	193	80	26	2	14	205	43	66
2	作物所	333	20	258	48	3		4	146	94	111
3	植保所	158	10	109	32	4		3	51	38	42
4	蔬菜所	135	9	96	26	1		3	57	35	40
5	环发所	75	5	69		1			35	25	30
6	畜牧所	156	6	118	24	6		2	58	37	42
7	蜜蜂所	79	2	66	9			2	37	18	26
8	饲料所	10		10					5	6	1
9	加工所	123	3	103	15	1	1		53	26	44
10	生物所	10		7	3				4	4	1
11	农经所	50	3	46	1				33	20	21
12	资划所	191	11	163	9	4		4	68	42	91
13	信息所	177	13	138	23	1		2	84	41	68
14	质标所	17		17					10	10	4

续表

序号	单位	离退休人员情况							中共党员数	高级专业技术职务	
		小计	离休	退干	工人	退养	退职	街道代管		研究员	副研究员
15	研究生院	30	4	21	4	1			15	10	7
16	出版社	18		17	1				8	10	2
17	灌溉所	111	10	73	27		1		44	19	38
18	水稻所	636	4	131	483		18		122	34	34
19	棉花所	353	9	120	221		3		68	28	30
20	油料所	201	7	85	107			2	64	20	34
21	麻类所	104	3	38	57	6			38	9	13
22	果树所	216	9	101	103	3			68	15	32
23	郑果所	120	14	63	42		1		38	11	30
24	茶叶所	120	4	73	32	2	8	1	47	24	31
25	哈兽研	306	27	143	136				党关系转社区	33	52
26	兰兽研	159	9	104	44		2		46	31	39
27	兰牧药	173	14	133	26				64	32	57
28	家寄所	59	4	45	10				28	13	13
29	草原所	124	5	97	22				56	23	27
30	特产所	321	14	145	153		9		72	14	39
31	环保所	92	6	70	15		1		48	15	33
32	沼气所	92	2	80	10				47	7	37
33	农机化所	222	17	149	50	6			97	21	67
34	烟草所	146	8	57	63		18		59	13	17
35	廊坊、德州站、祁阳站	6	0	3	3					0	2

中国农业科学院关于公布2007年度晋升专业技术职务任职资格人员名单的通知

农科院人〔2008〕117号

我院2007年度晋升专业技术职务任职资格人员已经农业部人事劳动司备案批复（农人技函〔2008〕7号），现将人员名单予以公布（见附件）。

2007年度晋升高级专业技术职务人员的任职资格时间自2008年1月17日院高级专业技术职务评审委员会评审通过之日起计算（其中水稻所、哈尔滨兽医所晋升副高级专业技术职务人员的任职资格时间自本所评委会评审通过之日起计算）；晋升中级专业技术职务人员的任职资格时间自你单位中级专业技术职务评审委员会评审通过之日起计算（其中初聘人员自办理初聘手续之日起计算）。

请你单位接通知后，按照岗位需要和有关规定办理相关聘任手续。

附件：院属单位2007年度晋升专业技术职务任职资格人员名单

二〇〇八年四月二十一日

附件：

院属单位 2007 年度晋升专业技术职务任职资格人员名单

作科所

研 究 员：苏 宁　韩敬花
编　　审：姚 杰
副研究员：陈 明
高级农艺师：王德森
副 编 审：陈丽娟

资划所

研 究 员：李书田　屈宝香
副研究员：李兆君　杨 鹏　李建平　李秀英
高级农艺师：马卫萍　秦道珠
助理研究员：张 晴　张建峰

质标所

研 究 员：顾君华
副研究员：宋 荣　汤晓艳
助理研究员：田 静　郑床木　李 耘　杨 锚　邵 华　魏书林
邱 静

植保所

研 究 员：蒋细良
编　　审：高洪荣
副研究员：杨代斌　郭立华　王恩东
助理研究员：张燕宁

实　验　师：陈长风

郑果所

研　究　员：刘文革
副研究员：郭俊英　张金勇
副　编　审：张　莉
助理研究员：乔书瑞

沼气所

研　究　员：邓良伟　尹小波
工　程　师：李晋梅

院机关

研　究　员：张逐陈　申和平　文　学　冯东昕
副研究员：钮一成　汪学军　闫长青　周月萍　李建才
高级工程师：蒋大雄
助理研究员：董　莘　治　莹　季　勇　李　锋　董照辉　熊明民
翟　琳
工　程　师：谢志刚

油料所

研　究　员：张秀荣
副研究员：危文亮　王新发　董彩华
助理研究员：李先容　王力军　毛　晗　余　波　黄军艳　邓乾春
胡志勇　谭美莲　魏　芳　张　奇　刘　静　曹应龙
闫晓红
实　验　师：李凯文

研究生院

研　究　员：许　雷
副研究员：潘东芳

助理研究员：杨建玲

烟草所

研　究　员：石　屹　徐宜民
副 研 究 员：许立峰　窦玉青
助理研究员：宁　阳　孙　鹏　王新伟　杨爱国　李凤霞
实　验　师：吴元华（套改）

牧医所

研　究　员：曹文广　陈继兰
副 研 究 员：吕　林　杜卫华　高　雪　唐中林（博后）　李善刚（博后）
助理研究员：何　峰　吴莹莹　赵连生　何晓红　浦　华　赵倩君
　　　　　　张龙超

信息所

研　究　员：张蕙杰
研 究 馆 员：颜　蕴
副 研 究 员：王　丹　王启现　曲春红　张　莉
助理研究员：吴丹丹　陈卫平　潘月红　李辉尚

特产所

研　究　员：闫喜军
副 研 究 员：魏云洁　常忠娟　齐俊生　王金和
高级工程师：许爱华
助理研究员：王志清　王　雷　孙红梅　吴　琼
农　艺　师：许世泉

饲料所

研　究　员：刘国华
副 研 究 员：孟　昆　武书庚
助理研究员：岳洪源　乔　宇　柏映国　郑爱娟　孙冬岩

水稻所

研　究　员：杨仕华　魏兴华
编　　　审：李　建
副研究员：陈惠哲　应杰政　沈希宏　邵国胜
高级实验师：余汉勇
助理研究员：张克勤　施勇烽　夏小东　焦桂爱　季芝娟　周勇军
朱练锋　职桂叶　朱　丽
实　验　师：颜美仙
会　计　师：胡幼华

蔬菜所

研　究　员：葛　红　尚庆茂
副研究员：王怀松　王少丽
副　编　审：陈　洁
助理研究员：靳　松　王福建　国艳梅　武　剑　李　颖　王　烨
孔德男

生物所

研　究　员：陈　明
副研究员：王旭静
高级实验师：李刚强
助理研究员：张　兰　张执金　唐巧玲

上兽所

研　究　员：冯新港
副研究员：胡青海　周　杰
助理研究员：王　米　张可煜

农经所

研　究　员：朱立志　朱晓峰

副 研 究 员：杨东群　邢　鹏　赵一夫　卢向虎（博后）
任荣华（博后）　李红梅（博后）
助理研究员：王　艳　刘　剑　周　蓓

农机所

研　究　员：吴　萍
编　　　审：杨正梅
副 研 究 员：胡良龙　金诚谦　肖体琼
助理研究员：李德权　王海鸥

牧药所

研　究　员：张继瑜
副 研 究 员：梁春年　程富胜　张继勤
高级实验师：张书诺
助理研究员：张怀山　吴晓睿　田福平　魏小娟

棉花所

研　究　员：宋国立　崔金杰
副 研 究 员：张永山　李亚兵　潘登明
助理研究员：冯文娟　姚金波　黄　群　雷亚平　雒珺瑜　赵云雷
吴建勇

蜜蜂所

研　究　员：石　巍
副 研 究 员：李海燕　李　熠　张红城
助理研究员：童越敏　薛晓锋

麻类所

研　究　员：王玉富
副 研 究 员：朱爱国
助理研究员：程超华　戴志刚

兰兽所

研　究　员：常惠芸　张云德
副 研 究 员：周继章　郭建宏　殷相平　高世杰
助理研究员：高金亮　尹双辉　邵军军　翟国元　林　密　侯俊玲
田占成　靳　野　陈苗苗　颜新敏　吴国华　杨生海
王　萍　吕建亮　黄立军
实　验　师：刘　强　马米玲
工　程　师：李晓斌

加工所

副 研 究 员：李春红
实　验　师：刘春旭

环发所

研　究　员：钟秀丽
副 研 究 员：王春艳　龚道枝　刘文科　万运帆　王迎春　包　菲
实　验　师：张燕荣
编　　　辑：高志平（套改）

环保所

研　究　员：杨殿林
副 研 究 员：郑向群　高尚宾
高级实验师：战新华
助理研究员：王　璐　陈　凌　师荣光　袁志华　黄治平　王瑞刚
丁永祯　杜会英　刘　申　修伟明

哈兽所

研　究　员：冯　力　孙建宏
副 研 究 员：刘怀然　周艳君　刘家森　原魁章　郭兴福
高级实验师：赵立平

助理研究员：于海波　张超范　王淑杰　吴春艳　危艳武　彭永刚
刘春国　韩宗喜　陈　艳　张艳萍　张兆军　刘景利
魏传革　张　伟
会 计 师：南海龙

果树所

研 究 员：王文辉　聂继云
副研究员：康国栋　杨振锋　李　静
助理研究员：王海波　田路明
实 验 师：李武兴

灌溉所

副研究员：张寄阳　李金山
助理研究员：李　平　刘小飞　卢闻航

出版社

编　　辑：徐平丽　孙宝林

茶叶所

编　　审：朱永兴
副研究员：石元值　汪庆华
助理研究员：张必正　张织珍　陈瑞鸿　谭俊峰　陈　直（套改）
农 艺 师：金建忠　章志芳

草原所

研 究 员：闫志坚
副研究员：胡卉芳
高级实验师：萨　仁
助理研究员：苗得威

中国工程院院士、我院茶叶所研究员 陈宗懋喜获“中华农业英才奖”

4月22日，“中华农业英才奖”表彰大会在北京举行。中国工程院院士、我院茶叶所研究员陈宗懋获此殊荣，并作为获奖代表在大会上作了发言。中共中央政治局委员、国务院副总理回良玉出席会议并为获奖者颁奖。来自全国的10位农业科技工作者荣获本届中华农业英才奖。

陈宗懋研究员是我国首位茶学院士，开创了茶叶农药残留和茶园化学生态学研究新领域。自1954年大学毕业至今，54年如一日，踏踏实实、勤勤恳恳地工作在科研一线，为我国茶学事业发展做出了杰出贡献。先后获得国家科技奖励4项、省部级科技奖励5项、专利1项。获“全国优秀科技工作者”、“全国农业环保先进工作者”、“浙江省农业科技先进个人”荣誉称号和“中华农业科教贡献奖”。曾四次代表中国政府参加FAO（联合国粮农组织）政府间茶叶会议。

陈院士现任联合国食品法典农药残留委员会主席、国际茶叶学会副主席、中国茶叶学会名誉理事长、国家农产品质量安全风险评估专家委员会副主任委员等职务。曾任第六届、第七届全国人大代表和五届、六届中国茶叶学会理事长。

“中华农业英才奖”是农业部贯彻落实中央人才强国战略的重要举措，是对在农业科技进步和科技成果转化方面做出突出贡献的农业人才的重大奖励。该奖从2005年设立至今，进行了2届评选，我院共有3人当选。他们是我院全体科技人才的优秀代表，他们的当选，必将激励我院广大科研工作者更加奋发图强、扎实工作，为我国农业科技事业发展和社会主义新农村建设做出更大的贡献。

关于公布 2008 年度享受政府特殊津贴专家名单的通知

农科办人〔2009〕40 号

院属各单位、院机关各部门：

根据人力资源和社会保障部《关于做好 2008 年政府特殊津贴有关工作的通知》（人社部发〔2009〕22 号），我院朱昌雄等 5 位同志经国务院批准，享受 2008 年度政府特殊津贴，现予公布（名单见附件）。

根据《中共中央办公厅、国务院办公厅转发〈中央组织部、中央宣传部、中央统战部、人事部、财政部关于改革和完善政府特殊津贴制度的意见〉的通知》（中办发〔2004〕20 号）的有关规定，享受政府特殊津贴专家每人一次性发放 20 000元，免征个人所得税。

开展政府特殊津贴工作是实施人才强国战略的一项重要举措，对于促进农业高层次人才队伍建设具有重要的推动作用。各单位要认真做好宣传、管理和服务等工作，特别是在研究所学科建设、项目争取、人才培养等方面，要充分发挥享受政府特殊津贴专家的作用，激励和引导广大专业技术人员为农业和农村经济建设做出更大的贡献。

附件：2008 年度享受政府特殊津贴专家名单

二〇〇九年三月十一日

附件：

2008年度享受政府特殊津贴专家名单

农业环境与可持续发展研究所：朱昌雄
农业信息研究所：许世卫
北京畜牧兽医研究所：罗绪刚
棉花研究所：王坤波
蜜蜂研究所：刘福秀

资源区划所徐明岗、蔡典雄研究员荣获周光召基金会“农业科学奖”

在第十届中国科协年会上，我院农业资源与农业区划研究所祁阳红壤试验站站长徐明岗研究员和洛阳旱地农业试验站站长蔡典雄研究员荣获周光召基金会首次颁发的“农业科学奖”。全国只有 7 位专家获此殊荣。

周光召基金会是由全国人大常委会原副委员长，中国科协名誉主席周光召院士和香港实业家钟健国先生共同倡议建立的。其宗旨是从中国国情出发，关注和奖励在中国科技、经济和可持续发展过程中起关键作用以及重要但目前尚未得到社会足够重视的领域中做出重大贡献的科技人员；关注和奖励奋斗在艰苦环境和第一线，献身科学，敢于超越，崭露头角，有远大发展前景的青年科技人员。奖励领域包括：基础学科、能源、资源环境、信息、人口健康、农业、材料和其他重要但尚未得到社会重视的领域。每年奖励一次，每次挑选几个领域，奖励其中成绩优异的科学家和科研团队。

资源区划所何萍研究员荣获第八届中央国家机关“十大杰出青年”称号

2008 年 12 月 20 日，纪念改革开放 30 周年论坛暨第八届中央国家机关“十大杰出青年”颁奖典礼在北京举行，中国农业科学院资源区划研究所何萍研究员获得中央国家机关“十大杰出青年”称号。

她长期从事作物营养和肥料高效利用研究。立足学科发展前沿，把握国家重大需求，在植物营养生理和作物高效施肥领域开展创新研究，为我国粮食安全与资源高效利用提供了强大科技支撑。获省部级科技进步一等奖 2 项，二等奖 2 项；研究论文或学术报告在全国性学术会议上获奖 5 次。主持国家“973”项目 1 项、国家自然科学基金项目 3 项、国际合作项目 1 项；发表学术论文 40 余篇，其中 SCI 源刊论文 12 篇，培养研究生 6 名。

油料所特聘专家赫尔马 · 索恩森荣获 2008 年度国家“友谊奖”

中国农业科学院油料作物研究所特聘丹麦籍专家、国际合作伙伴赫尔马 · 索恩森教授荣获中国国家“友谊奖”，并应邀出席了在人民大会堂举行的颁奖大会，受到温家宝总理的亲切接见。

“友谊奖”是中国政府为在我国经济建设和社会发展中做出突出贡献的外国专家设立的，是中国政府授予外国专家的最高荣誉奖项。赫尔马 · 索恩森教授获此殊荣，标志着我国油料科技国际交流与合作取得重大进展。

赫尔马 · 索恩森教授是第十一届国际油菜大会主席、丹麦哥本哈根大学资深教授，长期从事油菜等十字花科质量安全品质分析与检测技术研究，首次建立了油脂超临界分离与检测、双低油菜绿色分离与炼制、毛细管电泳测定油菜完整硫苷技术等国际领先农产品质量安全检测与评价技术，是国际知名权威油料品质检测专家。

1991 年以来，赫尔马 · 索恩森先生一直与我院油料所保持着友好密切的合作关系，先后 5 次来油料所开展学术交流和合作研究，为我国提供了大量油料质量安全稀有标准化合物，不仅在学术上给予指导和帮助，同时也为我国油料质量安全检测与评价技术领域培养了国际油菜咨询委员会理事等大量高素质人才，推动了适合我国国情农产品的质量安全速测技术与仪器的研发、双低油菜全程质量控制标准体系的建立和我国油料质量安全检测机构与国际接轨。

中国农业科学院引进国外智力工作取得突出成绩

2009 年 1 月 15 日，全国引智系统先进集体和先进工作者表彰大会在京举行。中国农业科学院以及院油料作物研究所、水牛研究所荣获国家引进国外智力先进单位，畜牧研究所许尚忠研究员和植物保护研究所张泽华博士荣获引进国外智力先进个人光荣称号。

我院自 1993 年参加国家外专局引智相关工作以来，高度重视农业科技引智工作，连续 15 年执行了“引进国外技术和管理人才项目计划及其示范项目”、“出国（境）培训项目计划”等，共计 286 项，内容涉及农作物和畜牧种质资源引进及新品种培育、农作物栽培及病虫害防治技术、生物技术、喷灌和种子加工等仪器设备的引进等。更重要的是，通过外专局项目，发现和引进了一批在国外有建树的专业人才，在我院相关科研领域与国际前沿接轨方面起到了不可替代的作用。此外，国家外国专家局还在我院相关研究所建立了 6 个“引智成果示范推广基地”，这些基地加速了引智成果的消化、吸收和再创新，极大地推动了农业科学技术转化为生产力的进程。

中国农业科学院被授予
首批“海外高层次人才创新创业基地”

2008 年 12 月 28 日，中央人才工作协调小组在北京召开“引进海外高层次人才工作会议”。本次会议的主题是贯彻落实科学发展观，深入实施人才强国战略，加大海外高层次人才引进工作力度。中央政治局委员、中央书记处书记、中央组织部部长、中央人才工作协调小组组长李源潮同志出席会议并作重要讲话。中组部副部长李智勇主持会议并介绍了《中央人才工作协调小组关于实施海外高层次人才引进计划的意见》，人保部、教育部、科技部、国资委、人民银行等有关负责同志出席会议并讲话，神华集团、清华大学负责同志作了人才引进工作的经验介绍。

会上授予了中国农业科学院等 20 家单位建设第一批“海外高层次人才创新创业基地”。翟虎渠院长出席会议并参加了首批“海外高层次人才创新创业基地”的授予牌仪式。

中国农业科学院一贯坚持“支持留学、鼓励回国、来去自由”的人才政策。从 1980 年至今，全院先后选派、接收和引进各学科领域的留学、短期进修与合作研究的科技人才 2 100余人，其中攻读学位的有 480 余人，进行短期进修和从事合作研究的有 1 100多人。特别是 2002 年启动的“杰出人才工程”，加大了对优秀海外留学人才的吸引力度，从美国等主要发达国家引进高层次人才 69 人，占 32%，高层次人才队伍建设取得显著成效。2003 年 9 月，我院被中组部、人事部、科技部等六部委联合评为全国留学回国人员先进单位。通过国家和上级有关部门的大力支持和我院持续不断的引进与培养，我院涌现出一大批优秀留学回国专家和团队，为全面提高我国农业整体科技水平、学术创新能力和解决农业发展过程中的关键性问题发挥了重要作用。中国农业科学院已成为留学回国人才的创业乐园。

关于印发中国农业科学院科技创新团队建设工作汇报会议纪要的通知

农科院人〔2008〕27号

院属各单位、院机关各部门：

为贯彻落实《中共中国农业科学院党组关于加强科技创新团队建设的意见》精神，大力推进以院引领、以所为主的科技创新团队建设工作，近日，我院召开了科技创新团队建设工作汇报会。会议对团队建设工作进行了交流研讨，翟院长作了重要指示。现将会议纪要印发给你们，请认真学习，并贯彻落实有关指示精神。

二〇〇八年一月二十四日

以院引领、以所为主，大力推进科技创新团队建设

——中国农业科学院科技创新团队建设工作汇报会议纪要

1 月 15 日晚，我院科技创新团队（以下简称团队）建设工作汇报会在京举行。会议的主要任务是听取部分研究所团队建设工作汇报，讨论交流团队建设思路与方法，进一步明确团队建设目标与任务。院团队建设工作领导小组组长翟虎渠院长、副组长刘旭副院长、贾连奇局长，小组成员雷茂良副院长、屈冬玉副院长、罗炳文副书记、唐华俊副院长出席会议，院属各研究所所长、部分共建所所长以及机关各部门负责人参加了会议。翟虎渠院长主持会议并作重要讲话。会议主要内容纪要如下。

一、部分研究所进行了团队建设工作汇报

会议听取了作物科学所、植物保护所、北京畜牧兽医所、水稻所、哈尔滨兽医所等所长对本所团队建设情况汇报。他们围绕本所优势、重点学科和新兴研究领域，结合在长期科研实践中积累的人才力量、科研实力、创新优势、平台条件等，分别提出了本所拟重点建设的若干创新团队，明确了重点建设团队的学科领域、带头人、骨干成员、依托平台、发展目标与步骤等，综合分析了各团队在学科研究方向、人才储备、成果储备、科研平台条件、团队建设薄弱环节等方面情况，提出了团队建设的目标任务和预期成果等。

5 个研究所围绕优势研究领域，提出了 23 个重点建设的团队，分别涉及作物种质资源、功能基因组学、育种与栽培；植物保护；动物种质资源、育种与养殖；兽医生物技术领域。团队首席科学家大多是院一级、二级岗位杰出人才，具有较高的学术造诣；隶属本单位的团队骨干成员年富力强，具有较合理的人才梯次结构，人数从几人到几十人不等，有些团队还依托项目联合了国内一些科研机构和大学的专家骨干，形成了以所内人员为主同时适当联合外部同行专家，既稳定又开放互动的团队格局；团队拥有一流的研究条件和精良的实验设施，获得了一批重大项目支持，任务饱满，经费充足；团队已取得一定的科研和学术成就，在本学科领域中具有一定的学术地位和影响力，居于国内领先地位。

在分析了团队基础条件的同时，他们对各个团队的优劣势也进行了分析，优势一般

体现为：一是团队主要成员大多在40～50岁，年富力强，具有丰富的工作经验和较强的工作能力，处于创新的黄金时期；二是科研经费相对充足；三是条件设施相对完备。劣势集中表现在：目前已有一定基础的团队仍偏“少”偏“弱”，在同行中具有较高知名度、在国内外学术界有一席之地的团队更少；缺少具有影响力的团队领军人物；缺乏理论基础扎实和实验技能强的青年科研人才，特别是学科交叉型人才；团队基础研究和学术积累薄弱，经费支持不稳定；团队凝聚力不强，评价激励机制不完善，存在急功近利现象等。

对重点建设的团队，各所提出了未来3～5年内的预期成就，将形成内部结构合理、与国内外密切合作、具有持续创新能力的创新团队，培育国家级奖励成果，发表SCI源研究论文和高水平、具有重大影响的研究论文，在学科领域内不仅居于国内领先地位，还要跃居世界领先地位。

各汇报单位对院在团队建设工作方面提出的相关建议有：对团队中的骨干成员在专业技术职务评聘、相关课题申报、人才培养等方面要给予重点支持和倾斜；要有计划、有重点地选派团队成员到国内外知名大学、科研机构进行合作研究和交流；进一步完善团队考核评价体系和激励机制，并对各团队在重大项目申报和科研平台的建设上给予大力支持；制定相应政策，解决团队科辅人员数量不足和人员不稳定的问题。

二、与会领导进行了交流与探讨

各所所长结合本所的具体情况和各自的认识，围绕团队的形成、组建基础与规模、管理运行机制、考核评价机制以及《院优秀科技创新团队遴选办法》（征求意见稿）等团队建设热点问题展开了热烈讨论。

针对以什么为基础组建团队，大家各抒己见。目前科研活动的基本单元大多数是以课题组为单位，实行课题组负责制，其人员规模相对较小，大多两三个人，有的甚至是一个导师带着几个学生在开展课题研究；在一个研究所内，“小”而“散”的课题很多，各自为战，缺乏相互之间的协作与交流，没有形成合力与拳头，在很大程度上制约了整体优势的发挥。团队建设应以学科为纽带，围绕学科建设和国家经济发展需求，要有明确的学科方向，按照我院规划的九大学科群、41个一级学科、173个二级学科来整合科研力量；一个有效的团队，是在长期协作基础上自然形成的有机体，经费统一使用，成果、信息、知识产权、平台条件等资源共享，形成具有特色的创新文化，不能简单地组装、打包。

围绕团队的管理运行机制问题，所长们普遍认为，应实行团队首席科学家负责制，建立新的运行机制，提供强有力的支撑，如果一个个团队是钉子，那么管理就像榔头，有效的管理运行机制，会促进团队的形成和发展；要形成开放的、流动的管理机制，可以吸收大学的同行专家加入我们的团队；要建立适合团队建设发展的考核机制，以目标任务为考核内容，实行任期考核。

三、翟虎渠院长作重要讲话

翟院长指出，学习贯彻党的十七大精神，走中国特色农业现代化道路，必须加快推进农业科技创新，需要不断凝聚、培养高层次人才，培育高水平成果。因此，2007 年，在实施“杰出人才工程”的基础上，院党组决定“十一五”及今后较长时期在全院实施“科技创新团队建设工程”。这是我院实施“人才强院”战略的又一重大举措，目的是通过以院引领，以研究所为主的持续建设，在全院形成 100 个左右主攻方向明确、特色鲜明、竞争有力、影响广泛、潜力巨大的创新团队，院从其中遴选 20 个左右优秀团队进行重点支持建设，从而大幅度增强我院科技创新能力。翟院长特别强调要明确三方面的认识：

第一，团队建设应是以所为主，所长是团队建设的第一责任人，所领导要站在出成果、出人才和长远发展、兴衰成败的高度来认识团队建设的重要性和必要性，不要只看眼前，小富即安，如果仍然习惯性地单打独斗，长此以往，不形成合力，不形成拳头，是没有竞争力的，更是没有发展前途的。这一点所领导必须要有清醒的、足够的认识。院里把团队建设作为“十一五”的重点工作来抓，主要是号召和引领，各所要认真分析本所现状，积极谋划，统筹规划，积极推进，抓好落实，要增强危机感和责任感，不要心存“等、靠、要”的思想。

第二，对于团队的组织形式、规模大小可以不拘一格，要有明确的研究方向，要服务国家发展战略需求和经济发展需要，要有利于单位的发展，积极引导相同、相近学科研究方向的科技人员形成团队，拧成一股绳，形成合力，共同解决重大技术问题；对于过于分散的研究力量，要采取有效措施，推动整合，加强协作，切实推进本所团队的形成和发展；团队的人员组合既可以是所内的人员，也可以跨所组合，还可以聘请院外人员加入，但要立足本所现有人才，要以所为主，以我为主；同时，要立足本所重点优势学科，重点抓几个团队的建设，不要贪多求快。

第三，要坚持“学科引领、资源优化、重点突出、整体带动”的原则，院所两个层面共同促进团队建设，全院各所共建设 100 个左右，院从中遴选 20 个左右重点建设；“杰出人才工程”并没有结束，从院的层面人才招聘不统一组织了，并不是说人才引进就停止了，各所要根据各自的实际需求，继续下大力气从国内外引进需要的人才，院里积极提供帮助；团队建设和学科建设是相互联系、相辅相成的，抓团队建设要同抓学科建设一样下大力气，要抓出成效；通过持续不断的建设，我院的优势、特色、重点学科一定会得到大发展，德才兼备的学科领军人才会得到锻炼和培养。这样，才能切实提高我院的自主创新能力，为现代农业建设提供更加有力的支撑。

关于印发《中国农业科学院优秀科技创新团队管理办法》的通知

农科院人〔2008〕45号

院属各单位、院机关各部门：

为贯彻落实《中共中国农业科学院党组关于加强科技创新团队建设的意见》精神，加快实施“科技创新团队建设工程”步伐，大力推进以院引领、以所为主的科技创新团队建设工作，加强优秀科技创新团队的建设、遴选和管理工作，现印发《中国农业科学院优秀科技创新团队管理办法（试行）》。

请院属各单位根据学科和人才队伍建设的现实和发展需求，积极做好本单位科技创新团队的建设和优秀科技创新团队的推荐工作。

二〇〇八年二月十四日

中国农业科学院优秀科技创新团队管理办法

（试行）

第一条　根据《中共中国农业科学院党组关于加强科技创新团队建设的意见》，为促进科技创新团队建设，加强优秀科技创新团队的建设、遴选和管理，特制定本办法。

第二条　优秀科技创新团队应是以学科领军人物为核心，以科研骨干为主体，以专业人才和科研辅助人员相配套，优势互补，团结协作，稳定从事农业基础与应用基础研究、高新技术研究、关键技术攻关、技术集成与示范推广等的紧密型创新研究群体。

第三条　优秀科技创新团队应是在长期合作基础上自然形成的，或者是围绕某一学科领域，经过有机整合和科学组织而形成的，或是整建制引进成熟的研究群体。

第四条　我院科技创新团队建设工作遵循"学科引领、资源优化、重点突出、整体带动"的原则，通过以院引领、以研究所为主的持续建设，力争通过 5 年的努力，在研究所重点建设 100 个左右科技创新团队的基础上，院分批遴选 20 个左右优秀科技创新团队予以重点建设。

第五条　优秀科技创新团队应具备以下基本条件。

（一）有明确的研究目标和稳定的研究方向。以国家和院中长期科技发展规划为目标，对农业科技重大问题持续开展创新性研究和重大技术攻关。

（二）有良好的科研平台条件。以国家、部门重点实验室、改良中心、工程中心、检测中心、试验台站等为创新平台，以良好的科研环境为创新支撑。

（三）有良好的科研工作基础和发展潜力。以承担国家和省部级重点科研项目、重大国际合作项目为载体，3 年内获得过国家级或省部级的成果奖励，或取得能够产生重大影响和经济效益的国家授权发明专利，或通过国家（省部）级的新品种审定，发表过高水平研究论文或出版过学术专著。

（四）有能够引领学科发展的首席科学家，已经初步形成稳定、紧密的研究队伍。骨干人员原则至少 5 人，固定人员不少于 8 人，具有合理的学缘结构、职称结构和年龄结构，既要各自有明确的研究方向，又要与团队的总体研究方向相一致，能够通过协作承担国家级和省部级重大科研项目。

第六条　首席科学家要具备以下条件。

（一）有较强的战略思维能力、学科透视能力与把握能力、组织协调能力和合作精神，有明确的创新性学术思想和较高的学术造诣，在研究群体中能够发挥较强的凝聚作用和领衔作用，能够完成制定和组织实施团队目标计划的任务。

（二）热爱祖国，品行端正，遵纪守法，治学严谨，具有良好的学术道德和社会责任感。

（三）作为第一主持人正在主持国家级、省部级或国际合作重点项目，有良好的科研工作基础和深厚的学术积累，已经取得一定水平的科研成果。

（四）正高级专业技术职务，一般应具有博士学位，一般为55岁以下。

第七条 优秀科技创新团队的遴选采取单位推荐、专家论证、重点支持的办法。具体程序为：

（一）经研究所学术委员会和科技创新团队工作领导小组研究，确定推荐的优秀科技创新团队，填报《中国农业科学院优秀科技创新团队推荐书》，统一报送院科技创新团队建设工作办公室。

（二）组织专家进行论证评审。

（三）院科技创新团队建设工作领导小组进行审定。

（四）在相关研究所进行公示。

（五）院发文公布。

第八条 院、所对优秀科技创新团队支持的具体措施：

（一）对优秀科技创新团队的首席科学家可实行年薪制，各研究所可根据本所的实际情况确定年薪额度。

（二）研究所要在工作条件和运行经费等各方面给予优秀科技创新团队必要的支持；优秀科技创新团队应积极争取科研项目，开辟经费渠道，使自己在竞争中发展；院分3年每年拨付支持经费20万元，经费由团队首席科学家自主支配。

（三）优秀科技创新团队的首席科学家原则上应是二级研究员，研究所可根据需要为其配备学术秘书；院所对团队成员在专业技术职务的晋升与晋级，同等条件下予以政策倾斜。

（四）研究所可根据科技创新团队建设与发展的实际需求，重点引进首席科学家、骨干人才和科辅人员或整建制引进成熟的团队。

（五）院所积极鼓励和支持优秀科技创新团队争取国家自然科学基金的创新研究群体科学基金、国家杰出青年科学基金、国际（地区）合作项目与交流项目、重大项目及其他重大科技项目；努力培育和积极申报重大科技成果。

（六）院所在两院院士、国家百千万人才工程人选、政府特殊津贴专家、突贡专家、中华农业英才奖、国家重大发展战略研究论证专家、“863”领域专家组专家、“973”首席科学家以及重要学术团体兼职等选拔推荐工作中，优先考虑科技创新团队的首席科学家和骨干人才。

（七）院所要在国内外学术交流与合作方面为科技创新团队创造条件，组织有针对性的培训班，提高团队首席科学家和成员的组织管理、科技创新、协调沟通、团队协作、专业和外语等方面的能力和水平。

第九条 优秀科技创新团队的组织和管理：

（一）优秀科技创新团队应研究制定适合自身实际的建设目标。

（二）优秀科技创新团队可采取相对灵活的内部运行管理模式，以发挥团队成员的聪明才智，调动积极性。

（三）优秀科技创新团队应加强对国内外的开放和学术交流，每年至少组织一次由国内外同行参加的学术研讨会。

（四）优秀科技创新团队的支持期限一般为 3 年，研究所要加强对优秀科技创新团队的扶持和管理，负责对其工作动态地跟踪和了解，督促、检查团队目标任务的落实完成，每年年底将优秀科技创新团队的建设进展情况报送院科技创新团队建设工作办公室。

第十条　本办法自印发之日起执行。

第十一条　本办法由院人事局负责解释。

中国农业科学院关于
确定首批优秀科技创新团队的通知

农科院人〔2008〕348号

院属各单位、院机关各部门：

我院科技创新团队建设工程启动实施以来，按照“以院引领、以所为主”的原则，不断向前推进，取得了积极的成效。为进一步推进科技创新团队建设工作又好又快发展，根据《中共中国农业科学院党组关于加强科技创新团队建设的意见》（农科院党组发〔2007〕9号）和《中国农业科学院优秀科技创新团队管理办法》的要求，组织进行了优秀科技创新团队遴选工作，由专家评审委员会投票表决，确定了13个首批优秀科技创新团队，经院党组审议，并公示无异议后，现予以公布（见附件）。

请各有关单位和部门按照相关要求，抓紧落实相关支持措施，积极创造条件、营造环境、加强管理，做好支持建设工作。院属各单位要把团队建设作为推进科技创新的重要方面，在团队内部管理体制和运行机制建设上下工夫、求创新、见成效。同时，进一步明确本所团队建设思路与重点、按照既定的目标进行整合，尽快形成优势团队，使我院团队建设取得新的成效，全面推进科技创新工作。

附件：中国农业科学院首批优秀科技创新团队名单

二〇〇八年十二月十七日

附件：

中国农业科学院首批优秀科技创新团队名单

团队名称	团队首席科学家	团队所在单位
水稻优质、抗逆分子设计育种创新团队	黎志康	作物科学研究所
作物种质资源保护与创新团队	李立会	作物科学研究所
水稻遗传育种创新团队	程式华	水稻研究所
棉花育种新技术研究与新品种选育创新团队	喻树迅	棉花研究所
油菜遗传改良创新团队	王汉中	油料作物研究所
粮棉作物重大害虫监测预警与控制技术创新团队	吴孔明	植物保护研究所
作物分子生物学创新团队	郭三堆	生物技术研究所
动物流感研究创新团队	陈化兰	哈尔滨兽医研究所
口蹄疫研究创新团队	刘湘涛	兰州兽医研究所
家畜基因资源与种质创新团队	李　奎	北京畜牧兽医研究所
植物营养与肥料研究创新团队	金继运	农业资源与农业区划研究所
蔬菜遗传育种研究创新团队	杜永臣	蔬菜花卉研究所
农业政策分析创新团队	秦　富	农业经济与发展研究所

打造高效团队、加强协作创新、服务农业科研

——中国农业科学院优秀科技创新团队授牌仪式与新闻发布会在京举行

1月5日，在2009年中国农业科学院工作会议开幕式上，举行了隆重的首批优秀科技创新团队授牌仪式。翟虎渠院长、薛亮书记等院领导为13个优秀科技创新团队的首席科学家颁发了优秀团队牌匾。刘旭副院长宣读了《中国农业科学院关于确定首批优秀科技创新团队的通知》。

授牌仪式结束后，我院优秀科技创新团队建设新闻发布会随即举行。翟虎渠院长、刘旭副院长、贾连奇局长出席了新闻发布会，13个优秀科技创新团队的首席科学家黎志康、李立会、程式华、喻树迅、王汉中、吴孔明、郭三堆、陈化兰、刘湘涛、李奎、金继运、杜永臣和秦富参加了新闻发布会。

新闻发布会上，翟虎渠院长简要回顾了我院“十五”以来学科、人才建设和平台建设所取得的成就，介绍了我院科技创新团队建设的工作安排与进展。

新华社、中央电视台、人民日报、光明日报、科技日报、中国日报、经济日报、农民日报、科学时报、经济参考报、北京日报、新京报等20家新闻媒体的记者参加了新闻发布会。记者们就优秀科技创新团队遴选标准、支持措施、下一步工作目标等问题进行了提问，翟虎渠院长及有关专家回答了记者的提问。

科技创新团队建设是实现我院“三个中心、一个基地”发展战略目标的重要举措，也是继“杰出人才工程”实施以来的又一项人才建设工程。2007年，院党组制定了加强科技创新团队建设的意见，成立了科技创新团队工作领导小组，统筹学科、项目、平台、人才和国际合作等方面的资源，开始团队创建工作。召开了各个层面的汇报会、座谈会和论证会，征求了多方意见，进行了反复的研讨、论证和整合工作。并于2008年11月底，邀请有关部门领导、相关领域院士、专家等组成评审委员会，遴选出首批13个院级优秀科技创新团队。首批入选的团队，涵盖了我院的几个主要的学科领域和研究方向。他们中既有致力于优质、高产作物育种技术研究，保障国家粮食安全的创新团队，也有狙击动植物重大病虫害，维护农业安全的创新团队，还有为中央“三农”决策提供支持的政策分析团队；既有经过长期发展而自然形成的团队，也有围绕国家宏观需求或新兴学科，经过有机整合形成的创新团队，还有整建制从国外引进的创新团队。

院里自筹资金，为每个优秀科技团队提供60万元的建设经费，由首席科学家自主支配，主要用于团队的内部建设和成员激励，并要求研究所也要进行经费配套。同时鼓

励各个团队不断探索和创新组织运行机制，制定相对灵活的内部管理运行模式，以充分调动团队成员的积极性。

我院不仅要搞好院级优秀科技创新团队的遴选和支持建设，还要求各研究所也要积极做好本所重点团队的支持建设工作。最终的目的就是要通过院所两级的共同努力，打造一批研究方向明确、特色鲜明、竞争有力，在国内外具有一定影响和发展潜力的科技创新团队。

中国农业科学院第九批“博士服务团”成员赴西部地区服务锻炼

为实施西部大开发战略，更好地服务“三农”，培养锻炼科技人才和后备干部，按照中组部、团中央和农业部的有关部署，2008 年中国农业科学院选派 4 名“博士服务团”成员赴新疆、宁夏、内蒙古等地进行为期一年的锻炼服务。他们是环发所董红敏博士、蔬菜所蒋卫杰博士、资源与区划所郭淑敏博士和北京畜牧兽医所孙宝忠博士。这批博士服务团成员是我院迄今选派人数最多的一次，他们积极响应中组部、团中央的号召，克服困难，自愿报名，经单位推荐和组织考核等程序确定选派，他们都是院属研究所的科研骨干，是院科技人才的优秀代表。

1999 年以来，中组部和团中央为贯彻落实西部大开发战略和人才强国战略，已经从中央国家机关有关部委、省市和单位选派了 9 批共 1 035名青年知识分子到西部地区锻炼服务。通过多年的努力，“博士服务团”已经成为中组部、团中央服务西部大开发战略、培养高层次人才的精品项目。

我院自 2002 年开展博士服务团工作以来，先后选派 6 批共 10 位博士赴西部地区服务锻炼。积极选派优秀人员参加博士服务团，是我院深入学习实践科学发展观，贯彻落实党中央西部大开发战略、支援国家西部建设的具体体现，同时也是加强我院后备人才培养的重要形式。在中组部、团中央、农业部各级领导的关心、支持和帮助下，我院历届博士服务团成员都能够充分发挥眼界宽、信息灵、知识新等优势，积极为地方建设建言献策，充分发挥科技参谋、桥梁、纽带作用，为实施西部大开发战略，推动西部地区科技发展做出了积极贡献，赢得了当地干部和群众的赞誉和肯定。同时，博士服务团成员在艰苦环境中体察了国情、民情，磨炼了意志，增长了才干，在服务“三农”、服务西部、服务基层中实现了自己的人生价值。

在第九批“博士服务团”成员送行仪式上，院党组成员、人事局贾连奇局长代表院党组勉励各位博士尽快进入工作角色，团结协作，扎实工作，深入基层，发挥专长，为西部地区农业和农村经济发展做出自己应有的贡献。

薛亮同志在 2008 年
新职工岗前培训班上的讲话

（2008 年 8 月 4 日）

同志们：

按照院党组的工作安排，从今天开始，我们组织京内单位新接收的高校毕业生、留学生和博士后进行为期 4 天的岗前培训。在此，我代表中国农业科学院党组和全院职工对你们的到来表示热烈的欢迎！

在大家刚刚踏上工作岗位之际，举办这次岗前培训，目的就是使同志们进一步了解中国农业科学院，尽快地转换角色，适应新环境、新岗位。从 2006 年开始，已连续举办了两届新职工岗前培训班，均取得了好的成效。

为做好本次培训，我讲三个方面的意见：

一、充分认识岗前培训的重要意义，尽快实现角色转变

今天在座的 87 人，分别来自京区 14 个单位和院机关，绝大多数都是经过十几年学习生活后直接参加工作的，没有工作经历和经验，对我院的情况也了解很少，因此举办这个培训班是十分必要的：一是通过专题讲座、院内参观，可以使大家尽快对全院的基本情况和基本制度有一个大体的了解；二是通过各位专家授课、有关科目的训练以及相互交流和沟通，可以帮助大家树立正确的世界观、人生观、价值观和正确的科研道德观念，培养大家的团队精神和协作意识；三是通过岗前培训，可以使大家增强岗位适应能力，尽快进入工作角色。

人的一生会经历不同的时期和阶段，在座的大多数同志，都是刚刚完成了学生阶段的学习，跨入社会，进入中国农业科学院，将在这里开创个人的事业。在新的起点，大家要认真审视自我、找准目标定位，以此次培训班为契机，尽快实现以下三方面的转变。

一是思想观念的转变。就是大家的思想要尽快从“刻苦求学业”转变到“勤奋干事业”中来。在座的各位在校学习成绩优异，素质优良，经过了各单位严格的考试考核筛选，今天才能够聚集在这里。你们的到来为我们院带来一股清新的空气和青年人活跃的思想，既然大家选择了中国农业科学院，中国农业科学院也选择了你们，就要牢牢树立为农业科研奋斗、为之奉献的思想观念和精神，成为一名合格的中国农科院人，在这里成就个人的事业。

二是身份角色的转变。多年来，你们作为学生，不断学习并积累了丰富的科学文化知识，现在参加工作，从事科学研究和服务工作，身份角色发生了明显变化。一方面，你们不再是学生，周围的人员不论是年长的，还是年轻的，大家都是同事，都是为着农业科技事业走到一起来的；另一方面，你们仍然还是学生，“三人行，必有我师”，你们周围的同事，比起你们都有或长或短的工作经历和比你们丰富的工作经验，你们要虚心向他们学习和请教，拜他们为师，从点滴的、具体的事情做起，在你们各自的工作岗位上、在科研实践中逐步地锻炼自己、丰富自己，增长才干，尽快地成熟起来、成长起来。

三是职责任务的转变。学生阶段，你们的职责任务是学习，是积累科学文化知识。参加工作以后，到了施展才华和实现抱负的时候，大家要根据各自的岗位职责任务与要求，努力勤奋工作，实现自身价值；要自觉遵守国家的法律法规，院及本单位的各项规章制度。针对毕业生接收与管理工作，院专门制定下达了《高校毕业生接收管理办法》，大家要认真学习领会，自觉贯彻执行。无论是在科研岗位，还是在管理服务岗位，都要立足本职，忠于职守、尽职尽责，努力完成好从学习状态到工作状态的转变。

二、进一步认识我院的地位和作用，明确今后工作的方向

农业是国民经济的基础，也是经济发展、社会安定、国家自立的基础，农业的兴衰成败关系国民经济全局。没有农业发展，就没有整个国民经济的发展；没有农业现代化，就没有整个国民经济的现代化。构建创新型国家，全面实现小康社会，最繁重最艰巨的任务在农村。我国是农业自然资源短缺的发展中国家，发展现代农业、建设社会主义新农村，必须坚持以科学发展观为指导，加快农业科技创新和成果转化，提高科技对农业增长的贡献率。

中国农业科学院作为国家级农业科研机构，肩负着发展农业科学技术、培养高级农业科研人才、组织全国农业科研大协作、开展国际合作与交流、代表国家参与国际竞争、服务宏观决策的历史使命。在农业科技基础性工作，基础研究、应用基础研究、前沿高技术研究、共性关键技术研究，以及重大技术集成与示范、推广与转化，解决农业与农村经济发展中的重大问题和关键技术，引领我国农业科学技术发展等方面，行使农业科研“国家队”的重要职责和重大使命。

中国农业科学院成立于1957年，至今已经走过了半个多世纪的光辉历程。2007年下半年我院成功举办了系列庆祝活动，隆重召开了建院50周年庆祝大会，回良玉副总理应邀出席会议并作了重要讲话，充分肯定了我院50年的建设成就。50年来，我院的科技工作者坚持“攀登农业科研新高峰、服务经济建设主战场”，取得了丰硕的成果和辉煌的业绩。从黄淮海盐碱、旱涝综合治理，南方红黄壤综合治理，到动作物遗传育种研究，农业重大病虫害和疫病防治研究等领域，我院始终走在全国科研发展前列。截至2007年底，全院共获得科技成果4 659项，其中获奖成果2 346项（国家级奖270项、

省部级奖 907 项)。“十五”期间，获得了禽流感疫苗、转基因三系杂交棉、矮败小麦、超级稻等一批具有自主知识产权、国际领先的重大科技成果，为农业经济持续、稳定、健康发展提供了强有力的科技支撑。

我院既是国家重要的农业科研基地，同时也是农业科研人才茁壮成长的摇篮。在农科院 50 年的发展历程中，培养造就了一大批国内外一流的农业科学家，23 位两院院士先后在我院工作，有丁颖、金善宝、陈凤桐、冯泽芳、戴松恩、盛彤笙等新中国农业科技的奠基人，有邱式邦、庄巧生、卢良恕、刘更令、沈荣显、方智远等为中国农业科技发展做出重要贡献的著名科学家。近年来，又有一大批中青年杰出农业科学家在农业科技前沿领域崭露头角。

50 年的建设发展成就得到了党中央、国务院的充分肯定，朱德、邓小平、江泽民、李鹏、朱镕基、胡锦涛、吴邦国、温家宝、曾庆红、回良玉等党和国家领导人先后来我院视察工作、看望著名科学家，不断为我院农业科技发展工作指明方向、鼓舞干劲。

“十五”期间，我院贯彻落实科学发展观，坚持“以人为本”，以“三个中心、一个基地”建设为目标，于 2002 ~ 2005 年连续 4 年实施了“杰出人才工程”，面向海内外公开招聘学科带头人，进一步壮大了我院高层次科技人才队伍。截至目前，全院在职职工 7 141人，其中科技人员 4 805人，高级专业技术职务人员 1 919人，中级专业技术职务人员 1 730人；有两院院士 11 人，在职国家级专家 8 人，省部级专家 112 人，享受国家政府特殊津贴专家 985 人，国家“百千万人才工程”人选 40 人；现有科技人才中，45 岁以下的中青年人才占 69%，具有博士、硕士学位的占 43%。可以说，我院拥有一支年富力强、敢于拼搏、勇于创新，并在国内外具有较高地位和影响的科研学术队伍。

在学科建设和“杰出人才工程”取得成效的基础上，为了适应科技发展趋势，进一步提高我院自主创新能力和对外竞争实力，院党组决定“十一五”及今后较长时期，在全院实施“科技创新团队建设工程”。这是继“杰出人才工程”之后我院实施“人才强院”战略的又一重大举措，目的是通过以院引领，以研究所为主的持续建设，在全院形成 100 个左右主攻方向明确、特色鲜明、竞争有力、影响广泛、潜力巨大的科技创新团队。院从其中遴选 20 个左右具有领先地位、能够引领国内外学科发展的优秀创新团队进行重点支持，力争取得重大科研成果，大幅度提高我院科技创新能力。目前，此项工作正不断深入推进。

当前，中国正处在工业化、信息化、城镇化、市场化、国际化加快推进的发展阶段，处在全面建设小康社会，现代化建设加快推进的历史时期，处在建设国家农业科技创新体系、依靠自主创新发展农业科学技术的关键时期。前不久，为应对全球粮食危机，保障国家粮食安全，国务院制定了《国家粮食安全中长期规划纲要》。实现《纲要》目标，使粮食自给率稳定在 95% 以上，2020 年达到粮食综合生产能力 10 800亿斤以上，需要强化科技支撑，大力推进农业关键技术研究，着力提高粮食单产，力争大的突破。

面对发展现代农业、建设社会主义新农村和创新型国家的时代召唤，中国农业科学院以国家使命为己任，制定了面向现代农业、面向未来的发展蓝图，提出要通过学科、平台建设和团队建设，加强农业科技创新能力，加强原始创新和集成创新，把中国农业科学院建设成为国家农业科技自主创新中心，引领我国农业科技事业的发展，为保证国家粮食安全提供强大科技支撑。

2008 年，南方雨雪冰冻灾害和 5. 12 汶川大地震给我国造成了重大损失，我院农业科技工作者积极响应党中央号召，多人多次赶赴灾区，为抗震救灾和灾后重建工作提供技术支持，为科技救灾工作做出了积极奉献。

50 年来，中国农业科学院成就了一批又一批有志之士的科研事业，一代又一代农科院人在此实现了他们的人生理想。今天，你们加入到中国农业科学院的队伍中来，应该感到无比的光荣和自豪，更要牢记自己的使命和责任，找准工作方向，完成时代赋予我们的重任，为建设创新型国家、发展现代农业、建设社会主义新农村做出自己的贡献。

三、几点希望和要求

同志们，你们来到了有着 50 年光辉发展历程的中国农业科学院，将在这里为下一个光辉的 50 年而勤奋工作，为我国农业科技事业的发展而不懈奋斗。在新工作、新生活开始之际，我向各位同志提几点希望和要求：

第一，要注重加强个人综合素质的提高。综合素质涵盖了方方面面，主要包括思想素质、道德素质、文化素质、专业素质和身心素质。其中，思想道德素质是根本，文化素质是基础，专业素质是本领，身心素质是本钱。一个人的综合素质不完全是天生的，更重要的是要在积累知识、培养能力和修养身心的实践过程中不断提高升华。青年人政治上要追求进步，要做一个有理想、有抱负的人。在新的工作环境中，你们会遇到各种各样以前没有碰到过的新情况、新问题，许多方面可能和所学专业有距离，会感到和想象中的不一样，要想适应并顺利地开展工作，就要求大家去适应新环境、新工作，向老同志们学习。周恩来同志曾说过，人要活到老学到老。古语道：玉不琢，不成器，人不学，不知义。学习永无止境。要努力锻炼自己的实际动手能力，积极参加单位的各项活动，积极投身社会服务，在实践中尽快成长、成熟起来，努力使自己成为综合素质较高的优秀人才。

第二，要注重创新能力的培养和锻炼。创新是一个民族的灵魂，是一个国家兴旺发达的不竭动力，是经济社会发展的决定性力量。参加工作和学生时代不一样，无论是在科研岗位还是在管理岗位，都要努力培养自己的创新意识。严谨的学风、科学的方法和敢于怀疑、勇于创新的精神，是大家必备的基本要求。创新精神和创新要求是 21 世纪高素质人才的重要标志。从学校到科研单位之后，首先应该变被动式学习为主动式创新，要有不怕困难，知难而进的精神，我院是综合性农业科研单位，需要单学科深入追踪和多学科联合攻关、协同作战相结合，所以大家要开阔视野，广泛汲取多学科知识，还要有不断创新的意识和勇气，青年人思想活跃，接收新事物快，开拓进取精神强，一定要发挥和保持这种优势，通过一系列的能力和创新活动，逐步把自己锻炼成为优秀的创新型人才。

第三，要加强团队意识的培养。所谓团队意识，简单来讲就是大局意识、协作意识和服务意识的集中体现。当今科技发展的一个重要趋势就是多学科的相互交叉、融合与渗透，这是科学发展的必然趋势，也是增强科技创新的重要途径。现代管理学已经证明，科研单位的重大科研成果，其中95%以上都是靠科研团队的联合、协作获得的。新的科学发现和重大科技进展已越来越难以在一个独立的学科中实现，因此要取得高水平的原创性科研成果，就必须加强不同学科之间的相互交流、沟通，只有这样互相启发、探讨才能进一步激发科研灵感，启迪创新思路，拓宽研究领域。

当今社会是一个开放与合作的社会，乐于合作、善于合作是事业成功的必然条件。好的合作就要要求有容人之量，有知人之明，有处人之道。我院“十一五”科技人才队伍建设的重点就是加强科技创新团队建设。我们院有很多优秀团队和先进集体，想必大家都看到过中央电视台关于湖南祁阳红壤实验站先进事迹的报道，他们团结协作，扎根偏远地区的“祁阳站精神”是我们农科院的骄傲，是我们学习的榜样。

同志们要尽快树立同心同德、团结协作的精神，要懂得只有握起来的拳头才更有力量的道理。在一起工作要热爱集体、关心他人。既要重视个性发展，又要强调团结协作；既要在竞争中合作，又要在合作中竞争。

第四，要诚信做人、严谨治学。要把自己培养成为德才兼备的高素质人才，必须要有高尚的品德修养和科研道德。古人云：德若水之源，才若水之波；德若树之根，才若树之枝。诚实守信是中华民族的传统美德，是人的内在品质的外部表现。一个人智力过人但不关心他人，才华横溢但不诚实守信，也难成大业。当前，社会上一些不好的风气在学术界也同样存在，少数人违背基本的学术道德，侵占他人劳动成果，抄袭剽窃，请他人代写文章，粗制滥造论文，甚至篡改、伪造科研数据等，严重违背了科研人员最基本的职业道德，造成了恶劣的社会影响。

因此，做人比治学更重要，希望大家“诚信做人、严谨治学”。胡锦涛总书记指出，“要坚持德才兼备原则，要把品德、知识、能力和业绩作为衡量人才的主要标准。”在科研单位，学位不等于素质，学历不等于能力，知识不等于贡献。只有提高自身素质，把学历转变成能力，把知识转变成贡献，才是有真才实学和对社会有贡献的人。自视清高、自命不凡、脱离实际是要不得的。

第五，要以饱满的热情、踏实肯干的精神投入工作。大家来自全国各地，为了一个共同的目标走到了一起，你们年轻、活跃、富有朝气，是中国农业科学院的未来和希望。要把农科院建设的更好，就需要大家全心全意的投入和付出，需要大家坚定不移的意志和信念。农业科研的性质决定了它和其他领域的科研有着很大的不同，需要更大的付出和更长的时间周期，才能看到成果。因此，你们要以饱满的热情，踏实肯干的精神面对工作，要有肯于吃苦、甘于寂寞、不怕失败、百折不挠的顽强精神。当然，院里会千方百计为你们创造良好的科研、工作条件和生活条件。

以上我讲了五点希望和要求，这是科研单位人才成长的必然要求，是院党组对你们的殷切希望。构建和谐社会、发展现代农业、建设社会主义新农村，需要千千万万有志于农业科技的专业人才，这些历史重任也为你们施展才华、实现人生价值提供了前所未有的机会和无限广阔的舞台。希望你们永远牢记肩负的责任和使命，努力把自己培养成德才兼备的优秀人才。

最后，希望大家珍惜这几天的培训时间，认真学习体会，并以此为契机，与时俱进，开拓创新，以饱满的精神、昂扬的斗志、良好的作风，满腔热忱地投入到工作中去，在各自的工作岗位上做出突出的成绩，为我国农业科研事业和社会主义新农村建设贡献自己的力量。愿大家在中国农业科学院大家庭中工作顺利、生活愉快、事业有成！

预祝本次培训班取得圆满成功！

谢谢大家！

在 2008 年度“西部之光”访问学者欢迎座谈会上的讲话

中国农业科学院党组书记　薛　亮

（2008 年 10 月 30 日）

各位领导、各位专家，同志们：

金秋十月，大地金黄。粮食连续 5 年增产已成定局，刚刚胜利闭幕的党的十七届三中全会已为我国农业发展描绘出更加美好的蓝图。农业发展的大好形势与历史任务，更加激发了我们实施科教兴农、人才强农战略的自觉性和责任感。今天，我们在此聚会，热烈欢迎第五批“西部之光”访问学者，对于更好地开展培养工作，更好地为西部地区培养拔尖人才，为社会主义新农村建设和全面建设小康社会提供智力支持具有重要意义。首先请允许我代表中国农业科学院党组，代表翟虎渠院长，向各位访问学者表示诚挚而热烈的欢迎！向中组部人才工作局、农业部人事劳动司、科技教育司的领导，向支持我院“西部之光”访问学者培养工作的专家和同志们表示衷心的感谢！

目前，第五批“西部之光”访问学者已报到完毕，在农业部人事劳动司的领导下，院人事局协调研究生院和有关研究所，对访问学者的学习、工作、食宿等进行了精心准备，现已安排就绪。为进一步提高访问学者培养质量，搭建互相交流合作的平台，下面就我院的培养工作谈几点意见。

一、不断提高思想认识，完善规章制度，为“西部之光”访问学者提供良好的学习环境和生活环境

中国农业科学院党组高度重视“西部之光”访问学者培养工作，按照中组部的统一部署和要求，在农业部人事劳动司的直接指导下，本着服务西部、对口支援的原则，积极协调落实访问学者接收的培养单位、培养导师，切实把“西部之光”培养计划作为一项重要任务，纳入支持西部大开发的总体规划和我院高层次农业科技人才培养基地建设的具体工作中。为进一步做好培养工作，加强规范管理，在总结首批访问学者培养管理工作的基础上，我院于 2005 年研究制定了《“西部之光”访问学者培养管理办法》，对培养导师选派、培养计划拟定和实施、经费使用管理、组织考核等工作进行了明确要求和详尽说明。按照中组部文件精神和农业部提出的强化统一管理的要求，制定了《“西部之光”访问学者班委会（临时党支部）组织制度和工作任务》，明确了职责

与任务，实现了访问学者的自我管理。并及时下发文件，规范每批访问学者的管理服务工作，确保各项工作落到实处。在师资配备方面，我们高度重视，要求为访问学者配备的导师都是我院相关学科领域的带头人或者优秀科技骨干，并承担着“973”、“863”、国家科技支撑等重大课题，具有较高的学术水平。在生活条件方面，研究生院作为具体负责单位，在访问学者日常管理、生活起居等方面做了大量的完善工作，力求营造一个更加宽松和舒适的学习生活环境。

二、严格落实责任制，增强服务意识，切实提高培养计划实施效果

导师在“西部之光”访问学者培养工作当中发挥着关键作用。因此，我们除了配备高水平的培养导师外，还要求各位培养导师要认真发挥传、帮、带作用。俗话说，好的开始是成功的一半。我们要求各位培养导师要根据访问学者自身特点和所在地区的实际，共同商定研修培养计划和培养目标，做到计划严密、目标明确、方法得当；参与重大课题项目，是提高科研水平的有效手段，我们要求培养导师要尽可能地安排访问学者参与重大科学研究项目，使其能够在学习过程中，不仅了解到国家农业科学的主要研究方向和动态，并且学习到先进的科学试验技术及技能。著名物理学家海森堡指出，“科学扎根于交流，起源于讨论”。学术交流是科技工作者思想的碰撞，是启迪思维、掌握新知、纠正错误的最佳形式。因此，无论是培养导师还是接收单位，都应该积极创造条件，使访问学者能参加丰富多彩的学术交流活动，为他们开阔思路，掌握信息动态创造条件，以真正达到启迪心智、活跃思维的作用。

三、充分利用我院资源条件，加强合作，积极搭建双方交流合作的桥梁

中国农业科学院是我国最大的综合性农业科研机构，拥有丰富的科技资源和先进的科研条件，拥有国家级和部级重点实验室、国家农作物改良中心、国家级和部级质量监督检验检测中心、农业领域唯一的国家农作物重大科学工程中心和全国最大的农业图书馆、国家农作物种质资源库等各类科技资源和科研平台。

“十五”以来，我院加快了“三个中心、一个基地”战略目标的实施步伐，取得了一些令世界瞩目的科技成果。即把我院建成国际先进水平的农业科技创新中心、国内一流的农业科技产业孵化中心、国际农业科技合作与交流中心和高层次农业科技人才培养基地。近年来，农业科技创新水平得到了迅速提高，提升了我院在国内外农业科技界的学术地位，我院每年都将组织和承办众多国际会议、学术研讨会以及科技咨询等大型科技活动。你们将有机会与来自世界各地的农业专家、学者，来自国内各高校、科研单位的院士、专家一道，共同探讨世界农业科技发展方向与我国农业科技创新与发展等问

题。这里科研条件先进、完善，人才资源丰富，学术交流活跃，可以说这里是你们进修的理想之地。

希望大家充分利用我院的科技信息、实验平台及人才资源，结合西部地区的发展需要和农业生产实际，开展一些有实际应用价值的科学研究，切实为西部地区农业发展解决一些实际的问题；积极参与导师的课题项目，学习课题研究的基本方法和研究规律，了解本学科领域的学术前沿动态和发展趋势，努力提高把握科研发展趋势的能力；积极参加学术交流活动，全面提高科研能力和学术技术水平，为将来返回工作岗位承担更多、更重的科研任务奠定基础。

希望大家注重将我院先进的科技理念和科技成果与西部地区的农业、农村经济发展相结合，积极为西部地区社会主义新农村建设提供科技支撑。不辜负组织和人民的重托。

谢谢大家！

在2008年度“西部之光”访问学者欢迎座谈会上的讲话

农业部人事劳动司司长　梁田庚

（2008年10月30日）

各位导师、各位专家、同志们：

大家上午好！在党的十七届三中全会闭幕不久之际，在全党深入学习实践科学发展观之时，在北京的金秋十月，我们迎来了第五批“西部之光”访问学者。借此机会，我谨代表农业部对各位学者的到来表示热烈的欢迎。过去几年，在中组部的领导下，农业部有关单位通力合作，顺利完成了前四批“西部之光”访问学者的培养任务。我们将继续按照中组部的部署和要求，努力做好服务工作，使各位访问学者圆满完成研修任务。

刚才，访问学者代表、培养导师代表作了很好的发言，中国农业科学院党组书记薛亮同志介绍了农科院的情况和培养工作安排，中国兽医药品监察所李向东书记、全国农技推广服务中心夏敬源主任、农业部科技教育司刘艳副司长都讲了很好的意见；中组部人才工作局副局长栾成杰同志作了重要讲话，对做好工作提出了明确要求，我们要认真贯彻落实。下面我讲三点意见。

一、充分认识“西部之光”访问学者培养工作的重要意义

“西部之光”访问学者培养计划，根本任务是为西部地区培养和造就一大批热爱西部、扎根西部、有较高水平和能力的学术带头人和教学科研骨干。在发展现代农业，推进社会主义新农村建设的新形势下，“西部之光”培养计划具有十分重要的现实意义。

（一）“西部之光”培养计划是贯彻落实科学发展观的具体行动。实现农村经济社会全面发展，推动农业科技进步，提高农业生产水平，都亟需培养一大批立志农业、扎根农村、服务农民的科研骨干和高层次人才。目前，西部地区人才队伍总量不足、素质不高、结构不合理的问题比较突出。实施“西部之光”访问学者计划，直接目的是培养人才，根本目的是要促进西部地区经济社会又好又快发展。所以，承担并完成好“西部之光”访问学者培养任务，就是学习实践科学发展观的具体行动。

（二）“西部之光”培养计划是连接农业科研“国家队”和“地方队”的桥梁。中央提出健全区域协调互动机制，加强区域之间的技术、人才合作交流，形成以东带西、

东中西共同发展的格局。“西部之光”培养计划，正是实现东西对接、国家科研院所与地方科研院所对接的桥梁和纽带。所以，大家到北京来学习，既代表个人也代表单位，甚至代表了一个地区。这次进修不仅仅是个人的一次培训机会，同时也是访问学者所在单位、所在地区与培养单位、与农业部、与其他国家部委加强联系沟通的一种重要方式；访问学者学习的过程同时也是地方机构与中央单位交流和对接的过程。从教学相长角度讲，也是培养导师、培养单位向地方同志学习的好机会。所以，我们要充分利用好这一交流学习的机会，搭建起农业科研“国家队”和“地方队”之间交流合作的桥梁。

（三）“西部之光”培养计划是加强西部人才队伍建设的有效措施。人才方面的差距是西部地区与东部地区的主要差距。没有人才，基础设施再好、项目再多，也发挥不了应有的作用。中央把大家派到东部地区和中央部委来研修，根本目的是要加强西部地区的人才队伍建设，通过培养德才兼备的高素质人才队伍，为西部地区加快发展做贡献。实践证明，这是一条行之有效的途径。

二、积极为“西部之光”访问学者创造良好的工作生活环境

（一）积极落实计划，认真搞好服务。农科院、中监所和农技中心对“西部之光”学者培养工作高度重视，坚持从大局出发，积极采取措施，将这项工作作为重要的政治任务来完成。前段时间，三个单位就培养导师的确定、参加导师课题、食宿安排、生活保障等做了大量工作，为实施好培养计划奠定了坚实的基础。下一步，要切实抓好各项措施、任务的落实，精心做好服务工作，确保圆满完成培养任务。

（二）建立健全培养工作机制，建立目标化管理模式。农业部承担“西部之光”访问学者培养任务 4 年来，在完善培养工作机制方面进行了积极探索，建立了培养单位和访问学者之间的合同协议制度，明确了双方的权利和义务；建立了工作责任人制度和班主任制度，进一步将管理责任落实到人等，为培养任务的顺利完成奠定了良好基础。为完成好这批访问学者的培养任务，我们选派专人担任班主任，负责班级的日常管理，选出了班委会成员。下一步，人事劳动司将与培养单位一起，立足于建立目标化管理模式，进一步创新培养工作机制。也希望各位访问学者积极参与，共同做好这项工作。

（三）广泛筹措资金，不断改善生活条件。为了尽可能给访问学者创造一个好的学习研究条件，中国农业科学院研究生院和各培养单位从细节入手，努力安排好访问学者的生活。中国农业科学院在住房资源有限的条件下，拿出培训用房，尽可能为访问学者提供最好的住宿条件，为访问学者添置了书桌、开通了宽带网。对修建年代较早的宿舍，培养单位进行重新装修，专门配备了台灯、风扇、网卡、热水壶、淋浴设备等。各研究室努力安排科研经费，保证访问学者的实验条件。各位导师根据自己所承担的课题和访问学者的专业方向，结合访问学者所在地区的实际情况，积极安排研究课题、落实经费。

三、努力完成学习培养任务，不负组织的培养和西部人民的重托

选派来的学者都是西部地区重点培养、具有强烈事业心和良好思想品质的青年科技人才，都肩负着组织的期望和人民的重托。为了圆满完成好一年的研修任务，我也提几点希望：

（一）要尽快适应新生活，实现三个转变。要尽快完成从科研人员和部门领导到学员的转变；尽快完成从原来的工作状态到现在工作、学习状态的转变；尽快完成从原来家庭生活到现在集体生活的转变。希望培养单位和导师给予访问学者更多的关心和支持，使他们尽快融入农科院、中监所和农技中心的大家庭中；班委会要积极主动搞好服务，帮助大家尽快融入研修班的集体生活之中。

（二）要潜心学习，求真务实。要发扬求真务实、刻苦钻研的精神，抓紧时间潜心学习。按照中组部的要求，在学习结束时，我们要对访问学者进行评价，根据大家研修期间的表现写出鉴定材料，分别发送给省委组织部和访问学者所在单位。大家在学习结束之前都要完成两项作业，一是写一份思想情况和学习情况总结；二是写一篇科研论文或调研报告。

（三）要遵守纪律，严格管理。大家到了农科院、中监所和农技中心之后，就是这些研修单位的工作人员，要自觉接受单位的管理，严格遵守各项规章制度。要严格考勤和请销假制度。无特殊原因，不得擅自返回原单位。除了和导师出差外，离京外出要向农科院人事局、中监所或农技中心人事处请假，返回后及时销假。要遵守工作纪律，积极主动地参加课题组的工作，认真完成导师指定的试验和论文。要遵守生活纪律。考虑到大家的健康和安全，确保大家在进修期间有一个好的环境和条件，我们采取集中管理的方式，希望大家认真遵守管理制度。要强化班委会制度。为了便于大家自我服务、自我管理，我们成立了班委会和临时党支部。希望班委会和临时党支部认真履行职责，充分发挥自我管理、自我教育和自我服务的作用。

各培养单位和导师要敢抓敢管，严格要求；精心培养，热情服务；确保访问学者学有所获、学有所成。希望各位访问学者牢记使命，严格要求，刻苦学习，练就更多的新本领。祝大家在新的岗位上工作顺利、学习进步、生活愉快！

谢谢大家！

六、计划财务管理与条件建设

中国农业科学院2008年财务管理工作概况

2008年，中国农业科学院财务局全体职工认真贯彻落实党的十七大会议精神和科学发展观，以服务科研为主要目标，不断强化服务理念，提高谋大局，做实事的能力，构建高素质财务和产业管理团队。通过扩大预算规模，优化经费结构，规范财务和资产管理，加强科技产业开发的指导，提供高质量服务，为中国农业科学院科技创新和全院各项事业的发展提供了强有力的支撑。

一、预算规模持续增长，经费结构趋向合理，科研保障能力全面提升

2008年，全院财政经费收入超过20亿元，连续4年增长超过10%，比“十五”期末经费总量翻了一番还多。在经费结构上，人员经费大幅增加，基本支出经费比2007年增长30%以上，在解决了离退休经费和增加人员经费的基础上，全部解决了目前离退休职工的住房补贴问题；科研经费中，非竞争性研究经费比例上升，2008年非竞争性研究经费总量超过4亿元，占科研经费比例达40%。

截至目前，中国农业科学院财政经费中基本支出不足，竞争性经费比例过高，科研条件差的问题均得到了较大的改善。财政经费支持的力度和范围，朝着满足科研需求的方向不断靠近，科研保障能力得到全面提高。

二、贯彻落实科学发展观，进一步强化服务理念，不断创新服务内容和形式

把服务的理念落实到具体工作上，从经费预算开始，千方百计为基层着想，在经费支出上，一切方便让给科研人员；在项目管理中，尽可能承担责任，减少基层负担；在专项实施全过程中，做好各个环节的保驾护航。

通过努力工作，在保持原有财政投入稳定的基础上，继续扩大预算规模、优化经费结构。积极争取财政经费追加。在经费支出上，千方百计做好服务，把方便让给基层，在保证院本级经费管理正常运转的前提下，承担了许多职能之外的经费管理任务。组织仪器设备统一招标采购，增加了招标的规范性，减轻了研究所的工作难度。

对财政专项实施全过程服务，从规划编制、项目申报、组织评审、预算下达，到方案细化、执行进度、联合检查、总结验收、绩效评价，全过程逐个环节为项目单位提供技术支持，财政项目的申报质量显著改善，命中率显著提高，获得财政支持显著增加。

三、调查研究不断加强，财务管理的内涵不断深化，政策参与能力逐步提高

近年来，财政体制不断改革，为适应这种变化，财务局加强学习和调查研究，重点是吃透上级精神，摸清基层情况。为此，我们下工夫抓了政策、理论与业务学习，组织多次专题调研和分片研讨，开展财务检查，组织业务培训，承担部、院课题研究，向上级主管部门提交重要报告、建议，公开发表专业研讨性文章，围绕自身工作开展了大量的学习、研讨、交流活动。通过开展上述活动，使财务管理理念得到深化，工作范围不断拓宽。

通过加强调研和学习，领会上级精神，了解下面情况，上下结合，提出问题，拿出解决问题的方案。提出的一些政策建议，得到了上级有关部门的肯定和采纳。“科技经济政策研究中心”的成立，既是对我们工作成绩的肯定，也为下一步继续加强研究提供了一个很好的平台。

四、团队建设取得实效，综合实力不断增强，全局工作协调运行并稳步发展

以创建“标准党支部”为主线，广泛开展学习实践科学发展观活动。精心组织支部爱国主义教育活动，扎实推进党风廉政建设，提高了理论水平，改进了工作作风，筑牢了思想基础。加强学习，强化责任意识，改进工作作风，健全各项制度，规范办事程序，不断提高工作能力和效率，提倡团结协作，经常组织集体活动，增进团队意识，充分调动全局职工的积极性，发扬不怕吃苦，连续作战的精神，在任务重，人员少，时间紧，要求高的情况下，包括常规性财务管理、政府采购与资产管理、财政专项管理、产业发展与院办公司管理、大院环境治理与职工住宅分配等在内的各项管理工作，都保质保量地完成，全局工作协调运行，稳步开展。

2009 年，财务局将继续发扬成绩，纠正错误，对 2008 年做得好的地方继续坚持，努力改进不足之处。一是继续加强学习，尤其是科学发展观学习，通过政策理论与业务学习，提高能力水平；二是继续做好预算的争取和执行工作，继续扩大规模，优化结构，提供更好的保障；三是继续加强服务，为科研一线做更多的实事；四是加强财务局自身建设，继续抓四个能力建设：业务工作、综合协调、调查研究、把握大局。加强财务管理，加强制度建设，把财务局建成和谐，团结、规范、优秀的集体。

中国农业科学院2008年基本建设工作概况

一、2008年重点工作回顾

紧紧围绕国家对科技创新的战略需求和中国农业科学院“三个中心、一个基地”的战略目标，瞄准国际先进、国内一流水平，建设高标准、大规模的科研平台，努力实现基本建设从生存型向发展型转变。

围绕我院九大学科群和重点学科的建设与能力提升，转变基本建设观念，梳理基本建设思路，着手编制中国农业科学院基本建设长期规划，为解决大院建设用地不足和部分研究所无序用地、浪费严重的问题，编制《中国农业科学院院部大院控制性规划调整方案》，引导院属各单位编制土地利用规划。

关注并跟踪国家农业科技政策、规划信息，分析国家战略需求与我院科研平台建设需求的结合点，捕捉好题材，筹划大项目。筹划国家畜禽改良中心、国家农作物种质资源库和哈尔滨兽医所新所区科研用房、国家农业应用微生物研究中心和国家农产品加工技术研发中心等重大项目5个，其中国家畜禽改良中心、国家农作物种质资源库和哈尔滨兽医所新所区科研用房3个项目已上报农业部申请立项。

创新管理方式，加强项目督导，全院重点工程实现突破性进展。完成或基本完成农产品质量标准与检验检测中心、上海国家动物医学研究中心、航天育种工程科研楼、院办公楼、院部职工住宅楼、果树所综合科研楼、灌溉所综合科研楼的建设，建筑规模124 036.2平方米，投资规模44 421万元。

二、工作成绩

（一）重大项目谋划、推进有新突破

按照建设一批、设计一批、申报一批、筹划一批、酝酿一批的思路，组织项目谋划、申报和建设。目前，院直接调度管理的重大项目达16个，总投资规模达34亿元。其中，国家生物安全科学中心项目已获批复，拟新建科研楼13 000平方米、购置仪器设备374台（套），总投资15 137万元；国家畜禽改良中心项目已通过发改委评审，新建科研楼18 983平方米及畜禽舍，购置仪器设备1 500多台（套），总投资约20 000万元。

（二）基建投资大幅增长

2008 年，全院基建项目已下达投资 34 300万元，比 2007 年的 28 188万元增加 6 112万元，增幅达 21.68%。

（三）在建项目进度加快

加强督导检查，全年完成或基本完成 48 个项目的建设，29 个项目完成竣工验收。

（四）管理基础日益牢固

编印《基本建设项目管理文件选编》，指导全院基本建设项目规范化管理。组织召开全院基本建设管理现场交流会，加强对研究所基本建设管理的指导。编印《中国农业科学院院属单位基本建设规划汇编（2009～2020）》，充分发挥规划指导功效。

中国农业科学院 2008 年基本建设投资计划情况

2008 年基本建设项目共计下达 8 批计划，总投资 34 300万元，资金来源全部为中央预算内投资。

第一批计划文件《农业部关于下达草原防火等其他农业基础设施中央预算内投资计划的通知》（农计发〔2008〕1 号）下达投资 281 万元。

第二批计划文件《农业部关于下达种养业良种工程等 3 类项目中央预算内投资计划通知》（农计发〔2008〕2 号）下达投资 2 315万元。

第三批计划文件《农业部关于下达 2008 年中央本级建设项目中央预算内投资计划的通知》（农计发〔2008〕4 号）下达投资 16 988万元。

第四批计划文件《农业部关于下达 2008 年动物防疫体系中央预算内投资计划的通知》（农计发〔2008〕8 号）下达投资 7 478万元。

第五批计划文件《农业部关于下达 2008 年农产品质量安全检验监测体系建设项目中央预算内投资计划的通知》（农计发〔2008〕17 号）下达投资 3 050万元。

第六批计划文件《农业部关于下达 2008 年中央预算内前期工作费用投资计划的通知》（农计发〔2008〕18 号）下达投资 20 万元。

第七批计划文件《农业部关于下达 2008 年动物防疫体系建设第二批中央预算内投资计划的通知》（农计发〔2008〕21 号）下达投资 2 968万元。

第八批计划文件《农业部关于下达 2008 年国家高技术产业发展项目投资计划的通知》（农计发〔2008〕23 号）下达投资 1 200万元。

中国农业科学院 2008 年基本建设投资计划表

序号	项目名称	建设性质	建设地点	主要建设内容	建设年限	下达投资(万元)	
1	国家转基因园艺作物检验与监测中心建设项目	新建	北京市海淀区中关村南大街 12 号和河北省廊坊市(万庄)国际农业高科技产业园区	建设实验室、培养室、温室等土建工程 1 985平方米和田间工程,购置仪器设备 90 台(套)	2008		281
						基金拨款	281
						自有资金	
2	国家农作物大豆改良中心北京分中心建设项目	新建	北京市昌平区	新建大豆抗旱棚 400 平方米,购置仪器设备 74 台(套)	2008 ~ 2009		395
						基金拨款	395
						自有资金	
3	国家桃、葡萄改良中心建设项目	新建	河南省郑州市市辖区	新建实验室、日光温室等土建工程 3 500平方米,网室 1 000平方米,配套田间和附属工程,购置实验室仪器设备 95 台(套)	2007 ~ 2008		960
						基金拨款	960
						自有资金	
4	航天育种工程	新建	北京市圆明园西路 2 号	新建综合实验楼 9 999. 5平方米,实验温室 1 346. 8平方米,进行放射性实验设施改造,并购置仪器设备 276 台(套)	2006 ~ 2009		660
						基金拨款	660
						自有资金	
5	国家蜜蜂遗传资源保护中心	新建	北京市昌平区南口镇	新建生殖细胞保存库 1 500平方米以及室外配套工程;购置恒温恒湿培养箱等各种仪器设备 53 台(套)	2008 ~ 2009		300
						基金拨款	300
						自有资金	

续表

序号	项目名称	建设性质	建设地点	主要建设内容	建设年限	下达投资(万元)	
6	中国农业科学院院部大院供电系统增容改造建设项目	改建	北京市海淀区中关村南大街12号	中心配电室购置并安装两台2 000KVA变压器,16面高压开关柜,19面低压配电柜及附属设备3台,安装原中心配电室的10面高压开关柜;北区配电室移至办公楼地下室,购置并安装4台高压环网柜,2面低压柜,安装由中心配电室移入的2台1 250KVA变压器,17面低压柜;东区新建配电室175平方米,购置并安装1 600KVA变压器2台,15面低压开关柜,4面高压环网柜,安装由原东区配电室移入的1台800KVA变压器,6面低压柜,2台高压环网柜;室外电缆铺设10kV电缆2 424米,铺设各类低压电缆2 320米	2006~2007		269
						基金拨款	269
						自有资金	
7	中国农业科学院新疆综合试验基地建设项目	新建	新疆自治区阿克苏市南工业园区、温宿县青年农场、石河子总场		2008~2009		200
						基金拨款	200
						自有资金	
8	10kV变配电改造工程外电源建设项目	新建	北京市海淀区中关村南大街12号	院部大院和马连洼三所新建安全监控防范系统1套,包括闭路电视监控系统、出入口管理及门禁系统、入侵报警系统和电子巡更系统等敷设电缆线路延长5 400米,新建电力管井800米	2007~2008		685
						基金拨款	685
						自有资金	

续表

序号	项目名称	建设性质	建设地点	主要建设内容	建设年限	下达投资(万元)	
9	畜禽舍搬迁	新建	北京昌平马池口乡	建设实验猪场2 120平方米,实验鸡场2 640平方米,反刍动物实验养殖场510平方米,实验鸭场2 720平方米,配套用房1 500平方米,购置配套养殖设备	2007~2009		800
						基金拨款	800
						自有资金	
10	结核病和宠物疫病诊断实验室	新建	北京市海淀区中关村南大街12号	改造生物安全二级实验室704平方米,配套建设污水处理系统,购置流式细胞仪、分子杂交炉、蛋白纯化系统、定量PCR仪等设备118台(套)	2007~2008		309
						基金拨款	309
						自有资金	
11	上海家畜寄生虫病研究所动物医学实验室配套项目	新建	上海市闵行区	新建室外道路9 080平方米,围墙562延长米,绿化11 169平方米,污水处理系统1套,改造无菌安全实验室净化系统6间共504平方米,购置试验台、柜、排毒柜(通风柜)等配套实验设施,并缴纳市政基础设施统建费	2008~2009		1 500
						基金拨款	1 500
						自有资金	
12	科研实验室建设项目	新建	江苏省南京市玄武区柳营100号	新建8 000平方米农业机械科研实验室	2007~2009		800
						基金拨款	800
						自有资金	
13	农业部沙尔沁牧草资源重点野外科学观测试验站建设项目	新建	内蒙古自治区呼和浩特市土默特左旗沙尔沁乡公布板村北	新建实验室400平方米,改造实验室48平方米,新建农机库200平方米,日光温室200平方米,网室200平方米,晒场500平方米,旱棚200平方米,打机井1眼,灌溉工程100亩,场区道路2 460平方米,围栏1 050米,绿化1 040平方米,购置配套野外观测仪器设备	2008		375
						基金拨款	375
						自有资金	

续表

序号	项目名称	建设性质	建设地点	主要建设内容	建设年限	下达投资(万元)	
14	综合实验室建设项目	新建	河南省新乡市市辖区农田灌溉所院内	总建筑面积5 640平方米	2006～2007		300
						基金拨款	300
						自有资金	
15	水资源高效安全利用实验室建设项目	新建	河南新乡牧野	新征地15亩建设水环境分析试验场,包括田间道路硬化、新建地下低压输水管道、移动防雨棚和测坑等内容;改造土壤理化试验场18亩,包括地中渗透仪、氧化塘、渗滤池和集中水池等内容;购置配套实验仪器设备及实验台50台(套)	2007～2008		797
						基金拨款	797
						自有资金	
16	旱作节水农业野外观测试验站建设项目	新建	河南省商丘市梁园区李庄乡	建设实验室等土建工程8 020平方米、移动式防雨棚2 000平方米、温室700平方米及附属设施,完善滴灌等田间设施,购置试验观测仪器设备17台(套)	2007～2008		586
						基金拨款	586
						自有资金	
17	综合实验室建设项目	新建	天津市南开区复康路31号	总建筑面积6 500平方米	2007～2008		300
						基金拨款	300
						自有资金	
18	杂交棉综合试验基地	新建	安徽省合肥市市辖区国家高新技术开发区	新建综合实验室及科研人员生活用房4 500平方米,种子挂藏风干室600平方米,晒场2 400平方米以及水、电、路、气等场区工程,购置配套仪器设备	2007～2008		200
						基金拨款	200
						自有资金	

续表

序号	项目名称	建设性质	建设地点	主要建设内容	建设年限	下达投资(万元)	
19	所区综合改造	新建	浙江省杭州市市辖区	新建污水处理站,消防水池、传达室、电动门,新建沿山步行台阶及挡土墙,改造道路及排水沟,改造给水管线、污水管线、改造低压电缆、电信电路,新建围墙并改造场区绿化	2006~2008		270
						基金拨款	270
						自有资金	
20	研究生宿舍楼建设项目	新建	北京海淀中关村南大街12号	新建研究生宿舍楼15 500平方米,其中地上建筑面积12 100平方米,地下建筑面积3 400平方米	2008~2009		1 500
						基金拨款	1 500
						自有资金	
21	农业部植物营养与养分循环重点开放实验室试验仪器设备购置建设项目	新建	北京海淀中关村南大街12号	购置高效液/色相串联质谱仪、气相色谱/质谱联用仪、超导核磁共振波谱仪等仪器设备31台(套)	2007~2008		800
						基金拨款	800
						自有资金	
22	洛阳旱作农业重点野外科学观测试验站	新建	河南洛阳	新建科研观测实验室及生活用房1 500平方米,试验温室600平方米,锅炉房、仓库等配套用房380平方米,购置配套野外观测仪器设备和农用机具37台(套)	2008~2009		100
						基金拨款	100
						自有资金	
23	农业资源综合利用研究中心	新建	北京海淀中关村南大街12号	新建科研用房7 400平方米及室外工程,购置配套试验台	2008~2009		200
						基金拨款	200
						自有资金	

续表

序号	项目名称	建设性质	建设地点	主要建设内容	建设年限	下达投资(万元)	
24	祁阳红壤试验站建设项目	新建	湖南省永州市祁阳县文福市镇	新建实验辅助及生活用房760平方米,温室300平方米,网室400平方米,大型径流观测场3 800平方米,规范化观测样地20亩,配套田间道路、机井和灌溉等基础设施,购置配套野外观测和实验仪器设备	2008~2009		100
						基金拨款	100
						自有资金	
25	阳逻综合试验基地建设项目	新建	湖北省武汉市新洲区阳逻经济开发区	新建综合科研实验室4 054平方米,种子仓库680平方米,挂藏室1 600平方米,种子工作间1 440平方米,智能温室315平方米,隔离网室9 450平方米,塑料大棚1 275平方米,晒场3 000平方米,建设室外工程并购置配套农机具8台(套)	2005~2007		200
						基金拨款	200
						自有资金	
26	综合实验室建设项目	新建	吉林省长春市市辖区净月潭旅游经济开发区	总建筑面积9 400平方米(含室外工程和试验台)	2008~2009		200
						基金拨款	200
						自有资金	
27	科研综合实验室建设项目	新建	山东省青岛市崂山区	总建筑面积8 000平方米,地下一层,地上六层	2007~2009		800
						基金拨款	800
						自有资金	
28	厌氧微生物重点开放实验室改造项目	新建	四川省成都市武侯区人民南路四段13号	改造沼气厌氧微生物应用基础理论研究、沼气发酵工艺及装置、工农业有机废弃物厌氧消化处理及资源化利用研究、生物质能资源综合利用技术研究等实验室6 325平方米,更新实验台柜,购置微生物学研究、分析等仪器设备93台(套)	2007~2009		600
						基金拨款	600
						自有资金	

续表

序号	项目名称	建设性质	建设地点	主要建设内容	建设年限	下达投资(万元)	
29	果树所所区基础设施综合改造项目	新建	辽宁省葫芦岛市兴城市兴海路三段	翻建大门及传达室,新建污水处理系统及污水管线,新建农机具库和物资库600平方米,改造配电系统、供暖管线、围墙围栏、道路及绿化等,购置实验台延长440米	2007~2008		507
						基金拨款	507
						自有资金	
30	农业部兴城北方落叶果树资源重点野外科学观测试验站	新建	辽宁省葫芦岛市兴城市元台子乡药王庙村砬山试验场	新建工作用房760平方米,锅炉房57平方米,混凝土道路5 758平方米,砂石道路7 200平方米,绿化1 344平方米,围墙232延长米,围栏延长1 600米,改造蓄水池200立方米,二级提水管线延长300米,灌溉系统管线延长1 200米,购置配套野外观测仪器设备	2007~2009		100
						基金拨款	100
						自有资金	
31	蜜蜂所所区改造项目	新建	北京海淀香山卧佛寺1号	建设内容包括改造各类实验室和配套用房6 070平方米,完善室外供暖、给排水、供电、道路及绿化等工程	2007~2009		300
						基金拨款	300
						自有资金	
32	综合实验室建设项目	新建	河南省郑州市管城回族区航海东路	总建筑面积8 000平方米(含室外工程、实验台)	2008~2009		200
						基金拨款	200
						自有资金	
33	农作物国外引种隔离检疫基地搬迁建设项目	新建	北京市昌平区马池口	改造种质检验综合楼2 013平方米,新建引种检疫检验温室708平方米,健康种子繁殖温室797平方米,防鸟网室2 042平方米,防虫网室402平方米,附属用房213平方米及场区配套设施工程,并购置仪器设备及农机具264台(套)	2006~2008		1 345
						基金拨款	1 345
						自有资金	

续表

序号	项目名称	建设性质	建设地点	主要建设内容	建设年限	下达投资(万元)	
34	放射性废水处理系统退役工程	新建	北京海淀圆明园西路2号	放射性废水处理系统进行退役处理,包括拆除蒸发池2座,放射性废水管道410米,废物填埋坑1个以及废水井、泵房等,并对放射性废物进行处置	2008～2009		800
						基金拨款	800
						自有资金	
35	全国农产品加工技术研发体系建设项目	新建	北京海淀	购置研发仪器设备、检测仪器设备和中试设备264台(套)	2008		1 340
						基金拨款	1 340
						自有资金	
36	饲料安全评价基准实验室	扩建	北京昌平南口马坊	建设实验室等土建工程1 200平方米,并配套附属工程,购置仪器设备83台(套)	2007～2008		405
						基金拨款	405
						自有资金	
37	寿阳旱地农业重点野外观测试验站	新建	山西省晋中市寿阳县	新建综合科研楼1 320平方米;建设仓库等595平方米;修建道路4 000平方米,围墙600米;晒场1 000平方米,机井及配套设备1套,维修各类沟渠2 000米,田间道路2 000平方米,新建径流场、肥料试验场、气象观测场等10亩;购置仪器设备19台(套)	2008～2009		100
						基金拨款	100
						自有资金	
38	中国农业科学院哈尔滨兽医研究所国家动物疫病防控生物安全四级实验室建设项目	新建	黑龙江省哈尔滨市动力区哈尔滨兽医研究所	生物安全实验楼13 164平方米,其中:生物安全四级实验室1 925平方米,生物安全三级实验室1 675平方米,生物安全二级实验室963平方米,设备和活毒废水处理等用房1 407平方米,实验楼办公及其他配套设施用房7 194平方米。锅炉房692平方米,污水处理站1 328平方米,储油罐200立方米,配套室外管网、道路、绿化、围墙大门等工程。购置实验仪器设备275台(套)	2008～2009		10 185
						基金拨款	10 185
						自有资金	

续表

序号	项目名称	建设性质	建设地点	主要建设内容	建设年限	下达投资(万元)	
39	农业部茶叶质量监督检验测试中心	改建	浙江省杭州市西湖区云栖路1号	改造实验室1 284平方米,新建超净工作室16平方米,购置仪器设备165台(套)	2007~2009		500
						基金拨款	500
						自有资金	
40	农业部油料及制品质量安全监督检验中心	改建	湖北省武汉市武昌区徐东二路2号	改造实验室、试剂药品库房及实验动物房共1 140平方米,购置仪器设备96台(套)	2007~2009		500
						基金拨款	500
						自有资金	
41	农业部农业环境质量案例监督检验中心	改建	天津市南开区复康路31号	改造实验室1 881平方米,改造室外管道系统,新建室外气瓶间20平方米,建设试验台等辅助设施,购置仪器设备48台(套)	2007~2009		500
						基金拨款	500
						自有资金	
42	农业部稻米及制品质量安全监督检验中心	改建	浙江省富阳市水稻所路28号	改造实验室1 800平方米,购置仪器设备41台(套)及相关配套设备	2007~2009		500
						基金拨款	500
						自有资金	
43	农业部蜂产品质量安全监督检验中心	改建	北京市海淀区香山北沟1号	改造实验室1 028平方米,购置仪器设备52台(套)	2007~2009		550
						基金拨款	550
						自有资金	
44	农业部柑橘及苗木质量安全监督检验中心	改建	重庆市北碚区歇马镇柑橘村15号	改造实验室1 300平方米,购置仪器设备46台(套)	2007~2009		500
						基金拨款	500
						自有资金	
45	农科院规划编制和重大项目评审费用	新建	北京市海淀区	汶川地震灾后重建农业规划编制和重大项目评审论证等前期工作费用	2008		20
						基金拨款	20
						自有资金	

续表

序号	项目名称	建设性质	建设地点	主要建设内容	建设年限	下达投资(万元)	
46	国家口蹄疫参考实验室建设项目	新建	甘肃省兰州市城关区盐场堡徐家坪1号	总建筑面积6 308平方米,其中新建生物安全实验楼4 364平方米,强毒动物实验房1 864平方米,改造污水处理站80平方米,新建场区管线、道路,配置相应工艺设备189台(套)和专用实验台延长172.17米	2007~2009		261
						基金拨款	261
						自有资金	
47	中棉种业科技股份有限公司转基因抗虫杂交棉品种创新高技术产业化示范工程	新建	河南省郑州市	项目主要采用现代生物技术和常规育种相结合的方法,实现转基因抗虫杂交棉新品种繁育和产业化生产。项目主要建设抗虫杂交棉制种示范基地等,形成年产抗虫杂交棉种子200公斤的生产能力。项目建设地点河南省郑州市,建设期限2年。国家资金主要用于产业化研发和工艺技术示范	2008~2009		1 200
						基金拨款	1 200
						自有资金	

中央级科学事业单位修缮购置专项总体规划（2009 ~ 2012）

（二次送审稿）

一、规划背景

（一）国家对农业科技的需求与我院使命

历史已经进入 21 世纪，中国迎来了人口增长高峰与全面建设小康社会的关键时期。发展现代农业，确保国家粮食安全、生态安全和食品质量安全，持续增加农民收入，是新时期全国农业农村工作的重大历史任务。面临人口、资源、环境与能源四重压力与国际国内两个市场双重竞争的严重态势，我国未来农业的发展必须依靠农业科技创新，充分挖掘生物遗传潜力，有效控制重大灾害，提高资源利用效率，增加农产品附加值，拓展农业发展领域，推动农业增长方式的根本转变，大幅度提高农业综合生产能力，支撑和引领现代农业发展，促进社会主义新农村建设。

当前，世界农业科技正孕育着新的革命。生物技术和信息技术作为引擎，正推动着农业常规技术的全面升级，深刻影响着世界农业发展的格局，科技竞争已成为农业竞争的焦点和核心。作为国家级综合性公益性农业科研机构，中国农业科学院是新型农业科技创新体系的国家基地，是全国农业科技创新的领头羊、主力军。我院 41 个科研机构、近万名职工，将紧紧围绕全面小康和社会主义新农村建设，把握世界农业科技潮流，全面提升科技创新能力，团结和带领全国农业科技力量，致力于解决农业及农村经济发展中基础性、方向性、全局性、关键性重大科技问题，为提高全国农业综合生产能力、推进现代农业建设源源不断提供强大的科技支撑，为推动我国农业科技整体实力 2020 年进入世界前列而奋斗。

面向国家目标和时代要求，中国农业科学院规划完成作物科学、动物科学等 9 大学科群及 41 个一级学科、173 个二级学科建设，形成面向中国特色现代农业、面向国际农业科技前沿的支柱学科体系；培养和造就一批在关键领域和重点岗位领军的人才和创新的骨干人才，重点培养和建设 100 个左右具有创新能力和国际竞争力的科技创新团队；学科、人才和经费三位一体，在事关国家粮食安全、农民增收的重要领域，力争突破 20 个重大科学选题，创新 100 项关键技术，培育开发 500 个以上动植物新品种和重大产品，熟化配套 1 000项简便适用技术，获得 10 ~ 20 项国家级奖励的重大科技成果。在此基础上，力争把中国农业科学院建设成为具有国际先进水平的农业科技创新中心、国内一流的农业科技产业孵化中心、国际农业科技合作与交流中心和高层次农业科研人才培养基地。

（二）科研基础条件现状

经过50多年的建设与发展，目前中国农业科学院已有15万亩拥有使用权的土地、150万平方米科研及辅助用房、价值8亿多元的科研仪器设备；全院共有5个国家重点实验室、32个部门重点实验室、16个国家农作物改良中心及分中心、5个国家野外观测站、20个农业部野外台站；建有2个重大科学工程和国家农作物种质资源长期库、10座中期库、12个种质圃。

尽管全院科研基础条件建设已取得很大成绩，但整体看，我院科研条件装备水平尚无法与发达国家同等地位的农业科研机构相比，与国内其他国家级科研机构和高等院校之间存在很大差距，甚至与省级农业科研机构相比较也没有优势。问题主要表现在：

——存量不足

在各大作物主产区缺乏足额、配套的试验用地，现有试验用地面临大幅锐减的风险，发展前景不容乐观；科研及辅助用房建设用地偏少；大型精密、专业、先进和自主研发的仪器设备与科研设施数量不足；国家重点实验室等优质资源欠缺。

——水平偏低

科研条件装备长期以来以满足当时需求为主，缺乏前瞻性考虑，整体水平偏低。优良试验农田比例偏小；水、暖、电等科研基础设施保障能力不足；仪器设备普遍陈旧、性能偏低、自动化程度不高；现代化高标准试验基地、野外观测台站匮乏。

——发展不均

国家、部门、院级重点实验室等优质资源主要集中在京区，京外单位实验室条件建设支持力度急需加大，田间试验装备急需加强。

——效率不高

重点实验室、大型先进仪器设备的协作公用、开放共享程度不高，利用效率偏低；核心仪器设备与设施、与前处理和后处理的有效设施与设备配套，资源整合不足，投入产出效率不高。

——支持不稳

长期以来，科研基础条件建设、更新运行、维修资金普遍短缺，来源不稳，渠道单一，强度不高，限制了有效资源效力的充分发挥。

综上所述，我院科研基础条件的现状与所承担的国家科研任务不完全匹配，对更好地发挥农业科研“国家队”的作用产生了严重的制约。我院新时期肩负的历史重任和创新需求，更对科技平台建设提出了严峻的挑战。迫切需要改造提升现有科技创新平台功能，迫切需要新建一批科研基础条件平台，迫切需要科研基础条件建设持续稳定高强度的投入。

（三）修购专项的成效与预期

1. 近三年成效

2006 年，按照财政部、科技部《关于改进和加强中央财政科技经费管理若干意见的通知》（国办发〔2006〕56 号）文件精神，中央财政设立了"中央级科学事业单位修缮购置专项资金"，发布了《中央级科学事业单位修缮购置专项资金管理办法》（财教〔2006〕118 号）。2006 ~2008 年 3 年间，我院 30 个单位共获得专项资金 8.32 亿元支持。按照填平补齐、均衡发展的原则，全院房屋修缮、基础设施改造、仪器设备购置和仪器设备升级改造四类 333 个项目获得立项，重点支持了研究所的条件建设、野外试验基地和所区基础设施改造。

通过近三年修购专项资金的支持，各研究所陈旧落后的面貌得到明显改变，一批危房设施得到修复改造，有毒有害物质防护设施得到加强，水、电、暖、气等的保障能力明显提高；通过仪器设备购置，一批实验室、质检中心、分析测试中心、改良中心、野外台站等仪器设备落后的问题得到了一定缓解，有一些改造升级进入部门或国家级重点实验室的行列，根据农业部最新发布的重点开放实验室建设名单，部门重点开放实验室由原来的 23 个增加到 32 个；科研试验基地温室、网室、旱棚、田间设施等得到一定程度改善，部分试验田土地进行了改良，为建设现代农业科技综合试验示范基地奠定了基础。

修购专项资金已成为包括基本建设投资、科研项目投入在内的中国农业科学院科研基本条件建设三大资金渠道之一，为全院科研基础条件建设发挥了重要作用。

2. 未来四年预期

2009 ~2012 年，中国农业科学院将在前三年修购专项支持的基础上，紧紧围绕国家粮食安全、农民增收和现代农业发展，根据全院科技创新和科研基础条件建设的总体部署，通过加强顶层设计、突出重点、优化配置、开放共享等措施，大幅提高修购专项投入产出效率和水平。

未来四年，修购专项要与研究所科研任务需求和人才团队建设需求紧密结合，根据执行能力与建设能力统筹安排实施，使全院科研基础条件基本满足新时期重大创新的需要，部分研究领域达到国际先进水平。通过与全院基本建设和科研项目经费的共同支持，实现：装置共享几台国际一流的大型仪器设备，形成一批设施设备国内一流、功能齐全的实验室，形成相当规模的现代农业科技试验示范基地和野外台站，向全国推出几个开放共享、国内一流的样板研究所、实验室或试验基地，使全院绝大多数研究所的科研环境进一步美化，基础保障能力进一步增强。

二、指导思想、基本原则、建设目标

（一）指导思想

围绕建设社会主义新农村、解决新时期我国农业发展所面临的重大问题，紧扣发展现代农业科学技术创新体系、建设国家农业科技创新基地和建设中国农业科学院“三个中心、一个基地”的战略目标，以提升科技创新能力为核心，统筹规划全院科技创新平台，综合运用基本建设、修购专项和科研项目等投入渠道，着力建设重大科研基础设施，完善实验试验条件，使我院建立起定位清晰、布局合理、功能强大的现代农业科研基础条件创新体系、支撑体系与服务体系，具备国内领先、世界一流农业科技创新中心必备的硬件保障，为中国农业科学技术事业实现跨越式发展提供强有力的条件支撑。

（二）基本原则

1. 顶层设计，分级管理

院级充分发挥统一组织和协调作用，规划好全院科技创新平台框架，围绕全院科研重点目标、任务安排项目，合理配置院属各单位的资源，并注意做好与基本建设、科学研究等其他专项资金间的衔接，做好全院修购专项项目的统一全过程管理；院属各单位应以院级顶层设计为指导，立足本单位现有的存量资源，结合科研优势和研究重点、基础条件和人员队伍等现状安排项目，并做好项目实施中的组织和管理工作。

2. 突出重点，集聚优势

以我国农村经济、社会发展对科技的需求为根本出发点，突出加强对我院重点领域、优势学科和国家急需的重大技术领域的建设。以 2006 ~ 2008 年修购专项项目工作为基础，立足本单位现有存量资源，有选择、有重点、有步骤地安排支持有一定基础条件和有突出创新能力的后续基础条件建设，集中使用有限资金，形成集聚效应。

3. 整合资源，共建共享

以国内外同类型、同水平科研院所的科研条件及装备情况为借鉴，特别要立足我院现有存量资源，避免不必要的重复建设。应注意整合存量资源与增量资源，以增量激活存量。同时还应当积极探索科研基础条件的共享共建机制，在研究所内部、研究所相对集中的区域和全院三个层面推进共建、共享和共用。研究所还应当探索面向所处区域院外单位的开放共享方式，起到区域辐射带动作用。可选择合适的单位进行试点工作，在总结经验的基础上逐步推进。

4. 完善链条，匹配功能

以我国农业产业发展对科技创新的实际需求为出发点，围绕主要农产品产前、产中和产后的关键技术链条进行科研基础条件建设布局。遵循农业科研规律，合理布局核心区和试验基地台站，强化农业试验基地、科学观察台站网络的功能与作用。在一个研究所内部，以科技发展和学科建设规划为指导，着力解决制约学科体系建设中基础条件的短板问题，做好修购专项建设项目的布局，重视不同环节仪器设备装备的水平匹配，及与基础设施条件间的功能匹配。

5. 统筹安排，分步实施

在摸清家底和顶层设计的前提下，根据行业特色、本单位的科研优势和学科特色认真规划，找准现有条件与近、中、长期发展目标间的差距，进行重点建设，统筹安排重点与一般、优先与其次、院（所）区与基地，按照轻重缓急分步建设，避免贪大求全和盲目“铺摊子”。实施过程中本着强化执行管理的要求，确保项目顺利完成。

（三）建设目标

1. 为农业科技“顶天立地”提供有利条件

经过建设，中国农业科学院科研基础条件将达到整体国内领先、部分国际先进的水平，科技平台条件得到明显改善，开放共享程度显著提高。随着科研基础条件水平的提升，在基础研究方面，将掌握一批农业科学研究的先进技术、手段与方法，开拓出一系列农业科研前沿新领域，解决一批基础理论问题，自主创新能力大幅提高；在应用研究方面，以条件设施先进、功能完备、管理完善的农业科研试验示范基地为保障，科技活动更加贴近农业生产实际需要，技术创新的适用性大幅增强，服务“三农”的能力切实提高，对农业农村发展做出更大贡献。

2. 支撑和带动我院九大学科群均衡发展

按照我院建设与发展九大学科群的规划蓝图，将学科特点、需求与科研基础条件建设任务充分结合，通过有步骤、有重点的建设，在继续保持优势学科发展速度的基础上，使起步晚、基础薄、实力弱的学科加速发展，最终建立起定位清晰、布局合理、均衡发展的现代农业科研体系。随着科研仪器装备和试验基地水平的提高，将培育形成若干个国际一流或特色技术领域，建设若干个新兴或交叉技术领域。

3. 为优秀人才培养和创新团队建设提供硬件保障

通过科研基础条件的整体改善，吸引和聚集国内与国际一流农业科技人才；通过科研基础条件的重点保障与倾斜扶持，为培养和造就一批科研优势突出、特色鲜明、竞争有力、在国内外具有一定影响力的创新人才与团队提供切实条件支撑。

4. 树立环境友好的现代农业科研院所形象

通过对院（所）区进行基础设施升级改造，建立起试验废液、废气、废物等标准规范的排放与处理系统，维护生态环境安全；创造整洁，美观、便利、现代化的工作环境与生活环境，构建生态友好的环境景观，增强基础条件的保障能力，促进创新文化建设，使科研人员身心愉悦，工作积极性得到提高，科研工作更加蓬勃开展。

三、规划布局与建设重点

（一）重大技术领域科研条件建设

1. 种质资源发掘、保存、创新与动植物新品种培育

（1）科技创新目标

广泛收集农作物、动物和微生物种质资源，构建动植物核心种质，挖掘功能基因，创新动植物高产、优质、抗病、抗逆育种技术，建立具有世界领先水平的动植物高效育种技术平台，培育一批优质、专用的突破性动植物新品种，以及名、特、稀、优经济动植物新品种，大幅度提高新品种的贡献率和农业综合生产能力，确保国家粮食安全。

（2）对科研基础条件的需求

重点建设棉花遗传改良、油料作物生物学、园艺作物遗传改良、作物遗传改良与育种等部级重点实验室，争取2～3个升级为国家重点实验室；切实加强特种经济动物种质资源遗传改良、家养动物遗传资源与种质创新、牧草遗传改良与利用等院级重点实验室建设，争取3～4个升级为部级重点实验室。

继续建设和完善农作物种质资源国家级野外科学观测研究站，重点建设野生生物资源、牧草资源、矮败小麦等部级野外台站，继续建设蔬菜资源、烟草种质资源、小麦野生资源等院级野外台站建设。重点建设海南、北京、新疆、青海等院级综合试验基地。

（3）科研基础条件建设水平与经费概算

为使该领域的基础条件水平达到国际先进，估算未来4年需要修购专项支持3.3亿元，占全部投资的22%。

2. 农产品高效生产与质量安全

（1）科技创新目标

突破大面积单产均衡增长的栽培理论，揭示农作物品质形成机理，研究高产、优质、高效、生态、安全生产技术与轻简栽培技术，加强畜禽高效生产和健康养殖重大关键技术系统集成，研究建立不同生态类型、基于农业整体调控与质量管理的现代化农业生产技术体系和模式，创新一批标准物质、技术产品标准和管理规范，支撑农产品质量安全。

（2）对科研基础条件的需求

重点建设果树生长发育与品质控制等院级重点开放实验室，争取2～3个升级为部级重点实验室；重点培育粮油质量安全控制、食品安全风险评估等院级重点实验室或试验基地。

（3）科研基础条件建设水平与经费概算

为使该领域的基础条件水平达到国内先进，估算未来4年需要修购专项支持2.4亿元，占全部投资的16%。

3. 重大农业生物灾害预防与控制

（1）科技创新目标

揭示农业重大病虫草鼠害致病机理和流行规律，突破植物高变异致灾有害生物、动物重大烈性传染病、重大人畜共患病、危险性外来生物、转基因生物安全等监测与预警、诊断与检测、快速扑灭与可持续控制等关键技术，创制新产品，确保国家生物安全和经济安全。

（2）对科研基础条件的需求

重点建设生物防治、动物流感、动物寄生虫学等部级重点实验室；继续建设杂草鼠害综合治理、新兽药工程、人畜共患病等院级重点实验室，争取 3 ~4 个升级为部级重点实验室；重点培育转基因生物安全等院级重点实验室。重点建设禽流感、口蹄疫、牛传染性胸膜肺炎等国家参考实验室和防治动物血吸虫病国家专业实验室，继续建设与其配套的动物生物安全三级、四级实验室。

重点建设有害生物防治等部级、院级野外台站或基地。

（3）科研基础条件建设水平与经费概算

为使该领域的基础条件达到国际先进水平，估算未来 4 年需要修购专项支持 3. 0 亿元，占全部投资的 20% 。

4. 农业资源高效利用

（1）科技创新目标

揭示土、肥、水、气等农业资源高效利用机理，创新资源高效利用技术、耕地质量保育技术、肥料生产技术、旱作农业技术、废弃物资源化循环利用技术等，加强重大关键技术系统集成，有效支撑国家资源安全与生态安全，促进农业可持续发展。

（2）对科研基础条件的需求

重点建设作物营养与施肥、资源遥感与数字农业等部级重点实验室，争取 1 个升级为国家重点实验室；继续建设农业水资源高效安全利用、土壤质量等院级重点实验室，争取 1 ~2 个升级为部级重点实验室；重点培育农业废弃物资源化利用等院级重点实验室。

继续建设和完善土壤肥力效益国家级野外科学观测研究站，重点建设农业资源与生态环境、旱地农业等部级野外台站或试验基地。

（3）科研基础条件建设水平与经费概算

为使该领域的基础条件达到国内领先水平，估算未来 4 年需要修购专项支持 1. 5 亿元，占全部投资的 10% 。

5. 农业环境监测与生态修复

（1）科技创新目标

揭示农业生态与环境变化规律和机理，创新农业环境污染控制与修复技术、农业有害生物生态调控技术、农业环境与灾害长期监测、农业非生物灾害预警与控制技术、生态农业技术、农业生物多样性保护等，确保农业生态与环境安全。

（2）对科研基础条件的需求

重点建设产地环境与农产品安全、农业环境与气候变化、草原资源与生态等部级重点实验室；重点培育农业环境生态修复与调控等院级重点实验室。

继续建设和完善南方红黄壤地区农业生态环境、农田生态系统、草原生态系统等国家野外科学观测研究站，重点建设一批生态环境部级野外台站，重点培育一批生态环境院级野外台站（网）或基地。

（3）科研基础条件建设水平与经费概算

为使该领域的基础条件达到国内领先水平，估算未来4年需要修购专项支持0.9亿元，占全部投资的6%。

6. 农业信息技术与数字农业

（1）科技创新目标

揭示农业信息资源的形成与变化规律，突破农业资源精准监测、数字农作物、数字动物、数字草原、农作物生产智能作业、智能化动物精细养殖、精确施肥（药）、农业环境数字模拟、农业生产数字化管理与信息服务等关键技术及产品，大幅度提高农业生产经营管理效率和效益。

（2）对科研基础条件的需求

重点建设智能化农业预警技术等部级重点实验室。

（3）科研基础条件建设水平与经费概算

为使该领域的基础条件达到国内先进水平，估算未来4年需要修购专项支持0.9亿元，占全部投资的6%。

7. 农业工程技术与智能化装备

（1）科技创新目标

创新智能化、机械化、精准化作业技术与装备，节本增效型农业加工装备和资源高效利用工程装备技术，发展工厂化农业，大幅度提高农业劳动生产率。

（2）对科研基础条件的需求

重点推进油料化学与油脂工程、沼气工程等院级重点实验室或试验基地建设，重点建设农业机械等部级重点实验室。

（3）科研基础条件建设水平与经费概算

为使该领域的基础条件达到国内先进水平，估算未来4年需要修购专项支持0.9亿元，占全部投资的6%。

8. 农产品加工与现代物流

（1）科技创新目标

重点突破农产品加工、贮藏、物流等关键技术，开发功能性食品、生物制剂等新产品、新技术、新工艺，支撑农产品精深加工技术产业发展，为培植新兴农业产业，延长农业产业链提供支撑，促进农产品加工增值。

（2）对科研基础条件的需求

重点建设国家茶产业工程技术研究中心、国家农产品加工技术研发中心，农产品加工与质量控制、茶及饮料植物产品加工与质量控制等部级重点实验室。

（3）科研基础条件建设水平与经费概算

为使该领域的基础条件达到国内先进水平，估算未来 4 年需要修购专项支持 0.9 亿元，占全部投资的 6%。

9. 生物质能源与新材料

（1）科技创新目标

揭示生物质构成与转化机理，挖掘能源植物资源，创新能源专用新品种和生物柴油、生物乙醇、沼气高效生产技术，以及可降解农用生物质新材料、新型酶制剂产品等关键技术与工艺，支撑生物质产业发展，拓展现代农业新领域。

（2）对科研基础条件的需求

重点培育生物质能源等院级重点实验室、工程技术中心或试验基地。

（3）科研基础条件建设水平与经费概算

为使该领域的基础条件达到国内先进水平，估算未来 4 年需要修购专项支持 0.3 亿元，占全部投资的 2%。

10. 农业经济与科技政策

（1）科技创新目标

揭示现代农业发展的基本规律，创新农业经济理论和方法，开展农业科技政策与评价、农村发展政策与评价、农业经济政策与评价，以及社会主义新农村建设、区域农业发展、农业可持续发展、农业全球化战略等重点、热点问题研究，为宏观决策服务。

（2）对科研基础条件的需求

重点建设农业政策分析等院级重点实验室。

（3）科研基础条件建设水平与经费概算

为使该领域的基础条件达到国内先进水平，估算未来 4 年需要修购专项支持 0.3 亿元，占全部投资的 2%。

11. 重大交叉、综合技术领域

（1）科技创新目标

加强作物分子设计育种、动物干细胞、生物反应器等农业重大交叉、综合技术和新兴领域的研究，超前部署一批农业前沿技术，发挥科技引领未来发展的先导作用，提高我国农业高新技术的研究开发能力和产业的国际竞争力。

（2）对科研基础条件的需求

重点建设若干联合实验室、功能实验室和综合试验基地。

（3）科研基础条件建设水平与经费概算

为使该领域的基础条件达到国际先进水平，估算未来 4 年需要修购专项支持 0.6 亿元，占全部投资的 4%。

（二）科研条件建设的结构布局

由于农业行业的特性，基地在农业科研活动中有着至关重要的作用；同时，随着现代科技的飞速发展，农业科技对高装备水平实验室的依赖性越来越高。在统筹考虑功能定位与区域位置、现有条件与科研优势、创新能力与创新任务等多方因素基础上，将中国农业科学院科研基础条件建设区域布局划分为科研核心区和试验基地两项重点，并提出各自建设内容。

科研核心区是开展农业科技创新活动的核心部分，重点指院（所）区内的各级实验室。科研核心区建设主要包括实验室及辅助用房修缮、高精尖仪器设备购置与升级改造、院（所）区基础设施综合改造等。试验基地是农业科学研究特有的野外试验场所，重点指试验田、野外台站、资源圃等。基地建设包括科研及辅助用房修缮、温网室改造、畜禽舍改造、田间基础设施改造、野外科学观测仪器和农机具购置等。

1. 科研核心区建设

（1）建设目标

确保科研核心区基础条件综合改造与土地利用规划、基本建设规划密切配合，房屋修缮和基础设施改造项目可行、效益突出；彻底解决核心区在水、电、暖、气（汽）、消防、路网等基础性条件方面的“瓶颈”问题，基本达到满足 15 ~ 20 年内公共保障能力的目标；着力改善各级实验室内的水、电、暖、气（汽）、消防等基础性硬件；集中进行房屋整体修缮，适当改善科研办公环境和科辅用房条件；进行少量基础加固和改扩建工程，提高实验室面积和利用率；加快环境整治力度，逐步提高智能化管理水平，基本实现“科研保障有力，工作环境优美、可持续性发展”的目标。

统筹考虑科研仪器设备购置和升级改造工作，兼顾存量与增量、近期急需与长远需要、购置与改造升级等因素，确保现代化、大型科研仪器设备比例逐步增加，各级实验室专业功能逐步增强，部级、院级实验室逐步升级。努力打破学科、单位界限，尽快组建全院、区域、研究所内等开放共享的综合试验平台，探索共建、共享式科研平台运行模式。

（2）主要内容与经费测算

房屋修缮：以科研用房修缮为重点，适当比例修缮科研辅助用房。重点修缮强弱电系统、给排水系统、消防系统、温控系统、换气系统、结构加固、屋顶防水、节能改造及门窗维修、内墙粉刷等室内装修，适当增加外立面修缮等。

预计修缮科研用房 113 000 平方米，需要修购专项资金 1. 4 亿元。

基础设施改造：以治理和改善科研核心区电力、热力、给排水、道路交通等全局性基础条件为重点，适当增加环境改善、智能化管理、功能示范、基础条件信息化集成等。

需要修购专项资金 1. 8 亿元。

仪器设备购置：以先进、大型、专业及功能配套仪器设备购置为主，重点购置支撑和加速重大技术领域发展所必需、急需的仪器设备，适当比例购置常规及配套仪器设备。

需要修购专项资金6.5亿元。

仪器设备升级改造：以升级改造具有增强自主研发能力的大型仪器、进口设备、专业设备和科研急需设备为重点，适当比例改造常规设备，扩充功能和增强适用性，培养科研单位的自主研发能力和研发队伍。

需要修购专项资金0.7亿元。

2. 试验基地建设

（1）建设目标

科学规划试验基地基础条件综合改造工作，突出抓好院直属综合试验基地建设，充分发挥共建、共享的公共平台作用；重点支持新基地基础条件建设，确保层次和标准超前、功能和定位准确，基本达到20年不落后。

统筹考虑科研仪器设备购置和升级改造工作，加强和加快国家级、部级野外台站（实验站）仪器设备装配步伐，不断增强农业科研基础研究与数据采集能力；重点增强田间专用设施建设，购置检测快速、便携、可长期监测并连续稳定获取数据的野外科研设备，升级改造专业仪器设备，稳步改善田间试验条件和保障能力。

（2）主要内容与经费测算

房屋修缮：以基地实验室、畜禽舍、实验动物房等科研用房修缮为重点，适当修缮基地宿舍、锅炉房、变配电室、水泵房等科研辅助用房。重点修缮强弱电系统、给排水系统、供暖系统、换气系统、结构加固、屋顶防水等，适当增加外立面修缮、室内装修等。

预计修缮面积102 000平方米，需要修购专项资金1.0亿元。

基础设施改造：以增强安全性、可持续性和提高科研能力为重点，翻修围墙、护坡、田埂、排灌沟渠、道路，改造给排水管道，增容电力，架设网络，改造温室、网室、虫室、田间设施、自备井、蓄水池及土地平整改良等。

需要修购专项资金1.8亿元。

仪器设备购置：以增强野外科学观测、试验能力为重点，购置能就地处理生物材料、现场萃取、分离纯化活体的小型仪器设备，配备土壤、水、大气、植物等野外科学观测和实时监测系统，及农机具等辅助设备。

需要修购专项资金1.6亿元。

仪器设备升级改造：以增强仪器设备田间适用性为重点，改造农机具、现场取样设备；将采用英美制计量的仪器设备转化为国标；改造升级畜、禽舍粪便和一般废弃物现场处理配套设备等。

需要修购专项资金0.2亿元。

（三）公共平台建设试点

1. 大型科学仪器设备

利用互联网建立大型科学仪器设备与相应信息、技术服务等远程网络虚拟共享平台；逐步形成大型科学仪器设备院内共享、区域共享和所内共享三种模式，提高仪器设备的综合利用率。

第一，对全院单台（套）价值50万元以上的大型精密科学仪器设备进行信息资源共享，促进资源整合，逐步建立院内共享平台。

第二，以北京、杭州、兰州、郑州等科研院所相对集中的城市为中心，在对大型精密科学仪器设备实行信息共享的基础上促进资源整合，逐步启动建立区域共享平台，成熟一个启动一个。

第三，建立各研究所内大型科学仪器设备共享制度，保障协作共用。

2. 试验基地

根据农业科研试验地域性较强的特点，在我院现有试验基地的基础上，通过修购专项进一步改善基础条件，完善综合试验基地和专业试验基地布局。通过创新机制，边建设、边运行、边开放，启动建立中国农业科学院试验基地协作网，逐步实现对全院科研人员和全国农业科技界开放共享，提高科技基础资源利用率，有效弥补我院土地存量不足、布局尚不完善等问题。此外，逐步开放研究所专业试验基地，积极推进院地共建，推动行业科技创新、研究所自身发展、服务地方经济建设等多赢局面的形成。

海南综合试验基地：依托海南独有的热带气候，以棉花所、作科所、水稻所在三亚现有的土地为基础，建立海南综合试验基地，从事以水稻、玉米、棉花、蔬菜、果树、麻类等作物为主的育种研究和植物保护研究。

北京综合试验基地：根据北京市总体规划和土地资源情况，在北京市郊区建立综合试验基地，从事作物育种、栽培、土肥、节水等方面的研究。

新疆综合试验基地：依托新疆日照长、温差大的独特气候，以棉花所现有土地为基础，建立新疆综合试验基地，从事以棉花、蔬菜和果树为主的育种研究，不仅能提高育种研究效率，而且有利于科研成果在新疆主产区和西部地区的推广。

青海综合试验基地：依托青海高原及早冬气候，以油料所现有北繁土地为基础，建立青海综合试验基地，从事以油菜、小麦等作物为主的育种研究，提高育种效率，降低科研成本。

3. 试点单位

在粮食安全、重大动物疫病防控、资源环境等重大技术领域，有目标、有步骤地选择若干个研究所作为试点单位，或选择若干个专业实验室、公共实验室作为试点实验室，整理整合行业共性技术研究、中间试验、示范推广等科技条件资源，提高公益性技术和产业共性技术、关键技术的集成、配套能力和工程化技术服务水平，带动行业科技进步。试点单位和试点实验室遴选要强化科学部署和严格论证，本着科研基础条件较好、开放共享措施切实可行、在行业内有一定权威等原则，充分考虑组织实施与执行建设能力，按轻重缓急分阶段实施，成熟一个启动一个。

四、经费概算与进度安排

（一）经费概算

1. 总量

作为国家级综合性公益性农业科研机构，针对我国农业发展、农村建设对现代农业科技的需求，根据中国农业科学院承担的农业科技任务和各研究所科技发展与人才团队建设对于科研基础条件的需求，按照未来4年我院科研基础条件建设的目标，充分考虑与基本建设、科学研究项目经费的分类与匹配进行测算，2009～2012年，我院拟申请中央级科学事业单位修缮购置专项资金约15亿元。

2. 重大技术领域

11个重大技术领域拟申请支持比例和额度测算见表1。

表1 **重大技术领域规模测算表** （单位：亿元）

序号	重大技术领域	比例	金额
	合计	100%	15.0
1	种质资源收集、挖掘、利用与动植物新品种培育	22%	3.3
2	农产品高效生产与质量安全	16%	2.4
3	重大农业生物灾害预防与控制	20%	3.0
4	农业资源高效利用	10%	1.5
5	农业环境控制与生态修复	6%	0.9
6	农业信息技术与数字农业	6%	0.9
7	农业工程技术与智能化装备	6%	0.9
8	农产品加工与现代物流	6%	0.9
9	生物质能源与新材料	2%	0.3
10	农业经济与科技政策	2%	0.3
11	重大交叉、综合技术领域	4%	0.6

3. 不同项目类型

房屋修缮、基础设施改造、仪器设备购置、仪器设备升级改造四类项目拟申请支持比例和额度测算见表2。

表2 **项目类型规模测算表** （单位：亿元）

序号	项目类型	比例	金额
	合计	100%	15.0
1	房屋修缮	16%	2.4
2	基础设施改造	24%	3.6
3	仪器设备购置	54%	8.1
4	仪器设备升级改造	6%	0.9

4. 区域布局

按科研核心区和试验基地进行测算，需要支持的规模比例约为7∶3，拟申请修购专项资金分别为10.4亿元和4.6亿元。科研核心区和试验基地建设中，四类项目拟申请支持比例和额度测算见表3、表4。

表3 **科研核心区规模测算表** （单位：亿元）

序号	项目类型	比例	金额
	合计	100%	10.4
1	房屋修缮	14%	1.4
2	基础设施改造	18%	1.8
3	仪器设备购置	61%	6.5
4	仪器设备升级改造	7%	0.7

表4 **试验基地规模测算表** （单位：亿元）

序号	项目类型	比例	金额
	合计	100%	4.6
1	房屋修缮	21%	1.0
2	基础设施改造	40%	1.8
3	仪器设备购置	36%	1.6
4	仪器设备升级改造	3%	0.2

如遇地震灾害、涉及公共安全的应急突发事件和重大科学技术成果培育及交叉前沿学科领域建设关键时期等特殊情况，可适当调整和倾斜。

（二）进度安排

1. 年度安排

未来 4 年，按照年度均衡的原则安排各年度经费，每年约需要专项资金 3.75 亿元，根据当年项目实际申报情况进行小幅调整。

2. 优先领域

根据国家农业科技的需求和我院实际情况，优先选择基础好、实力强、国家急需的重大技术领域开展科研条件建设；重点培育有基础、发展前景好、能够满足国家需求的重大技术领域，本着积极稳妥的原则，探索经验，逐步扩大，分批建设。

3. 优势区域

根据“突出重点、聚集效益”的基本原则，中国农业科学院修购专项先期建设重点集中在位于院（所）区内的科研核心区，优先支持共享共用措施明确、组织实施能力强的项目，充分利用和发挥科研核心区区位优势强、大型仪器设备配置相对齐全、人才聚集效应明显等优势，加快创新步伐，推动科技创新活动尽快迈上新台阶；后期建设重点集中在分布范围广、建设需求大、产业链条长的试验基地，强化试验基地作为核心区实验室有效延伸和重要补充的功效，充分发挥试验基地在资源采集、技术推广、成果转化等方面的作用。

4. 试点先行

对具有明确可行开放共享措施的公共平台试点单位进行优先、重点支持，通过连续 4 年较大规模的资金投入，为全院科研基础条件建设和公共平台建设树立典型，以点带面，推动全院科研基础条件共享共用，发挥效能。

五、保障机制与主要措施

（一）建立统筹协调机制，确保规划顺利实施

院级继续加强统一管理，进一步发挥由分管院领导担任主任，财务局、基建局、科技管理局相关人员共同组成的专项管理办公室的统筹协调作用，做好全院修购专项的项目申报、遴选、实施方案编制、执行检查、组织验收等工作。所级继续坚持领导小组制度，由所长任组长，财务、科技、后勤、纪委、研究室负责人等共同参与，负责专项的总体规划、实施方案制定、项目检查等组织管理工作。院所两级组织到位、分工明确、责任到人。

（二）做好前期基础工作，保证立项科学合理

项目立项前应深入调查、充分论证，争取最大限度地发挥存量资源的使用效益，集中解决科研基础条件重点问题。高度重视收集整理完备的基础数据，对现有基础条件成竹在胸。编制项目实施方案应坚持实事求是、科学合理的原则，遵循自然规律、经济规律，在依据充分的基础上进行经费预算，将实施过程中的调整减少到最低程度，保证项目顺利实施并按期通过验收。

（三）完善已有制度体系，实现专项规范管理

坚持项目执行过程中的制度化、规范化管理。在严格执行法人负责制、监理制、工程招投标制、审计制等相关制度之外，在实践中不断总结经验，将管理制度的修订与完善当成一项经常性的工作，不断对我院及院属各单位已有的管理制度进行修订完善，使管理方式方法和手段更加科学规范。

（四）探索开放共享机制，促进持续高效运行

探索灵活、高效的农业科研基础条件运行机制，积极创造开放条件，向上级主管部门呼吁建立协作共用基金，为开放共享机制的建立提供保障。确保农业科研人员享有平等使用科研基础条件的机会，实现资源共享、信息互动。科研基础条件建成使用后，要研究探讨持续投入的机制，保障正常、高效运行。

（五）加强项目监督管理，保证投资效率效益

建立执行情况定期总结制度，及时了解专项组织管理情况和项目进展情况；执行中遇到困难及时反馈并积极探索解决方案，尽最大努力确保项目按照实施方案执行，当执行变更确属迫不得已时，应积极与上级部门取得沟通并提出切实可行的变更方案；重视项目验收，严格按照上级主管部门有关规定进行。

（六）加强专业队伍培养，提高整体业务水平

切实做好专业人才的培训工作，加强政治理论学习，做好业务知识教育，特别是加强跨专业、跨领域交叉知识与岗位技能的培训，使负责修购项目实施与管理的人员更加了解财务、财务管理人员更加了解业务，共同提高项目管理与资金管理水平。

附件：经费规模概算图

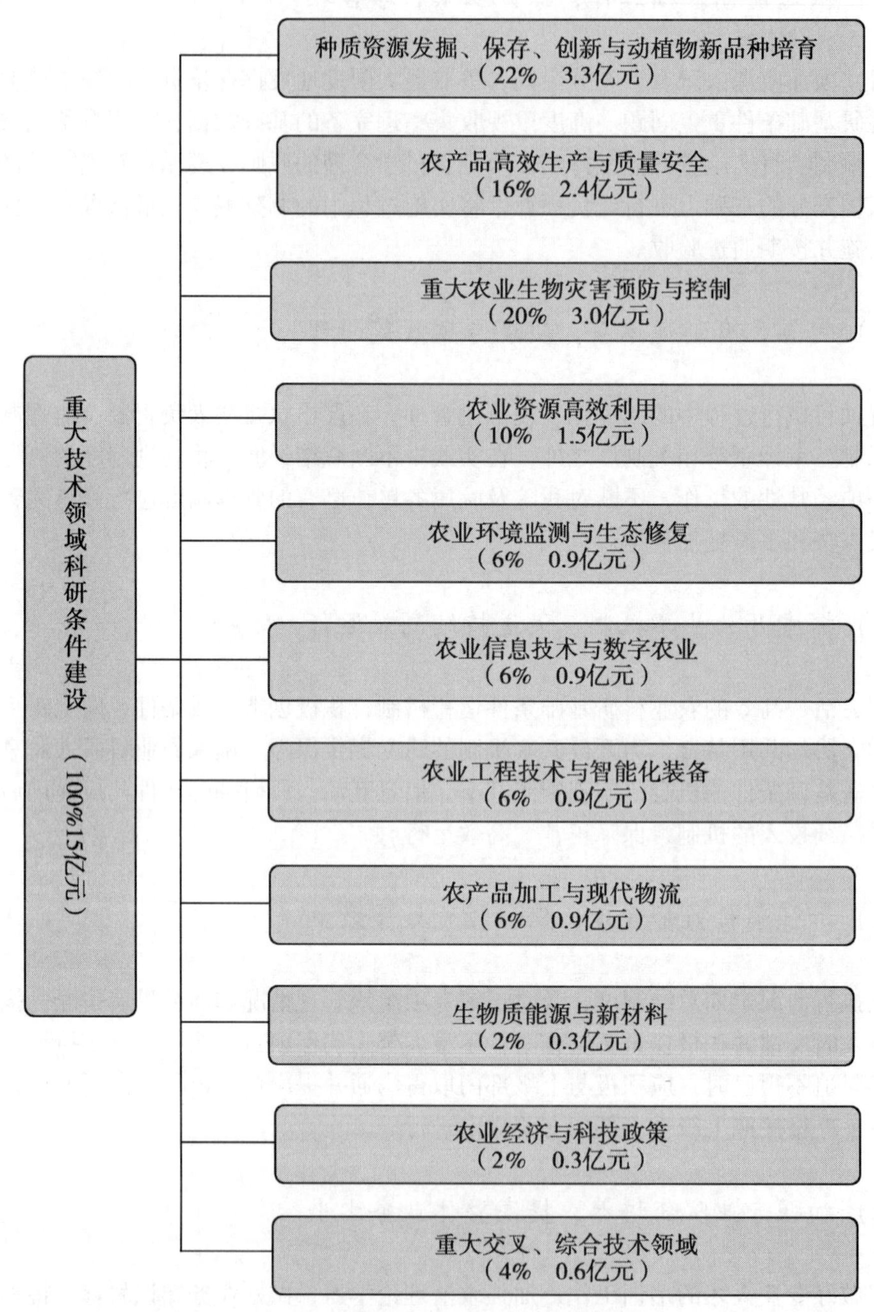

图 1　重大技术领域规模测算

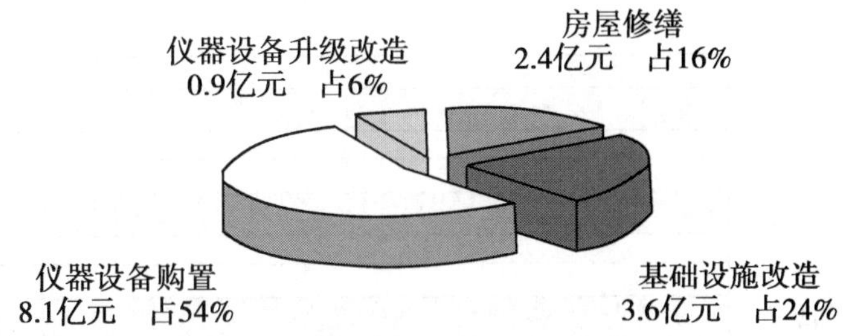

图2 项目类型规模测算

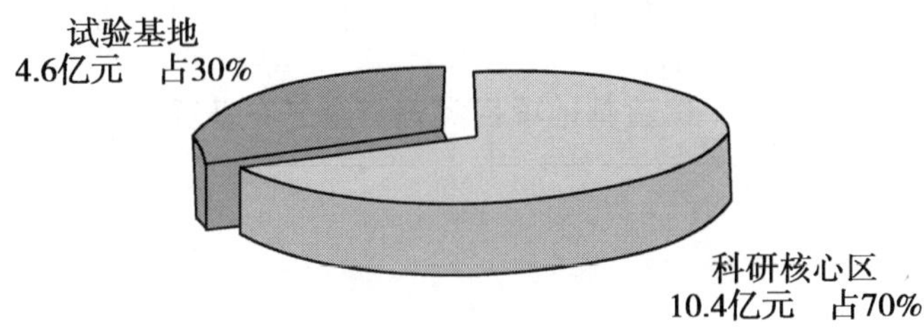

图3 区域规模测算

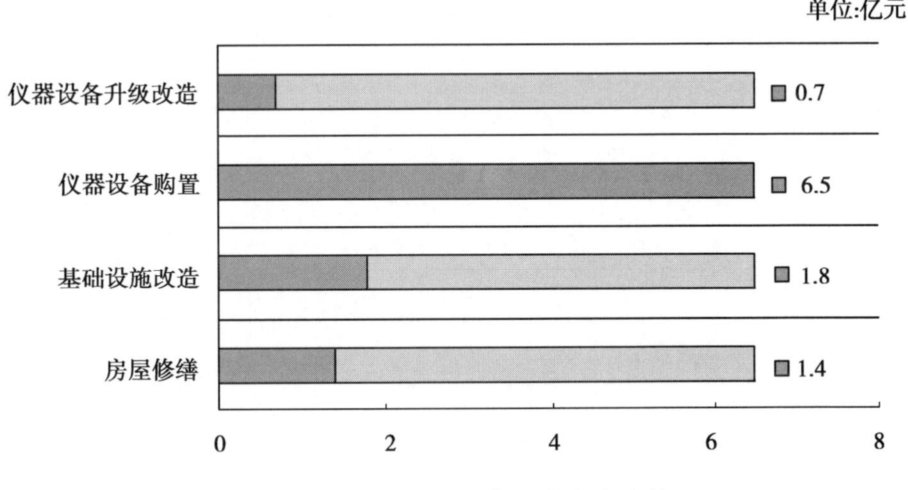

图4 科研核心区项目类型资金分布情况

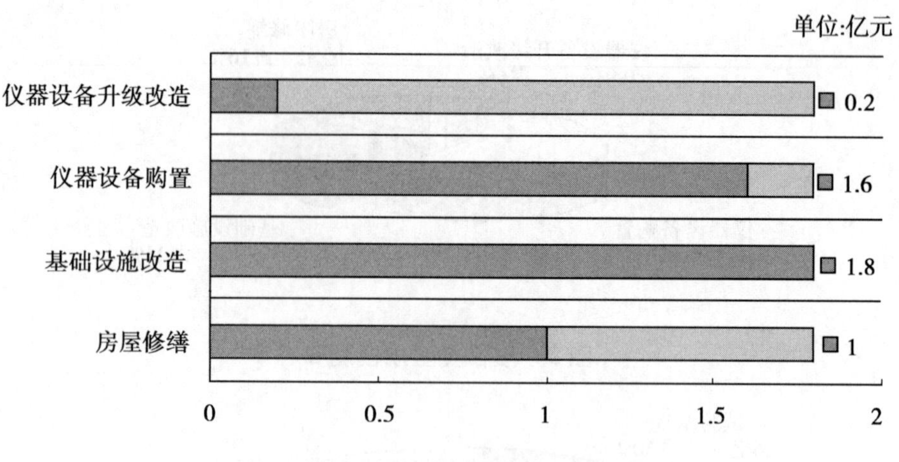

图 5　试验基地项目类型资金分布情况

中国农业科学院2008年一般预算财政拨款收入支出决算表

（金额单位：万元）

项目		上年结余	本年收入		本年支出			用事业基金弥补收支差额	结余分配	年末结余
科目编码	科目名称		合计	其中：基本建设资金收入	合计	基本支出	项目支出			
类 款 项	栏次	1	2	3	4	5	6	7	8	9
	合计	114 674.79	204 250.48	33 800.00	188 483.43	50 263.49	138 219.94	562.31	3 404.47	127 599.69
202	外交	3.27								3.27
20299	其他外交支出	3.27								3.27
2029900	其他外交支出	3.27								3.27
206	科学技术	66 185.21	157 003.68	23 301.00	132 397.02	33 082.18	99 314.84			90 791.87
20602	基础研究		25 368.20	17 962.00	5 048.19	281.60	4 766.59			20 320.01
2060201	机构运行		281.60		281.60	281.60				
2060204	重点实验室及相关设施		22 885.00	16 462.00	3 790.52		3 790.52			19 094.48
2060299	其他基础研究支出		2 201.60	1 500.00	976.07		976.07			1 225.53
20603	应用研究	14 991.29	80 909.48		74 806.84	32 800.58	42 006.26			21 093.93
2060301	机构运行	934.39	32 709.48		32 800.58	32 800.58				843.29
2060302	社会公益研究	14 056.90	48 200.00		42 006.26		42 006.26			20 250.64
20604	技术研究与开发	8 814.35	11 420.00		12 409.38		12 409.38			7 824.98
2060402	应用技术研究与开发	8 814.35	10 220.00		12 340.83		12 340.83			6 693.52

续表

项目		上年结余	本年收入		本年支出			用事业基金弥补收支差额	结余分配	年末结余
科目编码	科目名称		合计	其中:基本建设资金收入	合计	基本支出	项目支出			
类 款 项	栏次	1	2	3	4	5	6	7	8	9
	合计	114 674.79	204 250.48	33 800.00	188 483.43	50 263.49	138 219.94	562.31	3 404.47	127 599.69
2060403	产业技术研究与开发		1 200.00		68.55		68.55			1 131.45
20605	科技条件与服务	42 379.57	35 594.00	5 339.00	40 132.61		40 132.61			37 840.96
2060503	科技条件专项	42 379.57	30 255.00		36 554.11		36 554.11			36 080.46
2060599	其他科技条件与服务支出		5 339.00	5 339.00	3 578.50		3 578.50			1 760.50
20699	其他科学技术支出		3 712.00							3 712.00
2069999	其他科学技术支出		3 712.00							3 712.00
207	文化体育与传媒		122.41		122.41	122.41				
20705	新闻出版		122.41		122.41	122.41				
2070505	出版发行		122.41		122.41	122.41				
208	社会保障和就业		20.28		20.28	20.28				
20805	行政事业单位离退休		20.28		20.28	20.28				
2080502	事业单位离退休		20.28		20.28	20.28				
211	环境保护	406.60	330.00		670.03		670.03			66.57
21104	自然生态保护	0.60	330.00		324.89		324.89			5.71

续表

项目		上年结余	本年收入		本年支出			用事业基金弥补收支差额	结余分配	年末结余
科目编码 类 款 项	科目名称		合计	其中:基本建设资金收入	合计	基本支出	项目支出			
	栏次	1	2	3	4	5	6	7	8	9
	合计	114 674.79	204 250.48	33 800.00	188 483.43	50 263.49	138 219.94	562.31	3 404.47	127 599.69
2110402	农村环境保护	0.60	330.00		324.89		324.89			5.71
21111	污染减排	406.00			345.15		345.15			60.85
2111101	环境监测与信息	406.00			345.15		345.15			60.85
213	农林水事务	48 060.08	29 390.02	10 499.00	40 712.11	2 496.68	38 215.44			36 737.99
21301	农业	48 060.08	29 390.02	10 499.00	40 712.11	2 496.68	38 215.44			36 737.99
2130102	一般行政管理事务		80.00		69.31		69.31			10.69
2130104	农业事业机构		2 424.68		2 424.68	2 424.68				
2130106	技术推广	1 578.31	9 140 80	3 755.00	6 984.89		6 984.89			3 734.22
2130107	技能培训	1.97	15.00		16.97		16.97			
2130108	病虫害控制	13 486.78	1 470.00	570.00	1 848.89		1 848.89			13 107.89
2130109	农产品质量安全	8 928.65	7 613.84	2 550.00	12 214.19		12 214.19			4 328.30
2130110	执法监管	9.95	165.00		155.41		155.41			19.54
2130111	信息服务	64.54	900.00		765.06		765.06			199.47
2130114	对外交流与合作	141.30	520.00		462.67		462.67			198.63

续表

项目		上年结余	本年收入		本年支出			用事业基金弥补收支差额	结余分配	年末结余
科目编码（类 款 项）	科目名称		合计	其中:基本建设资金收入	合计	基本支出	项目支出			
	栏次	1	2	3	4	5	6	7	8	9
	合计	114 674.79	204 250.48	33 800.00	188 483.43	50 263.49	138 219.94	562.31	3 404.47	127 599.69
2130115	耕地地力保护	27.14	160.00		171.20		171.20			15.95
2130116	草原草场保护	28.12			28.12		28.12			
2130118	农业资源调查和区划	34.07	197.00		190.59		190.59			40.48
2130125	农产品加工与促销	52.25	40.00		65.41		65.41			26.84
2130131	农业国有资产维护		122.00		57.00	57.00				65.00
2130132	农业前期工作与政策研究	21.42	140.00		149.80		149.80			11.62
2130134	农业产业化	10.06			10.06		10.06			
2130135	农业资源保护	307.18	1 787.70		1 449.58		1 449.58			645.30
2130138	农村能源综合建设	2.96	195.00		185.05		185.05			12.92
2130199	其他农业支出	23 365.38	4 419.00	3 624.00	13 463.24	15.00	13 448.24			14 321.14
215	工业商业金融等事务	19.64			19.64		19.64			
21509	商业流通事务	19.64			19.64		19.64			
2150999	其他商业流通事务支出	19.64			19.64		19.64			
229	其他支出		17 384.09		14 541.94	14 541.94		562.31	3 404.47	

续表

项目			上年结余	本年收入		本年支出			用事业基金弥补收支差额	结余分配	年末结余
科目编码	科目名称			合计	其中:基本建设资金收入	合计	基本支出	项目支出			
类 款 项	栏次		1	2	3	4	5	6	7	8	9
	合计		114 674.79	204 250.48	33 800.00	188 483.43	50 263.49	138 219.94	562.31	3 404.47	127 599.69
22903	住房改革支出			17 384.09		14 541.94	14 541.94		562.31	3 404.47	
2290301	住房公积金			3 860.00		4 117.28	4 117.28		257.28		
2290302	提租补贴			483.09		483.37	483.37		18.57	18.30	
2290303	购房补贴			13 041.00		9 941.29	9 941.29		286.46	3 386.17	

中国农业科学院2008年行政事业类项目收入支出决算表

（金额单位：万元）

项目		资金来源					支出数			用事业基金弥补收支差额	结余分配	年末结余	
科目编码	科目名称(项目)	合计	上年结转		财政拨款	其他资金	合计	财政拨款	其他资金			合计	其中:财政拨款结余
			小计	其中:财政拨款结转									
类 款 项	栏次	1	2	3	4	5	6	7	8	9	10	11	12
	合计	188 473.03	39 319.59	68 164.49	117 370.94	1 782.50	110 208.93	109 103.55	1 105.38	2.00	2.62	78 263.48	73 431.89
202	外交	3.27	3.27	3.27								3.27	3.27
20299	其他外交支出	3.27	3.27	3.27								3.27	3.27
2029900	其他外交支出	3.27	3.27	3.27								3.27	3 27
2029900	亚洲区域合作专项资金项目	3.27	3.27	3.27								3.27	3.27
206	科学技术	168 855.21	66 361.42	65 250.82	100 711.60	1 782.20	95 360.42	94 271.67	1 088.75	2.00	2.62	73 494.17	71 690.75
20602	基础研究	7 498.49	59.89		7 124.60	314.00	3 624.48	3 301.93	322.55			3 874.01	3 822.67
2060204	重点实验室及相关设施	6 423.00			6 423.00		2 600.33	2 600.33				3 822.67	3 822.67
2060204	植物病虫害生物学国家重点实验室开放运行费	400.00			400.00		45.46	45.46				354.54	354.54
2060204	植物病虫害生物学国家重点实验室基本科研业务费	800.00			800.00		414.72	414.72				385.28	385.28
2060204	植物病虫害生物学国家重点实验室(仪器设备)专项经费	401.00			401.00							401.00	401.00

续表

科目编码	科目名称(项目)	资金来源					支出数			用事业基金弥补收支差额	结余分配	年末结余	
		合计	上年结转		财政拨款	其他资金	合计	财政拨款	其他资金			合计	其中:财政拨款结余
			小计	其中:财政拨款结转									
类 款 项	栏次	1	2	3	4	5	6	7	8	9	10	11	12
	合计	188 473.03	39 319.59	68 164.49	117 370.94	1 782.50	110 208.93	109 103.55	1 105.38	2.00	2.62	78 263.48	73 431.89
2060204	水稻生物学国家重点实验室开放运行费	435.00			435.00		69.11	69.11				365.89	365.89
2060204	水稻生物学国家重点实验室基本科研业务费	725.00			725.00		214.50	214.50				510.50	510.50
2060204	水稻生物学国家重点实验室(仪器设备)专项经费	160.00			160.00							160.00	160.00
2060204	兽医生物技术国家重点实验室开放运行费	400.00			400.00		75.97	75.97				324.03	324.03
2060204	兽医生物技术国家重点实验室基本科研业务费	1 000.00			1 000.00		871.81	871.81				128.19	128.19
2060204	兽医生物技术国家重点实验室(仪器设备)专项经费	212.00			212.00							212.00	212.00
2060204	家禽疫病病原生物学国家重点实验室开放运行费	400.00			400.00		140.03	140.03				259.97	259.97
2060204	家禽疫病病原生物学国家重点实验室基本科研业务费	800.00			800.00		400.00	400.00				400.00	400.00
2060204	动物营养学国家重点实验室基本科研业务费	460.00			460.00		219.72	219.72				240.28	240.28

续表

科目编码	科目名称(项目)	资金来源					支出数			用事业基金弥补收支差额	结余分配	年末结余	
		合计	上年结转		财政拨款	其他资金	合计	财政拨款	其他资金			合计	其中:财政拨款结余
			小计	其中:财政拨款结转									
类 款 项	栏次	1	2	3	4	5	6	7	8	9	10	11	12
	合计	188 473.03	39 319.59	68 164.49	117 370.94	1 782.50	110 208.93	109 103.55	1 105.38	2.00	2.62	78 263.48	73 431.89
2060204	动物营养学国家重点实验室开放运行费	230.00			230.00		149.00	149.00				81.00	81.00
2060299	其他基础研究支出	1 075.49	59.89		701.60	314.00	1 024.15	701.60	322.55			51.33	
2060299	中央级科研单位研究生培养专项补助经费	701.60			701.60		701.60	701.60					
2060299	非财政预算项目支出	368.89	59.89			309.00	317.55		317.55			51.33	
2060299	抗震救灾	5.00				5.00	5.00		5.00				
20603	应用研究	64 775.03	15 107.61	14 056.90	48 200.00	1 467.43	42 771.68	42 006.26	765.43	2.00	2.62	22 002.73	20 250.64
2060301	机构运行	81.19	39.41			41.78	47.80		47.80			33.39	
2060301	非财政预算项目支出	81.19	39.41			41.78	47.80		47.80			33.39	
2060302	社会公益研究	64 693.84	15 068.20	14 056.90	48 200.00	1 425.64	42 723.88	42 006.26	717.62	2.00	2.62	21 969.34	20 250.64
2060302	苎麻、亚麻、黄/红麻的高效生产与收获技术研究	595.00			595.00		588.37	588.37				6.63	6.63
2060302	中央级公益性科研院所基本科研业务费	10 967.79	2 411.79	2 411.79	8 556.00		8 170.29	8 170.29				2 797.50	2 797.50

续表

科目编码	科目名称(项目)	资金来源 合计	上年结转 小计	上年结转 其中:财政拨款结转	财政拨款	其他资金	支出数 合计	支出数 财政拨款	支出数 其他资金	用事业基金弥补收支差额	结余分配	年末结余 合计	年末结余 其中:财政拨款结余
类 款 项	栏次	1	2	3	4	5	6	7	8	9	10	11	12
	合计	188 473.03	39 319.59	68 164.49	117 370.94	1 782.50	110 208.93	109 103.55	1 105.38	2.00	2.62	78 263.48	73 431.89
2060302	油菜全程机械化关键技术的集成与示范	530.00			530.00		299.61	299.61				230.39	230.39
2060302	优质、高产、抗虫三系杂交棉科技创新条件建设	2.18	2.18	2.18			2.18	2.18					
2060302	新外来入侵植物黄顶菊防控技术研究	681.00			681.00		498.05	498.05				182.95	182.95
2060302	小麦白粉病菌和赤霉病菌的群体遗传结构及其时空动态	303.00			303.00		279.36	279.36				23.64	23.64
2060302	现代农业技术体系建设专项肉牛体系岗位科学家经费	70.00			70.00		2.81	2.81				67.19	67.19
2060302	现代农业产业技术体系建设专项资金	2 990.00	2 990.00	2 990.00			2 773.21	2 773.21				216.79	216.79
2060302	现代农业产业技术体系建设专项芝麻体系岗位科学家经费	140.00			140.00							140.00	140.00
2060302	现代农业产业技术体系建设专项玉米体系首席科学家经费	30.00			30.00							30.00	30.00
2060302	现代农业产业技术体系建设专项玉米体系岗位科学家经费	490.00			490.00							490.00	490.00

续表

项目		资金来源					支出数			用事业基金弥补收支差额	结余分配	年末结余	
科目编码	科目名称(项目)	合计	上年结转		财政拨款	其他资金	合计	财政拨款	其他资金			合计	其中:财政拨款结余
			小计	其中:财政拨款结转									
类 款 项	栏次	1	2	3	4	5	6	7	8	9	10	11	12
	合计	188 473.03	39 319.59	68 164.49	117 370.94	1 782.50	110 208.93	109 103.55	1 105.38	2.00	2.62	78 263.48	73 431.89
2060302	现代农业产业技术体系建设专项油用胡麻体系岗位科学家经费	140.00			140.00							140.00	140.00
2060302	现代农业产业技术体系建设专项油菜体系首席科学家经费	30.00			30.00							30.00	30.00
2060302	现代农业产业技术体系建设专项油菜体系岗位科学家经费	490.00			490.00		0.60	0.60				489.40	489.40
2060302	现代农业产业技术体系建设专项燕麦体系岗位科学家经费	70.00			70.00							70.00	70.00
2060302	现代农业产业技术体系建设专项小麦体系综合试验站站长经费	60.00			60.00		25.00	25.00				35.00	35.00
2060302	现代农业产业技术体系建设专项小麦体系首席科学家经费	30.00			30.00							30.00	30.00
2060302	现代农业产业技术体系建设专项小麦体系岗位科学家经费	420.00			420.00							420.00	420.00
2060302	现代农业产业技术体系建设专项西甜瓜体系岗位科学家经费	420.00			420.00							420.00	420.00
2060302	现代农业产业技术体系建设专项桃体系岗位科学家经费	140.00			140.00							140.00	140.00

续表

项目		资金来源					支出数			用事业基金弥补收支差额	结余分配	年末结余	
科目编码	科目名称(项目)	合计	上年结转		财政拨款	其他资金	合计	财政拨款	其他资金			合计	其中:财政拨款结余
			小计	其中:财政拨款结转									
类 款 项	栏次	1	2	3	4	5	6	7	8	9	10	11	12
	合计	188 473.03	39 319.59	68 164.49	117 370.94	1 782.50	110 208.93	109 103.55	1 105.38	2.00	2.62	78 263.48	73 431.89
2060302	现代农业产业技术体系建设专项水禽体系首席科学家经费	30.00			30.00							30.00	30.00
2060302	现代农业产业技术体系建设专项水禽体系岗位科学家经费	140.00			140.00		6.06	6.06				133.94	133.94
2060302	现代农业产业技术体系建设专项水稻体系综合试验站站长经费	30.00			30.00		26.00	26.00				4.00	4.00
2060302	现代农业产业技术体系建设专项水稻体系首席科学家经费	30.00			30.00							30.00	30.00
2060302	现代农业产业技术体系建设专项水稻体系岗位科学家经费	560.00			560.00		0.29	0.29				559.71	559.71
2060302	现代农业产业技术体系建设专项食用菌体系首席科学家经费	30.0			30.00		1.55	1.55				28.415	28.415
2060302	现代农业产业技术体系建设专项食用菌体系岗位科学家经费	140.00			140.00		3.52	3.52				136.48	136.48
2060302	现代农业产业技术体系建设专项食用豆体系首席科学家经费	30.00			30.00							30.00	30.00
2060302	现代农业产业技术体系建设专项食用豆体系岗位科学家经费	280.00			280.00							280.00	280.00

续表

科目编码	科目名称(项目)	资金来源 合计	上年结转 小计	上年结转 其中:财政拨款结转	财政拨款	其他资金	支出数 合计	支出数 财政拨款	支出数 其他资金	用事业基金弥补收支差额	结余分配	年末结余 合计	年末结余 其中:财政拨款结余
类 款 项	栏次	1	2	3	4	5	6	7	8	9	10	11	12
	合计	188 473.03	39 319.59	68 164.49	117 370.94	1 782.50	110 208.93	109 103.55	1 105.38	2.00	2.62	78 263.48	73 431.89
2060302	现代农业产业技术体系建设专项生猪体系岗位科学家经费	350.00			350.00		2.49	2.49				347.51	347.51
2060302	现代农业产业技术体系建设专项肉羊体系岗位科学家经费	280.00			280.00							280.00	280.00
2060302	现代农业产业技术体系建设专项肉牛体系岗位科学家经费	140.00			140.00		0.74	0.74				139.26	139.26
2060302	现代农业产业技术体系建设专项肉鸡体系首席科学家经费	30.00			30.00							30.00	30.00
2060302	现代农业产业技术体系建设专项肉鸡体系岗位科学家经费	630.00			630.00		1.11	1.11				628.89	628.89
2060302	现代农业产业技术体系建设专项绒毛用羊体系首席科学家经费	70.00			70.00							70.00	70.00
2060302	现代农业产业技术体系建设专项绒毛用羊体系岗位科学家经费	140.00			140.00		1.92	1.92				138.08	138.08
2060302	现代农业产业技术体系建设专项葡萄体系综合试验站站长经费	60.00			60.00							60.00	60.00
2060302	现代农业产业技术体系建设专项葡萄体系岗位科学家经费	280.00			280.00							280.00	280.00

续表

项目		资金来源					支出数			用事业基金弥补收支差额	结余分配	年末结余	
科目编码	科目名称(项目)	合计	上年结转		财政拨款	其他资金	合计	财政拨款	其他资金			合计	其中:财政拨款结余
			小计	其中:财政拨款结转									
类 款 项	栏次	1	2	3	4	5	6	7	8	9	10	11	12
	合计	188 473.03	39 319.59	68 164.49	117 370.94	1 782.50	110 208.93	109 103.55	1 105.38	2.00	2.62	78 263.48	73 431.89
2060302	现代农业产业技术体系建设专项苹果体系岗位科学家经费	210.00			210.00							210.00.	210.00
2060302	现代农业产业技术体系建设专项奶牛体系岗位科学家经费	210.00			210.00		15.71	15.71				194.29	194.29
2060302	现代农业产业技术体系建设专项牧草体系综合试验站站长经费	60.00			60.00							60.00	60.00
2060302	现代农业产业技术体系建设专项牧草体系岗位科学家经费	490.00			490.00		13.53	13.53				476.47	476.47
2060302	现代农业产业技术体系建设专项棉花体系综合试验站站长经费	60.00			60.00							60.00	60.00
2060302	现代农业产业技术体系建设专项棉花体系首席科学家经费	30.00			30.00							30.00	30.00
2060302	现代农业产业技术体系建设专项棉花体系岗位科学家经费	630.00			630.00							630.00	630.00
2060302	现代农业产业技术体系建设专项马铃薯体系首席科学家经费	30.00			30.00							30.00	30.00
2060302	现代农业产业技术体系建设专项马铃薯体系岗位科学家经费	210.00			210.00		1.46	1.46				208.54	208.54

续表

科目编码（类 款 项）	科目名称(项目)	资金来源：合计	资金来源：上年结转：小计	资金来源：上年结转：其中:财政拨款结转	资金来源：财政拨款	资金来源：其他资金	支出数：合计	支出数：财政拨款	支出数：其他资金	用事业基金弥补收支差额	结余分配	年末结余：合计	年末结余：其中:财政拨款结余
	栏次	1	2	3	4	5	6	7	8	9	10	11	12
	合计	188 473.03	39 319.59	68 164.49	117 370.94	1 782.50	110 208.93	109 103.55	1 105.38	2.00	2.62	78 263.48	73 431.89
2060302	现代农业产业技术体系建设专项麻类体系综合试验站站长经费	30.00			30.00							30.00	30.00
2060302	现代农业产业技术体系建设专项麻类体系首席科学家经费	30.00			30.00		2.14	2.14				27.86	27.86
2060302	现代农业产业技术体系建设专项麻类体系岗位科学家经费	770.00			770.00		4.45	4.45				765.55	765.55
2060302	现代农业产业技术体系建设专项梨体系岗位科学家经费	210.00			210.00							210.00	210.00
2060302	现代农业产业技术体系建设专项花生体系岗位科学家经费	210.00			210.00		5.30	5.30				204.70	204.70
2060302	现代农业产业技术体系建设专项谷子体系首席科学家经费	30.00			30.00							30.00	30.00
2060302	现代农业产业技术体系建设专项谷子体系岗位科学家经费	70.00			70.00							70.00	70.00
2060302	现代农业产业技术体系建设专项甘薯体系岗位科学家经费	70.00			70.00							70.00	70.00
2060302	现代农业产业技术体系建设专项蜂体系首席科学家经费	30.00			30.00							30.00	30.00

续表

项目		资金来源					支出数			用事业基金弥补收支差额	结余分配	年末结余	
科目编码	科目名称(项目)	合计	上年结转		财政拨款	其他资金	合计	财政拨款	其他资金			合计	其中:财政拨款结余
			小计	其中:财政拨款结转									
类 款 项	栏次	1	2	3	4	5	6	7	8	9	10	11	12
	合计	188 473.03	39 319.59	68 164.49	117 370.94	1 782.50	110 208.93	109 103.55	1 105.38	2.00	2.62	78 263.48	73 431.89
2060302	现代农业产业技术体系建设专项蜂体系岗位科学家经费	630.00			630.00							630.00	630.00
2060302	现代农业产业技术体系建设专项蛋鸡体系岗位科学家经费	280.00			280.00		16.01	16.01				263.99	263.99
2060302	现代农业产业技术体系建设专项大宗蔬菜体系首席科学家经费	30.00			30.00							30.00	30.00
2060302	现代农业产业技术体系建设专项大宗蔬菜体系岗位科学家经费	840.00			840.00							840.00	840.00
2060302	现代农业产业技术体系建设专项大麦体系首席科学家经费	30.00			30.00							30.00	30.00
2060302	现代农业产业技术体系建设专项大麦体系岗位科学家经费	140.00			140.00							140.00	140.00
2060302	现代农业产业技术体系建设专项大豆体系首席科学家经费	30.00			30.00							30.00	30.00
2060302	现代农业产业技术体系建设专项大豆体系岗位科学家经费	280.00			280.00							280.00	280.00
2060302	现代农业产业技术体系建设专项茶叶体系首席科学家经费	30.00			30.00		2.96	2.96				27.04	27.04

续表

项目		资金来源					支出数			用事业基金弥补收支差额	结余分配	年末结余	
科目编码	科目名称(项目)	合计	上年结转		财政拨款	其他资金	合计	财政拨款	其他资金			合计	其中:财政拨款结余
			小计	其中:财政拨款结转									
类 款 项	栏次	1	2	3	4	5	6	7	8	9	10	11	12
	合计	188 473.03	39 319.59	68 164.49	117 370.94	1 782.50	110 208.93	109 103.55	1 105.38	2.00	2.62	78 263.48	73 431.89
2060302	现代农业产业技术体系建设专项茶叶体系岗位科学家经费	630.00			630.00		0.37	0.37				629.63	629.63
2060302	维修费	33.00	33.00	23.00			33.00	33.00					
2060302	危险外来入侵生物早期预警技术条件建设	25.84	25.84	25.84			25.49	25.49				0.35	0.35
2060302	饲用、食用和啤酒大麦品种筛选及生产技术研究	464.00			464.00		407.06	407.06				56 .94	56.94
2060302	蔬菜优势产区规范化生产关键技术研究与集成示范	778.00			778.00		778.00	778.00					
2060302	食用菌菌种质量评价与菌种信息系统研究与建立	334.00			334.00		321.14	321.14				12.86	12.86
2060302	食用豆类资源初级核心样本和新品种配套栽培技术研究与集成示范	285.00			285.00		153.96	153.96				131.04	131.04
2060302	生态康复型农田绿色控害技术研究	673.00			673.00		601.74	601.74				71.26	71.26
2060302	农业立体污染防治科学创新条件建设项目	1 954.32	1 954.32	1 954.32			1 954.32	1 954.32					

续表

项目		资金来源					支出数			用事业基金弥补收支差额	结余分配	年末结余	
科目编码	科目名称(项目)	合计	上年结转		财政拨款	其他资金	合计	财政拨款	其他资金			合计	其中:财政拨款结余
			小计	其中:财政拨款结转									
类 款 项	栏次	1	2	3	4	5	6	7	8	9	10	11	12
	合计	188 473.03	39 319.59	68 164.49	117 370.94	1 782.50	110 208.93	109 103.55	1 105.38	2.00	2.62	78 263.48	73 431.89
2060302	农业结构调整重大技术研究专项经费	112.33	112.33	112.33			104.13	104.13				8.20	8.20
2060302	农业公益性行业科研专项经费	1 002.50	1 002.50	1 002.50			946.97	946.97				55.53	55.53
2060302	牛羊重大疫病防控技术研究与产业化	633.00			633.00		610.16	610.16				22.84	22.84
2060302	南方旱籼稻品质改良与抗逆栽培技术研究与示范	676.00			676.00		328.29	328.29				347.71	347.71
2060302	名优绿茶高效栽培及加工关键技术研究	564.00			564.00		564.00	564.00					
2060302	棉花简化种植节本增效生产技术研发与应用	688.00			688.00		688.00	688.00					
2060302	盲蝽象区域性灾变规律与监测治理技术研究	620.00			620.00		550.04	550.04				69.96	69.96
2060302	马铃薯旱作节水栽培技术研究与集成示范	519.00			519.00		498.89	498.89				20.11	20.11
2060302	绿肥作物生产与利用技术集成研究与示范	1 118.00			1 118.00		1 022.79	1 022.79				95.21	95.21

续表

项目		资金来源					支出数			用事业基金弥补收支差额	结余分配	年末结余	
科目编码	科目名称(项目)	合计	上年结转		财政拨款	其他资金	合计	财政拨款	其他资金			合计	其中:财政拨款结余
			小计	其中:财政拨款结转									
类 款 项	栏次	1	2	3	4	5	6	7	8	9	10	11	12
	合计	188 473.03	39 319.59	68 164.49	117 370.94	1 782.50	110 208.93	109 103.55	1 105.38	2.00	2.62	78 263.48	73 431.89
2060302	科研院所运转及设备维护费	2 701.82	31.82	31.82	2 670.00		2 670.53	2 670.53				31.28	31.28
2060302	抗震救灾	95.40				95.40	94.78		94.78	2.00	2.62		
2060302	黄淮海小麦抗旱抗干热风生产技术研究与示范	451.00			451.00		428.49	428.49				22.51	22.51
2060302	环渤海区域农业碳氮平衡定量评价及调控技术研究	279.00			279.00		242.51	242.51				36.49	36.49
2060302	公益性行业科研专项组织管理费	40.00			40.00		40.00	40.00					
2060302	非营利性科研机构改革专项启动费	16 901.13	5 493.13	5 493.13	11 408.00		14 097.51	14 097.51				2 803.62	2 803.62
2060302	非财政预算项目支出	2 341.54	1 011.30			1 330.24	622.84		622.84			1 718.69	
2060302	恶性外来入侵植物紫茎泽兰防控及利用技术研究与示范	1 019.00			1 019.00		839.01	839.01				179.99	179.99
2060302	东北春播玉米稳产技术措施研究与示范	573.00			573.00		532.76	532.76				40.24	40.24
2060302	大豆产业效益提高综合配套技术研究与示范	538.00			538.00		473.95	473.95				64.05	64.05

续表

项目		资金来源					支出数			用事业基金弥补收支差额	结余分配	年末结余	
科目编码	科目名称(项目)	合计	上年结转		财政拨款	其他资金	合计	财政拨款	其他资金			合计	其中:财政拨款结余
			小计	其中:财政拨款结转									
类 款 项	栏次	1	2	3	4	5	6	7	8	9	10	11	12
	合计	188 473.03	39 319.59	68 164.49	117 370.94	1 782.50	110 208.93	109 103.55	1 105.38	2.00	2.62	78 263.48	73 431.89
2060302	保健功能性水稻新品种选育和示范生产研究	716.00			716.00		11.17	11.17				704.83	704.83
2060302	不同蜂蜜生产区抗逆增产技术体系研究与示范	409.00			409.00		337.23	337.23				71.77	71.77
20604	技术研究与开发	20 234.35	8 814.35	8 814.35	11 420.00		12 409.38	12 409.38				7 824.98	7 824.93
2060402	应用技术研究与开发	19 034.35	8 814.35	8 814.35	10 220.00		12 340.83	12 340.83				6 693.52	6 693.52
2060402	资源高效利用型设施果树安全生产关键技术研究与示范	50.00			50.00		50.00	50.00					
2060402	猪繁殖与呼吸综合征病毒活疫苗(CH-IR株)	50.00			50.00							50.00	50.00
2060402	重大病虫害生物防治新技术	90.00			90.00		81.32	81.32				8.68	8.68
2060402	重大病虫害区域性灾变监测与预警新技术	90.00			90.00		56.95	56.95				33.05	33.05
2060402	中南贫瘠红壤与水稻土地力提升关键技术模式研究与示范	88.00			88.00		60.07	60.07				27.93	27.93
2060402	中国良好农业规范关键点分级及符合性验证技术研究与示范	94.00			94.00							94.00	94.00

续表

项目		资金来源					支出数			用事业基金弥补收支差额	结余分配	年末结余	
科目编码	科目名称(项目)	合计	上年结转		财政拨款	其他资金	合计	财政拨款	其他资金			合计	其中:财政拨款结余
			小计	其中:财政拨款结转									
类 款 项	栏次	1	2	3	4	5	6	7	8	9	10	11	12
	合计	188 473.03	39 319.59	68 164.49	117 370.94	1 782.50	110 208.93	109 103.55	1 105.38	2.00	2.62	78 263.48	73 431.89
2060402	杂交棉育苗移栽及配套栽培技术研究	86.00			86.00		10.86	10.86				75.14	75.14
2060402	园艺作物有害生物控制与安全生产关键技术研究	50.00			50.00		50.00	50.00					
2060402	园艺作物基因资源发掘与种质创新利用研究	70.00			70.00		60.21	60.21				9.79	9.79
2060402	玉米重大病虫害防控技术	90.00			90.00		39.28	39.28				50.72	50.72
2060402	玉米、高粱、粟类基因资源发掘与种质创新利用研究	70.00			70.00		47.52	47.52				22.48	22.48
2060402	有机肥资源综合利用技术	36.00			36.00		5.96	5.96				30.04	30.04
2060402	优质专用羊新品种选育	93.00			93.00		79.27	79.27				13.73	13.73
2060402	优质肉用牛新品种选育	90.00			90.00		89.36	89.36				0.64	0.64
2060402	优质肉牛杂种优势持续利用技术研究	81.00			81.00		81.00	81.00					
2060402	优质牧草繁育及种子加工技术研究与示范	59.00			59.00							59.00	59.00

续表

科目编码	科目名称(项目)	资金来源 合计	上年结转 小计	上年结转 其中:财政拨款结转	财政拨款	其他资金	支出数 合计	支出数 财政拨款	支出数 其他资金	用事业基金弥补收支差额	结余分配	年末结余 合计	年末结余 其中:财政拨款结余
类 款 项	栏次	1	2	3	4	5	6	7	8	9	10	11	12
	合计	188 473.03	39 319.59	68 164.49	117 370.94	1 782.50	110 208.93	109 103.55	1 105.38	2.00	2.62	78 263.48	73 431.89
2060402	优质抗逆专用草新品种选育	50.00			50.00		16.75	16.75				33.25	33.25
2060402	优质高产专用小麦育种技术研究及新品种培育	150.00			150.00		145.55	145.55				4.45	4.45
2060402	优质高产专用大豆等油料作物育种技术研究及新品种选育	100.00			100.00		100.00	100.00					
2060402	优质高产家禽新品种选育	100.00			100.00		100.00	100.00					
2060402	优质多抗专用蔬菜育种技术研究及新品种选育	200.00			200.00		200.00	200.00					
2060402	优质草产品生产加工与高效利用关键技术研究	32.00			32.00		32.00	32.00					
2060402	优质草产品加工、储藏技术研究与示范	95.00			95.00		30.14	30.14				64.86	64.86
2060402	养殖废水资源化与安全回灌关键技术研究	43.00			43.00		27.39	27.39				15.61	15.61
2060402	畜禽养殖污染物减排和废弃物资源循环利用技术研究与示范	150.00			150.00		103.93	103.93				46.07	46.07

续表

项目		资金来源					支出数			用事业基金弥补收支差额	结余分配	年末结余	
科目编码	科目名称(项目)	合计	上年结转		财政拨款	其他资金	合计	财政拨款	其他资金			合计	其中:财政拨款结余
			小计	其中:财政拨款结转									
类 款 项	栏次	1	2	3	4	5	6	7	8	9	10	11	12
	合计	188 473.03	39 319.59	68 164.49	117 370.94	1 782.50	110 208.93	109 103.55	1 105.38	2.00	2.62	78 263.48	73 431.89
2060402	畜禽健康养殖过程控制关键技术研究	150.00			150.00		147.60	147.60				2.40	2.40
2060402	畜禽基因资源发掘与种质评价利用研究	27.00			27.00		8.47	8.47				18.53	18.53
2060402	新型无公害饲料添加剂生产技术研究与产业示范	47.00			47.00		47.00	47.00					
2060402	新型工业化健康养殖畜禽应激管理与调控技术研究与开发	150.00			150.00		143.51	143.51				6.49	6.49
2060402	小麦重大病虫害防控技术	90.00			90.00		51.16	51.16				38.84	38.84
2060402	污染农田治理关键技术研究	56.00			56.00		31.66	31.66				24.34	24.34
2060402	土源性人畜共患蠕虫病防控生物新制剂的研究	63.00			63.00		14.81	14.81				48.19	48.19
2060402	特种经济动物高效养殖技术研究	100.00			100.00		100.00	100.00					
2060402	饲料生产新工艺及关键设备研究与产业化示范	34.00			34.00		15.63	15.63				18.37	18.37
2060402	饲料基础数据及配套应用技术研究	47.00			47.00		45.48	45.48				1.52	1.52

续表

科目编码（类 款 项）	科目名称(项目)	资金来源：合计	上年结转：小计	上年结转：其中:财政拨款结转	财政拨款	其他资金	支出数：合计	财政拨款	其他资金	用事业基金弥补收支差额	结余分配	年末结余：合计	其中:财政拨款结余
	栏次	1	2	3	4	5	6	7	8	9	10	11	12
	合计	188 473.03	39 319.59	68 164.49	117 370.94	1 782.50	110 208.93	109 103.55	1 105.38	2.00	2.62	78 263.48	73 431.89
2060402	饲料安全关键因子监测评价新技术研究	74.00			74.00							74.00	74.00
2060402	水稻基因资源发掘与种质创新利用研究	90.00			90.00		11.51	11.51				78.49	78.49
2060402	薯类燃料乙醇高效发酵菌种改良	216.00			216.00		178.62	178.62				37.38	37.38
2060402	蔬菜大豆重大病虫害防控技术	90.00			90.00		90.00	90.00					
2060402	世界粮食贸易格局变动对我国的影响研究	10.00			10.00							10.00	10.00
2060402	食源性人畜共患蠕虫病防控生物新制剂的研究	234.00			234.00							234.00	234.00
2060402	食品污染溯源技术研究	70.00			70.00		37.98	37.98				32.02	32.02
2060402	三大作物可持续超高产共性理论与技术模式研究	117.00			117.00		28.21	28.21				88.79	88.79
2060402	软科学	3.00	3.00	3.00			3.00	3.00					
2060402	入侵物种快速检测与监测技术	90.00			90.00		45.88	45.88				44.12	44.12

续表

项目		资金来源					支出数			用事业基金弥补收支差额	结余分配	年末结余	
科目编码	科目名称(项目)	合计	上年结转		财政拨款	其他资金	合计	财政拨款	其他资金			合计	其中:财政拨款结余
			小计	其中:财政拨款结转									
类 款 项	栏次	1	2	3	4	5	6	7	8	9	10	11	12
	合计	188 473.03	39 319.59	68 164.49	117 370.94	1 782.50	110 208.93	109 103.55	1 105.38	2.00	2.62	78 263.48	73 431.89
2060402	入侵物种风险评估与早期预警技术	90.00			90.00		45.60	45.60				44.40	44.40
2060402	乳品加工关键设备及材料研究与开发	104.00			104.00		77.09	77.09				26.91	26.91
2060402	仁果类主要果树新品种选育研究	276.00			276.00		198.00	198.00				78.00	78.00
2060402	人畜共患病重要传媒——硬蜱防控生物新制剂的研究	95.00			95.00		8.81	8.81				86.19	86.19
2060402	人参、五味子等大宗药材炮制加工新工艺研究及系列功能产品开发	203.00			203.00		203.00	203.00					
2060402	禽流感、新城疫综合防控技术集成与示范	205.00			205.00							205.00	205.00
2060402	气候变化影响与适应的关键技术研究	194.00			194.00		194.00	194.00					
2060402	平衡施肥与养分管理技术	60.00			60.00							60.00	60.00
2060402	农作物基因资源保护与种质创新和研究	29.04	29.04	29.04			29.04	29.04					

续表

项目		资金来源					支出数			用事业基金弥补收支差额	结余分配	年末结余	
科目编码	科目名称(项目)	合计	上年结转		财政拨款	其他资金	合计	财政拨款	其他资金			合计	其中:财政拨款结余
			小计	其中:财政拨款结转									
类 款 项	栏次	1	2	3	4	5	6	7	8	9	10	11	12
	合计	188 473.03	39 319.59	68 164.49	117 370.94	1 782.50	110 208.93	109 103.55	1 105.38	2.00	2.62	78 263.48	73 431.89
2060402	农作物基因资源安全保存评价关键技术研究	43.00			43.00		37.40	37.40				5.60	5.60
2060402	农业资源利用与管理信息化技术研究与应用	250.00			250.00		175.38	175.38				74.62	74.62
2060402	农业入侵物种区域减灾与持续治理技术	90.00			90.00		76.72	76.72				13.28	13.28
2060402	农业科技三项费用	865.89	865.89	865.89			47.77	47.77				818.12	818.12
2060402	农田有害物质循环阻控与消减关键技术研究	212.00			212.00		146.00	146.00				66.00	66.00
2060402	农田污染物源头控制关键技术研究	56.00			56.00		44.09	44.09				11.91	11.91
2060402	农田水分生产潜力及适度开发研究	50.00			50.00		50.00	50.00					
2060402	农田恶性杂草防控新技术	90.00			90.00		79.48	79.48				10.52	10.52
2060402	南方季节性干旱防控技术研究	54.00			54.00		44.67	44.67				9.33	9.33

续表

项目		资金来源					支出数			用事业基金弥补收支差额	结余分配	年末结余	
科目编码	科目名称(项目)	合计	上年结转		财政拨款	其他资金	合计	财政拨款	其他资金			合计	其中:财政拨款结余
			小计	其中:财政拨款结转									
类 款 项	栏次	1	2	3	4	5	6	7	8	9	10	11	12
	合计	188 473.03	39 319.59	68 164.49	117 370.94	1 782.50	110 208.93	109 103.55	1 105.38	2.00	2.62	78 263.48	73 431.89
2060402	奶牛主要疾病综合防控技术研究及开发	90.00			90.00		50.44	50.44				39.56	39.56
2060402	奶牛优质饲草生产技术研究及开发	104.00			104.00		89.10	89.10				14.90	14.90
2060402	奶牛高效饲养关键技术研究及开发	140.00			140.00		140.00	140.00					
2060402	牧草与儿态草草种扩繁关键技术研究	32.00			32.00		18.45	18.45				13.55	13.55
2060402	棉花重大病虫害防控技术	90.00			90.00		76.03		76.03			13.97	13.97
2060402	棉花、麻类基因资源发掘与种质创新利用研究	43.00			43.00		41.98	41.98				1.02	1.02
2060402	麦类基因资源发掘与种质创新利用研究	90.00			90.00		76.00	76.00				14.00	14.00
2060402	马铃薯种质资源的发掘、保存和创新与新品种培育	144.00			144.00		82.35	82.35				61.65	61.65
2060402	麻与蚕桑资源高效开发利用技术研究与装备开发	200.00			200.00		197.74	197.74				2.26	2.26

续表

项目		资金来源					支出数			用事业基金弥补收支差额	结余分配	年末结余	
科目编码	科目名称(项目)	合计	上年结转		财政拨款	其他资金	合计	财政拨款	其他资金			合计	其中:财政拨款结余
			小计	其中:财政拨款结转									
类 款 项	栏次	1	2	3	4	5	6	7	8	9	10	11	12
	合计	188 473.03	39 319.59	68 164.49	117 370.94	1 782.50	110 208.93	109 103.55	1 105.38	2.00	2.62	78 263.48	73 431.89
2060402	粮食主产区三大作物重大病虫害防控技术研究	117.00			117.00		91.95	91.95				25.05	25.05
2060402	粮食主产区农田肥水资源可持续高效利用技术研究	117.00			117.00		62.72	62.72				54.28	54.28
2060402	口蹄疫综合防控技术集成与示范	137.00			137.00		129.09	129.09				7.91	7.91
2060402	口蹄疫疫苗的研制与产业化	137.00			137.00		89.62	89.62				47.38	47.38
2060402	秸秆还田有效利用和快速腐解技术	48.00			48.00							48.00	48.00
2060402	家禽健康养殖新型模式研究与示范	300.00			300.00		300.00	300.00					
2060402	火炬计划	80.00	80.00	80.00			80.00	80.00					
2060402	环境协调型旱作节水农作制度研究	54.00			54.00		54.00	54.00					
2060402	华北半湿润偏旱区粮经饲综合技术集成与示范	29.00			29.00		29.00	29.00					
2060402	航天育种工程	1 481.26	1 481.26	1 481.26			42.69	42.69				1 438.57	1 438.57

续表

项目		资金来源					支出数			用事业基金弥补收支差额	结余分配	年末结余	
科目编码	科目名称(项目)	合计	上年结转		财政拨款	其他资金	合计	财政拨款	其他资金			合计	其中:财政拨款结余
			小计	其中:财政拨款结转									
类 款 项	栏次	1	2	3	4	5	6	7	8	9	10	11	12
	合计	188 473.03	39 319.59	68 164.49	117 370.94	1 782.50	110 208.93	109 103.55	1 105.38	2.00	2.62	78 263.48	73 431.89
2060402	国家科技支撑计划课题	6 355.17	6 355.17	6 355.17			5 390.38	5 390.38				964.79	964.79
2060402	灌区地下水开发利用关键技术研究	65.00			65.00		26.87	26.87				38.13	38.13
2060402	耕地质量分区评价与保育技术及指标体系研究	108.00			108.00		28.81	28.81				79.19	79.19
2060402	耕地地力提升与退化耕地修复关键技术研究	93.00			93.00		75.82	75.82				17.18	17.18
2060402	高致病性禽流感疫苗的研制与产业化	180.00			180.00							180.00	180.00
2060402	高效施药技术研发与示范	50.00			50.00		50.00	50.00					
2060402	高繁殖力瘦肉型猪新品种选育	150.00			150.00		150.00	150.00					
2060402	高产优质专用薯类及其他作物育种技术研究及新品种选育	150.00			150.00		150.00	150.00					
2060402	高产优质专用棉花育种技术研究及新品种选育	150.00			150.00		118.67	118.67				31.33	31.33
2060402	高产优质多抗水稻育种技术研究及新品种培育	200.00			200.00		112.43	112.43				87.57	87.57

续表

项目		资金来源					支出数			用事业基金弥补收支差额	结余分配	年末结余	
科目编码	科目名称(项目)	合计	上年结转		财政拨款	其他资金	合计	财政拨款	其他资金			合计	其中:财政拨款结余
			小计	其中:财政拨款结转									
类 款 项	栏次	1	2	3	4	5	6	7	8	9	10	11	12
	合计	188 473.03	39 319.59	68 164.49	117 370.94	1 782.50	110 208.93	109 103.55	1 105.38	2.00	2.62	78 263.48	73 431.89
2060402	复合(混)肥养分高效优化技术与工艺	108.00			108.00		64.44	64.44				43.56	43.56
2060402	反刍、水产及特种动物配合饲料生产技术集成与产业化示范	47.00			47.00		47.00	47.00					
2060402	豆类、油料、糖料基因资源发掘与种质创新利用研究	70.00			70.00		20.39	20.39				49.61	49.61
2060402	动物源性人畜共患衣原体和螺旋体病防控生物新制剂的研究	167.00			167.00		9.64	9.64				157.36	157.36
2060402	东北黑土区地力衰减农田综合治理技术模式研究与示范	63.00			63.00		1.97	1.97				61.03	61.03
2060402	典型脆弱区域气候变化适应技术示范	200.00			200.00		200.00	200.00					
2060402	地震灾后畜禽养殖及疫病防控技术研究	100.00			100.00		8.28	8.28				91.72	91.72
2060402	低温冷害与霜冻调控技术研究	54.00			54.00		54.00	54.00					
2060402	大豆等作物引进品种在喀斯特山区的适应机制研究	54.00			54.00		37.10	37.10				16.90	16.90

续表

项目		资金来源					支出数			用事业基金弥补收支差额	结余分配	年末结余	
科目编码	科目名称(项目)	合计	上年结转		财政拨款	其他资金	合计	财政拨款	其他资金			合计	其中:财政拨款结余
			小计	其中:财政拨款结转									
类 款 项	栏次	1	2	3	4	5	6	7	8	9	10	11	12
	合计	188 473.03	39 319.59	68 164.49	117 370.94	1 782.50	110 208.93	109 103.55	1 105.38	2.00	2.62	78 263.48	73 431.89
2060402	城郊集约化农田污染综合防控技术集成与示范	52.00			52.00							52.00	52.00
2060402	茶资源高效加工与多功能利用技术研究	100.00			100.00		100.00	100.00					
2060402	草原牧区退化草地改良技术集成与示范	30.00			30.00		20.99	20.99				9.01	9.01
2060402	北方农业干旱调控技术研究	54.00			54.00		18.78	18.78				35.22	35.22
2060402	保护性耕作条件下稳产丰产关键技术研究	32.00			32.00		32.00	32.00					
2060402	安全高效预混合饲料技术集成与产业化示范	47.00			47.00		47.00	47.00					
2060402	安全环保型中兽药的研制与应用	90.00			90.00							90.00	90.00
2060403	产业技术研究与开发	1 200.00			1 200.00		68.55	68.55				1 131.45	1 131.45
2060403	中棉种业科技股份有限公司转基因抗虫杂交棉品种创新高技术产业化示范工程	1 200.00			1 200.00		68.55	68.55				1 131.45	1 131.45

续表

项目		资金来源					支出数			用事业基金弥补收支差额	结余分配	年末结余	
科目编码	科目名称(项目)	合计	上年结转		财政拨款	其他资金	合计	财政拨款	其他资金			合计	其中:财政拨款结余
			小计	其中:财政拨款结转									
类 款 项	栏次	1	2	3	4	5	6	7	8	9	10	11	12
	合计	188 473.03	39 319.59	68 164.49	117 370.94	1 782.50	110 208.93	109 103.55	1 105.38	2.00	2.62	78 263.48	73 431.89
20605	科技条件与服务	72 635.34	42 379.57	42 379.57	30 255.00	0.77	36 554.88	36 554.11	0.77			36 080.46	36 080.46
2060503	科技条件专项	72 635.34	42 379.57	42 379.57	30 255.00	0.77	36 554.88	36 554.11	0.77			36 080.46	36 080.46
2060503	综合研究大楼修缮	465.00			465.00		459.77	459.77				5.23	5.23
2060503	综合研究大楼附属基础设施改造	70.00			70.00		5.00	5.00				65.00	65.00
2060503	主要农作物分子标记辅助育种研究实验室设备购置项目	835.00			835.00		14.56	14.56				820.44	820.44
2060503	中药材现代化科技支撑平台仪器设备购置	265.00			265.00		264.95	264.95				0.05	0.05
2060503	中央级科学事业单位修缮购置专项资金	32 953.94	32 953.16	32 953.16		0.77	17 809.39	17 808.62	0.77			15 144.55	15 144.55
2060503	中心实验室仪器设备升级改造	35.00			35.00		35.00	35.00					
2060503	中兽医实验大楼及药品贮存库房维修	455.00			455.00		132.19	132.19				322.81	322.81
2060503	中试基地房屋修缮	95.00			95.00		75.63	75.63				19.37	19.37
2060503	中国农业政策效果演示与报告系统设备购置	150.00			150.00		83.50	83.50				66.50	66.50

续表

科目编码	科目名称(项目)	资金来源 合计	上年结转 小计	其中:财政拨款结转	财政拨款	其他资金	支出数 合计	财政拨款	其他资金	用事业基金弥补收支差额	结余分配	年末结余 合计	其中:财政拨款结余
类 款 项	栏次	1	2	3	4	5	6	7	8	9	10	11	12
	合计	188 473.03	39 319.59	68 164.49	117 370.94	1 782.50	110 208.93	109 103.55	1 105.38	2.00	2.62	78 263.48	73 431.89
2060503	中国农业野外试验网络数据中心设备购置	380.00			380.00							380.00	380.00
2060503	中国动物卫生与流行病学中心上海分中心动物医学实验室基础设施综合改造	170.00			170.00							170.00	170.00
2060503	中国动物卫生与流行病学中心上海分中心动物实验室仪器设备购置	715.00			715.00		238.87	238.87				476.13	476.13
2060503	质量检验楼维修	120.00			120.00		2.70	2.70				117.30	117.30
2060503	院旧主楼修缮工程	840.00			840.00		262.83	262.83				577.17	577.17
2060503	油料种质资源关键技术实验室	380.00			380.00		3.34	3.34				376.66	376.66
2060503	油料功能基田实验室仪器设备购置	760.00			760.00		3.56	3.56				756.44	756.44
2060503	营养代谢与调控实验室仪器设备购置	460.00			460.00							460.00	160.00
2060503	野外台站设备购置	340.00			340.00							340.00	340.00

续表

项目		资金来源					支出数			用事业基金弥补收支差额	结余分配	年末结余	
科目编码	科目名称(项目)	合计	上年结转		财政拨款	其他资金	合计	财政拨款	其他资金			合计	其中:财政拨款结余
			小计	其中:财政拨款结转									
类 款 项	栏次	1	2	3	4	5	6	7	8	9	10	11	12
	合计	188 473.03	39 319.59	68 164.49	117 370.94	1 782.50	110 208.93	109 103.55	1 105.38	2.00	2.62	78 263.48	73 431.89
2060503	研究生宿舍楼房屋修缮	425.00			425.00		136.63	136.63				288.37	288.37
2060503	延庆基地科研及辅助用房修缮二期	510.00			510.00		10.80	10.80				499.20	499.20
2060503	延庆基地基础设施改造二期	170.00			170.00		83.51	83.51				86.49	86.49
2060503	虚拟农业实验室仪器设备购置项目	100.00			100.00		79.47	79.47				20.53	20.53
2060503	新疆基地田间道路、排灌设施改造	505.00			505.00		0.60	0.60				504.40	504.40
2060503	田间试验用房修缮	120.00			120.00		3.40	3.40				116.60	116.60
2060503	特种经济动植物生物技术实验室	370.00			370.00		358.28	358.28				11.72	11.72
2060503	特种动物生物工程研究中心仪器设备购置	190.00			190.00		190.00	190.00					
2060503	所区供水、电、气线路改造	430.00			430.00		417.51	417.51				12.49	12.49
2060503	所部试验基地改造	405.00			405.00		65.70	65.70				339.30	339.30
2060503	水稻病虫害实验室	90.00			90.00							90.00	90.00

续表

科目编码	科目名称(项目)	资金来源					支出数			用事业基金弥补收支差额	结余分配	年末结余	
		合计	上年结转		财政拨款	其他资金	合计	财政拨款	其他资金			合计	其中:财政拨款结余
			小计	其中:财政拨款结转									
类 款 项	栏次	1	2	3	4	5	6	7	8	9	10	11	12
	合计	188 473.03	39 319.59	68 164.49	117 370.94	1 782.50	110 208.93	109 103.55	1 105.38	2.00	2.62	78 263.48	73 431.89
2060503	数字土壤实验室	340.00			340.00							340.00	340.00
2060503	蔬菜种质资源保护、研究与共享平台仪器设备购置	440.00			440.00		298.56	298.56				141.44	141.44
2060503	兽医生物技术国家重点实验室仪器设备购置项目(延续)	805.00			805.00		56.31	56.31				748.69	748.69
2060503	兽医生物技术国家重点实验室	410.00			410.00		22.18	22.18				387.82	387.82
2060503	寿阳旱地农业野外科学观测试验站修缮	35.00			35.00		2.76	2.76				32.24	32.24
2060503	试验田七里河防涝设施改造	95.00			95.00		28.96	28.96				66.04	66.04
2060503	试验农场基础设施改造	275.00			275.00		8.40	8.40				266.60	266.60
2060503	试验地田间电气、观察道改造	240.00			240.00		6.09	6.09				233.91	233.91
2060503	试验场区污水处理、锅炉燃煤改城市集中供暖设施改造	470.00			470.00		111.60	111.60				358.40	358.40
2060503	试验温室基础设施改造	225.00			225.00		49.21	49.21				175.79	175.79
2060503	实验室恒温系统改造	340.00			340.00		80.88	80.88				259.13	259.13

续表

科目编码	科目名称(项目)	资金来源					支出数			用事业基金弥补收支差额	结余分配	年末结余	
		合计	上年结转		财政拨款	其他资金	合计	财政拨款	其他资金			合计	其中:财政拨款结余
			小计	其中:财政拨款结转									
类 款 项	栏次	1	2	3	4	5	6	7	8	9	10	11	12
	合计	188 473.03	39 319.59	68 164.49	117 370.94	1 782.50	110 208.93	109 103.55	1 105.38	2.00	2.62	78 263.48	73 431.89
2060503	试验区科研楼综合修缮	170.00			170.00		4.17	4.17				165.83	165.83
2060503	试验基地区内道路改造	205.00			205.00		161.45	161.45				43.55	43.55
2060503	生物质能技术研究实验室房屋修缮项目	65.00			65.00		53.35	53.35				11.65	11.65
2060503	生物质能技术及工程研究中心仪器设备购置项目	235.00			235.00		0.12	0 12				234.88	234.88
2060503	生物安防护坡(挡墙)维修项目	470.00			470.00		224.61	224.61				245.39	245.39
2060503	设施农业与环境工程研究中心仪器设备购置	320.00			320.00							320.00	320.00
2060503	区划实验楼房屋修缮	130.00			130.00		103.58	103.58				26.42	26.42
2060503	青州基地科研用房维修	380.00			380.00		360.24	360.24				19.76	19.76
2060503	青岛研发中心基础设施综合改造项目	370.00			370.00		360.89	360.89				9.11	9.11
2060503	青岛即墨科研试验基地基础设施综合改造项目	120.00			120.00		118.59	118.59				1.41	1.41
2060503	气科楼修缮	125.00			125.00		4.76	4.76				120.24	120.24

续表

项目		资金来源					支出数			用事业基金弥补收支差额	结余分配	年末结余	
科目编码	科目名称(项目)	合计	上年结转		财政拨款	其他资金	合计	财政拨款	其他资金			合计	其中:财政拨款结余
			小计	其中:财政拨款结转									
类 款 项	栏次	1	2	3	4	5	6	7	8	9	10	11	12
	合计	188 473.03	39 319.59	68 164.49	117 370.94	1 782.50	110 208.93	109 103.55	1 105.38	2.00	2.62	78 263.48	73 431.89
2060503	普洱茶试验基地基础设施综合改造	375.00			375.00		346.95	346.95				28.05	28.05
2060503	农作物种质资源平台建设	32.82	32.82	32.82			32.82	32.82					
2060503	农作物试验基地农机具购置项目	160.00			160.00							160.00	160.00
2060503	农作物试验基地房屋修缮项目	225.00			225.00		7.00	7.00				218.00	218.00
2360503	农业领域科学计算网格建设	75.00			75.00		73.46	73.46				1.54	1.54
2060503	农业科研条件优化管理研究室仪器设备升级改造	60.00			60.00		60.00	60.00					
2060503	农业科技信息远程服务条件建设	226.22	226.22	226.22			131.49	131.49				94.73	94.73
2060503	农业部资源遥感与数字农业重点开放实验室设备购置	190.00			190.00		68.52	68.52				121.48	121.48
2060503	农业部植物病虫害抗性监督检验测试中心仪器设备购置	900.00			900.00							900.00	900.00

续表

科目编码	科目名称(项目)	资金来源					支出数			用事业基金弥补收支差额	结余分配	年末结余	
		合计	上年结转		财政拨款	其他资金	合计	财政拨款	其他资金			合计	其中:财政拨款结余
			小计	其中:财政拨款结转									
类 款 项	栏次	1	2	3	4	5	6	7	8	9	10	11	12
	合计	188 473.03	39 319.59	68 164.49	117 370.94	1 782.50	110 208.93	109 103.55	1 105.38	2.00	2.62	78 263.48	73 431.89
2060503	农业部沅江麻类资源重点野外科学观测试验站科研及辅助用房修缮	145.00			145.00		1.80	1.80				143.20	143.20
2060503	农业部沅江麻类资源重点野外科学观测试验站基础设施综合改造	350.00			350.00		4.20	4.20				345.80	345.80
2060503	农业部气候变化与农业环境重点开放实验室仪器购置	570.00			570.00							570.00	570.00
2060503	农业部农作物分子生物学重点开放实验室	310.00			310.00		310.00	310.00					
2060503	农业部农业核技术与农产品加工重点开放实验室(续建三期)	270.00			270.00							270.00	270.00
2060503	农业部牧草资源重点野外科学观测试验站科研用地综合改造	485.00			485.00		9.76	9.76				475.24	475.24
2060503	农业部麻类产品质量监督检验测试中心仪器设备购置	365.00			365.00		76.68	76.68				288.32	288.32
2060503	农产品精深加工中试车间厂区围栏修建工程	35.00			35.00		0.89	0.89				34.11	34.11

续表

项目		资金来源					支出数			用事业基金弥补收支差额	结余分配	年末结余	
科目编码（类 款 项）	科目名称(项目)	合计	上年结转		财政拨款	其他资金	合计	财政拨款	其他资金			合计	其中:财政拨款结余
			小计	其中:财政拨款结转									
	栏次	1	2	3	4	5	6	7	8	9	10	11	12
	合计	188 473.03	39 319.59	68 164.49	117 370.94	1 782.50	110 208.93	109 103.55	1 105.38	2.00	2.62	78 263.48	73 431.89
2060503	农产品产地环境污染防治实验室仪器购置	390.00			390.00		389.64	389.64				0.36	0.36
2060503	南口中试基地外电源改造	380.00			380.00							380.00	380.00
2060503	蜜蜂遗传与育种研究室项目仪器购置	615.00			615.00		592.25	592.25				22.75	22.75
2060503	蜜蜂生态试验场房屋及附属设施修缮	95.00			95.00							95.00	95.00
2060503	蜜蜂分子生物学重点实验室仪器购置项目	360.00			360.00		358.76	358.76				1.24	1.24
2060503	绿色化学合成实验室	405.00			405.00							405.00	405.00
2060503	廊坊园区室外工程维修改造	565.00			565.00		30.83	30.83				534.17	534.17
2060503	科研生产蓄水池及其配套供水设施维修改造项目	295.00			295.00		108.62	108.62				186.38	186.38
2060503	科研区道路管网基础设施综合改造	205.00			205.00		5.17	5.17				199.83	199.83
2060503	科研楼及附属设施修缮	200.00			200.00		6.16	6.16				193.84	193.84

续表

项目		资金来源					支出数			用事业基金弥补收支差额	结余分配	年末结余	
科目编码	科目名称(项目)	合计	上年结转		财政拨款	其他资金	合计	财政拨款	其他资金			合计	其中:财政拨款结余
			小计	其中:财政拨款结转									
类 款 项	栏次	1	2	3	4	5	6	7	8	9	10	11	12
	合计	188 473.03	39 319.59	68 164.49	117 370.94	1 782.50	110 208.93	109 103.55	1 105.38	2.00	2.62	78 263.48	73 431.89
2060503	科研辅助用房——物资仓库、种子风干室、综合楼修缮	455.00			455.00		311.44	311.44				143.56	143.56
2060503	科辅楼综合修缮	550.00			550.00		382.65	382.65				167.35	167.35
2060503	抗虫杂交棉长江试验站改造项目	500.00			500.00		84.72	84.72				415.28	415.28
2060503	家畜疫病病原生物学国家重点实验室	385.00			385.00		0.11	0.11				384.89	384.89
2060503	河北植物创新材料试验基地改造项目	195.00			195.00		133.04	133.04				61.96	61.96
2060503	河北省信息技术成果示范与推广基地仪器设备购置	350.00			350.00		343.19	343.19				6.81	6.81
2060503	果树病虫害生物测定实验室	180.00			180.00		143.56	143.56				36.44	36.44
2060503	果品加工中试车间房屋修缮	105.00			105.00		102.38	102.38				2.62	2.62
2060503	国家油料作物加工中心仪器设备升级改造	55.00			55.00		43.90	43.90				11.10	11.10
2060503	国家水稻改良中心专用仪器(延续)	770.00			770.00		327.82	327.82				442.18	442.18

续表

项目		资金来源					支出数			用事业基金弥补收支差额	结余分配	年末结余	
科目编码（类 款 项）	科目名称(项目)	合计	上年结转		财政拨款	其他资金	合计	财政拨款	其他资金			合计	其中:财政拨款结余
			小计	其中:财政拨款结转									
	栏次	1	2	3	4	5	6	7	8	9	10	11	12
	合计	188 473.03	39 319.59	68 164.49	117 370.94	1 782.50	110 208.93	109 103.55	1 105.38	2.00	2.62	78 263.48	73 431.89
2060503	国家试验用小型猪研究中心配套设施改造	435.00			435.00		272.38	272.38				162.62	162.62
2060503	国家科技基础条件平台建设项目	9 167.36	9 167.36	9 167.36			7 732.05	7 732.05				1 435.31	1 435.31
2060503	国家昌平农业工程中心畜牧分中心基础设施综合改造一期	575.00			575.00		0.20	0.20				574.80	574.80
2060503	辅助研究房屋修缮项目	305.00			305.00		251.82	251.82				53.18	53.18
2060503	分子微生物学实验室	250.00			250.00		250.00	250.00					
2060503	东、西、南场区试验仓库修缮	135.00			135.00		104.70	104.70				30.30	30.30
2060503	电力增容及配套设施改造	190.00			190.00		190.00	190.00					
2060503	北繁育种基地改造	60.00			60.00		1.41	1.41				58.59	58.59
2060503	茶叶新品种实验用房房屋修缮	620.00			620.00		470.64	470.64				149.36	149.36
20699	其他科学技术支出	3 712.00			3 712.00							3 712.00	3 712.00
2069999	其他科学技术支出	3 712.00			3 712.00							3 712.00	3 712.00
2069999	科技重大专项(转基因早熟棉花新品种培育)	109.00			109.00							109.00	109.00

续表

科目编码	科目名称(项目)	资金来源 合计	上年结转 小计	上年结转 其中:财政拨款结转	财政拨款	其他资金	支出数 合计	支出数 财政拨款	支出数 其他资金	用事业基金弥补收支差额	结余分配	年末结余 合计	年末结余 其中:财政拨款结余
类 款 项	栏次	1	2	3	4	5	6	7	8	9	10	11	12
	合计	188 473.03	39 319.59	68 164.49	117 370.94	1 782.50	110 208.93	109 103.55	1 105.38	2.00	2.62	78 263.48	73 431.89
2069999	科技重大专项(转基因杂交棉花新品种培育)	259.00			259.00							259.00	259.00
2069999	科技重大专项(转基因玉米小麦大豆环境安全)	154.00			154.00							154.00	154.00
2069999	科技重大专项(转基因优质纤维新品种培育)	217.00			217.00							217.00	217.00
2069999	科技重大专项(转基因水稻环境安全评价技术)	247.00			247.00							247.00	247.00
2069999	科技重大专项(转基因生物安全监测技术)	144.00			144.00							144.00	144.00
2069999	科技重大专项(转基因耐旱耐盐碱棉花新品种培育)	164.00			164.00							164.00	164.00
2069999	科技重大专项(转基因棉花环境安全评价技术)	165.00			165.00							165.00	165.00
2069999	科技重大专项(优质转基因肉羊新品种选育)	124.00			124.00							124.00	124.00
2069999	科技重大专项(优质功能转基因玉米新品种培育)	225.00			225.00							225.00	225.00

续表

项目		资金来源					支出数			用事业基金弥补收支差额	结余分配	年末结余	
科目编码	科目名称(项目)	合计	上年结转		财政拨款	其他资金	合计	财政拨款	其他资金			合计	其中:财政拨款结余
			小计	其中:财政拨款结转									
类 款 项	栏次	1	2	3	4	5	6	7	8	9	10	11	12
	合计	188 473.03	39 319.59	68 164.49	117 370.94	1 782.50	110 208.93	109 103.55	1 105.38	2.00	2.62	78 263.48	73 431.89
2069999	科技重大专项(抗逆转基因玉米新品种培育)	192.00			192.00							192.00	192.00
2069999	科技重大专项(抗逆转基因小麦新品种培育)	277.00			277.00							277.00	277.00
2069999	科技重大专项(抗除草剂转基因大豆新品种培育)	213.00			213.00							213.00	213.00
2069999	科技重大专项(抗病转基因水稻新品种培育)	256.00			256.00							256.00	256.00
2069999	科技重大专项(节粮型高瘦肉率转基因猪)	234.00			234.00							234.00	234.00
2069999	科技重大专项(基因克隆新技术新方法)	230.00			230.00							230.00	230.00
2069999	科技重大专项(高产养分高效利用转基因大豆新品种培育)	63.00			63.00							63.00	63.00
2069999	科技重大专项(规模化转基因技术体系构建)	242.00			242.00							242.00	242.00
211	环境保护	736.60	406.60	406.60	330.00		670.03	670.03				66.57	66.57

续表

项目		资金来源					支出数			用事业基金弥补收支差额	结余分配	年末结余	
科目编码	科目名称(项目)	合计	上年结转		财政拨款	其他资金	合计	财政拨款	其他资金			合计	其中:财政拨款结余
			小计	其中:财政拨款结转									
类 款 项	栏次	1	2	3	4	5	6	7	8	9	10	11	12
	合计	188 473.03	39 319.59	68 164.49	117 370.94	1 782.50	110 208.93	109 103.55	1 105.38	2.00	2.62	78 263.48	73 431.89
21104	自然生态保护	330.60	0.60	0.60	330.00		324.89	324.89				5.71	5.71
2110402	农村环境保护	330.60	0.60	0.60	330.00		324.89	324.89				5.71	5.71
2110402	农业生态环境保护	330.60	0.60	0.60	330.00		324.89	324.89				5.71	5.71
21111	污染减排	406.00	406.00	406.00			345.15	345.15				60.85	60.85
2111101	环境监测与信息	406.00	406.00	406.00			345.15	345.15				60.85	60.85
2111101	第一次全国污染源普查项目经费	406.00	406.00	406.00			345.15	345.15				60.85	60.85
213	农林水事务	18 858.32	2 528.68	2 484.17	16 329.34	0.30	14 158.84	14 142.21	16.63			4 699.47	4 671.30
21301	农业	18 858.32	2 528.68	2 484.17	16 329.34	0.30	14 158.84	14 142.21	16.63			4 699.47	4 671.30
2130102	一般行政管理事务	80.00			80.00		69.31	69.31				10.69	10.69
2130102	肥料登记专项	80.00			80.00		69.31	69.31				10.69	10.69
2130106	技术推广	5 831.43	445.63	401.12	5 385.80		4 709.57	4 693.24	16.33			1 121.85	1 093.68
2130106	优势农产品重大技术推广经费	61.43	61.43	61.43			44.94	44.94				16.49	16.49
2130106	优势农产品新品种推广经费	0.57	0.57	0.57			0.57	0.57					

续表

项目		资金来源					支出数			用事业基金弥补收支差额	结余分配	年末结余	
科目编码	科目名称(项目)	合计	上年结转		财政拨款	其他资金	合计	财政拨款	其他资金			合计	其中:财政拨款结余
			小计	其中:财政拨款结转									
类 款 项	栏次	1	2	3	4	5	6	7	8	9	10	11	12
	合计	188 473.03	39 319.59	68 164.49	117 370.94	1 782.50	110 208.93	109 103.55	1 105.38	2.00	2.62	78 263.48	73 431.89
2130106	农业科技跨越计划经费	435.38	58.38	58.38	377.00		317.30	317.30				118.08	118.08
2130106	农技推广与体系建设专项经费	1 125.00			1 125.00		999.37	999.37				125.63	125.63
2130106	国家农作物品种区域试验经费	218.00			218.00		82.94	82.94				135.06	135.06
2130106	“948”项目经费	3 989.41	323.61	279.11	3 665.80		3 262.83	3 246.50	16.33			726.58	698.41
2130106	超级稻新品种选育与示范项目经费	1.63	1.63	1.63			1.63	1.63					
2130107	技能培训	16.97	1.97	1.97	15.00		16.97	16.97					
2130107	新型农民科技培训经费	16.97	1.97	1.97	15.00		16.97	16.97					
2130108	病虫害控制	1 604.86	704.86	704.86	900.00		1 353.35	1 353.35				251.50	251.50
2130108	新型禽流感疫苗研制经费	184.08	184.08	184.08			161.70	161.70				22.39	22.39
2130108	动物疫情监测与防治经费	1 010.21	510.21	510.21	500.00		789.96	789.96				220.25	220.25
2130108	农作物病虫害疫情监测与防治经费	410.56	10.56	10.56	400.00		401.70	401.70				8.86	8.86
2130109	农产品质量安全	5 769.20	705.36	705.36	5 063.84		3 741.06	3 741.06				2 028.14	2 028.14

续表

项目		资金来源					支出数			用事业基金弥补收支差额	结余分配	年末结余	
科目编码	科目名称(项目)	合计	上年结转		财政拨款	其他资金	合计	财政拨款	其他资金			合计	其中:财政拨款结余
			小计	其中:财政拨款结转									
类 款 项	栏次	1	2	3	4	5	6	7	8	9	10	11	12
	合计	188 473.03	39 319.59	68 164.49	117 370.94	1 782.50	110 208.93	109 103.55	1 105.38	2.00	2.62	78 263.48	73 431.89
2130109	无公害农产品质量安全检测	89.99	89.99	89.99			89.99	89.99					
2130109	三聚氰胺监测经费	0.85	0.85	0.85			0.85	0.85					
2130109	农业行业标准制定和修订	684.40	129.40	129.40	555.00		549.22	549.23				135.17	135.17
2130109	农业投入品质量监管	34.85	34.85	34.85			34.85	34.85					
2130109	农业部农产品质量安全监管专项经费(助奥行动补助)	160.30			160.30		117.80	117.80				42.50	42.50
2130109	农业标准化实施示范	20.00			20.00		20.00	20.00					
2130109	农产品质量安全专项整治经费	109.86	109.86	109.86			109.86	109.86					
2130109	农产品质量安全监管专项经费	4 283.54			4 283.54		2 433.07	2 433.07				1 850.47	1 850.47
2130109	“蛋白精”等非法添加剂	340.41	340.41	340.41			340.41	340.41					
2130109	高毒农药替代试验示范	45.00			45.00		45.00	45.00					
2130110	执法监管	174.95	9.95	9.95	165.00		155.41	155.41				19.54	19.54
2130110	农业转基因生物安全管理	0.42	0.42	0.42			0.42	0.42					
2130110	进口饲料添加剂注册登记费	159.53	9.53	9.53	150.00		144.95	144.95				14.58	14.58

续表

科目编码	科目名称(项目)	资金来源 合计	上年结转 小计	上年结转 其中:财政拨款结转	财政拨款	其他资金	支出数 合计	支出数 财政拨款	支出数 其他资金	用事业基金弥补收支差额	结余分配	年末结余 合计	年末结余 其中:财政拨款结余
类 款 项	栏次	1	2	3	4	5	6	7	8	9	10	11	12
	合计	188 473.03	39 319.59	68 164.49	117 370.94	1 782.50	110 208.93	109 103.55	1 105.38	2.00	2.62	78 263.48	73 431.89
2130110	跨区作业管理	15.00			15.00		10.04	10.04				4.96	4.96
2130111	信息服务	964.54	64.54	64.54	900.00		765.06	765.06				199.47	199.47
2130111	农业信息预警	834.54	64.54	64.54	770.00		701.12	701.12				133.42	133.42
2130111	生猪等畜禽产品信息监测统计经费	130.00			130.00		63.94	63.94				66.06	66.06
2130114	对外交流与合作	661.30	141.30	141.30	520.00		462.67	462.67				198.63	198.63
2130114	农业国际交流与合作	661.30	141.30	141.30	520.00		462.67	462.67				198.63	198.63
2130115	耕地地力保护	187.14	27.14	27.14	160.00		171.20	171.20				15.95	15.95
2130115	土壤有机质提升试点补贴	143.44	23.44	23.44	120.00		137.56	137.56				5.89	5.89
2130115	农作物秸秆机械化还田利用	10.00			10.00		4.70	4.70				5.30	5.30
2130115	保护性耕作	30.00			30.00		25.24	25.24				4.76	4.76
2130115	耕地地力调查	3.70	3.70	3.70			3.70	3.70					
2130118	农业资源调查和区划	231.07	34.07	34.07	197.00		190.59	190.59				40.48	40.48
2130118	农业资源调查和区划经费	231.07	34.07	34.07	197.00		190.59	190.59				40.48	40.48

续表

科目编码	科目名称(项目)	资金来源					支出数			用事业基金弥补收支差额	结余分配	年末结余	
		合计	上年结转		财政拨款	其他资金	合计	财政拨款	其他资金			合计	其中:财政拨款结余
			小计	其中:财政拨款结转									
类 款 项	栏次	1	2	3	4	5	6	7	8	9	10	11	12
	合计	188 473.03	39 319.59	68 164.49	117 370.94	1 782.50	110 208.93	109 103.55	1 105.38	2.00	2.62	78 263.48	73 431.89
2130125	农产品加工与促销	92.25	52.25	52.25	40.00		65.41	65.41				26.84	26.84
2130125	农产品促销	92.25	52.25	52.25	40.00		65.41	65.41				26.84	26.84
2130132	农业前期工作与政策研究	161.42	21.42	21.42	140.00		149.80	149.80				11.62	11.62
2130132	农业法制建设与政策调研	161.42	21.42	21.42	140.00		149.80	149.80				11.62	11.62
2130134	农业产业化	10.06	10.06	10.06			10.06	10.06					
2130134	农业产业化	10.06	10.06	10.06			10.06	10.06					
2130135	农业资源保护	2 094.88	307.18	307.18	1 787.70		1 449.58	1 449.58				645.30	645.30
2130135	植物新品种保护费	111.48	4.78	4.78	106.70		96.45	96.45				15.04	15.04
2130135	野生大豆等野生植物保护	2.63	2.63	2.63			2.63	2.63					
2130135	农作物物种资源保护	121.84	121.84	121.84			121.38	121.38				0.46	0.46
2130135	物种资源保护费	1 858.93	177.93	177.93	1 681.00		1 229.12	1 229.12				629.81	629.81
2130138	农村能源综合建设	197.96	2.96	2.96	195.00		185.05	185.05				12.92	12.92
2130138	农村能源综合建设	197.96	2.96	2.96	195.00		185.05	185.05				12.92	12.92

续表

项目		资金来源					支出数			用事业基金弥补收支差额	结余分配	年末结余	
科目编码	科目名称(项目)	合计	上年结转		财政拨款	其他资金	合计	财政拨款	其他资金			合计	其中:财政拨款结余
			小计	其中:财政拨款结转									
类 款 项	栏次	1	2	3	4	5	6	7	8	9	10	11	12
	合计	188 473.03	39 319.59	68 164.49	117 370.94	1 782.50	110 208.93	109 103.55	1 105.38	2.00	2.62	78 263.48	73 431.89
2130199	其他农业支出	780.30			780.00	0.30	663.76	663.46	0.30			116 54	116.54
2130199	转制科研院所实验室(中心)运转费	580.00			580.00		463.46	463.416				116.54	116.54
2130199	数字化三维设计仿真系统仪器设备购置	150.00			150.00		150.00	150.00					
2130199	抗震救灾	0.30				0.30	0.30		0.30				
2130199	农机产品测试检验费	50.00			50.00		50.00	50.00					
215	工业商业金融等事务	19.64	19.64	19.64			19.64	19.64					
21509	商业流通事务	19.64	19.64	19.64			19.64	19.64					
2150999	其他商业流通事务支出	19.64	19.64	19.64			19.64	19.64					
2150999	生猪等畜禽产品信息统计监测预警补助经费	19.64	19.64	19.64			19.64	19.64					

中国农业科学院2006~2008年度中央级科学事业单位修缮购置专项资金项目批复情况汇总表

（单位：个，万元）

年度	专项合计		分项目类型								备注
			房屋修缮		基础设施改造		仪器设备购置		仪器升级改造		
	数量	金额	数量	金额	数量	金额	数量	金额	数量	金额	
总计	333	83 205	85	15 850	95	24 570	129	41 295	24	1 490	
2006年度	153	29 470	37	4 220	38	7 770	67	16 705	11	775	
2007年度	107	29 720	27	5 925	29	8 180	39	14 955	12	660	
2008年度	73	24 015	21	5 705	28	8 620	23	9 635	1	55	

注:2007年度专项经费含2007年度追加及2007年度第二批(2008年预算下达)两部分。

2006 ~ 2008 年中国农业科学院本级基本科研业务费项目情况简表

（单位：个，万元）

序号	单位	合计		2007 年		2008 年		备注
		项目数	批复金额	项目数	批复金额	项目数	批复金额	
合计		63	1 440	32	960	31	480	
1	党委	1	20	0	0	1	20	
2	人事局	2	60	1	30	1	30	
3	院办	3	80	1	30	2	50	
4	科技局	2	60	1	30	1	30	
5	财务局	3	100	1	60	2	40	
6	基建局	2	52	1	22	1	30	
7	监审局	1	15	0	0	1	15	
8	国合局	2	60	1	30	1	30	
9	后勤	1	10	0	0	1	10	
10	沼气所	1	30	1	30	0	0	
11	农经所	2	35	0	0	2	35	
12	质标所	3	70	2	60	1	10	
13	信息所	1	20	0	0	1	20	
14	作科所	2	90	2	90	0	0	
15	蔬菜所	2	45	1	35	1	10	
16	环发所	2	40	1	30	1	10	
17	加工所	1	30	1	30	0	0	
18	果树所	2	40	1	30	1	10	
19	郑果所	2	38	1	28	1	10	
20	茶叶所	3	57	1	37	2	20	
21	烟草所	2	38	1	28	1	10	
22	麻类所	2	38	1	28	1	10	

续表

序号	单位	合计		2007 年		2008 年		备注
		项目数	批复金额	项目数	批复金额	项目数	批复金额	
合计		63	1 440	32	960	31	480	
23	灌溉所	2	40	1	30	1	10	
24	北京畜牧所	1	29	1	29	0	0	
25	蜜蜂所	3	50	2	40	1	10	
26	兰兽医	2	40	1	30	1	10	
27	特产所	2	40	1	30	1	10	
28	南农机	2	45	1	35	1	10	
29	饲料所	3	45	2	35	1	10	
30	出版社	2	30	1	20	1	10	
31	甘薯所	1	29	1	29	0	0	
32	家禽所	1	29	1	29	0	0	
33	水牛所	1	25	1	25	0	0	
34	甜菜所	1	10	0	0	1	10	

中国农业科学院 2008 年度资产概况

根据中国农业科学院《2008 年度部门决算报表》，全院 2008 年末资产状况为：院部和 33 个研究所资产合计 647 198. 58万元，其中流动资产 304 908. 83万元，对外投资 16 513. 20万元，固定资产净值 256 740. 23万元，财政应返还额度 61 469. 45万元，其他资产 2 082. 91万元，各项资产比例如下图所示：

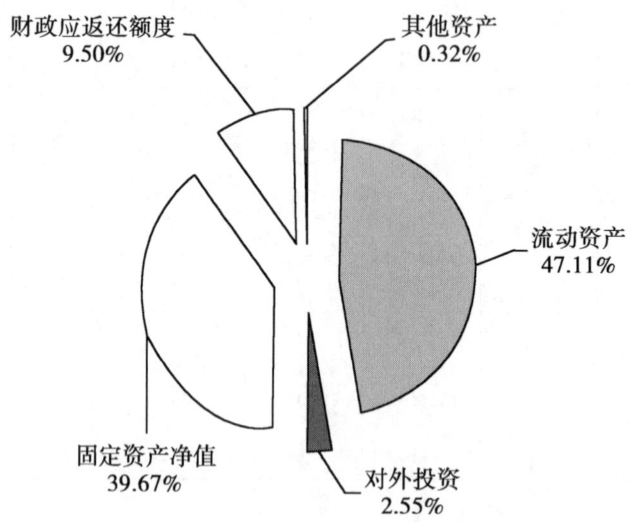

图　中国农业科学院 2008 年末各项资产比例

全院 2008 年末国有资产状况为：国有资产总量 477 825. 12万元。其中，院部、哈尔滨兽医研究所、兰州兽医研究所、作物科学研究所、水稻研究所、油料作物研究院所、农业信息研究所、棉花研究所、植物保护研究所、农业环境与可持续发展研究所、农业资源与农业区划研究所、蔬菜花卉研究所、北京畜牧兽医研究所、特产研究所共 14 个单位国有资产总量超过 1 亿元，占全院国有资产总量的 56. 80%。

我院下属各单位的资产状况如下表所示。

中国农业科学院2008年末资产状况一览表 （单位：万元）

序号	单位名称	资产合计	流动资产	对外投资	固定资产净值	财政应返还额度	其他资产	净资产合计
1	中国农业科学院合计	647 198.58	304 908.83	16 513.20	256 740.23	61 469.45	2 082.91	477 825.12
2	农业部沼气科学研究所	3 305.29	900.35	135.00	1 806.39	463.56	0.00	2 703.38
3	农业部环境保护科研监测所	7 311.53	2 170.38	0.00	4 608.05	533.11	0.00	6 788.63
4	中国农业科学院院部	85 998.27	59 054.26	4 000.00	18 042.46	4 890.10	11.45	61 787.35
5	中国农业科学院研究生院	7 475.28	2 940.30	128.00	4 073.97	333.02	0.00	6 249.80
6	中国农业科学院农业经济与发展研究所	4 192.20	1 082.52	0.00	780.34	608.49	1 720.85	1 919.46
7	中国农业科学院农业质量标准与检测技术研究	6 004.42	2 403.09	0.00	2 706.90	894.43	0.00	3 520.15
8	中国农业科学院农业信息研究所	25 135.32	5 313.37	0.00	19 536.09	285.85	0.00	21 228.38
9	中国农业科学院作物科学研究所	47 589.63	20 496.20	276.21	20 284.26	6 156.96	0.00	32 361.82
10	中国农业科学院蔬菜花卉研究所	22 163.91	9 182.75	500.00	10 560.29	1 920.86	0.00	14 396.85
11	中国农业科学院农业环境与可持续发展研究所	21 921.31	5 267.27	204.38	14 451.48	1 998.18	0.00	17 362.58
12	中国农业科学院农业资源与农业区划研究所	24 712.72	10 338.89	70.00	11 384.30	2 919.52	0.00	16 502.02
13	中国农业科学院植物保护研究所	22 361.39	10 851.52	654.00	7 792.27	3 063.61	0.00	17 370.24
14	中国农业科学院农产品加工研究所	11 016.32	6 427.45	0.00	3 801.55	666.33	120.99	7 631.49
15	中国农业科学院棉花研究所	23 247.11	7 537.89	45.00	12 043.75	3 500.48	0.00	19 356.91
16	中国农业科学院油料作物研究院所	33 485.42	17 621.23	3 094.13	7 891.98	1 257.75	0.00	25 679.26
17	中国农业科学院果树研究所	5 262.45	1 874.91	95.43	2 840.68	451.43	0.00	4 171.98
18	中国农业科学院郑州果树研究所	6 819.31	2 560.27	162.56	3 208.46	888.03	0.00	4 913.07
19	中国农业科学院茶叶研究所	11 648.78	6 559.36	994.00	3 034.89	1 055.34	0.00	4 956.31
20	中国农业科学院烟草研究所	11 858.85	6 733.28	200.00	4 710.30	30.28	0.00	8 115.36
21	中国农业科学院麻类研究所	9 288.53	1 825.74	0.00	4 789.70	1 673.09	0.00	7 932.49

续表

序号	单位名称	资产合计	流动资产	对外投资	固定资产净值	财政应返还额度	其他资产	净资产合计
22	中国农业科学院农田灌溉研究所	5 127.26	1 507.94	51.29	3 269.66	298.38	0.00	3 155.24
23	中国农业科学院北京畜牧兽医研究所	21 993.12	9 212.71	507.00	7 990.76	4 269.19	0.00	14 361.00
24	中国农业科学院蜜蜂研究所	5 640.96	788.52	160.00	3 628.98	1 063.46	0.00	5 246.44
25	中国农业科学院哈尔滨兽医研究所	54 772.71	37 529.86	200.00	14 756.49	2 161.37	0.00	44 806.66
26	中国农业科学院兰州兽医研究所	48 656.47	23 295.24	750.00	21 670.85	2 940.38	0.00	40 423.96
27	中国农业科学院兰州畜牧与兽药研究所	10 195.22	2 050.63	61.00	5 797.23	2 286.36	0.00	9 351.27
28	中国农业科学院草原研究所	8 984.45	1 800.12	39.00	5 180.49	1 925.83	0.00	8 166.55
29	中国农业科学院特产研究所	20 344.99	13 616.24	438.06	5 911.27	379.42	0.00	10 244.12
30	中国农业科学院上海兽医研究所	8 465.10	2 333.23	0.00	4 899.44	1 232.43	0.00	6 124.29
31	中国水稻研究所	42 194.57	17 844.37	459.15	16 008.09	7 656.10	226.87	31 706.87
32	农业部南京农业机械化研究所	7 297.60	2 468.76	448.00	3 703.07	677.76	0.00	5 298.19
33	中国农业科学院饲料研究所	8 338.49	3 789.91	546.00	2 841.94	1 160.65	0.00	6 017.59
34	中国农业科学院生物技术研究所	12 226.65	5 596.94	2 225.00	2 584.52	1 820.18	0.00	6 970.18
35	中国农业科学技术出版社	2 162.94	1 933.33	70.00	149.33	7.52	2.76	1 005.22

中国农业科学院2008年度政府采购情况

根据中国农业科学院2008年度《全国政府采购信息统计报表》，全院2008年采购预算金额52 261.01万元，实际采购金额46 076.93万元，实际采购金额比2007年增长85.44%。实际采购相对预算的节约资金总额6 184.08万元，总节约率11.83%：货物类节约金额1 016.79万元，节约率4.06%；工程类节约金额4 413.95万元，节约率18.35%；服务类节约金额753.34万元，节约率23.8%。

一、政府采购资金来源

实际采购中预算内资金45 606.10万元，占总采购金额的98.98%；自筹资金470.83万元，占总采购金额的1.02%。

二、政府采购构成情况

实际采购中货物类采购金额24 024.09万元，占总采购金额的52.14%；工程类采购金额19 640.80万元，占总采购金额的42.63%；服务类采购金额2 412.04万元，占总采购金额的5.23%。

三、政府采购组织形式

实际采购中集中采购金额7 059.97万元，占总采购金额的15.32%，部门集中采购金额13 811.94万元，占总采购金额的29.98%，分散采购金额25 205.02万元，占总采购金额的54.70%。

四、政府采购方式

实际采购中公开招标采购金额42 528.89万元，占总采购金额的92.30%，邀请招标采购金额2 283.74万元，竞争性谈判采购金额687.48万元，询价采购金额512.82万元，单一来源采购金额64万元。

五、政府采购合同授予

实际采购中进口采购金额 17 197. 07万元，国内采购金额 28 879. 86万元，占总采购金额的 62. 68%，其中省内采购金额 26 061. 78万元，省外采购金额 2 818. 08万元。

六、节能专项统计

实际采购中节能节水专项同类产品采购金额 1 716. 92 万元，节能节水采购金额 1 618. 31万元，占总采购金额的 94. 26%，非节能节水采购金额 98. 61 万元，占总采购金额的 5. 74%。

七、环保专项统计

实际采购中环保专项同类产品采购金额 2 882. 25万元，环保采购金额 2 526. 1万元，占总采购金额的 87. 64%，非环保采购金额 356. 15 万元，占总采购金额的 12. 36%。

关于印发《中国农业科学院本级财务管理实施细则》和《中国农业科学院本级财政项目预算执行管理办法（暂行）》的通知

农科办财〔2008〕197号

院机关各部门：

为规范和加强本级财务管理，提高资金使用效益，我们制定了《中国农业科学院本级财务管理实施细则》、《中国农业科学院本级财政项目预算执行管理办法（暂行）》。现印发给你们，请遵照执行。执行中如有问题，请及时反馈。

中国农业科学院办公室

二〇〇八年十二月八日

中国农业科学院本级财务管理实施细则

第一章 总 则

第一条 为加强院本级财务管理，规范财务行为，保障资金的安全和有效，依据《中华人民共和国会计法》、《科学事业单位财务制度》、《中国农业科学院财务管理办法》等规定，结合院本级业务特点，制定本实施细则。

第二条 本实施细则适用于院机关各部门（以下简称院本级）。

第三条 院本级财务管理的主要任务是：合理编制预算，科学配置资金；依法组织收入，努力节约支出；建立健全财务制度，规范管理行为；加强经济核算，提高资金使用效益；如实反映财务状况，对院本级经济活动进行预测、控制和监督。

第四条 院本级财务活动在院长的领导下，由财务局统一管理。

第二章 预算管理

第五条 院本级预算是根据本级事业发展计划和任务编制的，包含财政性资金和其他各项资金在内的综合性年度财务收支计划，实行核定收支、超支不补、结余分类管理的预算管理办法。

第六条 预算包括收入预算和支出预算。收入预算包括财政拨款收入、事业收入、经营收入、附属单位上缴收入和其他收入等，支出预算包括基本支出、项目支出、经营支出、对附属单位补助支出和自筹基建支出等。

基本支出预算是院本级为保障机构正常运转、完成日常工作任务而编制的年度基本支出计划，包括人员经费和公用经费。人员经费包括在职职工的基本工资、绩效工资、津贴补贴、按规定缴纳的各项社会保险费，以及离退休人员的离退休费、津贴补贴，退职人员的生活费等；公用经费分为日常公用经费和院专项经费，日常公用经费主要是院本级各部门办理公务所发生的水电费、差旅费、办公费等；院专项经费是各部门根据自身业务和年度工作计划单独申请的、具有专项用途的公用经费。

项目支出预算是院本级为完成其特定的工作任务或事业发展目标，在基本支出预算之外编制的年度项目支出计划，主要包括科学技术项目和农业项目，科学技术项目包括修缮购置专项经费、基本科研业务费、非营利性科研机构改革专项启动费等，农业项目包括农业国际交流与合作专项经费等。

第七条 预算编制在院长主持下，由财务局组织本级各部门，根据事业发展需要与财力可能，以及预算年度收支增减因素，参考上年度预算执行情况测算编制。

第八条 预算编制的基本要求：

（一）预算必须全面反映年度收入和支出；

（二）编制预算必须坚持以收定支、收支平衡、统筹兼顾、保证重点的原则，不得编制赤字预算；

（三）基本支出预算要统筹安排，保证本级日常工作的正常运转；项目支出预算要围绕院本级年度工作重点，有明确的项目目标、实施计划和科学合理的经费预算。

第九条 预算编制的方法：

（一）收入预算的编制：

1. 当年财政拨款由财务局根据主管部门下达的预算控制数编制。

2. 上年结转经费由承担财政项目的相关部门根据上年项目预算执行情况测算编制。

3. 事业收入、经营收入、附属单位上缴收入和其他收入由相关部门根据自身分管的业务编制。

资产处置收入属于国家所有，应当按照政府非税收入管理和财政国库收缴管理的规定上缴中央财政，实行“收支两条线”管理。

房屋出租收入、投资收益、附属单位上缴收入等均应按要求认真测算编制。

（二）支出预算的编制：

1. 基本支出预算由财务局组织本级各部门编制。

（1）人员经费预算参照上年实际支出，考虑本年人员增减、新出台政策等因素测算编制；

（2）日常公用经费预算根据各局实有人数按定额编制；

（3）院专项预算的编制：

首先由院本级各部门根据预算编制的有关要求，结合年度工作提出支出计划；财务局根据上级部门下达的预算控制数提出预算分配方案，报院长审批后下达各部门，各部门按预算控制数调整、上报支出计划。

2. 项目支出预算根据项目管理的有关要求由财务局组织项目负责人编制。

3. 经营支出、对附属单位补助支出由相关部门根据自身分管的业务编制。

4. 自筹基本建设支出由基本建设局测算，会同财务局共同编制，其中动用自有资金的部分由财务局按规定报主管部门审批。

第十条 院本级年度预算草案形成后，由财务局上报院长，经院长审批后纳入全院预算按规定渠道上报主管部门。

第十一条 预算执行与调整：

（一）院本级预算一般不予调整；

（二）确需调整预算的事项，应逐级上报审批；

（三）在主管部门未正式下达预算前，本级各部门第一季度、第二季度的预算执行原则上以财务局核定的预算控制数为依据。当主管部门批复的预算与预算控制数相差较大时，财务局应根据批复的预算及时进行调整并通知各部门；

（四）院本级各部门应当在按计划完成年度工作的同时，严格执行预算，保证预算的执行进度。

第三章　收入和支出管理

第十二条　院本级收入管理的有关要求：

（一）院本级所有收入应全部纳入本级预算由财务局统一管理，各部门不得隐瞒、截留各项收入，不得公款私存，不得设立小金库；

（二）各部门从事本职工作不得擅自收取任何费用，确需收取有关费用的，除按规定编报预算外，须依照收费管理的有关规定，在依法办理收费业务的审批手续后，由财务局办理收费业务；

（三）财务局应严格管理各类收据和发票，严禁超范围使用，并保证出具的票据真实、合法。

第十三条　基本支出、项目支出管理的有关要求：

（一）基本支出的管理：

1. 人员经费。人事局负责人员支出范围、人员职级及支出的标准，财务局负责经费的发放。人员经费支出标准要符合国家、地方、院三级制定的相应标准。当发生升职、降级、新增、调离、辞退、病休、死亡等人事变动时，人事局应及时通知财务局调整发放范围和标准。人员经费按以下三部分分别管理，国家规定的人员支出（包括基本工资、国家规定的津贴、补贴等）由财政资金支出，不足部分由事业性收入弥补；部门、地方出台的津贴、补贴按相关规定执行；奖励性工资，以及单位自行规定的津贴、补贴等，除国家拨付的部分外，用事业性收入解决。

2. 日常公用经费支出的管理应按年初核定的预算执行，不得超支。

3. 院专项经费支出的开支范围应严格依照预算执行，不得变更用途。经费的使用应根据年度工作计划执行，不得在年底突击使用。

（二）项目支出的管理：

1. 项目支出应按项目预算进行单独核算。本级各部门在使用项目经费前，应将项目预算提交财务局，以便加强管理。

2. 项目经费有专门管理办法的，按专项资金管理办法执行。

第十四条　院本级科研课题经费管理的有关要求：

（一）院本级各部门申报的课题经费需财务部门签署意见时，财务局应对课题合同书进行审核，并对审核通过的课题合同按规定加盖印鉴；

（二）课题经费到账前，课题负责人要向财务局提供课题合同书和预算书；

（三）课题经费的管理应严格执行相关经费管理办法和预算，杜绝支出的随意性；

（四）课题结题后，应及时进行验收，课题结余经费按有关规定执行。

第十五条 支出手续和支出凭证的有关要求：

（一）支出的手续要齐全。

1. 院本级组织的会议、培训在办理借款时应提供相关通知和预算，办理报销业务时还需提供加盖有效印章的支出明细单。会议或培训预算需事先经过财务局审核。

2. 院本级工作人员参加由外单位组织的会议或培训，借款或报销时应将会议或培训通知附后。

3. 院本级按规定需要政府采购的购买支出，必须严格执行政府采购的相关规定。属于集中采购机构采购项目的，办理支出时应将供货合同、电子验收单作为原始凭证入账。办理其他大宗购买服务业务（单笔 1 万元或批量购买 1 万元以上）的，应签订相关协议并作为支出凭证的附件。

4. 院本级各部门对外支付劳务费（日常工作中支付给本级没有工资性收入的临时聘用人员或其他相关人员的劳务性费用）要书面说明支付理由，注明劳务费领取人的姓名、身份证号码、单位等，按规定权限进行审批。

5. 符合固定资产标准的支出必须在报销前先办理固定资产登记的有关手续。

（二）支出凭证要合法。对不符合规定的支出凭证，财务人员有权拒绝报销。

（三）支出凭证应填制完整。“办公用品”、“试验材料”、“耗材”、“配件”等要附有有效的明细清单并由经办人签字，清单总金额要与发票金额一致。

第十六条 纳入部门预算的财政资金的支出应严格执行国库集中支付管理的有关规定。

第十七条 院本级各项支出形成的固定资产属于国有资产，应严格执行国有资产管理的有关规定。

第四章 结余和分配管理

第十八条 收支结余是指年度收入与支出相抵后的余额，包括事业结余、经营结余、拨入专款结存等。

第十九条 收支结余，除财政资金结余按规定管理外，其余部分按有关规定进行分配。

第二十条 院本级财政资金结余分为基本支出结余和项目支出结余。

基本支出结余是指院本级人员经费、日常公用经费和院专项经费形成的结余。

项目支出结余分为净结余资金和专项结余资金。净结余资金是指项目当年已完成形成的结余资金，由于受政策变化、计划调整等因素影响，项目中止或撤销形成的结余资金和某一预算年度安排的项目支出连续两年未动用或者连续三年仍未使用完形成的结余；专项结余资金是指项目当年已执行但尚未完成而形成的结余资金，或项目因故当年未执行，需要推迟到下年执行形成的结余资金。

第二十一条 院本级年末财政资金结余实行分类管理：

（一）基本支出结余由财务局统一调剂，用于弥补院本级经费不足。

（二）项目支出结余按净结余资金和专项结余资金分别管理：

有净结余资金的部门，在申报下年预算时，应将净结余资金全部作为下一年度预算的首要来源，统筹用于本级重点项目支出，经批复后按预算执行。

院本级连续年度安排预算的延续项目，有专项结余资金的，在申报下一年度预算时，应按规定结合项目进展情况主动统筹部分结余资金，再向主管部门申请增加预算。

院本级在年度预算执行过程中，动用净结余资金安排项目支出，或调整项目支出专项结余资金使用用途的，应按规定程序报主管部门审批。

第五章　基金管理

第二十二条 事业基金是院本级拥有的非限定用途的净资产，包括一般基金和投资基金。

（一）一般基金由院本级年度收支结余的一定比例分配转入，可用于弥补院本级年度收支差额。

（二）投资基金是指院本级对外投资的原始账面价值。

第二十三条 专用基金是院本级按规定设置的有专门用途的资金，包括修购基金、职工福利基金、科技成果转化基金和其他基金。按照“先提后用、专款专用”的原则进行管理。

第六章　货币资金和往来款项管理

第二十四条 货币资金是院本级所拥有的现金、银行存款和其他货币资金，往来款项包括应收款项、应付和暂存款项等。

第二十五条 院本级要加强现金管理，严格执行国务院颁布的《现金管理暂行条例》，按规定范围使用现金结算，超过 1 000元的采购支出应使用支票结算。

大额现金（5 000 元以上）的使用应提前 1 个报销日通知财务局备款。

第二十六条 院本级要严格遵守结算纪律，不得租借银行账户，不得开具空头支票和远期支票，不得套取银行信用。已签发的转账支票如有遗失，要立即挂失并声明作废，造成损失的，由经办人负责赔偿。

第二十七条 院本级各部门因业务需要领取支票或现金的，须按照规定的审批程序办理。经办人办理支票结算业务，应于 15 个工作日内到财务部门办理报销手续。

第二十八条 院本级借款主要分为个人借款和单位借款。

（一）个人借款是指应向职工个人收取的各种垫付款项。院本级职工因异地出差、购买办公用品、发放劳务报酬等需要支取现金的，经所在局领导批准后可向财务局办理个人借款。个人借款应在1个月内归还。各部门要控制借款的资金额度、使用时间，及时对借款进行清理。对长期拖欠的个人借款，应当建立经办人、批准人负责的责任机制。对六个月以上不归还个人借款的，财务局可停止向该部门办理个人借款。在职职工调离院本级或办理退休手续前应还清个人借款，人事局在办理职工调离和退休手续时应要求职工提交由财务局开具的结清个人借款的证明。

（二）单位借款是指暂付给机关各部门和院属单位的款项。机关各部门及京区单位因办理业务需要财务局预先垫付资金时，应商财务局同意后，通过内部请示书面报请院长批准后交财务局办理。院属京外单位因业务需要在财务局借款的，要出具由所在单位财务部门开具的借款单，借款单上应注明办理借款人员的姓名、事由、还款时间，经单位负责人签字并加盖单位财务章。经办人员携带本人身份证和借款单办理借款业务时，还要由财务局主管局长审批。

第二十九条 各部门不得用本单位所拥有的任何资产为任何单位或个人提供保证、抵押、留置和定金等形式的担保或反担保。

第三十条 应付和暂存款项要及时清付。应缴款项应按国家有关规定正确计算、分别列示、足额上缴，不得无故拖延、截留和坐支。

第七章 内部控制管理

第三十一条 院本级应加强内部监督管理，实行收入确认制度、借款和报销审批制度、财会人员岗位责任制、监督管理制度和财务会计分析报告等制度。

第三十二条 收入确认制度。当发生未纳入部门预算的拨款等收入业务时，经办人填制收入确认单（见附表），经处长、局长审核确认后，纳入本级财务统一管理。

第三十三条 借款、报销审批制度。经办人填制借款、报销凭单，经审核批准后办理借款、报销手续。

（一）常规性借款、报销业务的审批程序：

1. 经办人填写由财务局统一印制的内部财务专用单据（借款单、支票领用单、综合审批单、差旅费报销单等）；

2. 处长审核、签字；

3. 主管局长审批、签字。

（二）下列事项在履行常规性的审批程序后，须由财务局局长审批：

1. 单次金额超过4万元（含4万元）的现金借款及支出；

2. 不在本级各部门年度预算内的支出项目；

3. 项目经费支出超过2万元的维修、设备购置等项目；

4. 其他特殊事项。

（三）本级各局局长如长期外出，应书面委托他人代理行使审批权限并送交财务局备案。

（四）院本级项目除特殊情况，不得授权本级之外的人员办理经费审批事项。

第三十四条 银行账户管理制度。院本级应严格执行财政部、中国人民银行、监察部、审计署颁布的《中央预算单位银行账户管理暂行办法》，各部门不得留有财政审批之外的银行账户，现有银行账户要依照相关规定履行审批、备案、年检手续。

第三十五条 财会人员监督管理制度。财会人员应当遵守国家各项财经法律、法规和财会规章制度，认真履行岗位职责，保证资金安全。

（一）对违反国家财经法律法规和规章制度的财务收支行为不予办理；

（二）对违反规定未纳入本级统一管理的收支行为，一经发现，应当立即制止和纠正；制止和纠正无效的，应当向主管领导提出书面意见请求处理；

（三）对审批手续不齐全的财务收支，应当退回，要求补充齐全后再予办理；

（四）对非院本级在职人员办理的除药费之外的借款、拨款、报销等业务在相关部门领导签署意见并报财务局备案才予受理。

第三十六条 财务会计分析报告制度。财务局在对院本级全部经济活动进行会计核算与监督管理的基础上，应当定期编制财务会计分析报告，及时提供客观、真实的财务信息，为领导决策提供依据。

第三十七条 接受检查制度。依据国家法律、法规接受审计、税务、财政、经费主管部门的检查和监督，据实提供相关资料，不得拒绝、匿藏、伪造、篡改、谎报。

第八章　附　　则

第三十八条 院本级基本建设经费和住房改革经费管理与本办法相冲突的，适用相关的管理办法。

第三十九条 本实施细则未尽事宜，按相关管理办法执行。

第四十条 本实施细则自下发之日起实行，原《中国农业科学院机关财务管理实施细则》同时废止。

第四十一条 本实施细则由院财务局负责解释。

中国农业科学院本级财政项目预算执行管理办法（暂行）

第一条 为加强院本级财政项目预算执行管理工作，提高财政支出管理水平，根据农业部、财政部关于预算执行工作的有关规定，结合院本级实际情况，制定本办法。

第二条 本办法适用于院本级各部门承担的财政项目经费的管理工作。本办法所指财政项目，含当年预算下达的财政项目和以前年度项目任务尚未完成、结转本年继续使用的财政项目。

第三条 院本级财政项目预算执行工作的主要任务是：根据项目预算和项目工作任务，统筹规划，在按期完成项目任务、严格执行专项资金管理办法及相关财务管理规定的同时，合理安排预算执行进度，切实提高财政资金的运行效率和使用效益。

第四条 院本级财政项目预算执行工作在院长的领导下，由财务局统一负责经费的管理，各部门负责项目预算的具体执行工作。

第五条 院本级各部门在编制、上报项目预算时，应细化项目实施方案，并按要求编制、上报项目分月支出计划。分月支出计划应符合主管部门的执行进度要求。

第六条 院本级承担的财政项目，在预算已上报但未正式下达前，应提前做好项目实施的前期准备工作。

第七条 各部门应维护预算的权威性和严肃性，严格依法执行预算。

（一）严格执行专项资金管理办法和相关财务管理办法；

（二）严格执行项目实施方案和预算；

（三）严格执行项目分月支出计划；

（四）及时提供项目预算执行的相关材料。

第八条 财政项目预算一般不予调整。确有必要调整的，相关部门应当按照项目经费管理办法及预算管理的有关规定按程序进行核批。

第九条 院本级应建立各部门和财务局促进预算执行的联动机制。财务局应及时清理院本级财政项目支出，掌握项目进展情况，与项目分月支出计划进行对比分析，并及时通知预算执行部门；预算执行缓慢的部门应认真分析预算执行过程中存在的问题，研究提出切实可行的解决办法并予以落实。

第十条 财务局对项目预算执行进度实行定期通报制度。

第十一条 财务局应严格按照相关项目的管理办法加强项目经费的监督管理，保证财政资金的安全运行。

第十二条 院本级管理的财政项目，除特殊情况外，不得在年底形成结余。

第十三条 年末存在项目结余资金的部门，应按要求对结余的原因进行详细说明。

第十四条　项目任务结束后，各部门应结合所承担的项目任务，对项目预算编制、预算进度安排、自身预算执行能力、影响项目执行的其他因素等进行总结、分析，并在以后年度的预算编制和执行中加以改进。

第十五条　用财政资金安排的基本建设项目预算执行适用相关的管理办法。

第十六条　本办法未尽事宜，按《中国农业科学院本级财务管理实施细则》执行。

第十七条　本办法自下发之日起实行。

第十八条　本办法由院财务局负责解释。

中国农业科学院综合试验基地建设项目管理办法（试行）

一、总 则

第一条 综合试验基地建设是我院“十一五”以及今后一段时期基本建设的重点内容之一，为规范项目建设，提高项目执行效率，特制定本办法。

第二条 本办法适用于项目建设单位为中国农业科学院，依托单位为研究所的综合试验基地建设项目。

二、管理结构

第三条 中国农业科学院基本建设局代表中国农业科学院管理此类项目（以下简称项目管理单位），依托的研究所为项目执行单位。

第四条 项目管理实行领导小组决策制，领导小组组成为：组长由主管院领导担任，副组长由基本建设局主管局长和研究所主管所领导担任。

第五条 项目管理单位按项目设固定人员，按项目管理单位内部管理程序从事相应管理工作，对项目管理单位负责。项目执行单位按项目设项目执行小组，按执行单位内部管理程序从事相应管理工作，项目执行小组对项目执行单位负责。项目管理单位和项目执行单位应以书面的形式明确人员和内部管理程序，并通知对方。

第六条 项目管理单位和项目执行单位按其分工，履行相应的义务和承担相应的责任。

三、职责分工

第七条 项目管理单位主要负责工作内容：负责组织编制项目建议书、可行性研究报告、设计和施工招标、项目竣工验收；负责签订设计和施工合同；负责审定项目实施方案；负责审定设计（含方案设计、初步设计及施工图设计）和施工招标代理机构、资格预审文件、招标文件和合同；负责审定涉及合同价款调整以及建设规模或标准调整的变更洽商。

第八条 项目执行单位主要负责工作内容：办理建设手续；办理设计和施工招标有

关手续和项目管理单位委托的其他工作；组织除设计和施工招标以外的其他招标；组织设备和材料采购；组织设计及施工；组织单项工程验收；组织项目竣工验收前期工作包括材料准备；按照程序办理相关报审报批工作。

第九条 项目执行单位应在项目所在地注册独立法人机构，如独立法人机构为股份公司，项目执行单位应为控股股东。项目实施小组组长或副组长应为项目执行单位和独立法人机构正式成员。项目建设单位或项目管理单位委以项目所在独立法人机构办理相关基建手续和签订除设计和施工以外的合同。

第十条 需审定的事项应有书面请示，书面请示应按顺序编号，传真至项目管理单位，招标文件、合同、图纸以附件形式发送邮件至项目管理单位，审定后项目管理单位应将书面答复，书面答复应按顺序编号，传真至项目执行单位，传真件可以作为办事依据，但原件应归档备查。各种会议须形成会议纪要，并在会后形成文件发与会人员及有关方面，并存档。

四、财务管理

第十一条 要严格执行财政部基本建设财务管理规定、农业部基本建设财务管理办法和中国农业科学院基本建设财务管理办法。

第十二条 日常零星支出（单笔 3 000 元以下），项目实施小组组长或副组长决定支出，实行报销制度。

第十三条 单笔 3 000 元以上的支出，项目实施小组提出，履行项目实施单位内部审批程序后传真到项目管理单位，项目管理单位以项目执行单位的审批意见为依据，按照其内部程序办理付款。

第十四条 项目执行单位在 10 个工作日内，凭相关票据办理报销手续。

第十五条 项目执行单位应严格控制建设单位管理费支出，不得超过批复的建设单位管理费的 60%，建设单位管理费支出应严格按照基本建设财务管理办法执行。

第十六条 所有财务发票的付款单位均为中国农业科学院。

五、附　　则

第十七条 本办法自 2008 年 3 月 15 日起施行。

第十八条 本办法由中国农业科学院基本建设局负责解释。

“公共财政与中国农业科研发展战略研讨会”纪要

1月18~19日，中国农业科学院召开了“公共财政与中国农业科研发展战略研讨会”。会议的主题是总结近年来财政科技经费投入机制改革对推动我国农业科技发展发挥的重要作用，研究农业科研发展现状、发展思路与重点，探讨财政支持农业科研发展的重点领域、重点环节，以及投入方式和机制。

财政部教科文司赵路司长、居昊副司长、国务院发展研究中心葛延风副部长、中央机构编制委员会办公室牛占华副司长、农业部人事司冯广军副司长、财务司邓庆海副司长、财政部教科文司科学处、综合处、农业部财务司预算处负责同志等一行15人应邀出席会议。我院翟虎渠院长、雷茂良副院长、刘旭副院长、屈冬玉副院长、党组成员兼人事局局长贾连奇，以及院机关各部门、院属各单位的主要领导出席大会。雷茂良副院长主持了会议。

研讨会上，刘旭副院长就我院近年来的科研发展以及经费投入等情况作了汇报。研究所领导分别围绕公共财政推动我国农业科技发展所发挥的重要作用以及对科技经费投入的建议等内容作了发言。大家充分肯定了财政部、农业部等上级部门多年来对我院的建设与发展所给予的支持，并就今后继续加强财政对我院的支持，保障我院科技创新能力的提升、强化服务“三农”提出了建议。

赵路司长从七个方面向大家介绍了今后公共财政支持科技的主要政策趋向。一是不断加大财政科技投入，建立财政支持科技稳定增长机制；二是把握好公共财政支持科技的方向；三是全面贯彻国办发〔2006〕56号文件精神，继续优化财政投入结构；四是加大对重点科技领域与重点科技项目的支持力度；五是按照经济社会发展需求和科技发展规律，不断创新财政支持科技的方式和模式；六是加强统筹协调，优化资源配置，提高科技资源利用效率；七是积极推行财政科技的科学管理、精细管理和绩效管理。针对财政科技投入的一些具体问题，如，“中央级科学事业单位修缮购置专项资金”今后还要加大力度，长期稳定地支持；要通过探索、总结，不断完善“中央级公益性科研院所基本科研业务费专项资金”管理办法，逐步加大投入力度，稳定支持院所建设与发展；对于支持人才的财政政策，由于内容复杂，涉及面广，需作统筹考虑；对于农业事业单位的支持，应与有关主管部门加强研究和沟通，探索适当的财政支持途径和支持方式；对于拟转企单位，努力以一次性的方式加大支持力度，集中解决问题；关于预算执行的问题，作为财政部一项非常重要的工作，将与全国人大积极协调，改进预算执行情况。

邓庆海副司长针对农业科研与公共财政之间的关系，从三个方面提出了建议：一是改革当前农业科研投入的机制，适当调整投入结构；二是在农业科研中，应转换以企业为主体的思想理念；三是公共财政对农业科技创新的支持，应减少竞争，加大稳定性和持续性。

最后，翟虎渠院长作了总结讲话，他说，近年来，国家财政大幅增加了对农业科研的投入，财政部科教文司通过多种方式给予我院以很大的帮助和支持。我院 18 个非营利性科研单位在很大程度上得到了公共财政的雨露，其他单位也得到了部分的经费支持。另外，关于科技体制改革所导致的财政投入差异，目前仍然存在一些体制上的问题，一时还无法得到妥善解决，院里仍将继续努力向有关部门反映，推动部分研究所改革定位的调整，保障我院的公益性事业全面发展。

翟虎渠说，近年来，公共财政为我院带来了巨大的实惠和发展机遇，希望财政部在力所能及的范围内，继续加大对我院的指导和支持。目前，我院部分研究所仍十分困难，如灌溉、果树等研究所，承担着为“三农”服务的大量公益性工作，离退休人员经费不足，面向市场能力较弱，希望财政部能继续加大对这些单位的支持，保障这些单位更好地做好自己的工作，为服务“三农”做出更大贡献。我院将按照财政部、农业部的要求把财政经费用好用实，多出成果，多出成绩。希望今后能不拘泥形式和时间多举行类似会议，让有关部门更好地了解农业科研人员的心声，更多地支持农业科研事业的发展。

中国农业科学院2008年财务工作会议纪要

6月14日，中国农业科学院2008年财务工作会议在上海召开。会议主题是总结“十一五”以来全院财务管理工作情况，明确我院财务管理的重点及发展方向、探讨财务管理体制改革的思路和方法。

财政部教科文司居昊副司长、农业部科技教育司白金明司长、财务司邓庆海副司长以及财政部教科文司、农业部财务司相关业务处室负责同志等一行7人应邀出席会议。我院翟虎渠院长、雷茂良副院长、院属各单位分管领导和业务人员以及院机关各部门代表参加了会议。会议由雷茂良副院长主持。

翟院长在会上作了重要讲话，并对做好我院财务工作提出三点要求：（一）各单位要高度重视财务工作，管好、用好本单位资金，使其发挥最大效益；（二）我院要建立一支高素质的财务工作人员和管理人员队伍，进一步提高工作效率；（三）各单位要严格遵守国家相关规定，做到财务工作正规化、标准化和效益化。

居昊副司长从六个方面介绍了近年来中央财政支持科技，特别是支持农业科技的主要措施：一是切实加大财政科技投入；二是改进和加强中央财政科技经费管理方式；三是努力营造积极创新的政策环境；四是推动科技重大专项的顺利实施；五是大力支持国家重点实验室，推进国家科研基础建设；六是以现代农业产业技术体系建设为突破口，探索科技支持产业发展、提升区域创新能力的新机制。并对加强财务管理提出四点希望：一是要坚持勤俭办事；二是要持续加强制度建设、强化基础工作；三是要切实抓好预算编制和执行工作；四是要进一步加强财政专项资金的管理。

白金明司长指出，中央财政对农业科技工作非常重视，“十一五”以来财政科技投入数量实现跨越式增长，支持的重点和内容也发生了根本性变化，做好财政科技经费管理工作，一要建立良好的工作、学习、管理和服务机制，加强交流；二要珍惜、节约使用经费、合理配置资源；三要加强管理，严格按制度规定办事。

邓庆海副司长介绍了部门预算改革的背景、主要内容和重要意义，并就适应预算改革、做好预算管理谈了三点体会和建议：一是要积极做好财政项目储备；二是要严格执行各项财务制度，进一步加强财务管理基础工作；三是要严格预算执行管理，加快预算执行进度。

雷副院长作大会工作报告，总结了“十一五”以来我院财务管理工作的主要成就，指出存在的主要差距，并对下一阶段的工作作出部署，强调要重点做好四个方面的工作：一是各单位领导要高度重视，提高财务工作质量和效率；二是要加强财务制度建设，提高依法理财能力；三是要加大预算执行力度，切实促进预算执行；四是要扎实推进重点工作，继续做好财政专项管理等各项工作。

中国农业科学院财务局史志国局长通报了全院财务检查工作情况，重点指出检查中发现的突出问题，并提出四点希望：一是希望各单位切实研究整改措施、抓紧落实整改建议；二是希望各单位建立领导责任制，加强制度建设；三是希望各单位财务资产管理人员要努力适应新形势下财务工作的要求，自觉加强学习和理论研究，不断提高素质；四是希望各单位要加强监管，确保财务资金安全。

会议还邀请农业部财务司虞从映处长、虞涛同志和院财务局刘瀛弢副局长就国库与非税收入管理、事业单位国有资产管理以及我院财政专项管理等内容进行了业务培训。此外，院财务局梁富昌副处长布置了 2009 年预算。

此次会议的召开，使与会代表系统、全面地了解了我院“十一五”以来财务工作总体情况以及下一阶段财务工作重点和方向，同时丰富了大家的业务知识，凝聚了思想、统一了认识、提高了水平，为推进院党组“三个中心、一个基地”战略目标顺利实现、促进我院财务工作稳步开展奠定了良好的基础。

做好中国农业科学院财务工作的几点要求

——在中国农业科学院2008年财务工作会议上的讲话

翟虎渠
（根据本人讲话整理）

同志们：

首先，我代表院党组对参加本次会议的财政部和农业部的领导表示热烈欢迎，衷心感谢你们对于本次会议的支持，以及长期以来对我院财务工作的关心和帮助。这次会议是我院财务工作方面的一次重要会议，院党组高度重视，希望大家集中精力，共同配合，努力把这次会议开好。

下面，就我院当前及今后一个时期的财务工作提出几点要求：

一、要高度重视财务工作，充分发挥经费使用效益

中国农业科学院作为国家级科研单位，“以研为本”是第一位的，但“以研为本”离不开财政的有力支持。财务是科研发展的一个必备要素，也是我院各项事业发展的必要前提，较高的财务工作水平对促进科研发展和我院总体战略目标实现的重要性不言而喻。

近几年来，国家对农业科研的支持力度逐步加大，我院财政情况逐年好转，2007年我院财政收入规模是2001年的298%。应该说，财政经费明显增加给各单位的发展带来力度空前的支持，但相对于发展需求而言，目前的经费规模还并不宽裕，科学管理、合理使用经费，使其发挥最大效益，成为我院各单位财务管理工作面临的新的重要任务，需要各单位领导班子给予高度重视。

重视财务工作，要牢固树立大局意识，认识到财务工作涉及本单位工作的方方面面，做好财务工作不仅仅是财会干部的职责，领导同志，特别是主要领导同志要负主要责任，站在本单位发展的高度上把握财务角色定位和任务，紧密围绕本单位战略发展目标开展财务工作，一方面要加大资金统筹力度，切实提高经费保障能力，为本单位各项事业的发展筹集更丰富全面的“战备粮”；另一方面要提高资金使用效益，优化组合，做好财务状况分析和资产状况评价工作，为本单位战略发展提供决策依据。

需要强调的是，重视财务工作，特别要重视预算管理工作。预算管理工作贯穿科研

发展的始终，是科研工作开展的动态体现，可以说，预算管理水平体现了一个单位整体管理的水平。因此，我们必须将预算管理工作作为今后财务工作的一个重点、难点来狠抓、抓实，以预算为导向落实全院的战略规划，以预算为约束控制科研资源的合理利用。加强预算管理，在预算编制阶段要继续强化与科研部门的协作机制，提高预算的准确度和科学性；在预算执行过程中要坚持“速度和质量”两手都抓，两手都过硬，提高资金使用效率的同时充分发挥资金的效益。

二、要建立高素质的财会、管理人员队伍

财会队伍建设是财务工作的核心，建设一支政治过硬、综合素质强的财会人员和管理人员队伍是做好财务工作的根本所在。

近些年来，我院各单位不断加强财务队伍建设，财务人员素质也有了明显提高，但从总体来看，各单位的具体财务工作人员，绝大部分是记账型的，财务分析和评价的能力和意识都比较薄弱；而各单位财务管理人员，也就是分管财务的所领导和财务处长，有的不是科班出身，有的是科班出身但多年荒废了，对财务管理政策和业务知识懂得不多，对财务工作运行规律的掌握程度不够，在帮助领导出谋划策、扩大经费规模、提高经费使用效益等方面的能力还有所欠缺。这距新时期财务工作的要求还有很大差距，因此，加强财务队伍建设，建立高素质的财务工作人员和管理人员队伍，是当前面临的一项紧迫任务。

加强财会队伍建设，一是要“不拘一格降人材”，积极引进优秀人才。在过去的工作里。总是强调科研人员的引进要注重学历、能力，而对于财务工作人员和管理人员的引进往往重视不够，在今后的工作中要积极引进高学历、高素质的财务管理人才和工作人才，为财会队伍注入新鲜血液、增添新的活力；二是要注重培训，提高现有财会人员的能力和水平。培训要坚持政治素养和业务能力两手抓，在思想层面上，要培养财会人员的责任感和使命感；在业务层面上，学习交流活动要多多组织。这次的财务工作会议邀请了农业部的业务骨干为大家讲解相关的政策制度，非常好。各种学习交流活动不拘泥于形式，目标只有一个：把我院财务战线的干部职工个个培养成精兵强将，进一步提高财务工作效率和资金使用效益，为全院科研和各项事业的发展提供更加有力的支撑。

三、要严格遵守国家相关规定，做好财务工作

当前，按照中央和财政部的统一部署，各项财政财务制度改革正在稳步推进，要深刻领会和学习方针政策，严格按照国家的要求做好各项财务工作，才能保证管好钱、用好钱、用出效益来。

财务制度是开展财务工作的直接依据，所有的财务工作必须在制度框架内展开，财务制度是否健全、完善，直接决定了财务管理水平的高低。各单位在遵守国家制度的前

提下要借鉴好的经验、注重结合本单位实际加强财务制度建设，让国家的大制度、别人的经验“为我能用”、“为我所用”，为提高财务管理水平建立全面而合理的制度保障，最终实现我院财务工作正规化、标准化和效益化。

2008 年，党的十七大战略部署开始全面贯彻落实，国家的“十一五”规划进入攻坚阶段，我院的各项事业也蒸蒸日上，希望我院各级财务人员一如既往，坚持以科学发展观为指导，围绕农业科研发展战略，认真履行职责，开拓创新，积极进取，谱写我院财务工作的新篇章！

最后，我代表院党组对工作在我院财务战线的广大干部职工表示感谢，感谢你们为全院发展做出的努力！

谢谢大家！

中国农业科学院“十一五”以来财务工作成就及下一步工作重点

——中国农业科学院2008年财务工作会议工作报告

雷茂良
（根据本人讲话整理）

各位领导，同志们：

“十一五”以来，在财政部、农业部的关心和支持下，在院党组的正确领导下，在全院财务人员的共同努力下，我院财务工作紧跟时代步伐，积极适应财政体制改革，努力争取财政投入，为全院“三个中心、一个基地”的建设提供了强有力的经费保障。今天，我们召开中国农业科学院财务工作会议，主要任务是以党的十七大和中央农村工作会议精神为指引，认真贯彻农业部财务工作会议的各项要求，总结“十一五”以来全院财务管理工作，指出目前财务管理工作中的不足，部署下一阶段重点工作，进一步促进我院各项事业又好又快发展。今天，财政部、农业部有关领导到会指导，我代表院党组表示热烈欢迎。下面我讲几点意见。

一、“十一五”以来的工作成就

（一）财政资金投入快速增长，经费保障明显增强

“十一五”以来，我院抓住中央财政对科研机构投入倾斜的难得机遇，开拓创新，努力工作，多渠道、多形式反映我院科研条件建设和经费不足的现状，得到上级部门的理解和支持，财政资金支持力度明显加大。2007年财政资金比2006年同口径增长59.5%，并在2008年全部解决了京外单位离退休职工住房补贴缺口。

（二）事业费专项投入力度大，科技创新条件改善

2006~2008年，我院获得较大额度的修缮购置专项资金，支持了房屋修缮、基础设施改造、仪器设备购置及仪器设备升级改造四类项目共计333个。通过2006年、2007年修购专项的实施，对一部分已不能适应科研工作需要的房屋进行了修缮，对所

区和试验基地内一批陈旧、老化的水电暖气等基础设施进行了维修改造，解决了部分急需的直接为科研工作服务的科学仪器设备购置及升级改造问题。修购专项资金对改善我院科技基础条件、推进自主创新能力建设发挥了积极作用，使我院科技基础条件长期积欠过多的状况明显改变。

2006～2008 年，我院每年均获得基本科研业务费专项资金的大力支持，共设立基本科研业务费专项 441 个，其中，院本级设立了 63 个，17 个单位自主安排、自行立项了 378 个。院本级 2008 年度基本科研业务费已按照滚动支持分年度拨付的方式安排给 2006 年度和 2007 年度的延续项目，各研究所 2008 年度专项立项工作正在进行中。基本科研业务费专项，有利于中央级公益性科研机构开展符合“公益性”职能定位的科研活动，使科研单位有条件自主安排符合学科发展方向和公益服务能力的研究，为我院科技创新能力持续发展提供了保障。基本科研业务费专项，专门支持年龄在 40 周岁及以下的青年科技人才，为培育青年科研骨干提供了良好条件，也提高了各单位引进人才、培育人才的积极性。基本科研业务费专项，采取稳定支持的方式，节约了科研人员“跑课题”的时间，有助于形成潜心研究的良好氛围。

此外，非营利性科研机构改革专项启动费 3 年的连续投入，以及科研院所运转费、农业事业单位运转费、研究生院培养费 3 年的投入，基本解决了大多数单位日常公用经费不足的问题，为科研工作和研究生培养提供了基本的经费支持，保证了科技创新和研究生培养工作的稳定发展。

（三）预算执行力度加大，财政支出进度加快

2007 年，国家财政对预算执行工作提出了更高要求，加大预算执行力度、加快预算执行、减少财政资金年末结余是财务管理工作中最紧迫、最重要的任务。农业部 2007 年 8 月 15 日预算执行进度排名，我院总进度为 30.9%，在农业部 51 个二级预算单位中排名第 38 位。2007 年 9 月 12 日，翟院长亲自主持全院预算执行工作会议，要求各单位务必要高度重视预算执行工作，各单位一把手要亲自抓、负总责。会后，各单位按照翟院长的指示，加强统筹协调，采取各项措施，预算执行力度明显加大，预算执行进度进一步加快。2007 年 12 月 31 日，我院的预算执行进度为 68%，在农业部排名第 40 位，其中基本支出执行进度 98%，项目支出执行进度 48%。项目支出中，科学技术类执行进度为 62%，农业财政专项执行进度 90%，基本建设项目执行进度 48%。

（四）资产清查取得圆满成功，资产管理工作明显加强

资产清查工作是 2007 年全院资产管理的一项重要工作。根据农业部统一部署，全院按照“统一政策、统一方法、统一步骤、统一要求和分级实施”的原则，认真组织实施了清查、核实、批复等国有资产清查各阶段工作，圆满完成了资产清查任务。通过

资产清查工作，全面摸清了我院的家底，真实、完整地反映了我院的资产和财务状况，为今后加强中国农业科学院国有资产监督管理工作奠定了基础。各单位以资产清查为契机，加强了资产的购置、登记、日常管理、评估和处置等国有资产管理的各个环节。同时，此次资产清查为逐步建立起资产管理与预算管理、资产管理与财务管理相结合的运行机制，加强资产收益管理、规范收入分配秩序创造了条件。

（五）适应财政改革能力提高，各项财务工作有序开展

一是政府采购管理工作不断加强，政府采购秩序逐步规范。随着《中华人民共和国政府采购法》的颁布实施，我院的政府采购制度逐步纳入法制化轨道。我院在贯彻执行国家和上级部门制定的政府采购各项法规和制度的同时，制定了《中国农业科学院科技创新条件建设项目仪器设备购置管理办法》、《中国农业科学院修缮购置专项资金仪器设备购置类项目公开招标采购规程》，这些制度的制定为规范我院政府采购行为提供了有力保障。在建立和规范政府采购运行机制的基础上，我院积极推动各单位通过公开招标等采购方式开展政府采购工作，实行大型和批量的科研仪器设备集中由院统一公开招标采购，由院监察与审计局全程监督整个招标采购环节。从执行效果看，这种方式不仅节约了资金，而且引导了供应商积极参与市场公平竞争，从源头上抑制了商业贿赂等腐败现象的发生。随着政府采购规模在不断扩大，虽然遇到政府集中采购机构的定点采购单位和协议供货的产品可选范围明显不足、机制还不够完善的情况，但集中采购和公开招标采购规模不断扩大。2007 年全院政府实际采购金额占全院政府采购预算金额的 83%，实际采购招标金额比 2006 年增长 233%。实际采购中公开招标采购金额占总采购金额的 88%。

二是国库管理制度改革全面推行，国库支付工作顺利实施。国家财政国库管理制度改革是新时期我国财政体制改革的一项重要工作，是实施财政资金实时监控，保证财政资金安全的重要手段。同时，这项改革对财政资金的使用限制较多，支付程序复杂，不仅加重了本来已经非常繁重的财务人员的工作量，也对单位的财务运行机制提出了挑战。各单位财务人员能够按照财政国库管理制度改革要求，与时俱进，认真学习国库支付新制度，研究国库支付对单位带来的新问题，努力探索适合本单位的财务管理新模式，主动向业务人员宣传新精神，基本按照用款计划需求，完成了财政授权支付和财政直接支付的大量工作，满足了单位财政资金的正常支出，保证了单位的正常运转。

三是部门预算改革进一步深化，项目经费支出进一步规范。为进一步深化部门预算改革，提高项目经费预算的科学性、透明度，加强项目经费支出的约束力，保证项目经费支出的规范、安全，提高项目经费的使用效益，从 2007 年起，财政部实施项目经费支出按照经济分类科目编制预算试点，按照农业部要求，我院 2007 年、2008 年部门预算的所有项目经费均按照经济分类支出科目进行了预算编制，2007 年末并对项目经济分类预算与实际执行情况进行了对比和分析。

（六）检查、培训形式多样，财务管理整体水平进一步提高

近几年，我院开展了专项经费检查、财务综合检查、交叉互查、重点抽查等工作，完成了行政事业性收费和预算执行审计年度自查，接受了财政部、农业部、科技部的多次检查和专项审计，组织了财务分片研讨，财务人员和业务人员参加了农业部组织的多项培训。通过检查，发现了各单位财务管理工作中的问题，并及时予以整改；通过培训，提高了管理人员的业务知识水平；通过交叉互查和分片研讨，大家取长补短，提高了财务管理人员的业务操作水平。

（七）财务管理队伍不断加强，财务人员素质不断提高

近几年，随着财务收支的不断加大，财政体制改革的逐步深化，对财务管理工作的要求越来越高。各单位不断加强财务管理队伍建设，财务人员素质明显提高。2007 年，全院设置财务处的单位为 21 个，比 2005 年增加了 8 个处级机构。2007 年，全院财务资产管理人员 215 人，比 2005 年增加了 15 人。2007 年财务资产管理人员中具有本科以上学历的 115 人，占 54%，比 2005 年提高了 14 个百分点。

在总结成绩的同时，也要认识到我院财务管理工作还存在一定的差距，依法理财、科学理财的任务还很艰巨。一是预算执行进度缓慢，财政结余资金非常大，没有形成良好的预算执行氛围，2007 年底，全院财政资金结余占农业部结余资金的 39.4%；二是修购项目设置较为零散，专项资金未能充分发挥出集聚效益；三是一些单位的资产管理工作还得不到领导的足够重视，资产管理还很薄弱；四是政府采购工作执行不严，还存在无计划或超计划采购情况；五是一些单位的财务基础工作不够扎实，行政事业性收费管理还不规范；六是财务管理队伍亟待进一步加强；七是财务管理水平参差不齐，一些单位的财务管理工作还很薄弱，财务管理整体水平有待提高。

二、下一步的工作重点

（一）单位领导要高度重视并真正支持财务管理工作

随着单位收支规模的快速增长，财政体制改革的进一步深化，单位财务管理的工作量、工作面、工作内容、工作重要程度与以前相比，不可同日而语。部门预算的编制、项目经济分类预算的细化、政府采购计划的编制、国库用款计划的申请等各项工作，不可能由财务部门独立完成，要关系到各项经济活动，要牵扯到各个部门，因此需要各部门的支持，特别是需要领导的重视、支持和积极协调，财务部门才能按照要求在规定时间内完成任务。实践证明，单位领导真正重视财务工作，单位的财务管理就比较好，单

位领导没有真正重视财务工作，单位的财务管理相对就比较薄弱。

（二）加强财务制度建设，提高依法理财能力

财务管理制度是财务管理工作的依据，只有加强本单位财务制度建设，才能将国家各项财经规章制度要求落到实处，才能做到依法理财。各单位要依据国家有关财经法律、法规，根据部、院有关财经制度，制定和修订本单位的规章制度，使财务管理各项工作有法可依、有章可循。近些年，国家财政改革力度非常大，各项财务、资产管理制度层出不穷，各单位要制定出符合实际的财务资产管理制度，首先必须加强学习，深刻理解和吃透国家和上级有关财经规章制度的主要精神，同时要认真分析本单位的实际情况。

（三）加大预算执行力度，切实促进预算执行

加快预算执行依然是现阶段财务工作的重点，在2008年农业部财务工作会议上，危朝安副部长提出，2008年各单位预算执行进度不能低于2007年。我院的预算执行工作形势不容乐观，截至2008年5月31日，我院的预算执行进度仅为16.1%。从全院来看，预算执行工作的重点和难点是基本建设项目经费、修缮购置专项经费、非营利性科研机构改革启动费、国家科技支撑计划课题经费、国家科技基础条件平台建设项目和住房补贴经费。各单位领导要对影响预算执行进度的重点项目，制定详细的任务、目标和进度，要对工作任务层层分解，逐项落实，要及时解决工作中的难点，要在保证资金安全有效的前提下，确保预算执行工作按时、按质完成。要加强对住房补贴经费发放工作的组织和领导，按照当地住房补贴政策，严格执行住房补贴发放程序，准确无误将住房补贴发放给职工。强调要加大预算执行力度、提高预算执行进度。因此，各单位要保障财政资金的安全和有效。

（四）重点做好四个方面的工作

一是继续做好修购专项和基本科研业务费的管理工作。修购专项第一阶段的3年间，着眼于解决“历史欠账”问题，仅起到了缓解急需、改善局部的作用。为了未来争取修购专项进一步支持，彻底改变我院科技基础条件落后的现状，编制高质量的第二期规划至关重要。为保证院所两级规划整体布局的系统性和有机联系，规划编制将采取“自上而下”的工作方式，先制定全院规划编制要点，再指导各研究所修改前期编制的规划。规划编制必须牢固把握我院中央级公益性研究机构的职能定位，根据全院未来学科发展方向，做好整体布局，统筹部署，合理配置资源，体现全院专项建设的系统性。同时，在编制规划过程中，应特别注意提高仪器设备的共享共用程度，避免财政资金的

浪费。通过下一个阶段的集中建设，力争使中国农业科学院整体科技基础条件水平跃上一个新台阶。要加强对已有修购专项的管理，要按照实施方案、实施进度、保质保量地完成修购专项工作，要做好修购专项验收前的各项准备工作。

年内财政专项管理的另一项重点工作是，在获得基本科研业务费专项资金支持的单位进行节点考核的基础上，院里对各单位专项组织管理和执行情况进行一次考核。院专项管理办公室将在一、两个月内出台一个考核的指导意见。对研究所的考核将是整体性的、以定性为主的，考核重点是专项组织管理情况、项目执行重大进展情况、培育国家计划项目情况、支持人才和团队建设情况等。通过考核，院里应对各所专项执行情况有所掌握，同时，考核结果可作为调整下一年度经费额度的依据，以建立起监督与激励的机制。

二是不断加强资产管理工作。资产管理是财务管理工作中十分重要的组成部分。不断完善和加强资产管理工作，优化资源配置，提高资产使用效益，是提升单位整体管理水平，提高科研竞争能力的重要保障。2008 年 3 月，财政部出台了《中央级事业单位国有资产管理暂行办法》，进一步完善了中央级事业单位国有资产收入管理制度，明确了中央级事业单位对外投资收益以及利用国有资产出租、出借等取得的收入，必须纳入单位预算，统一核算，统一管理；中央级事业单位国有资产处置收入，按照政府非税收入管理和财政国库收缴管理的规定上缴中央财政，实行“收支两条线”管理。各单位在贯彻执行《办法》的同时，要认真研究并结合各单位实际情况，采取有效措施维护各单位资产的安全完整、防止国有资产流失，并对现有存量资源进行有效整合，使其发挥最大使用效益，坚决杜绝资产的闲置浪费。同时，根据各单位的需要，结合存量资产使用状况，合理安排预算，实现以存量制约增量、以增量激活存量，从而有效降低运行成本，节约社会资源，加快推进节约型政府、节约型社会建设。

三是全面规范政府采购行为。院属各单位要明确负责机构，确定专职管理岗位负责政府采购工作，把政府采购制度落实到位，全面规范政府采购行为。今后重点是做好强化政府采购预算和计划的编制，严格执行政府采购计划，规范采购程序和加快评审专家库筹建等工作。政府采购必须按照批准的预算执行是《政府采购法》对政府采购活动的基本要求，各单位在编制部门预算时，要对照政府采购目录和采购限额标准，将应实行政府采购的货物、工程和服务项目编入部门政府采购预算。要增强政府采购预算意识，做到三个“严格”，即严格按照上级主管部门的要求，认真编制政府采购预算，不断提高预算编制的科学性和规范性；严格按照批复的政府采购预算编制政府采购计划；严格按照批复的政府采购计划实施政府采购。在执行政府采购的过程中，加强对招标过程的监督和指导，协调纪检监察审计部门全程参与政府采购执行阶段各环节的工作，确保全院政府采购工作的公开、公平和公正。

另外，财政部、监察部、审计署、国家预防腐败局决定于 2008 年 5 月至 9 月在全国范围内开展政府采购执行情况专项检查。根据农业部要求，这次检查分自查自纠、重点检查和整改提高三个阶段，各单位要紧紧围绕专项检查的任务和部署，切实加强领导，认真布置，明确要求，积极配合上级单位的检查，扎实开展工作。重点检查工作结束后，各单位要认真制定整改方案，明确整改目标和方法步骤，提出具体可行的措施，完善内部管理，强化内部监督制约，建立依法采购的长效机制。

四是切实加强行政事业性收费管理。2007年6月，审计署原审计长李金华同志向十届全国人大常委会报告2006年度中央预算执行和其他财政收支的审计情况时，指出农业部、国资委等11个部门所属的16个单位违规收费或未严格执行非税收入管理规定的问题。此事引起了国务院领导的高度重视，2007年7月4日，国务院召开常务会议，专门听取了国家发改委、财政部、农业部等5个部门关于审计发现问题整改情况的汇报。随后，农业部两次召开常务会议，并召开了农业部财务工作座谈会，专门研究审计整改问题，对加强收费管理提出了明确要求。目前，我院的行政事业性收费管理还没有得到一些所领导的高度重视，存在非常大的安全隐患。各单位在会后必须对本单位质检中心等收费进行认真研究，积极与业务主管部门和财务部门沟通，尽快办理行政事业性收费有关手续，纳入下一年度预算。

同志们，中国农业科学院的财务管理工作任重道远，让我们在院党组的正确领导下，坚定信心，扎实工作，发扬中华民族当前抗震救灾的伟大精神，把我院的财务管理工作提升到更高水平，进一步促进我院各项事业的发展，为“三农”工作做出新的贡献。

认清形势，进一步加强基本建设管理

——在中国农业科学院2008年基本建设管理现场交流会上的讲话

雷茂良

（2008年6月16日）

同志们：

基本建设管理现场交流会今天就要圆满结束了，在这次大会上，翟院长作了《立足创新能力提升，加强基建项目筹划，加快科研平台建设》的报告，报告很好地分析了我国当前的科技发展形势、科研平台建设紧迫性和平台基础条件建设思路，并对我院科研平台基础条件建设提出了具体的要求，希望大家认真领会翟院长的讲话精神。基本建设局付静彬局长从基本建设日常管理的角度系统地谈了项目筹划和项目管理的经验，希望大家认真体会。参会代表还围绕翟院长的讲话对科研平台基础条件建设进了研讨，并交流了项目管理经验，讨论和交流很热烈、很有针对性，为进一步梳理科研平台基础条件建设思路和提高建设项目管理水平奠定了很好的基础。

会议还安排了上海兽医所动物医学实验室项目建设现场观摩会，我相信参观后大家都会有一个感觉，不到2 600万元的投资，建设13 000多平方米的实验楼，标准、档次都不低，但是项目不但没有超概算，反而还有结余。上海是个国际化大都市，人工物价都不低，这说明了基本建设项目管理还是有文章可做，能出效益。下面我谈谈中国农业科学院目前基本建设管理情况及下一步工作要求。

一、2007年基本建设总体情况

（一）年度投资和项目立项实现持续增长

2007年全年获得中央投资2.8068亿元，比2006年增长33%。全年获得立项项目27个，其中重大项目1个，基础设施类项目14个，行业发展类项目12个，立项项目总投资约5.7亿元。

（二）重大建设项目筹划成效显著

为积极落实中国农业科学院党组提出的加快科研平台建设，2007年我院高度重视重大建设项目筹划工作，成效明显。全年筹划重大项目有7个，分别是国家农业图书馆、国家农业生物安全科学中心、哈尔滨兽医研究所新所区科研楼和国际马铃薯中心亚太中心（中国）、国家畜禽改良中心、国家农业应用微生物中心和国家作物种质库项目。其中：国家农业图书馆项目2007年获得立项，批复投资1.7765亿元；国家农业生物安全科学中心项目2007年批复了项目建议书，批复投资约1.42亿元。完成了国家畜禽改良中心、哈尔滨兽医研究所新所区科研楼等项目可行性研究报告和国家作物种质库项目建议书，并上报了主管部门。

目前国家农业生物安全科学中心项目发改委已完成了项目可行性报告评审，近期将获得立项批复；国家畜禽改良中心项目可行性研究报告发改委也已基本完成评审工作。这些项目投资规模大，整合能力强，为我院科研平台建设将提供强有力的基础条件支撑。

（三）在建项目建设进度有所加快

针对我院在建项目建设进度缓慢问题，2007年我院加大在建项目清理与督导，在2007年的基本建设现场交流会上通报了全院在建项目进展情况并提出加快项目建设进度的要求。针对建设资金结余量大的问题，还专门制定了加快基本建设项目投资执行进度的工作方案，对未支付资金量大的项目分类提出措施，并提出年底结余资金控制目标。在院基建局和各单位的努力下，全年实际完成投资3.1亿元，比去年2.3亿元增长34%。项目初步设计编制及上报速度也明显加快，由过去半年至一年，缩短至三个月至半年。竣工验收工作得到重视，2007年申请验收的项目明显增多，资产交付率也有所提高。

（四）在建项目质量、安全和投资控制良好

我院2007年在建的基建项目40多个，施工质量总体良好，各单位对建设质量给予了足够的重视，把关较严，没有出现较大的质量问题。各单位对施工现场的安全生产抓得比较紧，部分单位还制定了施工现场安全管理办法，定期排查和督导，2007年全院没有发生一起施工现场安全事故。2007年全国建材涨价幅度较大，对在施的基建项目投资控制影响很大，各单位都很重视项目投资控制，有些单位还聘请了专门的造价咨询单位，在招标、合同签订以及结算上加强投资控制，效果较好。

（五）不断规范在建项目招标行为

基建项目招标是基本建设管理过程中比较容易出问题的环节，中国农业科学院在这方面做得还是不错的，招标工作越来越规范，无论项目大小，能公开招标就公开招标，公告发布、投标、开标和评标都在当地招投标管理办公室的监督下进行，大部分项目的开标评标还邀请院监审局参加监督。招标结果按照《农业基本建设项目管理办法》及时书面报告上级管理部门。全年没有发生一起有效投诉和检举揭发事件。

二、面临的形势和存在的问题

总的来说，2007 年我院基本建设工作在原有的基础上取得了较好的成效。但是，形势在不断变化，管理要求也越来越高，我院基本建设工作还需要面临和适应新的形势，还需要解决一些新老问题。

（一）项目筹划申报形势严峻

我院在 2007 年工作会议上明确提出把加强平台建设和科研团队建设作为当前和今后一个时期的重要工作。昨天翟院长从国家农业科技创新的高度阐述了科研平台建设的紧迫性和重要性。平台建设需要重大建设项目和常规项目支撑，目前我院基本建设项目筹划形势严峻，体现在以下两个方面。

常规项目实际需求越来越少，投资面临下滑。我院通过“八五”、“九五”、“十五”以及“十一五”前两年的建设，各个研究所的科研用房、科研仪器设备以及野外观测台站基本上都得到了支持，特别是科研用房基本上满足了科研办公的需求。近几年我院还得到了财政修购专项的支持，这些支持也在不断地满足基础设施改造和实验仪器设备购置的需求。所以，常规项目实际需求越来越少，可申报常规项目的题材已经不多了。另外，常规项目投资是要挤占农业部的投资盘子，这个盘子本身就不大，农业部还有其他的直属单位需要支持，还得照顾地方，没有充分的理由和实际需求支撑，常规项目是很难立项，获得投资的。目前，我院常规项目实际需求在减少，常规项目投资肯定面临滑坡。

重大项目筹划能力严重不足，投资增量缓慢。从投资强度和资源整合能力来说，重大建设项目对平台建设规模和进程起着决定性的作用；对农业部来说，也希望我院今后以筹划申报重大建设项目为主，走国家发改委重大专项。所以，重大建设项目不仅是我院平台建设的主力军，也是我院目前和今后获得投资增量的主要方式。但是，我院从 1995 年筹划第一个重大建设项目国家农作物基因资源与基因改良中心开始，到 2008 年已有 13 个年头，筹划并运作成功了 6 个重大建设项目，总投资约 8.7 亿元，年平均仅

0. 67 亿元。近年来，特别是 2007 年，中国农业科学院重大建设项目筹划进程呈加速度递增，但与我院科研平台建设和投资增量需求还很不匹配。

重大建设项目筹划与科研平台建设息息相关，科研平台基础条件建设需求很强劲，但为什么我院的重大建设项目筹划数量和质量上不去？我认为与以下三个方面问题有关。

一是认识问题。急于求成，以眼前需求为重，头痛医头，脚痛医脚，眼光短视，将视线集中在建个楼、修个路、买点设备、改善改善条件上。这种做法确实立竿见影见效快，能够解决一些问题，也能给在位的领导带来一些业绩，但就平台建设和创新能力提升而言，会不会是捡起了芝麻丢了西瓜？

二是态度问题。重大项目筹划、推进周期长，要过五关斩六将，涉及方方面面，难度大，不少同志有畏难情绪，觉得还是搞常规项目容易，来得快。

三是能力问题。重大建设项目要站在行业发展的高度分析科研存在的问题，还要系统地整合科研平台基础条件建设需求。如果站位不高，对行业把握不准，对需求整合能力不强，筹划重大建设项目就会觉得无从下手。

以上三个问题在我院还普遍存在，在部分研究所还相当突出，造成我院重大建设项目筹划能力严重不足，给我院重大建设项目筹划带来了严重障碍，如果这种现象不能得到重视和改变，将直接影响我院重大项目筹划数量和质量，影响我院基本建设投资增量，从而影响我院科研平台的构建。

同志们，常规项目投资将面临着递减，如果我院的重大建设项目投资增量上不去，我院基本建设项目和投资将无力支撑紧迫的科研平台建设，大幅度提升我院科技创新能力将无从谈起，基本建设项目筹划形势严峻！

（二）在建项目管理问题不少

1. 项目建设进度缓慢

项目建设进度缓慢仍然是我院基本建设管理工作中最为突出的问题，虽然 2007 年有所进步，但与主管部门的要求，与快速增长的投资，还有很大的差距。目前建设进度缓慢主要表现在项目实施缓慢，建设内容没有按批复的建设期限完成；验收工作缓慢，没有及时收尾或申请验收；资产交付缓慢，没有及时办理资产交付手续。项目建设进度缓慢的主要原因：

一是重争取，轻管理。各个单位一般都比较注重项目立项前的争取工作，一旦批复立项，就不着急了，对项目后期建设的关注程度急剧下降，使得项目初步设计编制工作进展十分缓慢，一般 2 个月就可以完成的初步设计编制工作，经常会延长到半年甚至一年；施工前期准备工作时断时续，办理建设手续有点障碍就停滞不前；工程收尾拖拖拉拉，无法及时验收等。

二是前期工作不扎实。项目筹划申报仓促，没有系统地考虑建设条件的落实和建设方案可行合理，项目立项后出现建设方案的变更或建设条件不能落实，影响项目建设进度。在施工准备期间，与地方有关管理部门沟通协调不足，尤其是规划、人防、环保、园林、消防和市政等部门，导致项目难以取得合法开工手续，项目迟迟不能开工，严重影响项目建设进度。

三是收尾工作拖拉。很多项目建设单位很注重项目开工和主体施工进度，但到了竣工收尾，重视程度大打折扣，单项工程收尾还好一点，特别项目竣工收尾，反正项目建起来了，也搬进去用了，什么结算、决算的事、竣工验收资料的事就没有人管，导致竣工验收工作一拖再拖，我院还有好几个这样的项目，2003 年、2004 年就用上了，到现在验收准备工作还没有做完。

四是管理机制不合理。有些项目建设单位存在多头管理的现象，办公室在管，后勤服务中心在管、课题组也在管，相互扯皮、机制不顺，影响项目建设进度。

2. 项目执行还不规范

一是执行项目法人制还不规范。部分项目法人负责制还只是个形式，没有真正落到实处。法人不授权直接由分管基建的所领导或基建部门管理人员行使法人的权利，法人不参与项目建设重大事项决策，不抓项目监督，不抓管理制度建设，这都是法人负责制执行不规范的表现。

二是执行基本建设程序还不规范。主要表现在项目建设过程中的报批上，有的为了加快建设进度不办理相关建设手续；有的建设单位从自身需要出发，随意对项目建设内容、建设规模、建设标准进行调整。《农业基本建设项目管理办法》明确规定，项目变更需经上级主管部门审批同意后，才可执行。发生重大变更的基本建设项目，需重新立项审批。有些建设单位完成变更后，才将变更的内容上报主管部门，这些都是违反基本建设程序的做法。

三是项目资料管理还不规范。项目资料是项目管理是否规范的最直接的见证，能体现一个项目的管理水平，但恰恰相反，我院在项目资料管理中还不存在很多不规范的地方，如项目资料不全、没有按照要求整理，立卷归档等，给项目验收带来很大麻烦，也给今后运行管理带来不便。

四是资金支付还不规范。规范的资金支付应严格按照合同约定进行支付，但有不少建设单位在资金到位的情况下应付而不付，就是为了压一点工程款，能够约束施工企业，这种做法很不规范，其一造成我们的投资执行进度与工程形象进度不符，其二人为地造成建设资金积压，其三可能会引起延期支付索赔。

3. 管理制度还不健全

没有规矩不成方圆，没有健全的管理制度，规范管理也就无从谈起。我院部分建设单位已经建立健全基本建设项目管理办法、基本建设财务管理办法，并按制度实施项目管理，取得了较好的效果。但也还有相当部分的建设单位至今还没有建立或健全管理制度，导致管理效率不高、项目执行规范性不够。管理制度要重点规定决策机制、招标采购机制、监督机制和办事程序。

4. 项目管理力量不足

很多研究所由综合处作为基建工作的主要管理单位，但由于综合处作为全所的主要行政部门，日常工作相对较多，难以专心应对纷繁复杂的基建工作。虽然有些研究所设有专门的基本建设工作人员，但人员的流动性较大。基本建设项目管理专业性技术性很强，但中国农业科学院从事基建管理人员中有专业背景的很少。项目管理力量不足，严重影响项目管理效果。

三、下一步工作安排

翟院长在昨天的讲话中对我院科研平台建设提出了要求，我根据翟院长要求并结合我院当前基本建设工作面临的形势和存在的问题，对下一步基本建设工作谈几点意见。

（一）抓紧成立重大建设项目筹划工作机构

科研平台建设是各单位中心工作之一，基本建设是平台建设的重中之重，各单位要认真贯彻大会精神，会后各单位要积极行动起来，抓紧成立重大建设项目筹划工作机构，负责各单位平台建设战略研究、平台建设和基本建设规划编制以及重大建设项目筹划和申报。工作机构要由各单位一把手牵头，基建、科研、财务主要管理骨干参加，工作机构要设专人负责，协助一把手开展机构日常管理工作。请各单位 6 月底将重大建设项目筹划工作机构名单报院基本建设局。

（二）抓紧编制平台建设和基本建设规划

各单位根据大会的精神、研讨情况和经验体会，进一步梳理科研平台建设思路，分析平台建设需求。会前各单位根据基本建设局的要求已初步编制了一个基本建设规划，希望会后各单位再开会研究，认真听取科研人员的意见，进一步完善各单位的规划。基本建设局要根据科研平台建设研讨情况，把规划编制思路和要求进一步细化，并对学科平台建设提出建议，下发到各单位以进一步指导规划编制。请各单位 8 月底完成规划完善工作，并报院基本建设局，基本建设局要在年底完成全院的科研平台建设和基本建设规划编制工作。在规划编制过程中有比较成熟的项目要及时筹划和推进。

（三）抓紧制定项目筹划和建设管理办法

请各单位要重视制度建设工作，这是一个事半功倍的事，不仅能提高基本建设管理工作效率，还能规范决策和办事行为，保护参与基本建设管理的同志。管理办法制定不要流于形式，应付差事，要从各单位实际出发，结合国家和农业部有关管理规定制定。

管理办法的制定，也是一个学习和熟悉相关规章制度，梳理基本建设管理思路的机会。管理办法中要重点明确工作程序、决策机制、绩效考核机制、责任分工等，基本建设局要加强这方面的指导。

（四）抓紧清理和推进在建项目

中国农业科学院在建项目多，存在问题还不少，请各位要坚持两手抓，一手抓新项目筹划工作，一手抓在建的项目清理和推进工作。要一个一个地清理，要说明项目目前进展情况、存在问题和工作计划。要以项目清理为契机，分析项目进度缓慢原因和项目执行的规范性，要加快项目执行进度，整改项目执行的不规范行为，具备验收条件的加快提出验收申请，具备支付资金条件的加快资金支付。到年底对在建项目要考核两个指标，一是申请验收的项目情况，二是投资执行情况，要将考核情况通报。项目清理工作要在 8 月份之前完成。

同志们，我院的基本建设工作在上级部门的关心和支持下，在同志们的共同努力下，取得了一定的成绩，但与我院科研平台建设的要求还有一定的距离，基本建设工作还任重道远，希望大家认真领会和贯彻大会精神，以科研平台建设为核心，大力提高基本建设项目管理水平，为我国农业科技创新做出更大的贡献。

这次大会主题明确，内容丰富，日程安排紧凑，对促进我院科研平台建设和基本建设工作有很大的推动作用。感谢各位领导和会议代表参加本次基本建设现场交流会，感谢会务组和上海兽医所为本次大会胜利召开付出了辛勤的劳动。祝贺大会胜利闭幕。

在“公共财政与中国农业科研发展战略研讨会”上的讲话

刘　旭

一、中国农业科学院基本情况介绍

1. 基本情况

中国农业科学院是1957年由国务院批准成立的新中国三大科学院之一。目前，全院共有39个研究所、1个研究生院和中国农业科学技术出版社，15个单位设在北京，24个研究所分布在京外16个省（市、区）。39个研究所中，直接隶属管理31个研究所，与其他科研教学单位共建、以省为主管理8个研究所。

按照科技部、财政部、中编办《关于农业部等九个部门所属科研机构改革方案的批复》（国科发政字〔2002〕356号）精神和农业部的统一部署，我院于2002年12月全面启动了科技体制改革工作。根据批复，我院当时的40个直属单位（37个研究所及院部、研究生院、中国农业科学技术出版社）中，20个单位整合为16个，加上院部和研究生院共18个单位按照非营利性科研机构管理，12个研究所拟转制为科技型企业，4个单位转为农业事业单位，4个单位整建制进入大学。

2. 近期较突出的科研成果

建院以来，我院科研工作共获得各类科技成果近5 000项，其中获奖成果2 000多项。国家级奖260项，其中国家技术发明一等奖6项、二等奖11项，国家科技进步一等奖8项、二等奖76项。据统计，“八五”以来我院以占全国8%的农业科技人员，取得占全国26%的国家级农业科技成果奖，这些科技成果平均每年创社会经济效益200多亿元。

较突出的科研业绩有：建立了中国农作物种质资源保存中心，保存种质资源数居世界首位，使我国在未来国际社会种质资源争夺中占得先机；培育的国产转基因抗虫棉播种面积已占国内抗虫棉播种面积的73%，扭转了进口抗虫棉品种的垄断；研制成功抗虫三系杂交棉，亩均增产25%左右，开辟了棉花育种新纪元；自主创制矮败小麦育种平台，处于国际领先水平，其代表品种“轮选987”比主推品种增产15%；突破了超级稻育种重大核心技术，育种水平国际领先，培育出的超级稻“国稻6号”入选国家“十五”重大科技成就展和2007年全国科学大会科技创新重大成就展；培育出10多个优质双低杂交油菜新品种，广适性突出，推广面积占全国优质油菜播种面积的1/3；自主研制开发出禽流感H5N1、H5N2高效疫苗及配套诊断和防治技术；自主研制开发出口蹄疫 o 型、A 型、亚洲 I 型高效疫苗。这些成绩表明，我院研究人员无愧于我国农业科研“排头兵”、“主力军”的地位。

二、新形势下中国农业科学院发展规划

1. 农业科研面临的新任务、新需求

建设社会主义新农村、发展现代农业，在根本上要依靠现代农业科学技术来实现，而国家中长期科学技术发展规划则对农业科学技术提出了“在整体上率先跃居世界先进水平”的战略目标。面对自然资源日益贫乏，粮食、棉花等主要农产品的需求刚性增长，农产品附加值低，农村生态与环境持续恶化，农业增产、农民增收和农产品竞争力增强的压力长期存在的现实，如何持续提高农作物产量、提高对自然灾害的抵御能力、改善资源使用效率、节约农业生产成本、保护和修复农业环境等，这些都是农业科研工作迫切需要解决的重点命题。随着科学技术的快速发展，转基因农作物、设施农业、循环农业、信息农业等不断为农业科技自主创新提出更高的要求。

2. 我院的战略定位与目标

中国农业科学院是国家级综合性农业科研机构，担负着全国农业重大基础与应用基础、应用研究和高新技术研究的任务，着力解决农业及农村经济发展中基础性、方向性、全局性、关键性重大科技问题，在科技兴农、国内外农业科技交流与合作、培养高层次研究人才方面发挥重要作用。

作为我国唯一一个国家级综合性农业科研单位，我院制定了“三个中心、一个基地”的中长期战略目标：用 5 ~ 10 年的时间，将我院建设成为具有国际先进水平的国家农业科技创新中心、国内一流的农业科技产业孵化中心、国际农业科技合作与交流中心、高层次农业科研人才培养基地。

3. 我院学科建设与创新领域规划

我院初步建立了面向现代农业、面向科学技术发展，结构合理、门类齐全、重点突出、以任务带学科的新型学科体系，确定了作物科学、动物科学、农业微生物科学、农业资源与环境科学、食品科学与工程、农业质量标准与检测、农业信息学、农业工程学、农业经济与科技发展 9 大学科方向。

在进一步制定我院科技创新重点领域时，我们既强调推进整体水平进入国际先进行列，也要选择制约农业生产的关键环节中的重要难题；既要服务国家近期重大战略需求，也要选择未来必将长期制约我国“三农”发展和社会主义新农村建设的重大科技问题、关键技术进行超前部署；既要立足已有工作基础和现实需求，又要把握科技发展动态与方向、瞄准农业科技国际前沿的重大科学问题。在这些原则的指导下，我院研究确定了 9 大创新领域，包括：①种质资源基因挖掘与动植物新品种培育；②农产品高效生产与质量安全；③重大农业生物灾害预防与控制；④农业资源高效利用与功能拓展；⑤农业环境控制与生态修复；⑥农业信息技术与数字农业；⑦农业工程技术与智能化装

备；⑧农产品加工与现代物流；⑨农业经济与科技政策。

4. 我院“十一五”创新目标

在上述 9 大科技创新重点领域中，“十一五”要重点突破 20 个左右重大科学选题，创新 100 项左右关键技术，组装集成和示范 20 项左右重大技术，完成 20 项产业技术的中试和转化，培育 500 个以上动植物新品种和重大产品，获得 400 项以上国际、国内专利或新品种保护权，获得 30 项左右国家级奖励的重大科技成果，在影响因子 1.0 以上的学术刊物上发表文章 1 000 篇以上。

在实现这些量化目标的过程中，我们将做到：建立具有世界领先水平的动植物高效育种技术平台，培育一批优质、专用的突破性动植物新品种；突破植物高变异致灾有害生物、动物重大烈性传染病、危险性外来生物、转基因生物安全等监测与预警、诊断与检测、快速扑灭与可持续控制等关键技术产品；创新耕地质量保护、肥料高效利用、节水农业、旱作农业、废弃物资源化循环利用、农业环境污染控制与修复等技术；获得一系列农业资源精准监测、数字农业、智能化农业生产等关键技术及产品；创新一批智能化、机械化、精准化农业工程技术与装备；突破农产品加工、农产品溯源与安全检测等关键技术，创新一批技术标准和产品标准。

力争到“十一五”末，把我院建设成为一流的国家农业科技创新中心，为国家粮食安全、生物安全、生态与环境安全、农产品质量安全保驾护航，大幅度提高农业劳动生产率，有效增加农民收入。

三、近年来公共财政对推动我院发展的重要作用

近年来，随着国家对农业及农业科技事业的不断重视，国家财政逐步加大了对农业科研事业的经费支持，农业科研投入状况得到了大幅的改善。与此同时，中国农业科学院的财政经费支持额度不断扩大，全院财政经费比 2001 年增加了 210%，翻了 3 倍，其中项目经费增长近 4 倍。随着修购专项、基本科研业务费等各类财政专项的相继下达，农业科技迎来了一个崭新的春天和前所未有的发展机遇。

1. 中央级科学事业单位修缮购置专项资金

我院科研基础条件长期以来积贫积弱，又缺乏其他的经费来源用以进行改善，因此与其他中央级科研单位和高校有着比较明显的差距，与我院“国家队”的地位极不匹配。2006 年、2007 年这两年，我院获得中央级科学事业单位修缮购置专项资金共计 5.92 亿元，这笔资金受到了研究所的高度重视。目前，修购项目开始启动，专项实施已初见成效，各所科研基础条件得到了实质性的改善，一批迫切需要的科研仪器设备到位，科研人员深受鼓舞。

2. 中央级公益性科研院所基本科研业务费专项资金

2006 年、2007 年两年，我院共获得基本科研业务费专项资金 1.7 亿元，这笔资金的设立受到科研人员的普遍欢迎。由于专项资金的相当一部分以课题形式用于支持优秀

科研后备力量开展探索性研究，或支持新引进人才在得到国家科研项目之前的自主性研究，因此在支持研究所的人才团队建设中发挥着不可替代的作用。另外，专项资金还向那些缺乏国家科研计划立项的前瞻性、储备性研究方向倾斜，成为国家科研计划的有益补充。

3. 非营利性科研院所改革启动费

长期以来，困扰非营利性科研单位发展的一大问题是运行费不足。进入 21 世纪，我国经济持续快速增长，在对科技发展提出巨大需求的同时也为发展奠定了坚实基础，科研单位纷纷进入了飞速发展的时期。随着学科建设的推进，研究所科研任务的范围和规模不断扩大，科研机构创新平台与大型仪器设备不断增多，运行费不足的问题便日益凸显，甚至影响了科研工作的顺利开展。2002 年开始至 2007 年，下达我院非营利科研机构改革启动费合计 4. 3 亿多元，这项经费为我院属部分科研单位送来了及时雨，保障了科研人员心无旁骛地进行研究工作。

4. 离退休经费补助

由于目前我国社会保障体系尚不完善，还没有将离退休职工纳入其中，中央制定的一系列相关政策又缺乏相应资金保障，因此，离退休职工的离退休金已普遍成为各个研究所的沉重负担。另外，近年来居民消费价格指数不断攀升，离退休职工面临着生活水平下降的尴尬状况。2006 年下达的每年 6 904万元的离退休经费补助为研究所解决这个大难题助了一臂之力，同时也是造福离退休职工的一件善举。

5. 科技创新条件建设项目

2004 年底，农业部批复“矮败小麦育种科技创新条件建设项目”和“优质高产抗虫三系杂交棉科技创新条件建设项目”（农财发〔2004〕81 号）分别立项，投资各 3 000万元。“矮败小麦育种科技创新条件建设项目”的立项对于促进矮败小麦的育种推广，为我国早出、多出小麦新品种，提高持续创新能力奠定了基础。“优质高产抗虫三系杂交棉科技创新条件建设项目”包含了分子育种技术创新中心、育种基地和试验基地三部分内容，通过技术创新中心创造出大量新型转基因棉花种质材料，在育种基地对各类棉花材料繁育、筛选、鉴定，优异品种拿到试验基地试验示范，向周边地区应用推广。整个建设项目形成了一个从研究到推广的完整研发推广体系，保障了我国优质高产抗虫三系杂交棉的研制和推广应用。2005 年底，农业部批复“农业立体污染防治科学创新条件建设项目”（农财发〔2005〕110 号）等项目立项，总投资 5 700万元。合计总投资 1. 17 亿元的科技创新条件建设项目立项，有力地保障了农业科研选题的深入研究和试验与示范。

6. 农业公益性行业科研专项经费项目和现代农业产业技术体系建设专项

2007 年 10 月，财政部、农业部下达了中国农业科学院 2007 年农业公益性行业科研专项经费项目年度预算 6 725万元（农财发〔2007〕116 号）。12 月，下达了 2007 年现代农业产业技术体系建设专项资金预算 2 990万元（农财发〔2007〕163 号）。农业公益性行业科研专项经费和现代农业产业技术体系建设专项资金为保障我院的行业科研与产业技术研究发挥了至关重要的作用。

四、对未来公共财政支持的几点建议

1. 继续加大专项支持力度

在未来相当长一段时期内，农业领域科研单位科研条件相对落后、农业科研投入强度不足、国家主体科技计划过度竞争、科研机构事业费严重短缺等困难还将继续存在，因此，建议国家公共财政在稳定修购专项、基本科研业务费、非营利性科研院所改革启动费、离退休职工事业费等支持的基础上，能够不断扩大支持范围和规模。以修购专项为例，2008 年是目前规划的最后一年，然而由于农业领域科研单位长期以来在科研条件建设方面积欠太多，既不能满足科技发展日新月异的要求，也不能满足国家对农业科技创新提出的要求，所以，一方面我们十分希望未来 3 ~ 4 年修购专项继续以项目的形式进行大规模支持。当科研条件得到比较全面的改善之后，在充分合理测算的基础上，我们建议专项可以转变为稳定支持的形式。

另一方面，公共财政对农业科研的投入应不断探索灵活多样的新结构、新方式，并扩大支持范围。建议将国家科技计划农业科研项目以竞争为主调整为定向委托研究为主，逐步形成农业科研以国家长期稳定支持投入为主、竞争性投入为辅的良性循环新机制。

2. 积极支持国家实验室建设

国家实验室是我国科技创新体系建设中的一项重要工作，建设起点高、发展目标是国际一流。在目前我国农业领域唯一的重大科学工程——“中国农作物基因资源与基因改良工程国家重大科学工程”的基础上，在考虑到国家重大战略需求和作物科学技术未来发展的基础上，我们提出了建设“作物科学与技术国家实验室”的构想。通过这一重大项目，将建成国际一流的国家作物科学技术创新中心，对保障国家粮食安全、增加农民收入、发展现代农业、促进农业可持续发展、实现农业科技率先跃居国际先进水平等产生巨大的科技支撑作用。要建成这一国家实验室，离不开上级管理部门的大力支持。

3. 向直接服务“三农”倾斜

目前，科技兴农和科技成果转化工作仍是农业科技工作中的薄弱环节，限制了农业科技生产贡献率的提高。建议公共财政可以选择支持直接服务于“三农”的方式得当、效果良好的科技活动。一方面，探索新的支持途径，重点支持直接服务于“三农”的应用性、开发性、生产性、示范性研究，推动产出一批在调整农业结构、扩大农村就业、延长农业产业链条等方面实用性强的科研成果，为农民增收创造多种多样的新机会；另一方面，采用灵活多样的补贴或奖励机制，调动农民种植新品种、使用新产品、学习新技术、采用新设备的积极性，使农业科技成果尽快得到转化和推广，在促进新农村建设中发挥应有作用。

4. 加强对拟转企和转事单位的经费支持

中国农业科学院所属拟转制为企业的12个研究所以及4个转事单位大部分属于专业性很强的科研机构，主要从事行业共性技术研究，作为行业里的龙头科研单位，服务的对象是劳动密集型产业及其众多的从业农民，开展的研究多数是面向“三农”的公益性领域。近年来，随着面向非营利性科研机构的修购专项、基本科研业务费、离退休职工事业费等经费的下达，这些拟转制单位的处境艰难、每况愈下，由于科研经费不足，目前已经严重影响到了科技创新能力的提升，科研机构都不同程度地出现了科技人员流失、社会服务能力下降等现象。因此，希望国家财政能审时度势，采取有效措施，不断加强对拟转制科研单位的经费支持力度，特别是稳定的经费支持，保障拟转制科研机构的可持续发展和旺盛的创新能力。

七、研究生教育与管理

中国农业科学院研究生院 2008 年工作概要

2008 年，研究生院在中国农业科学院党组的正确领导下，在院属各研究所的大力支持和配合下，以邓小平理论和“三个代表”重要思想为指导，深入实践科学发展观，紧紧围绕“人才基地建设”的战略目标，坚持与时俱进，推动科学发展，促进校园和谐，研究生教育事业取得了新进展，被评为北京市教委“北京地区学位与研究生教育管理先进集体”和“北京地区研究生学位工作优秀单位”，被中国农业科学院评为“文明单位标兵”，连续七年以农学第一名蝉联“中国一流研究生院”。

一、事业稳步发展，规模再创新高

全日制及在校生规模稳步增长。按照我院“十一五”人才建设规划，研究生教育规模稳步发展。2008 年招收全日制研究生 736 人，其中博士生 196 人（包括少数民族骨干计划 15 人），硕士生 540 人，招生规模总数较 2007 年增长了 5.9%。2008 年招收专业学位硕士 309 人。2008 年毕业 546 人，其中博士 165 人，硕士 381 人，毕业生就业率 94.7%。在校研究生 3 658人，较去年增长了 18%，其中普通全日制在校生 2 093人（硕士 1 482人，博士 611 人），专业学位 1 331人（包括预先选课学生 142 人），在职申请学位 234 人。

积极参加北京市教委组织的相关工作。本着教育资源共享，服务北京经济建设和社会发展的目标，在 2007 年组织蔬菜学、动物营养与饲料科学两个学科申报北京市重点学科工作的基础上，2008 年，蔬菜学被批准为北京市重点学科，北京市教委资助 5 年，每年 20 万元，用于蔬菜学科的建设。2008 年，我院报送的作科所景蕊莲研究员指导的博士生徐益重的论文获得北京市优秀博士论文，景蕊莲获得了北京市教委提供的 50 万元资助，用于开展创新研究，培养创新型博士研究生。同时，我院积极组织参加北京市教委有关活动，被评为“北京地区学位与研究生教育管理先进集体”和“北京地区研究生学位工作优秀单位”。

学位管理日甄完善，首批优秀博士论文出炉。2008 年在六个学位评定分委员会审议基础上，召开了第六届学位评定委员会第六次和第七次会议，遴选了 20 位新增博士生导师，共授予 157 人博士学位，594 人硕士学位（其中全日制硕士 380 人，同等学力 33 人，农业推广硕士 181 人）。根据《中国农业科学院优秀博士论文评选办法》，经过各个学位评定委员会的推荐和同行专家的通信评议，第六届学位评定委员会第六次会议评定了 2007 年院级优秀博士论文，3 篇为优秀博士论文，1 篇为优秀博士论文提名。我院对获奖者颁发了证书和奖金，奖励优秀博士论文作者和导师各10 000元，提名奖作者和导师各5 000元。

二、坚持质量为本，教学科研并进

建立激励机制，强化两支队伍建设。教师队伍和研究生培养管理队伍在保障研究生教育质量中发挥着举足轻重的作用。我院为建设一支高水平、多元化、教学和科研并重的相对稳定的教师队伍，近几年采取积极措施鼓励我院专家授课，收到较好效果。2008年选聘任课教师350人，其中院内教师192人，占54.2%。全年开课126门，本院教师主讲78门，占总授课量的61.9%。为了保证教学效果和质量，2008年评选表彰了80名优秀教师，占主讲教师队伍的52.8%。此外，我们充分发挥教研室职能，推进专职教师队伍建设。2008年2个教研室承担了15门课程教学工作，生物学教研室还承担了22门生物学相关课程的教学管理工作。为了进一步调动院属各研究所管理人员的积极性和创造性，充分发挥院所结合的优势，规范培养过程管理，提高教育质量，2008年，我院首次开展了研究生管理先进集体和先进个人评选活动，哈兽研等11个研究所被评为2007年度研究生管理先进集体，24名同志被评为研究生管理先进个人，8名同志获研究生管理特别荣誉奖。

以主干课程建设为抓手，全面提高教学质量。我院以主干课程建设为龙头，建立“教材、教师、教案”三位一体模式，加快课程体系建设。至2008年年底已启动41门主干课程建设工作，落实课程建设经费87万元，已初步完成了10门课程建设验收准备工作。2008年，我院加强了课程评估，对课程质量进行监控，对同学反映有问题的课程进行全程跟踪，对不符合要求的教师和课程进行调整，确保教学质量。开展课程教学效果调研，完成了35门课程教学效果调查和研究生缺课原因调查，为进一步改进教学管理，提高教学质量提供依据。在19门课程中推广研讨式教学，提高学生自主学习能力；在26门课中实施专题课教学，开拓学生视野，训练科研能力。

监控关键环节，提高培养过程管理质量。2008年根据全院学科布局，进一步修订和完善了我院44个博士学位授权专业和56个硕士学位授权专业的培养方案。在研究生培养环节的过程管理中，进一步规范了中期考核管理，加强了研究生回所后的培养环节的监管，管理人员深入京内研究所调查和发现研究生中期考核等环节存在的问题，及时处理。建立和完善研究生培养过程激励机制，全年评选课程学习优秀生51名，中期考核优秀生88名，提前攻博25名。2008年，为了进一步提高学位论文质量，加大了“双盲”评审力度，将博士论文“双盲”评审比例提高到40%，全日制硕士保持10%不变，专业学位硕士全部参加单盲评审。有效控制了培养质量。

专业学位教育管理逐步规范，质量不断提高。根据专业学位尤其是农业推广专业学位指导委员会的要求，我院系统地研究了本院专业学位各领域培养方案和教学大纲，采取了管理人员研讨和专家咨询相结合的方法，修订了农业推广硕士10个领域的培养方案和兽医硕士的培养方案，进一步完善了课程教学大纲，涉及公共学位课程6门，领域课程60门，公共选修课程10门。全年开设课程300余门，涉及教师300余名，目前已经基本完成了导师库建设，农业推广导师已达800余名，其中校外导师200余名，涵盖了我院农业推广的各个领域。2008年是我院专业学位质量工作年，组织了3次工作会议讨论专业学位管理手册，修订了基本管理规定，规范了管理过程，完善了培养制度。11月份，专门召开了专业学位教育质量研讨会，为专业学位教育的进一步发展夯实了基础。

课题研究与工作紧密结合，获奖实现零突破。2008年承担“863”计划课题7项，主持3项，副主持1项，参加3项，比2007年多了1项主持课题。此外，还继续开展了中国学位与研究生教育学会“十一五”课题“农林学科研究生教育动态数据平台建设”、“基于高水平科研的农科研究生培养机制改革研究”和非营利科研机构基本科研业务费专项4个专题课题研究。全年科研到账经费174万元，基本科研业务费90万元除外。研究生院获得“中华农业科技三等奖”，实现了省部级奖零的突破；课题成果《基于高水平科研的农科研究生培养质量控制》获北京市高教学会研究生教育研究会北京区研究培养工作优秀成果二等奖。全年发表文章16篇，其中SCI收录6篇，中文核心2篇，会议论文3篇，成果鉴定1项，申请专利3项。通过课题研究，有力提高了教师和管理人员水平和能力。

三、加强国际交流，拓宽办学渠道

首次成功招收了外国留学生，标志着我院研究生教育迈入国际化进程。今年，在教育部国际合作司、国家留学基金委和北京市教委的大力支持下，通过广泛宣传和多方联系，我院首次招收了11名外国留学生，其中中国政府奖学金博士研究生5名，北京市政府外国留学生奖学金博士研究生4人，进修生2人，今年入学6人，圆满完成今年的留学生招生计划。同时，积极做好中国政府奖学金和北京市政府奖学金项目2009年的申报工作，目前已争取到5个中国政府奖学金自主招生名额（每个名额提供约5万元资助）和25万元的北京市政府奖学金，政府奖学金总额达50万元，较2008年增加了20万元。

不断开拓新的国际合作渠道。2008年，圆满完成了俄亥俄州立大学2008年来华学习项目，共有13名学生和1名教师参加，该项目得到了美方学生和老师的高度评价。接受了1名美国粮食基金会选派的实习生来我院学习，为期60天。2008年我院启动了与荷兰瓦赫宁根大学联合开展农业博士研究生项目的工作，目前已通过“中外合作办学系统”完成了项目申报，得到北京市教委的认可，上报至教育部。根据我院与意大利比萨大学签署的联合培养博士研究生的协议，比萨大学2008年派来1名博士研究生在我院进行学习研究。美国加州戴维斯校区副校长William Lacy博士应邀访问我院，为双方将来开展合作交流奠定了良好的基础。2008年我院2名外教聘任到期，办理了离校手续并又新聘了 2 名外教来校上课。此外，今年我院与美国俄亥俄州立大学、圣地亚哥环球大学等高校在国际合作培养人才方面进行了积极有效的探讨。

四、加强培训工作，发挥平台作用

2008 年度，我院培训中心围绕“促进农业科技交流推广、促进资源优势互补、促进服务‘三农’需求”，积极开展各类培训工作 10 余次。主要培训班有：与科技部、商务部以及联合国计划开发署合作，成功举办了 UNDP 特派员培训项目第二期培训班；与农业部贸易促进中心联合举办了农产品国际贸易职业经理人培训班；举办了由商务部主办，我院承办的亚洲、南太平洋、加勒比海地区“农业项目管理与合作官员研修班”；举办了由农业部科技教育司委托我院承办的“新型农民创业师资培训班”；举办了由农业部对外经济合作中心主办、我院承办的“亚洲贷款中国能源生态建设项目可持续发展培训班”等，涉及国内 30 个省市、国外 16 个国家，共培训学员 284 名。在促进国内外农业科技合作交流、培养农业科技人才、发挥我院人力资源与科技资源优势、扩大对外影响等方面做出了积极的贡献。

五、加强条件建设，保障事业发展

财政收入逐年增加，财政状况运转良好。全年收入 4 070万元，其中财政拨款 1 712.36万元，比 2007 年增长 8%。拨入专款 304.943 万元（博士后、“西部之光”项目），预算外资金收入（培养费）1 752万元，其他收入 300.7 万元（房租、实验课收费、俄亥俄合作项目）。2008 年，编制了 2009～2012 年修缮项目规划，累计申请项目 4 个，经费 1 500万元。其中数字化语言实验室设备购置项目经费 450 万元，已列入 2009 年预算。2008 年 4 月，我院领导班子通过了中国农业科学院监察与审计局的任期审计、国有资产审计、政府采购审计。

条件建设逐步增强。今年，我院加强了网络改造工作，建立了局域网，启用了新网站，运行了研究生教育管理系统软件，及时更换了教学、管理用设备，提高了工作效率，保障了各项工作正常运转。2008 年完成了研究生公寓项目建设前期手续办理工作，完成了建设用地内的拆迁工作，拆迁费比下达的预算资金节省 10 万余元。完成了 25 号楼学生宿舍的修缮购置专项资金项目，并上报了硕士、博士宿舍楼修缮购置专项实施方案，该方案得到了农业部科技教育司的批复，批复项目财政资金 425 万元。由奥运组委出资，我院组织完成了 6 座大楼的外立面粉刷工作，并自筹经费完成了对硕士宿舍楼、农民大学宿舍楼外立面弹涂工作，并且对租用的质标楼进行了装修改造，在时间紧、任务重的情况下，保质保量地完成了任务，确保了今年新生正常入住。

六、深化改革，规范管理

加强制度建设。制定了《中国农业科学院研究生院关于研究生管理先进集体和先进个人评选办法》、《优秀教师评选办法》、《特困生补助实施办法》等10余个制度，修订完善了《研究生手册》、《学生奖励条例》、《学生管理规定》等有关管理工作制度，实现了管理工作的制度化、规范化和科学化。

围绕工作开展调研，提升管理水平。今年，我院组织人员到京区各研究所针对研究生培养制度改革、研究生教育发展需求、研究生培养、管理等方面存在的问题等进行深入调研，提高认识，了解实情，对促进工作，提高管理水平具有深远意义。高度重视各种档案归档、公文运转、会议室管理、国有资产管理等工作，在中国农业科学院2008年“好公文”评选中，获便函类优秀奖。按照上级精神，我院采取了积极有效的措施，加强信息安全管理和建设工作，为各处配置了专用不连网电脑、硬盘等设施，保证了全院的信息安全。

优化干部队伍结构，深化人事制度改革，全面落实岗位管理制度。我院积极贯彻落实研究生院“十一五”及中长期人才发展规划，进一步优化了干部队伍结构，2008年组织招聘了3名高校毕业生，其中2名硕士生，1名博士生。积极创造条件鼓励职工参加继续教育和各种业务培训，提高职工的整体素质，2008年，有2人考取博士研究生。目前在职攻读博士4人，硕士6人。2008年，有2人获得了专业硕士学位。根据《农业部事业单位岗位设置管理暂行规定》和农科院有关文件精神，制定了我院岗位设置方案，目前，正在组织实施岗位聘用管理制度。

加强博士后、“西部之光”管理工作，促进人才基地建设。2008年，我院成功举办了中国博士后农业论坛，来自全国23家农业科研院校的150名博士后进行了研讨。2008年，博士后进站67人，出站38人，目前，在站博士后共计150余人。在今年2批博士后资助金申报中，15人获得资助，其中4人获得一等奖励资助。在博士后科学基金特别资助申报中，我院2人各获得10万元资助。我院在大连三仪集团建立了博士后科研工作基地，为双方在科研领域和人才培养方面的进一步合作打下良好的基础。积极配合人事局做好第五届“西部之光”访问学者培养工作，充分发挥桥梁作用，培养扎根西部的优秀青年科研人才，直接为西部地区经济建设和社会发展服务。

积极筹备30年院庆工作。制定了筹备工作方案，组建了筹备委员会，将任务分解到人，抽调专人小组编写《院志》，积极推进宣传片制作工作，确保2009年10月的院庆工作顺利进行。

七、以党建带群团，构建和谐校园

积极组织开展深入学习实践科学发展观活动。2008年，我院制定了《中国农业科学院研究生院关于开展深入学习实践科学发展观活动实施方案》，紧紧围绕“解放思想、自主创新、提升能力、服务‘三农’”的主题，紧密结合农业科技自主创新实际、研究生教育管理工作实际，在全体党员中进行了动员，组织了两次中心组学习，各教工支部和学生党总支分头组织了学习和讨论，学习了党的十七大、十七届三中全会重要精神以及中央关于深入学习实践科学发展观活动的有关文件，并组织观看了科学发展观辅导报告的录像。我院在党员干部中广泛开展主题实践和思想大讨论活动，11 月份组织了全体职工党员和积极分子参观考察了天津滨海新区，同时，三位院领导带队，分三个小组深入京内 14 个研究所进行研究生培养情况调研，及时发现研究生教育管理方面存在的问题和不足，并专门召开总结会讨论整改措施。截至年底，科学发展观活动第二阶段工作已近尾声，争取明年 2 月底按时完成。

扎实推进党建工作。冰雪灾害发生以后，我院立即组织全体教职员工举行抗雪救灾捐款捐物活动，参与人数达 800 余人，占京区师生总人数的 70% 以上。共收到捐款 12 696. 60元，衣物 1 331 件。地震灾害发生以后，我院党委迅速反应，当天召开紧急会议，发出倡议，组织了两次汶川地震捐款活动，其中爱心捐款 11. 2459 万元，交纳特殊党费 13. 27815 万元，党外人士捐款 0. 44 万元，两次捐款合计 24. 96405 万元。我院充分发挥学生党总支和教工支部作用，积极推进党的组织建设。全年新增设党支部 22 个，目前共有支部 73 个，其中学生支部 69 个；全年培训入党积极分子 164 人，培训学生支部委员 120 余人，发展党员 130 人，转正党员 127 人，接转组织关系 661 人次。目前研究生院现有党员 868 人，其中学生党员 815 人。认真组织开展多种形式的党建活动，今年，研究生与解放军艺术学院文化管理系共同举办了卢沟桥七一入党宣誓活动，邀请了中央政策研究室冯海发教授讲授党课“十七届三中全会政策解读”，举办了研究生院“十七届党的知识竞赛”活动。我院在对党支部和党员进行民主评议的基础上，评选了 2 个先进党支部，表彰了 15 名优秀党员，通过表彰先进、学习先进，进一步激励了党员奋发进取、努力拼搏的斗志。2008 年，我院积极组织申报“创先争优”评选活动，先进申报率 100%。学生党总支获中国农业科学院 2006 ~ 2007 年先进基层党组织，一名同志获优秀党务工作者，一名同志获优秀共产党员。

把握实效，注重创新，积极开展创建文明单位活动。党委带领全体师生积极开展精神文明创建工作，丰富和活跃校园文化，充分发挥文明单位创建工作领导小组作用，以处室为单位开展了创建活动，评选文明处室和文明职工，2008 年处室文明率 100%，在年度考核基础上评选了 18 名文明职工。此外，举行了研究生“文明寝室”评比活动，评选出 24 个“文明寝室”，进一步激发了同学们实现“自我管理、自我教育、自我服务”的意识。我院职工篮球队、游泳队积极开展活动，职工篮球队与院机关联队获得了农科院篮球友谊赛冠军。2008 年还组建了职工合唱队、舞蹈队等。院领导注重关心和支持病困职工，亲自看望和从经济上资助病困职工，送去温暖。我院长期以来注重安全生产，2008 年连续十一年获得了海淀区交通安全先进单位，一名同志获“海淀区奥运服务保障工作优秀志愿者”荣誉称号。我院计划生育工作设有专人负责，严格把关，连续两年获得“中国农业科学院计划生育先进单位”光荣称号。2008年，我院精心组织申报先进，使研究生院在创建文明单位活动中夺得双桂，连续三届获中国农业科学院“文明单位标兵”荣誉称号，一名同志获院文明职工标兵。

加强校园文化建设，营造和谐育人环境。积极组织开展“迎奥运、讲文明、树新风”系列活动，组织了30余名同学参与“好运北京”国际马拉松志愿服务活动，全院师生隆重举办了以“弘扬奥运精神传递友谊和平——北京奥运会倒计时100天”为主题的庆祝活动，顺利举行了“迎奥运—师生运动会”。与农科院科技局共同举办以“攀学术高峰、兴现代农业”为主题的学术节，邀请了张子仪院士作报告，启动了“知行”博士下乡团，取得了良好的实际效果和社会效应。我院举办纪念五四运动校园艺术节，通过举办奥运知识讲座、“迎接奥运、放飞青春”艺术作品展、心理危机讲座等系列活动，为师生提供了展示自我、挑战自我的舞台。2008年还举办了优秀电影欣赏、元旦联欢会等近五十场活动，丰富了研究生业余文化生活，促进了校园和谐，增进了师生友谊。

共建工作取得新进展。充分发挥学生优势，积极开展和谐共建活动，继续加强和巩固与解放军艺术学院文化管理系的军民共建工作，邀请解放军艺术学院文化管理系老师对我院校园卡拉oK大赛和一二九大合唱进行指导和点评，邀请文管系学生进行篮球友谊赛，邀请文管系学生和教官为农业部运动会开幕式训练仪仗队，组织我院2008级新生参观了文管系学生内务，这些活动的开展，不仅加强了两院的交流，更增进了军民情谊，我院也因此连续4年获得“海淀区拥军优属先进单位”荣誉称号。2008年，研究生会与首都高校、科研院所建立了全方位、多层次的交流和联系，尤其是与中科院、林科院、中央党校等科研院所研究生会建立了稳定的联系，通过互访活动，增进了感情，加强了交流，促进了合作。继续履行与北京明圆学校的合作协议，2008年有30余名研究生参与了支教活动，按合同保质保量地完成了义务支教工作。此外，我院为明圆学校2008年度期中考试总结会提供了价值888元的文具用品作为优秀学生的奖品。支教工作锻炼了学生社会实践能力，增强了他们的使命感和社会责任心。

中国农业科学院研究生院 2008 年以农学“七连冠”蝉联中国一流研究生院

2008 年 9 月 5 日，中国管理科学研究院《中国大学评价》课题组武书连等最近完成了《2008 年中国大学研究生院评价》，中国农业科学院研究生院等 19 所院校入选 2008 年中国一流研究生院，这是我院连续第七年以农学第一名荣列中国一流研究生院。

《中国大学评价》课题组确定的 2008 年中国一流研究生院的标准是：“在中国研究生院评价中，获得工学前 7 名、理学前 4 名、医学前 3 名，农学前 2 名、管理学前 3 名、文学前 3 名、经济学前 2 名、法学前 2 名、历史学、教育学、哲学第 1 名的研究生院，以及研究 1 型大学的研究生院”。中国一流研究生院各学科的入选数量根据各学科门的博士生导师数量和开设该学科的院校数量确定。

2008 年中国一流研究生院名单（共 19 所）

<table>
<tr><td>中国科学院研究生院</td><td>理学第一名，工学第二名</td><td rowspan="2">中国社会科学院研究生院</td><td rowspan="2">经济学第一名、哲学第一名、历史学第一名、文学第二名</td></tr>
<tr><td>清华大学研究生院</td><td>研究 1 型、工学第一名、医学第二名、管理学第一名</td></tr>
<tr><td>中国农业科学院研究生院</td><td>农学第一名</td><td rowspan="2">北京大学研究生院</td><td rowspan="2">研究 1 型、医学第一名、文学第一名、理学第二名、经济学第二名、法学第二名</td></tr>
<tr><td>北京师范大学研究生院</td><td>研究 1 型、教育学第一名、文学第三名</td></tr>
<tr><td rowspan="2">浙江大学研究生院</td><td rowspan="2">研究 1 型、工学第三名、管理学第三名</td><td>南京大学研究生院</td><td>研究 1 型、理学第三名</td></tr>
<tr><td>上海交通大学研究生院</td><td>研究 1 型、工学第四名</td></tr>
<tr><td>中国科学技术大学研究生院</td><td>研究 1 型、理学第四名</td><td>复旦大学研究生院</td><td>研究 1 型、医学第三名</td></tr>
<tr><td>天津大学研究生院</td><td>研究 1 型、工学第六名</td><td>中山大学研究生院</td><td>研究 1 型</td></tr>
<tr><td>南开大学研究生院</td><td>研究 1 型</td><td>中国人民大学研究生院</td><td>法学第一名</td></tr>
</table>

续表

中国农业大学研究生院	农学第二名	西安交通大学研究生院	管理学第二名
哈尔滨工业大学研究生院	工学第五名	华中科技大学研究生院	工学第七名

与2007年比较，医学、法学、管理学、文学名次有所变动，但入选中国一流研究生院名单与2007年完全相同。2008年《中国大学评价》课题组认为，通常情况下，在科研单位就读研究生，不仅能得到导师更多时间的指导，而且科研单位生师比较低，又没有本科教学工作量，导师和学生都可以全力投入科学研究，与大学相比较，更容易出成果。因此建议考生，虽然科研机构在研究生教育中的比重不高，但上述优势短期难以改变，如果有条件，应考虑到科研单位就读研究生。

2008年我院以农学第一名七连冠“中国一流研究生院”，是我们的荣耀更是对我们的激励，让我们以此为动力，继续发挥我院人才培养基地的优势，积极探索科研单位办研究生教育的模式，为我国现代农业建设和建设创新型国家培养更多更好的一流高层次农业科技人才。

中国农业科学院学位授权点一览表（56个硕士点，44个博士点）

学科门类	一级学科（名称与代码）	二级学科（名称与代码）
理　学	大气科学（0706）	气象学（070601）
	生物学（0710）	微生物学（071005）
		＊生物化学与分子生物学（071010）
		＊生物物理学（071011）
		生态学（071012）
工　学	农业工程（0828）	农业机械化工程（082801）
		＊农业水土工程（082802）
		农业生物环境与能源工程（082803）
	环境科学与工程（0830）	环境科学（083001）
		环境工程（083002）
	食品科学与工程（0832）	食品科学（083201）
		农产品加工及贮藏工程（083203）

续表

学科门类	一级学科（名称与代码）	二级学科（名称与代码）
农　学	＊作物学（0901）	＊作物栽培学与耕作学（090101）
		＊作物遗传育种（090102）
		＊作物种质资源学（090120）
		＊农产品质量与食物安全（090121）
		＊作物生态学（090122）
		＊作物信息科学（090123）
		＊作物气象学（090124）
		＊药用植物资源学（090125）
	＊园艺学（0902）	＊果树学（090201）
		＊蔬菜学（090202）
		＊茶学（090203）
		＊观赏园艺（090220）
	＊农业资源利用（0903）	＊土壤学（090301）
		＊植物营养学（090302）
		＊农业水资源利用（090320）
		＊农业区域发展（090321）
		＊农业遥感（090322）
		＊草地资源利用与保护（090323）
	＊植物保护（0904）	＊植物病理学（090401）
		＊农业昆虫与害虫防治（090402）
		＊农药学（090403）
		＊杂草科学（090420）
		＊病虫测报（090421）
		＊生物安全（090422）
		＊农业微生物学（090423）

续表

学科门类	一级学科（名称与代码）	二级学科（名称与代码）
农　学	*畜牧学（0905）	*动物遗传育种与繁殖（090501）
		*动物营养与饲料科学（090502）
		*草业科学（090503）
		*特种经济动物饲养学（含：蚕、蜂等）（090504）
		***动物信息科学（090520）**
	*兽医学（0906）管理 profession consult	*基础兽医学（090601）
		*预防兽医学（090602）
		*临床兽医学（090603）
		*中兽医学（090620）
		*兽药学（090621）
	林学（0907）	野生动植物保护与利用（090705）
管理学	管理科学与工程（1201）	
	*农林经济管理学（1203）	*农业经济管理（120301）
		***农业资源与环境经济学（120320）**
		***农产品贸易（120321）**
		***农业技术经济（120322）**
		***农业信息管理学（120323）**
		***农业经营管理（120324）**
	图书馆、情报与档案学（1205）	情报学（120502）

注：带*为博士学位授权点，加粗字体为2005年、2006年新增自主设置学科。

关于授予白金明等 141 人博士学位、艾琴等 443 人硕士学位的决定

中国农业科学院第六届学位评定委员会第七次全体会议于 2008 年 7 月 4 日在北京召开，根据《中华人民共和国学位条例》和《中国农业科学院学位授予工作细则》规定，决定授予白金明等 141 人博士学位、艾琴等 443 人硕士学位，名单如下：

1. 授予博士研究生博士学位名单（141 人）：

白金明　耿立召　凌　键　任红艳　王　英　袁玉伟　白世平
郭燕枝　刘　迪　任　民　王涌鑫　张朝军　白　玮　海　岗
刘凤伟　任　羽　王悦冰　张春利　白　宇　韩秀娥　刘光磊
萨仁娜　韦祖樟　张海伟　曹雅男　何心尧　刘华梅　申秋红
文　一　张建华　陈吉宝　黄亚丽　刘建新　沈希宏　吴宏梅
张乃锋　陈利珍　贾亚雄　刘　岚　石云素　吴凌燕　张卫星
程瑞锋　江　勇　刘　丽　宋立荣　吴　琼　张　霞　褚金翔
康　乐　刘世洪　孙东波　武仙山　张　殉　丛　波　孔繁涛
刘仕军　孙　芳　武艳平　张　熠　丛国正　孔庆波　刘　伟
孙万春　谢　杰　张宇宏　邓雪娟　李　娟　刘　延　佟小刚
徐春英　张云慧　狄　冉　李　芸　卢江勇　童铁钢　徐建飞
张　争　丁军涛　李恒德　陆宴辉　王　晟　许传田　赵彩云
董传河　李　辉　吕书奇　王丹英　闫　湘　赵士诚　董　娜
李　瑾　栾明宝　王　迪　杨丽梅　郑　霞　窦永喜　李俊杰
罗春燕　王桂武　尹春光　周　焘　段灿星　李文娟　罗会颖
王海胜　游玉波　周俊清　樊树芳　李雁冰　骆建忠　王瑞霞
于　海　朱爱国　盖红梅　李轶女　马　建　王淑辉　于　昱
朱增勇　高　俊　李永祥　毛建军　王贤智　余守武　卓文飞
高明杰　李　勇　苗　进　王欣之　宇文延青　高　伟　李章成
乔莉娟　王亚南　原玉香　郜　刚　林鹏生　裘智勇　王　阳
袁华玲

2. 授予硕士研究生硕士学位名单（375 人）：

艾　琴　韩胜文　梁　松　庞艳梅　王万群　于佐卿　安　君
韩　姝　梁　哲　彭文舫　王巍敏　余　涛　安晓珂　韩司南
林　欢　戚　亭　王希挺　袁　辉　白旭飞　郝晓芳　林兴军

齐　聪　王小武　袁　静　白占兵　何　峰　刘　波　秦海滨
王晓宾　袁开智　柏亚男　何　鹏　刘大飞　秦红刚　王晓飞
岳耀敬　保万魁　何　涛　刘　丹　秦华光　王晓光　张朝霞
鲍加荣　贺　俊　刘　丹　秦占军　王晓庆　张承先　毕研丽
胡留杰　刘　丹　秦　哲　王学君　张道凌　卞庆松　胡同福
刘　娣　曲绍轩　王　燕　张恩来　伯永科　胡文玮　刘　帆
任嘉嘉　王　宇　张　飞　藏金萍　胡亚南　刘　金　尚　威
王跃星　张海华　曹　巧　黄海燕　刘良柱　邵高能　王　智
张　晗　曹文雁　黄晓东　刘　亮　邵　娜　温　岚　张　何
岑喆鑫　霍炜洁　刘琳玲　申正化　温晓菊　张　佳　陈冰嫣
江彦增　刘　凌　沈　娟　吴惠惠　张　杰　陈　波　姜　亮
刘　培　施海燕　吴　菁　张　静　陈会娟　姜　涛　刘乔然
石　君　吴　宁　张　磊　陈　瑾　焦永鸽　刘　爽　束长龙
吴庆钰　张　玲　陈　静　金　琳　刘天强　宋　琴　武　珅
张　龙　陈良云　靳文奎　刘　玮　宋树人　武秀明　张　璐
陈万胜　孔　宁　刘玮琦　宋兆欣　武艳娟　张　敏　陈小霞
寇小红　刘文强　孙成贺　夏照和　张　宁　陈　莹　兰德松
刘　晓　孙海燕　鲜国建　张　诺　程金波　兰亚红　刘晓杰
孙　焕　肖兵兵　张秋磊　程　景　黎　川　刘晓林　孙佳音
肖　玮　张　蓉　程磊磊　黎　霞　刘亚男　孙敏华　肖自添
张　瑞　迟春艳　李伯宁　刘延锋　孙盼盼　谢　芳　张姝楠
楚宗艳　李　超　刘　颖　孙志新　徐继峰　张　涛　丛慧芳
李春华　刘运通　谭俊峰　徐静静　张献忠　丛义梅　李　丹
刘　振　谭永辉　徐　明　张兴举　崔东安　李国强　刘之光
唐　浩　徐　宁　张学彪　崔金腾　李昊文　刘梓谕　唐辉桂
徐树兰　张　映　丁　敏　李　红　娄博杰　陶　萌　徐小妹
张永波　董成琼　李　华　娄旭海　陶　雅　徐晓刚　张月娟
董　涛　李　化　卢　澄　滕海媛　徐兴华　张子佳　董天堂
李　辉　卢东伟　田　蕾　徐　雪　赵长海　董章辉　李　佳
卢俊清　田慧敏　徐　志　赵和平　杜建涛　李佳梅　陆涛峰
万春和　许　冬　赵江涛　段凤云　李　健　陆文渊　王趁芳
薛金涛　赵军英　段文娟　李　娇　陆　宇　王传义　闫　锋
赵　鲁　范　佳　李　洁　吕春花　王　冬　闫虹光　赵　鹏
范　蕾　李金杰　吕建珍　王恩玲　闫梅霞　赵天祥　范琼花
李晶梅　罗　辉　王海东　严　盈　赵锡海　方立锋　李娟娟
马　辉　王海伟　颜廷熠　赵　曦　冯锡刚　李　兰　马　平

王江飞 杨春杰 赵香娜 符 伟 李 丽 马玉婷 王 姣
杨福运 支建梁 付登强 李 莲 马治华 王金玉 杨国权
周建华 甘一迪 李令蕊 马中雨 王 娟 杨洪媛 周 健
高春亮 李明勇 毛雪飞 王俊娥 杨靖然 周军会 高 晗
李 娜 孟力力 王 克 杨文竹 周伟芳 高会兰 李培军
孟雅潇 王 坤 杨啸枫 周 翔 高晴晴 李 嵘 米 健
王 蕾 杨秀丽 周 骁 高闪电 李瑞英 莫 喆 王礼中
杨忠苹 周媛媛 巩养仓 李姗姗 穆生奇 王立刚 姚志鹏
周正奎 巩永凯 李胜军 倪小文 王利娜 叶宏涛 朱 娟
谷海红 李淑敏 聂大娃 王 亮 易 立 朱献果 关小红
李晓芬 聂淑晶 王刘阳 尹志洁 朱新术 郭 斌 李晓楠
钮文玲 王 明 雍洪军 庄金山 郭 亮 李雪平 欧菊芳
王 楠 尤雪琴 邹 智 郭新波 李轶男 潘 冲 王秋菊
于 婷 韩 冰 李早霞 庞凤梅 王 帅 于一雷 韩超峰
廉芸芸 庞文龙 王天阳 于兆国

3. 授予以研究生毕业同等学力人员硕士学位名单（24 人）:

曹国辉 郭建秋 李宏滨 施安国 吴 峰 赵枝新 董保成
贾凤芹 刘宗现 王凯英 肖家美 周 蓓 高 峰 李 飞
吕建亮 王利英 许 洛 周 颖 耿如林 李 熠 吕秀珑
王玉军 薛晓锋 朱学海

4. 授予专业学位硕士学位名单（44 人）:

其中：农业推广硕士（43 人）

包苏雅拉图 靳郁松 李玉高 孟庆洪 王英舜 俞世康 董月青
李成富 厉昌坤 任明波 魏书琴 翟所亮 范 军 李佳宏
梁占修 尚海庆 徐明康 张 涛 方 静 李乃会 刘伯新
苏建东 杨举田 张晓庆 宫 涛 李盛旻 刘 洋 王欢宇
杨 卫 赵海涛 胡延生 李晓燕 罗定棋 王 昆 杨文义
赵连生 姜自谦 李新国 马清泽 王义明 殷 英 郑新民
蒋 胜

兽医硕士（1 人）

胡小元

5. 学位授予时间为 2008 年 7 月 4 日。

关于授予陈国华等16人博士学位、程华等151人硕士学位的决定

中国农业科学院第六届学位评定委员会第六次全体会议于2008年1月17日在北京召开，根据《中华人民共和国学位条例》和《中国农业科学院学位授予工作细则》规定，决定授予陈国华等16人博士学位、程华等151人硕士学位，名单如下：

1. 授予博士研究生博士学位名单（16人）：

陈国华　雷秋良　路　明　屈宝香　肖　良　张晓艳　初晓宇
李亚兵　彭　卓　王荣焕　薛　静　周旭英　樊红平　刘三宏
邱　杨　吴巧雯

2. 授予硕士研究生硕士学位名单（5人）：

程　华　邓胜齐　刘战东　杨　伟　张庆分

3. 授予以研究生毕业同等学力人员硕士学位名单（9人）：

包海清　李静红　刘晓铭　孙　楠　王　萱　余宏军　陈钰辉
梁　虹　任永利

4. 授予专业学位硕士学位名单（137人）：

其中：农业推广硕士（123人）

敖燕妮　韩永超　刘晓梅　唐梅芝　徐玉强　张红霞　鲍　蕊
胡光林　刘玉皎　唐志武　薛爱红　张继全　晁　伟　黄存祥
刘玉兰　王冰冰　闫玲玲　张景良　车玉军　黄利伟　吕建桥
王超平　杨德瑞　张立辉　陈长青　贾黎明　吕　鹏　王春兰
杨东升　张平贵　陈亚军　姜春晖　罗　文　王广耀　杨　光
张文英　程　哲　金艳梅　孟　克　王桂华　杨贵兰　张彦民
刁春海　孔春雨　孟庆珍　王国栋　杨佩珍　张之宣　董晓玲
兰玉坤　默猛进　王焕承　杨　松　张志新　范文忠　李保生
潘　力　王金山　杨中青　赵　磊　高凤友　李富英　彭天力
王　强　姚志刚　赵庆龙　高国志　李　刚　齐连芬　王斯琴
于德红　郑凤荣　高海明　李赫男　乔金铎　王文彬　于海燕
郑麦青　高海荣　李宪平　商文磊　王秀英　于凌新　郑文友
高万里　李延霞　生效友　王艳萍　元明浩　郑永春　戈　锋
李有强　宋庆玉　王振华　袁凤明　钟绍军　宫敬利　李玉鹏
苏淑玲　王忠政　曾立新　周建国　郭文山　刘德宽　孙全文
邬向民　张百胜　周凌云　韩国军　刘丽华　孙忠才　武雪强

张大德　周青林　韩见宇　刘显臣　郃舒宏　武志杰　张国华
朱佳萍　韩　巍　刘现彪　谭庆伟

兽医硕士（14 人）

陈海蛟　方文山　王丽梅　吴　斌　于　跃　赵桂英　迟景波
金哲浩　王喜萍　杨沛林　张宏伟　周会敏　丁秀文　李沐森

5. 学位授予时间为 2008 年 1 月 17 日。

关于公布新增博士生导师名单的通知

中国农业科学院第六届学位评定委员会第七次全体会议于2008年7月4日在北京召开，根据《中国农业科学院研究生指导教师工作条例》的规定，会议以无记名投票形式表决通过了批准阎萍等20人新增为我院博士生导师的决定。新增博士生导师的名单在院网上公布，经过公示后未提出异议，现正式公布如下：

序号	姓　名	专业名称	研究所
1	阎　萍	动物遗传育种与繁殖	兰州畜牧与兽药研究所
2	苏晓鸥	动物营养与饲料科学	农业质量标准与检测技术研究所
3	王力荣	果树学	郑州果树研究所
4	钱永忠	农产品质量与食物安全	农业质量标准与检测技术研究所
5	聂凤英	农业经济管理	农业信息研究所
6	齐学斌	农业水土工程	农田灌溉研究所
7	李秀峰	农业信息管理学	农业信息研究所
8	刘世洪	农业信息管理学	农业信息研究所
9	朱立志	农业资源与环境经济学	农业经济与发展研究所
10	张春义	生物化学与分子生物学	生物技术研究所
11	蒋卫杰	蔬菜学	蔬菜花卉研究所
12	赵巧玲	特种经济动物饲养学	蚕业研究所
13	王小彬	土壤学	农业资源与农业区划研究所
14	张淑香	土壤学	农业资源与农业区划研究所
15	江木兰	微生物学	油料作物研究所
16	何　萍	植物营养学	农业资源与农业区划研究所
17	王华忠	作物遗传育种	甜菜研究所
18	刁现民	作物遗传育种	作物科学研究所
19	孙玉合	作物遗传育种	烟草研究所
20	张卫建	作物栽培学与耕作学	作物科学研究所

关于表彰 2008 年度“三仪奖学金”获得者的决定

各研究所、各班级：

根据《中国农业科学院研究生院“三仪助、奖学金”评选办法〈试行〉》的有关规定，在个人申请及研究所推荐的基础上，经过研究生院“三仪助、奖学金”评审委员会的评审、公示和大连三仪动物药品有限公司的审核，最终评选出“三仪奖学金”获得者 10 名（名单附后）。

特此通报表彰，并颁发荣誉证书和奖金。

2008 年度“三仪奖学金”获奖名单

序号	姓　名	性别	学历	专　业	研究所	导　师
1	于　昱	女	博士	动物营养与饲料科学	北京畜牧兽医研究所	罗绪刚
2	于　海	男	博士	预防兽医学	哈尔滨兽医研究所	童光志
3	申秋红	女	博士	农业经济管理	农业经济研究所	王济民
4	何心尧	男	博士	作物遗传育种	作物科学研究所	何中虎
5	曹雅男	女	博士	生物化学与分子生物学	饲料研究所	姚　斌
6	支建梁	男	硕士	农产品质量与食物安全	水稻研究所	朱智伟
7	毛雪飞	男	硕士	农产品质量与食物安全	质量标准研究所	钱永忠
8	郝晓芳	男	硕士	预防兽医学	哈尔滨兽医研究所	童光志
9	程金波	男	硕士	动物营养与饲料科学	北京畜牧兽医研究所	王加启
10	鲜国建	男	硕士	情报学	农业信息研究所	孟宪学

关于表彰2008年度“三仪助学金”获得者的决定

各研究所、各班级：

根据《中国农业科学院研究生院“三仪助、奖学金”评选办法〈试行〉》的有关规定，在个人申请、班委评选的基础上，经过研究生院“三仪助、奖学金”评审委员会的评审、公示和大连三仪动物药品有限公司的审核，最终评选出2008年度“三仪助学金”获得者40名（名单附后）。

特此通报表彰，并颁发荣誉证书和助学金。

2008年度“三仪助学金”获助名单

序号	姓名	性别	班级	研究所	导师姓名
1	兰彩霞	女	2007级博士一班	作科所	夏先春
2	王彩香	女	2007级博士一班	作科所	景蕊莲
3	刘丽军	男	2007级博士二班	资划所	宋　敏
4	李志斌	男	2007级博士二班	资划所	陈佑启
5	付大伟	男	2007级博士三班	饲料所	姚　斌
6	张昌朋	男	2007级博士四班	植保所	郑永权
7	隋标峰	男	2007级博士四班	植保所	张朝贤
8	陈友桃	男	2007级硕士一班	作科所	杨庆文
9	赵凤轩	男	2007级硕士一班	作科所	戴小枫
10	代　快	女	2007级硕士二班	资划所	王小彬
11	张红侠	女	2007级硕士二班	资划所	冯瑞华
12	孟红岩	女	2007级硕士三班	生物所	张春义
13	韦永龙	男	2007级硕士三班	生物所	张志芳
14	周亚君	女	2007级硕士四班	蔬菜所	刘富中
15	李占省	男	2007级硕士四班	蔬菜所	刘玉梅

续表

序号	姓名	性别	班级	研究所	导师姓名
16	贾小妨	女	2007 级硕士五班	环发所	李玉中
17	杨　君	女	2007 级硕士五班	饲料所	姚　斌
18	王世清	男	2007 级硕士六班	信息所	常　春
19	王昭军	男	2007 级硕士六班	农经所	杜彦坤
20	万欢欢	男	2007 级硕士七班	植保所	刘万学
21	郄彦敏	女	2007 级硕士七班	植保所	徐世昌
22	张文杰	女	2007 级硕士八班	北京畜牧兽医所	李向林
23	刘胜军	男	2007 级硕士八班	北京畜牧兽医所	张宏福
24	张永生	男	2007 级硕士九班	环保所	杨殿林
25	张习美	女	2007 级硕士九班	环保所	唐世荣
26	李菊方	女	2007 级硕士十班	油料所	李光明
27	孙美玉	女	2007 级硕士十班	油料所	王汉中
28	张丽娜	女	2007 级硕士十一班	棉花所	叶武威
29	苏　岩	女	2007 级硕士十一班	水稻所	曾大力
30	孙芬芬	女	2007 级硕士十二班	哈兽研	王笑梅
31	郭利敏	女	2007 级硕士十二班	哈兽研	乔传玲
32	郭凤璟	女	2007 级硕士十三班	上海兽医所	周金林
33	张正海	男	2007 级硕士十三班	特产所	李爱民
34	刘　娟	女	2007 级硕士十四班	植保所	芮昌辉
35	马少康	男	2007 级浙大一班	作科所	赵广才
36	李　萍	女	2007 级浙大一班	果树所	聂继云
37	江丽容	女	2007 级浙大二班	茶叶所	韩宝瑜
38	翟会芳	女	2007 级浙大二班	植保所	江幸福
39	周良富	男	2007 级浙大三班	南京农机所	傅锡敏
40	杨镃锋	男	2007 级浙大三班	特产所	魏海军

关于表彰 2007 年优秀博士论文的决定

为了进一步提高我院博士研究生培养质量和创新能力，促进研究生教育的健康发展，我院开展了优秀博士学位论文评选工作。

根据《中国农业科学院优秀博士论文评选办法》，经过各个学位评定分委员会推荐和同行专家的通信评议，中国农业科学院第六届学位评定委员会第六次会议评审确定了 2007 年院级优秀博士论文的入选名单。徐重益、安同庆、周庆祥获得优秀博士论文奖，罗术东获优秀博士论文提名奖。

研究生院对获奖者颁发证书和奖金，奖励优秀博士论文作者和指导教师各 10 000 元，奖励优秀博士论文提名奖作者和指导教师各 5 000元。上述获奖论文可直接推荐参加当年度北京市优秀博士学位论文评选和全国优秀博士学位论文评选。

中国农业科学院研究生院 2007 年优秀博士论文获得者名单

姓　名	专　业	导　师	研究所	论文题目
徐重益	生物化学与分子生物学	景蕊莲	作科所	小麦抗旱相关基因 *TaPP2Ac/a* 的分离、定位与功能验证
安同庆	预防兽医学	童光志	哈兽研	猪繁殖与呼吸综合征病毒与宿主细胞受体之间相互作用的研究及病毒遗传变异分析
周庆祥	特种经济动物饲养	张志芳	蚕业所	家蚕无鳞片翅突变体 *scaleless* 产生机理的研究
罗术东	农业昆虫与害虫防治	吴孔明	植保所	Bt-CrylAc 棉花抗性棉铃虫对 Cry2Ab 的抗性风险研究

关于表彰中国农业科学院 2007 年度研究生管理先进集体和先进个人的决定

按照中国农业科学院研究生院农科研生〔2008〕14 号《关于评选表彰我院研究生管理先进集体和先进个人的通知》精神，在各所推荐的基础上，研究生院院务会研究决定，表彰哈尔滨兽医研究所等 11 个研究所为我院 2007 年度研究生管理先进集体，于迎建等 25 位同志为我院 2007 年度研究生管理先进个人，表彰名单如下。

中国农业科学院2007年度
研究生管理先进集体和研究生管理先进个人名单

（排名不分先后）

一、研究生管理先进集体

中国农业科学院哈尔滨兽医研究所
中国农业科学院农业信息研究所
中国农业科学院上海兽医研究所
中国农业科学院作物科学研究所
中国农业科学院植物保护研究所
中国农业科学院棉花研究所
中国农业科学院油料作物研究所
中国农业科学院农业资源与农业区划研究所
中国农业科学院农业经济与发展研究所
中国农业科学院兰州兽医研究所
中国农业科学院茶叶研究所

二、研究生管理先进个人

于迎建	农业信息研究所
黄　兵	上海兽医研究所
苏胜娣	农业资源与农业区划研究所
华　芳	油料作物研究所
高琼瑶	农业经济与发展研究所
刘素琴	北京畜牧兽医研究所
李晓宁	郑州果树研究所
巩文红	果树研究所
姬军红	农业环境与可持续发展研究所
胡慧英	中国水稻研究所
薛爱红	生物技术研究所
刁青云	蜜蜂研究所

赵利华	饲料研究所
沈　跃	环境保护科研检测所
肖鸿儒	南京农业机械化研究所
董　维	农产品加工研究所
张文静	草原研究所
陈巨莲	植物保护研究所
沈艳菊	农田灌溉研究所
王晓辉	棉花研究所
赵家平	特产研究所
王丽伟	作物科学研究所
刘益民	哈尔滨兽医研究所
奚红光	甜菜研究所
史良秀	柑橘研究所

中国农业科学院研究生院关于落实科技部“关于推进科技支疆工作意见”的工作方案

新疆是我国西北的战略屏障，是我国对外开放的重要门户，也是我国重要的战略资源基地，具有特殊的战略地位。为积极贯彻科学技术部“关于推进科技支疆工作意见”（国科发计〔2008〕46 号）精神，深入贯彻党的十七大关于“鼓励东部地区带动和帮助西部地区发展”，落实国务院有关“稳定边疆、富国富边”的战略部署，以及中国农业科学院推进科技支疆工作方案，研究生院结合人才培养和使用工作实际，在认真研究的基础上，提出如下工作方案。

一、招生工作向新疆少数民族考生倾斜

结合教育部下达的 2008 年“少数民族高层次骨干人才”招生计划，在招生录取工作中向新疆少数民族考生倾斜。对报考我院的新疆少数民族考生，我院将适当降分、单独划线，并根据考生的初试和复试成绩，择优录取。为贯彻落实“科技支疆”工作精神，重点招收在一线从事科研、教学工作的新疆少数民族定向考生，学生毕业后，全部回新疆就业，从而为新疆地区的农业科技发展提供高层次农业科技人才。

二、动员我院毕业生到新疆工作

在动员和鼓励 2008 届毕业生到西部地区、艰苦行业、基层企事业单位工作的同时，对赴新疆工作 2008 届毕业生，我院将采取以下鼓励措施：①凡我院第一次派遣去新疆工作的非新疆生源的毕业生，一次性奖励 3 000元。②到新疆工作的硕士研究生，3 年以后可以报考我院博士研究生，在同等条件下优先录取；到新疆工作的博士研究生，3 年以后可和合作导师联系，经农科院博管会批准回本院做博士后研究工作，享受国家计划内指标待遇。

三、建立“科技支疆”培训平台，实施“科技支疆”培训计划

2008 年，我院拟采取短期和长期技能培训相结合、集中和分散培训相结合、就地和异地培训相结合、培训与指导实践相结合等模式建立“科技支疆”培训平台，对新疆中高层科技管理干部、技术骨干、企业业务骨干、基层致富带头人等，进行管理技能

与专业技术培训。通过培训，充分发挥人才和智力支疆的关键作用，充分发挥科技在促进新疆经济社会发展中的支撑和引领作用，提高科技推广服务能力，推进农业科技创新进村入户工程。

四、继续加强“西部之光”管理工作

积极配合由中组部、科技部、教育部、中科院联合发起的“西部之光”访问学者工作。为来我院学习的“西部之光”访问学者中的新疆科技人员创造良好的生活、学习和工作环境。并积极与他们联系，了解新疆的农业科研、生产和生活需求，争取以对口支援的形式，开展支疆工作。

五、支持导师科研支疆，鼓励研究生投身支疆实践

积极鼓励我院导师的科研工作与支疆相结合，有针对性地指导新疆农民生产，解决生产中的热点、难点和重点关键技术问题，同时鼓励研究生要尽自己所能积极行动，为新疆农业生产发展贡献力量。我院将给予一定的补助，支持 2006 级、2007 级生源地是新疆的 7 名博士研究生组成“支疆博士小分队”，利用寒暑假回家探亲的机会，到地方开展“三农”服务工作，支援家乡建设。

六、成立支疆工作领导小组，加强对支疆工作的领导

为加强我院“科技支疆”工作的组织领导，研究生院成立“科技支疆”工作领导小组，领导小组组长由研究生院党委书记、常务副院长韩惠鹏同志担任，副组长由副院长王秀玲和刘荣乐担任，成员由办公室主任、学位办副主任、招生就业处处长和学生工作处处长组成。领导小组办公室设在研究生院办公室，并指定专人负责记录、联系和落实该项工作。要求各项工作具体责任人，要定期通过电子邮件或传真的方式报送领导小组办公室，领导小组办公室将定期组织相关人员对“科技支疆”工作进行跟踪指导和阶段总结。

关于研究生在学期间积极参加农业部发展现代农业“十大行动”和科技兴农工作的通知

新世纪新阶段，中央连续五年发布了以“三农”工作为主题的一号文件，从促进农民增收、提高农业综合生产能力、推进新农村建设、发展现代农业、加快农业基础设施建设等方面对“三农”工作进行全面部署，始终坚持把解决好“三农”问题作为全党工作重中之重。农业部为推动现代农业建设，促进农业增效、农民增收，正式启动发展现代农业的“十大行动”和科技兴农工作。中国农业科学院就“如何落实农业部‘十大行动’和科技兴农工作”专门召开了座谈会，对发挥自身优势，为服务“三农”工作做出新的贡献提出了具体措施和实施方案。

根据国务院和农业部以及农科院关于“十大行动”和科技兴农工作有关精神和要求，研究生院党委研究决定，以参与社会实践、应用科技知识和服务“三农”为出发点，号召我院研究生积极投身于发展现代农业“十大行动”和科技兴农工作之中；同时，集中力量办好与新型农民培训有关的专业技术培训活动。为此：

一、计划在学术节期间（4月）成立研究生院博士生“‘三农’服务团”，加强对研究生参与现代农业“十大行动”和科技兴农工作的组织和服务。继续做好博士生参与我院与河北省合办的“百名博士兴百县”活动；开展多种形式的博士生深入农村参与生产实践，开展调查研究，锻炼自我，服务“三农”，为农业生产发展贡献力量。同时，积极探索与周边省市的对口科技支农活动，建立1~2个以“一帮一、结对子”模式进行对口科技支农，发挥博士生作为联系县（镇或村）和各研究所的纽带作用，着力推进农业科技创新进村入户。

二、积极配合各研究所开展的科技兴农工作，鼓励组织研究生参与导师科技下乡、科技培训、科技咨询等活动。

三、全力支持和配合农业部科教司做好新型农民培训工作，搭建农民培训平台。积极探讨专业学位论文与科技兴农工作相结合的模式，利用好专业学位研究生工作在“三农”第一线这个阵地，切实发挥他们在发展现代农业和科技兴农中的作用。

四、设立研究生优秀社会实践奖，鼓励在“三农”服务实践中表现优秀的研究生。

为加强对贯彻落实农业部发展现代农业“十大行动”和科技兴农工作的组织

领导，研究生院成立落实行动工作领导小组，领导小组办公室设在学生工作处。参加博士生“‘三农’服务团”的研究生，要及时将参加服务活动和农区调查情况，通过电子邮件或传真的方式报送研究生院落实行动工作领导小组办公室，也可以与各研究所分管研究生工作的负责人联系，最后由各所分管学生工作的同志一并报研究生院学生工作处。

翟虎渠院长在2008级研究生开学典礼上的讲话

（2008年9月）

各位来宾、老师、同学们：

今天我们隆重举行2008级研究生开学典礼。在此，我谨代表中国农业科学院党组和研究生院全体师生向在百忙之中应邀出席典礼的各位领导、嘉宾表示热烈的欢迎和诚挚的感谢！向刚刚迈进中国农业科学院研究生院的736名博士和硕士研究生表示衷心的祝贺和热烈的欢迎！

今天我们迎来了第24个教师节，值此欢渡佳节之际，我代表中国农业科学院领导向辛勤工作在教学科研第一线的教师们致以诚挚的问候和崇高的敬意。国家为教师设立节日，充分体现了党和国家对教师的关怀，对教育事业的重视。百年大计，教育为本，教师的身上背负着莘莘学子对成人成才的渴望，承载着国家富强，民族振兴的梦想。在此，中国农业科学院也首次对在教学和科研工作上做出突出贡献的教师和研究生导师给予表彰和奖励，希望他们再接再厉，再创佳绩。

同学们，中国农业科学院成立于1957年，是国家级综合性农业科研机构，经过51年的建设和发展，中国农业科学院在我国农业科技攻关、攀登科学高峰、服务宏观决策和经济建设主战场，支撑国家农产品供给实现总量平衡、丰年有余的历史性转变，结束短缺时代、走向全面建设小康社会的伟大历史进程中做出了不可替代的重要贡献。目前，中国农业科学院有39个研究所和一个研究生院、一个中国农业科学技术出版社，分布在全国17个省（市、自治区）。

中国农业科学院在发展建设的进程中，贯彻《中共中央、国务院关于加强人才工作的决定》，落实科学发展观，始终把人才资源作为促进科技事业发展的第一资源，突出“以人为本”、“以研为本”，注重并不断加强科技人才队伍建设，取得了以下几方面的突出成就。

1. 九大学科建设初具规模

中国农业科学院确定了作物科学、动物科学、农业微生物科学、农业资源与环境科学、食品科学与工程、农业质量标准与检测、农业信息学、农业工程学、农业经济与科技发展9大学科领域和“41个一级学科、173个二级学科、84个重点研究方向”的学科建设框架，初步形成面向现代农业、面向科学技术发展，结构合理、门类齐全、重点突出、以任务带学科的新型学科体系。

2. 人才队伍不断壮大、创新团队逐步形成

中国农业科学院形成了以院士为“龙头”，以国家级专家、部级专家、政府特殊津贴专家、国家“百千万人才工程”人选、杰出人才为主体的高层次人才队伍。目前，我院有两院院士 11 人，在职国家级专家 8 人，省、部级专家 151 人，政府特殊津贴专家 134 人，国家“百千万人才工程”人选 29 人，一级岗位杰出人才 43 人，二级岗位杰出人才 124 人，三级岗位杰出人才 241 人。“千军易得，一将难求”，国际一流的科技尖子人才、领军型人才可以带出高水平的创新型科研团队。“杰出人才工程”有效地促进了我院科技创新人才队伍的结构优化和梯队建设，同时为构建科技创新团队奠定了基础。

3. 科研条件逐步改善、科技创新工作硕果累累

截至 2007 年年底，我院拥有国家重点实验室 5 个、国家重大科学工程 1 个、部级重点开放实验室 23 个、国家及部级质量监督检测中心 35 个、国家农作物改良（育种）中心、分中心 14 个、国家和部级野外台站 25 个，工程研究中心 3 个、国家作物种质资源库 1 座（保存量 38. 4 万份，居世界首位）和国家农业图书馆 1 座（藏书 200 万余册、33 万余种）。

建院以来，我院先后共获得科技成果 4 618项，其中获奖成果 2 359项，取得了一批具有自主知识产权的、原创性的重大农业科技成果，在一些重要研究领域取得了突破性进展，成果处于世界领先地位。“十五”期间，我院立足自主创新，以解决事关国家农业中长期发展和粮食安全的战略性、前瞻性和方向性的现代农业高技术和常规手段难以突破的重大技术难题为目标，突破了一批关键技术，取得了禽流感基因工程疫苗、转基因抗虫棉三系杂交配套技术、双低油菜、矮败小麦育种平台、超级稻等一批具有自主知识产权、世界领先的科研成果。在此期间，我院获国家级一等奖 3 项，二等奖 17 项，三等奖 161 项。

4. 招生规模不断扩大、研究生教育实现跨越式发展

中国农业科学院研究生院成立于 1979 年，是我国第一批具有博士学位与硕士学位授予单位之一。经过 29 年的发展，尤其是近几年来，我院研究生教育事业取得了骄人的成绩：办学规模迅速扩大，在校生从“九五”末的 500 余名增长到目前的 2 500多名；师资队伍不断壮大，拥有 400 多位博士生导师和 1 000多位硕士生导师；学科建设不断增强，现拥有 8 个博士后流动站，有 7 个一级学科博士学位授权点，44 个二级学科博士学位授权点，有 8 个一级学科硕士学位授权点，56 个二级学科硕士学位授权点，设有农业推广硕士和兽医硕士 2 个专业学位，以及在职人员以同等学历申请硕士和博士学位授权点；培养质量显著提高，研究生院连续 7 年以农学门类第一名获得“中国一流研究生院”光荣称号。

同学们，21 世纪头 20 年，对我国来说，是重要的战略机遇期，未来 5 ~ 15 年是我国发展现代农业、建设社会主义新农村和建设创新型国家的重要历史时期，也是建设国家农业科技创新体系、依靠自主创新发展农业科学技术的关键时期。在这里，中国农业科学院将发挥重要作用，我院计划到“十一五”末，实现“三个中心、一个基地”的目标，即把我院建设成为一流的国家农业科技创新中心、农业科技产业孵化中心、国际农业科技合作与交流中心和高级农业科研人才培养基地，引领我国现代农业科学技术发展，为国家粮食安全、农业增效、农民增收和社会主义新农村建设提供有力的科学技术支撑，提升我国农业科学技术的国际竞争力。

在自主创新方面：我们将重点放在种质资源收集挖掘利用与动植物新品种培育、农产品高效生产与质量安全、重大农业生物灾害预防与控制、农业资源高效利用、农业环境控制与生态修复、农业信息技术与数字农业、农业工程技术与智能化装备、农产品加工与现代物流、生物质能源与新材料、农业经济与科技政策等领域，力争取得突破性的研究进展和成果。

在学科建设方面：我们将继续培育九大优势学科群，形成2～3个国际一流、30～40个国内一流、40～50个具有我院特色的重点学科（中心）；培育建设5个左右新兴或交叉学科。力争博士一级学科授权点8～10个，博士二级学科授权点60个左右，硕士授权点70个左右，博士后流动站10个左右。

在人才与创新团队建设方面：培养和造就一批在关键领域和重点岗位的领军型人才和科技骨干人才，使各类专家和高层次人才队伍进一步壮大，形成20名左右国际知名专家、50名左右具有能够把握国内外科技发展动态的战略科学家、200名左右在国内外有影响的学科带头人、重点培养和建设100个左右具有自主创新能力和高水平的科技创新团队；形成全日制在校研究生3 000人以及专业学位1 500人、在职申请学位300人、在站博士后200人、国外来华留学生人数100人的高级农业科研人才培养基地；引进100名左右高水平国内外科技人才来我院工作。

在科技基础条件平台建设方面：中国农业科学院将围绕九大学科群建设，新建1～2个国家重大科学工程，再建3个左右国家重点实验室、10个部门重点实验室，重点建设4～6个农业综合试验示范与繁育基地、7～10个改良中心或分中心、一大批国家级试验站、10～15个农产品质量监督与检测中心、3～5个国家级工程技术（研究）中心。在农业科技创新体系中我们提出要在全国建设300个左右试验站作为农业科技创新和推广的接口。同时，我们要新建国家农业图书馆，新建农业科技国际合作与交流中心。

同学们，今天，你们选择中国农业科学院作为迈向新的人生历程的起点，我祝贺你们，你们的选择是正确的，因为你们将直接参与我院“十一五”关键技术领域的创新研究工作，今后，研究生院将在培育和造就创新人才中发挥基地的作用，着力培养研究生的创新能力和实践能力，为创新人才培养营造学术氛围。你们将在建设国家农业科技创新体系中发挥生力军的作用。

在同学们即将掀开人生新的一页的时候，我想对你们提几点希望：

1. 希望你们求真务实，锐意创新

“创新”是一个国家、一个民族，同样也是一所学校得以发展的不竭动力和源泉。希望同学们珍惜学校提供的良好的学习条件，不断地提升获取知识的能力、实践动手的能力、科学研究的能力、社会实践的能力，不断地提升创新和创业的能力，坚持从实际出发，敢于向传统挑战，敢于向权威挑战，敢于向思维定势挑战，敢于在不断的探索与否定中寻找正确的答案，实现自己的人生价值。

2. 希望你们勤学多思，学以践行

“博学、审问、慎思、明辨、笃行”是历代中国人求学精神的积淀。希望同学们尽快实现从大学教育到研究生教育的转变，从被动等待老师布置任务、到自己主动地学习、独立地思考；从死记硬背知识点到追求科学真理，批判性地学习，广泛阅读参考文献；从不会提出问题到不断发现问题、研究问题、解决问题；从不敢质疑到有意识地培养自己的创新思维，提升创新意识，增强创新能力。真正实现从“学而不思、知而不行”到“学思结合、学行并重”的转变，使自己真正成为学习的主人。

3. 希望你们身心健康，和谐发展

在即将开始的学习生活中，同学们将会面临生活环境、学习方式、心理、生理等各个方面的许多新的变化，将会面临知识挑战、学习竞争、交友困惑、师生磨合、家长期望等许多新的问题。希望同学们在繁忙的学习工作中注意加强锻炼，积极参加学校组织的各项文体活动，及时调整自我情绪和自我心态；希望同学们学会学习、学会做人、学会做事，培养独立生活的能力，养成良好的生活习惯，尽快适应新的校园生活；希望同学们在不断的磨砺中实现个人身心、个人与他人、个人与自然的和谐发展。

同学们，同志们，新的画卷已经展开，美好的明天正在等待我们去创造，按照胡锦涛总书记在五四青年节致中国青年群英会的信中所期望的那样：努力成为理想远大、信念坚定的新一代，品德高尚、意志顽强的新一代，视野开阔、知识丰富的新一代，开拓进取、艰苦创业的新一代，为把我院研究生院建设成为国际知名、国内一流的培养和造就高层次农业科技人才基地的宏伟蓝图而共同奋斗！为了农科院“三个中心、一个基地”建设的不断推进而努力拼搏！让青春在建设中国特色社会主义的伟大事业中焕发出更加绚丽的光彩！

谢谢大家！

在2008届研究生毕业典礼暨学位授予仪式上的讲话

中国农业科学院院长兼研究生院院长　翟虎渠

（2008年7月4日）

尊敬的各位来宾、老师、同学们：

今天我们欢聚一堂，隆重举行2008届研究生毕业典礼和学位授予仪式。首先请允许我代表中国农业科学院党组向学业有成、即将告别母校、踏上新的人生征途的全体2008届毕业生表示最热烈的祝贺；向精心培育和悉心关怀你们的全体导师和你们的家人表示崇高的敬意；向长期以来支持、关心我院研究生教育事业的各级领导、科研管理人员以及研究生院的全体教职工表示衷心的感谢！

2008年我院共有全日制研究生546人毕业，其中博士研究生165人，硕士研究生381人。另外，在职同等学力申请硕士学位32人，农业推广硕士学位181人。有113名同学在校期间光荣地加入了中国共产党，10名同学获得大连三仪公司在我院设立的奖学金，13名同学获得优秀毕业生称号，14名同学志愿支持西部地区，3名同学将到农村基层担任党支部书记助理或村委会主任助理。

同学们，你们在校期间热情关心和支持着学校的建设和发展，并以主人翁的姿态积极投身学校的各项重大改革和活动当中，为农科院的发展做出了贡献。在过去的51年里，中国农业科学院肩负着党和人民的重托，不辱使命，创造了将近5 000项科研成果，为社会培育和输送了大批优秀科技创新人才，为推进我国农业进入新的阶段做出了重要贡献。我们坚信，新时期的中国农业科学院，能够发扬优良传统，肩负起发展现代农业科学技术的历史使命，成为全国农业科技事业的领头羊、排头兵、主力军和学术高地。

作为农业科学院“三个中心、一个基地”的总体构架中的创新性人才培养基地，研究生院自1979年建院以来，经过不断的探索和改革，已基本形成了独具科研单位特色的教学和培养体系，尤其是近几年来，在上级领导部门的大力支持、院党组的正确领导下和院属各所的通力合作下，我院研究生教育工作取得了跨越式的发展，办学规模不断扩大，学科建设不断增强，导师队伍不断壮大，培养质量持续提高，国际合作广泛开展，条件建设得到改善，有力地推动了我院“三个中心、一个基地”发展战略的顺利开展。自2002年起我院已连续七年蝉联“中国一流研究生院”。2009年，我们即将迎来研究生院建院30年院庆。我们高兴地看到，你们的顺利毕业已为母校的30年华诞献上了一份厚礼。相信不久的将来，我们还会欣慰地看到，你们依然心系农科院，继续为母校的发展献计献策！

同学们，2008 年对于中国来讲是一个具有重要意义的年份。我们将在 8 月 8 日迎来第二十九届奥运会，完成国人百年的梦想；今年年底我们还将隆重庆祝中国改革开放 30 周年，我们由衷地赞叹祖国的日益强大；恰逢研究生教育改革 30 周年，我本人作为第一届研究生和在座的各位都是改革的受益者。同学们，希望你们抓住这一良好的发展机遇，为我国农业事业的发展注入你们的激情和智慧，用自己所学为社会创造更多的价值和财富，为我们伟大的祖国繁荣富强贡献自己应有的力量。

同学们，3 年来，在农科院，留下了你们奋斗的足迹和激扬奋发的青春豪情。农科院一个个科研领域的重要进展有你们的辛勤工作，一个个重大科技项目的突破有你们辛勤的汗水，一个个科研成果的取得有你们智慧的结晶，你们的贡献，在农科院的发展历史上将留下光辉灿烂的一页！

同学们，很快你们就要离开这片曾经留下无数汗水和梦想的土地，离别朝夕相处的老师和同学了。临别之际，我仅提几点希望，与同学们共勉：

第一，希望你们热爱祖国、奋发图强。胡锦涛同志在北大建校 110 周年讲话中指出“应该时刻心系民族命运、心系国家发展、心系人民福祉，做爱国主义精神在新的时代条件下发扬光大的典范”。将来无论何时何地，不管你们在现实中遇到怎样的挫折和磨砺，都要对国家无限忠诚，对人民饱含深情，热爱祖国。希望你们以自己出色的工作承载起历史的重任，励精图治，奋发图强。

第二，希望你们健全人格，善待人生。只有高尚的人、把个人价值融入社会价值的人，才能创造完美的人生。一个高尚的人，不仅在于知识的不断丰富，更在于品格的不断完善。因此，我们不仅要勇于创新、善于创新，更要不断加强和完善自身的修养，勇于承担社会责任，争取为国家、为社会做出更大的贡献。

第三，希望你们爱岗敬业、终身学习。“创业维艰，奋斗以成”，成功永远属于有崇高理想、坚定信念和艰苦奋斗的人们。希望你们踏实工作，勤勤恳恳，砺练心志，在平凡的工作岗位上建功立业。

最后，祝你们在新的道路上一路平安，一帆风顺！

Good lucks to all of you，Thanks！

八、综合政务管理

中国农业科学院办公室关于进一步加强院机关档案工作的通知

农科办办〔2008〕100号

院机关各部门：

为了加强院机关的档案管理工作，使档案工作更加规范化、制度化，能够有序、完整、准确、系统地保存院机关各项工作中形成的档案，更好地发挥档案的作用，现就机关档案管理工作提出以下要求。

1. 加强对档案工作的领导。机关各部门要明确档案工作由一名领导分管，并列入领导的工作议事日程，及时解决、协调工作中存在的实际问题。各部门要配备兼职档案人员，负责本部门的归档工作，建立岗位责任制，并作为考核工作业绩的内容之一，确保归档工作有人管，有人负责。

2. 完善档案工作管理制度。院机关各项管理工作的规章制度中，应将完成归档工作作为管理工作一部分，并能认真遵照执行。文件材料的形成、积累、整理、归档纳入有关的工作程序，将及时、准确、完整地将文件材料归档，作为工作的一个重要环节。

3. 加强档案规范化管理。各部门在工作中形成并具有保存价值的全部档案由院机关档案室实行集中统一管理，必须按照要求归档，不得保存在工作人员个人手中，属于归档范围内材料必须归档，必须保证文件材料的完整、齐全。归档材料必须是原件，不得归复印件。

4. 科研课题档案的归档工作。今后院机关各部门承担的由我院正式立项的，与各部委、地方合作的正式签约的各项课题，要按照我院《科学技术档案管理办法》的要求归档。科研课题文件的整理，要遵循科研课题文件的形成规律，保持卷内文件的系统性、科学性和有机联系，便于档案的保管与利用。在对科研成果进行鉴定前，要由档案部门对应归档的科技文件进行检查、验收，并在《科学技术研究档案文件表》上签字、盖章。凡是档案不完整、不准确、不系统的不能鉴定，不予验收。

5. 加强院土地开发、基地建设以及新增基建项目的档案管理。要求在各项工作开始时，就要建立档案管理制度，注意文件材料的收集整理工作，特别要加强各项协议、合约的归档工作。

6. 加强档案借阅的管理。借阅档案，必须严格履行借阅手续。借阅人员必须在档案借阅登记簿上登记，并逐项填写清楚，阅毕填写档案利用效果。借阅档案一般应在阅览室阅卷。必须借出时，借期一般不得超过两周。如长期借阅，须经档案部门批准，办理续借手续，到期及时归还。凡借出档案必须当面点清，归还时核对点收，方能注销。

加强院的土地证和房产证的借阅管理，各研究所、机关各部门在工作中确须借阅并复印的，要填写借阅登记单，单位的法人代表或第一责任人签字，否则不予借阅、复印。

7. 院机关工作人员调离、退休办理有关手续时，应经过档案管理部门签字，清退借阅档案，方可调离、退休。

8. 借出的档案发生损毁、丢失现象，视情节给予警告，造成损失的，责令赔偿损失，构成犯罪的，依法追究刑事责任。

请院机关各部门按照通知的要求，加强本部门的档案管理工作，同时明确一名分管档案工作的领导和一名兼职档案员，于 7 月 22 日前报院办秘书处。

联系人：侯希闻

联系电话：82109415

中国农业科学院办公室

二〇〇八年七月十一日

关于规范院机关到院属单位调研申报程序的通知

农科办办〔2008〕53号

院机关各部门：

为进一步提高机关工作效率，增强工作计划性，减少不必要的调研和重复调研，减轻院属单位负担，根据院领导指示精神，经研究决定，现就院机关到院属单位调研的有关申报程序通知如下。

1. 机关各部门要加强调研工作的计划性和针对性，使院机关调研工作进一步规范化。

2. 院机关各部门因工作需要到院属京外单位调研的，需提前三个月提出申请，详细填写“院机关到院属单位调研工作申请单”报院办公室。

3. 院机关各部门有计划到京内单位调研的，需提前一周提出申请，详细填写“院机关到院属单位调研工作申请单”报院办公室。

4. 规范院机关到院属单位调研的管理，院办公室负责协调机关各部门到院属单位的调研工作，得到批准后方可开展调研工作。

特此通知。

附件：院机关到院属单位调研工作申请单

中国农业科学院办公室

二〇〇八年四月二十六日

附件：

院机关到院属单位调研工作申请单

申请调研部门	
拟赴院属单位名称	
调研内容及目的	
调研组负责人及人数	
拟定调研时间	从　　月　　日 至　　月　　日
本部门领导意见	
院办意见	
备注	

关于印发《中国农业科学院机关办公楼管理暂行规定》的通知

农科办办〔2008〕210号

院机关各部门、农业经济与发展研究所：

为加强院机关办公楼管理，维护办公楼工作秩序，特制定《中国农业科学院机关办公楼管理暂行规定》，现予以印发，请遵照执行。

中国农业科学院办公室

二〇〇八年十二月十八日

中国农业科学院机关办公楼管理暂行规定

为加强院机关办公楼的科学管理，树立院机关的良好形象，营造整洁、文明、有序的办公环境，特制定本规定。

一、工作秩序

第一条 机关工作人员要严格执行工作时间，不迟到、不早退。

第二条 工作时间不得大声喧哗，不得穿带有铁掌的鞋进入办公楼。

第三条 楼内工作人员不得随意将子女带入办公楼内玩耍、上网。

第四条 机关工作人员工作时间在办公楼要衣着整齐，提倡男同志着衬衣、系领带，加着外衣时着西装，女同志着职业装。接待重要来宾时着正装。衣着不整者，禁止进入楼内。

二、门卫管理

第五条 楼内工作人员应尊重、服从门卫执勤管理，执勤门卫应做到认真值守，文明执勤。

第六条 办公楼每日 7 时开门，22 时 30 分门卫逐层巡查清楼，23 时关闭。

第七条 春节、国庆等长假期间，办公楼实行封闭管理。需要加班的人员要到门卫值班室登记备案。

第八条 楼内工作人员，持院保卫处核发的门卡进入楼内。

第九条 院属京区其他单位人员进入办公楼时，需到本单位有关部门领取院保卫处核发的公用门卡；院属京外单位人员持工作证进入。

第十条 外单位来访人员需向门卫说明到访的单位和事由等，持有效证件在服务台登记并电话核实可以接待后，方可进入。

第十一条 原则上非工作时间禁止在办公楼内会客，如有特殊情况，需在门卫值班室登记备案后方可进楼。

第十二条 遇有会议和重要活动，承办单位或部门要事前告知院保卫处，由院保卫处通知门卫按会议、活动要求的时间放行。

第十三条 携带公物或贵重物品出门时，要向门卫出示由本单位综合处或办公室出具的出门条，门卫验证后放行。

三、环境卫生

第十四条 工作人员要养成文明、卫生的良好习惯，保持办公环境的清洁整齐，自觉维护楼内的秩序和卫生，按指定地点堆放垃圾，不准随地吐痰、乱扔烟头和其他杂物。

第十五条 办公室内要保持清洁卫生，窗明几净，物品摆放整齐有序。

第十六条 严禁在楼内乱涂乱画，随意悬挂、堆放物品，严禁将宠物带入楼内。

第十七条 严禁在楼内随意张贴布告。必要的信息公示、通知等，经院办公室同意后，可在一楼大厅公告栏内张贴。各单位内部通知须在已配备的各楼层公告栏中张贴。

第十八条 爱护楼内的公共设施设备，发现有损坏要及时报修。

四、安全管理

第十九条 各单位的主要负责人是安全管理第一责任人，要指派专人负责安全工作，落实安全责任制，建立健全安全制度，认真做好各项防范工作，确保安全。

第二十条 工作人员在下班时要对本办公室内的烟火、电源、门窗等情况进行检查，在确认安全后方可离开。办公室钥匙要随身携带，不得乱放和外借。

第二十一条 工作人员下班前，要把带密级的文件锁在铁皮柜内，不得放在办公桌上或办公桌的抽屉内。离开办公室时（室内无人）要随手锁门。

第二十二条 办公室内不准存放现金。笔记本电脑、照相机等贵重物品要有登记、由专人保管并存放在加锁的铁皮柜中。

第二十三条 机要室、档案室、财务室、贵重仪器设备室等要害部位要按照有关要求落实防范措施。

第二十四条 禁止在楼内动用明火。不得在楼内焚烧废纸等杂物。如需使用明火（如：施工用电焊、气焊），要事先经院保卫处批准，并要有相应的安全防护措施。

第二十五条 办公室内禁止使用电炉、烤箱、酒精炉等。禁止乱拉电线和随意增加用电负荷。

第二十六条 严禁将易燃、易爆和有毒物品带入楼内。

第二十七条 禁止将未熄灭的烟头丢入纸篓或垃圾箱内。

第二十八条 要自觉地爱护消防器材和设施，平时不准挪动灭火器材、触动防火设施，更不准以任何借口挪作他用。

第二十九条 各单位、各部门要结合工作实际制定突发事件预案，并组织职工学习演练，做到人人皆知，确保在遇到火灾等突发事件时能迅速地报警、疏散人员和扑救初期火灾，减少损失。

五、车辆管理

第三十条　楼内工作人员的机动车辆需到院保卫处办理相关手续后，停放在地下停车场内，非本楼工作人员的机动车辆不得进入地下停车场。

第三十一条　进入地下停车场的车辆要按规定线路行驶，按指定地点停车入位。要爱护停车场内的设备设施，维护停车场内的秩序卫生，服从车场人员的指挥管理。

第三十二条　车内贵重物品要随身携带，禁止将易燃、易爆、有毒物品带入停车场内。

第三十三条　地下停车场内严禁烟火，不准丢弃杂物、堆放物品、嘻笑打闹。

第三十四条　除机动车辆外，严禁行人从地下停车场进出口的坡道进出停车场。

第三十五条　地下停车场的开门时间为工作日的每日 7 时，闭门时间为每日 23 时，双休日、节假日不开放。

第三十六条　需停在办公楼门前的机动车辆，在车内客人上下车或装卸车上货物后要立即驶离楼门前区域，禁止在楼门前区域长时间停放。到办公楼联系工作人员的机动车辆要停放在楼前的停车位内。

第三十七条　本规定自发布之日起实行，由院办公室负责解释和监督执行。

关于同意成立中国农业科学院技术转移中心的批复

农科办办〔2008〕70号

饲料所：

你所《关于申请使用中国农业科学院技术转移中心牌子的请示》（农科饲〔2008〕27号）收悉。为充分发挥中国农业科学院的品牌优势，更好拓展业务，培育新的经济增长点，为中农福德绿色科技有限公司从事技术转移中介和服务提供支撑，经研究，同意成立中国农业科学院技术转移中心（以下简称“中心”）。“中心”挂靠中农福德绿色科技有限公司，上级主管部门为院财务局，运转费用由中农福德及其管理公司承担。

中国农业科学院办公室

二〇〇八年五月二十六日

北京市昌平区人民政府与中国农业科学院科技合作框架协议

甲方：北京市昌平区人民政府

乙方：中国农业科学院

为加强国家级综合农业科研机构与地方政府之间的合作，通过整合利用双方的优势资源要素，加快推进现代农业科技创新和产业化，带动地区农业、农村经济发展和农民就业增收，为有效解决“三农”问题、扎实推进社会主义新农村建设做出应有的贡献，经双方协商一致，就开展长期全面的科技合作，达成如下框架协议。

一、合作原则和目标

双方本着“优势互补，资源共享，互利共赢，共同发展”的原则，积极探索院区合作的有效途径和模式，大力推进乙方下属机构和实体企业到昌平区开展农业科技研发、发展农业科技产业，共同构建产、学、研一体化的现代农业科技创新体系，力争使昌平区成为乙方推进农业科技创新和成果转化的重要战略支点，使乙方的各类优质资源要素成为昌平区发展都市型现代农业、促进农民就业增收的有力支撑。

二、近期合作重点

积极推进乙方符合昌平区经济发展需要的科技成果中试、转化及产业开发项目，以及相关下属机构和企业入驻甲方辖区内的北京昌平国家农业科技园区（即北京市小汤山现代农业科技示范园，下略），乙方以综合集成的技术优势，积极支持昌平区发展以“一花三果”（即：以百合花为代表的花卉产业、以苹果为代表的精品林果业、以草莓为代表的设施果蔬业和以柿子为代表的传统林果业）为主导的都市型现代农业，并就筹办 2012 年第七届世界草莓大会开展深入合作。

三、合作承诺

（一）甲方承诺：

1. 全力支持乙方符合甲方经济发展需要的科技成果中试、转化及产业开发项目入驻北京昌平国家农业科技园区进行研发和生产。甲方在现行法规政策允许的前提下，力争以最便捷、快速的方式协助乙方办理以上项目涉及的用地、审批等相关事宜，确保各项工作顺利推进。

2. 积极协助乙方入驻北京昌平国家农业科技园区的下属机构和企业办理注册、迁入等手续，确保符合条件的入驻机构和企业享受国家级农业科技园区的各项优惠政策，并努力为其在昌平区发展提供优质、高效的政府服务。

3. 在乙方支持和指导下，积极协调相关部门和单位，全力推进2012年第七届世界草莓大会的筹办工作，争取通过这一国际化平台，使双方的对外形象和影响力得到较大提升。

4. 努力创造有利条件，全力支持乙方在昌平区建设农业科研基础设施和基地，开展农业新技术、新品种、新模式的科研攻关、试验示范和试点推广。

5. 按照“农民受益、政府买单”的原则，加大投入力度，积极促进政府相关职能部门、区属企业与乙方下属机构、企业以农业科技成果转化、促进农民就业增收为重点，开展多层次、全方位的合作，努力实现政府、科研机构和农民三方的互利共赢。

6. 加大对入驻昌平区的乙方下属机构和企业，以及乙方在昌平区设立的农业科研基础设施和基地周边地区的环境治理力度，配合做好相关群众工作，为乙方在昌平区各项事业发展创造良好的外部环境。

（二）乙方承诺：

1. 积极推进符合甲方经济发展需要的科技成果中试、转化及产业开发项目及相关下属机构、企业落户北京昌平国家农业科技园区，并以此为起点，充分发挥自身科技资源优势，不断扩大与昌平区在农业科技创新和产业化方面的合作规模，强化其科技示范和辐射带动作用，进一步提升昌平现代农业的发展档次和水平。

2. 充分发挥自身在信息、经验、人才等方面的优势，积极支持昌平区开展第七届世界草莓大会等涉农大型活动的筹办工作，使之具备更高的标准和水平。

3. 充分利用自身拥有的现代农业要素，以促进农业科技成果转化和产业化为核心，积极支持昌平区发展以“一花三果”为主导的都市型现代农业。

4. 充分发挥自身智力资源优势，积极为昌平区“三农”工作提供智力支持和战略指导，促进昌平区社会主义新农村建设扎实有效开展。

5. 坚持服务农业、农村和农民的发展方向，积极支持和配合甲方推进辖区内的农业科技人才培养、农民教育等工作。通过学术交流、岗位培训、客座研究等多种形式培养农业科技人才；通过举办培训班、科技下乡、讲学等多种形式培养农民科技带头人。

四、合作协调机制

为保证合作有效开展，双方同意建立合作协调机制。

（一）建立双方高层领导联席会议制度，定期研究决定合作的重大事项，协调解决重要问题。

（二）成立双方院区合作领导协调小组，统筹协调合作事项的开展。下设专门工作机构，委派具体人员负责双方合作过程中的日常联系和组织协调工作，并定期向双方高层领导联席会议提交合作进展情况报告和建议。

（三）建立双方合作事项衔接落实机制。每年组织相关单位联合编制开展院区合作的年度计划，安排具体合作项目并明确双方项目主体，积极推动本协议提出合作事项的落实。

五、本协议壹式陆份，双方各执叁份。协议未尽事项由双方共同协商解决。

北京市昌平区人民政府（盖章）	中国农业科学院（盖章）
甲方代表（签字）：	乙方代表（签字）：
（签字）	（签字）
二〇〇八年四月二十七日	二〇〇八年四月二十七日

中国农业科学院　中国农业发展集团总公司 科技合作协议书

中国农业科学院是我国最大的综合性农业科研机构，具有强大的科研创新能力和杰出的人才队伍，在科技创新、重大技术集成与示范、科技成果推广与转化，解决农业与农村经济发展中的基础性、方向性、全局性、前瞻性重大问题和关键技术，引领我国农业科学技术发展等方面，行使“国家队”的职责。中国农业发展集团总公司（以下简称中农发集团）是全国最大的综合性农业企业，也是国资委管理的唯一的中央农业企业，在我国农业产业化和实施农业“走出去”战略中发挥着重要龙头作用。为了更好地促进我国农村经济发展，推进实施我国农业“走出去”发展战略，经过友好坦诚协商，双方一致同意在优势互补、互惠互利、共同发展的基础上开展农业科技合作，并达成本合作协议。

一、建立农业技术研发与产业化合作关系。双方同意积极将农科院的研发优势与中农发集团的产业化运作优势相结合，按照市场化原则，农科院为中农发集团发展提供技术支持，并将新技术与新成果优先提供给中农发集团进行产业化合作开发；中农发集团科研项目优先委托农科院研究开发，并作为农科院创新技术研究与实践基地之一。双方同意通过共同努力，积极争取国家农业科技研发项目及相应的政策资金支持。

二、加强双方企业间合作。以农科院的科技企业和中农发集团相关企业为平台，通过技术转让、技术入股、相互参股等多种方式，对双方企业进行资源整合，提升双方企业的竞争能力和经济效益。

三、联合开展农业“走出去”战略研究。为推进和实施国家农业“走出去”战略，双方同意共同组建国际农业资源开发调研课题组，针对种植业、畜牧业、农机产业、农产品加工贸易业等领域，研究制定在全球不同区域开展农业“走出去”发展的战略和实施规划。农科院安排有关专家参加，中农发集团给予必要的条件和支持。

四、农科院协助中农发集团申办与实施非洲农业技术示范中心项目。中农发集团将农科院作为申办非洲农业技术示范中心项目的技术支撑单位，并提供必要的条件；农科院在项目实施过程中提供必要的技术指导与帮助。

五、本协议自签字之日起生效，有效期为5年，期满后可经双方协商重新续定。未尽事宜，另行协商。

本协议一式四份，双方各执二份。

中国农业科学院

代表（签字）：

二〇〇八年二月一日

中国农业发展集团总公司

代表（签字）：

二〇〇八年二月一日

江西省人民政府与中国农业科学院科技合作协议

甲方：江西省人民政府
乙方：中国农业科学院

为贯彻落实中央农村工作会议提出的加强区域农业科技创新体系建设精神，深化农业科研体制改革，推动国家农业科技创新体系建设，充分发挥乙方科技资源优势，加强农业科技合作与学科共建工作，全面提高江西农业综合生产能力，加快江西现代农业发展进程，促进双方在农业科技领域全面合作，经协商达成如下协议。

一、联合申报科研项目，开展合作研究。根据江西农业区域特点，针对农业生产中存在的重大关键问题，借助乙方的科技智力及科研平台优势，双方组织有关专家研究并提出相应的技术对策和项目建议，争取在超级稻选育、柑橘、安全农产品生产关键技术、红壤综合治理、畜牧兽医等若干领域取得重大技术突破。对符合甲方科技发展规划并协商一致的重大科技项目，双方联合向国家申请项目支持。

二、合作建立试验示范基地，加快成果转化推广。根据江西农业和农村经济发展需要，甲乙双方合作在江西建立科研试验基地，共建共管，优先示范、应用和推广乙方最新的科技成果。对乙方先进适用的重大科技成果，甲方提供优惠政策支持或联合申请国家支持，加速成果转化。

三、加强农业科技人才培训合作。双方共同合作，在江西省农业科学院设立中国农业科学院研究生院江西培养基地，培养培训高素质农业科研人才。乙方知名专家以项目联合攻关、学术顾问、客座研究员等方式，指导江西农业科研工作。

四、加强农业科技信息服务与交流。乙方充分发挥农业科技国际交流和合作优势，为甲方提供农业科技国际合作的信息服务，联合申请和实施国际合作项目，开展农业技术经济交流。

五、乙方利用国家重大科技项目、重点实验室、农作物改良中心等科研基地和技术平台，为甲方所属科研院所和高等院校提供开放课题及客座研究条件。

六、双方共同成立农业科技合作协调领导小组。领导小组成员由中国农业科学院、江西省人民政府及相关部门、江西省农业科学院有关负责同志组成，组长由中国农业科学院和江西省人民政府各派一名领导担任，领导小组下设办公室，办公室设在江西省农业科学院。

七、本协议未尽事宜由双方协商解决。具体合作项目另行签订合作协议，并由双方组织相关部门实施。

本协议一式四份，双方各执二份。自签字之日起生效。

甲方：江西省人民政府	乙方：中国农业科学院
代表（签字）：陈达恒	代表（签字）：翟虎渠
二〇〇八年十二月十九日	二〇〇八年十二月十九日

九、党建、反腐败与精神文明建设

中国农业科学院直属机关 2008 年党的工作综述

2008 年，在农业部直属机关党委和院党组的领导下，中国农业科学院直属机关党委和所属各级党组织按照《直属机关 2008 年党的工作要点》的部署，坚持以邓小平理论和“三个代表”重要思想为指导，全面贯彻落实科学发展观，以深入学习党的十七大和十七届三中全会精神为主线，以开展深入学习实践科学发展观活动为重点，以加强党的先进性建设为抓手，以继续推进创新文化建设为载体，围绕中心、服务大局，为推动我院科学发展、促进院所和谐提供了坚强的政治、思想和组织保证。

一、全力以赴，扎实开展深入学习实践科学发展观活动

按照中央和农业部的统一部署，我院自全面开展深入学习实践科学发展观活动以来，院直属机关党委充分发挥组织引导、宣传教育、协调服务、联系群众、督导检查作用，我院各级党组织高度重视，加强领导，精心组织，紧紧围绕“党员干部受教育、科学发展上水平、人民群众得实惠”的总要求，坚持把学习贯穿始终，突出活动的实践特色，抓好每一个环节的工作。各级党组织还把学习实践活动与认真学习贯彻党的十七大和十七届三中全会精神紧密结合起来，引导广大党员干部进一步增强走中国特色社会主义道路的自觉性和坚定性；与认真学习贯彻胡锦涛总书记在纪念党的十一届三中全会召开 30 周年大会上重要讲话精神紧密结合起来，引导广大党员干部进一步解放思想、改革创新，把科学发展观的要求贯彻落实到促进院所又好又快发展的各项工作中。

各级党组织认真组织学习培训、深入进行调查研究、广泛开展解放思想大讨论、多方面征求党员群众意见、认真开好专题民主生活会、努力形成高质量的分析检查报告、认真落实整改方案。通过学习实践活动，广大党员干部进一步加深了对科学发展观的理解，形成了本单位本部门实现科学发展的共识，理清了科学发展的思路，明确了整改方向、目标和措施，取得了切实的成效。在我院召开的解放思想大讨论集中交流会上，作科所、蔬菜所、植保所、蜜蜂所、农经所、科技局 6 个单位党组织作了交流发言。其中作科所党委在农业部解放思想大讨论集中交流会上作了题为“转变观念、忧近图远、广征良策、谋划发展”的典型发言。

在学习实践活动中，我院京区各单位、机关各部门共组织理论中心组学习 42 场次、集中学习 262 场次、解放思想大讨论 74 场次、各类主题实践活动 54 场次、民主生活会 26 场次、组织生活会 144 场次，征求意见建议 1 002条，印发学习实践活动办公室文件 24 份，编发简报 41 期，2 745名党员参加了学习实践活动。总的来看，我院学习实践活

动行动迅速，部署到位，措施扎实，推进有力，学习实践活动开展很有特色，取得了切实的成效，得到了孙政才部长和农业部第七指导检查组的肯定。

二、加强学习，不断深化理论武装工作

中国农业科学院各级党组织按照上级的安排和部署，密切结合实际，坚持党的理论创新每推进一步、理论武装就跟进一步，引导广大党员干部以学习中国特色社会主义理论体系为中心内容，深刻领会党的十七大和十七届三中全会提出的重大理论观点、重大战略思想、重大工作部署，坚定走中国特色社会主义道路的理想信念，努力提高运用发展着的马克思主义研究新情况、解决新问题的能力。

（一）深化理论学习，充分发挥中心组带头作用

各单位党组织坚持理论中心组学习制度，做到指定篇目与自学篇目相结合，集中学习与个人自学相结合，学习理论与指导工作相结合，充分发挥其带头作用。作科所党委坚持理论中心组学习制度，不断创新学习形式，增强理论学习的计划性、针对性，研讨解决实际问题，通过中心组的学习，带动全体党员理论武装工作的深入开展。加工所党委坚持把理论中心组学习作为提高政治理论水平的重要手段，密切结合研究所实际，精心制定计划，明确学习重点，确保学习时间，提高学习效果。后勤服务中心、饲料所、生物所、研究生院党委理论中心组学习也在深化理论学习上下工夫，取得实际效果。

（二）创新学习方式，切实提高学习效果

为使学习收到实效，各级党组织分别采取发放学习材料，举办报告会、研讨会，进行专题辅导、集中学习、观看录像等多种形式强化学习，增强学习效果。为帮助我院广大党员干部全面理解、准确把握科学发展观的科学内涵和精神实质，举办了系列报告会，翟虎渠院长，雷茂良、刘旭、唐华俊副院长围绕科学发展观主题分别作了专题辅导报告；组织全国“两会”精神报告会，请我院全国政协委员作“两会”精神的报告。院办公室党支部建立学习制度，制定学习计划，确保学习有序进行；人事局党支部在全体党员自学的基础上，组织了以党小组为单位的集中学习，并要求党员领导干部对重点篇目进行精读，撰写心得体会；农经所党委邀请中国人民大学国际关系学院副院长金灿荣教授作形势报告；质标所党委和中国农业科学技术出版社党支部组织全体党员观看中央党史研究室副主任李忠杰教授关于“坚持以科学的思想方法贯彻落实科学发展观”的辅导报告录像；植保所、畜牧所、加工所党委共同邀请中央社会主义学院副院长张峰教授作学习实践科学发展观专题辅导报告。

通过学习，进一步提高了党员领导干部的政治理论素养，增强了贯彻党中央、国务

院各项政策的自觉性和坚定性，激发了全体党员和干部职工加快农业科技创新、建设现代农业的工作热情。党员领导干部在认真学习理论的同时，积极撰写学习论文，努力把理论学习的效果落到实处。我院屈冬玉、罗炳文、张保明三位同志的论文在农业部直属机关党委“学习贯彻党的十七大精神”征文活动中获奖。

三、开拓创新，不断加强基层组织建设

组织建设是党的工作的核心，2008 年各级党组织深入贯彻农业部保持共产党员先进性长效机制文件，进一步完善和落实党建工作责任制，不断加强对党员的教育、管理和服务，抓党建、带队伍、促发展的意识和能力得到提高，充分发挥了基层党组织推动发展、服务群众、凝聚力量、促进和谐的作用。

一是组织召开了直属机关党的工作会，对 2007 年院直属机关党的工作进行了总结，对 2008 年党的工作进行了部署；二是顺利完成了基层党组织换届选举工作。蜜蜂所党委召开党员大会选举产生了新一届党委和纪委；出版社党支部、科技局党支部完成了换届选举工作，充实了班子，健全了组织；三是深入开展了“创先争优”活动，表彰 2006 ~ 2007 年度 15 个院级“先进基层党组织”、20 名“优秀共产党员”和 16 名“优秀党务工作者”。资划所党委被评为农业部“先进基层党组织”，蔬菜所张志斌研究员被评为农业部“优秀共产党员”，资划所白丽梅同志被评为农业部“优秀党务工作者”；四是继续举办了党办主任培训班，就基层党组织换届选举、发展党员、党建信息报送等方面进行了培训，提高了党务干部的工作水平；五是组织 26 名入党积极分子参加了农业部为期一周的培训班，提高了他们对党的认识。2008 年院属京区各单位党组织共发展新党员 101 名，壮大了党的队伍；六是严格规范了民主评议党员工作，下发了《关于加强和改进民主评议党员工作的通知》，全院有 1 344名在职党员参加评议，其中 282 名党员被评为优秀，整个评议工作达到了增进团结、查找问题、共同提高的目的；七是开展了“纪念改革开放 30 周年”主题党日系列活动，院直属机关党委转发了农业部直属机关党委《关于组织开展“纪念改革开放 30 周年”主题党日活动的通知》。人事局党支部组织了以“忆三十载成就贡献，思百年复兴大业”为主题学习活动。质标所党委组织了“新党员宣誓”主题党日活动。资划所党委组织党员参观《四川地震灾区羌族文化展》，观看奥运电影《筑梦 2008》等活动。离退休党总支也结合自身特点组织参观活动，感受改革开放 30 年社会主义新农村的变化。财务局、国合局、出版社支部也围绕主题开展特色活动；八是切实做好了党内统计工作，建立健全了党组织和党员信息库。经统计，院属京区 25 个党组织共 187 个党支部，3 070名党员，党员人数实现稳步增长；九是进一步加强了思想政治工作，为进一步提高我院思想政治工作水平，院党的建设和思想政治工作研究会召开理事会会议进行了换届选举，充实了力量，健全了组织。开展了思想政治工作课题调研，13 个直属党组织承担了 6 个子课题并顺利结题，在此基础上，撰写了《加强思想政治工作与激励科研人员积极性关系的研究》调研报

告，分析总结了思想政治工作模式与激励科技人员积极性发挥的内在联系和特征，提出了中国农业科学院新时期开展思想政治工作的对策与建议；十是大力开展党的宣传工作。紧紧围绕十七届三中全会、全国“两会”、抗震救灾、奥运会，科技创新、党的建设等主题，通过院报、院网、院宣传栏、《思想政治工作和人才建设》杂志、院闭路电视等媒体，广泛开展宣传工作，努力营造良好氛围，引导各级党组织、广大共产党员把思想统一到中央的路线方针政策和农业部党组、院党组的安排部署上来，激励大家在农业科研工作中建功立业。

四、严格党纪，加强党风廉政建设

深入开展党风党纪宣传教育，增强廉政意识。2008 年，各级纪检组织认真组织党员学习胡锦涛总书记在中纪委二次全会上的重要讲话等文件精神，不断增强党性观念和廉政意识，筑牢思想政治防线。制定《中国农业科学院廉政文化建设方案》，积极推进廉政文化建设。院直属机关纪委先后组织参观北京监狱警示教育基地、网上宣传政策法规、在院闭路电视播放中纪委组织制作的《每月一课》警示教育片，营造“以廉为荣、以贪为耻”的廉政文化氛围。

认真贯彻落实《建立健全惩治和预防腐败体系 2008 ~ 2012 年工作规划》（以下简称《工作规划》）。制定了《中国农业科学院党组贯彻落实〈建立健全惩治和预防腐败体系 2008 ~ 2012 年工作规划〉的实施办法》，分解任务，细化措施，明确责任。组织各单位负责人参加农业部组织的学习《工作规划》培训。邀请中央纪委法规室监察法规处周鹏飞处长作学习贯彻《工作规划》辅导报告。组织参加中央纪委主办的《工作规划》知识竞赛，院属京区处以上干部 385 人参加了知识问答。

全面落实党风廉政建设责任制。制定《中国农业科学院贯彻落实 2008 年反腐倡廉工作任务的分工意见》，党政齐抓共管，把反腐倡廉各项任务分工到部门，部门制定方案落实到人。

通过加强党风廉政建设，提高了广大党员的党性观念和党纪意识，为各项事业科学发展创造了良好的环境。

五、牢记使命，各级党组织和党员干部发挥重要作用

过去的一年，我国大事多、难事多、急事多。各级党组织和广大党员坚持围绕中心、服务大局，充分发挥战斗堡垒作用和先锋模范作用，坚决贯彻执行上级党组织的决策部署，采取有力措施，有序开展工作，在关键时刻和急难险重任务中发挥了重要作用。

面对 2008 年年初发生的历史罕见的低温雨雪冰冻自然灾害，我院广大党员干部心系灾区，按照上级党组织的部署，扎实开展科技救灾工作，作科所、蔬菜所、信息所、

环发所、畜牧所等研究所党员争先工作在一线，深入灾区，指导开展科技抗灾、救灾。

面对突如其来的四川汶川特大地震灾害，中国农业科学院各级党组织把抗震救灾作为最紧迫的任务和最直接的考验，快速反应、迅速行动，发挥科技优势，组织安排相关专家奔赴灾区一线，积极投身到抗震救灾工作中。广大党员发扬“一方有难，八方支援”的精神，为地震灾区踊跃交纳“特殊党费”364.67万元，用自己的一份爱心支援抗震救灾，以实际行动践行了全心全意为人民服务的宗旨。

面对世界体育盛事北京奥运会，我院各级党组织高度重视，按照上级的部署，认真做好奥运会筹办期间的各项有关工作。积极开展了“迎奥运、讲文明、树新风”系列活动，发放奥运书籍，宣传奥运精神，普及奥运知识，传播奥运文化；组织1 000多名同志参加了“迎奥运、讲礼仪、作表率”知识竞赛，组织观看奥运会、残奥会开闭幕式和比赛；推荐畜牧所王加启博士作为农业部系统唯一的火炬手参加奥运火炬传递；全力做好原“法轮功”练习者的思想稳定工作和个别人的转化工作，植保所党委被评为北京市“奥运安保先进集体”。

六、注重引导，深入开展创新文化建设

2008年在各单位党组织的共同努力下，创新文化建设工作机制不断健全，创新文化理念更加深入人心，创新文化建设取得新的成效。

一是组织召开全院创新文化建设工作会议。总结、部署了工作，探讨了下一步创新文化建设的思路。哈兽研所、资划所、水稻所三个单位交流了创新文化建设的经验；二是完成了《中国农业科学院之歌》的歌词创作和谱曲工作，制成光盘并在全院职工中进行传唱。修改完善《中国农业科学院职工守则》和《中国农业科学院科研道德规范》；三是各研究所创新文化建设取得新的成效。截至目前，全院33个研究所有30个研究所设计了所徽，23个研究所提出了所训，8个研究所谱写了所歌，11个研究所制作了所旗。有力推动了全院创新文化建设的蓬勃开展；四是积极开展创新文化建设研究，完成了《我院创新文化建设与创新团队能力建设研究》报告，并获得中央国家机关2008年度调研报告优秀奖；五是汇编《中国农业科学院创新文化建设部分成果》，在职工中开展多种形式的创新文化主题宣传活动，宣传“祁阳站”精神，倡导“五种精神”等活动的开展，使全院创新文化理念深入人心，进一步营造了激励农业科技创新的文化氛围。

七、全面推进，大力加强精神文明建设

2008年，各级党组织围绕促进院所和谐和“迎奥运、讲文明、树新风”，深入开展精神文明建设活动，不断提高全院职工的文明素质和道德水平。

一是组织开展“2007～2008年度院级文明单位、文明职工”评选表彰活动。评选

表彰了 5 个文明单位标兵，18 个文明单位，10 名文明职工标兵，24 名文明职工。作科所肖世和同志被评为中央国家机关“创建文明机关，争做人民满意公务员先进个人”；二是做好军民共建工作。举办八一、春节军民联谊活动，向解放军艺术学院 20 名学员颁发“共建杯”优秀学员奖，与解放军艺术学院开展科技文化双下乡活动。中国农业科学院被授予全国“爱国拥军模范单位”称号；三是组织看望困难职工。2008 年组织看望慰问了困难职工 65 名，发放慰问金 84 000元，为困难职工子女申请了 4 000元的“阳光助学”补助金，为他们送去了党组织的关怀和温暖；四是组织向灾区捐款捐物活动。积极组织向汶川地震灾区捐款捐物活动，院领导率先垂范，院属京区各单位、机关各部门领导干部带头，广大党员积极参加，共计捐款 455 万余元（其中特殊党费 364. 67 万元），捐献棉衣棉被 3 448件。

八、加强领导，做好群团和统战工作

工青妇组织活动开展有力。各级工青妇组织紧紧围绕党和国家工作大局，结合自身特点，积极主动开展工作，在本职岗位上充分发挥了作用。院工会组织 16 支代表队和仪仗队、健身操表演队等 500 多名职工参加农业部第二届职工运动会，以明显优势获得了预赛团体总分第一名；举办了数码相机摄影技术讲座。院妇工委开展了“绿色生活在我家”主题活动并取得良好效果；组织评选和表彰了 12 名 2007 ~ 2008 年度我院“巾帼建功”标兵；协助全国妇女活动中心组织庆三八系列活动。院妇工委被评为农业部“直属机关先进基层妇女组织”，畜牧所陈继兰、蜜蜂所赵静被评为农业部“巾帼建功标兵”。院团委进行换届改选，选举产生了共青团中国农业科学院第十届委员会，配齐了班子，健全了组织；组织开展了 2004 ~ 2007 年度院“十佳青年”评选活动，其中，资划所何萍博士同时当选为“农业部十佳青年”和“中央国家机关十大杰出青年”，畜牧所魏宏阳博士同时当选为“农业部十佳青年”和“中央国家机关优秀青年”。认真做好统战工作。各级党组织支持民主党派开展组织活动，主动听取他们的意见和建议。

中国农业科学院直属机关2008年党的工作要点

中国农业科学院直属机关2008年党的工作总体思路是：高举中国特色社会主义伟大旗帜，坚持以邓小平理论、“三个代表”重要思想为指导，深入贯彻落实科学发展观，以深入学习贯彻党的十七大精神为重点，以加强党的先进性建设为主线，以深入开展创新文化建设为载体，认真贯彻落实农业部党的工作会议精神和院工作会议精神，围绕中心、服务大局，以改革创新精神加强直属机关党的建设，充分发挥基层党组织推动发展、服务群众、凝聚人心、促进和谐的作用，为实现我院农业科技创新事业又好又快发展提供坚强的政治、思想和组织保证。

一、认真学习贯彻党的十七大精神，坚持用马克思主义中国化的最新成果武装党员干部

（一）认真组织好党的十七大精神的深入学习贯彻

继续把学习贯彻党的十七大精神作为首要政治任务。要紧密结合农业科技工作实际，认真学习中国特色社会主义理论体系，深刻领会走中国特色农业现代化道路、建设创新型国家、建设和谐社会的重要意义，把学习贯彻十七大精神同推动当前工作紧密结合起来，将学习贯彻的成果体现到推动农业科技创新的各项任务中。要充分发挥理论中心组的龙头作用和领导干部的带动作用，所局级领导要带头学习并撰写理论学习体会或论文，积极参加农业部和院机关党委组织的优秀论文评选交流活动，促进我院党员干部理论学习的深入开展。要通过观看录像、集中学习、专题辅导、研讨交流等多种形式，保证学习时间，提高学习效果。院报、院党建网页、院宣传栏、《思想政治工作和人才建设》和《研究信息》杂志等各类媒体要发挥优势和特色，开展贯彻落实好十七大精神的宣传报道活动。

（二）深入学习实践科学发展观

按照中央和农业部的统一部署，认真落实深入学习实践科学发展观活动的各项任务，引导党员干部深刻领会科学发展观的历史地位、时代背景、科学内涵、精神实质和根本要求，不断提高贯彻落实科学发展观的自觉性和坚定性。紧密结合农业科技创新和本单位工作实际，不断增强落实科学发展观、提高农业科技创新能力的意识，为发展现

代农业、建设社会主义新农村做出新的贡献。

（三）加强形势政策教育

认真学习《政府工作报告》，贯彻好全国“两会”精神，结合纪念改革开放 30 周年、举办北京奥运会等重大活动，以举办形势报告会、征文、参观学习、座谈访问等多种形式，回顾改革开放的光辉历程，展示改革开放以来我院取得的辉煌成就，进一步增强我院党员和干部职工贯彻落实党的路线方针政策的自觉性和坚定性，振奋精神，凝聚人心，解放思想，改革创新。

二、以改革创新精神加强基层党组织建设和党员队伍建设，不断提高党建工作水平

（四）扎实推进保持共产党员先进性长效机制建设

深入贯彻落实中央关于加强党员经常性教育、加强和改进流动党员管理、做好党员联系和服务群众工作、落实基层党建工作责任制四个保持共产党员先进性长效机制文件和院党组《关于建立健全保持共产党员先进性长效机制的意见》，不断推进基层党建工作的规范化、制度化、科学化。

（五）大力加强基层党组织建设

各单位党组织要按照党章规定，按时换届选举，不断加强领导班子建设，保持战斗力。要坚持和完善民主集中制，扩大党内民主，促进党内团结。要落实《农业部直属机关党支部工作细则》，着力提高基层党支部的学习能力、创新能力和服务能力。要认真贯彻执行《中国农业科学院直属机关党建工作考核办法（试行）》，推动各单位党建任务落实。要做好入党积极分子培训和发展党员工作。

（六）加强对党员的教育管理和服务

严格组织生活制度，认真学习党章，坚持“三会一课”、领导干部参加双重组织生活会和党员民主评议等制度。学习中央国家机关优秀共产党员贾继增、十七大代表刘玉梅的先进事迹，引导和教育党员干部讲党性、重品行、作表率，使广大党员干部成为科技创新的模范、服务“三农”的模范、科学民主的模范、求真务实的模范、清正廉洁的模范。积极探索建立党内激励、关怀、帮扶机制，帮助生活困难党员和老党员解决实际问题。

（七）认真开展创先争优活动

在民主评议党员基础上，认真组织好2006~2007年度院直属机关“先进基层党组织、优秀共产党员和优秀党务工作者”推荐评选工作，七一前夕结合纪念建党87周年进行表彰。总结宣传先进集体和先进个人的事迹，激励党员奋发进取，建功立业。

（八）深入开展反腐倡廉建设

要运用多种形式，认真学习贯彻中纪委二次全会精神和农业部、院党组党风廉政建设工作会议精神，积极开展理想信念教育、党的优良传统和作风教育、党纪条规和法律法规教育，运用正反两方面典型进行宣传引导和警示教育，推进廉政文化建设，营造“以廉为荣，以贪为耻”的文化氛围。加强廉政制度建设，加强对信访举报件的初查核实工作。要更加注重从源头上治理腐败工作，进一步落实党风廉政建设责任制，把反腐倡廉要求融入科研管理制度和工作程序之中。

（九）加强党委纪委班子和党务干部队伍建设

重视和加强党委纪委班子和党务干部队伍建设，进一步增强“两委”委员的责任意识、创新意识和大局意识。加强调查研究，不断提高工作能力，切实履行工作职责。加强党务干部培训，关心党务干部成长，提高党务工作水平，促进党建工作开展。

三、加强创新文化建设，营造科技创新良好氛围

（十）加强对创新文化理念的学习宣传

在职工中开展多种形式的创新文化主题宣传活动，使创新文化理念深入人心，形成激励农业科技创新的文化氛围。结合宣传“执著奋斗、求实创新、情系‘三农’、服务人民”的“祁阳站”精神，大力倡导严谨求实的科学精神、专心科研的执著精神、刻苦攻关的奋斗精神、勇攀高峰的创新精神、精诚合作的团队精神，促进人才队伍建设和创新团队建设。

（十一）继续推进创新文化建设

充分利用一批基本建设项目竣工的有利时机，通过对院区、所区绿化、美化、净化，发展园区文化，建设优美环境。继续推动《中国农业科学院职工守则》和《中国

农业科学院科研道德规范》等制度的制定。汇编各单位创新文化建设标识物，开展传唱院歌活动，传播创新文化建设成果。组织创新文化建设交流，进一步推进创新文化建设开展。

（十二）进一步落实创新文化建设工作机制

根据《中国农业科学院党组关于开展创新文化建设工作的指导意见》，进一步落实由所长负总责、党委组织实施、工青妇各级组织齐抓共管、全体职工积极参与的创新文化建设工作机制。把创新文化建设列入各单位年度考核指标。通过健全组织，增加投入，明确职责，分工协作，努力开创我院创新文化建设的新局面。

四、加强精神文明建设，构建和谐院所

（十三）大力宣传社会主义核心价值体系

紧密结合农业科研单位的实际，在全院职工中大力宣传社会主义核心价值体系，大力加强社会公德、职业道德、家庭美德、个人品德和科研道德建设。开展“迎奥运、讲文明、树新风”活动，宣传奥运精神、普及奥运知识、传播奥运文化，树立农科院人“明德诚信、知书达理、宽容睿智、友善热情”的良好形象，不断提升全院干部职工的文明素质。

（十四）开展好“文明单位、文明职工”评选活动

结合实际，进一步完善文明单位文明职工评选标准。认真做好 2007 ~ 2008 年度院级文明单位和文明职工的评选工作。大力宣传文明单位和文明职工标兵事迹，发挥先进集体和模范人物的榜样示范作用。

（十五）广泛开展健康向上的文化、体育活动

发挥工青妇组织优势，鼓励和支持业余文化、体育团体，开展职工喜闻乐见的各类文体活动，活跃生活，提高身体素质，陶冶情操。

（十六）改进和加强思想政治工作

坚持以人为本，注重人文关怀，做好新形势下职工思想政治工作。完成院思想政治工作研究会换届工作，健全组织。完成《加强思想政治工作与激励科研人员工作积极

性关系研究》课题，积极探索新形势下思想政治工作的特点和规律。关心困难职工生活，积极开展“送温暖、献爱心”活动，努力构建和谐单位。

（十七）做好统战工作

加强对统战工作的领导，认真抓好农业部党组《关于进一步加强统战工作的意见》的贯彻落实，健全统战工作制度。鼓励和支持党外人士为科学决策、做好科研与管理工作建言献策，履行好民主监督职能，在本职岗位上建功立业。

（十八）充分发挥工青妇组织作用，做好群众工作

进一步发挥工青妇组织在文明单位、和谐院所建设中的重要作用，支持他们按照各自章程开展符合自身特色的各项活动。组织参加农业部第二届职工运动会和职工文艺调演活动。做好院团委换届工作，组织中国农业科学院第六届“十佳青年”推荐评选活动。积极开展“巾帼建功”评选活动和“提升女性素质、展示女性风采”系列活动。

（十九）做好军民共建工作

积极与解放军艺术学院开展多种形式的共建活动，继续支持解放军艺术学院做好“共建杯”优秀学员的评选、表彰和奖励工作，继续协助解放军艺术学院做好军地和谐工程示范点工作。

（二十）做好政治稳定工作

进一步增强政治责任感，切实做好全国“两会”、奥运会及重要节假日和敏感时期的政治稳定工作，切实维护院所的安全稳定。

关于印发《中国农业科学院党组贯彻落实〈建立健全惩治和预防腐败体系 2008 ~ 2012 年工作规划〉的实施办法》的通知

农科院党组发〔2008〕49 号

院属各单位、院机关各部门：

现将《中国农业科学院党组贯彻落实〈建立健全惩治和预防腐败体系 2008 ~ 2012 年工作规划〉的实施办法》印发给你们，请结合实际认真学习，贯彻执行。

二〇〇八年十二月十日

中国农业科学院党组贯彻落实《建立健全惩治和预防腐败体系2008～2012年工作规划》的实施办法

为全面贯彻党的十七大精神，认真落实中共中央《建立健全惩治和预防腐败体系2008～2012年工作规划》（以下简称《工作规划》）和《农业部党组贯彻落实〈建立健全惩治和预防腐败体系2008～2012年工作规划〉的实施办法》，推进中国农业科学院惩治和预防腐败体系建设，结合中国农业科学院实际，制定本实施办法。

一、指导思想、工作目标和基本原则

中共中央建立健全惩治和预防腐败体系实施纲要颁布以来，中国农业科学院党组认真贯彻中央的部署和农业部要求，紧紧围绕“三个中心、一个基地”战略目标，认真抓好惩治和预防腐败体系建设任务的落实，大力推进教育、制度、监督和惩处等各项工作，反腐倡廉建设取得了新的进展和成效。但反腐倡廉的形势依然严峻，任务依然艰巨。我们要充分认识反腐败斗争的长期性、复杂性、艰巨性，以完善惩治和预防腐败体系为重点，加大工作力度，采取有效措施，持之以恒地推进反腐倡廉建设。

（一）指导思想

以邓小平理论和“三个代表”重要思想为指导，深入贯彻落实科学发展观，坚持标本兼治、综合治理、惩防并举、注重预防的方针，把反腐倡廉建设放在更加突出的位置，以落实党风廉政建设责任制为抓手，根据反腐倡廉面临的新形势新任务，结合“三个中心、一个基地”工作实际，以改革创新的精神全面落实《工作规划》提出的任务，扎实推进中国农业科学院惩治和预防腐败体系建设，为“三个中心、一个基地”建设提供有力保证。

（二）工作目标

通过今后5年的扎实工作，各级领导干部反腐倡廉责任意识进一步增强，拒腐防变教育长效机制初步建立，反腐倡廉制度体系更加健全，权力运行监督制约机制基本形成，重点领域体制改革进一步深化，腐败现象进一步得到遏制，中国农业科学院惩治和预防腐败体系基本框架初步形成。

重点建立起四个工作体系：一是建立领导有力、组织有序、形式多样、教育有效的拒腐防变教育体系；二是建立措施配套、运行规范、易于操作、管理有序的反腐倡廉制度体系；三是建立结构合理、配置科学、程序严密、制约有效的权力运行监控体系；四是建立严谨治学、潜心科研、公正廉洁、甘于奉献的科研作风规范体系。

（三）基本原则

1. 坚持围绕中心、服务大局

以实现“三个中心、一个基地”为目标，把惩治和预防腐败体系建设寓于各项业务工作的建设、管理和改革之中，做到两者紧密结合，相互促进，共同发展，既发挥服务和促进作用，又推动惩防体系逐步完善。

2. 坚持整体推进、惩防并举

紧密结合“三个中心、一个基地”工作实际，立足当前，着眼长远，整合各方面力量，坚持教育、制度、监督和惩处整体推进，做到惩治和预防两手抓、两手都要硬，把改革的推动力、教育的说服力、制度的约束力、监督的制衡力、惩治的威慑力有效结合起来，推动形成反腐倡廉建设的综合效果。

3. 坚持突出重点、注重实效

紧紧抓住中国农业科学院容易发生不廉洁行为和腐败现象的重要领域、重点岗位和关键环节，以领导干部为重点，以规范和制约权力为核心，加大工作力度，采取有效措施，力争取得实效。

4. 坚持改革创新、与时俱进

认真研究中国农业科学院反腐倡廉建设面临的新情况新问题，探索和把握反腐倡廉建设的特点和规律，巩固已有成果，破解工作难题，创新工作思路，完善工作机制，使反腐倡廉建设适应“三个中心、一个基地”工作实际，更加富有成效。

二、加强廉政文化建设，推进反腐倡廉教育

（一）加强廉政文化建设

1. 制定《中国农业科学院关于加强廉政文化建设的指导意见》，围绕建设社会主义核心价值体系，结合社会公德、职业道德、家庭美德、个人品德教育和法制教育，开展丰富多彩、特色鲜明的廉政文化创建活动。（负责单位：监审局）

2. 把廉政文化建设与创建文明单位结合，大力推进廉政文化进院所。有计划地开展丰富多彩的廉政文化创建活动；定期征求各单位职工群众对领导干部廉洁自律方面的意见和建议，把对领导干部的监督延伸到各个层面。（负责单位：监审局、直属机关党委）

3. 把廉政文化建设与加强职业道德教育相结合，大力推动廉政文化进机关。紧紧围绕党的中心工作和中国农业科学院工作实际，根据新时期反腐倡廉形势任务的要求和党员干部的思想状况，开展相关主题教育活动，引导广大党员干部自觉改造主观世界，提高思想和党性修养，切实解决思想和作风等方面存在的突出问题。开展“学习型、创新型、服务型、廉洁型”机关创建活动，切实转变机关作风。组织以反腐倡廉为主要内容的知识测试、机关服务承诺等活动，把廉政文化融入干部管理教育、职业道德教育和创新文化建设之中。(负责单位：院办、直属机关党委、人事局、监审局)

4. 把廉政文化建设与家庭美德教育相结合，大力推动廉政文化进家庭。利用多种形式引导和教育干部家属当好廉内助，共筑廉政防线。(负责单位：后勤服务局、监审局、直属机关党委)

5. 充分利用院报、简报、网络、闭路电视，加大廉政文化的宣传力度。充分发挥闭路电视、网络、院报等媒介的优势，以专题报道、通信等形式，加强党风廉政建设进展、成效、经验和先进典型的报道；发挥农科监察支会作用，深入实际调查研究，探讨党风廉政建设和反腐败斗争中的热点、难点问题，从更深的层次积极探索农业科研院所预防和治理腐败新的方法和途径，开展理论书籍、文章的学习、交流，拓展反腐倡廉理论认识的深度空间；利用网络这一全新的信息平台，增加信息容量，增设廉政文化栏目，增强互动性；利用图书馆、活动中心、报告厅等文化设施，通过举办展览、放映影视作品、提供图书资料等形式，提高廉政文化活动的开放度和群众参与度。(负责单位：监审局、直属机关党委、院办、人事局)

(二) 突出教育重点

切实加强对党员干部特别是领导干部的反腐倡廉教育，把廉政教育纳入“三会一课”、政治学习、形式任务报告等各项教育活动中，以报告会、电化教育、读书思廉等形式有重点地解决党员干部思想上存在的问题。使各级领导干部真正做到自重、自省、自警、自励，以身作则，率先垂范。领导干部要带头学习反腐倡廉理论，带头宣讲辅导，带头撰写学习体会。坚持把反腐倡廉宣传教育贯穿于领导干部的培养、选拔、管理、使用等各个方面。把中国特色社会主义理论体系和反腐倡廉理论作为领导干部理论中心组学习的重要内容，作为新任职的领导干部教育培训的重要内容。领导班子主要负责人讲党课要把廉政建设作为重要内容。各级党组织对本单位反腐倡廉教育要定期作专题分析。(负责单位：直属机关党委、院办、人事局、监审局)

(三) 丰富教育内容

1. 开展理想信念教育

抓住当前全党开展深入学习实践科学发展观活动的有利时机，深入进行党的基本理论、基本路线、基本纲领和基本经验教育，深入进行马克思主义中国化最新成果教育，深入进行社会主义核心价值体系教育，深入进行党的作风和纪律教育，使广大党员干部始终保持对马克思主义、对中国特色社会主义的坚定信念，切实加强党性修养和从政道德修养，牢固树立马克思主义的世界观、人生观、价值观，牢固树立正确的权力观、地位观、利益观和社会主义荣辱观，打牢廉洁从政的思想基础。（负责单位：直属机关党委）

2. 开展法纪教育

认真组织学习党章等党内法规和国家法律法规，组织开展党风党纪专题教育，加强党性修养和从政道德修养，增强法制观念和纪律意识，打牢廉洁从政的思想政治基础。尤其要切实加强政治纪律教育，不断增强党员干部的政治意识、大局意识、责任意识，切实维护中央的权威和党的集中统一。（负责单位：监审局、直属机关党委）

3. 开展党的作风教育

以党的优良传统、社会主义荣辱观和八个方面良好风气教育为重点，大力倡导艰苦奋斗、勤俭节约的作风，牢记“两个务必”，切实提高领导干部的道德水平和廉政意识，促进机关和干部作风进一步转变。（负责单位：直属机关党委、院办、人事局）

4. 开展岗位廉政教育

对新任用干部和新录用工作人员，按照干部管理权限进行任职谈话须包括廉政教育内容。对人财物管理的重点岗位，要加强经常性教育，特别是在干部考察、项目审批、资金安排、出差、出国（境）、开展工作检查、政府采购、招投标等活动之前，都要进行廉政教育和提醒。（负责单位：人事局、直属机关党委、科技局、财务局、基建局、国际合作局、监审局、后勤服务局）

（四）改进教育方法

1. 倡导复合式教育

采取个人自学、专题辅导、集中培训、上党课和实地参观等多种形式，既重视集中教育，又注重自我教育，不断探索群众喜闻乐见、形式多样的教育方法和途径。院机关每年要组织一次反腐倡廉教育报告会。（负责单位：监审局、直属机关党委、院办）

2. 推进廉政教育进课堂

在干部任职培训、初任培训等各类培训中开设廉政教育课程，并保证不少于半天的课时量。组织专业技术人员学风建设专题讲座，在对各级干部、各类人才培训中增加廉政内容，重点进行相关的法律法规、党纪条规、制度规定教育。组织编写符合中国农业科学院干部教育培训实际的有针对性的反腐倡廉教材。（负责单位：人事局、直属机关党委、监审局）

3. 开展电子化教育

充分运用信息技术等现代化手段，在局域网设立廉政专栏、举报信箱，在电子屏幕

宣传廉政内容等，使廉政教育由虚变实。（负责单位：监审局、院办、直属机关党委）

（五）建立教育长效机制

建立健全开展反腐倡廉教育的相关制度，使教育工作和教育活动在领导、组织、时间、经费上得到切实保障。建立教育活动质量的考核评价制度，检验教育效果，提高教育质量。反腐倡廉教育要纳入思想政治教育工作总体规划，纳入年终干部考核内容，做到明确责任主体，明确牵头单位，明确部门责任，整合教育资源；做到经常对教育工作进行督促检查和工作考评，总结经验，表彰先进。（负责单位：监审局、直属机关党委、人事局）

（六）抓好典型教育

结合“两优一先”等评选表彰活动，及时发现身边勤政廉政典型，大力宣传其先进事迹，教育和引导党员干部踏实做事、勤政廉洁。注意运用发生在农业部系统包括农科院的违纪违法案例，开展警示教育，用身边的事教育身边的人。组织开展预防职务犯罪讲座和实地参观等活动，做到以案为鉴、警钟长鸣。（负责单位：监审局、直属机关党委）

三、健全和完善反腐倡廉制度体系

（一）建立健全反腐倡廉基本制度

1. 建立党风廉政建设责任制配套制度。严格执行党风廉政建设责任制，自上而下签订责任书，做好责任分解、考核和追究。根据工作实际修订《中国农业科学院党组党风廉政建设责任制实施办法（试行）》，研究制定中国农业科学院党组对违反党风廉政建设责任制规定实施责任追究的暂行办法，完善党风廉政建设责任制检查考核相关指标体系，进一步健全党风廉政建设责任制检查考核相关制度。（负责单位：监审局）

2. 制定《中国农业科学院基本建设项目审计监督管理办法》、《中国农业科学院基本建设项目招投标廉政监督办法（试行）》、《中国农业科学院政府采购项目招投标廉政监督办法（试行）》。建立副所局级以及院机关处级以上领导干部廉政档案制度。（负责单位：监审局、人事局）

3. 贯彻落实中央即将制定的《中国共产党纪律处分条例》的配套规定、对事业单位工作人员和国有企业人员的纪律处分规定、在查处违纪案件中规范和加强组织处理工作的意见以及修订的《中国共产党纪律检查机关控告申诉工作条例》等相关规章，组织学习农业部《关于处分违纪党员审批权限的规定》、《关于处分违纪党员的工作程

序》、《关于处分违纪党员有关材料呈报、备案和归档的规定》等相关制度。（负责单位：监审局、直属机关党委、人事局）

4. 贯彻落实中央即将出台的《关于在党的地方和基层组织中实行党务公开的意见》，研究制定我院贯彻落实的意见。（负责单位：直属机关党委）

（二）加强源头防治领域的制度建设

1. 制定《中国农业科学院干部交流工作规定》，对培养锻炼性交流、回避性交流、任职期满交流等进行规范。研究制定领导干部经济责任审计审前预告和审后通报制度。（负责单位：人事局、监审局）

2. 建立预算管理相关制度。制定《中国农业科学院部门预算管理规范》、《中国农业科学院财政运转经费管理办法》。（负责单位：财务局）

3. 建立国有资产管理制度体系。制定《中国农业科学院国有资产管理办法》，固定资产、土地等管理办法，构建国有资产的有效监管体系。制定《中国农业科学院进一步加强院办实体监管的意见》、《中国农业科学院关于对外投资暂行管理办法》以及企业清理、改制等相关配套实施细则，构建院办企业全程监管体系。（负责单位：财务局）

4. 加强政府采购相关制度建设。研究制定《中国农业科学院政府采购管理办法》、《中国农业科学院政府采购审计检查工作细则》。探索建立政府采购违规违纪行为的责任追究机制，提出具体的惩治措施。（负责单位：财务局、监审局）

5. 完善招标投标制度。根据国家有关法律法规及近年来的管理实践，研究制定农业科研建设项目招标投标管理规定。（负责单位：基建局、财务局）

6. 探索建立项目执行的绩效考核办法，建立健全及时准确的财政资金使用效益评价和反馈机制。（负责单位：科技局、基建局、国际合作局、财务局）

7. 制定《中国农业科学院外事管理工作规定》、《关于加强因公出国（境）团组境外纪律教育培训工作的暂行规定》，加强出国境管理工作的制度化、规范化。（负责单位：国际合作局）

（三）坚持制度建设的与时俱进

对现行的各项规章制度，进行及时检查清理，已经过时的要及时废止，部分内容不适合形势要求的要抓紧修订完善，需要细化的要尽快制定实施细则。特别要针对实际工作中容易出现漏洞和产生问题的环节，进行建章立制，逐步完善反腐倡廉制度体系。要加大对已有规章制度落实和执行情况的督促检查，维护制度的严肃性和执行力。（负责单位：院办、监审局）

四、强化监督制约

（一）加强对领导干部特别是各级领导班子主要负责人的监督

1. 加强对领导干部遵守党的政治纪律情况的监督。把党员领导干部遵守党的政治纪律情况，作为党内监督的重点内容，列入党员领导干部民主生活会和民主评议党员对照检查的内容。严肃查处公开反对党的基本理论、基本路线、基本纲领、基本经验，拒不执行党和国家的方针政策和重大工作部署及各级党组织重要决定，参加“法轮功”等邪教组织以及编造谣言损害党和国家形象等违反党的政治纪律的案件。（负责单位：监审局、直属机关党委、人事局）

2. 加强对贯彻落实科学发展观和党的“三农”工作重大决策部署情况的监督。围绕建设“三个中心、一个基地”工作进行监督检查，防止和纠正违背科学发展观要求的行为。建立目标清晰的支持保护体系。加强制度建设，建立责任明确、规范高效的项目管理和经费监管机制。加强财政资金使用情况监督检查，规范操作程序，强化资金管理。完善事前审核、事中监督和事后评价机制，落实建设项目责任追究制度。（负责单位：院办、财务局、基建局、科技局、合作局、人事局、直属机关党委）

3. 加强对领导干部执行民主集中制情况的监督。认真开展对涉及干部任免和奖惩、重要决策、重大项目安排和大额资金使用等方面贯彻执行民主集中制及领导班子议事规则情况的监督检查。完善领导、群众和专家相结合的决策机制，推进决策的科学化、民主化。（负责单位：人事局、直属机关党委、监审局）

4. 加强对落实领导干部廉洁自律规定情况的监督。重点治理领导干部违反规定收送现金、有价证券、支付凭证和收受干股，以及以赌博和交易等形式收受财物、利用婚丧嫁娶等事宜收钱敛财、在住房上以权谋私等问题，纠正和查处领导干部放任、纵容配偶、子女和身边工作人员利用其职权和职务影响经商办企业等问题。（负责单位：监审局、人事局）

5. 加强上级党委和纪委对下级党委及其成员的监督。完善修订党建工作考核办法，健全上级党委、纪委对下级党组织及其成员经常性考察和定期考核机制。加强党组织领导班子内部监督，主要负责人自觉接受领导班子成员的监督。加强同级纪委对党委领导班子的监督。建立健全各级党组织领导班子定期向党员大会、全委会报告工作制度，充分发挥基层党组织和党员在党内监督中的作用。（负责单位：直属机关党委、监审局）

6. 加强对落实党风廉政建设责任制情况的监督。加大对责任制落实情况的检查、考核和追究力度。每年开展一次党风廉政建设责任制落实情况的专项检查，把责任制落实情况作为领导班子考察的重要内容，作为对领导干部的业绩评定、奖励惩处、选拔任用的重要依据。（负责单位：监审局、人事局、直属机关党委）

（二）加强对重要领域和关键环节权力行使的监督

1. 加强对干部选拔任用工作的监督。加强对干部选拔任用全过程的监督，建立干部监督工作联席会议制度，发挥监督合力作用。坚持和完善干部选拔任用前征求同级纪检监察部门意见的制度。畅通对干部选拔任用问题的反映渠道，加强对群众举报问题的核查工作，在干部提拔任用公示期间有问题反映的要及时组织调查，调查结束后再作是否任免的决定。（负责单位：人事局、监审局）

2. 加强对财政资金和国有资产监管。严格执行资产配置办法和配置标准，积极推行实物费用定额制度；严格履行资产使用和处置事项的审批手续，推行单位民主决策，建立科学的论证评价体系；进一步完善国有资产保值增值考核体系，制定新的考核办法。实行重大投资论证制度、重大投资领导班子集体决策制度和重大投资决策失误责任追究制度。（负责单位：财务局、各有关单位）

3. 加强对招标投标、政府采购工作的监督。严格审查项目招标方案和招标投标情况书面报告，进一步规范项目招标方案的批复。认真做好招标投标监督及其举报的受理工作，严肃查处招标投标过程中的违纪违规行为。科学合理地编制政府采购预算和采购计划，加强对采购过程的监督管理和对采购结果的财务把关，加大政府采购操作执行环节的监管力度。（负责单位：监审局、财务局、基建局）

（三）发挥监督的整体合力作用

1. 切实加强党内监督。坚持领导干部参加双重组织生活会制度，接受党员群众的监督。切实改进民主生活会方式方法，增强党内政治生活的原则性，加强领导班子成员之间的相互监督。落实领导干部报告个人有关事项的规定。落实领导干部述职述廉、诫勉谈话和函询制度。推进党务公开，落实党员在党内监督中的责任和权利。建立纪检监察机关与组织部门有关情况通报制度。（负责单位：直属机关党委、人事局、监审局）

2. 加强群众监督和民主监督。利用举报箱、举报电话等形式，支持和保证群众监督。定期向单位民主党派和无党派人士通报情况，听取批评和建议。切实推进信息公开，建立信息公开电子监察系统，开展信息公开督查，对应公开未公开的行为进行及时纠正。坚持院领导信访接待日制度，健全受理群众举报违纪违法行为的工作机制。（负责单位：院办、直属机关党委、人事局、监审局）

3. 加强专门机关监督。严肃查处违反政纪的案件。加强领导干部任期经济责任审计（院办公司经理任期审计）、经营管理和经济效益审计和基建项目竣工决算审计的监督管理，同时要加强对重大科研项目、重大国际合作项目的结题决算审计。（负责单位：监审局、人事局、科技局、财务局、基建局、国际合作局）

4. 配合开展巡视工作，提高巡视工作质量，重视巡视成果的综合运用。（负责单

位：人事局、监审局、院办、财务局、基建局、直属机关党委）

五、深化体制机制制度改革

（一）进一步深化干部人事制度改革

完善干部考核评价体系，发挥考核在干部任用和监督管理中的作用。稳步推进竞争上岗工作。建立干部初始提名情况和推荐、测评结果在领导班子内部公开制度。加大干部交流力度，重点加强从事执纪执法、干部人事、审计、项目审批和资金管理等重要岗位干部的交流。推进事业单位领导干部任期制，实行任期目标管理，采取届中、届末考核方式，加大考核力度。（负责单位：人事局）

（二）深化政府采购制度改革

扩大政府采购范围和规模，严格实行“管采分离”，加强对政府采购各个环节的监管。进一步完善政府采购预算管理，逐步实现按规定应当进行政府采购的事项全部实施政府采购。加强政府采购资金支付管理，探索建立政府采购违规违纪行为的责任追究机制。（负责单位：财务局）

（三）推进公务消费制度改革

推进领导干部职务消费活动的公开化透明化。建立财务报告制度，积极推进公务卡试点改革，强化对领导干部职务消费的民主监督和财务监督。把领导干部公务消费情况列入经济责任审计的重要内容。推进公务通信、会议管理、公务用餐和公务用车等后勤管理制度改革。（负责单位：财务局、院办、人事局、后勤服务局）

（四）推进对院办企业监管体制改革

强化对外投资监管，构建对外投资评审机制。积极稳妥地推进企业产权多元化改革，完善企业治理结构。加强对院办企业的财务审计工作。切实规范事企资产关系，规范事企资金往来。对于未有效履行监管职责造成国有资产损失或者其他严重后果的，实行严格的责任追究。（负责单位：财务局、监审局）

六、严格规范评比达标表彰、举办节庆等活动

严格审核评比达标表彰活动，修订完善相关制度和措施，切实加强日常监管。严格控制机关及各单位举办节庆活动，规范审批程序、标准、范围，严格审批纪律。坚决纠正和查处滥用财政资金，利用行政权力拉赞助、搞摊派，以及利用举办节庆活动谋取私利、用公款大吃大喝、游山玩水和进行高消费娱乐活动等行为。（负责单位：院办、财务局、监审局）

七、切实加强作风建设

进一步落实《中国农业科学院党组关于加强领导干部作风建设的意见》，切实加强机关作风建设，弘扬求真务实、厉行节约、艰苦奋斗的良好作风。（负责单位：直属机关党委、院办、人事局、监审局）

八、保持查办案件工作力度

（一）坚决查处违纪违法案件

严厉查处违反政治纪律、滥用职权、贪污贿赂、腐化堕落、失职渎职的案件。严厉查处官商勾结、权钱交易、权色交易和严重侵害农民利益的案件。严肃查处农业投资项目中规避招标、虚假招标的案件。严肃查处在产权交易、资本运营和经营管理中隐匿、私分、侵占、转移国有资产以及领导人员失职渎职造成国有资产流失的案件。严肃查处严重违反组织人事纪律的案件。严肃查处贿赂案件，既要惩处受贿行为，又要惩处行贿行为。（负责单位：监审局、人事局、财务局、基建局）

（二）继续深入开展治理商业贿赂专项工作

继续推进自查自纠和专项治理，坚决纠正不正当交易行为。结合实际，重点查处工程建设、政府采购、图书发行等方面的商业贿赂案件。针对存在的问题，建章立制，推动改革创新，逐步建立健全预防和治理商业贿赂的长效机制。（负责单位：财务局、基建局、监审局）

（三）提高执纪执法水平

1. 进一步加强和改进查办案件工作。坚持依纪依法办案，严格履行办案程序，加强案件审理工作。改进办案方式和方法，加强对新形势下办案工作特点和规律的研究。加大组织处理工作力度，提高运用组织处理和纪律处分的综合效果。（负责单位：监审局、人事局）

2. 加强信访举报工作。进一步完善信访工作程序，健全来信来访实名举报办理规定，对实名举报实行反馈和回复制度，严格为举报人保密。完善信访督办机制，建立信访重要案件线索统一排查制度，加强对来信来访反映问题核查的交办、督办工作，发挥信访举报在惩治腐败中的重要作用。（负责单位：院办、监审局）

3. 加大查处案件的组织协调力度。加强纪检监察与法院、检察、公安、审计等执纪执法机关的协作配合，进一步健全机关各部门分工合作、相互协调的工作机制，进一步形成惩治腐败的整体合力。（负责单位：监审局、院机关各部门）

（四）继续发挥查办案件的治本功能

深入剖析发生在农业部系统以及我院的典型案例，深刻总结教训，查找制度漏洞，促进建章立制。利用典型案例，通过编发通报、讲党课等多种形式开展警示教育。实现查处案件的政治效果、社会效果和法纪效果相统一。（负责单位：监审局）

九、建立贯彻落实工作机制

（一）加强组织领导

各单位、各级党组织要把落实《工作规划》和本办法作为今后5年反腐倡廉建设的一项政治任务来抓，切实加强组织领导，列入重要议事日程，与业务工作一起部署、一起落实、一起检查、一起考核。要进一步健全惩防体系建设组织实施的领导机构，成立由一把手负总责的本单位落实工作领导小组。在《工作规划》及本办法贯彻落实过程中，一把手要真正做到重要工作亲自部署、重大问题亲自过问、重点环节亲自协调、重点案件亲自督办。

（二）抓好责任落实

各单位党政领导班子特别是一把手要切实增强责任意识，严格执行党风廉政建设责任制，担负起全面领导《工作规划》贯彻落实的政治责任。各级领导班子及其成员是党风廉政建设的责任主体，主要领导干部是党风廉政建设的第一责任人，也是抓《工作规划》贯彻落实的第一责任人，必须一级抓一级，一级对一级负责；其他成员根据分工，按照“谁主管谁负责”的原则，抓好负责范围内的《工作规划》贯彻落实工作，做到齐抓共管，确保任务落实。

（三）强化协调配合

各牵头负责的单位（负责单位中排在第一位的）要对承担的工作任务制定落实的具体措施，有的还要进行进一步分解，按照协助部门的职责，落实相应的任务。协助部门要积极配合支持，承担起相应的工作职责。纪检监察部门要切实履行职责，协助党组健全工作机构，制定工作方案，作出具体安排，组织有关部门抓好工作落实。各单位要与院贯彻落实《工作规划》领导小组加强沟通联系，建立信息通报和专报制度，及时报告工作进展情况。

（四）开展监督检查

各牵头负责的单位每年要对工作进展情况进行专项检查，查找问题，认真整改，总结经验，推动工作，并向院贯彻落实《工作规划》领导小组提交工作报告。院党组把各单位贯彻落实《工作规划》和本实施办法情况纳入每年组织开展的党风廉政建设责任制专项检查的重要内容，列入对各单位领导班子和领导干部的考核评价范围，作为工作实绩评定和干部奖惩的重要内容，严格责任考核，强化责任追究。院贯彻落实《工作规划》领导小组及其办公室要认真负责地做好组织协调和指导督导工作。要注意研究贯彻落实工作中遇到的具体问题，及时总结和推广各单位好的做法和成功经验。

关于表彰中国农业科学院直属机关2006~2007年度先进基层党组织、优秀共产党员和优秀党务工作者的决定

院各直属党委、总支、支部：

两年来，我院各级党组织、广大共产党员和党务工作者在农业部和院党组的领导下，高举中国特色社会主义伟大旗帜，以邓小平理论和“三个代表”重要思想为指导，树立和落实科学发展观，认真学习贯彻党的十六届五中、六中全会和十七大精神，紧密围绕我院中心任务，与时俱进，开拓创新，较好地发挥了基层党组织的政治核心作用、战斗堡垒作用和共产党员的先锋模范作用，涌现出了一批先进基层党组织、优秀共产党员和优秀党务工作者。为了表彰先进，树立典型，经院直属机关党委组织评选，并报院党组批准，决定授予农业资源与农业区划研究所党委等15个党组织为中国农业科学院直属机关2006~2007年度“先进基层党组织”称号；授予方悴农等20名同志为中国农业科学院直属机关2006~2007年度“优秀共产党员”称号；授予王安等16名同志为中国农业科学院直属机关2006~2007年度“优秀党务工作者”称号。

希望受到表彰的先进基层党组织、优秀共产党员和优秀党务工作者，谦虚谨慎，珍惜荣誉，不断进取，再创佳绩，为农业科技事业做出新的贡献。

全院各级党组织要向受到表彰的先进基层党组织学习，全面树立和深入落实科学发展观，以改革创新的精神加强自身建设，坚持围绕中心、服务大局，不断加强党的思想、组织、作风和制度建设，全面巩固和发展先进性教育活动成果，不断提高党组织的创造力、凝聚力和战斗力，为农业科技事业的快速发展提供坚强的政治保证和组织保证。

全体共产党员要以受到表彰的先进个人为榜样，胸怀共产主义远大理想，坚定走中国特色社会主义道路的信念，自觉贯彻执行党的路线、方针、政策，在农业科技事业的各个岗位上刻苦学习、勤奋努力、勇于创新、乐于奉献，坚持新时期保持共产党员先进性的基本要求，争做科技创新的模范、服务“三农”的模范、科学民主的模范、求真务实的模范和清正廉洁的模范，开拓进取，扎实工作，为实现我院发展的战略目标、扎实推进现代农业建设和社会主义新农村建设而努力奋斗！

附件：中国农业科学院直属机关2006~2007年度先进基层党组织、优秀共产党员和优秀党务工作者名单

二○○八年六月十日

附件：

中国农业科学院直属机关 2006～2007 年度先进基层党组织、优秀共产党员和优秀党务工作者名单

一、先进基层党组织（15 个）

农业资源与农业区划研究所党委
农业环境与可持续发展研究所党委
蜜蜂研究所党委
农业经济与发展研究所党委
农业信息研究所党委
人事局党支部
国际合作局党支部
作物科学研究所第二党支部
植物保护研究所第五党支部
蔬菜花卉研究所第六党支部
北京畜牧兽医研究所第七党支部
农产品加工研究所第五党支部
生物技术研究所第一党支部
农业质量标准与检测技术研究所第一党支部
研究生院学生党总支

二、优秀共产党员

（20 名，按姓氏笔画排序）

方悴农　院机关离退休党总支
平淑珍　生物技术研究所
刘凤彦　院监察与审计局
贡锡锋　院国际合作局
李　斌　作物科学研究所
李先德　农业经济与发展研究所
李志平　研究生院
吴子林　饲料研究所

张志斌　蔬菜花卉研究所
罗绪刚　北京畜牧兽医研究所
杨其长　农业环境与可持续发展研究所
杨照斌　院基本建设局
郝志强　院人事局
胡海涛　院直属机关党委
郭同军　农业资源与农业区划研究所
聂凤英　农业信息研究所
钱永忠　农业质量标准与检测技术研究所
徐世昌　植物保护研究所
黄家章　中国农业科学技术出版社
蔡雪雁　农产品加工研究所

三、优秀党务工作者

（16 名，按姓氏笔画排序）

王　安　蜜蜂研究所
王秀玲　研究生院
白丽梅　农业资源与农业区划研究所
卢绍荣　院直属机关党委
刘　俐　农业信息研究所
刘　燕　中国农业科学技术出版社
刘五岳　北京畜牧兽医研究所
孙丽萍　生物技术研究所
吴胜军　院财务局
杨克理　作物科学研究所
姜梅林　院办公室
赵玉林　院人事局
赵俊辉　农产品加工研究所
姬军红　农业环境与可持续发展研究所
真少青　院科技管理局
葛　红　蔬菜花卉研究所

关于表彰中国农业科学院直属机关 2004～2007 年度“十佳青年”的决定

院属京区各单位、院机关各部门：

近年来，我院直属机关广大青年认真贯彻落实党的十六大、十七大精神，高举中国特色社会主义伟大旗帜，坚持以邓小平理论和“三个代表”重要思想为指导，全面贯彻落实科学发展观，在推动农业科技事业发展和社会主义和谐社会建设中做出了积极的贡献，涌现出许多热爱祖国，热爱社会主义，全心全意为人民服务；刻苦学习，勤奋工作，艰苦奋斗，无私奉献的先进典型。

为表彰先进、宣传典型，引导和激励我院广大青年勤于学习，善于创造，甘于奉献，立足本职建功立业，院直属机关党委、院人事局组织开展了中国农业科学院直属机关 2004～2007 年度“十佳青年”评选表彰活动。经评委会认真评议和投票推选，决定授予马秀勇、安建东、何萍（女）、张永军、张德权、李新海、陈茹梅（女）、季勇、龚道枝、魏宏阳 10 名同志（按姓氏笔画顺序排列）中国农业科学院直属机关 2004～2007 年度“十佳青年”荣誉称号。希望受到表彰的青年再接再厉，戒骄戒躁，向更高的目标攀登，为我院农业科技创新事业的发展奉献青春、智慧和力量。

这 10 名青年是我院直属机关涌现出的优秀青年的突出代表。他们胸怀祖国、服务人民，自觉把个人的奋斗融入农业科研事业中，以自己的实际行动积极实践“三个代表”重要思想和科学发展观；他们坚韧不拔、锐意进取，在平凡的岗位上创造出一流的业绩；他们矢志创新、追求卓越，在服务“三农”的各个岗位上充分展示了我院青年的精神风貌。

我院直属机关广大青年要以他们为榜样，坚持用中国特色社会主义理论武装头脑，在全面建设小康社会中奋发有为，在树立社会主义新风尚中勇于争先，练就适应时代要求的过硬本领，努力成为理想远大、信念坚定的新一代，品德高尚、意志顽强的新一代，视野开阔、知识丰富的新一代，开拓进取、艰苦创业的新一代，勇敢肩负起时代重任，继续为党、为人民建功立业，为发展现代农业和社会主义新农村建设做出新的更大的贡献。

附件：中国农业科学院直属机关 2004～2007 年度“十佳青年”名单

二〇〇八年六月十八日

附件：

中国农业科学院直属机关 2004～2007年度“十佳青年”名单

（按姓氏笔画排序）

姓名	单位
马秀勇	院直属机关党委
安建东	蜜蜂研究所
何　萍（女）	农业资源与农业区划研究所
张永军	植物保护研究所
张德权	农产品加工研究所
李新海	作物科学研究所
陈茹梅（女）	生物技术研究所
季　勇	院人事局
龚道枝	农业环境与可持续发展研究所
魏宏阳	北京畜牧兽医研究所

关于共青团中国农业科学院第十次代表大会和第十届委员会第一次会议选举结果的报告

农业部直属机关团委：

共青团中国农业科学院第十次代表大会于 2008 年 12 月 23 日在京举行，应到会代表 37 名，实到会代表 36 名。

大会根据团章的有关规定，经到会代表采取无记名投票方式和差额选举的办法，选举田文礼等 7 名同志为共青团中国农业科学院第十届委员会委员（得票情况附后）。

随后，共青团中国农业科学院第十届委员会召开了第一次全体会议。按照有关规定进行选举，李建才为书记，韩进、杨建玲（女）为副书记。

请备案。

附件：共青团中国农业科学院第十届委员会书记、副书记、委员名单和得票情况

二〇〇九年一月六日

附件：

共青团中国农业科学院第十届委员会委员名单和得票情况

（按姓氏笔画排序）
（36 名代表参加会议，有效票 36 张）

姓　名	得票数
田文礼	31
李建才	35
杨建玲	34
郑　莹	23
段成立	33
郝志鹏	32
韩　进	34

共青团中国农业科学院第十届委员会
书记、副书记名单和得票情况

（7 名委员参加，有效票 7 张）

书　记：李建才，7 票
副书记：韩　进，7 票
　　　　杨建玲，7 票

关于表彰2007～2008年度
中国农业科学院文明单位、文明职工的决定

院属各单位、机关各部门：

为进一步加强我院精神文明建设，推动群众性精神文明创建活动，经各单位申报、院精神文明建设委员会组织评选和公示，并报院党组批准，决定授予蔬菜花卉研究所等5个单位为“2007～2008年度中国农业科学院文明单位标兵”荣誉称号；授予科技管理局等18个单位为“2007～2008年度中国农业科学院文明单位”荣誉称号；授予蒋大雄等10名同志为“2007～2008年度中国农业科学院文明职工标兵”荣誉称号；授予张应禄等24名同志为“2007～2008年度中国农业科学院文明职工”荣誉称号。

希望院属各单位和全院干部职工向他们学习，深入学习实践科学发展观，按照重在建设、贵在坚持、务求实效的原则，扎实开展精神文明创建活动，深入开展创新文化建设，进一步构建和谐院所，为实现我院“三个中心、一个基地”的战略目标、建设现代农业做出新贡献。

附件：中国农业科学院2007～2008年度文明单位、文明职工名单

附件：

中国农业科学院2007～2008年度 文明单位、文明职工名单

（排名不分先后）

一、文明单位名单

（一）文明单位标兵

蔬菜花卉研究所
农业资源与农业区划研究所
研究生院
中国水稻研究所
特产研究所

（二）文明单位

科技管理局
国际合作局
基本建设局
作物科学研究所
植物保护研究所
农业环境与可持续发展研究所
蜜蜂研究所
生物技术研究所
农业经济与发展研究所
农业信息研究所
棉花研究所
油料作物研究所
郑州果树研究所
茶叶研究所
兰州兽医研究所
兰州畜牧与兽药研究所
上海兽医研究所
烟草研究所

二、文明职工名单

（一）文明职工标兵

蒋大雄　基本建设局项目管理处高级工程师
何中虎　作物科学研究所国际小麦改良中心主任
万方浩　植物保护研究所生物入侵室主任
徐彩清（女）　蔬菜花卉研究所科研辅助人员

朱昌雄　　农业环境与可持续发展研究所环境修复研究室主任
王　安（女）　蜜蜂研究所人事处处长
王　静（女）　农业质量标准与检测技术研究所残留检测室主任
杨建玲（女）　研究生院团委书记
柳纪省　　兰州兽医研究所动物传染病研究室主任
徐富荣　　上海兽医研究所所长助理

（二）文明职工

张应禄　　院办公室调研处处长
陆建中　　科技管理局发展规划处处长
刘雨坤　　国际合作局国际组织处项目官员
治　莹（女）　监察与审计局监察处副处级监察员
刘　颖（女）　北京畜牧兽医研究所主任科员
马书宇（女）　饲料研究所中心分析室主任
吕加平　　农产品加工研究所工程中心副主任
陈茹梅（女）　生物技术研究所副研究员
高琼瑶（女）　农业经济与发展研究所副研究员
孟秀华（女）　农业资源与农业区划研究所助理研究员
赵颖波（女）　农业信息研究所副研究员
冯凌云（女）　中国农业科学技术出版社副编审
冀　东　　农田灌溉研究所用水管理及修理组组长
章善庆　　中国水稻究所国家水稻改良中心一级责任专家
王晓辉（女）　棉花研究所科技管理处助理农艺师
张学昆　　油料作物研究所研究员
程存刚　　果树研究所副所长
尹军峰　　茶叶研究所工程中心副研究员
袁志俊　　兰州畜牧与兽药研究所计划财务处处长
闫喜军　　特产研究所人兽共患病研究室主任
闫立金　　环境保护科研监测所助理会计师
任晓斌　　沼气科学研究所主任科员
胡志超　　南京农业机械化研究所工程技术中心主任
石　屹　　烟草研究所栽培营养研究室副主任

中国农业科学院贯彻落实2008年反腐倡廉工作任务的分工意见

为贯彻落实第十七届中央纪委第二次全会精神，按照农业部和院2008年党风廉政建设工作会议部署，根据党风廉政建设责任制的规定，结合我院实际，现对2008年党风廉政建设工作提出以下分工意见（以下简称《意见》）。

一、认真开展对党的十七大重大决策部署执行情况的监督检查

（一）坚持把维护党的政治纪律放在首位，督促广大党员干部增强党性观念，坚决贯彻落实党的十七大确定的各项任务，坚决维护党的集中统一，坚决维护中央权威，切实保证政令畅通。

负责单位：直属机关党委

（二）根据中央和农业部部署，结合我院实际，组织开展好深入学习实践科学发展观活动。

负责单位：直属机关党委、院办、人事局、监审局

（三）加强对重点区域、重点部位、关键环节的监管，严肃查处在项目执行中的违规违纪问题。

1. 加强对科研项目的监管，督促管好用好科研项目经费。

负责单位：科技局

2. 加强对基建项目的监管，督促管好用好基建项目经费。

负责单位：基建局

3. 加强对国际合作项目的监管，督促管好用好国际合作项目经费。

负责单位：国际合作局

4. 加强对财政专项的监管，督促管好财政资金。

负责单位：财务局

二、继续保持查办案件工作力度

（四）严肃查处在干部任免、课题经费管理、基建招投标、政府采购、科技开发、土地房屋出租转让、行政事业性收费中滥用职权、贪污贿赂、腐化堕落、失职渎职的案件；严肃查处农业投资项目中规避招标、虚假招标的案件；严肃查处在产权交易、资本

运营和经营管理中隐匿、私分、侵占、转移国有资产以及领导人员失职渎职造成国有资产流失的案件。

负责单位：监审局

（五）继续深入开展治理商业贿赂专项工作，既要严厉惩处受贿行为，又要严厉惩处行贿行为。

负责单位：监审局

（六）加强信访举报工作，健全来信来访实名举报办理规定，完善督办机制。

负责单位：院办、监审局

（七）继续发挥查办案件的治本功能，深入剖析发生在部、院系统的典型案例，深刻总结教训，查找制度漏洞，教育和警示党员干部。

负责单位：监审局

三、深入开展反腐倡廉教育，切实做好领导干部廉洁自律工作

（八）以树立社会主义核心价值体系为目标，整合教育资源，构建大宣教格局，加强对党员干部特别是领导干部的理想信念、党风党纪、廉洁从政和艰苦奋斗教育。把反腐倡廉教育列入干部教育培训规划，同领导干部培养、选拔、管理、使用等结合起来，坚持贴近工作实际和思想实际，增强反腐倡廉教育的系统性、针对性和有效性。

负责单位：直属机关党委、人事局、监审局

（九）探索对领导干部进行全程化监督的方法和途径。切实把教育和管理结合起来，建立副所局级领导干部廉政档案。

负责单位：监审局、人事局

（十）巩固和发展先进性教育活动成果，通过网络、闭路电视、各种平面媒体以及各种组织形式，大力开展先进典型示范教育和反面典型警示教育。

负责单位：直属机关党委、监审局

（十一）开展多种形式的廉政文化建设，积极推进廉政文化进机关、进基层，宣传基层廉政文化建设成果和先进典型。

负责单位：监审局、直属机关党委、院办

（十二）认真执行中央纪委《关于严格禁止利用职务上的便利谋取不正当利益的若干规定》，针对突出问题，重点抓好以下工作。

1. 深入治理领导干部违反规定收送现金、有价证券、支付凭证和收受干股，以及以赌博和交易等形式收受财物、利用婚丧嫁娶等事宜收钱敛财等问题。

负责单位：监审局、人事局、财务局

2. 清理纠正领导干部在住房上以权谋私的问题，严禁领导干部超标准建房、多占住房、违规购买经济适用房，坚决处理领导干部违规违法收受房屋的问题。

负责单位：财务局、后勤服务中心（局）、监审局

3. 纠正和查处领导干部放任、纵容配偶、子女和身边工作人员利用其职权和职务影响经商办企业等问题。

负责单位：人事局、监审局

4. 预防和治理领导干部在招标投标、土地处置、产权交易、政府采购等工作中违规操作、谋取私利的问题。

负责单位：财务局、基建局、监审局

四、进一步深化改革和推进制度创新

（十三）制定中国农业科学院惩治和预防腐败体系 2008～2012 年工作计划。针对容易滋生腐败的关键岗位和环节，健全拒腐防变教育长效机制、反腐倡廉制度体系、权力运行监控机制，完善农科院系统惩治和预防腐败体系基本框架。

负责单位：监审局、直属机关党委、人事局

（十四）进一步深化干部人事制度改革，按照科学发展观的要求，坚持和完善领导班子和领导干部综合考核评价制度，建立健全科学的干部选拔任用和管理监督机制。规范干部任用提名制度，健全领导干部职务任期、回避、交流制度。

负责单位：人事局

（十五）进一步深化财务管理制度改革，强化预算管理和监督，推进综合预算，逐步将非税收入纳入财务预算，实行“收支两条线”管理。

负责单位：财务局

（十六）加强对院办企业的管理，制定有关制度，强化源头管理，防止国有资产流失，确保国有资产保值增值。

负责单位：财务局

（十七）研究制定院党组对违反党风廉政建设责任制规定实施责任追究的暂行办法，完善相关指标体系，进一步健全党风廉政建设责任制检查考核相关制度。

负责单位：监审局、人事局、直属机关党委

（十八）进一步完善决策程序、决策评价、民主监督、办事公开等制度，发挥学术委员会作用，推进决策的科学化、民主化。

负责单位：院办、科技局

（十九）制定和实施《中国农业科学院基本建设工程项目竣工决算审计监督管理办法》、《中国农业科学院基本建设项目招投标廉政监督检查办法》、《中国农业科学院政府采购项目招投标廉政监督检查办法》；针对近几年来我院信访举报和查办案件中的热点问题，收集我院和相关科研单位案例，编撰警示教育案例 50～80 件，以案说法、以案讲纪；通过《纪检监察审计动态》刊登反腐倡廉理论研究成果、警示教育案例等宣传教育材料，扩大宣传效果。

负责单位：监审局

五、切实加强对权力运行的制约和监督

（二十）坚持从规范权力运行入手，建立健全依法行使权力的监督制约机制，凡属重大决策、重要干部任免、重大项目安排和大额度资金使用等重要问题，必须经集体讨论作出决定。

负责单位：人事局、财务局、基建局

（二十一）配合开展巡视工作，提高巡视工作质量，重视巡视成果的综合运用。

负责单位：人事局、监审局、院办、财务局、基建局、直属机关党委

（二十二）认真落实党风廉政建设责任制，加大对责任制落实情况的检查、考核和追究力度。

负责单位：监审局、人事局、直属机关党委

（二十三）认真落实党内监督制度，开展对党内监督条例实施情况的专项检查。提高民主生活会质量，严格执行述职述廉、诫勉谈话、函询和党员领导干部报告个人有关事项等制度。

负责单位：直属机关党委、人事局、监审局

（二十四）进一步加强领导干部任期经济责任审计（院办公司经理任期审计）、经营管理和经济效益审计和基建项目竣工决算审计的监督管理，同时要加强对重大科研项目、重大国际合作项目的决算审计。

负责单位：监审局、人事局、科技局、财务局、基建局、国际合作局

（二十五）加大对科研课题经费管理使用的监督力度，选择 1 ~ 2 个有代表性的科研课题进行管理审计。进一步提高审计质量，强化审计成果的运用。

负责单位：监审局、科技局

（二十六）加强干部选拔任用、财政资金运行以及招投标、政府采购项目的监督，保证领导干部正确行使权力。

负责单位：人事局、财务局、基建局、监审局

（二十七）发展党内民主，推进党务公开，加强对党员权利保障条例实施情况的监督检查。

负责单位：直属机关党委

六、继续加强领导干部作风建设

（二十八）大力倡导勤俭节约、艰苦奋斗作风，坚决反对和制止奢侈浪费。

负责单位：院办、直属机关党委

（二十九）认真落实规范津贴补贴有关规定。

负责单位：人事局

（三十）开展“小金库”专项治理。

负责单位：财务局

（三十一）严禁用公款大吃大喝、游山玩水和进行高消费娱乐。

负责单位：院办、财务局、监审局

（三十二）加强领导干部出国护照管理，坚决制止公款出国（境）旅游。

负责单位：合作局、院办、财务局、监审局

（三十三）坚持求真务实，加强勤政建设，推进行政职能转变，改进会风文风，努力建设服务创新、和谐高效、务实清廉的院所机关。

负责单位：院办

七、统筹协调，形成合力，加大检查力度

（三十四）围绕五个方面开展监督检查：一是围绕科学发展观的贯彻落实情况开展监督检查；二是围绕党风廉政建设责任制、领导班子民主集中制和领导干部作风建设开展监督检查；三是围绕惩防体系建设开展监督检查；四是围绕党纪党规执行情况开展监督检查；五是围绕治理商业贿赂专项工作开展监督检查。院属各单位 8 月份完成自查，9 月份组织抽查。

负责单位：监审局、人事局、直属机关党委等反腐败联席会议成员单位

负责单位中列在第一位的为牵头单位。各单位要严格执行党风廉政建设责任制。院反腐败联席会议各成员单位要把党风廉政建设列入工作日程，按照本《意见》的分工落实各项工作任务，做好承担任务的分解细化，落实责任和工作进度，制定切实可行的实施方案，组织实施并强化监督检查。对本《意见》中确定的反腐倡廉工作具体任务，联席会议各成员单位要在年底前写出各自完成任务的书面材料，并由成员单位负责人向院反腐败工作联席会议作全面汇报。

院属各单位的反腐败联席会议要紧密结合本单位实际，制定本单位的年度反腐倡廉工作任务的分工意见。分工意见必须任务明确、重点突出、责任落实。院属各单位的分工意见和机关各部门（院反腐败联席会议成员单位）的实施方案要报院反腐败联席会议办公室备案。

中国农业科学院基本建设项目审计监督管理办法

第一条　为了加强对基本建设项目的审计监督，促进基本建设项目规范管理，提高投资效益，根据《中华人民共和国审计法》、《审计机关国家建设项目审计准则》和《农业基本建设项目管理办法》，结合本院实际，制定本办法。

第二条　本办法所称基本建设项目，是指我院以国拨资金、自有资金或者融资为主的基本建设投资，以扩大生产（业务）能力或新增工程效益、增强事业发展能力为主要目的而实施的新建、改扩建工程项目和金额在 30 万元以上（含 30 万元）的修缮购置项目。

第三条　建设单位（院部和院属各单位）必须按规定对基本建设项目进行工程造价结算审计和项目财务决算审计（其中购置项目只进行项目财务决算审计）。对特殊行业、特殊部门执行的以无洽商、包总价的方式支付工程款的基本建设项目需进行工程预算审计。院监察与审计局负责对审计进行监督。

第四条　院部的基本建设项目由基建局具体实施，由监察与审计局进行监督。院属各单位的基本建设项目按照实施和监督分离的原则参照执行。

第五条　基本建设项目的审计由建设单位的监督部门代表建设单位委托社会中介机构进行，与社会中介机构签订《审计业务约定书》。

第六条　基本建设项目的工程造价结算审计和项目财务决算审计必须委托有行政主管部门颁发相应资质的社会中介机构进行。采取招投标委托方式确定社会中介机构的，委托审计招投标活动应严格遵守《中华人民共和国招标投标法》。

第七条　具有以下情形之一的社会中介机构，建设单位不得委托其实施审计：

（一）不具备相应资质和能力的；

（二）受到审计、财政、监察、税务、工商、证券监管、银行监管等有关部门查处且尚未解除从业限制的；

（三）依据本办法第十条规定受到从业限制的。

第八条　建设单位与有关单位签订建设工程合同时，应当在合同中约定经工程结算审计后方可办理工程结算；建设单位在进行工程结算审计前，支付给施工单位的工程款总额不得超过合同价的 85%。

第九条　建设单位应在《审计业务约定书》中要求受托社会中介机构在出具审计报告时，对审计的会计报表是否符合国家有关基本建设财务管理规定和会计制度作出明确表述。

第十条 受托社会中介机构提供的审计报告严重失实、审计结论意见不准确，且拒绝进行重新审计或纠正的，建设单位应终止委托审计业务，停止支付审计费用，并5年内不得委托其从事审计业务。

第十一条 审计费用在国家规定的收费标准范围内，由建设单位与受托社会中介机构协商确定。审计费用按照国家有关规定列支。

第十二条 院部和院属各单位在接受审计时，具体部门应该向委托审计的社会中介机构提供真实、完整的资料，做好配合审计的各项工作。

第十三条 院属京区各单位在接受审计后10个工作日内将审计报告和所委托的社会中介机构的相关资质证明复印件上报监察与审计局备案；院属京外各单位可于年底前上报当年全部审计报告和所委托的社会中介机构的相关资质证明复印件。

第十四条 监察与审计局应及时审核并合理使用审计报告。必要时可组织力量对审计情况进行质量检查或复审。

第十五条 院属各单位应根据本办法制定本单位的基本建设项目审计监督实施细则。

第十六条 本办法由监察与审计局负责解释。

第十七条 本办法自发布之日起施行。原《中国农业科学院基本建设工程项目竣工决算审计办法》（农科院监审［2004］110号文）同时废止。

中国农业科学院基本建设项目招投标廉政监督办法（试行）

第一章 总 则

第一条 为加强我院基本建设项目招投标的廉政监督工作，维护招投标活动当事人的合法权益，保证招投标活动公开、公平、公正进行，规范、细化监督行为，根据《中华人民共和国招标投标法》、农业部《农业投资项目廉政监督检查办法》、《农业重大招标投标项目廉政监督规定（试行）》、《中国农业科学院对重大项目实行廉政监督检查的若干规定》，结合我院实际，制定本办法。

第二条 本办法所称项目，是指由中国农业科学院及院属各单位管理的，使用财政性资金、与财政性资金相配套的其他资金以及自筹资金，按照有关规定必须进行招投标的基本建设项目。

第三条 本办法所称基本建设项目招投标廉政监督，是指对招标人在实施招投标过程中，遵守国家法律、法规和廉政纪律情况的监督检查。

第四条 基本建设项目招投标廉政监督工作，应坚持依法办事、实事求是、客观公正、突出重点的原则，起到保障基本建设项目质量、提高资金使用效益的作用。

第二章 廉政监督实施主体和权限

第五条 中国农业科学院对基本建设项目招投标采取分级监督的原则。院监察与审计局负责组织对院本级所有基本建设项目招投标的廉政监督，院属各单位纪委、监察部门负责组织对本单位基本建设项目的招投标进行廉政监督。

院属各单位下列基本建设项目招投标的廉政监督，由院监察与审计局进行督导：

（一）建筑、安装、修缮等工程概算达到600 万元人民币以上的；

（二）仪器、设备、材料采购概算达到300 万元人民币以上的；

（三）勘察、设计、监理、代理等服务采购的价额达到50 万元人民币以上的；

（四）院监察与审计局认为有必要进行督导的其他重要项目。

第六条 各基本建设项目的招标人应严格遵守国家法律、法规和农业部相关规定，积极配合纪委、监察部门的廉政监督。院属各单位纪委、监察部门应当积极配合院监察与审计局的督导工作。

第七条 中国农业科学院及院属各单位纪委、监察部门在基本建设项目招投标廉政监督过程中，行使下列权限：

（一）对招标、投标、开标、评标、定标等重点环节和关键程序进行监督；开标过程中，发现严重违规违纪行为，有权要求招标人暂停开标或协调有关主管部门作出相应处理；评标过程中，有权查看评委的打分结果，必要时可要求评委对有疑问的打分予以解释，发现严重违规违纪行为，有权要求招标人或评标委员会暂时中止评标活动，并协调有关主管部门做出相应处理；

（二）对经监督检查发现的严重违反招投标法律规定的行为，向负有监管职责的主管部门提出监察建议；

（三）受理投诉和举报，对招投标活动中发生的违规违纪行为进行核实和查处。

第三章 监督方式和内容

第八条 纪委、监察部门主要对基本建设项目招投标工作的程序合法性进行监督检查，同时对是否存在违纪违规问题进行监督检查。

第九条 对基本建设项目招投标的廉政监督主要采取现场监督和受理投诉监督的方式。

现场监督，是指纪委、监察部门通过参与资格审查、标底编定、开标、评标、定标、订立中标合同等过程，对招投标工作进行直接的监督。现场监督按照事前报告、事中监督、事后备案三个环节进行。

受理投诉监督，是指纪委、监察部门通过受理、调查有关投诉、举报，对招投标工作进行监督。

第十条 纪委、监察部门根据工作需要，可以向招标人、投标人、招标代理机构等调查取证，调阅有关记录、文件、资料；可以独立地或者组织财务、审计、基建管理等方面人员组成小组，对投诉、举报进行调查、核实、处理。

第十一条 基本建设项目招投标廉政监督主要内容是：

（一）对招标阶段的监督

1. 是否依照有关规定具备了招标的基本条件；

2. 是否依照有关规定采取了合法的招标方式；

3. 招标组织形式、招标计划安排、对投标人资质要求、评标方法、评标委员会组建方案以及开标、评标工作具体安排是否符合有关规定；

4. 招标公告的内容、发布方式及媒介是否符合有关规定；

5. 招标文件（含资格审查文件）的内容是否符合有关规定，是否含有不合理的条件限制或者排斥潜在投标人的内容；

6. 招标人设有标底的，编定标底工作是否严格保密；标底的密封、存放情况是否符合规定。

（二）对资格审查的监督

1. 招标人参与资格审查的，是否严格按照有关规定及资格预审文件、招标公告的要求对潜在投标人（或者投标人）资质、业绩、企业财务状况等内容进行审查；

2. 招标人参与资格审查的，是否对潜在投标人（或名投标人）仍在处罚期限内或在工程质量、安全生产和信用等方面存在不良记录进行审查；

3. 招标人参与资格审查的，是否严格按照有关规定及招标文件或资格预审文件的要求，进行了量化评审，是否存在分数舞弊的现象；

4. 是否存在歧视、限制或者排斥潜在投标人（或者投标人）等行为。

（三）对投标阶段的监督

1. 招标人是否当场检查每个投标人的投标文件的密封情况；

2. 是否按照规定的投标截止时间终止投标文件的接收。

（四）对开标的监督

1. 拟定的开标程序是否符合法律规定；

2. 开标时间与提交投标文件的截止时间是否一致，开标地点是否为招标文件中预先确定的地点，投标人是否不足 3 家；

3. 开标时是否按照法定程序检查投标文件的密封情况；

4. 是否按照程序进行公开唱标，并确保每个投标人提交的投标文件、招标人编制的标底全部当场拆封、宣读、记录；

5. 是否允许投标人当场提出异议，及对异议的处理情况；

6. 评标标准和评标方法是否按照招标文件的要求予以公开。

（五）对评标的监督

1. 专家抽取和评标委员会组成是否符合法律规定。重点检查评标专家是否从专家库中随机抽取，并符合回避的有关规定；评标委员会是否为 5 人以上单数，其中技术、经济方面的专家是否占总人数的 2/3 以上；

2. 评标办法及评分细则是否符合招标文件的要求，是否符合公平、公正的原则，是否含有明显有利于或者不利于某一投标人的内容；

3. 是否实行封闭式评标，确保评标过程的保密性和公正性；评标专家及工作人员是否严格遵守评标纪律，是否采取暗示、授意、引导等方式干预评标；

4. 评标结束后，评委会是否出具评标报告和明确推荐合格的中标候选人。

（六）对定标及订立中标合同的监督

1. 是否在评标专家委员会推荐的中标候选人名单中确定中标人；

2. 是否按评标专家委员会推荐的中标候选人顺序确定中标人；

3. 在确定中标人、发出中标通知书后，招标人是否按照招标文件要求和中标人订立书面合同。

第四章　监督程序

第十二条　招标人在发布招标信息时，应同时通知纪委、监察部门。

第十三条　招标人进行资格预审，须提前3天通知纪委、监察部门，纪委、监察部门应派人参加。

第十四条　招标人在开标前，须提前3天向纪委、监察部门告知开标的具体时间、地点，纪委、监察部门应派人到现场监督开标工作。

第十五条　招标人在抽取评标委员会专家前，应通知纪委、监察部门，纪委、监察部门应派人现场监督。

第十六条　招标人在评标前，须提前3天向纪检、监察部门告知评标的具体时间、地点，纪委、监察部门应派人到现场监督评标工作。

第十七条　根据本办法第五条，负责设备仪器招标监督的纪检监察人员应在重要环节的相关文件资料上签字；负责工程施工招投标监督的纪检监察人员，应按照当地招标监督管理机构的要求，实施监督管理职能。招投标工作中出现违规情形的，负责监督的纪检监察人员应及时纠正，并就有关情况写出监督报告。

第十八条　招标人应根据本办法第五条，于中标结果公示结束后7日内将投标记录、资格审查表、评标报告（包括开标一览表、评标专家签到表、总分及排序表、授标建议表）等材料报相应的纪委、监察部门备案。

各单位纪委、监察部门应于年底前将当年已经完成的基本建设项目招投标廉政监督的总体情况上报院监察与审计局。

第五章　责任追究

第十九条　招标人在实施基本建设项目招投标过程中，违反有关规定，有下列行为之一的，纪委、监察部门应及时制止、责令改正，并根据情节轻重，采取相应措施进行处理。

（一）必须进行招标的项目而不招标的，将必须进行招标的项目化整为零或者以其他任何方式规避招标的；

（二）招标人设定非法的投标许可、资质验证、注册登记等手续，以不合理限制性条件阻碍或者排斥潜在投标人的，对潜在投标人实行歧视待遇的，强制要求投标人组成联合体共同投标的，或者限制投标人之间竞争的；

（三）招标人向他人透露已获取招标文件的潜在投标人的名称、数量或者可能影响公平竞争的有关招标投标的其他情况，或者泄露标底的；

（四）招标人与投标人就投标价格、投标方案等实质性内容进行谈判的；

（五）招标人违反规定程序确定评标委员会及其成员的；

（六）招标人参与评标的，在评标过程中监管不力，致使评标委员会成员或者参与评标的有关工作人员私下接触投标人，或者收受投标人财物或者其他好处，造成评标过程泄密或者有失客观公正的；

（七）招标人与投标人串通的；

（八）招标人收受投标人或者与投标人有利益关系的单位和个人的贿赂或者有其他不廉洁行为的。

第二十条 出现下列情况之一的，纪委、监察部门可以要求招标人重新招标。

（一）未按招标文件要求进行招标的；

（二）在投标文件递交截止时间内接受的投标文件不足3家的；

（三）在开标过程中出现无效标、废标，使得有效投标人不足3家的；

（四）评标过程中评标委员会否决所有投标的；

（五）招标人编制的标底出现严重问题的；

（六）评标委员会推荐的所有中标候选人均放弃中标的；

（七）在招标过程中出现其他违法、违规行为的。

第二十一条 招标人及相关工作人员违反本办法，有下列行为之一的，由纪委、监察部门负责追究相关责任。

（一）隐瞒事实真相，提供虚假材料的；

（二）拖延或者拒绝提供与廉政监督事项有关的文件、资料和其他有关材料和情况的；

（三）拒绝就廉政监督过程中所提问题做出解释和说明的；

（四）拒不采纳廉政监督监察建议，又无正当理由的。

第六章 监督人员廉政纪律

第二十二条 不准接受招标方、投标方及招标代理人的钱、物、有价证券。

第二十三条 不准在招标方、投标方及招标代理人处报销任何费用。

第二十四条 不准在没有经过组织批准的情况下，私自接触招标、投标任何一方的工作人员。

第二十五条 不准对监督过程中发现的问题隐瞒不报。

发现监督人员有违反本章规定的行为，要从严给予党纪政纪处分。

第七章 附 则

第二十六条 本办法由中国农业科学院监察与审计局负责解释。

第二十七条 本办法自公布之日起实行。

中国农业科学院政府采购项目招投标廉政监督办法（试行）

第一章　总　　则

第一条　为加强对我院政府采购项目招投标活动的廉政监督，提高政府采购资金的使用效益，保护政府采购招投标活动当事人的合法权益，根据《中华人民共和国招标投标法》、《中华人民共和国政府采购法》、《中央单位政府采购管理实施办法》等法律、法规，结合我院实际，制定本办法。

第二条　本办法所称政府采购项目，是指由中国农业科学院及院属各单位按照《中华人民共和国政府采购法》及相关法律、法规必须进行招投标的政府采购项目。

第三条　本办法所称政府采购项目招投标廉政监督，是指对招标采购人在实施招投标过程中，遵守国家法律、法规和廉政纪律情况的监督检查。

第四条　政府采购项目招投标廉政监督工作，应坚持依法办事、实事求是、客观公正、突出重点的原则，起到保障政府采购项目质量，提高资金使用效益的作用。

第二章　廉政监督实施主体和权限

第五条　中国农业科学院对政府采购项目招投标采取分级监督的原则。院监察与审计局负责组织对院本级组织实施的所有政府采购项目招投标的廉政监督，院属各单位纪委、监察部门负责组织对本单位政府采购项目的招投标进行廉政监督。

院属各单位自行组织实施的下列政府采购项目招投标的廉政监督，由院监察与审计局进行督导：

（一）建筑、安装、修缮等工程类政府采购概算达到600万元人民币以上的；

（二）材料、设备、仪器等货物类政府采购预算金额达到300万元人民币以上的；

（三）其他服务类政府采购预算金额达到50万元人民币以上的；

（四）院监察与审计局认为有必要进行督导的其他重要项目。

第六条　各招标采购人应严格遵守国家法律、法规和农业部相关规定，积极配合纪委、监察部门的廉政监督。院属各单位纪委、监察部门应当积极配合院监察与审计局的督导工作。

第七条　中国农业科学院及院属各单位纪委、监察部门在政府采购项目招投标廉政监督过程中，行使下列权限：

（一）对招标、投标、开标、评标、定标等重点环节和关键程序进行监督；开标过程中，发现严重违规违纪行为，有权要求招标人暂停开标并协调有关主管部门做出相应处理；评标过程中，有权查看评委的打分结果，必要时可要求评委对有疑问的打分予以解释，发现严重违规违纪行为，有权要求招标人或评标委员会暂时中止评标活动，并协调有关主管部门做出相应处理；

（二）对经监督检查发现的严重违反政府采购、招标投标法律规定的行为，向负有监管职责的主管部门提出监察建议；

（三）受理投诉和举报，对招投标活动中发生的违规违纪行为进行核实和查处。

第三章　监督方式和内容

第八条　纪委、监察部门主要对政府采购项目招投标工作的程序合法性进行监督检查，同时对是否存在违纪违规问题进行监督检查。

第九条　对政府采购项目招投标的廉政监督主要采取现场监督和受理投诉监督的方式。

现场监督，是指纪委、监察部门通过参与资格审查、标底编定、开标、评标、定标、订立中标合同等过程，对招投标工作进行直接的监督。现场监督按照事前报告、事中监督、事后备案三个环节进行。

受理投诉监督，是指纪委、监察部门通过受理、调查有关投诉、举报，对招投标工作进行监督。

第十条　纪委、监察部门根据工作需要，可以向招标采购人、投标人、采购代理机构等调查取证，调阅有关记录、文件、资料；可以独立地或者组织财务、审计、采购管理等方面人员组成调查小组，对投诉、举报进行调查、核实、处理。

第十一条　政府采购项目招投标廉政监督主要内容是：

（一）对招标阶段的监督

1. 是否依照有关规定具备了招标的基本条件；

2. 是否依照有关规定采取了合法的招标方式；

3. 招标组织形式、招标计划安排、对投标人资质要求、评标方法、评标委员会组建方案以及开标、评标工作具体安排是否符合有关规定；

4. 招标公告、资格预审公告的内容、发布方式及期限是否符合有关规定；

5. 招标文件（含资格审查文件）的内容是否符合有关规定，是否要求或者标明特定的投标人或者产品，是否含有倾向性或者排斥潜在投标人的内容；

6. 招标文件中是否含有为招标采购代理人的利益而对投标人做出限制性要求的内容；

7. 招标人设有标底的，编定标底工作是否严格保密；标底的密封、存放情况是否符合规定。

（二）对资格审查的监督

1. 招标采购人是否严格按照有关规定及招标文件、招标公告的要求对潜在投标人（或者投标人）进行资质审查；

2. 招标采购人是否对潜在投标人（或者投标人）仍在处罚期限内或在工程质量、安全生产和信用等方面存在不良记录进行审查；

3. 是否存在歧视、限制或者排斥潜在投标人（或者投标人）的行为。

（三）对投标阶段的监督

1. 招标采购人是否当场检查每个投标人的投标文件的密封情况；

2. 是否按照规定的投标截止时间终止投标文件的接收；

3. 招标采购人在开标前组织潜在投标人现场考察或者召开开标前答疑会的，是否单独或者分别组织只有一个投标人参加的现场考察。

（四）对开标阶段的监督

1. 拟定的开标程序是否符合法律规定；

2. 开标时间与提交投标文件的截止时间是否一致，开标地点是否为招标文件中预先确定的地点，投标人是否不足 3 家；

3. 开标时是否按照法定程序检查投标文件的密封情况；

4. 是否按照程序进行公开唱标，并确保每个投标人提交的投标文件及标底全部当场拆封、宣读、记录；

5. 是否允许投标人当场提出异议，及对异议的处理情况；

6. 评标标准和评标方法是否按照招标文件的要求予以公开。

（五）对评标的监督

1. 评标委员会组成和专家抽取是否符合有关法律、法规的规定；

2. 评标办法及评分细则是否符合招标文件的要求，是否符合公平、公正的原则，是否含有明显有利于或者不利于某一投标人的内容；

3. 是否实行封闭式评标，确保评标过程的保密性和公正性；评标专家及工作人员是否严格遵守评标纪律，是否采取暗示、授意、引导等方式干预评标；

4. 评标结束后，评委会是否出具评标报告和明确推荐合格的中标候选人。

（六）对定标及订立中标合同的监督

1. 是否在评标专家委员会推荐的中标候选人名单中确定中标人；
2. 是否按评标专家委员会推荐的中标候选人顺序确定中标人；
3. 在确定中标人、发出中标通知书后，招标采购人是否在法定时间内，按照采购文件确定的事项与中标人签订政府采购合同。

第四章　监督程序

第十二条　招标采购人在发布招标信息时，应同时通知纪委、监察部门。

第十三条　招标采购人进行资格审查，须提前3天通知纪委、监察部门，纪委、监察部门应派人参加。

第十四条　招标采购人在开标前，须提前3天向纪委、监察部门告知开标的具体时间、地点，纪委、监察部门应派人现场监督开标工作。

第十五条　招标采购人在抽取评标专家前，应通知纪委、监察部门，纪委、监察部门应派人现场监督。

第十六条　招标采购人在评标前，须提前3天向纪委、监察部门告知评标的具体时间、地点，纪委、监察部门应派人到现场监督评标工作。

第十七条　根据本办法第五条，负责监督的纪检监察人员要在重要环节的相关文件资料上签字；招投标工作中出现违规情形的，负责监督的纪检监察人员应及时纠正，并就有关情况写出监督报告。

第十八条　招标采购人应根据本办法第五条，于中标结果公示结束后7日内将投标记录、资格审查表、评标报告（包括开标一览表、评标专家签到表、总分及排序表、授标建议表）等材料报相应的纪委、监察部门备案。

各单位纪委、监察部门应于年底前将当年已经完成的政府采购项目招投标廉政监督的总体情况上报院监察与审计局。

第五章　责任追究

第十九条　招标采购人在实施政府采购项目招投标过程中，违反有关规定，有下列行为之一的，纪委、监察部门应及时制止、责令改正，并根据情节轻重，采取相应措施进行处理。

（一）应当采用公开招标方式而擅自采用其他方式采购的；限额以上不按照规定的招标方式进行采购的；将必须进行招标的项目化整为零或者以其他任何方式规避招

标的；

（二）以不合理的要求限制或者排斥潜在投标供应商，对潜在投标供应商实行差别待遇或者歧视待遇，或者招标文件指定特定的供应商、含有倾向性或者排斥潜在投标供应商的其他内容的，强制要求投标人组成联合体共同投标的，或者限制投标人之间竞争的；

（三）开标前泄露已获取招标文件的潜在投标人的名称、数量或者可能影响公平竞争的有关招标投标的其他情况，或者泄露标底的；

（四）招标采购人违反规定程序确定评标委员会及其成员的；

（五）无正当理由不按照依法推荐的中标候选供应商顺序确定中标供应商，或者在评标委员会依法推荐的中标候选供应商以外确定中标供应商的；

（六）在招标采购过程中与投标人进行协商谈判的，或者不按照招标文件和中标供应商的投标文件确定的事项签订政府采购合同，或者与中标供应商另行订立背离合同实质性内容的协议的；

（七）中标通知书发出后，无正当理由不与中标供应商签订采购合同的；

（八）招标采购人与供应商或者采购代理机构恶意串通的；

（九）在采购过程中接受贿赂或者获取其他不正当利益的；

（十）招标采购人在评标过程中监管不力，致使评标委员会成员或者参与评标的有关工作人员私下接触投标人，或者收受投标人财物或者其他好处，造成评标过程泄密或者有失客观公正的。

第二十条 出现下列情况之一的，纪委、监察部门可以要求招标采购人重新招标。

（一）未按招标文件要求进行招标的；

（二）工程招标采购中，投标截止时间结束后接受的投标文件不足 3 家的，或者在评标期间出现符合专业条件的供应商或者对招标文件作出实质响应的供应商不足 3 家情形的；

（三）依法必须进行招标的工程采购项目，评标委员会否决所有投标的；

（四）货物和服务招标采购中，投标截止时间结束后参加投标的供应商不足 3 家，或者在评标期间出现符合专业条件的供应商或者对招标文件作出实质响应的供应商不足 3 家的情形，决定予以废标的；

（五）投标人的报价均超过了采购预算，采购人不能支付的；

（六）招标采购人有本办法第十九条规定的违法行为之一，影响或者可能影响中标结果，并且未确定中标候选供应商的。

第二十一条 招标采购人及相关工作人员违反本办法，有下列行为之一的，由纪委、监察部门负责追究相关责任。

（一）隐瞒事实真相，提供虚假材料的；

（二）拖延或者拒绝提供与廉政监督事项有关的文件、资料和其他有关材料和情况的；

（三）拒绝就廉政监督过程中所提问题做出解释和说明的；

（四）拒不采纳廉政监督监察建议，又无正当理由的。

第六章　监督人员廉政纪律

第二十二条　不准接受招标采购人、投标人及采购代理人的钱、物、有价证券。

第二十三条　不准在招标采购人、投标人及采购代理人处报销任何费用。

第二十四条　不准在没有经过组织批准的情况下，私自接触招标采购人、投标人任何一方的工作人员。

第二十五条　不准对监督过程中发现的问题隐瞒不报。

发现监督人员有违反本章规定的行为，要从严给予党纪政纪处分。

第七章　附　　则

第二十六条　本办法由中国农业科学院监察与审计局负责解释。

第二十七条　本办法自公布之日起实行。

关于变更、成立、调整中国农业科学院党风廉政建设领导机构及其办公室人员的通知

党组发〔2008〕24 号

院属各单位、院机关各部门：

根据农业部有关机构变动及农业部党组发〔2008〕46 号、〔2008〕50 号等有关文件精神，结合我院实际，决定将中国农业科学院原反腐败工作联席会议变更为中国农业科学院党风廉政建设工作领导小组、成立中国农业科学院贯彻落实《实施纲要》工作领导小组、调整中国农业科学院治理商业贿赂工作领导小组及其办公室人员。现将党风廉政建设等三个领导小组及其办公室的组成人员名单通知如下：

一、中国农业科学院党风廉政建设工作领导小组

组　长：翟虎渠（院党组副书记、院长）
副组长：薛　亮（院党组书记）
　　　　罗炳文（院党组副书记、直属机关党委书记）
成　员：贾连奇（院党组成员、人事局局长）
　　　　刘继芳（院办公室主任）
　　　　王小虎（科技局局长）
　　　　史志国（财务局局长）
　　　　付静彬（基本建设局局长）
　　　　张陆彪（国际合作局局长）
　　　　高淑君（直属机关党委常务副书记）
　　　　张逐陈（直属机关纪委书记、监察与审计局局长）
　　　　方宜文（后勤服务中心党委书记）

办公室

主　任：张逐陈（兼）
副主任：刘继芳（兼）
　　　　刘凤彦（监察与审计局副局长）
　　　　任金领（监察与审计局副所级监察员）

二、中国农业科学院贯彻落实《实施纲要》工作领导小组

组　长：翟虎渠（院党组副书记、院长）
副组长：薛　亮（院党组书记）
　　　　罗炳文（院党组副书记、直属机关党委书记）
成　员：贾连奇（院党组成员、人事局局长）
　　　　刘继芳（院办公室主任）
　　　　史志国（财务局局长）
　　　　付静彬（基本建设局局长）
　　　　高淑君（直属机关党委常务副书记）
　　　　张逐陈（直属机关纪委书记、监察与审计局局长）
　　　　方宜文（后勤服务中心党委书记）
办公室设在监审局。

三、中国农业科学院治理商业贿赂工作领导小组

组　长：罗炳文（院党组副书记、直属机关党委书记）
副组长：贾连奇（院党组成员、人事局局长）
成　员：张逐陈（直属机关纪委书记、监察与审计局局长）
　　　　史志国（财务局局长）
　　　　付静彬（基本建设局局长）
　　　　高淑君（直属机关党委常务副书记）
　　　　刘凤彦（监察与审计局副局长）
办公室
主　任：张逐陈（兼）
副主任：史志国（兼）

二〇〇八年七月三日

关于进一步明确院所两级监察对象的通知

农科院监审〔2008〕78 号

院属各单位、院机关各部门：

为了进一步加强对反腐倡廉工作的领导，明确院所两级的监察对象，现将有关问题通知如下：

一、院监察与审计局的监察对象为院属各单位、院机关副所（局）级干部，院机关处级干部。

二、院属各单位的监察对象为本单位处级干部、科研人员及其他工作人员。

三、院机关各部门的监察对象为本单位处以下工作人员。

四、院所两级负责对其管辖范围内的监察对象的信访举报问题进行调查处理。

五、院监察与审计局有权对院属各单位、院机关各部门管辖的监察对象的信访举报问题进行督办。

中国农业科学院

二〇〇八年三月二十一日

朱保成同志在中国农业科学院2008年党风廉政建设工作会议上的讲话

（2008年1月16日）

同志们：

很高兴在第十七届中央纪委二次全会刚刚结束，就来参加中国农业科学院2008年党风廉政建设工作会议。刚才屈冬玉副院长作了题为《围绕中心，突出特色，稳步推进我院党风廉政建设和反腐败工作》的工作报告，这个报告内容全面、简洁凝练，回顾总结了2007年农科院系统反腐倡廉工作，对2008年的工作进行了总体部署，讲得很好。四个典型发言，结合农业科研工作实际和当前党风廉政建设实际，各有特色，针对性强，具有很强的借鉴意义，值得大家很好地学习。

通过新闻媒体大家已经知道，第十七届中央纪委第二次全体会议14日至16日召开，今天上午刚刚闭幕。这是党的十七大以后中央纪委召开的一次十分重要的会议，下面，借这次农科院召开党风廉政建设工作会议的机会，我重点传达一下中央纪委二次全会的主要精神，并结合农科院工作实际，对农科院系统贯彻中央纪委二次全会精神，抓好反腐倡廉建设提几点希望。

一、第十七届中央纪委第二次全会的主要精神

第十七届中央纪委第二次全会，是在全党全国深入学习贯彻党的十七大精神、全面推进中国特色社会主义事业的形势下召开的。中央对这次会议高度重视。会前，中央政治局、中央政治局常委会专门进行了研究。二次全会的主要任务是：认真学习贯彻党的十七大精神，高举中国特色社会主义伟大旗帜，以邓小平理论和“三个代表”重要思想为指导，深入贯彻落实科学发展观，进一步明确当前和今后一个时期党风廉政建设和反腐败斗争的总体要求，部署2008年党风廉政建设和反腐败工作。

1月15日上午，胡锦涛总书记在全会上作了重要讲话。胡锦涛总书记在讲话中指出，我在中央纪委全会上先后作了五次讲话。第一次讲了按照党的十六大精神深入扎实做好党风廉政建设和反腐败工作问题，第二次讲了大力弘扬求真务实精神、大兴求真务实之风问题，第三次讲了提高反腐倡廉能力、加大预防腐败工作力度问题，第四次讲了认真学习贯彻党章问题，第五次讲了加强领导干部作风建设问题。这一次就加强反腐倡廉建设讲几点意见。胡锦涛总书记一共讲了三个问题。

第一个问题是，充分认识新形势下加强反腐倡廉建设的重要性和紧迫性

胡锦涛总书记指出，党的十七大第一次把反腐倡廉建设同思想建设、组织建设、作风建设、制度建设一起确定为党的建设的基本任务，这是从提高党的执政能力、保持和发展党的先进性的全局高度作出的重大决策。总书记在回顾了我们党历来重视反腐倡廉工作的过程后指出，我们党对马克思主义政党取得执政地位尤其是长期执政条件下必须抓好反腐倡廉工作的认识是清醒的、态度是一以贯之的，对改革开放和发展社会主义市场经济新形势下党内可能出现的问题特别是可能遇到的风险的认识是十分清醒的、态度是一以贯之的，对反腐败斗争的长期性、复杂性、艰巨性的认识是十分清醒的、态度是一以贯之的，对抓好反腐倡廉工作对保证党和国家事业健康发展、巩固党的执政地位和保持党的先进性的重大意义的认识也是十分清醒的、态度也是一以贯之的。胡锦涛总书记提出，要从三个方面深刻认识加强反腐倡廉建设的重要性和紧迫性。

第一，加强反腐倡廉建设是发展中国特色社会主义的必然要求。要在新的历史起点上把中国特色社会主义事业不断推向前进，必须切实加强反腐倡廉建设，坚决遏制和克服各种消极腐败现象。这是因为，各种腐败现象和不正之风，一是干扰社会主义市场经济的正常运行，干扰市场配置资源基础性作用的有效发挥，损害公平竞争和市场秩序，对经济又好又快发展造成不利影响；二是违背社会主义民主政治的原则，阻碍依法治国进程，损害党和政府的信誉和形象，降低国家机关的公信力，对社会主义民主政治发展造成不利影响；三是动摇理想信念，滋长腐朽落后思想，助长不良社会风气，损害社会主义道德，对社会主义精神文明建设和先进文化发展造成不利影响；四是违背社会公平正义，干扰社会管理，侵害人民权益，引发甚至激化社会矛盾，对保持社会和谐稳定造成不利影响；五是违背党的全心全意为人民服务的根本宗旨，损害党的形象，动摇党的执政基础，削弱党的凝聚力和战斗力，对提高党的执政能力和保持党的先进性带来不利影响。这些不利影响概括为一句话，就是如果不坚决防范和惩治腐败，任凭腐败现象滋生蔓延，最终将导致经济衰退、政治动荡、文化颓废、社会混乱的状况，导致党严重脱离人民群众、失去人民群众的支持，到那时党心民心就无法凝聚，全面建设小康社会的奋斗目标就无法实现，中国特色社会主义也就无从发展。

第二，加强反腐倡廉建设是推进党的建设新的伟大工程的必然要求。办好中国的事情，关键在党。党的十七大强调，党要站在时代前列带领人民不断开创事业发展新局面，必须以改革创新精神加强自身建设，始终成为中国特色社会主义事业的坚强领导核心。党的建设新的伟大工程是一个有机整体，思想建设、组织建设、作风建设、制度建设和反腐倡廉建设要相互推动、相互促进，哪一个方面不抓紧、不抓好，都会影响党的建设新的伟大工程的全局。

第三，加强反腐倡廉建设是适应反腐败斗争形势发展的必然要求。党的十六大以来，党风廉政建设和反腐败斗争取得了新的明显成效，党内违纪案件总量有所下降，群众满意度有所提高。同时，我们也必须看到，腐败现象在一些部门和领域易发多发的状况仍未改变，反腐倡廉建设面临不少新情况新问题。一是有的领域案件发生率仍在上升；二是出现一些案件多发的新领域；三是涉及高级干部的案件居高不下，串案、窝案也有所增加；四是一些党员干部仍然存在不廉洁行为。目前反腐败斗争形势仍然严峻，任务仍然艰巨，决不能掉以轻心。在和平建设时期，如果说有什么东西能够对党造成致命伤害的话，腐败就是很突出的一个。反腐倡廉建设必须常抓不懈，一刻也不能放松。

第二个问题是，着力加强以完善惩治和预防腐败体系为重点的反腐倡廉建设

胡锦涛总书记指出，当前和今后一个时期，加强反腐倡廉建设，必须全面贯彻党的十七大精神，坚持标本兼治、综合治理、惩防并举、注重预防的方针，以完善惩治和预防腐败体系为重点，强化权力制约和监督，深化改革和创新体制，拓展从源头上防治腐败工作领域，努力形成拒腐防变教育长效机制、反腐倡廉制度体系、权力运行监控机制，切实提高反腐倡廉建设成效，为全面建设小康社会提供有力政治保证。

在实践中，要注意把握和体现改革创新、惩防并举、统筹推进、重在建设的基本要求。

——改革创新，就是要以改革精神推进制度建设，以创新思路寻求治本办法，注重总结新经验、研究新情况、解决新问题，从我国实际出发，借鉴国外有益做法，创新工作思路，完善工作机制，破解工作难题，更加科学有效地防治腐败。

——惩防并举，就是要坚持治标和治本、惩治和预防两手抓、两手都要硬，惩治于已然，防患于未然，既坚决查处违纪违法案件、依法严惩腐败分子，又加大预防工作力度、不断铲除腐败滋生的土壤，努力把腐败现象减少到最低程度。

——统筹推进，就是要把反腐倡廉建设纳入经济社会发展和党的建设的全局之中，把改革的推进力、教育的说服力、制度的约束力、监督的制衡力、惩治的威慑力结合起来，把阶段性任务与战略性目标结合起来，整合各方面资源和力量，增强反腐倡廉建设的整体性、协调性、系统性、实效性。

——重在建设，就是要不断认识和把握规律，以建设性的思路、建设性的举措、建设性的方法推进反腐倡廉建设，在坚决惩治腐败的同时，更加注重治本，更加注重预防，更加注重制度建设，不断形成有利于反腐倡廉建设的思想观念、文化氛围、体制条件、法制保证。

在具体工作中，要注意把握和处理好四个方面的关系：坚持加强思想道德建设与加强制度建设相结合；坚持严肃查办大案要案与切实解决损害群众切身利益的问题相结合；坚持廉政建设与勤政建设相结合；坚持加强对干部的监督与发挥干部主观能动性相结合。

第三个问题是，切实加强和改进对反腐倡廉建设的领导

胡锦涛总书记指出，坚持党的领导，是加强反腐倡廉建设的根本政治保证。各级党委是反腐倡廉建设的责任主体，要坚持党要管党、从严治党，担负起全面领导反腐倡廉建设的政治责任，以更加坚决的态度，更加有力的措施推进反腐倡廉建设，以更加扎实的工作、更加明显的成效取信于广大干部和群众。

胡锦涛总书记对加强反腐倡廉建设的领导提出了三点要求：一是要完善总体部署。

各级党委要把反腐倡廉建设列入重要议事日程，全面分析反腐倡廉建设面临的形势，整体把握反腐倡廉建设的进展情况，紧紧围绕容易滋生腐败的重点领域、关键环节和社会普遍关心的热点问题，确定加强工作的思路和规划，探索解决问题的途径和方法。在抓巩固、抓深入、抓提高上下工夫，把各项工作做细、做实、做具体，不断取得新的成效。要坚持和完善反腐败领导体制和工作机制，发挥好纪检、监察、司法、审计等专门机关作用，发挥好其他部门的职能作用，共同推动反腐倡廉建设。

二是要加强工作指导。各级党委要加强对纪律检查工作的领导，经常听取纪委的工作汇报，做纪委开展工作的坚强后盾，旗帜鲜明地支持纪委行使职权，为纪委履行职责创造有利条件。要加强和改进行政监察工作，充分发挥监察机关的职能作用，认真开展执法监察、廉政监察、效能监察。

三是要狠抓工作落实。反腐倡廉重在建设，贵在落实。要实行和完善体现科学发展观和正确政绩观要求的干部考核评价体系，把反腐倡廉建设状况列入对领导班子和领导干部的考核评价范围，对重点任务要统一组织力量进行检查督促，确保落实到位。从这些年的实践看，党风廉政建设责任制是一项能够推动全局工作的好制度，各级党委要认真贯彻，每年都要检查落实情况。主要领导干部要履行第一责任人的政治职责，对班子内部和管辖范围内的反腐倡廉建设负总责。做到重要工作亲自部署、重大问题亲自过问、重点环节亲自协调、重要案件亲自督办。领导班子其他成员要抓好自己职责范围内的反腐倡廉建设。

1 月 14 日上午，在全会第一次全体大会上，贺国强同志代表中央纪委常务委员会作了工作报告。贺国强同志的工作报告共分三个部分。

第一部分　准确把握党的十七大对党风廉政建设和反腐败斗争的总体要求　重点把握五个方面：高举中国特色社会主义伟大旗帜，更加坚定地贯彻执行党的路线方针政策；深入贯彻落实科学发展观，为促进经济社会又好又快发展和全面建设小康社会，提供有力保证；切实维护人民群众的根本利益，促进和谐社会建设；以保持党同人民群众的血肉联系为重点，加强党的作风建设；以完善惩治和预防腐败体系为重点，加强反腐倡廉建设。

第二部分　2008 年主要工作任务

（一）认真开展对党的十七大重大决策部署执行情况的监督检查，推动深入贯彻落实科学发展观。要坚持把维护党的政治纪律放在首位，督促领导机关和党员干部坚决落实党的十七大确定的各项任务。要加强对党的政治纪律执行情况的监督检查，坚决反对任何否定党的领导和社会主义制度的言论，自觉抵制各种否定改革开放的错误思想。

（二）加大专项治理力度，坚决纠正损害群众利益的不正之风。加强监督检查，重点解决生态环境保护、食品药品质量、安全生产、征地拆迁等方面群众反映强烈的问题。

（三）继续保持查办案件工作力度，坚决惩治腐败。以查办发生在领导机关和领导干部中的案件为重点，严肃查办官商勾结、权钱交易、权色交易和严重侵害群众利益的案件。

（四）扎实开展反腐倡廉教育，加强领导干部廉洁自律工作。认真执行《关于严格禁止利用职务上的便利谋取不正当利益的若干规定》。针对当前领导干部廉洁从政方面的突出问题，重点抓好以下工作：①深入治理领导干部违反规定收送现金、有价证券、支付凭证和收受干股，以及以赌博和交易等形式收受财物、利用婚丧嫁娶等事宜收钱敛财等问题。②严禁党员干部利用职务上的便利获取内幕信息进行股票交易。③清理纠正领导干部在住房上以权谋私的问题，严禁领导干部超标准建房、多占住房、违规购买经济适用房，坚决处理领导干部违规违法收受房屋的问题。④纠正和查处领导干部放任、纵容配偶、子女和身边工作人员利用其职权和职务影响经商办企业等问题。⑤治理领导干部违规插手招标投标、土地出让、产权交易、政府采购等市场交易活动谋取私利的问题。

（五）深化改革和制度创新，进一步推进治本抓源头工作。切实转变政府职能，优化组织结构，改进行政管理与服务方式，减少和规范行政审批，减少政府对微观经济运行的干预。

（六）深入推进监督工作，促使领导干部正确行使权力。认真落实党内监督各项制度，完善制约和监督机制，重点加强对领导干部特别是主要领导干部的监督，加强对人财物管理使用、关键岗位的监督，提高监督的有效性。

（七）加强国有企业党风建设和反腐倡廉工作，促进企业健康发展。

第三部分　大力加强纪检监察机关自身建设

二、对农科院系统开展反腐倡廉建设的几点希望

这几年，我几次到农科院来学习、调研、检查工作，先后去过几个院属研究所。2007 年 10 月，参加了农科院 50 年大庆活动。2008 年初，对信息所落实党风廉政建设责任制的情况进行了检查。这些，都使我对农科院有了更多的了解。我感到农科院的工作有这样几个特点：一是基础建设扎实，实力不断增强。经过 50 年的建设和发展，农科院已发展成为在国际上有影响的国家农业科技创新基地，成为名副其实的农业科研领域的国家队；二是杰出人才辈出，科研成果累累。先后产生了 23 位两院院士和一大批知名的农业方面的科学家、农业科技领域的带头人。有丁颖、金善宝、陈凤桐等新中国农业科技的奠基人；有邱式邦、庄巧生、卢良恕等为中国农业科技发展做出重要贡献的著名科学家。近年来，又有郭三堆、喻树迅、陈化兰等一大批杰出的中青年科学家。多年来，农科院系统，在很多领域都有重大成果，有的成果居于世界领先水平。特别是科研成果的转化推广，极大地推动了我国农业科技的进步，为农业的发展做出了突出的贡献；三是发扬优良传统，作风朴素扎实。广大技术人员和干部职工团结向上，勤奋敬业、艰苦奋斗，既有改革创新的强烈意识，又有求真务实的良好作风，既有克服困难的巨大勇气，又有脚踏实地做好工作的精神，工作扎实、自强不息，干部职工队伍整体素

质是好的，是值得信任和期待的、有战斗力的队伍。

农科院系统在党风廉政建设和反腐败工作上也是抓得比较好的。2007 年，在农业部和院党组的领导下，农科院在搞好科研、开发的同时，结合科研单位的实际，深入开展党风廉政教育、干部廉洁自律和查办违纪案件工作以及从源头上预防和解决腐败问题，积累了很好的经验，取得了一定成效。特别是在从加强领导干部作风建设入手推进党风廉政建设、促进领导干部廉洁自律、加强科研、开发管理等方面都很有特色，成效明显。

当然，从总体上看，农科院系统反腐倡廉工作依然繁重，任务依然艰巨，在认识上必须清醒，在工作上还要抓紧。要认真落实党的十七大和中央纪委二次全会的总体要求，按照农业部党组的部署，积极推进反腐倡廉建设，为农业科研事业健康发展创造良好环境，提供坚强有力的政治保证。对 2008 年农业部系统反腐倡廉建设，部党组还要召开党风廉政建设会议作专门部署，农科院系统要按照部党组的要求认真贯彻落实。在这里，仅提几点希望。

（一）认真学习党的十七大和中央纪委二次全会关于反腐倡廉建设的总体要求

党的十七大第一次把反腐倡廉建设同思想建设、组织建设、作风建设、制度建设一起确定为党的建设的基本任务，这是从提高党的执政能力、保持和发展党的先进性的全局高度作出的重大决策。在中央纪委二次全会上，胡锦涛总书记重要讲话和贺国强同志工作报告，对反腐倡廉建设的科学内涵、总体要求、基本原则、工作重点、具体措施作了全面深刻的阐述，是今后一个时期反腐倡廉建设的指导性、纲领性文件。推进农科院的反腐倡廉建设，要认真学习好胡锦涛总书记的重要讲话和贺国强同志的工作报告，用党的反腐倡廉建设最新的理论成果武装头脑，指导实践，推动工作。要密切结合实际学习领会讲话和报告的精神实质，深入分析农科院系统反腐倡廉面临的形势和任务，进一步加深认识反腐败斗争的长期性、复杂性、艰巨性；进一步加深理解新形势下反腐倡廉建设的重要性和紧迫性；进一步把握农科院系统反腐倡廉面临的新情况、新问题；进一步增强反腐倡廉建设的积极性、主动性。通过学习，要解决对反腐倡廉信心不足的悲观认识、认为农科院是清水衙门、反腐倡廉无关紧要的麻痹思想以及对抓反腐倡廉短期难见大成效因而产生的厌战情绪，要增强信心，清醒头脑，坚定态度，旗帜鲜明地推进反腐倡廉建设。

（二）认真研究和部署农科院系统反腐倡廉建设工作

反腐倡廉建设是一项复杂的系统工程，必须坚持用科学的理论指导，用系统的思想组织，用统筹的理念部署，用有效的方式推进。要以胡锦涛总书记提出的“改革创新、惩防并举、统筹推进、重在建设”的基本要求为指导，在充分吃透农科院反腐倡廉面临的形势和情况，找到腐败现象的主要表现、开展教育的突出问题、制度建设的薄弱环节、权力监督的明显漏洞的基础上，立足当前、着眼长远，以完善惩治和预防腐败体系为重点，致力于形成拒腐防变教育长效机制、反腐倡廉制度体系、权力运行监控机制，切实提高反腐倡廉建设成效，来谋划农科院系统反腐倡廉建设的总体思路、基本目标、工作方针、具体措施，并认真加以落实。农科院党组是农科院系统反腐倡廉建设的责任主体，要切实负起政治责任，切实把反腐倡廉建设摆上工作日程，放在更加重要的位置，坚持两手抓，加强工作指导，狠抓工作落实。

（三）认真解决农科院系统反腐倡廉中存在的重点问题

第一是解决认识问题。农科院不是党政机关，在反腐倡廉建设中解决认识问题尤为重要。据我了解，农科院有些同志可能认为反腐倡廉主要是政府机关、执法部门的事，是那些掌握行政、司法和人财物权力的部门的事，科研单位没有什么权力，搞不搞无关大局、无关紧要等，这些认识必须克服。我们应当看到，科研单位特别是像农科院这样的大单位，直接控制和掌握的资金并不少，而且还有大量的土地、房屋等国有资源，每年的基建项目规模也相当巨大，还有不少政府采购、公务开支。可以说，这些工作和活动的运行，都会涉及各种各样的权力，人事权、财务权、资源配置权、项目决定权、管理权等。而权力运作的过程如果不加以有效监督，就有可能产生腐败问题。此外，从以往我们接触到的情况看，农科院及所属单位也存在着个别领导干部遵守廉洁从政规定不够严格的问题。对此，各级领导同志不能麻痹大意，不能放松警惕。实践证明，反腐倡廉工作不仅仅是惩治几个腐败分子，更重要的是顺人心、正风气、创环境、促发展。我们一定要从政治和全局高度，从发展的角度认识反腐倡廉工作的极端重要性，不断增强做好反腐倡廉工作的责任感和使命感。

第二是加强对科研经费管理、使用的监督。农科院是个规模很大的农业科研机构，人员多，摊子大，分布面广，比如 2007 年仅到位的科研经费就有 6.2 亿元，这个钱一定要管好、用好。目前，科研经费的来源有很多渠道，大的方面说，有纵向和横向两种。纵向的是国家各部委的，横向是各省市自治区、各企事业单位的。从实际情况看，各部委下来的经费，一般都有严格的管理规定，执行的情况相对也比较好，但横向的经费管理得就松一些，不那么严格，支出的主观性、随意性相对就要大一些，问题也相对要多一些。需要特别注意克服。

第三是干部选拔任用的问题。干部选拔任用是一项非常严肃的工作，必须严格遵守《党政领导干部选拔任用工作条例》的规定，在党委（党组）领导下，认真落实查处“跑官要官”、弄虚作假和防止干部“带病提拔”问题的各项措施，并在实践中总结经验，逐步完善。要进一步加大干部人事制度改革的力度，建立健全科学的干部选拔任用和管理监督机制，切实把好选人用人关。

第四是科研成果转化和推广。科研成果转化和推广是一件服务“三农”、利国利民的大事，同时也是一种市场行为和经济活动，必然伴随着所有权的转移和各方经济利益实现。在这个过程中，我们要特别注意维护国家和集体的利益，特别注意遵纪守法、廉洁自律。

第五是基建工程项目和房地产开发。2007 年，农科院基本建设国拨资金 2.7 亿元，国家农业图书馆、农业生物安全科学中心两个重大项目正式立项，总投资超过 3 亿元，3 000万元以下项目已获得批复 28 个。可见总体规模是相当大的。在当前社会主义市场经济环境下，采取不正当竞争的行为屡见不鲜，出问题的也不少，我们要引以为戒。我们无论在工程项目的招投标阶段，还是在工程项目建设的过程中，都要严格遵守有关制度、规定，该招标的必须招标，该走程序的必须按规定办理，这样做一方面是对国家、集体负责，同时也是对我们的干部负责，对我们的干部家人负责。

最后，非常感谢农科院所属各院所，特别是农科院监审局对我们驻部纪检组监察局工作的大力支持！祝愿农科院的科研工作蒸蒸日上，各科研院所团结协作，齐心协力，在搞好科研、开发的同时，推进党风廉政建设和反腐败工作。

中国传统的节日春节即将来临，在这里我代表部领导及驻部纪检组监察局对辛勤工作在农业科研战线上的同志们及其家属致以节日的问候，祝大家春节愉快，工作顺利，身体健康。

谢谢大家！

翟虎渠同志在中国农业科学院2008年党风廉政建设工作会议上的讲话

同志们：

刚才朱组长传达了第十七届中央纪委二次全会胡锦涛总书记的讲话和贺国强同志的报告，又对农科院反腐倡廉工作提出了具体的要求。我们要认真学习，根据部党组的统一部署，加强中国农业科学院的党风廉政建设和反腐败工作。下面我讲几点意见。

一、认真学习十七大和中纪委二次全会精神，加大党风廉政建设和反腐败宣传力度

党的十七大以及中纪委二次全会，对党风廉政建设和反腐败工作都提出了明确的要求，特别是这一次胡总书记的讲话，应该说是我们党反腐倡廉的成果，也是中央和中纪委从2008年起特别是2008年工作的指导思想。我们要加大学习和宣传力度，当前要克服两个思想，刚才朱组长讲了，第一个要克服麻痹思想，认为农科院包括我们的院长、所长、科研人员没有什么权力，不会有很大的问题；第二个要克服无所作为的思想，认为反腐倡廉、党风建设，好像同志们也多次讲了，效果也不是太明显，无所作为。这两种思想都要加以克服，要根据部党组的统一部署，认真学习总书记在中纪委二次全会上的讲话，认真学习贺国强同志的报告。党风廉政建设和反腐败要经常讲，年年讲、月月讲、天天讲，要让正气、正风不停地吹。所以，我们要很好地学习十七大和十七届中央纪委二次全会精神，弘扬正气，讲党的方针政策，讲党的反腐倡廉建设，使这一精神让每一个职工都知道，而且要经常讲，经常提醒。

二、根据农科院的实际情况，扎实推进党风廉政建设

刚才朱组长也讲到，我们除了在理论上学习，宣传上加大力度，还要用自己的实际行动推进党风廉政建设，不能光唱高调。要克服麻痹思想，实际上我们农科院有些问题也是存在的，我们不是生活在社会真空中。刚才朱组长也讲了，我再强调一下。

第一个是基本建设和设备采购招标问题。在工程招标和设备招标方面，一定要关口前移，一定要重视。我们反复强调，一定要所领导班子集体研究，由分管领导具体负责，按国家、农业部及我院的有关规章制度和程序办事，纪检监察部门提前介入。从招标前开始，组成招标领导小组，来做这个事情。“一把手”最好不要直接地参与这些活

动。那么最后按照程序走过以后，我认为还要加一点，决策失误也是腐败，就是按照程序走过以后还是有可能出现问题。招投标过程中有很多不正之风，他们几家串通起来作假，虽然是按照程序走的，但还是会把价格哄抬上去，所以怎么样把价格压下来，达到实事求是的位置，我们要本着对事业负责的精神来做好这项工作。

第二个是科研经费使用的问题。我们计划“十一五”的科研总经费达到 30 亿元左右，一年五六个亿。2007 年立项到位的六点几个亿，我们自己支配的有四个亿左右。正是因为这个数字很大，怎么样把经费用好，我们各单位的党政“一把手”一定要做到心中有数。刚才曹永生同志介绍了科研项目经费预算编制和执行体会及经验，我再强调一下，与财会部门合作，把内容再进一步地深化和细化。我们还可以对科研人员讲，对主要部门讲，一定要按照国家的有关规定要求来办事。我们所里的主要负责同志，要特别注意，严格按照科研计划立项的预算规定执行。

第三，关于干部、人事任用问题。一定要集体讨论，按照党委议事规则办事，不能靠哪个人拍脑袋办事。

第四，防止学术腐败。我们研究单位跟别的单位不一样，还有一个学术问题。防止弄虚作假，防止剽窃别人成果。现在，很多有名的大学、有名的科研机构都存在这个问题，我们不能说我们农科院没有，只是没有发现就是了，所以我们要加大宣传力度。做不出来就做不出来，不要剽窃别人的成果。如果发现，严肃处理，坚决开除。

三、加强自身建设，提高我们队伍的免疫能力

我们有个别单位纪委还不够健全，我们要尽快结合班子队伍建设，健全纪委。一般来讲，我们的纪委是三个同志，党委是五个到七个同志。如果我们这八九个同志做好，说老实话，我们所里绝大多数的决定都集中在这八九个同志身上。如果我们加强自身学习，加强自我教育，提高自我要求，那么你这个单位就不会出现大的问题。所以我们要加强学习，提高自身免疫能力。

关于刚才朱组长提到的五个方面，包括总书记讲的四个方面，都要提前介入，都要加强宣传。我们要在部党组的正确领导下，通过我们班子同志共同努力，开创我们中国农业科学院党风廉政建设工作的新局面！

春节快要到了，在春节前后，我再一次请各位所领导能够关心弱势群体，关心困难职工，帮助他们解决好生活问题。在春节前，做好访贫问苦、解决困难职工生活问题的工作，使他们和我们大家一起，能够过一个和谐的春节！

在中国农业科学院学习贯彻《建立健全惩治和预防腐败体系2008～2012年工作规划》辅导报告会上的讲话

院党组书记 薛 亮

同志们：

刚才，我们听了周鹏飞处长关于《建立健全惩治和预防腐败体系2008～2012年工作规划》（以下简称《工作规划》）的辅导报告。周处长讲得很好，对《工作规划》的出台背景、指导思想、工作目标、主要内容、基本要求等作了深刻的阐述，内容丰富，深入浅出，对我们下一步的学习抓住重点、加深理解很有帮助，为全院深入学习贯彻《工作规划》开了个好头。借此机会，我代表院党组，就中国农业科学院贯彻落实《建立健全惩治和预防腐败体系2008～2012年工作规划》谈三点意见。

一、统一思想，充分认识贯彻落实《工作规划》的重要性，正确把握新时期反腐倡廉的新要求

《工作规划》是深入贯彻落实党的十七大精神的重要举措，是今后5年推进惩治和预防腐败体系建设的指导性文件，其重要性主要体现在三个方面：第一，明确了指导思想。《工作规划》明确了今后5年加强反腐倡廉建设，必须全面贯彻党的十七大精神，高举中国特色社会主义伟大旗帜，坚持以邓小平理论和“三个代表”重要思想为指导，深入贯彻落实科学发展观。第二，作出了重要部署。《工作规划》在认真总结实践经验基础上，根据形势和任务的发展变化，作出了教育、制度、监督、改革、纠风、惩处六项工作整体推进的全面规划和重要部署。第三，制定了有效措施。《工作规划》强调了落实工作的责任主体，制定了坚决惩治和有效预防腐败的相关措施，切合实际，具有很强的针对性和操作性。

二、求真务实，采取切实有效措施，确保《工作规划》各项任务落到实处

反腐倡廉重在建设，贵在落实。贯彻落实《工作规划》任务艰巨，责任重大。中国农业科学院各单位、各级党组织要按照农业部及院党组的要求，真抓实干，务求实效。

第一，深入学习宣传，营造良好氛围。中国农业科学院各单位、各级党组织要组织广大党员干部特别是领导干部认真学习贺国强同志、何勇同志在全国贯彻落实《工作规划》电视电话会议上的重要讲话，深入系统学习《工作规划》，做到真正领会，吃透精神，把握实质。要将学习《工作规划》纳入各单位党政领导班子理论中心组学习计划，列入干部培训内容。学习要紧密结合实际，认真回顾《实施纲要》颁布以来本单位惩防体系建设工作，总结经验，查找问题，勇于开拓创新，研究新思路和新措施。要加大宣传力度，精心组织，周密安排，切实做到认识到位，宣传贯彻到位。

第二，加强组织领导，落实工作责任。各单位党政领导班子是贯彻落实《工作规划》的责任主体，主要领导干部是第一责任人，要把贯彻落实《工作规划》列入领导班子重要议事日程，与业务工作一起部署，一起落实，一起检查，一起考核。要坚持“党委统一领导，党政齐抓共管，纪委组织协调，部门各负其责，依靠群众支持和参与”的领导机制和工作机制，做到领导到位、责任到位、措施到位，确保《工作规划》各项任务落到实处、取得实效。

第三，制定实施办法，抓好任务分解。要按照《工作规划》的要求，在农业部实施办法出台后，由监审局牵头，抓紧制定我院落实《工作规划》的实施办法，确定牵头、协办单位和责任人员，明确任务，明确责任，把工作落实到各职能部门。各有关部门要做好职责范围内的工作，加强协调配合，形成工作合力。

第四，健全工作机制，加强监督检查。要建立科学的责任考核评价标准，把贯彻落实《工作规划》情况纳入党风廉政建设责任制和领导班子、领导干部考核评价范围，作为工作实绩评定和干部奖惩的重要内容。各级党组织和纪委要通过自查、抽查、专项检查等形式，加强对贯彻落实《工作规划》情况的监督检查。同时，认真分析贯彻落实中出现的新情况、新问题，积极研究对策措施，加强指导，推动工作。

三、结合院情，以改革创新精神贯彻落实《工作规划》，扎实推进惩治和预防腐败体系建设

贯彻落实《工作规划》既要全面准确把握《工作规划》主要精神，又要坚持一切从实际出发，紧紧抓住我院惩治和预防腐败体系建设中的重点难点问题，采取得力措施，增强有效性。工作中要着重把握以下几个方面。

一是坚持惩防并举。在坚决惩治腐败的同时，各单位要更加注重治本，更加注重预防，更加注重制度建设；二是坚持统筹推进。根据《工作规划》的要求，我们既要全面落实、综合运用六项措施，又要突出重点、抓住关键，以重点工作出成效、关键环节求突破来推动我院惩防体系建设的全局工作；三是坚持改革和创新。要以建设性的思路，建设性的举措，建设性的方法，来谋划我院惩治和预防腐败体系。根据《工作规划》提出的改革举措和制度建设要求，针对院所权、钱、物、人等容易滋生腐败的重点部位、关键环节，加强制度的建设、创新和落实，推动我院惩防体系建设不断深化。

贯彻落实《建立健全惩治和预防腐败体系 2008 ~2012 年工作规划》，责任重大，任务艰巨，意义深远。我们要高举中国特色社会主义伟大旗帜，全面落实科学发展观，围绕我院“三个中心、一个基地”的战略目标，突出农业科研单位特色，扎实工作，开拓创新，为开创中国农业科学院党风廉政建设和反腐败工作的新局面，为我院的改革、发展和稳定做出新的贡献！

在中国农业科学院纪念建党 87 周年暨“两优一先”、“十佳青年”表彰大会上的讲话

院党组书记　薛　亮

（2008 年 6 月 26 日）

同志们：

在中国共产党成立 87 周年纪念日即将到来之际，我们在这里隆重召开中国农业科学院庆七一暨“两优一先”和“十佳青年”表彰大会。刚才，大会表彰了我院直属机关 2006 ~ 2007 年度先进基层党组织、优秀共产党员、优秀党务工作者和 2004 ~ 2007 年度“十佳青年”，充分展示了近两年我院直属机关党建工作的成果；张志斌等 3 位同志代表受到表彰的先进个人发言，内容生动、事迹感人、催人奋进。在此，我代表院党组，向受到表彰的先进集体和先进个人表示热烈祝贺！向全院各级党组织、全体共产党员、广大党务工作者和全院青年同志致以节日的问候和崇高的敬意！

在庆祝党的生日之际，回顾党 87 年的奋斗历程，我们心潮澎湃，倍感骄傲与自豪。从 1840 年鸦片战争到 1921 年中国共产党诞生之前，中华民族经历了无数的屈辱，也进行了艰苦的抗争，但都没有找到救国救民、振兴中华的真理和道路。中国共产党成立以后，以马克思主义为指导，团结带领全国各族人民，开创了中华民族解放与振兴的宏图伟业。在新民主主义革命时期，经过 28 年艰苦卓绝的斗争，实现了民族独立和人民解放，建立了新中国。在社会主义革命和建设时期，确立了社会主义基本制度，在一穷二白的基础上建立了独立的比较完整的工业体系和国民经济体系，使古老的中国以崭新姿态屹立在世界东方。从 1978 年到今天的改革开放 30 年间，坚定不移地推进社会主义现代化建设，实现了从高度集中的计划经济体制到社会主义市场经济体制的转变，大幅度提高了我国综合国力和人民生活水平，开创了中国特色社会主义道路，为全面建设小康社会、实现社会主义现代化开辟了广阔的前景。

2008 年，我国相继发生了历史罕见的雨雪冰冻灾害和特大地震灾害，人民群众生命财产遭受了严重损失。在以胡锦涛同志为总书记的党中央坚强领导下，全党全军全国各族人民万众一心、众志成城，迎难而上、百折不挠，发扬一方有难、八方支援，自力更生、艰苦奋斗的精神，谱写了一曲曲团结一致、不畏艰险的英雄赞歌，取得了抗雨雪冰冻斗争的胜利和抗震救灾的重大阶段性成果，充分显示了党和人民的伟大力量，展现了我们党以人为本、执政为民的执政理念，展现了人民利益高于一切、全心全意为人民

服务的根本宗旨，展现了伟大的民族精神和时代精神，展现了改革开放以来中国各族人民的精神风貌。87年的历史巨变、改革开放30年来的辉煌成就充分证明：没有共产党就没有新中国，没有党的领导就没有中国的富强和中华民族的伟大复兴，中国共产党不愧为一个伟大的党、光荣的党、正确的党。

中国农业科学院建院51年来，在党中央关于加强“三农”工作和做好科技工作的一系列方针政策指引下，在农业部党组和院党组的领导下，全院党员干部高举中国特色社会主义伟大旗帜，以邓小平理论和“三个代表”重要思想为指导，深入贯彻落实科学发展观，坚持科技服务“三农”，取得了近5 000项科技成果，培养造就了一大批卓有成就的农业科学家，为推动农业科技进步，提高农业综合生产能力，保障国家粮食安全做出了重要贡献。

近两年来，我院密切结合农业生产实际，加大自主创新力度，又取得一大批科技创新成果。10项成果获得国家级奖励，在三系杂交抗虫棉、矮败小麦、水稻育种、油菜育种、二代植酸酶、猪蓝耳病和禽流感疫苗研制、外来生物入侵防控等领域取得重要进展。人才建设、条件建设、能力建设、精神文明建设、党的建设都取得了可喜成绩。我院在2007年还被授予“全国爱国拥军模范单位”荣誉称号。全院各级党组织紧紧围绕我院科技创新中心工作，与时俱进，开拓创新，较好地发挥了党委的领导核心作用、党支部的战斗堡垒作用、共产党员的先锋模范作用、青年同志的工作骨干作用。涌现出一大批以中央国家机关优秀共产党员贾继增、十七大代表刘玉梅、“扎根红土地的科技先锋”祁阳红壤试验站为代表的先进个人和先进集体。特别是在2008年，面对南方雨雪冰冻灾害和四川特大地震灾害，我院广大党员、青年同志积极为灾区捐款捐物，主动参加科技救灾，及时为灾区提供科技支持。汶川地震后，我院京区党员踊跃交纳“特殊党费”达364万多元，京区团员交纳“特殊团费”1.4万多元，17位专家奔赴灾区第一线进行科技支持工作，充分展示了我院共产党员和青年同志心系灾区的互助关爱之情，以实际行动支援了灾区重建工作。

今天我们表彰的“两优一先”和“十佳青年”，是近两年来在科技创新、科研管理、人才培养、服务“三农”等各个岗位上涌现出的又一批先进典型，在他们身上集中展现了新时期共产党员的先进性和优秀青年的优良品质与时代风范，值得全院干部职工学习。

全院各级党组织、全体党员、党务工作者和广大青年，要积极开展向“两优一先”和“十佳青年”学习活动，用身边事教育身边人。各级党组织要向受到表彰的先进集体学习，全面树立和落实科学发展观，坚持围绕中心、服务大局，不断加强思想、组织、作风和制度建设，充分发挥基层党组织推动发展、服务群众、凝聚人心、促进和谐的作用，为农业科研事业发展提供坚强的政治保证和组织保证。全体共产党员和党务工作者要向贾继增、刘玉梅以及受到表彰的优秀共产党员和党务工作者学习，发扬“执著奋斗、求实创新、心系‘三农’、服务人民”的祁阳站精神，做科技创新的模范、服务“三农”的模范、科学民主的模范、求真务实的模范和清正廉洁的模范。全院青年要学习“十佳青年”勤于学习、善于创造、甘于奉献的精神，坚定理想信念，热爱农业科技，立足岗位，勇于争先，为农业科技创新事业再立新功。

同志们，2008 年是全面贯彻落实党的十七大精神的第一年、改革开放 30 年和北京奥运会举办年，也是“十一五”计划承上启下的关键一年，是中国农业科学院继承发扬建院 50 年来的优良传统、开创未来辉煌的起步年，各项任务十分繁重。前不久，党中央、国务院在京召开省区市和中央部门主要负责同志会议，深入分析了当前形势，对灾后恢复重建对口支援、促进经济社会又好又快发展、办好奥运会等工作进行了全面部署。胡锦涛总书记和温家宝总理的重要讲话统揽全局、思想深刻，要求明确，集中体现了党中央、国务院对当前和下一阶段工作的总体判断、总体要求和具体部署，对于动员全党全国各族人民发扬抗震救灾精神，奋发有为地做好当前各项工作，确保实现今年经济社会发展目标具有十分重要的意义。农业部召开党组扩大会议，孙政才部长对贯彻中央会议精神作了重要讲话和工作部署。

全院各级党组织、广大共产党员和青年同志，要认真学习中央会议精神和部党组扩大会议精神，把思想和行动统一到会议要求和部署上来，进一步增强政治意识、大局意识、责任意识，大力弘扬抗震救灾的伟大精神，继续加大农业科技自主创新力度，深入开展农业科技服务，积极参加科技救灾各项工作，为发展现代农业、实现经济社会又好又快发展做出应有贡献。

要更加自觉地坚持中国特色社会主义道路和中国特色社会主义理论体系不动摇，进一步坚定对理想信念、对改革开放的信心。要认真学习贯彻科学发展观，不断加深对科学发展观科学内涵、精神实质和根本要求的理解，不断增强贯彻落实科学发展观的自觉性和坚定性。密切结合农业科技创新工作的实际，用科学发展观统领思想、推动工作、促进发展。进一步坚定走中国特色农业现代化道路、发展现代农业、建设社会主义新农村的信心与决心，增强做好农业科技创新工作的责任感和使命感。

要认真贯彻农业部党组关于做好“三农”工作的各项部署，充分认识加强农业和粮食生产的极端重要性，以及当前农业和粮食生产形势的严峻性，扎实开展科技服务。院属各单位要充分利用多种资源、多种手段、多种形式，开展科技服务“三夏”和“全国粮食高产创建年”活动，加大依靠科技促进畜牧业稳定发展和重大动植物疫病防控的力度，积极配合推进“农业科技入户”、“测土配方施肥”、新型农民培训等工作，不断加强科技成果的转化推广。进一步安排落实我院对四川地震灾区农业生产恢复发展的科技支持和服务工作。动员和鼓励科技人员深入基层、深入农业生产第一线，在服务“三农”和建设现代农业的实践中建功立业。

要按照我院全年的工作部署，大力加强农业科技自主创新工作。认真学习贯彻胡锦涛总书记在两院院士大会上的讲话精神，坚定不移地走中国特色自主创新道路，把提高自主创新能力摆在科技工作的首位。着力培育重大科技成果，科研要突出创新性，抓住“关键点”，加强联合组装和全国农业科研协作，争取出大成果。加快推进创新团队建设，凝聚提升创新力量，促进优秀人才成长。加强科研平台建设，为科技创新多出成果、多出人才创造基础条件。

要继续深入开展创新文化建设。按照院党组关于开展创新文化建设工作的指导意见，在取得初步成效的基础上，进一步总结经验，明确目标，扩大成果，使我院创新文化建设在广度和深度上取得更大进展。创新文化建设要与社会主义精神文明建设、社会主义核心价值体系建设、和谐文化建设、党的作风建设等紧密结合，融会贯通。通过创新文化建设，大力弘扬以爱国主义为核心的民族精神和以改革创新为核心的时代精神，大力倡导严谨求实的科学精神、专心科研的执著精神、刻苦攻关的奋斗精神、勇攀高峰的创新精神、精诚合作的团队精神，为加快农业科技自主创新步伐提供有力的文化支撑。广大党员和青年同志要在创新文化建设中发挥主力军作用，积极传播创新文化理念，全面参与创新文化实践。

要继续加强和谐院所建设。社会和谐是中国特色社会主义的本质属性。要树立和谐文化理念，大力弘扬社会主义核心价值观念，以增强诚信意识为重点，自觉加强社会公德、职业道德、家庭美德、个人品德和科学道德建设。坚持以人为本，不断加强和改进职工思想政治工作，尽力为职工群众排忧解难，构建和谐单位、和谐社区、和谐家庭，共同建设有利于改革与发展的良好环境，以实际行动促进和谐社会的建设。加强群众性精神文明建设，积极参与“迎奥运、讲文明、树新风”活动，形成讲文明、重礼仪、团结友善、热情好客的良好风尚，为北京成功举办一届有特色、高水平的奥运会做出应有贡献。

同志们，回顾党的光辉历程，我们深感自豪，备受鼓舞；展望新的历史使命，我们信心百倍，斗志昂扬。让我们紧密团结在以胡锦涛同志为总书记的党中央周围，抓住机遇，开拓进取，求真务实，扎实工作，为实现我院“三个中心、一个基地”战略目标、全面提升农业科技自主创新能力、扎实推进现代农业和社会主义新农村建设而努力奋斗！

围绕中心　突出特色
稳步推进党风廉政建设

——屈冬玉副院长在中国农业科学院2008年党风廉政建设工作会议上的报告

胡锦涛总书记在党的十七大报告中指出："解决好农业、农村、农民问题，事关全面建设小康社会大局，必须始终作为全党工作的重中之重。"孙政才部长多次强调，要切实加强领导干部作风建设，以良好的作风，扎实推进现代农业和社会主义新农村建设，进一步发挥农业科技创新与推广在服务"三农"中的作用。中国农业科学院作为国家级农业科研机构，围绕国家的农业发展战略和需求，积极开展"三个中心、一个基地"的建设，取得了显著成绩。2007年我院党风廉政建设工作坚持以邓小平理论和"三个代表"重要思想为指导，认真贯彻十七大和中央纪委七次全会精神，切实加强领导干部作风建设，增强服务"三农"的意识和能力，为实现"三个中心、一个基地"的战略目标提供有力保证。现将我院2007年党风廉政建设和反腐败工作报告如下。

一、加强领导，推进反腐倡廉的深入开展

院党组非常重视党风廉政建设工作。党组书记翟虎渠两次召开党组会议专门研究党风廉政建设工作，研究治理商业贿赂等工作。中央纪委七次全会后，我院立即召开了党风廉政建设工作会议，部署2007年党风廉政建设工作任务。2月1日至2日，按照驻部纪检组、监察局的统一安排，院党组全体成员、机关各局主要负责人、院属各研究所（包括京外所）书记、所长40多人，参加了农业部党风廉政建设工作会议。召开院反腐败工作联席会议，审议通过了《中国农业科学院贯彻落实2007年反腐倡廉工作部署的分工意见》，把党风廉政建设和反腐败工作的总体任务进行分解，做到重点突出，目标明确，责任清楚，任务落实。党的十七大召开以后，院党组及时传达了会议精神，院直属机关纪委专门召开扩大会议，贯彻落实十七大对党风廉政建设和反腐败工作的要求，工作思路更加明确。

院属各单位和机关各部门也高度重视党风廉政建设工作，通过反腐败，为可持续发展创造良好的环境，重大决策、重要人事任免、重大项目安排和大额资金运作都要求经

过领导集体会议决定。院监察与审计局作为反腐败工作的职能部门，抓好监督、协调和服务，具体组织各项工作的落实。

二、突出特色，夯实反腐倡廉的思想基础

中国农业科学院是国家级科研单位，高层次人才集中，学科带头人、课题主持人很大部分是近年归国的留学人员，同时，一大批高学历的中青年人才走上领导岗位。随着国家对农业科技的重视，科研经费逐年增多，近几年每年的科研经费都在 5 亿元以上。科技开发势头猛，院属各单位的开发收入稳步增长。科研国家队的地位和各项事业大发展，决定了我院对我国农业科技事业的发展和新农村建设负有重要责任，同时也对我们的党风廉政建设和反腐败工作提出了新的更高的要求。

（一）坚持和完善反腐倡廉“大宣教”工作格局

进一步完善反腐倡廉“大宣教”工作格局，通过自我教育和专家引导等方式，不断加强廉政教育的针对性、系统性和有效性。组织党员领导干部认真学习胡锦涛总书记在中央纪委七次全会上的讲话、中纪委七次全会、国务院第五次廉政工作会议和部、院党风廉政建设工作会议精神及十七大有关文件精神；深入开展以社会主义核心价值体系和树立正确权力观为重点的廉洁从政教育、党纪条规和国家法律法规教育等，贯彻落实廉洁自律各项规定；先后组织我院广大党员干部参观了最高人民检察院举办的惩治和预防职务犯罪展览、农业部机关廉政文化作品展；向院属单位通报了农业部党组下发的《关于姜永涛同志违纪案件的通报》，利用姜永涛严重违纪案件对广大党员干部进行遵守党纪国法、树立良好作风教育，强化法律、纪律意识，大力倡导八个方面的良好风气。

对业务骨干和学科带头人进行以规章制度、法律法规为主要内容的系统培训，并继续在全院特别是在科研人员中开展向贾继增同志学习的活动，取得了很好的效果。

（二）狠抓干部廉洁自律

2007 年，各级纪委负责人同下级党政主要负责人谈话 42 人次；领导干部任前廉政谈话 117 人次；有 1 人受到党纪、政纪处分；领导干部述职述廉 403 人次；领导干部个人重大事项报告 249 人次；主动上交礼金、有价证券的 3 人，合计金额 5.4 万元；领导干部配偶、子女从业情况申报登记 383 人次。组织落实了党风廉政建设责任制专项检查，协助驻部监察局完成了我院部管干部贯彻党风廉政建设责任制情况民主测评工作。

通过干部廉洁自律和党风廉政建设责任制工作，起到了警示教育的作用，收到了较好效果。

（三）突出特色抓作风建设

领导干部作风建设是今年廉政建设的一项重点工作，根据我院实际，院党组把改进学风和工作作风作为党风廉政建设工作的重点。按照上级要求，全院在每年一次民主生活会的基础上，又以作风建设为主题，加开了一次民主生活会。

我院资源区划所在部党风廉政建设工作会议上作了典型交流。祁阳红壤试验站“执著奋斗，求实创新，心系‘三农’，服务人民”的“祁阳站”精神在部属单位引起较大反响，我院广大科技人员更是身体力行“祁阳站”精神。院党组不断推进国家农业科技创新体系建设，已与天津、江苏、山东、河北、内蒙古、四川、吉林、湖南、青海等十几个省、市、自治区签订科技合作协议并开展了实质性合作。积极参加农业部组织实施的发展现代农业的“十大行动”。每个研究所都根据各自的特点加强了与地方的对口联系，帮助建立科技示范县。研究生院组织了一批优秀毕业生去西部工作。院机关加强了对研究所的调查研究。研究所动员专家学者进一步深入生产第一线，把论文写在大地上，把成果送到千万家。

三、加强监督，从源头上预防和治理腐败

（一）深入开展信访举报和查办案工作

按照分级管理的原则，以查处发生在权力、利益集中的部门和领导干部利用职务违法违纪案件为重点，监审局通过每周的局务会议，进一步严格办案程序，提高办案质量，加大案件核实工作的力度。同时加强对重点部门、重点岗位的监督检查。注意发挥下属研究所党委、纪委和监察员的作用，对信访举报工作进行督办。

截至 2007 年 12 月 6 日，我院共收到群众信访举报 42 件。其中不在我院管辖范围 1 件，内容重复的有 4 件。在 42 件信访举报中，已处理完毕的有 40 件，正在核实中的 1 件，已核实完毕待处理的 1 件。在处理完毕的 40 信访件中，由监察与审计局直接派人调查并有调查结果的 6 件，作谈话提醒或以适当方式了解情况的 20 件。

加强与驻农业部纪检组监察局等单位的协调配合。2007 年我院派出审计人员协助驻农业部监察局完成举报核实谈话任务和查办案件中的审计工作两项。受驻部监察局委托，派出监察人员参加中纪委有关案件的外围协查工作。与海淀检察院密切配合，派出纪检人员完成两件涉及我院人员举报件的初查工作。

（二）突出重点开展审计监督

坚持“全面审计、突出重点”的原则，完成了 9 个所长任期经济责任审计和两个

院办公司经理离任审计。9 个所长任期报告涉及任期末报表资产审计金额总计 20.63 亿元，基建账户中在建工程、完工资产金额 6.51 亿元，所办经济实体及对外投资公司合计 35 个，提出审计建议 33 条。在已经审计的研究所中，净资产增值幅度较大，资产质量不断提升，任期末比任期初净资产增长率达到 80% 以上，有的所呈现整数倍增长；“十五”期间到位的科研经费比“九五”期间成倍增长，科研开发创造了良好的经济效益，整体的管理水平有所改善。通过所长任期审计揭示存在的问题，督促被审计单位采取措施及时改进，有效地防范风险，为落实权力制约制度，加强干部监督管理，促进领导干部依法行政，正确履行经济职责，规范各单位的财务管理发挥了积极作用。两个院办公司的经理离任审计工作，查清了公司实际经营情况，揭示了主要存在的 16 个问题，并提出了下一步工作建议，为领导决策提供了参考依据。

基建项目竣工决算审计，从今年的监督检查执行结果看：基建项目财务决算审计 1 738万元，工程竣工审计 2 483万元，审减金额 171.6 万元。规范了基建项目竣工决算的管理工作，减少了基建违纪行为的发生。

（三）积极推行招投标监督检查

积极推行工程建设项目招投标和政府采购招投标监督工作，促进和保障基础设施建设和采购工作提质、保廉，督促有关单位完善程序，堵塞漏洞。

2007 年，中国农业科学院监审局共参与了基建招投标、政府采购监督检查工作 57 次。院监审局将院办公楼、质标楼、图书馆、住宅楼、院部和马连洼基础设施改造、中央级科学事业单位修缮购置项目采购作为监督工作的重点，充分发挥纪检监察工作的职能，保证我院基建招投标、政府采购工作能够按照国家法律法规和政策的规定，公开公平公正地进行。对落实招投标、政府采购制度不到位，管理工作薄弱等问题提出整改意见并及时纠正，责成重新招标 3 次。

四、保质保量，完成上级布置的专项任务

（一）认真做好不正当交易行为自查自纠的检查评估和政府采购领域不正当交易自查自纠的检查评估及“回头看”工作

院党组对这三项工作非常重视。院治理贿赂办公室制定了相应的评估办法，并根据我院的实际情况选择了北京畜牧兽医所、资源区划所、蜜蜂所、后勤服务局和京外的哈尔滨兽医所、棉花所 6 个有代表性的下属机构进行了专门的检查。自查自纠检查评估结果为：院属 42 个单位有 33 个为优秀等次，9 个为良好等次。院本级自查评估得分 94 分。政府采购领域不正当交易行为自查自纠工作的检查评估结果为：院属单位检查评估 90 分以上的单位 41 个，80 分以上的单位 1 个。院本级检查评估结果为 96 分。通过自

查评估和专门检查，提高了我院广大干部职工对基建招投标、政府采购、公产出租等领域工作的认识，促使各单位进一步规范了工作程序。

（二）认真贯彻落实中央纪委的“八条禁令”

《中共中央纪委关于严格禁止利用职务上的便利谋取不正当利益的若干规定》出台后，院党组高度重视，一方面组织院属各单位党员特别是党员领导干部认真学习，领会精神实质，同时按照中纪委和农业部的要求组织对照检查，京内外单位的在职党员都按要求填写了《对照检查表》。通过落实《规定》，进一步增强了党员廉洁自律意识和抵御消极腐败现象的自觉性，对创造有效惩治和预防腐败良好环境是一个有力的促进。

五、存在的问题和不足

2007 年，中国农业科学院在党风廉政建设方面做了大量的工作，取得了明显的成效，但是仍然存在着不少问题和不足。由于我院下属单位较多，布局分散，在 33 个研究所中，有 18 个地处京外，加之科研单位的特点，因此在党风廉政建设方面表现出发展还不平衡的弱点。京外所环境更复杂，生存和发展的压力更大，工作的难度更大，存在的矛盾和问题更容易凸显。

2007 年的信访举报主要涉及土地开发、基建招投标、政府采购、科研经费使用等热点问题。随着市场经济体制的完善，政策法规越来越严格，市场竞争进一步加剧，串标、行贿等各种不规范竞争等现象也越来越多。不少投标商在开标之前都使出各种招数希望中标，但随着中标结果的公布，没有中标的单位都会千方百计地挑毛病，通过各种途径进行举报，导致对招投标的信访举报越来越多，这一问题应引起全院的高度重视。

从任期审计工作中反映出的主要问题有：资产账实不符，对投资实体的管理薄弱，一些研究所办的企业、公司，存在着不同程度的虚增虚减成本、利润和经营收入不实，财务核算有的不规范的现象，也有的发生资产处置存在程序上不一定合规的现象。

在工作中我们体会到，农业科研单位做好党风廉政建设工作一是要加强全局意识，要和中央保持高度一致，紧紧围绕国家的农业发展战略、农业部的整体部署和我院的中心工作，为现代农业提供科技支撑创造良好的政治环境；二是要有针对性，农业科研院所的工作任务是科学研究、科技服务，人员学历层次高，在廉政建设中要进一步突出系统性、针对性；三是抓住重点单位、重点部门、重要岗位、重点项目，关口前移，多部门协同监督。加强对具有认证资格的单位；对开发创收规模较大的单位，对管人、管钱、管物的重要部门，对基建、财务、购销和招投标等关键岗位；对国家的重点项目、重大国际合作项目进行重点监督和检查。

六、2008 年工作思路和工作重点

（一）工作思路

中国农业科学院2008 年纪检监察审计工作的总体思路是：以邓小平理论和“三个代表”重要思想为指导，以科学发展观统领纪检监察审计工作，深入贯彻党的十七大、第十七届中央纪委二次全会和农业部党风廉政建设工作会议精神，坚持标本兼治、综合治理、惩防并举、注重预防的方针，加强廉政宣传教育、作风建设、制度建设，坚决惩治腐败，同时更加注重从源头上治理腐败，围绕我院“三个中心、一个基地”的战略目标，为构建现代、文明、和谐院所提供有力保证。

（二）工作重点

1. 加强廉政宣传教育，营造廉政文化氛围

继续贯彻执行院党组《关于贯彻落实〈建立健全教育、制度、监督并重的惩治和预防腐败体系实施纲要〉的实施意见》。中央纪委《贯彻落实〈实施纲要〉2008～2012 年工作规划》出台后，要抓紧制定我院的相应规划和年度党风廉政建设部署的分工意见。要紧密结合我院实际，开展廉政宣传教育。

2008 年拟针对近几年来我院信访举报和查办案件中的热点问题，收集我院和相关科研单位案例，编撰警示教育案例 50～80 件，以案说法、以案讲纪；拟办《纪检监察审计动态》12 期，把理论研究成果、警示教育案例等宣传教育材料印发，扩大宣传效果，进行正面引导。

2. 强化制度建设，依法行使权力

制度更带有根本性、全局性、稳定性和长期性。按照依法治院、治所的要求，加强制度建设。在国家出台的有关人事制度、财务制度、科研项目管理制度、重大项目招投标制度、内部控制制度等方面，结合本院实际，制定切实可行的实施细则和操作规程。建立健全督办机制，加强对制度执行情况的监督检查，保证各项制度落到实处。

2008 年拟制定《中国农业科学院基本建设工程项目竣工决算审计监督管理办法》、《中国农业科学院基本建设项目招投标廉政监督检查办法》、《中国农业科学院政府采购项目招投标廉政监督检查办法》三项制度。

3. 树立科学监督理念，确保权力正确行使

让权力在阳光下运行。加强对院本级和下属研究所重要事项、重大项目的监督检查力度。认真总结近几年开展基建竣工决算审计、课题经费管理、基建招投标、政府采购监督检查等工作的经验教训，加强对课题组长，财务、基建、采购决策及执行人员的廉洁自律和法律法规教育，完善相关管理办法和监督措施，加强廉政检查。

进一步发挥各级纪检监察干部的作用，要求各单位纪检监察干部参与本单位基建招投标、政府采购的监督工作，条件成熟的情况下各纪检监察协作组可以互相参与对方单位的廉政监督检查工作。年底要将工作开展情况报监审局备案。

4. 坚持依法审计，履行审计职责

继续做好所长（经理）任期经济责任审计和经营管理与经济效益审计，不断探索基建项目竣工决算审计、院所办公司审计的监督模式。开展经济责任审计评价体系研究工作，逐步建立后续审计制度，追踪重大审计整改措施的实施结果。要积极掌握计算机辅助审计的特点和检查方法，提高审计效果和审计效率，防止计算机舞弊行为的发生，维护经济秩序。

要加大对重大科研项目课题经费的财务审计和监管力度，通过对课题经费的管理和使用情况进行审计或专项检查等方式，进一步建立健全科研经费的内部管理制度，及时修订与国家财经法规制度不相符的内部管理规定，减少课题经费管理和使用中违法、违规、违纪行为的发生。

5. 强化服务意识，发挥治本作用

要把查处问题与促进改革、完善制度、强化管理结合起来。要加大对带共性和深层次问题的揭示力度，对于典型案件，不仅要审深查透，严肃处理，还要找出问题的原因和症结，提出切实可行的改进建议，帮助有关单位完善措施，规范管理。

一是针对我院党风廉政建设和反腐败工作的热点、难点和关键领域，带共性和深层次问题开展调查研究，发挥监察支会的作用，形成理论研究成果，指导实际工作；二是发挥典型案例的警示教育作用，以事实说话，扩大影响；三是发挥审计的建设性作用，注重审计结果的运用。

6. 按照分级办理原则，保持查办案件力度

要继续保持查办案件的力度。根据我院的实际情况，严厉查处在干部任免、课题经费管理、基建招投标、政府采购、成果开发、土地房屋出租转让、行政性收费中滥用职权、贪污贿赂、腐化堕落、失职渎职的案件。

要按照分级办理的原则，制定相关规定，进一步明确院监审局和各下属研究所的监察对象、管辖权限，充分发挥各研究所党委纪委在接受信访举报和查办案件中的作用，明确责任。加强对下属研究所查办案件的指导，必要时进行督办。

7. 加强纪检监察审计干部队伍的自身建设

利用各种手段，加强对全院纪检监察审计干部进行政治理论和纪检监察理论的学习培训，以适应新时期农业科研单位纪检监察工作的需要。拟举办一期中国农业科学院纪检监察系统贯彻落实惩防体系实施纲要培训班。在适当的时机，对优秀纪检监察审计干部予以表彰。

同志们，反腐倡廉任务光荣而艰巨。我们要深入贯彻落实党的十七大精神，继续高举中国特色社会主义的伟大旗帜，围绕我院“三个中心、一个基地”的战略目标，认真落实上级和院党组党风廉政建设和反腐败的工作部署，全面履行职责，强化日常监管，为促进我院各级领导干部廉政勤政，为保证我院各项事业科学发展，为构建和谐院所而脚踏实地，勤奋工作，凝心聚力，开拓进取，在加强农业科技自主创新，强化服务“三农”工作中做出新的贡献！

鼠年即将到来，祝大家在新的一年里身体健康，心情愉快，各方面取得更大发展。

谢谢！

在中国农业科学院直属机关2008年党的工作会议上的讲话

院党组副书记、直属机关党委书记 罗炳文

（2008年3月7日）

同志们：

院直属机关2008年党的工作会议是我院召开的一次重要会议。院党组对这次会议非常重视，专门听取了直属机关党委的工作汇报，院党组书记翟虎渠同志对我院直属机关2007年党的工作给予了充分的肯定，并对进一步做好今年党的工作作了重要指示。

刚才，直属机关党委副书记舒文华同志传达了农业部直属机关2008年党的工作会议精神，直属机关纪委书记张逐陈同志传达了农业部党风廉政建设工作会议精神，对于做好我院直属机关今年党的工作具有很重要的指导意义。还有四位同志结合各自单位特点，从不同角度就做好党的工作进行了交流发言，他们的工作有成效、有特色、有创新，取得的经验值得大家学习和借鉴。

现在，我受院直属机关党委常委会委托，作工作报告。

一、院直属机关2007年党的工作回顾

2007年，在农业部直属机关党委和院党组的领导下，我院各级党组织坚持以邓小平理论和“三个代表”重要思想为指导，深入贯彻落实科学发展观，以健全和落实保持党员先进性长效机制和学习贯彻党的十七大精神为重点，以50周年院庆为契机，围绕中心，服务大局，推进创新，促进和谐，为我院实现2007年科技创新、党的建设等各项工作目标提供了坚强的政治、思想和组织保证。

（一）加强思想建设，进一步提高党员干部理论武装水平

2007年院各级党组织把思想建设放在首位，不断提高党员的党性观念和理论素养。

一是认真学习贯彻党的十七大精神，加强党员的理论武装。十七大召开前，各直属党组织按照院直属机关党委《关于组织开展“迎接党的十七大胜利召开保持共产党员

先进性”主题党日活动的通知》要求，积极开展形式多样、内容丰富的主题党日活动；党的十七大召开时，组织党员和干部职工收听收看十七大开幕式；十七大召开后，组织开展了一系列学习活动。院直属机关党委组织了十七大精神报告会；转发了农业部孙政才部长关于学习十七大精神的重要讲话；邀请中央党校教授为我院党员干部作学习辅导报告；为京区党员购买发放《十七大报告》和《新党章》单行本，为直属党组织负责人发放了《十七大报告辅导读本》、《十七大报告学习辅导百问》。

各直属党组织通过多种学习形式，组织党员认真学习十七大精神。作科所党委、植保所党委和农经所党委邀请中央党校教授讲党课；蔬菜所党委请十七大代表刘玉梅介绍参加十七大的体会；院离退休党总支召开了学习贯彻十七大精神会议。通过认真学习，广大党员干部全面把握十七大报告的科学内涵和精神实质，把思想和行动统一到十七大精神上来，落实到本职工作中去。

二是抓好党员的经常性教育，提高党员的党性意识。为了深入学习马克思主义中国化的最新成果，以先进理论武装头脑、指导工作，各直属党组织密切结合实际，采取多种措施，认真做好党员的理论武装工作。坚持和完善理论中心组学习制度和支部学习制度，有计划、有步骤地开展了一系列学习活动，做到学习有主题、有要求、有实效。各级领导干部尽管工作繁忙，但在学习上不放松，发挥了带头作用。院办公室、人事局、国合局、监审局等局机关党支部按照学习计划，分别结合本职工作，开展理论学习和专题研讨。环发所党委组织中心组到廊坊基地，把学习十七大精神与加强基地建设和成果推广结合起来，使学习和实践得到紧密结合。院直属机关党委、蔬菜所党委认真组织做好十七大代表刘玉梅先进事迹采访和电视片的拍摄工作。国庆期间，新华社、人民日报、中央电视台等各大媒体，对刘玉梅同志的先进事迹进行了大力宣传，使刘玉梅同志成为我院继 2005 年贾继增、2006 年祁阳站后第三个在全国广为宣传的先进典型，成为全院党员和科技工作者学习的榜样。各单位党组织采取灵活的学习方法，提高学习效能，生物所党委、饲料所党委、出版社党支部，分别采取集中学习与个人学习相结合、通读文件与专题研讨相结合的方式，通过组织报告会、研讨会、观看录像、参观学习等方法，提高了学习效果。作科所党委书记到各支部巡回上党课，促进了各支部的理论武装工作和党员的政治理论学习。资区所党委、质标所党委和科技局党支部分别组织党员观看《复兴之路》大型展览、参观角子山抗日战争纪念馆、焦庄户地道战遗址，坚定了党员干部的理想信念，增强了党组织凝聚力。

三是积极做好舆论宣传，不断增强党员爱院、爱所、爱农业科研事业的意识。2007 年院直属机关党委利用院报、宣传栏、网站、杂志等载体，广泛开展宣传报道。一年来，《院报》出版 32 期，《研究信息》杂志出版 3 期，《思想政治工作与人才建设》杂志出版 4 期，院宣传栏出版 10 期；院机关党委网站上传新闻 100 多条，网站点击率近 5 000 人次。通过各类媒体对我院各方面工作特别是建院 50 年光辉历程和取得的成就的宣传报道，进一步增强了干部职工献身农业科技创新事业的荣誉感、责任感和使命感。

（二）加强组织建设，进一步夯实党建工作基础

2007 年院直属机关党委以巩固和发展先进性教育成果、落实先进性教育长效机制为重点，进一步加强党的基层组织建设。一是对建立健全长效机制工作进行了检查和落实。各直属党组织对贯彻落实长效机制情况进行自查，直属机关党委组织 4 个检查组到 16 个直属党组织进行抽查，接待了中央和农业部检查组对我院的检查。中央检查组、农业部检查组在分别听取汇报、组织座谈、调查问卷、查阅文件资料、现场检查后，对我院建立健全和落实保持先进性长效机制的工作给予充分肯定；二是修订了我院保持共产党员先进性的具体要求，要求党员要做科技创新、服务“三农”、科学民主、求真务实、清正廉洁的模范。修改后的“五个模范”要求更加符合我院党员队伍实际，也更加简捷易记；三是指导基层党组织完成换届工作。蔬菜所、加工所、后勤服务中心召开党员大会选举产生了新一届党委和纪委；新成立的财务局和基建局及时组建了党支部；院办公室、机关党委、监审局党支部完成了换届选举或支部调整。通过党组织换届或调整工作，进一步加强了基层党组织建设，为做好党的各项工作提供了有力的组织保障；四是组织部署开展党员民主评议工作。各单位党组织结合年终工作总结，组织党员对一年来思想、学习、工作等情况进行认真总结，查找问题，分析原因，认真整改，进一步增强了党员意识；五是做好党务干部培训。举办党办主任培训班和党支部书记培训班，交流工作经验，加强制度学习，提高党务工作水平；六是做好党员发展工作。举办了第 16 期入党积极分子培训班，参加人数 29 人。全年直属党组织共发展党员 130 名，壮大了基层党组织力量；七是积极开展调查研究。在各单位党组织共同努力下，完成了我院党员统计工作和留学回国党员调查工作，对京区单位基层党组织、工青妇组织以及民主党派人员结构、组织状况、活动情况、存在问题和发展方向等进行了调研，提出了进一步加强党建、群团和统战工作建议。其中《关于保持共产党员先进性长效机制研究》课题报告，荣获中央国家机关工委调研课题三等奖。通过加强组织建设和队伍建设，进一步健全了先进性长效机制，基层党组织更加坚强有力，党委的政治核心作用、党支部的战斗堡垒作用和党员的先锋模范作用得到充分发挥。

（三）加强作风建设，进一步密切党群干群关系

我院各级党组织 2007 年把加强作风建设列入党建工作的重要议事日程。一是认真组织学习胡锦涛总书记在中纪委第七次全会上的重要讲话精神，在党员干部中大力倡导八个方面的良好风气；二是增开了一次以加强领导干部作风建设为主题的党员领导干部民主生活会；三是健全情况通报制度，各级党组织定期通报工作情况，经常听取群众意见和建议；四是关心帮助老党员、困难党员和困难职工，在春节和“七一”分别组织看望慰问老党员、困难党员和困难职工活动。2007 年全院共计走访慰问了 82 名老党员、

困难党员和困难职工，投入送温暖资金6万多元。通过加强作风建设，进一步密切了我院党员干部同职工群众的关系，促进了院所和谐。

（四）加强党风廉政建设，进一步增强反腐倡廉意识

2007年，我院各级党组织认真贯彻落实农业部和院党组党风廉政建设工作会议精神，结合院所工作实际，做到标本兼治，综合治理，强化责任，抓好落实。一是协助落实党风廉政与反腐败工作联席会议制度，定期研究党风廉政与反腐败工作；二是加强廉政宣传教育，向党员传达了农业部有关违纪案件的通报，组织党员观看教育片、参观惩治与预防职务犯罪展览和农业部举办的廉政文化作品展等；三是加强监督检查，协助开展了治理商业贿赂等的专项检查，进一步促进了各项廉政制度的落实；四是组织召开了党员领导干部民主生活会，开展批评与自我批评，交流思想，增进团结；五是积极组织参加农业部廉政文化作品征集活动，机关离退休党总支积极动员，认真组织，共征集到诗歌、书法、绘画等作品61件，其中有11件作品在农业部获奖；六是根据《中国共产党纪律处分条例》的有关规定，对1名违反党纪的党员给予了党纪处分。通过党风廉政建设，进一步增强了全院党员干部的廉洁自律意识和抵御腐败现象的自觉性和坚定性。

（五）加强创新文化建设，进一步营造科技创新氛围

按照院党组关于开展创新文化建设的指导意见，围绕院庆50周年庆祝活动，院直属党组织大力开展了创新文化建设。一是以建院50年来的辉煌成就激励和引导广大党员干部职工。各级党组织充分利用建院50周年系列活动，对党员职工开展光荣传统教育和爱院、爱所、爱岗教育。院机关离退休党总支、畜牧兽医所、植保所、信息所党委分别开展纪念院庆、所庆50周年征文活动，在职职工和离退休同志积极响应、踊跃参与；二是组织开展了院训、院歌、所训、所歌等的征集活动。《中国农业科学院之歌》在院庆50周年文艺晚会上，由农科之声合唱团进行了演唱。目前，京区15个直属单位中，有14个单位有所徽，有8个单位有所训，有2个单位有所歌；三是召开院机关创新文化建设推进会，对创新文化工作任务进行分解，分工负责，明确责任，抓好落实。院办公室、人事局、科技局分别承担了院章、职工守则、科研道德规范等规章制度的起草制定工作；四是开展文化建设交流。蜜蜂所、植保所、蔬菜所、质标所、哈兽研等单位的创新文化建设方案在网上进行了交流；五是经过精心策划，认真筹备，组织了庆祝建院50周年大型文艺晚会。通过丰富多彩的文艺节目，颂扬了我院建院50年来取得的丰硕成果和几代农科院人为促进农业科技进步做出的突出贡献，为院庆活动划上了圆满的句号。各研究所通过开展创新文化建设，进一步统一了思想，凝聚了人心，继承优良传统，发扬创新精神，增进团队意识，为促进农业科研工作的开展提供了和谐向上的氛

围。现在，创新文化建设在我院已逐步深入人心，取得了初步成效。

（六）加强精神文明建设，进一步增强凝聚力和向心力

各级党组织围绕促进院所和谐和“迎奥运、讲文明、树新风”活动，深入开展精神文明建设活动。一是对先进集体和先进个人进行了表彰。在 2007 年院工作会上，对获得我院 2005 ~ 2006 年度的 14 个文明单位、5 个文明单位标兵、33 名文明职工、10 名文明职工标兵进行了奖励；祁阳红壤试验站被院党组授予“扎根红土地的科技先锋”荣誉称号；二是按照中央国家机关精神文明建设协调领导小组办公室《关于进一步加强中央国家机关窗口行业（单位）奥运培训工作方案》的要求，各单位开展了进一步普及奥运文明礼仪知识活动；三是继续深入开展军民共建工作，举办八一、春节军民联谊活动，扩大对“共建杯”军艺优秀学员的奖励力度和奖励范围，研究生院和军艺文管系在天安门广场举行新党员入党宣誓，蔬菜所帮助军艺建设军地和谐工程，我院与军艺联合举办院庆大型文艺晚会等，使军民共建活动取得新的进展，2007 年我院被全国双拥办评为“全国爱国拥军模范单位”；四是成功举办了庆祝建院 50 周年暨第五届职工运动会。院属各单位高度重视，认真组织，精心策划，全力参与，近千名运动员顽强拼搏，奋勇争先，充分展现了我院职工良好的精神风貌和健康体质，为庆祝建院 50 周年献了一份厚礼；五是积极支持工青妇组织结合实际开展各类活动。各级工会组织先后两次组织开展向灾区人民献爱心募捐活动，共收到捐款 10 万多元，捐献棉衣棉被 4 千多件，充分表达了我院干部职工对困难群众和灾区人民的一片爱心。我院各级团组织积极开展读书活动和经验交流活动，团员意识不断提高。蜜蜂所团支部当选为中央国家机关红旗团支部，质标所团支部当选为农业部先进基层团组织。院妇委会对 2005 ~ 2006 年度 8 个先进基层妇女组织、9 名“巾帼建功”标兵、6 名优秀妇女干部、8 名“妇女之友”、8 户“五好文明家庭”进行了表彰。作物所景蕊莲同志被评为中央国家机关优秀女科技工作者。各级妇委会还积极组织本单位女职工参加“新时代新女性新风采——提升我院女职工综合素质”系列活动，深受女职工们的欢迎。院妇工委和院舞蹈队还联合组织开展了女职工双环健身操比赛，并组织 200 多名女职工在第五届院职工运动会开幕式上进行了双环健身操团体表演，促进了女职工健身活动的开展；六是认真做好统战工作。各级党组织积极支持民主党派开展组织活动，主动听取民主党派意见和建议，鼓励民主党派和无党派人士献计献策、参政议政、发挥作用。积极做好统战部华夏英才基金资助项目推荐工作，我院两位专家的专著获得 7 万元华夏基金赞助。在农业部统战工作座谈会上，我院作了题为《做好统一战线工作促进农业科技创新》的交流发言；七是认真做好政治稳定工作。各级党组织以高度的政治责任感，始终把政治稳定工作作为重要工作之一，及时传达贯彻农业部和我院有关稳定工作会议精神，认真研究，周密部署，切实做好重要节假日特别是全国“两会”和十七大期间的政治稳定工作，为科技创新提供了稳定的工作环境。

2007年中国农业科学院直属机关党的工作取得许多成绩，这是农业部直属机关党委和院党组高度重视、正确领导的结果，是各级党组织扎实工作、开拓进取的结果，也是广大党员干部关心支持、积极参与的结果。在此，我代表院党组和院直属机关党委向在座的各位同志，并通过你们向我院广大党员和党务工作者表示衷心的感谢！

回顾一年来的工作，我们感到有以下几点体会：一是做好党的工作，必须领会贯彻好中央和上级党组织精神。只有学深学透并认真贯彻落实好中央和上级党组织的精神，才能统一思想、凝聚力量，才能保证在思想上、行动上自觉地与中央和上级党组织保持一致，使党的方针政策付诸于行动。从而确保坚持党的路线不动摇、执行党的政策不走样；二是做好党的工作，必须始终坚持围绕中心、服务大局。提升科技创新能力，多出科技创新成果，是我院的中心工作。围绕中心、服务大局，是党的工作的出发点和立足点。我院加强和改进党的工作，就是为了在促进农业科技创新、发展现代农业的实践中，充分发挥党员的先锋模范作用，发挥基层党组织推动发展、服务群众、凝聚人心、促进和谐的作用，为科技创新事业提供政治保证；三是做好党建工作，必须具有改革创新的精神。以改革创新精神推进党的建设是十七大提出的新要求，是我们党建工作永恒不变的主题。2007年我们工作中的一些亮点，都体现了改革创新精神。在今后的工作中，要不断创新工作理念、创新工作方式、创新工作载体，使党的工作更加适应形势、贴近实际，更加富有成效、充满活力；四是做好党建工作，必须密切结合实际，着力在抓落实上下工夫。我院直属机关党的工作能够取得新进展，关键就是结合实际，着力抓好落实。各级党组织和广大党员干部结合实际，牢固树立政治意识、大局意识和责任意识，大力弘扬求真务实精神，在狠抓落实上下工夫，坚决克服形式主义和做表面文章，真正把各项工作做到实处，取得实际效果。

在肯定成绩的同时，也要清醒地看到，在我院2007年党的工作中还存在着一些不足，建立健全保持先进性长效机制取得了明显成效，但还要在进一步结合工作实际、促进工作创新上下工夫；创新文化建设取得初步成效，但总体进展还不平衡，还要在不断深入并取得实效上下工夫。

二、直属机关2008年党的工作

2008年是全面贯彻落实党的十七大战略部署的重要一年。在新的一年里，我院农业科技创新工作任务十分繁重，直属机关党的工作也面临着新的形势和任务。今年直属机关党的工作总体思路是：高举中国特色社会主义伟大旗帜，坚持以邓小平理论、“三个代表”重要思想为指导，深入贯彻落实科学发展观，以深入学习贯彻党的十七大精神为重点，以加强党的先进性建设为主线，以深入开展创新文化建设为载体，认真贯彻落实农业部党的工作会议精神和院工作会议精神，围绕中心、服务大局，以改革创新精神加强直属机关党的建设，充分发挥基层党组织推动发展、服务群众、凝聚人心、促进和谐的作用，为实现我院农业科技创新事业又好又快发展提供坚强的政治、思想和组织保证。

（一）认真学习贯彻党的十七大精神，坚持用马克思主义中国化的最新成果武装党员干部

认真学习贯彻党的十七大精神是中国农业科学院当前和今后一个时期首要的政治任务。各级党组织和广大党员要紧密结合农业科技工作实际，认真学习中国特色社会主义理论体系，深刻领会走中国特色农业现代化道路、建设创新型国家、建设和谐社会的重要意义，把学习贯彻十七大精神同推动当前工作紧密结合起来，将学习贯彻的成果体现到推动农业科技创新的各项任务中。要充分发挥理论中心组的龙头作用和领导干部的带动作用，所局级领导要带头学习理论，撰写学习论文，积极参加农业部和院直属机关党委组织的优秀论文评选交流活动。党组织要通过集中学习、专题辅导、研讨交流等多种形式，组织好党员学习，保证学习时间，提高学习效果。院报、党建网页、宣传栏、《思想政治工作与人才建设》和《研究信息》杂志等院各类媒体要发挥优势和特色，开展好十七大精神的学习宣传报道活动。

要按照中央和农业部的统一部署，认真落实学习实践科学发展观活动的各项工作任务，引导党员干部深刻领会科学发展观的历史地位、时代背景、科学内涵、精神实质和根本要求，不断提高贯彻落实科学发展观的自觉性和坚定性。

要将学习贯彻党的十七大精神同学习贯彻全国“两会”精神结合起来，同纪念改革开放30周年、举办北京奥运会等重大活动结合起来，以举办形势报告会、征文、参观学习、座谈访问等形式，回顾改革开放的光辉历程，展示改革开放以来我院取得的辉煌成就，进一步增强我院党员和干部职工贯彻落实党的路线方针政策的自觉性和坚定性。

（二）以改革创新精神加强基层党组织建设和党员队伍建设，不断提高党建工作水平

各单位党组织要按照党章规定，按时换届选举。要重视和加强党委、纪委班子建设和党务干部队伍建设，进一步增强“两委”班子认真学习、解放思想、开拓创新、当好表率的责任意识，加强调查研究，不断提高工作能力，切实履行工作职责。要坚持和完善民主集中制，扩大党内民主，促进党内团结。要落实好《农业部直属机关党支部工作细则》，着力提高基层党支部的学习能力、创新能力和服务能力。要认真贯彻执行《中国农业科学院直属机关党建工作考核办法（试行）》，推动各单位党建任务落实。

要进一步扎实推进保持共产党员先进性长效机制建设，深入贯彻落实中央关于加强党员经常性教育、加强和改进流动党员管理、做好党员联系和服务群众工作、落实基层党建工作责任制四个保持共产党员先进性长效机制文件和院党组《关于建立健全保持

共产党员先进性长效机制的意见》，不断推进基层党建工作的规范化、制度化、科学化。注重加强对党员的教育管理和服务。严格组织生活制度，认真学习党章，坚持“三会一课”、领导干部参加双重组织生活会和党员民主评议等制度。学习中央国家机关优秀共产党员贾继增、十七大代表刘玉梅的先进事迹，引导和教育党员干部讲党性、重品行、作表率，成为科技创新的模范、服务“三农”的模范、科学民主的模范、求真务实的模范、清正廉洁的模范。积极探索建立党内激励、关怀、帮扶机制，帮助生活困难党员和老党员解决实际问题。

要认真开展创先争优活动，激励党员奋发进取，建功立业。各单位党组织要在民主评议党员基础上，认真组织好 2006 ~ 2007 年度院直属机关“先进基层党组织、优秀共产党员和优秀党务工作者”推荐评选工作，总结宣传先进集体和先进个人的事迹。

要深入学习贯彻中纪委二次全会精神和农业部、院党组党风廉政建设工作会议精神，积极开展理想信念教育、党的优良传统和作风教育、党纪条规和法律法规教育，运用正反典型进行宣传引导和警示教育。积极推进廉政文化建设，营造“以廉为荣、以贪为耻”的文化氛围。加强对信访举报件的初查核实工作，严格办案程序，做好对违纪党员的执纪处理。

（三）加强创新文化建设，营造科技创新良好氛围

创新文化是科研院所发展久经不衰的灵魂，在科技创新中具有导向力、激励力、凝聚力、辐射力。今年我院要召开创新文化建设工作会议，提出深入推进创新文化建设的工作要求；要充分利用院办公大楼、质标所大楼、马连洼三所所区改造等一批基本建设项目竣工的有利时机，对院区、所区绿化、美化、净化，搞好园区文化，建设优美环境；要继续推动《中国农业科学院职工守则》和《中国农业科学院科研道德规范》等制度的制定；传播创新文化建设成果，汇编各单位创新文化建设标识物，开展传唱院歌活动；在职工中开展多种形式的创新文化主题教育活动，结合宣传“执著奋斗、求实创新、情系“三农”、服务人民”的“祁阳站”精神，大力倡导严谨求实的科学精神、专心科研的执著精神、刻苦攻关的奋斗精神、勇攀高峰的创新精神、精诚合作的团队精神，使创新文化理念深入人心，形成激励农业科技创新的文化氛围。

要进一步建立健全由所长负总责、党委组织实施、工青妇组织协调配合、全体职工积极参与的创新文化建设工作机制，把创新文化建设列入各单位年度考核指标，通过健全组织，增加投入，明确职责，分工协作，努力开创我院创新文化建设的新局面。

（四）加强精神文明建设，构建和谐院所

党的十七大对精神文明建设作出新的部署，1 月 22 日胡锦涛总书记在全国宣传思想工作会议上又对精神文明建设提出了新的要求。各单位党组织要紧密结合农业科研单

位的实际，在全院职工中大力宣传社会主义核心价值体系，大力加强社会公德、科研道德、家庭美德、个人品德建设，开展“迎奥运、讲文明、树新风”活动，宣传奥运精神、普及奥运知识、传播奥运文化，树立农科院人“明德诚信、知书达理、宽容睿智、友善热情”的良好形象，不断提升全院干部职工的文明素质。在此基础上，认真开展 2007～2008 年度院级“文明单位、文明职工”评选活动，发挥先进集体和模范人物的榜样示范作用。坚持以人为本，注重人文关怀，做好新形势下思想政治工作。院思想政治工作研究会完成换届，健全组织，积极探索新形势下思想政治工作的特点和规律。关心困难职工生活，积极开展“送温暖、献爱心”活动，努力构建和谐单位。

进一步发挥工青妇组织在文明单位、和谐院所建设中的重要作用，鼓励和支持群团组织利用工余时间和节假日，开展职工喜闻乐见的各类文体活动，活跃职工生活，提高身体素质，形成团结向上的氛围。不断扩大基层民主，完善职工代表大会制度。组织参加农业部第二届职工运动会和职工文艺调演活动。院团委要做好换届工作，组织第六届院“十佳青年”推荐评选活动。要积极开展“巾帼建功”评选活动和“提升女性素质、展示女性风采”系列活动，促进广大女职工在构建和谐单位中建功立业。

努力做好统战工作，鼓励和支持党外人士为科学决策建言献策，在本职岗位上建功立业。在与解放军艺术学院共建活动取得成绩的基础上，继续深入开展多种形式的军民共建活动。进一步增强政治责任感，切实做好全国“两会”、奥运会及重要节假日和敏感期的政治稳定工作，切实维护院所的安全稳定。

同志们，各直属党组织要按照中国农业科学院 2008 年党的工作要点，紧密联系各单位实际，以改革创新的精神状态、思想作风和工作方法开展党的工作，使我院党的工作更具时代气息、更有我院特色、更富实际效果，为我院科技创新事业和又好又快发展提供坚强的政治、思想和组织保证！

在共青团中国农业科学院第十次代表大会上的讲话

院党组副书记、直属机关党委书记　罗炳文

（2008 年 12 月 23 日）

同志们：

中国共产主义青年团中国农业科学院第十次代表大会今天在这里顺利召开。大会听取了第九届团委会的工作报告，选举产生了第十届团委会委员，会议准备的非常充分，开的十分成功。首先，我代表院党组、院直属机关党委向大会的成功召开表示热烈的祝贺！向出席大会的全体代表并通过你们向全院广大青年、共青团员致以亲切的问候！

自第九届团委会成立以来，我院各级团组织在院直属机关党委和农业部直属机关团委领导下，坚持以邓小平理论和“三个代表”重要思想为指导，全面贯彻落实科学发展观，紧紧围绕农业科技创新的中心任务，不断加强各级团组织的自身建设，充分发挥共青团的优势，竭诚为广大青年成长进步服务，积极引导广大青年投身我院农业科技事业，广泛动员团员青年积极参与和谐院所建设，为我国的农业科技事业做出了重要贡献。在今年全国上下喜迎奥运、参与奥运的活动中，我院广大团员青年把爱国热情转化为实际行动，自发组织迎接奥运倒计时 100 天活动，自觉参加奥运志愿服务活动，积极参与奥运、奉献奥运。在举国上下全力抗震救灾中，我院广大团员青年发扬“一方有难、八方支援”的精神，情系灾区，踊跃捐款。实践证明，我院各级团组织充分发挥了党联系青年的桥梁和纽带作用，不愧为党的忠实助手；我院广大团员青年始终保持了朝气蓬勃、奋发向上的精神状态，许多团员青年光荣成为共产党员，一些团员青年已经成长为单位的业务骨干，有的团员青年快速成长为处以上领导干部；他们在我国农业科技事业的发展中发挥着生力军和突击队作用。

当前，我院发展面临新的形势新的任务。在 2007 年召开的党的十七大上，胡锦涛总书记指出：“解决好农业、农村、农民问题事关全面建设小康社会大局，必须始终作为全党工作的重中之重，要加强农业的基础地位，走中国特色农业的现代化道路。”这些重要论述是党中央对“三农”工作、对农业科技工作提出了新的要求，为推进农业科技进步指明了方向。今年的十七届三中全会，审议通过了《中共中央关于推进农村改革发展若干重大问题的决定》，从加强农村制度建设、积极发展现代农业、加快发展农村公共事业三个方面全面部署了新形势下推进农村改革发展的主要任务。会议提出的建设中国特色农业现代化和必须加强农业发展，确保国家粮食安全和主要农产品有效供给，促进农业增产、农民增收、农村繁荣的目标，都需要强有力的科技支撑作保障。中国农业科学院青年作为国家农业科技进步排头兵中的一员，作为农业科研国家队的一分子，要认真学习贯彻落实胡锦涛总书记指示精神，牢记党和人民的重托，充分认识到“三农”问题是全党工作的重中之重，认识到农业科技对“三农”工作的重要支撑作用，自觉担负起农业科技创新事业的重任，自觉肩负起服务“三农”工作的重任，不断增强使命感、责任感和荣誉感。努力成为理想远大、信念坚定的新一代，品德高尚、意志顽强的新一代，视野开阔、知识丰富的新一代，开拓进取、艰苦创业的新一代，进一步发挥生力军和突击队的作用，为我院“三个中心、一个基地”中心工作做出新的贡献。下面，我就我院青年和共青团工作讲三点意见。

一、坚定信念、勤奋努力，在工作中做农业科技创新事业的实践者和开拓者

（一）坚定信念，追求理想

理想信念是人生的精神支柱和动力源泉，青年人更要有理想、有追求。既要胸怀共产主义远大理想，又要对“三农”工作的又好又快发展具有美好的憧憬；既要坚定对中国共产党领导、中国特色社会主义事业的信念和信心，在思想上、政治上和行动上与党中央保持高度一致，又要立志为国家农业科技创新事业奉献青春。牢固树立正确的世界观、人生观和价值观，牢记我们党全心全意为人民服务的宗旨，努力掌握为人民服务的本领，把个人的发展融入到党和人民的事业中去，在为实现远大理想而努力奋斗的过程之中，施展自己的抱负，实现自己的人生价值。

（二）勤奋学习，提高本领

青年人像早上八九点钟的太阳，精力充沛，朝气蓬勃，一定要珍惜大好时光，勤奋学习，练就过硬的本领。一是要加强政治上的学习，坚定正确的政治方向。要认真学习马列主义、毛泽东思想、邓小平理论和“三个代表”重要思想，当前结合全党开展深入学习实践科学发展观活动，团员青年也要深化对科学发展观的学习，充分认识科学发展是马克思主义关于发展的世界观和方法论的集中体现，是建设中国特色社会主义必须坚持和贯彻的重大战略思想，做到政治上成熟；二是要加强业务和专业上的学习，不断提高业务能力和专业水平。我院广大团员青年要努力学习科学文化知识，在职青年要利用美好的青春时光，在工作中继续学习业务知识和完善知识结构，努力成长为专业优秀人才。在校的研究生要充分利用短暂的学校时光，刻苦学习专业知识，优化知识和能力结构，努力成为优秀的毕业生，为走向社会奉献才华奠定良好基础；三是要向身边人学习，全面地发展自己。要始终保持旺盛的学习热情和强烈的求知欲望，向身边的专家、

学者学习，向模范人物学习，学习他们优秀的品质和先进的经验。学习中要发扬谦虚谨慎的传统美德，做到学无止境，“书山有路勤为径，学海无涯苦作舟”，希望广大团员青年在学习中提高素质，锻炼本领，增长才干。

（三）加强修养，提升品质

青年时期是品德养成的关键时期，广大青年要大力弘扬爱国主义、集体主义、社会主义观念；在农业科研国家队中工作的中国农业科学院广大青年还一定要自觉遵守科研道德，弘扬科学精神，避免功利主义；要自觉践行社会主义荣辱观，践行爱国守法、明礼诚信、团结友爱、勤俭自强、敬业奉献的基本道德规范，推动全社会形成知荣辱、讲正气、促和谐的文明新风尚；要加强自身修养，自觉抵制拜金主义、享乐主义和极端个人主义等腐朽思想的侵蚀，不断提升道德境界，完善人格品质。

（四）脚踏实地，勇于创新

青年时期是最富有生命力的时期，广大团员青年要积极投身现代农业和社会主义新农村建设，以扎扎实实的工作，创造出一流业绩。青年时期也是最富有创造力的时期，广大团员青年要牢固树立创新意识，始终保持创新锐气，努力提高创新能力。要满怀工作的热情，充满开拓的激情，敢于解放思想，敢于放开手脚，敢于走条新路，在实践中不断去认识和研究新情况、新问题，有所发现，有所创造，有所前进，有所成绩。

二、团结进取、开拓创新，在奋进中推动共青团工作的有力开展

（一）加强组织建设，夯实工作基础

加强团的组织建设，是共青团一项基础性工作。我院各级团组织要不断加强和改进团的自身建设，要坚持民主集中制这一根本的组织原则，充分发扬在民主的基础上实行正确的集中，保证团的决议得到有效的贯彻执行；要实行集体领导和个人分工负责相结合的制度；要坚持个人服从组织，少数服从多数，下级服从上级的原则；院团委要坚持不懈地抓好各单位的团支部建设，发扬务实、求真的作风，增强服务意识，不断加强各单位团组织的活力。进一步发挥好党联系青年的桥梁和纽带作用，积极协助党组织做好对我院团员青年事务的管理工作，更好地代表和维护广大青年的根本利益。要最大限度地调动青年的积极性和创造性，积极有效地引导、吸引和凝聚广大团员青年投身社会主义新农村建设。

（二）围绕中心工作，开展特色活动

共青团作为党的后备军，其工作开展一定要紧紧围绕中心、切实服务大局，要紧密结合中国农业科学院工作的实际和团员青年的特点。在当前大力发展现代农业、积极推进社会主义新农村建设的“三农”工作大局下，在我院加快建设国家农业科技创新体系、建设和谐院所和深入推进创新文化的工作中，我院各级团组织要充分认识到自己承担的责任和使命，引导和带领全院团员青年开展有特色、有亮点的活动，使团员青年以实际行动参与和支持我院中心工作的开展。每年要制定团的年度工作计划，提出工作的指导思想、工作目标、工作重点和工作措施，年终，要对全年团的工作认真总结，肯定成绩，总结经验，查找不足，以利于下一年团的工作新发展。要坚持开展中国特色社会主义理论体系教育活动，使我院广大团员青年理论上成熟，思想上清醒，政治上坚定；要坚持开展读书学习活动，鼓励广大团员青年发愤学习、刻苦钻研，打牢人生成长进步的根基；要开展向我院先进青年学习活动，中央国家机关“十大杰出青年”我院资源区划研究所何萍博士、中央国家机关“优秀青年”我院北京畜牧兽医研究所魏宏阳博士是我院广大青年中涌现出的先进典型。要学习他们勤奋学习、刻苦钻研、求实创新、甘于奉献、不断进取、勇于攻关的农科精神，以他们为榜样，在工作和学习中实现自身价值。要坚持开展科技下乡活动，鼓励广大团员青年到科研和生产第一线去，在艰苦的岗位上磨炼自己，更好地服务“三农”、服务社会；要坚持开展广大团员青年喜闻乐见的文体活动，凝炼团队精神，形成理念文化，营造良好的创新文化氛围。

（三）注重开拓创新，增强组织活力

共青团是党领导的青年群众组织，肩负着按照党的要求，教育引导青年一代健康成长的神圣职责。我院各级团组织要深入研究团员青年的特点，扎实推进团建创新：一是在工作思路上要创新。要紧密结合当前形势的发展变化，紧密围绕我院的中心任务，深入思考新形势下共青团发展的重大课题，精心谋划共青团工作的创新思路，使共青团工作更好地体现党的要求，符合农科院发展的需要，增强团组织工作的创造力；二是在工作方式上要创新。要根据我院青年的状况和特点，不断创新工作方式，丰富活动内容，使共青团工作既能符合党的要求、体现团的性质，又能为广大团员青年所接受、所欢迎，提高团组织活动的吸引力；三是在自身建设上要创新。要适应我院事业单位改革的变化，适应团员数量、团员分布等新情况，合理设置团的组织，扩大团的工作的覆盖面，把更多的青年纳入团的活动中来，提升团组织自身的凝聚力。

三、高度重视、大力支持，在引导中发挥共青团党的可靠后备军和有力助手的重要作用

（一）高度重视，加强领导

共青团事业是我们党的事业的重要组成部分。中国农业科学院各级党组织要从保证党的事业后继有人的战略高度，进一步提高对做好新形势下共青团工作极端重要性的认识，要重视、支持共青团工作，不断加强党对共青团工作的领导。坚持以党建带团建、以党建促团建，要定期听取团组织的工作汇报，积极支持共青团创造性地开展工作，认真研究解决共青团工作中的重要问题和实际困难，使共青团工作发挥其重要作用。

（二）切实关心，注重培养

事业要发展，青年是基础。我院各级党组织要切实关心共青团干部的成长进步，进一步加大对优秀团干部的培养，保护好青年同志的积极性。要积极主动与青年交朋友，倾听他们的呼声，了解他们的疾苦，想青年之所想，急青年之所急，多为青年办好事、办实事。要注重和培养青年的成长，为青年的成长成才创造良好的环境和条件，在我院形成爱护青年、关心青年，鼓励青年成才、支持青年创业的良好氛围，使广大青年在培养中得到锻炼，在锻炼中不断提高，切实担负起时代赋予的重任。

同志们，作为当代青年，大家一定要牢记职责，敢于担当，要以饱满的热情、昂扬的斗志、拼搏的精神积极投身国家农业科技事业的伟大实践，为我院和谐院所建设，为我院“三个中心、一个基地”奋斗目标的全面实现再立新功，再创辉煌。

谢谢大家！

中国农业科学院党的建设和思想政治工作研究会第四届理事会工作报告

院党组副书记、直属机关党委书记　罗炳文

（2008 年 4 月 24 日）

同志们：

今天，中国农业科学院党的建设和思想政治工作研究会召开理事会会议。这次会议是在全党全国深入学习贯彻党的十七大和全国“两会”精神，以改革创新的精神全面推进党的建设新的伟大工程，努力建设小康社会的新形势下召开的。这次会议将总结工作，选举产生第五届理事会，修订并通过研究会章程，部署安排今后一个时期我院研究会工作。下面，我向大会作工作报告。

一、五年来的工作回顾

5 年来，中国农业科学院党的建设和思想政治工作研究会在院党组领导下和中央国家机关党的建设研究会的指导下，按照工作部署，以邓小平理论和“三个代表”重要思想为指导，以科学发展观为统领，紧紧围绕我院党建工作的实际，积极开展党建和思想政治工作研究活动，取得了理论与实践相结合的研究成果，为促进我院党建和思想政治工作发挥了积极作用。

（一）组织课题研究，完成调研任务

5 年来，研究会结合实际，组织力量，深入开展课题研究，先后撰写了《现代农业科研院所文化建设研究》、《中国农业科学院创新文化建设研究》、《中国农业科学院保持共产党员先进性长效机制调研报告》等调查研究报告，为我院党建工作和创新文化的顺利开展提供了很好的理论支持和决策依据。2007 年，院研究会还积极参与中央国家机关党的建设研究会关于保持共产党员先进性长效机制的课题研究，在深入开展调查研究的基础上，撰写的调研报告获得中央国家机关党的建设研究会课题调研成果三等奖。

各单位根据院党建和思想政治工作研究会的安排部署，积极开展调查研究，认真组织撰写研究论文。5 年来共报送论文 200 多篇，其中，20 余篇论文在农业部获奖。内容

包括保持共产党员先进性、学习“三个代表”重要思想、学习江泽民文选、贯彻落实科学发展观、学习党的十七大精神、新形势下研究所思想政治工作、和谐社会与和谐院所建设、文化建设、廉政文化建设等多个方面。论文认真分析各单位党员干部在思想观念、工作方式、工作作风和工作能力上的状况，针对存在的问题提出相应的改进措施和建议，对于促进本单位党建工作起到了积极的作用。

（二）扩大成果宣传，建设研究阵地

通过院研究会《思想政治工作和人才建设》杂志，积极宣传研究成果。在刊登研究论文同时，还积极宣传党的大政方针，宣传先进基层党组织、优秀共产党员和优秀党务工作者的先进事迹，做好文化建设、统战工作、学习园地、经验介绍、专题报道等栏目，达到了总结经验、交流成果的目的。研究会秘书处还选择优秀论文或调研报告向农业部机关党建网站、《交流与参考》简报、《紫光阁》杂志等推荐，以扩大宣传和影响。

（三）结合院所实际，促进党建工作

院研究会坚持解放思想、实事求是的科学态度，紧密围绕农业科技发展，结合中国农业科学院实际，以改革创新精神开展党的建设和思想政治工作的研究，各会员单位也以研究工作为契机，加强党建和精神文明建设，在以“党建工作带研究，研究工作促党建”方面收到了良好的效果。近年来，我院涌现出如中央国家机关优秀共产党员贾继增、十七大代表刘玉梅、中央国家机关优秀女科技工作者景蕊莲、中国青年女科学家陈化兰、全国重大宣传典型祁阳站等一批优秀人物和先进集体；评选出院先进基层党组织46个、优秀共产党员80名和优秀党务工作者40名。评选出院文明职工59名、文明职工标兵20名，文明单位20个，文明单位标兵9个。此外，一些京外研究所还获得所在省、市文明单位荣誉称号。

二、研究会工作的几点体会

回顾5年来的研究工作，我们有以下几点体会。

（一）围绕中心、服务大局，是做好研究会工作的基础

近年来，我院党建和思想政治工作研究坚持以中国特色社会主义理论体系为指导，认真贯彻落实党的十七大精神，全面树立和落实科学发展观，紧紧地围绕中心、服务大局，紧密结合我院党建工作部署，研究工作坚持理论联系实际，坚持以人为本，把我院党的建设和思想政治工作中的难点、热点问题作为研究的重点，积极提出对策性建议；

坚持为进一步提高农业科技创新能力、构建和谐院所服好务。取得了一批有用的研究成果，为农业科技创新、服务“三农”工作做出了应有贡献。

（二）精心部署、注重实效，是做好研究会工作的根本

研究会开展研究的目的在于应用。这就要求我们在调研和探讨问题时，注重组织领导、注意取得实效。通过重点课题调研的形式把大家组织起来，交流经验，促进工作。同时，研究会的活动注重方式方法，研究活动以基层为主，研究课题以当前为主，坚持解放思想、实事求是、与时俱进的思想路线，发扬理论联系实际的优良学风，增强了研究课题的针对性和实效性，取得了一些实在的研究成果。

（三）党组领导、会员支持，是做好研究会工作的保证

中国农业科学院党组的高度重视和支持是做好研究会工作的重要保证。院党组书记、院长翟虎渠同志兼任本届理事会会长，领导研究会工作。院党组十分重视发挥研究会的职能作用，及时听取工作汇报，对党建和思想政治工作研究作出具体指示，提出明确要求。各团体会员对研究会工作给予大力的支持和帮助，使得各项工作任务都得到了认真落实，及时解决了工作中的困难和问题。

回顾 5 年的工作，我们取得了一定成绩，但也存在一些不足，我们的课题调研还不够深入，理论联系实际和对调查研究工作重视程度也不是很够，希望在以后的工作中能够不断加强。

三、新一届党建和思想政治工作研究会理事会的任务

（一）切实加强党的建设、思想政治工作理论与实践的研究，增强做好党建和思想政治工作研究的责任感和使命感

重视党建研究是我们党的优良传统。我院党建和思想政治工作研究是我院党建工作的重要组成部分。我院党的建设和思想政治工作研究会作为专门研究机构，其理事会团体会员都是院属单位。无论是从完成本职工作任务来说，还是从履行研究会理事工作职责来说，对我院党建和思想政治工作研究，都负有重要职责。我们一定要增强做好党建和思想政治工作研究的责任感和使命感，切实加强我院党的建设和思想政治工作研究，为加强和改进我院党建工作提供理论支持和决策依据。要充分发挥研究会广泛联系群众的优势，经常听取意见和建议，积极参与课题研究，充分调动党建研究人才的积极性，解放思想，实事求是，与时俱进，开拓创新，为推进

我院党建工作做出新成绩。

（二）围绕中心，突出重点，积极开展党建和思想政治工作研究

当前中国农业科学院各项工作都取得进展，同时，党的执政能力建设和先进性建设等一些理论与实践问题也需要深入研究，许多新的实践经验需要总结概括，许多群众关心的热点、难点问题需要解疑释惑。我院党建和思想政治工作研究要围绕中心、突出重点，努力使党建和思想政治工作更好地体现时代性、把握规律性、富于创造性。重点要围绕以下三个内容开展调查研究。

1. 围绕以改革创新的精神加强党建工作开展课题研究

以改革创新精神加强党建工作是十七大对党的建设提出的新要求，是改革发展关键时期加强党建研究的客观需要。要研究探索党建工作围绕中心、服务大局的途径、载体和机制，寻求我院党建工作与农业科技工作的切入点和结合点，为我院中心工作的顺利开展提供坚强的组织保证；要研究探索新形势下如何增强党组织活力，使党组织的凝聚力、战斗力进一步增强，党员的先锋模范作用得到充分的发挥。今年全党将开展深入学习实践科学发展观活动，围绕实践活动要研究探索如何使理论学习更加深入、更加务实；要研究探索在开展学习实践活动中如何充分发挥党组织的作用，组织好此次活动，切实取得实效。同时要在总结前几年工作的基础上，进一步深化研究贯彻落实科学发展观对党的建设提出的新任务、新要求。

2. 围绕不断加强思想政治工作开展课题研究

思想政治工作是我们党和国家重要的政治优势。在新的历史条件下，思想政治工作研究的重要任务就是如何有效地利用这一优势，为我院农业科技事业服务。当前思想政治工作研究要重点探讨如何坚持以人为本，真正做到尊重人、理解人，充分发挥科研人员的积极性；要研究探讨思想政治工作传统工作方式的优势与局限性，以及制约科研单位工作人员积极性发挥的原因；要研究探讨新形势下农业科研单位科研人员思想特点、工作优势与工作难点；要研究探索如何以十七大精神为指导，进一步创新思想政治工作方式，做到思想政治工作与业务工作合拍，避免工作形式化、道理空洞化。

3. 围绕继续深入推进创新文化建设开展课题研究

创新是一个民族进步的灵魂，文化是民族凝聚力和创造力的重要源泉。研究会要结合我院科技创新的实际，努力开展深化创新文化建设的研究，引导和树立科技创新所必须的献身科学的精神和团结协作、积极进取的团队意识，营造激励创新、崇尚创新、勇于创新、善于创新并宽容失败的创新文化氛围。

（三）改进研究方法，不断提高党建和思想政治工作研究水平

研究会要继续发扬理论联系实际的优良学风，大胆探索，求实创新，不断拓展研究

领域，充实研究内容，改进研究方法，完善研究制度，努力研究新情况，解决新问题，总结新经验，探索新规律，积极推进中国农业科学院党的建设和思想政治工作理论与实践的创新与发展，不断提高研究工作的水平。一是要发扬求真务实的工作作风，坚持一切从实际出发，实事求是的原则。我院作为我国农业科技进步的领头羊、重大农业技术研发的主力军、农业科研工作的国家队，经过多年卓有成效的工作，在人才队伍建设、创新能力提高、服务农业生产、党的建设等方面都做出了突出的成绩。研究会各理事要善于调查研究，充分利用和发掘身边的材料，努力掌握基层和群众认可的第一手资料，特别是面对问题时，要多听取群众的意见，包括反对的意见。在综合分析研究问题时，要实事求是，概括问题时，要准确全面，提出对策时，要注重创新，增强研究工作的针对性和有效性，这对研究工作尤为重要；二是在课题研究活动中要采取简单实用、灵活机动的方式方法。院研究会在长期的开展课题调研活动中，积累了很多好的经验和做法，如开会座谈、单独交流、问卷调查等方法，取得了较好的效果。但随着时代的发展，仅仅依靠传统方法会有一定的局限性，因此，今后课题研究还要充分发挥和运用现代信息手段快捷高效、内容覆盖面广等特点，不断丰富调查研究的形式和手段；三是要注重研究成果的转化。理论研究不是目的，重要的是运用理论指导实践，用研究成果促进现实问题的解决。这些年，我院党的建设和思想政治工作研究出了一些成果，有些理论成果在指导实践、解决问题中产生了较好的效果，如我院关于创新文化建设工作的调查报告等。我们应该认真总结经验，切实采取有效措施，建立健全将研究成果及时转化为指导工作实践的有效机制，把一些行之有效的经验和做法用制度的形式固定下来，推进我院党的建设和思想政治工作研究取得新的发展。

（四）加强自身建设，促进工作的顺利开展

加强研究会自身建设是做好研究会工作的组织保证，要使研究会的工作不断与时俱进，开拓创新，就要不断加强研究会的自身建设。一是要加强自身学习。当前我们要把学习贯彻党的十七大精神和刚刚结束的“两会”精神作为首要任务，深刻领会以改革创新精神全面推进党的建设新的伟大工程和构建社会主义和谐社会的重大意义，自觉用马克思主义中国化的最新成果武装头脑，用社会主义核心价值体系规范思想、道德和行为。同时，要努力学习与农业科技相关领域的知识，主动适应新时期党的建设和思想政治工作研究跨学科、多领域拓展的客观需要，不断提高课题研究的质量；二是要坚持民主办会方针，进一步明确理事会和会长、常务副会长、副会长、理事、秘书长和副秘书长的工作职责和责任、义务，充分发挥院党的建设和思想政治工作研究会在我院党建工作中的优势，把研究工作做好；三是研究会秘书处要加强与各理事的联系，做好服务工作，不断创新工作方式方法，加强课题调研的组织协调工作和宣传工作，充分调动各方面的积极性和主动性，不断把研究工作推向新的层次和水平；四是继续努力办好研究会会刊，为各位理事提供一个党建和思想政治工作信息交流的园地。

同志们，2008 年是全面学习贯彻党的十七大精神的第一年，学习贯彻好十七大精神对于我们研究会未来 5 年的工作非常重要，让我们振奋精神，扎实工作，在院党组的领导下，在中央国家机关党的建设研究会的指导下，锐意进取，开拓创新，为开创我院党的建设和思想政治工作新局面而努力奋斗。

谢谢大家！

在中国农业科学院创新文化建设工作会议上的讲话

院党组副书记、直属机关党委书记　罗炳文

（2008 年 4 月 25 日）

同志们：

为期两天的中国农业科学院党的建设和思想政治工作研究会理事会暨创新文化建设工作会议很快就要结束了。在这次会议上，我院党的建设和思想政治工作研究会顺利完成换届工作，选举产生了新一届领导机构，院长、党组书记翟虎渠同志在会上作了重要讲话。研究会的顺利换届，为院属各单位加强党建和思想政治工作交流搭建了平台，必将从整体上使我院党建和思想政治工作上一个新台阶，也必将推动全院创新文化建设上一个新台阶。

昨天上午，哈尔滨兽医研究所、农业资源与农业区划研究所、水稻研究所三个单位分别就他们开展创新文化建设的做法、经验和体会在会上作了典型发言，使与会同志深受启发。昨天下午，我们参观了著名的家电制造企业——海尔集团。海尔集团从创业伊始就注重企业文化建设，营造良好的企业发展和创新氛围，形成了著名的“海尔文化”，为海尔集团的迅猛发展提供了源源不绝的动力，使海尔从一个濒临倒闭的小厂，发展成为一个世界知名的国际家电企业，创造出令人瞩目的骄人业绩。“海尔文化”为我院开展创新文化建设提供了很好的借鉴。

今天上午，与会同志结合本单位开展创新文化建设交流情况和这次会议交流参观的切身感受，对进一步深入开展创新文化建设，分组进行了座谈讨论。刚才，三个组的组长分别汇报了各组讨论情况。从汇报情况看，讨论得很深入，对于我院开展创新文化建设的重要意义认识到位，对于创新文化建设工作中存在的问题和不足有清醒认识，对于今后的工作有深入思考和具体建议。

总的来讲，这次会议时间短暂，但内容丰富，形式多样，安排紧凑，务实高效，达到了预期目的，对于我院今后开展创新文化建设具有重要意义。

下面，我就我院的创新文化建设工作讲三点意见。

一、高度重视，认真实践，我院创新文化建设取得初步成效

2006 年 7 月，为进一步营造科技创新氛围，提高自主创新能力，加快我院发展步

伐，在广泛调研和认真听取各方面意见的基础上，院党组下发了《关于开展创新文化建设工作的指导意见》，标志着中国农业科学院创新文化建设活动正式启动。两年来，院机关各局、院属各单位，坚持把创新文化建设工作放在重要工作日程，紧密结合农业科技创新实际，健全组织，加强领导，制定方案，落实规划，努力建设与国家级农业科研机构相适应的创新文化，并取得了初步成效。

（一）健全组织，明确责任，推动创新文化建设工作的开展

在院文明委领导下，成立了院机关创新文化建设工作小组，负责院机关创新文化建设的领导工作。制定了《院机关开展创新文化建设的实施方案》，明确了我院创新文化建设的主要内容，即理念文化、制度文化、标识文化、园区文化等。对我院总结、提炼和培育以创新为导向的价值理念；加强舆论宣传，营造创新氛围，倡导创新精神；建立健全引导创新、激励创新、保障创新的各项规章制度等进行了部署。召开了院机关创新文化建设推进会，明确了各部门的责任，促进了工作任务的落实。现在，经过院机关各部门的努力，基本完成了《中国农业科学院职工守则》、《中国农业科学院科研道德规范》等规章制度的起草，《中国农业科学院之歌》已经在院庆50周年文艺晚会上演唱；以院部加强基本建设为契机，对大院西门核心办公区环境进行了重新规划、设计，完成了科技成果展览室的布展，使之成为我院对外宣传和交流的窗口；对全院创新文化建设成果进行了汇编，为开展创新文化建设的交流创造了条件等。

（二）广泛动员，认真组织，积极开展丰富多彩的创新文化建设活动

利用院网、院报等媒体，面向社会和全院职工，开展了院训、院歌征集活动和纪念建院50周年征文活动，使之成为创新文化建设的普及活动和弘扬我院光荣传统的教育活动。大力发掘、广泛宣传了优秀共产党员贾继增、十七大代表刘玉梅的先进事迹和“执著奋斗、求实创新、情系‘三农’、服务人民”的祁阳站精神，引领全院科研人员树立创新观念、强化创新意识、增强创新能力。以院庆50周年为契机，开展多种形式的群众性文化体育活动，隆重召开了第五届全院职工运动会，充分展示了我院干部职工的良好精神风貌；举办了院庆50周年大型文艺晚会，歌颂了几代农科院人刻苦攻关、无私奉献、献身农业、开拓创新的丰功伟绩，激发了全院职工爱院、爱所、爱农业科技事业的激情。

（三）结合实际，注重实效，创新文化建设工作取得可喜进展

按照院党组工作部署，各单位密切结合实际，健全组织，加强领导，制定方案，落实责任，推动本单位创新文化建设工作的开展。有的单位大力宣传所史，树立所风，确

定所训，传唱所歌，设计所徽，悬挂所旗；有的单位利用重要活动、重要节日、重要人物，加强对外宣传，进行传统教育，增强集体荣誉，营造创新氛围，促进单位和谐。许多单位形成了崇尚创新、参与创新、支持创新的舆论氛围和文化环境，展示了形象，凝聚了人心，鼓舞了士气，使我院创新文化建设全面展开并取得可喜成果。体现在以下几方面。

一是在全院“加强农业科技自主创新　提高农业科技自主创新能力”理念的引领下，各单位以科学、求真、务实、诚信、协力、竞争、奉献、宽容、挑战、坚韧、执著、探索等为基础元素，着眼发展，面向未来，结合实际，突出特色，在全体职工中不断总结、提炼既具有本单位特色，又具有时代精神的创新文化理念。目前在全院 33 个单位中，有 23 个单位有所训、8 个单位有所歌。

二是按照院党组创新文化建设的总体要求，各单位结合新时期面临的形势、任务和目标，对以往的规章制度进行归纳整理、补充修订，使制度更加符合实际、更加有利创新，使工作更加规范，行为有章可依，使制度文化逐步成为促进单位持续创新的保障体系。

三是各单位结合从事科技活动的不同特点和类型，或依靠自身力量、发动群众积极参与，或聘请专家、依靠专业公司设计，广泛开展了各种形式的单位形象设计活动。而且通过职工广泛参与形象标识的设计过程，使每一位职工的奋斗目标统一于整个研究所的发展目标，进一步激发了科技人员的创新热情，形成了团队、共鸣的效果。目前在全院 33 个研究所中，有 30 个研究所有所徽、11 个研究所有所旗，6 个研究所进行了全方位的 VI 形象设计。

四是在国家高度重视“三农”工作、加大对农业科研机构基本建设投入的背景下，各单位积极开展改造基础设施、改善科研条件、建设优美园区、营造办公氛围等工作。许多研究所园区面貌焕然一新。优美的园区环境和便利的工作条件，吸引和稳定了更多的优秀人才，增强了科技人员的自豪感和责任感。

五是各单位利用多种形式，开展创新文化建设的宣传教育活动和具有创新特色的主题实践活动，组织开展创新团队评选，大力宣传先进典型在创新过程中表现出来的优秀品质和先进事迹，表彰奖励具有创新精神和创新成果的先进集体和先进个人，开展经常性送温暖活动，大力营造尊重劳动、尊重知识、尊重人才、尊重创造的环境氛围。

总之，我院的创新文化建设，工作体系基本建立，工作内容比较丰富，工作目标明确，有利于创新的核心价值理念、制度体系、形象标识和环境氛围等正在形成，在建设与我院相适应的先进文化、促进农业科技创新等方面迈出了扎实的步伐。

当然在肯定成绩的同时，也要看到不足和需要改进的地方。主要表现在：创新文化建设发展还很不均衡，单位之间存在差距；有的单位对创新文化建设重视程度和工作力度还需要加强；创新文化成果的应用和创新文化理念深入人心等方面，还需进一步努力等。

总结两年来我院开展创新文化建设工作的基本经验，可以概括出以下五点体会。

（一）开展创新文化建设要围绕中心、服务大局

提高科技创新能力、多出科研成果是中国农业科学院的中心和大局。开展创新文化建设，就是要从实现科技创新、提升科技创新能力的目标出发，以文化的视角，激励创新的导向，在全院大力营造提高科技创新能力的文化氛围，增强创新意识，凝聚创新人才，从整体上提高我院的创新能力，为建设一流科研单位提供文化保证。

（二）开展创新文化建设要坚持以人为本

人是最积极最活跃的因素。要创造良好的文化氛围，就要尊重人的自由探索，尊重人的首创精神，鼓励和激励科研人员通过创新，在完成国家科研任务的同时，努力实现个人的自身价值。要提倡团队合作，建立学习型组织，创造有利条件，充分发挥科研人员的聪明才智和想像力，真正让文化的力量深深熔铸在做好科技创新工作的实践之中。

（三）开展创新文化建设要党政齐抓共管、领导率先垂范、群众广泛参与

创新文化建设是我院党建和精神文明建设的一项重要任务，领导干部理应负起创新文化建设的领导责任，工青妇组织要积极参与，努力形成各尽其力、团结合作的工作局面。要坚持群众路线，动员和组织广大群众广泛参与。在载体的选择上，要有可参与性；在工作推进中，要注意过程性，使广大科研人员在参与中受到教育和感染。

（四）开展创新文化建设要重在建设、协调推进、常抓不懈

创新文化需要在创新实践中逐步凝炼、形成和发展。创新文化建设是一个长期渐进的系统工程，不可能一蹴而就，一劳永逸。要一切从实际出发，既要有整体的、长远的战略眼光，又要确立从现在抓起、从点滴做起的战术思想；既要有总体目标，进行全面规划，又要注重分步实施，重点突破，常抓不懈，使理念文化、标识文化、制度文化、园区文化等协调发展、互相促进。

（五）开展创新文化建设要理性务实，切忌浮躁、流于形式

开展创新文化建设就是要建立一种有利于创新、激励创新、保障创新的文化生态，不能走形式主义，搞表面文章。我们在工作中既要避免认为创新文化建设内容多，要求高，短时间内难以有所收获、难以取得实效的观点，克服畏难情绪，又要树立信心，理性务实，真抓实干，确保实效。

二、总结经验，采取措施，深入推进我院创新文化建设

两年多的创新文化实践，使中国农业科学院的创新文化建设已经有了一个良好的开端，特别是在发动群众、转变观念、组织领导、制定规划、园区建设、形象设计等方面取得了不少好的经验，为今后更广泛、深入开展我院创新文化建设积累了宝贵经验，打下了坚实基础。

今后一段时间我院创新文化建设的总体思路是：在党的十七大精神指导下，深入学习贯彻科学发展观，围绕我院科技创新中心任务和改革、发展、稳定大局，进一步完善创新文化建设体系，大力开展创新文化建设活动，积极应用创新文化建设成果，不断推动创新文化建设向纵深发展，树立创新理念、培育创新意识、营造创新氛围、打造创新团队，为加强自主创新、完成“十一五”各项工作任务做出贡献。

（一）深入学习十七大精神，抓好创新文化建设的宣传教育活动

党的十七大报告指出：“当今时代，文化越来越成为民族凝聚力和创造力的重要源泉、越来越成为综合国力的重要因素”。各单位要认真组织干部职工学习十七大精神，学习院党组《关于开展创新文化建设的指导意见》，在职工中开展多种形式的创新文化宣传教育、主题实践活动，进一步提高全院职工对开展创新文化建设重要意义的认识，动员职工自觉参与到创新文化建设工作中来。

（二）认真总结经验，积极推进工作创新，使创新文化建设工作更加深入

各单位要对前一阶段开展创新文化建设的情况进行认真总结，积极借鉴兄弟单位的好做法、好经验，查找本单位创新文化建设中的薄弱环节，准确把握进一步深入开展创新文化建设的内容和要求，采取积极有效措施，重点在“往高里提、往深里引、往实里做”上下工夫，创造性地开展工作，大胆探索，勇于实践，把我院的创新文化建设提高到一个新的水平。

“往高里提”就是要将开展创新文化建设放在更加重要的位置，坚持与本单位的中心工作、与提高科技创新能力结合起来，围绕各单位科技创新的总体定位，逐步建立起符合各单位科技创新活动特征的创新文化体系。

“往深里引”就是要使创新文化建设从物化的表层往制度层面、精神层面深化，充分发扬创新文化独特的导向、约束、凝炼、激励、辐射功能，以创新文化推动创新目标的实现。

“往实里做”就是开展创新文化建设必须坚持求真务实。要符合实际，使用实招，

取得实效，使创新文化真正成为激励创新的文化、凝聚人心的文化、和谐向上的文化，成为农业科技创新事业发展的不竭动力。

（三）积极应用创新文化成果，使创新文化建设真正落到实处

要切实重视院所徽、院所歌、院所旗、所训等创新文化成果的应用和传播，运用各种手段和形式，传播创新文化理念，展示单位良好形象，使创新文化更加深入人心。要结合我院正在实施的“科技创新团队建设工程”，在跟踪创新团队，深入调查研究基础上，使创新文化深入团队，开展团队文化建设，为加强我院领军人才的培养、加速科技创新团队的形成提供文化支撑。

（四）采取有效措施，继续在以下五个方面取得成效

一是积极推进理念文化建设。理念文化是我院创新文化建设的核心内容。作为理念文化代表的院所风、院所训、院所精神等核心价值理念，是创新文化最本质、最核心的内涵。作为国家级农业科研院所，我院各单位要认真总结建院、建所50年来的优秀文化传统，赋予改革创新的时代特征，形成具有我院各单位特色的核心价值理念。各单位还要充分发挥先进典范的带动作用，结合今年开展的“两优一先”评选、“文明单位、文明职工”评选等各项评选表彰活动，充分挖掘本单位的先进创新典型、先进创新人物的先进事迹。通过核心价值理念的总结培育和先进典型的表彰宣传活动，在我院大力倡导严谨求实的科学精神、专心科研的执著精神、刻苦攻关的奋斗精神、勇攀高峰的创新精神、精诚合作的团队精神。通过传播实践“五种精神”，形成激励农业科技创新的文化氛围，促进人才队伍建设和创新团队建设，提升科技创新能力。

二是积极推进标识文化建设。标识文化是体现我院创新文化内涵的外在载体。各单位结合实际，突出特点，设计独具风格的形象标识，不是走形式主义，设计出来的也不是一个简单的标志性图案，它体现的是一个单位的理念，而且通过广大职工广泛参与形象标识的设计过程，可以激发科研人员的创新热情，使每一位职工的奋斗目标统一于整个单位的奋斗目标。各单位的创新文化标识物设计要充分体现农业科研单位的文化内涵，特点突出，形象鲜明，简洁明快，具有时代感和积极向上的精神，成为彰显我院各单位理念、精神、创新发展的明显标志。

三是积极推进制度文化建设。作为制度文化的规章条例等，是创新文化核心理念的法规性集中体现。经过多年的积累，我院各单位都有了较为完善的制度规范体系，在科研管理、依法治所、发扬民主等方面都发挥了积极作用。当前，各单位制度文化建设的重点，就是要从创新文化的角度，对以往的制度规范进行检查修订，对那些已经不适应发展要求和某些制约创新行为的规章、条款、规则，要进行删改。要更加重视科研道德建设，积极推进《中国农业科学院职工守则》、《中国农业科学院科研道德规范》等规

章制度的制定修订，使遵守科技工作者行为准则成为全院职工的自觉行动。要通过一系列制度创新，在我院形成有利于科技创新和人才辈出的制度保障。

四是积极推进园区文化建设。园区环境既是体现文化内涵的外在载体，又是一个单位文化标志的直观反映。要通过有计划的逐步改造，突出各单位特色，营造一个具有时代特征、布局合理、文明安全、卫生整洁、信息畅通、服务设施齐全、优美的创新园区环境。在园区文化建设中要坚持几个原则，一要把人文环境与园区建设结合起来，利用著名科学家、知名人士、先进人物的感召力、影响力，传播先进文化，发挥榜样作用；二要把艺术、美学与园区建设结合起来，发挥艺术、美学的作用，愉悦身心，陶冶情操；三要把学术环境建设与园区建设结合起来，为科研人员提供思想交流和学术研讨的场所，以利于培育创新思维，激发创新热情。

五是积极推进氛围文化建设。实践已经证明，一个好的有利于创新的科研文化氛围，能让人思想解放，精神振奋，不断追求创新，即使在创新失败时，获得的也是鼓励和支持。创新文化是创新者的精神家园，在它的滋润哺育下，小花可以结出丰硕果实，幼苗能长成参天大树。各单位要通过开展问卷调查、传唱院所歌、创新文化征文、组织文化传统大讨论等活动，进一步营造创新文化氛围；通过鼓励和支持工青妇等群众组织在工余时间、业余时间广泛开展职工喜闻乐见的文体活动，活跃生活，提高身体素质，陶冶情操，进一步提升全院职工的凝聚力和创新力。

三、加强领导、落实方案，进一步促进我院创新文化任务落实

创新文化建设是一项全新的工作，涉及院所各单位的许多部门，人们对它的认识、理解和支持需要一个过程。如果没有各级领导的高度重视，没有健全的组织，要开展好这项工作是很困难的。所以开展好创新文化的重要一步，就是领导高度重视，健全组织，完善机制，促进工作任务落实。

（一）进一步加强组织领导，形成全体职工共同参与创新文化建设的良好局面

深化创新文化建设是一项系统工程和长期任务，要进一步健全和完善创新文化建设的领导体制，建立所长负总责，党委组织实施，工青妇组织协调配合、齐抓共管的工作格局。要充分调动广大科研人员的积极性和创造性，充分发挥离退休老同志的作用，调动各方面的积极因素，全面推进创新文化建设。

（二）结合实际，完善和落实深入开展创新文化建设工作方案

各研究所要结合贯彻本次会议精神，根据形势发展需要和工作实际，进一步完善本

单位深入开展创新文化建设工作方案。工作方案应包括组织领导、任务目标、工作措施、进度安排等。要认真落实工作方案，使创新文化建设取得新进展。工作方案于7月前报院精神文明建设委员会。

（三）建立考核机制，加强检查督促，促进创新文化工作任务完成

院文明委要及时总结各单位开展创新文化建设的经验，通过召开交流会、印发宣传材料以及利用院网、院报、杂志等宣传媒体，加强创新文化建设工作的指导。要把开展创新文化建设情况列入院属各单位年度考核指标，使创新文化建设在人、财、物各方面都得到有力保障，使创新文化建设与科技创新、人才培养、党的建设等各方面工作紧密结合、共同发展，促进创新文化建设工作的不断深入。

同志们，开展创新文化建设，是以改革创新精神加强我院党的建设和精神文明建设工作的新的实践，也是建设创新型科研院所及和谐院所的新的实践。只要我们坚持与时俱进，密切结合实际，大胆探索，勇于实践，就一定能把创新文化建设推向新的阶段，为提高我院农业科技自主创新能力、促进我院又好又快发展做出更大的贡献。

在中国农业科研院所党的建设和思想政治工作研究会第三届理事会第二次会议上的工作报告

"两研会"常务副会长、中国农业科学院党组副书记　罗炳文

（2008 年 9 月 6 日）

各位理事，同志们：

今天，中国农业科研院所党的建设和思想政治工作研究会召开第三届理事会第二次会议。这次会议是在全国人民热烈庆祝无与伦比的 2008 年北京奥运会、残奥会成功举办之际、全党全国深入学习贯彻党的十七大精神，高举中国特色社会主义伟大旗帜，为夺取全面建设小康社会新胜利而奋斗的新形势下召开的。会议主要是总结过去一年工作，研究部署明年工作，表彰优秀论文，交流研究成果。刚才，中共中央候补委员、中国农业科学院院长、"两研会"会长翟虎渠同志作了专题报告。翟院长的报告对"两研会"的工作和农业科研院所的建设与发展具有重要指导意义，我们要认真抓好落实。

下面，我受第三届理事会委托，向大会作工作报告。

一、过去一年"两研会"工作回顾

一年来，全国"两研会"在中国思想政治工作研究会的指导下，在各会员单位的大力支持下，坚持以邓小平理论和"三个代表"重要思想为指导，深入贯彻落实科学发展观，紧紧围绕农业科研中心工作，紧密联系全国农业科研院所党建工作实际，精心组织，深入开展课题研究，积极开展片区交流，不断加强自身建设，为推进全国农业科研院所党建和思想政治工作深入交流，促进农业科研院所又好又快发展发挥了重要作用。

（一）围绕中心任务，积极开展课题研究

根据"两研会"理事会工作安排，一年来，各理事单位紧密结合各自工作实际，课题研究重点突出了两方面内容：一是围绕党的中心工作、党中央的重大战略部署，坚持党建和思想政治工作为农业科技创新大局服务开展研究；二是抓住农业科研院所党建

和思想政治工作中的重点、难点问题，坚持为加强和改进农业科研院所党的建设服务进行研究。在各位理事的积极参与和各会员单位大力支持下，课题研究工作进展顺利，取得了一批高质量的研究成果。比如新疆畜牧科学院在关于《如何以党的十七大精神为指导，切实加强科研单位党的建设》研究中，提出加强党的建设，需要坚持五个必须：一是必须把思想理论建设放在首位；二是必须牢牢抓住发展这个第一要务；三是必须牢固树立为科研与发展服务的思想；四是必须不断完善制度建设；五是必须建立高效、清廉、民主的领导班子。四川省农科院关于《农业科研院所如何贯彻落实科学发展观》的研究，提出了三方面具体举措：一是树立正确的发展目标落实科学发展观；二是以确定正确的服务方向落实科学发展观；三是以更加亲民为民的举措落实科学发展观。广东省农科院关于《如何围绕中心，服务大局，构建思想政治保障体系》的研究中，提出了加强四方面建设：一是以研究所党组织建设为重心，加强和改进基层党组织建设，夯实思想政治保障体系的基础；二是以思想教育和人文关怀为主要形式，强化思想政治保障体系的功能；三是坚持四个文明协调发展，深入开展精神文明创建活动，充分发挥思想政治保障体系的作用；四是坚持体现农业科研院所自身特色，积极探索农科文化建设新路子，创新思想政治保障体系的内容。河北省农科院关于《如何抓好廉政建设，促进农业科技发展》的研究中，提出了四条具体措施：一是注重教育，提高廉政建设工作的实效性；二是完善制度，促进廉政建设工作的规范化；三是强化监督，确保重要工作公平公正；四是落实责任，加强对廉政建设工作的领导。辽宁省农科院在关于《如何构建和谐农业科研院所，为农业科技创新提供支撑》的研究中，明确了构建和谐农业科研院所的五项基本原则：一是以人为本，求真务实；二是重在建设，突出特色；三是求同存异，和谐统一；四是继承创新，博采众长；五是深度融合，优势互补。这些研究成果，已经引起本单位各级党组织的高度重视，许多已经转化为抓党建、带队伍、促发展的思路，在推动农业科研院所党建和思想政治工作方面发挥了积极作用。

（二）充分发挥片区优势，积极开展片区间交流

“两研会”作为一个群众性学术组织，其生命力主要体现在生动有效的交流和研讨活动中。按片区组织一些小型研讨会，就某些问题在一定范围内进行研讨交流，是一种灵活的活动方式。一年来，中南片、华北片、华东片、东北片分别召开了片会。他们紧紧围绕农业科研院所近年来进行的改革实践，就新形势下农业科研院所如何以改革创新精神加强与改进党的建设，发挥好党组织和党员作用；如何用科学发展观指导创新实践，把握好科研方向；如何开展创新文化建设，营造科技创新氛围；如何建设和谐文化，构建和谐院所等展开了广泛的交流与研讨，取得了良好效果。在充分交流的基础上，他们还推荐出了优秀论文，制定、修改了片区活动方法，为下一步开展好工作奠定了基础。实践充分证明，积极开展片区活动，不断加强兄弟院所之间的相互交流和相互沟通，是促进党建和思想政治工作向纵深发展的有效组织形式。

（三）严格执行“两研会”章程，不断加强自身建设

首先是加强自身组织建设，理事、副会长人选发生变化后，我们及时进行增补和调整。其次是根据工作需要，2008年5月在北京召开了“两研会”会长办公会，就“两研会”第三届理事会的研究工作重点、理事会的召开方式、理事会会费缴纳方式、理事会会刊刊名等内容进行了讨论决定。再次是认真做好“两研会”秘书处日常工作。一年来，“两研会”秘书处主动增强服务意识，积极开展工作，与各理事单位加强联系、沟通，及时掌握活动开展情况。今年以来印发了《“两研会”第一次会长办公会会议纪要》，汇编了《“两研会”2007～2008年度优秀论文集》，与此次会议承办单位甘肃省农科院搞好联系沟通，努力做好服务工作，保证了研究会各项工作的正常开展和本次理事会的顺利召开。

回顾总结一年来的工作，我们深深体会到，做好“两研会”工作，必须坚持以邓小平理论和“三个代表”重要思想为指导，深入贯彻落实科学发展观，坚持解放思想，实事求是，牢牢把握正确研究方向；必须自觉围绕中心、服务大局，紧密结合农业科研院所实际，把工夫用在调查研究上，把力量用在破解难题上；必须紧紧依靠各会员单位的大力支持和全体理事的积极参与，加强协调，形成合力；必须加强领导，精心组织，充分发挥各片区牵头单位的作用，调动各方面的积极性和创造性，共同推进农业科研院所党建和思想政治研究工作的深入开展。

在肯定工作的同时，我们也要看到工作中还存在不足。主要是各会员单位之间的研讨交流不够广泛，有的课题研究工作开展不够深入，有的课题研究质量还有待提高。这些问题应引起高度重视，在今后工作中不断加以改进。

二、关于今后两年的“两研会”工作任务

当前，我国经济社会发展已进入一个新阶段。全党认真学习党的十七大精神，全面贯彻落实科学发展观，努力建设社会主义和谐社会，积极推进中国特色社会主义的各项事业，党的执政能力建设和先进性建设有了新的发展。面对我国社会主义市场经济日益发展的新形势，党建理论的不断创新与发展，全国农业科研院所党建和思想政治工作研究的任务也会越来越繁重。根据“两研会”会长办公会研究，按照中央关于严格控制各类会议，减少会议数量的有关要求，为了使片区活动更加深入，课题研究质量进一步提高，今后全体理事会将每两年召开一次。为进一步做好“两研会”工作，下面我讲三点意见。

（一）深入学习贯彻党的十七大精神，不断提高农业科研院所党建和思想政治工作研究水平

深入学习贯彻党的十七大精神，是当前和今后一个时期全党工作的首要任务。全国“两研会”要开展好党建和思想政治工作研究，首先要学习好、宣传好、落实好党的十七大精神。

党的十七大对党的建设新的伟大工程作出了总体部署，加深理解这一总体部署，我们可以在以下四个方面下工夫：一是明确一条主线，就是进一步加强党的执政能力和先进性建设；二是突出五个重点，就是不断加强党的思想建设、组织建设、作风建设、制度建设和反腐倡廉建设；三是确立一个目标，就是把我们党建设成为立党为公，执政为民，求真务实，改革创新，艰苦奋斗，清正廉洁，富有活力，团结和谐的马克思主义政党；四是落实六项任务，就是深入学习贯彻中国特色社会主义理论体系，着力用马克思主义中国化最新成果武装全党；继续加强党的执政能力建设，着力建设高素质领导班子；积极推进党内民主建设，着力增强党的团结统一；不断深化干部人事制度改革，着力造就高素质干部队伍；全面巩固和发展先进性教育活动成果，着力加强基层党的建设；切实改进党的作风，着力加强反腐倡廉建设。这四个方面是今后党的建设的总体部署，也是指导农业科研院所开展党建和思想政治工作研究的根本指针。

2008 年七一前夕，胡锦涛总书记又对加强当前党的建设工作提出了三点要求：一是坚持用中国特色社会主义理论体系武装全党，认真开展深入学习实践科学发展观活动；二是坚持抓好各级领导班子、基层党组织、党员队伍建设，把党组织建设得更加坚强有力；三是在全党大力弘扬抗震救灾的优良作风，保持党同人民群众的血肉联系。

“两研会”在今后的研究工作中要认真学习贯彻党的十七大精神和胡锦涛总书记“6. 30”重要讲话精神，不断以改革创新的精神全面推进农业科研院所党建和思想政治研究工作。“两研会”可以就以下问题开展深入研究：研究如何以十七大精神为指导，以改革创新精神加强农业科研院所党建和思想政治工作研究的重要性和必要性；研究如何贯彻落实胡锦涛总书记重要讲话精神，坚持抓好各级领导班子、基层党组织、党员队伍建设，把党组织建设得更加坚强有力；研究在新形势下农业科研院所党建和思想政治工作改革创新的重点、难点及当前急需解决的问题等。

“两研会”在研究中还要坚持理论联系实际的好方法、好作风。理论联系实际是我们党的好传统，也是开展党建和思想政治工作研究的好方法、好作风。理论研究的目的在于应用，如果不能推动全国农业科研院所党建和思想政治工作实践，研究也就失去了应有的意义。所以，农业科研院所党建和思想政治工作研究不能简单地就党建论党建，就思想政治工作论思想政治工作，不能单纯地为研究而研究，必须着眼于推动农业科研院所党建和思想政治工作的实践，围绕中心、服务大局开展研究。这就要求我们必须坚持以中国特色社会主义理论体系为指导，以科学发展观为统领，客观认识农业科研院所

党建和思想政治工作现状，敢于正视存在的困难和问题，以科学的态度和求真务实的作风研究和回答党建和思想政治工作实际中遇到的新情况、新问题，在总结实践经验的基础上寻找解决问题的途径和方法，进一步增强研究工作的科学性和时效性，不断提高新形势下党建和思想政治研究工作水平，最终为促进农业科研院所中心工作服务。

（二）以学习实践科学发展观活动为契机，积极探索加强和改进农业科研院所党建和思想政治工作的新机制、新方法

2008 年，中央将在试点基础上，在全党普遍开展深入学习实践科学发展观的活动。科学发展观是指导发展的世界观和方法论的集中体现，是推进社会主义经济建设、政治建设、文化建设和社会建设全面发展的指导方针。树立和落实科学发展观，不仅是解决我国当前经济社会发展诸多矛盾和问题的迫切需要，也是提高党的执政能力和水平的迫切需要。加强农业科研院所党的建设和思想政治工作，必须坚持以科学发展观为统领，在农业科研院所党建和思想政治工作实践中把科学发展观落到实处。在学习实践活动中，不断探索加强和改进农业科研院所党建和思想政治工作的新机制、新方法。

据了解，目前我们农业科研院所中，有的单位是学习实践科学发展观活动的试点单位，已经在学习实践活动中积累了丰富经验，值得我们学习和借鉴。还没有开展活动的单位，要按照中央的要求和部署，始终围绕中央提出的要求，严格扎实做好各阶段工作，确保取得实效。我们“两研会”要紧紧抓住这次学习实践科学发展观活动的难得机遇，密切结合农业科研院所的工作实际和党员干部思想实际，深入研究，积极思考，努力在农业科研院所落实科学发展观，不断加强党的建设和思想政治工作，提高党员队伍和党组织的创造力、凝聚力、战斗力，努力争取在学习实践科学发展观活动方面出新的研究成果。“两研会”可以围绕以下三方面问题开展研究：一是深入研究将科学发展观的思想转化为促进农业科研院所党建和思想政治工作开展的动力，推进农业科研院所党建和思想政治工作取得新进展；二是研究如何将学习实践科学发展观的成果，转化为促进科技创新中心工作的实际举措；三是研究建立健全学习实践科学发展观的长效机制，促进农业科技事业又好又快发展。在明天上午的交流发言中，江西农科院将介绍他们作为试点单位，在学习实践科学发展观活动中的经验和做法，为我们更好地开展好这项工作提供借鉴和参考。

（三）进一步加强研究会自身建设，推进农业科研院所党建和思想政治工作研究取得新进展

开展好农业科研院所党建和思想政治工作研究，研究会要切实加强自身建设。一是要不断完善理事会制度。理事会改为每两年召开一次后，会议筹备期间要精心准备，认真筹划，切实做好会议召开的各项组织工作。要更加重视发挥理事会的作用，定期召开

理事会议，研究理事会工作，讨论理事提出的建议，奖励优秀论文和研究成果。理事会闭会期间，要充分发挥片会牵头单位作用，以多种形式和方法召集片会，就大家普遍关心的热点、难点问题进行研讨交流。理事要积极主动地参与到理事会的活动当中，在课题研究中发挥模范带头作用；二是要做好重点研究课题的规划设计工作。每一届理事会都有研究重点，我们要力争在每一项重点课题研究中都有新的成果，都有新的收获，促进农业科研院所党建和思想政治工作的不断创新。“两研会”第三届理事会的研究重点，除了要研究在农业科研院所如何贯彻落实党的十七大精神和开展好学习实践科学发展观活动以外，还要继续深入开展创新文化建设、构建和谐院所和开展文明单位创建等研究活动。“两研会”可以就各理事单位开展这些内容的研究情况进行广泛研讨；三是注重研究成果的转化，采取切实有效措施，如定期汇编优秀论文集等，逐步建立将研究成果转变为指导工作实践的有效机制，推进农业科研院所党建和思想政治工作研究取得新进展；四是秘书处要加强与各理事单位之间的联系，为会员做好服务工作，充分调动各方面的积极性，团结协作、开拓进取，不断把“两研会”工作推向新的层次和水平。

各位理事、同志们，党的十七大对党的建设和思想政治工作提出了新任务、新要求，让我们紧密团结在以胡锦涛同志为总书记的党中央周围，坚持以科学发展观统领全国农业科研院所党建和思想政治工作，以改革创新精神深入开展党建和思想政治工作研究，振奋精神，锐意进取，开拓创新，扎实工作，努力多出成果，出好成果，为全面推进全国农业科研院所党的建设和思想政治工作做出新的更大贡献。

十、深入学习实践科学发展观活动

关于印发《中共中国农业科学院党组关于开展深入学习实践科学发展观活动的实施方案》的通知

农科院党组发〔2008〕34号

院属各单位、机关各部门：

《中共中国农业科学院党组关于开展深入学习实践科学发展观活动的实施方案》已经院党组会议审议通过，现予以印发，请结合实际认真贯彻执行。

二〇〇八年十月十日

中共中国农业科学院党组关于开展深入学习实践科学发展观活动的实施方案

根据党的十七大和中央的部署，从 2008 年 9 月开始，在全党分批开展深入学习实践科学发展观活动（以下简称“学习实践活动”）。为贯彻落实好《中共中央关于在全党开展深入学习实践科学发展观活动的意见》（中发〔2008〕14 号）和《中共农业部党组关于开展深入学习实践科学发展观活动的实施方案》，把我院学习实践活动组织开展好，制定如下方案。

一、开展学习实践活动的指导思想、目标要求和主要原则

（一）学习实践活动的指导思想

中国农业科学院开展学习实践活动，要全面贯彻党的十七大精神，高举中国特色社会主义伟大旗帜，以邓小平理论和“三个代表”重要思想为指导，组织广大党员特别是各级领导班子和党员领导干部深入学习实践科学发展观，紧密联系农业和农业科技工作以及我院各项工作的实际，紧紧围绕党员干部受教育、科学发展上水平、人民群众得实惠，进一步解放思想、实事求是、改革创新，切实增强贯彻落实科学发展观的自觉性和坚定性，着力转变不适应、不符合科学发展要求的思想观念，着力解决影响和制约科学发展的突出问题以及党员干部党性党风党纪方面群众反映强烈的突出问题，着力构建有利于科学发展的体制机制，提高农业科技自主创新能力和科技支撑现代农业发展、社会主义新农村建设的能力，使我院各项工作和党的建设更加符合科学发展观的要求，为促进我院科技创新和各项事业又好又快发展提供坚强的思想保证、政治保证、组织保证和制度保证。

（二）学习实践活动的目标要求

学习实践活动以院属京区各单位、机关各部门领导班子和处以上党员领导干部为重点，全体党员参加，欢迎党外领导干部参加。要通过学习实践活动，力争使贯彻落实科学发展观的自觉性进一步增强，实现科学发展的思路更加清晰，领导科学发展的能力进一步提高，推动科学发展的政策措施更加完善。具体要达到以下四个方面的目标要求。

1. 强化理论武装，提高思想认识

进一步深化对科学发展观的内涵、精神实质和基本要求的理解和认识，深刻认识农业科技工作中不适应、不符合科学发展观要求的问题，增强推进农业科技事业科学发展的使命感、责任感和紧迫感。把思想认识统一到始终坚持发展是第一要义，大力提高农业科技自主创新能力上来；统一到始终坚持以人为本，实现好、维护好、发展好广大群众的根本利益上来；统一到始终坚持全面协调可持续发展，实现科技创新、成果转化、服务“三农”协调发展上来；统一到始终坚持统筹兼顾，立足党和国家工作大局，走中国特色农业现代化道路，加强农业科技自主创新，为发展现代农业、建设社会主义新农村提供科技支撑上来。

2. 理清发展思路，解决突出问题

立足全局、开拓创新，从国民经济全局和世界农业科技发展方向中进一步明确推进农业科技事业科学发展的思路；努力破解影响和制约农业科技事业发展中的重大问题，努力破解群众最关心、最直接、最现实的利益问题，努力破解党员干部党性党风党纪方面群众反映强烈的问题和院所建设方面存在的突出问题。各单位要立足自身职能，找准破解问题的切入点和着力点，研究提出解决问题的对策和办法。

3. 完善规章制度，创新体制机制

针对当前管理体制和工作机制存在的问题，切实加强制度建设，做好相关制度的协调衔接，确保各项制度得到有效贯彻执行。要围绕农业科技自主创新和支撑现代农业发展的重点领域和环节，大力推进体制机制创新，为推进院所各项事业又好又快发展提供制度保障。

4. 加强能力建设，促进科学发展

进一步把科学发展观的要求转化为走中国特色农业现代化道路的坚定信念，转化为谋划农业科技事业科学发展的正确思路，转化为推动农业科技创新和成果转化的实际能力，转化为农业农村经济发展的有力科技支撑，在增强科技自主创新能力、确保粮食安全、提高农业现代化水平、促进院所各项事业又好又快发展等方面取得新进展。

（三）学习实践活动的主要原则

根据中央和农业部党组确定的学习实践活动的主要原则，结合农业科技创新工作及我院自身建设的实际，着重把握以下四项原则。

1. 坚持解放思想

以解放思想为先导，以改革创新为动力，进一步提高思想认识、更新发展观念、丰富发展思路、破解发展难题、完善体制机制，使思想和行动更加符合实事求是的思想路线，更加符合农业科技发展规律和农业科技创新规律，更加符合农业科研单位党的建设规律，使思想观念、工作思路、办法措施切实体现科学发展观的要求。

2. 突出实践特色

紧紧围绕科学发展主题，紧密结合农业科技和我院实际，确定活动的实践载体。要把开展学习实践活动与贯彻落实党的十七大一系列重大部署结合起来，与学习贯彻党的十七届三中全会精神结合起来，与纪念改革开放 30 周年、回顾总结 30 年来农村改革发展以及农业科技事业的光辉历程和宝贵经验结合起来，与研究和解决农业科技创新中的重大问题结合起来。通过学习推动实践，在推进实践中深化学习。

3. 贯彻群众路线

充分发扬民主，吸收群众全程参与，认真听取群众的意见和建议，虚心向群众学习；切实尊重群众的首创精神，认真总结各单位推动院所科学发展的好经验、好做法，努力转化为符合实际的制度措施；真诚接受群众监督，把群众满意作为评价学习实践活动成效的重要依据。

4. 正面教育为主

坚持高标准、严要求，组织广大党员、干部深入学习实践科学发展观，实事求是查找和剖析问题，深刻分析产生问题的原因，全面总结经验教训，认真开展批评和自我批评，进一步明确努力方向。查找和剖析问题既要严格要求，又不搞人人过关，注意保护党员、干部的发展积极性。

二、开展学习实践活动的总体安排和方法步骤

中国农业科学院学习实践活动，要以“解放思想、自主创新、提升能力、服务‘三农’”为主题，从 2008 年 9 月开始到 2009 年 2 月底基本结束，分三个阶段进行。各单位要在做好思想准备、组织准备、工作准备的基础上，积极推进各项工作，切实保证学习实践活动扎实有序开展。

（一）学习调研阶段

时间为 2008 年 9 月下旬至 11 月中旬。主要任务是进行动员部署，组织学习培训，开展专题调研和解放思想大讨论。重点抓好 3 个环节：

1. 学习培训

组织广大党员认真学习贯彻中央的有关精神，按照部党组和院党组的要求进行广泛宣传和思想发动，提高广大党员参加学习实践活动的积极性、主动性。制定学习培训计划，采取个人自学、集中培训、理论中心组和支部学习会、专题培训班、研讨班、辅导报告会等形式，组织全体党员认真学习党的十七大报告、《毛泽东、邓小平、江泽民论科学发展》和《科学发展观重要论述摘编》、胡锦涛同志在全党深入学习实践科学发展观活动动员大会上的重要讲话。处以上党员领导干部还要认真学习《深入学习实践科学发展观活动领导干部学习文件选编》。不同层次的党员干部要有相应的集中学习时

间，领导干部要带头作学习报告。党员领导干部要在通读有关学习材料的基础上，对重点篇目进行精读，认真撰写心得体会，积极参加理论中心组的研讨交流。院里要举办专题辅导报告会，组织对各单位党政主要领导和党办或办公室主任（综合处长）进行集中培训。各单位也要组织本单位党员干部进行集中学习培训，要丰富学习形式，创新学习载体，提高学习效果。

2. 深入调研

结合农业和农业科技创新工作实际，重点围绕建立健全保障科学发展的体制机制、制定促进科学发展的制度措施和服务科学发展等迫切期待解决的问题进行调研。院领导要围绕“出成果、出人才”的目标，针对科技体制改革，学科重组，科研协作、创新团队、科研平台和创新文化建设等制约院所发展的重点问题进行调研，深入基层、深入一线听取干部群众意见，开展案例分析，带头撰写调研报告，梳理出在科学发展上存在的突出问题。院属京区各单位和机关各部门领导班子成员也要结合工作确定重点，认真开展专题调研。

3. 开展解放思想大讨论

在调研的基础上，着重就如何解决影响科学发展的认识问题进行解放思想的大讨论，切实转变不符合科学发展的观念，努力形成科学发展的共识。要通过大讨论，开阔眼界、开阔思路、开阔胸襟，促进思想观念转变和体制机制创新，推动自身建设，促进我院农业科技创新的科学发展。

（二）分析检查阶段

时间为2008年11月中旬至12月底。主要任务是广泛征求意见，找准影响和制约农业科技事业科学发展的突出问题，深刻分析原因，明确改革思路。要重点抓好以下3个环节。

1. 召开检查贯彻落实科学发展观情况的领导班子专题民主生活会

会前要广泛征求意见，并对征求到的意见进行归纳整理；领导班子成员要撰写发言材料，进行自我检查；民主生活会要认真开展批评和自我批评，积极分析问题、查找原因、提出建议，肯定对的、坚持好的、纠正错的、调整偏的，形成民主、团结、务实、创新的氛围。为了把问题找准，可以通过召开座谈会、发放征求意见表、设立意见箱等形式，深入查找影响和制约农业科技事业科学发展的突出问题。民主生活会前，领导班子成员之间要开展谈心，交换看法，做好充分准备。民主生活会结束时，要对民主生活会情况进行测评。所有党员都要参加组织生活会，按照科学发展观要求，分析查找自身差距和不足，明确努力方向。处级党员干部要准备发言提纲。对专题民主生活会和组织生活会，既要严格要求，提高质量，又要保护好广大党员、干部的积极性。专题民主生活会可与年度民主生活会合并召开，适当扩大列席人员范围。院直属机关党委、人事局、监审局等部门要派人列席各单位领导班子专题民主生活会，加强指导。

2. 形成领导班子分析检查报告

院党组和各单位领导班子的分析检查报告要紧密联系实际，在充分运用学习调研、征求意见和专题民主生活会成果的基础上，突出检查分析问题、理清科学发展思路这个重点，避免写成一般性的工作报告。分析检查报告一般应包括如下内容：近年贯彻落实科学发展观的情况；存在的突出问题；存在问题的主客观原因分析；在学习实践活动中形成的新认识；今后贯彻落实科学发展观的主要方面、总体思路、工作要求和主要举措；加强领导班子建设的具体措施。分析检查报告的撰写，主要领导要全程主持，初稿形成后要以适当方式广泛听取各方面意见，经领导班子扩大会充分讨论，反复修改完善。

3. 对领导班子分析检查报告进行群众评议

领导班子分析检查报告形成后，要采取召开座谈会或书面评议等形式，广泛征求党员群众的意见，认真组织评议。院党组分析检查报告邀请院系统党的十七大代表、全国政协委员、群众代表以及民主党派代表等参加评议。院属各单位领导班子分析检查报告也要以一定形式广泛征求意见，接受群众评议。根据群众评议中提出的意见、建议，进一步修改完善分析检查报告。分析检查报告和评议结果要在一定范围内公布。

（三）整改落实阶段

时间为 2008 年 12 月底至 2009 年 2 月底，主要任务是制定切实可行的整改落实方案，集中解决存在的突出问题，着力构建有利于农业科技事业科学发展的体制机制。重点抓好 3 个环节。

1. 制定整改落实方案

院党组针对分析检查中查找到的突出问题制定整改落实方案，提出整改措施，明确整改重点，落实整改责任。各单位领导班子也要相应制定整改落实方案。整改落实方案要以分析检查报告为依据，注重可操作性，对查摆出来的突出问题和需要完善的制度，按轻重缓急和难易程度，明确整改落实的目标、方式和时间要求，明确整改落实的具体措施，明确分管领导、分管部门的责任，使整改工作落到实处。整改落实方案制定后，要采取适当方式向党员、群众公布，做出承诺，接受监督。广大党员要围绕制定和落实整改落实方案，积极建言献策。

2. 集中解决突出问题

为了真正取得实效、让群众满意，要注重选准解决问题的切入点和突破口，抓住那些既事关全局又经过努力能够解决的问题，集中精力加以解决。对群众反映强烈又能够在短时间内解决的如大院环境治理等问题，要集中一段时间进行整改；对能够解决但需要一定时间解决的问题，要认真研究，制定整改计划，分步抓好整改落实；对自身力量难以解决和涉及多个部门和单位的突出问题，要积极探索上下互动、左右联动等有效途径，创造条件，寻求突破。解决问题要防止形式主义、短期行为。各单位要结合自身业务工作，采取灵活多样的方式，开展主题实践活动。

3. 完善体制机制

从活动一开始就要重视做好创新体制机制工作，在统一认识、深入调研、分析检查的基础上，从农业科技事业和科技支撑现代农业发展的实际需要出发，及时制定和完善促进科学发展的制度措施和体制机制。对于需要上下共同努力才能解决的体制机制问题，积极向中央、农业部和相关部委提出政策建议，推动问题解决。

学习实践活动基本结束时，要认真总结活动取得的成效和经验，采取适当方式向党员群众通报。在此基础上，组织对学习实践活动进行满意度测评，主要测评两项内容：一是解决突出问题的满意度；二是对活动开展情况的满意度。测评结果要在一定范围内公布，并作为评价学习实践活动的重要内容。根据测评情况，进一步完善整改落实方案，确保在学习实践活动中尚未解决的突出问题继续得到有效解决。

（四）开展主题实践活动

紧紧围绕“解放思想、自主创新、提升能力、服务‘三农’”这个主题，组织开展内容丰富的实践活动。要紧密结合当前农业和农业科技创新、科技支撑现代农业发展工作需要，针对突出问题，把我院的重点工作纳入实践活动，并与时俱进，不断充实活动内容、完善活动形式，用主题实践活动统领当前重点工作，使开展学习实践活动与推动重点工作有机结合、相互促进。要通过主题实践活动的开展，形成一批调研成果，解决一批重大问题，完善一批制度规定，涌现一批先进典型，促进院所各项事业实现更长时间、更高水平、更好质量的发展。

1. 深入开展“解放思想、自主创新、提升能力、服务‘三农’”大讨论

通过分专题举办论坛、召开座谈会、网上互动等丰富多彩的形式，组织广大党员深入开展解放思想大讨论。科学分析发展中面临的新情况新问题新挑战，着力更新观念、开阔思路，明确方向、形成共识，创新方法、提高能力，充分调动广大党员的主动性创造性，积极为农业和农业科技事业又好又快发展出谋划策。

2. 开展纪念农村改革开放30周年活动

通过召开研讨会、举办成就展等一系列纪念、宣传、教育活动，大力宣传农村改革30年来取得的伟大成就和农业科技事业取得的突出成绩，深入具体地认识推进农业科技事业发展的规律和重点，进一步坚定实现农业科技事业科学发展的信心，明确努力方向。

3. 系统学习贯彻党的十七届三中全会精神

通过理论中心组学习、分专题研讨交流、举办辅导讲座等多种形式，引导党员干部深入领会十七届三中全会精神，准确把握中央对农村改革发展工作的部署要求，特别是中央对加强农业科技工作的明确要求，加紧研究当前和今后一个时期的工作思路、政策措施。

4. 深入开展重大问题调研

按照贯彻科学发展观的要求，重点围绕“三农”工作面临的突出问题和农业科技事业发展中的薄弱环节，深入基层、深入实际，开展调研，着重探索提高农业科技自主创新能力和院所综合实力、确保多出成果、多出人才、多出效益的有效途径和工作方法。

5. 加强制度建设

按照建设现代农业科研院所的要求，认真清理不适应科学发展观要求的规章制度；加快研究和制（修）定科学道德规范、职工守则以及其他一系列管理制度，建立科学的现代农业科研院所制度体系。

6. 推动重点工作

要对院所年初制定的各项重要工作部署进行认真检查回顾，切实按照中国农业科学院 2008 年工作会议精神和院党组工作要求抓好落实。特别要做好重大项目的立项和管理、重大成果的集成和推广、平台建设和团队建设以及农业部部署的各项科技支农工作，确保工作落实到位。

同时，院属京区各单位、机关各部门还要从自身职能和实际出发，开展形式多样、各具特色的实践活动，推进解决影响和制约本系统、本单位科学发展的突出问题。

三、切实加强对学习实践活动的组织领导

开展学习实践活动，是我院广大党员政治生活中的一件大事。各级党组织要把学习实践活动摆上重要议事日程，在农业部指导检查组的指导和院党组的统一领导下，坚持把深入学习、提高认识贯穿始终，把解放思想、改革创新贯穿始终，把解决问题、完善体制机制贯穿始终，把依靠群众、发扬民主贯穿始终，以高度负责的态度、改革创新的精神、求真务实的作风，扎实做好学习实践活动的各项工作。

（一）加强组织领导，党员领导干部要发挥带头作用

成立中国农业科学院学习实践活动领导小组，全面负责我院的学习实践活动。领导小组下设办公室，负责学习实践活动的具体组织实施。各单位也要成立相应领导机构，负责本单位学习实践活动的组织领导。各单位主要负责同志要认真履行第一责任人的职责。要充分发挥党支部的作用，确保广大党员全员参与、全程参加。党员领导干部要充分发挥带头作用，自觉作学习调研的表率、解放思想的表率、分析检查的表率、整改落实的表率和推动实践的表率。院领导分别确定 1 ~ 2 个院属京区单位作为联系点，加强调查研究和工作指导。为及时沟通情况，各单位要确定一名联络员，具体负责有关联系工作。

（二）积极探索，不断创新学习实践活动的方式和载体

各单位要在坚持学习实践活动基本要求的前提下，积极探索，锐意创新，精心设计

和组织各具特色、行之有效的活动方式和载体，做到规定动作不走样、自选动作有特色，使学习实践活动充分体现时代性、富于创造性。要充分发扬民主，注意发挥专家的作用，在实践中形成好思路、好办法，在创新中发现好经验、好典型。

（三）加强分类指导，增强学习实践活动的针对性和实效性

京外直属单位的学习实践活动，按照党组织隶属关系由所在地党委负责组织领导，院党组协助。院学习实践活动文件、《简报》等要同时下发京外各研究所；京外各研究所要将学习实践活动实施方案、工作进展、召开民主生活会情况综合报告、领导班子分析检查报告、分析测评情况和整改落实方案同时报院学习实践活动办公室。离退休干部职工中的党员参加学习实践活动，要从实际出发，根据农业部离退休干部局关于开展深入学习实践科学发展观活动实施方案进行组织。学生党员要在研究生院党委的统一组织下，密切结合学生实际，采取灵活多样的方式，组织开展活动。各单位要在坚持学习实践活动总体要求的同时，根据本单位实际情况，进一步细化学习实践活动的具体要求。

（四）加强对学习实践活动的指导

院学习实践活动办公室负责指导、检查院属京区各单位和机关各部门的学习实践活动，防止走过场、出偏差。院学习实践活动办公室要积极向各单位党组织提出工作建议，指导帮助搞好学习实践活动；要经常了解各单位学习实践活动开展情况，及时发现问题并帮助解决；要加强配合，沟通信息，及时反映情况。

（五）坚持统筹兼顾，确保学习实践活动取得实际效果

学习实践活动不作统一转段要求，各单位要统筹安排各个阶段的工作，注意各个环节之间的相互联系和相互衔接，坚持进度服从质量，以每个环节工作的高质量完成，保证整个活动的实际效果。各单位要把学习实践活动作为推动农业科技发展的重要机遇和强大动力，通过学习实践活动，促进各项工作，用各项工作的实际成果来衡量和检验学习实践活动的成效。要自觉以科学发展观统领农业科技工作，把开展学习实践活动与当前业务工作紧密结合起来，做到两手抓、两不误、两促进。学习实践活动要讲成本、重实效，不搞文山会海，防止铺张浪费，杜绝形式主义。

（六）加强宣传引导，营造学习实践活动的良好氛围

院报、网络、闭路电视等宣传媒体要在院学习实践活动领导小组的统一安排下，做

好我院学习实践活动的宣传工作，大力宣传学习实践科学发展观的先进典型，宣传我院学习实践活动的部署、要求、做法、经验和成效，努力营造开展学习实践活动的良好氛围。各单位要认真总结学习实践活动的成功做法和典型经验，及时上报院学习实践活动办公室。

院党组对学习实践活动进行动员部署后，院属京区各单位和院机关各部门要及时启动学习实践活动，按照本实施方案的要求，结合自身实际，制定切实可行的具体工作方案，于2008年10月15日前报院学习实践活动办公室备案。

中国农业科学院关于成立中国农业科学院开展深入学习实践科学发展观活动领导小组和办公室的通知

农科院党组发〔2008〕38号

院属各单位、机关各部门：

2008年9月25日，院党组召开会议，传达了农业部深入学习实践科学发展观活动动员大会有关精神。为迅速落实中央和农业部党组的部署，会议决定立即启动我院深入学习实践科学发展观活动，成立中国农业科学院深入学习实践科学发展观活动领导小组，对深入学习实践科学发展观活动负总责。领导小组下设办公室，主要负责领导小组工作部署的具体组织实施、与农业部深入学习实践科学发展观活动领导小组办公室的沟通、相关材料的撰写和整理、对京区有关单位的督促检查与情况交流（名单附后）。

特此通知。

附件：中国农业科学院深入学习实践科学发展观活动领导小组及办公室成员名单

二〇〇八年十月十五日

附件：

中国农业科学院深入学习实践科学发展观活动领导小组成员名单

组　长：翟虎渠　中国农业科学院院长
副组长：薛　亮　中国农业科学院党组书记
　　　　罗炳文　中国农业科学院党组副书记
　　　　　　　　直属机关党委书记（兼）
成　员：雷茂良　中国农业科学院副院长
　　　　刘　旭　中国农业科学院副院长
　　　　唐华俊　中国农业科学院副院长
　　　　贾连奇　中国农业科学院党组成员、人事局局长

中国农业科学院深入学习实践科学发展观活动办公室成员名单

主　任：罗炳文　中国农业科学院党组副书记
　　　　　　　　直属机关党委书记（兼）
副主任：贾连奇　中国农业科学院党组成员、人事局局长
　　　　高淑君　中国农业科学院直属机关党委常务副书记
　　　　刘继芳　中国农业科学院办公室主任
成　员：机关党委、院办公室、人事局、科技局等有关人员

关于印发翟虎渠同志、刘平同志在中国农业科学院深入学习实践科学发展观活动动员大会上讲话的通知

农科院党组发〔2008〕39号

院属各单位、机关各部门：

10月13日，我院召开深入学习实践科学发展观活动动员大会，院长翟虎渠同志作了动员讲话，农业部第七指导检查组组长刘平同志作了重要讲话。现将翟虎渠同志、刘平同志的讲话印发给你们，请认真组织传达学习，全面贯彻落实。

二〇〇八年十月十五日

在中国农业科学院深入学习实践科学发展观活动动员大会上的讲话

院长　翟虎渠

（2008 年 10 月 13 日）

同志们：

根据中央和农业部统一部署，今天，我们召开中国农业科学院深入学习实践科学发展观活动（以下简称学习实践活动）动员大会，对全院京区所局级领导班子和党员干部开展学习实践活动进行动员部署。农业部指导检查组参加了今天的会议，组长刘平同志将作重要讲话，我们要认真学习和贯彻。会前，院党组分别召开了党组会议和京区单位负责人会议，认真学习了《中共中央关于在全党开展深入学习实践科学发展观活动的意见》、胡锦涛、温家宝、习近平等中央领导同志在深入学习实践科学发展观活动暨省部级主要领导干部专题研讨班上的重要讲话、孙政才部长在农业部深入学习实践科学发展观活动动员大会上的讲话和部党组《关于开展深入学习实践科学发展观活动的实施方案》，研究制定了《中共中国农业科学院党组关于开展深入学习实践科学发展观活动的实施方案》，明确了学习实践活动的目标任务、方法步骤和工作要求。下面，按照中央和部党组的精神，结合我院实际，我讲四点意见：

一、统一思想，充分认识开展深入学习实践科学发展观活动的重大意义

（一）深入学习实践科学发展观活动是党和国家事业持续健康发展的根本保障

科学发展观是以胡锦涛同志为总书记的党中央，适应新的发展要求提出来的，是同马克思列宁主义、毛泽东思想、邓小平理论和“三个代表”重要思想既一脉相承又与时俱进的科学理论，是我国经济社会发展的重要指导方针，是中国特色社会主义理论体系的重要组成部分，是发展中国特色社会主义必须坚持和贯彻的重大战略思想。从 2008 年 9 月开始，用一年半左右的时间，在全党分批开展深入学习实践科学发展观活动，是党的十七大作出的战略决策，就是要在世情、国情、党情发生深刻变化的条件下，更好地用中国特色社会主义理论体系武装和统一全党思想，动员全党更好地为实现

十七大提出的任务而团结奋斗。这是坚持改革开放、推动科学发展、促进社会和谐的迫切需要，是提高党的执政能力、保持和发展党的先进性的必然要求。我们必须全面把握中央的部署和要求，充分认识开展学习实践科学发展观活动的重大现实意义和紧迫性。要从党和国家事业全局出发，着眼改革发展的时代要求和人民群众的新期待，进一步增强学习实践科学发展观的自觉性、坚定性。深入学习实践科学发展观的目的在于应用、在于指导实践，我们要全面地而不是片面地、准确地而不是模糊地、系统地而不是零碎地理解和掌握，真正学懂弄通，自觉地用科学发展观指导工作。

（二）深入学习实践科学发展观活动是推动农业农村经济和农业科技发展取得新成效的重要保证

实践证明，科学发展观在推动我国农业农村经济和农业科技快速发展中发挥了重要指导作用，得到了全国人民的高度认可和衷心拥护。改革开放以来，我国农业农村经济取得了前所未有的巨大发展，农村面貌发生了翻天覆地的变化，农业科技实现了突飞猛进的历史跨越。特别是党的十六大以来，中央按照科学发展观的要求，坚持城乡统筹发展方略，把解决好“三农”问题作为全党工作重中之重，出台了一系列强农惠农和科技兴农政策，实现粮食连年增产，农民收入持续增长、农村社会全面进步，农业科技创新能力不断增强，取得了超级稻、矮败小麦、双低油菜、禽流感基因工程疫苗等一大批世界领先水平的科技成果，科技对农业农村经济发展的支撑作用进一步加强。但我们同时也应看到，当前我国农业农村改革和农业科技发展仍然面临不少突出矛盾和问题：我国农业农村发展目前仍处在艰难的爬坡阶段，农业科技总体水平不高，重大突破性成果少，农业科技成果转化率低。我国农业依然是国民经济最薄弱的环节，农村依然是全面建设小康社会最大的难点，农民依然是最需要关心和扶持的社会群体，城乡失衡依然是最大的社会结构性矛盾，农业科技依然是急需率先突破的重点领域。深入学习实践科学发展观，就必须按照科学发展观的要求，立足当前，着眼长远，坚持改革和发展，坚持依靠科技进步和自主创新，努力解决这些影响我国经济社会发展的突出问题。

（三）深入学习实践科学发展观活动是立足我院工作实际加强自身建设的重大举措

作为农业科研工作的国家队，中国农业科学院肩负着发展农业科学技术、培养高级农业科研人才、组织全国农业科研协作、代表国家参与国际竞争、服务宏观决策的历史使命，各级领导班子和广大党员干部必须始终坚持以研为本、以人为本，不断提高贯彻落实科学发展观、促进农业科技自主创新和现代院所建设的素质和本领。近年来，院党组坚持把学习贯彻科学发展观作为理论武装的首要任务，用科学发展观统领科技工作，围绕“三个中心、一个基地”的战略目标，加快现代科研院所建设取得了明显成效，为支撑我国农业农村经济发展做出了积极的贡献。但是，我们也要清醒地看到，有的单位领导班子、党员干部在思想观念、领导水平、工作方法、工作作风等方面，还存在着不适应、不符合科学发展观要求的地方。开展学习实践活动，为我们牢固树立科学发展思想、自觉运用科学发展观解决存在问题、切实加强自身建设提供了新的契机。通过开展学习实践活动，就是要进一步提高我院各级领导班子和党员干部贯彻党的“三农”工作方针政策的能力，提高实践科学发展和推进改革创新的能力，提高研究处理重大问题和应对突发事件的能力。我们必须从加强党的执政能力的高度、从建设创新型国家重大战略的高度出发，把学习实践活动成果转化为走中国特色农业现代化道路的坚定信念，转化为谋划农业科技事业科学发展的正确思路，转化为推动农业科技创新和成果转化的实际能力，转化为农业农村经济发展的有力科技支撑，在更高层次、更宽领域上推进科学发展。

二、深刻领会，全面把握深入学习实践活动的指导思想、基本原则和目标任务

根据部党组要求，院党组制定了《中国农业科学院开展深入学习实践科学发展观活动实施方案》，并报经农业部学习实践活动工作领导小组办公室同意。《实施方案》对学习实践活动的指导思想、基本原则、目标任务和方法步骤都提出了明确要求。各部门各单位要结合实际，认真贯彻落实。

第一，准确把握学习实践活动的指导思想。我院开展学习实践活动，要全面贯彻党的十七大精神，高举中国特色社会主义伟大旗帜，以邓小平理论和“三个代表”重要思想为指导，组织广大党员特别是各级领导班子和党员领导干部深入学习实践科学发展观，紧密联系农业农村经济发展和农业科技工作的实际，以及我院党员干部队伍思想和建设的实际，紧紧围绕党员干部受教育、科学发展上水平、人民群众得实惠，进一步解放思想、实事求是、改革创新，切实增强贯彻落实科学发展观的自觉性和坚定性，着力转变不适应、不符合科学发展要求的思想观念，着力解决影响和制约科学发展的突出问题以及党员干部党性党风党纪方面群众反映强烈的突出问题，着力构建有利于科学发展的体制机制，提高农业科技自主创新能力，提高支撑现代农业发展和社会主义新农村建设的能力，使我院各项工作更加符合科学发展观的要求，为促进我院科技创新和各项事业又好又快发展提供坚强的思想保证、政治保证、组织保证和制度保证。

第二，准确把握学习实践活动的主要原则。为确保学习实践活动健康、顺利开展，一定要牢牢把握好中央提出的四条主要原则。一要坚持解放思想。以解放思想为先导，以改革创新为动力，进一步提高思想认识、更新发展观念、丰富发展思路、破解发展难题、完善体制机制，使思想和行动更加符合实事求是的思想路线，更加符合农业科技发展规律和农业科技创新规律，更加符合农业科研单位党的建设规律，使思想观念、工作思路、办法措施切实体现科学发展观的要求；二要突出实践特色。紧紧围绕科学发展主

题，紧密结合农业科技和中国农业科学院发展实际，在学习中推动实践，在实践中深化认识，牢固树立科学发展理念，形成推动农业农村经济和农业科技工作科学发展的共识；三要贯彻群众路线。充分发扬民主，吸收群众全程参与，认真听取群众和各民主党派的意见和建议，虚心向群众学习；切实尊重群众的首创精神，认真总结各单位推动科学发展的好经验、好做法，并将其转化为符合实际的制度措施；真诚接受群众监督，把群众满意作为评价学习实践活动成效的重要依据；四要以正面教育为主。坚持高标准、严要求，组织广大党员、干部深入学习实践科学发展观，实事求是查找和剖析问题，深刻分析产生问题的原因，全面总结经验教训，认真开展批评和自我批评，进一步明确努力方向。查找和剖析问题既要严格要求，又不搞人人过关，注意保护党员、干部的发展积极性，通过正面教育，进一步激发党员干部的热情。

第三，准确把握学习实践活动的目标要求。科学发展观是管根本、管全局、管长远的战略思想，要通过学习实践活动，力争使贯彻落实科学发展观的自觉性进一步增强，实现科学发展的思路更加清晰，领导科学发展的能力进一步提高，推动科学发展的政策措施更加完善，全面推进各方面工作水平的提高，重点要在四个方面取得新的重大进展。

一是强化理论武装，思想认识要有新提高。要通过深入学习、解放思想大讨论、调查研究以及回顾总结改革开放以来尤其是十六大以来农业农村发展的伟大实践和农业科技的巨大进步，进一步深化对科学发展观的内涵、精神实质和基本要求的理解和认识，深刻认识农业科技工作中不适应、不符合科学发展观要求的问题，增强推进农业科技事业科学发展的使命感、责任感和紧迫感。把思想认识统一到始终坚持发展是第一要义，大力提高农业科技自主创新能力上来；统一到始终坚持以人为本，实现好、维护好、发展好广大群众的根本利益上来；统一到始终坚持全面协调可持续发展，实现科技创新、成果转化、服务“三农”协调发展上来；统一到始终坚持统筹兼顾，立足党和国家工作大局，加强农业科技，为发展现代农业、建设社会主义新农村提供支持保证上来。

二是理清发展思路，解决突出问题要有新进展。学习实践活动要着眼于解决实际问题，要通过学习实践活动，认清国民经济全局要求和世界农业科技发展方向，进一步明确推进农业科技事业科学发展的思路；努力破解影响和制约农业科技事业发展中的重大问题，努力破解群众最关心、最直接、最现实的利益问题，努力破解党员干部党性党风党纪方面群众反映强烈的问题和院所建设方面存在的突出问题。各单位要深入分析原因，找准破解问题的切入点和着力点，研究提出解决问题的对策和办法。

三是完善规章制度，创新体制机制要有新突破。实践科学发展观，推动科学发展，必须有科学的体制机制作保障。要针对当前管理体制和工作机制中与科学发展不适应的地方，切实加强制度建设，做好相关制度的协调衔接，确保各项制度得到有效贯彻执行。要围绕农业科技自主创新、现代农业科研院所建设的重点领域和关键环节，加大改革攻坚力度，大力推进体制机制创新，加快构建充满活力、富有效率、更加开放、有利于科学发展的体制机制，为推进院所各项事业又好又快发展提供制度保障。

四是加强能力建设，促进科学发展要有新成效。开展深入学习实践科学发展观活动，关键在于取得实效。通过学习实践活动，把科学发展观的要求转化为推进科学发展的坚强意志、谋划科学发展的正确思路、领导科学发展的实际能力、促进科学发展的政策措施，务求科学发展的新成效。作为农业科研单位，我们要通过学习实践活动，进一步增强科技创新和成果转化能力，进一步增强现代农业建设和社会主义新农村建设的科技支撑能力，在保障粮食等主要农产品有效供给、提高农业现代化水平、促进院所各项事业又好又快发展等方面取得新进展。

三、统筹安排，精心部署深入学习实践活动的方法步骤

中国农业科学院的学习实践活动以“解放思想、自主创新、提升能力、服务‘三农’”为主题，从2008年9月开始到2009年2月底结束，分为学习调研、分析检查、整改落实三个阶段。我们一定要坚持高标准、严要求，认真落实好各个阶段、各个环节的目标任务，高质量完成学习实践活动。

（一）学习调研阶段

重点是解放思想、统一认识、找准问题。注重把学习实践活动与深入贯彻落实十七大精神结合起来；与加强领导班子思想政治建设结合起来；与联系思想和工作实际，总结经验，分析问题，寻找差距结合起来。在解决制约和影响科学发展的突出问题上下工夫，使科学发展的思路更加明确，思想更加解放，科学发展的成效更加显著。

一是集中学习。认真学习党的十七大精神以及《毛泽东、邓小平、江泽民论科学发展》、《科学发展观重要论述摘编》、胡锦涛同志在全党深入学习实践科学发展观活动动员大会上的重要讲话等有关资料。通过举办专题讲座、论坛等形式，切实增强学习效果。

二是调查研究。要结合农业农村经济工作实际和学科重点，围绕建立健全科学发展的体制机制、制定促进科学发展的政策措施和服务科学发展等本单位迫切期待解决的问题进行调研，提出切实可行的对策性建议。

三是开展大讨论。紧密联系我院实际，就如何解决影响科学发展的认识问题进行解放思想的大讨论，组织全院党员干部，通过院报、院网等多种形式积极参与，建言献策。

（二）分析检查阶段

重点是分析问题、查找原因、开展评议。

一是梳理存在问题。各部门要对自检、自评过程中发现的问题，剖析根源、查找原

因、开展评议。领导班子和党员干部要以身作则，紧密联系本部门本单位实际和分管工作，通过各种形式，广泛听取群众意见和建议，深入剖析原因。

二是研究对策。各单位要根据查找发现的问题、分析的原因，积极研究应对之策，对策的制定要结合我院及各单位实际，考虑可行性和可操作性，并形成分析报告。

三是交流评议。要采取召开座谈会或书面评议等形式对分析报告进行交流评议，广泛征求党员群众的意见，在评议基础上进行修改。

（三）整改落实阶段

重点是制定措施、健全机制、落实整改。

一是制定整改落实方案。各单位要针对分析检查中查找到的突出问题，制定整改落实方案，提出整改措施，明确整改重点，落实整改责任。

二是集中解决突出问题。针对发现的问题和原因，制定具体措施，认真进行整改，集中解决几个影响和制约科学发展的突出问题，切实办好几件群众关心的实事。各单位各部门在总结经验的基础上，要进一步理清、完善推动科学发展的思路举措，研究制定深入贯彻落实科学发展的规划，加快建立贯彻落实科学发展的长效机制。

三是全面总结。学习实践活动基本结束时，要认真总结取得的成效和经验，采取适当方式向党员群众通报。

（四）开展主题实践活动

在学习实践活动的三个阶段过程中，中国农业科学院要紧紧围绕“解放思想、自主创新、提升能力、服务‘三农’”这个主题，组织开展内容丰富的实践活动。院属各单位、机关各部门要从自身职能和实际出发，开展形式多样、各具特色的主题实践活动，推进解决影响和制约本单位、本部门科学发展的突出问题。

第一，深入开展“解放思想、自主创新、提升能力、服务‘三农’”大讨论。通过分专题举办论坛、召开座谈会、网上互动等丰富多彩的形式，组织广大党员深入开展解放思想大讨论。科学分析发展中面临的新情况、新问题、新挑战，着力更新观念、开阔思路，明确方向、形成共识，创新方法、提高能力，充分调动广大党员的主动性创造性，积极为农业和农业科技事业又好又快发展出谋划策。

第二，开展纪念农村改革开放30周年活动。通过召开研讨会、举办成就展等一系列纪念、宣传、教育活动，大力宣传农村改革30年来取得的伟大成就和农业科技事业取得的突出成绩，深入具体地认识推进农业科技事业发展的规律和重点，进一步坚定实现农业科技事业科学发展的信心，明确努力方向。

第三，系统学习贯彻党的十七届三中全会精神。通过理论中心组学习、分专题研讨交流、举办辅导讲座等多种形式，引导党员干部深入领会十七届三中全会精神，准确把握中央对农村改革发展工作的部署要求，特别是中央对加强农业科技工作的明确要求，加紧研究当前和今后一个时期的工作思路、政策措施。

第四，深入开展重大问题调研。围绕国家粮食安全、农民增收、生态安全、农业可持续发展等“三农”工作中的突出问题和学科建设、科研条件平台建设、创新人才与团队建设、创新制度与文化建设等农业科技事业发展中的薄弱环节，深入基层和实际，开展调研，着重探索提高农业科技自主创新能力和院所综合实力、确保多出成果、多出人才、多出效益的有效途径和工作方法。

第五，进一步加强制度建设。按照建设现代农业科研院所的要求，认真清理不适应科学发展观要求的规章制度；加快研究和制（修）定科学道德规范、职工守则以及其他一系列管理制度，建立科学的现代农业科研院所制度体系。

第六，继续推动重点工作的开展。要对院所年初制定的各项重要工作部署进行认真检查回顾，切实按照中国农业科学院 2008 年工作会议精神和院党组工作要求抓好落实。

开展主题实践活动，必须与我们的科研工作、业务工作有机、紧密地结合起来，内容要协调、工作要衔接、目标要一致，做到学习实践与推动工作两不误、两促进。当前要着力做好以下三项工作。

一是推进创新团队和科技平台建设。团队建设要符合国家农业科技发展需要和农业生产实际需要，通过团队建设带动自主创新能力的提升。要紧紧抓住国家“十一五”建设并启动的科技基础条件平台建设计划、创新能力建设规划以及国家农业科技创新体系建设等契机，强化科技创新平台建设，增强我院的科技创新支撑与保障能力。

二是增强自身建设，提高管理水平。继续深化内部运行机制改革，强化激励与约束机制，推动以科研为中心、以管理为基础的各项工作。加强人才与队伍建设，努力培养“眼界宽、思路宽、胸襟宽”的管理骨干，努力培养“专业精、观点精、成果精”的学术骨干，关心青年科研人员与管理人员的成长，从政治上与生活上更多地关心老同志。健全管理制度，落实各项责任，加强跟踪与督办，克服决而不行、行而不果的问题。院机关与后勤部门要着力提升办事效率、提高工作质量，增强为科研服务的自觉性与主动性。

三是加强创新文化建设，建设和谐院所。要引导和树立科技创新所必须的献身科学的精神和团结协作、积极进取的团队意识，营造激励创新、崇尚创新、勇于创新、善于创新并宽容失败的创新文化氛围；要加强院所环境治理，为广大职工创造舒心的科研和生活环境。

四、加强领导、认真组织，确保学习实践活动取得实效

各单位要迅速行动起来，按照中央和农业部党组的部署，在农业部指导检查组的指导和院党组的统一领导下，坚持把深入学习、提高认识贯穿始终，把解放思想、改革创新贯穿始终，把解决问题、完善体制机制贯穿始终，把依靠群众、发扬民主贯穿始终，

扎扎实实把学习实践活动组织好、实施好。

（一）加强组织领导，层层落实责任

为切实组织开展好这次学习实践活动，院党组决定成立院学习实践活动工作领导小组，领导小组下设办公室，负责我院学习实践活动的具体组织工作。各单位也要成立相应的工作班子，主要负责同志要认真履行第一责任人的职责，形成一级抓一级、层层抓落实的工作局面。党员领导干部特别是主要负责同志在学习实践活动中要充分发挥表率作用，带头学习、带头参加解放思想大讨论，带头查找分析问题、带头抓整改。

（二）坚持把握重点，务求取得实效

要围绕这次学习实践活动的目标要求，结合自身实际，尽快制定本单位的实施方案，立刻启动学习实践活动。要把握每一阶段的重点，理论学习要学深学透，调研讨论要求真务实，分析问题要实事求是，整改措施要讲求实效。要重点围绕构建保障科学发展新机制，力争拿出一批学习成果、调研成果、整改成果和体制机制创新成果。

（三）确保全员参与，自觉接受监督

这次学习实践活动以各单位领导班子和党员领导干部为重点，同时要确保党员全员参与、全程参加。要加强对开展学习实践活动的重大现实意义和紧迫性的学习宣传和思想发动，调动我院广大党员、干部参与学习实践活动的积极性。要采取多种形式征求意见，广泛接受群众监督。要把群众满意度作为评价学习实践活动成效的重要依据。

（四）紧密联系实际，突出实践特色

学习实践活动要突出实践特色，紧密联系实际，拓宽思路、创新方式，致力于解决农业科技事业和现代农业科研院所发展面临的突出问题。学习实践活动要突出行业特色，设计富有行业特点的主题实践活动。学习实践活动要突出各单位的特色，要结合工作职能认真谋划，认真组织开展形式多样的学习、调研活动和大讨论活动，切实把学习实践活动引向深入。

（五）注重统筹兼顾，促进当前工作

要处理好学习实践活动与抓好当前工作的关系，坚决防止“两张皮”现象，切实做到两不误、两促进。要统筹抓好重大项目的立项和管理、重大成果的集成和推广、学

科建设和平台建设、创新人才与团队建设、创新制度与文化建设以及农业部部署的各项科技支农工作，切实按照中国农业科学院 2008 年工作会议精神和院党组工作要求抓好落实，确保工作落实到位，为实现我院 2009 年工作的良好开局打下坚实基础。

（六）加强宣传引导，营造良好氛围

各单位要在院学习实践活动领导小组的统一安排下，充分利用各种宣传媒体做好我院学习实践活动的宣传工作，大力宣传科学发展观的科学内涵、精神实质和根本要求，宣传开展学习实践活动的重大意义，宣传学习实践科学发展观的先进典型，宣传我院学习实践活动的部署、要求、做法、经验和成效，努力营造开展学习实践活动的良好氛围。

农业部指导检查组的指导和帮助，是我院开展好学习实践活动的重要保障。有关学习实践活动的各项工作，我们要向农业部指导检查组及时请示汇报，争取指导帮助，自觉接受监督。指导检查组的同志工作很深入、很辛苦，我们要积极配合、搞好服务。

同志们，从今天开始，我院学习实践科学发展观活动就全面启动了，这是全体党员干部政治生活中的一件大事，意义重大，影响深远。必须进一步统一认识，增强紧迫感，提高自觉性。让我们紧密团结在以胡锦涛同志为总书记的党中央周围，按照中央和部党组的各项部署要求，以认真负责的态度、改革创新的精神、求真务实的作风、精心组织，扎实推进，确保学习实践活动取得实实在在的成效。

在中国农业科学院深入学习实践科学发展观活动动员大会上的讲话

农业部第七指导检查组组长　刘　平

（2008年10月13日）

同志们：

在全党深入开展学习实践科学发展观活动（以下简称学习实践活动），是党的十七大作出的重大战略部署。中央决定，从2008年9月开始，用一年半左右的时间，在全党分三批开展深入学习实践科学发展观活动，农业部是第一批，到2009年2月完成。9月25日部里召开了农业部系统学习实践活动动员大会，孙政才部长作了重要讲话，中央指导检查组组长张福森同志也在会上讲了话，对农业部开展学习实践活动提出了具体要求。26~27日又举办了各司局、各单位主要领导参加的骨干培训班。农业部学习实践科学发展观活动已全面展开。为切实加强对学习实践活动的指导和督促检查，部学习实践活动领导小组向部属各司局、单位派出指导检查组。根据部学习实践活动领导小组安排，我们第七指导检查组由三人组成（组长刘平　组员王春林、吴琳），主要联系农科院、贸促中心、人力资源开发中心、科技发展中心、全国畜牧总站和中国水产学会6家单位。按照部党组和部学习实践活动领导小组的要求，指导检查组的主要职责：一是向联系单位党组织提出工作建议，指导帮助搞好学习实践活动；二是督促检查、了解联系单位学习实践活动开展情况，及时发现问题并帮助解决；三是加强配合，沟通信息，及时反映情况，协助联系单位总结成功经验和做法。指导检查组在部学习实践活动领导小组的领导下，紧紧依靠联系单位党组织开展各项工作。

在中国农业科学院召开学习实践活动动员大会之前，我们认真看了农科院学习实践活动的实施方案，并与院有关领导交换了意见、了解了情况。农科院作为农业科研工作的国家队，肩负着发展农业科学技术、培养高级农业科研人才、组织全国农业科研协作、代表国家参与国际竞争、服务宏观决策的历史使命，对国家农业和农村经济的发展起着重要的科技支撑作用。为了更好地按照科学发展观的要求加强和完善自身的发展，农科院党组对这次开展深入学习实践科学发展观活动给予了高度重视，前期准备工作扎实认真，这为学习实践活动的顺利开展奠定了良好的基础。

刚才，翟虎渠院长又作了一个很好的动员讲话，他的讲话深刻阐述了开展学习实践活动的重大意义和紧迫性，明确了学习实践活动的目标和要求，对中国农业科学院的学习实践活动作了全面的部署和安排。讲话体现了中央的精神和部党组的要求，对农科院深入学习实践科学发展观活动的开展具有指导性、针对性和可操作性，听后很受启发。下面，我代表部第七指导检查组，就搞好这次学习实践活动和指导检查工作，讲几点意见。

一、认真学习贯彻中央精神，牢牢把握学习实践活动的正确方向

党中央对开展深入学习实践科学发展观活动高度重视。党的十七大闭幕不久，胡锦涛总书记即作出指示：深入学习实践科学发展观活动 2008 年上半年先行试点，奥运会后在全党推开。今年 9 月 14 日，中央印发了《关于在全党开展深入学习实践科学发展观活动的意见》。根据这个《意见》，中央深入学习实践科学发展观活动领导小组印发了《关于第一批开展深入学习实践科学发展观活动的实施意见》，对第一批学习实践活动提出了明确要求。农业部党组按照中央的统一部署，制定了《农业部党组关于开展深入学习实践科学发展观活动的实施意见》。我们要认真学习胡锦涛总书记的重要讲话，学习孙政才部长在农业部系统学习实践活动动员大会上所作的重要讲话，深刻领会、全面贯彻，确保学习实践活动的正确方向。主要应把握好以下五个方面。

（一）指导思想

一要高举一面旗帜，就是中国特色社会主义伟大旗帜；二要突出一个主题，就是深入学习实践科学发展观；三要围绕一个总要求，就是“党员干部受教育，科学发展上水平，人民群众得实惠”；四要把握一个重点，就是处以上领导班子和党员领导干部；五要抓好“三个着力”，就是着力转变不适应、不符合科学发展观要求的思想观念，着力解决影响和制约科学发展的突出问题以及党员干部党性党风党纪方面群众反映强烈的问题，着力构建有利于科学发展的体制机制。

（二）目标要求

要努力达到提高思想认识、解决突出问题、创新体制机制、促进科学发展的“四句话”目标要求。这“四句话”是就整个学习实践活动而言，具体到我们农科院来说，就是要注意从我国农业科研的特点和农科院的实际出发，实事求是地确定院所的具体目标，防止把目标定得过高或过低，要确保既定的目标通过努力能够实现。

（三）主要原则

《中共中央关于在全党开展深入学习实践科学发展观活动的意见》提出了“坚持解

放思想、突出实践特色、贯彻群众路线、正面教育为主”四条主要原则。坚持解放思想，就是以解放思想为先导，以改革创新为动力，使思想和行动更加符合实事求是的思想路线，更加符合经济社会发展规律、符合自然规律、符合党的执政规律，使党的工作和党的建设更加符合科学发展观的要求。突出实践特色，就是紧紧围绕科学发展主题，紧密结合本单位实际，确定活动的实践载体。通过学习推动实践，在推进实践中深化学习。贯彻群众路线，就是充分发扬民主，吸收群众全程参与，认真听取群众意见建议，虚心向群众学习，真诚接受群众监督，把群众满意度作为评价活动成效的重要依据。正面教育为主，就是坚持高标准、严要求，组织广大党员、干部深入学习实践科学发展观，实事求是地查找存在的问题，深刻分析产生问题的原因，全面总结经验教训，认真开展批评和自我批评，进一步明确努力方向。坚持高标准、严要求，但不搞人人过关，注意保护党员、干部的发展积极性。

贯彻落实好这四条主要原则，是保证学习实践活动的正确方向和取得实效的关键所在。

（四）解决重点问题

要按照科学发展观第一要义是发展、核心是以人为本、基本要求是全面协调可持续、根本方法是统筹兼顾以及贯彻落实科学发展观必须加强和改进党的建设的要求，着力解决好学习实践活动要解决的重点问题。要按照科学发展观的要求，从实际出发，坚持什么问题突出就着力解决什么问题，尽力而为，量力而行，防止面面俱到，抓不住重点，找不准问题，影响活动效果。

（五）方法步骤

学习实践活动重点要抓好学习调研、分析检查、整改落实 3 个阶段、9 个环节的工作。学习实践活动不作统一转段要求，各单位要统筹安排各个阶段的工作，注意各个环节之间的相互联系和相互衔接，坚持进度服从质量，以每个环节的高质量完成保证整个活动的实际效果。在学习实践活动启动时，做好充分的准备工作和思想发动；在学习实践活动基本结束时，做好总结工作和满意度测评工作。

二、充分认识开展好学习实践活动的重大意义

在全党开展深入学习实践科学发展观活动，是党的十七大作出的一项重大战略部署，是用中国特色社会主义理论体系武装全党的重大举措，是深入推进改革开放、推动经济社会又好又快发展、促进社会和谐稳定的迫切需要，是提高党的执政能力、保持和发展党的先进性的必然要求，是顺应人民新期待、进一步密切党同人民群众血肉联系的

重要步骤。联系农科院的实际来看，开展深入学习实践科学发展观活动，既是解决农业科研工作面临的新情况、新问题、新矛盾，进一步加强科技对农业农村经济发展的支撑作用，促进农业科技自主创新，推动农业科学事业改革发展取得新成效的迫切需要；也是加强农科院所自身建设，提高实践科学发展和推进改革创新能力的重要契机。

作为参加第一批学习实践活动的单位，我们一定要深刻认识搞好学习实践活动的重大现实意义和紧迫性，自觉把思想和行动统一到中央要求上来，进一步增强责任感和使命感，以认真负责的态度、改革创新的精神、求真务实的作风，紧密结合实际，创造性地开展工作，确保学习实践活动取得实实在在的效果。具体工作中，要在全面贯彻落实中央精神的基础上，结合农业科研工作的特点，着重把握好以下三点。

一是要在理论武装上下工夫。组织广大党员干部认真学习党的十七大和十七届三中全会文件精神，认真学习《毛泽东、邓小平、江泽民论科学发展》和《科学发展观重要论述摘要》，处以上干部还要认真学习《深入学习实践科学发展观活动领导干部学习文件选编》，全面理解科学发展观的科学内涵、精神实质、根本要求，掌握科学发展观所体现的马克思主义的基本立场、观点和方法，切实增强在科研工作中贯彻落实科学发展观，推动科技进步和自主创新的意识，进一步提升走科学发展道路的自觉性和坚定性。

二是要在解决突出问题上下工夫。真正在解决群众反映强烈的突出问题上有新的突破，在解决影响和制约科学发展的突出问题上有新的突破，在解决党员干部党性党风党纪方面违背科学发展观要求的突出问题上有新的突破，使群众切实感受到学习实践活动带来的变化。刚才，翟院长讲到当前要着力做好的三项工作，即：推进创新团队和科技平台建设、增强自身建设提高管理水平、加强创新文化建设，建设和谐院所，我理解这也是对院所学习实践活动要解决的突出问题提出的具体要求。

三是要在完善体制机制上下工夫。要高度重视做好创新体制机制的工作。按照建设现代农业科研院所的要求，认真清理不适应科学发展观要求的规章制度，加快研究和制（修）定科学的现代农业科研院所制度体系。

三、采取有力措施，确保农科院学习实践活动真正取得实际效果

开展学习实践活动，是全党政治生活中的一件大事。农科院及下属研究所的党组织都要把学习实践活动摆上重要议事日程，高度重视，精心组织，确保学习实践活动取得实效。

第一，要落实领导责任。院、所党组织要全面负责本单位的学习实践活动，主要负责同志要认真履行第一责任人的职责，形成一级抓一级，层层抓落实的局面。党员领导干部特别是主要负责同志要发挥表率作用，带头深入学习、带头调查研究、带头解放思想、带头分析检查、带头整改落实。院所领导要积极参加领导班子和所在党组织的活

动，发挥模范带头作用。

第二，要加强分类指导。农科院是农业部系统内最大的科研单位，从所属单位性质、任务看，有管理部门、科研所、研究生院、出版社、生产基地等；从单位属地看，有京内单位，也有京外单位；从人员构成来看，有在职的党政干部、科研人员，也有在校学习的研究生党员，还有相当数量的离退休党员干部。因此，学习实践活动要在坚持统一基本要求的前提下，紧密结合工作的特点和农科院、所的实际情况，分类进行指导，增强活动的针对性和实效性。

第三，要积极探索创新。在做好“规定动作”的基础上，紧密结合院所实际做好“自选动作”，在实践中探索新思路、新办法，创造好经验、发现好典型。

第四，要搞好舆论引导。大力宣传开展学习实践活动的重大意义，大力宣传农科院、所开展学习实践活动的部署、要求、做法、经验和成效，做好舆论引导工作。引导广大科技工作者逐步养成符合科学发展观的行为习惯，努力营造开展学习实践活动的良好氛围。

第五，要注重统筹兼顾。把学习实践活动当作推动科学研究和各项工作的重要机遇和强大动力，把学习实践活动同深入贯彻落实党的十七大精神，同纪念改革开放30周年活动，同推动广大党员特别是党员领导干部讲党性、重品行、作表率紧密结合起来。通过学习实践活动促进科学研究和各项工作，用多出科研成果、多出科技人才，以及各项工作的实际成效来衡量和检验学习实践活动的成效，努力做到两手抓、两不误、两促进。

同志们，认真扎实搞好这次学习实践活动，是参加学习实践活动单位必须完成的重大政治任务，也是我们指导检查组义不容辞的责任。这里，我代表指导检查组的全体同志表个态。我们将按照农业部党组的要求，深入学习领会中央精神，认真做好政策指导、发现问题、督促检查等工作，加强与我们农科院所的协调与沟通，严格要求自己，发挥好部学习实践活动领导小组与联系单位之间的桥梁纽带作用。我们的联系电话是59194937，13701330223。希望大家对我们的工作多支持、多帮助，也欢迎大家对我们的工作进行监督，提出意见建议，共同把这次学习实践活动的各项任务完成好。

关于印发薛亮同志在中国农业科学院深入学习实践科学发展观活动骨干培训班上讲话的通知

农科院党组发〔2008〕40号

院属各单位、机关各部门：

现将院党组书记薛亮同志在中国农业科学院深入学习实践科学发展观活动骨干培训班上的讲话发给你们，请认真学习，抓好贯彻落实。

二〇〇八年十月十五日

在中国农业科学院深入学习实践科学发展观活动骨干培训班上的讲话

院党组书记　薛　亮

（2008 年 10 月 13 日）

同志们：

为了推动中国农业科学院学习实践科学发展观活动的深入扎实开展，我院举办了“深入学习实践科学发展观活动骨干培训班”。这次培训班是我院开展学习实践活动的一个重要步骤，也是对完成好学习实践活动这个首要政治任务的再动员。通过此次学习，使我院各单位、各部门主要负责同志先学一步、学深一些，同时当好骨干、作好表率，以此带动各单位、各部门的学习，并在全院范围内迅速掀起深入学习实践科学发展观活动的热潮。

刚才我们共同学习了胡锦涛总书记和温家宝总理的重要讲话精神，中央领导的讲话立意高远、内涵丰富，深刻阐明了深入贯彻落实科学发展观的重大意义，对开展学习实践活动提出了明确要求。我们要认真学习、深刻领会、全面理解、准确把握，迅速把思想和行动统一到中央的决策和部署上来，切实增强政治责任感和历史使命感。此次深入学习实践科学发展观活动，与“三个代表”重要思想学习教育活动和保持共产党员先进性教育活动既一脉相承，又与时俱进：既是十七大作出的战略决策，也是用中国特色社会主义理论体系武装全党的重大举措；既是深入推进改革开放、推动经济社会又好又快发展、促进社会和谐稳定的迫切需要，也是提高党的执政能力、保持和发展党的先进性的必然要求。联系我院实际，这是解决当前农业科技工作中面临的新情况、新问题、新矛盾，促进农业科技事业改革发展取得新成效的重要举措，也是加强我院自身建设、推进各项工作的重要契机。我们一定要不折不扣地按照中央的要求，以认真负责的态度、改革创新的精神、求真务实的作风，精心组织，扎实推进，确保学习实践活动取得实效。

上午翟虎渠院长结合我院实际，代表院党组就我院开展学习实践活动作的动员讲话，以及农业部第七指导检查组刘平组长的讲话，都充分体现了中央精神，具有很强的指导性、针对性和操作性。刚才，大家又学习了我院深入学习实践科学发展观活动实施方案，对学习实践活动的指导思想、工作目标、方法步骤和基本要求有了进一步的理解和把握。大家要在思想和行动上做好充分的准备，既要坚定开展好学习实践活动的信心和决心，也要认识到学习实践活动任务艰巨，责任重大。一定要按照部、院党组的部署，切实做到领会精神、提高认识，端正态度、严肃对待，集中精力、积极参与，统筹兼顾、务求实效。做到坚持高标准、严要求，不折不扣地落实好每个阶段的任务，确保学习实践活动不走过场，实现“思想认识有新提高、解决突出问题有新进展、创新体制机制有新突破、促进科学发展有新成效”。要把学习实践科学发展观活动的各项要求与促进本职工作、解决自身问题紧密结合起来，落实到提升农业科技自主创新能力的各个环节中，体现在解决自身党性党风党纪方面存在的突出问题上。

会后大家都要回去谋划制定本单位、本部门的工作方案，组织本单位、本部门学习实践活动。这里，我再强调几点。

第一，要认真做好组织动员工作，切实做到思想到位。要真正把思想和行动统一到中央的决策和部党组及院党组的部署上来，从政治和全局的高度，充分认识开展深入学习实践科学发展观活动的重大意义，切实增强政治责任感和紧迫感。要通过广泛深入的思想动员，提高广大党员干部的思想认识，促使他们以高度的政治责任心、主动积极的态度、良好的精神状态、扎实的工作作风去参加学习实践活动，并取得成效。要迅速传达学习中央和部党组及院党组的有关精神，尽快让大家了解和把握我院学习实践活动的指导思想、目标任务、工作原则、总体安排和具体要求，让广大党员干部思想上早进入，工作上有安排，行动上有方向。要使全体党员干部自觉把学习实践活动作为转变思想观念、改进工作作风、提高领导水平和工作能力的重要契机，把认识成果体现在素质提高、能力提升和工作贡献上。

第二，要明确领导责任，发挥骨干作用，切实做到组织到位。确保学习实践活动开局良好、顺利推进、成效明显，关键在领导，核心在“一把手”。今天的培训班结束后，当务之急是各单位要成立相应的工作班子，落实领导责任，尽快确定方案，抓紧启动本单位的学习实践活动。主要负责同志要认真履行第一责任人的职责，形成“一把手”负总责、一级抓一级、层层抓落实，分工明确、责任落实、推进有力的工作格局，为活动的顺利开展提供强有力的组织保障。党员人数多的单位，要搞好本单位各级党组织组成人员特别是支部书记、支部委员的培训，发挥好他们的作用。党员领导干部特别是各单位领导班子成员，作为学习实践活动的骨干力量，既是这次活动的参与主体，又是这次活动的组织者，要发挥表率作用，带头学习研讨，带头深入调研，带头分析检查，带头整改落实。

第三，要坚持“四个贯穿始终”，切实做到工作到位。对这次学习实践活动，中央明确提出要坚持“四个贯穿始终”，即坚持把深入学习、提高认识贯穿始终，把解放思想、改革创新贯穿始终，把解决问题、完善体制机制贯穿始终，把依靠群众、发扬民主贯穿始终。要把落实好“四个贯穿始终”作为搞好这次学习实践活动的关键来抓。要强化学习，坚持“个人自学与集中学习”、“学习辅导与研讨交流”、“正面教育与案例教育”三个结合，学习内容要集中，学习形式要生动活泼。要坚持以解放思想为先导，以改革创新为动力，进一步更新发展观念、转变发展思路、破解发展难题、完善体制机制，以思想解放推动科学发展。要坚持广泛征求意见，把征求意见作为查摆问题、开好民主生活会的重要前提，并在求深、求真、求实上下工夫；要认真抓好整改落实，做到整改落实的目标、方式和时限要求明确，整改落实的具体措施明确。要创新制度，注重在建章立制上下工夫，特别是要在建立健全保障和促进科学发展的机制制度上下工夫。各单位要注意在活动一开始就谋划机制制度的创新。要突出发扬民主，走群众路线，注意吸收群众参与，组织好群众评议，把群众满意度作为检验活动成效的根本标准。

第四，要突出实践特色，加强舆论引导，切实做到宣传到位。各单位要在坚持学习实践活动基本要求的前提下，根据农业科研单位的实际情况，不断创新学习实践活动的方式和载体，坚持做到“规定动作不走样、自选动作有特色”。同时，要高度重视学习实践活动的宣传报道和信息报送工作，既要向广大党员大力宣传科学发展观的科学内涵、精神实质和根本要求，宣传开展学习实践活动的重大意义，又要与院学习实践活动办公室保持紧密联系，及时报送本单位、本部门活动开展情况，特别是要总结具有自身特色、有影响、有实效的做法和经验，宣传学习实践科学发展观的先进典型，做好舆论引导工作。宣传报道的内容要翔实、具体、客观，突出特色，主题鲜明，形式规范，语言准确。要重点宣传体现本单位、本部门有特点和特色的创新之处，要注重时效性，信息反馈要及时准确。

第五，要注重统筹兼顾，切实做到“两不误，两促进”。开展学习实践活动，要紧紧围绕党员干部受教育、科学发展上水平、人民群众得实惠这个主题，进一步解放思想、实事求是、改革创新。院党组强调，我院的学习实践活动要注重结合实际，扎实开展“解放思想、自主创新、提升能力、服务‘三农’”主题实践活动。正确处理好开展学习实践活动与做好科研工作的关系，是衡量学习实践活动成效的重要标志。各单位、各部门要把学习实践活动作为推动工作的重要机遇和强大动力，通过学习实践活动，促进各项工作，用各项工作的实际成果来衡量和检验学习实践活动的成效。要自觉把开展学习实践活动与做好当前工作紧密结合起来，做到两手抓、两不误、两促进。

同志们，开展学习实践活动是全党政治生活中的一件大事。让我们以高度的政治责任感，饱满的精神状态，务实的工作作风，扎扎实实开展好学习实践活动，为进一步推动全院农业科研事业又好又快发展做出新的更大的贡献。

关于印发孙政才部长在中国农业科学院调研指导深入学习实践科学发展观活动时的讲话的通知

农科院党组发〔2008〕48 号

院属各单位、院机关各部门：

11 月 14 日，农业部党组书记、部长、部深入学习实践科学发展观活动领导小组组长孙政才同志来我院调研指导并作了重要讲话，现将讲话印发给你们，请认真组织传达学习，全面贯彻落实。

二〇〇八年十一月二十七日

在中国农业科学院调研指导深入学习实践科学发展观活动时的讲话

农业部党组书记、部长　孙政才

（2008年11月14日）

同志们：

刚才，虎渠同志代表中国农业科学院党组就开展学习实践活动情况作了汇报，讲得很全面。永臣、志华、保明同志分别介绍了本所情况，讲的都很好。看了蔬菜花卉所和质量标准所饲料检测中心的科研创新和推广工作，很受启发。近年来，农科院领导班子坚持以科学发展观统领各项工作，围绕农业农村经济工作和部里的中心任务，认真贯彻落实国家科教兴农战略，大力推进科技创新，在服务农业生产、人才队伍建设、科研条件改善、科研体制改革等方面都取得很大成绩，为农业农村经济发展做出了重要贡献。

听了大家的介绍，总的感觉，农科院的学习实践活动行动迅速，部署到位，措施扎实，开局良好。一是院党组高度重视。在部里动员大会后，院党组连续召开四次会议，成立了以主要负责同志为组长的领导机构，认真研究部署，制定工作方案，扎实有序地做好各项工作；二是各所局行动迅速。院属各单位的学习实践活动抓得比较紧，相继召开动员大会，努力做到了组织落实、方案落实、措施落实。全院迅速形成了领导干部带头、党员群众积极参与的良好局面；三是坚持从实际出发。结合农业科研特点，提出了“解放思想、自主创新、提升能力、服务‘三农’”的活动主题。确定了“农业科技创新团队建设”等六个调研题目，院领导亲自带队深入一线，对重点问题进行调研；四是工作措施扎实。院党组明确提出五个“切实做到”的工作要求。每个院党组成员都联系2~3个研究所，加强工作指导。举办了农业科技专家谈科学发展观系列报告会，在院报、院闭路电视开辟专栏，编发《简报》，为广大党员提供了很好的学习交流平台。

可以说，开展学习实践活动一个多月来，农科院思想上高度重视，精心安排，行动迅速，措施得力，特色鲜明，成效明显，学习实践活动取得了阶段性成果，为下一步工作打下了良好基础。下面，我就进一步开展好农科院的学习实践活动，提几点要求，讲几点希望。

一、把学习实践活动与贯彻落实党的十七届三中全会精神紧密结合起来

党的十七届三中全会是在改革开放 30 周年之际召开的一次十分重要的会议，会议作出的关于推进农村改革发展若干重大问题的决定，明确提出了新形势下推进农村改革发展的指导思想、目标任务、重大原则，全面部署了新形势下推进农村改革发展的主要任务，对推进农村改革发展提出了明确要求，是指导今后一个时期农业农村经济工作的纲领性文件。学习贯彻党的十七届三中全会精神，是农业部开展学习实践活动的重要内容；开展好学习实践活动，是深入贯彻党的十七届三中全会精神的重要途径。当前，要把两者紧密结合起来，深入学习贯彻三中全会关于推进农村改革发展若干重大问题的决定，领会精神实质，积极推动各项工作开展。

中国农业科学院作为我国重大农业科学技术研发的主力军、农业科研工作的国家队，担负着全国农业重大基础与应用研究和高新技术产业开发的任务，在解决农业农村经济发展过程中带有全局性、关键性、方向性的重大科技问题，以及科技兴农、培养高层次农业科研人才、开展国内外农业科技交流与合作等方面发挥着重要作用。认真领会三中全会对农业科技工作提出的新思路新要求，找准发展的切入点和重点，对于推动农科院的改革发展意义重大。深入开展学习实践科学发展观活动，解决体制机制方面存在的突出问题，对于提升自主创新和服务“三农”的能力，推动农科院领导班子和干部队伍建设意义重大。要切实增强学习领会三中全会精神和贯彻落实科学发展观的自觉性和坚定性，真正在学懂弄通上下工夫，努力吃透中央精神，做到真学、真懂、真信、真用、真见成效。要在理论联系实际上下工夫，紧密联系农业农村工作实际，特别是联系农业科技发展实际，做到学用相长，既要防止空对空，又要防止就事论事。要在解放思想上下工夫，努力创新体制机制，积极探索农业科研大协作、大联合、大攻关的途径，为推进农村改革发展提供有力的科技支撑。

为把学习实践活动扎实开展好，取得实实在在的效果，要进一步提高思想认识，主要领导要亲自抓，确保各项工作任务落实到位。部里近期将在各单位解放思想大讨论的基础上，组织集中交流活动，希望农科院充分发挥专家学者多的优势，在学习调研方面为我部学习实践活动带好头、作示范。

二、大力推进农业科技创新，充分发挥农业科技对发展现代农业的引领和支撑作用

党的十七届三中全会强调，农业发展的根本出路在科技进步。实践证明，科技已成为现代农业发展的决定性因素，无论是粮食连续 5 年增产，还是不断推进农业结构调整，实现农民收入持续较快增长，农业科技都发挥了至关重要的作用。可以说，农业科

技进步是发展现代农业的引领和支撑，是我们做好农业农村经济工作的重要保障。

但是也必须清醒地看到，尽管我国农业科技水平逐年提高，贡献很大，但农业科技支撑能力仍然不强，与农业农村实际结合得不够紧密，与国外特别是发达国家的差距仍然较大。特别是当前农业科技自主创新能力不够强；农业科技成果少，转化率低（农业科技成果转化率仅有30%～40%）；技术推广体系建设滞后、科技成果推广应用水平不高等问题还比较突出。农业科研体制机制还不能适应新形势新任务的要求，科研队伍的整体素质还有待进一步提高。这些问题的存在，严重制约了科技在促进农业农村经济发展中作用的发挥，阻碍了现代农业发展的步伐，必须采取措施加以解决。要深入学习贯彻三中全会精神，顺应世界科技发展潮流，着眼于建设现代农业，大力推进农业科技自主创新，加强原始创新、集成创新和引进消化吸收再创新，不断促进农业技术集成化、劳动过程机械化、生产经营信息化。

中国农业科学院如何在推进农业科技进步中发挥骨干带头作用，我在不少场合讲过一些意见。2007年，举行了农科院50周年院庆，中央领导作了重要指示，农业部、农科院自己也都就有关问题进行了研究，采取了一些措施。我们一定要坚持不懈、求真务实地抓好各项工作的落实。这里，我再提几点希望。

一要加快推进自主创新。提高自主创新能力，建设创新型国家是中央确定的重大战略决策。农科院作为我国农业科技创新的领头羊和主力军，要有世界眼光，加快推进自主创新，把增强自主创新能力作为农业科技进步的一个战略基点，全面提高农业科技的原始创新能力。要始终围绕农业农村经济发展的重点难点问题，深入现代农业和新农村建设的第一线，从生产实践中发现重大科学技术选题，在创新思路中找到解决问题的办法。要集中优势力量，努力攻克一批关键技术和核心技术，创新一批具有自主知识产权的专有技术和科技成果，在全球农业科技和国际科技竞争中占有一席之地。要继续加强高新技术研究，瞄准国际农业发展前沿，结合我国农业发展的现实需求，创造出更多、更新、更好的科技成果，不断实现农业科技和生产的新突破。要进一步增强科技支撑农业发展的意识，切实加大科技成果转化推广的力度，加强技术指导和技术培训，为我国农业农村经济发展提供强有力的科学技术支撑。

二要不断完善农业科研体制机制。针对当前农业科研与推广中存在的突出问题，围绕出成果、出人才，努力创新体制机制。在这方面，要坚定不移，稳步推进。要加强科技联合与协作，强化与全国农业科研院所、相关大专院校的专家和科技人员之间的横向交流，强化院内所与所、实验室与实验室之间的协作，共同开展科研攻关与成果转化，努力形成农业科研跨地区、跨部门、跨学科大联合、大协作的新格局，形成国家农业科技发展的强大合力。要积极探索完善科研管理机制，树立正确的科研评价、职称评定导向，着力解决摊子铺得过多、过于分散、课题重复设置等问题，引导广大农业科研人员投身农业农村经济的主战场，在实践中扩大农科院的影响力，在推进现代农业和新农村建设中发挥更大的作用。

三要大力加强科技人才队伍建设。实现农业科技创新目标，关键在人才。要加大人才培养力度，积极引进既熟悉农业农村情况，又懂专业技术的人才，进一步优化人才队伍结构，加快形成科研骨干、专业人才和科研辅助人员梯次配备合理、专业互补的人员结构。要弘扬科学精神，进一步建立健全公平合理的竞争机制和激励机制，用事业凝聚人才，用机制激励人才，为更多优秀的农业科技人才脱颖而出创造良好环境，努力造就一支锐意进取、潜心钻研、情系“三农”、甘于奉献的农业科技人才队伍，打造一批在重点学科领域主攻方向明确、专业素养高、创新能力强的专家团队。

四要以学习实践活动为契机，切实加强自身建设。贯彻落实科学发展观要认真加强自身建设；开展深入学习实践科学发展观活动，是加强自身建设的重要契机。要通过开展学习实践活动，围绕“解放思想、自主创新、提升能力、服务‘三农’”的主题，加强干部队伍建设，加强制度建设，加强作风建设，以良好的精神状态、扎实的工作作风、过硬的业务本领，迎接新的挑战，创造新的成绩。要切实加强干部人才队伍建设，切实加强制度建设，完善工作机制。农科院人员队伍庞大、工作头绪多、隶属关系复杂，做好工作，管好队伍，必须加强制度建设。要建立健全各方面制度，严格执行各项制度。坚持用制度管事、用制度管人、用制度管权。要切实加强作风建设。队伍作风，特别是干部队伍作风直接关系一个单位的形象、单位的风气、单位的战斗力、单位的发展前途。要大力发扬党的优良传统和作风，全面加强思想作风、学风、工作作风、领导作风、干部生活作风建设，弘扬新风正气，抵制歪风邪气。坚持解放思想，推进改革创新；坚持求真务实，提高工作效率；坚持民主集中制，营造良好的发展环境。要坚持不懈地加强反腐倡廉建设，切实落实党风廉政建设责任制，按照部党组的要求，做到落实责任、认真考核、严肃纪律、形成合力，不断开创党风廉政建设新局面，为事业发展提供坚强的政治保障。

三、加强领导，扎实工作，圆满完成学习实践活动各项任务

这次学习实践活动的重点是县级以上领导班子和党员领导干部。学习实践活动能不能搞好，能不能让群众满意，领导班子的表率作用是关键。农科院领导班子要继续率先垂范，按照胡锦涛总书记“五个带头”的要求，带头学习，力争先学一步、多学一点、学深一些；带头调查研究，深入基层，深入群众，自觉听取群众意见，及时发现新情况新问题；带头坚持解放思想、实事求是，增强机遇意识、发展意识、大局意识、责任意识、忧患意识，通过解放思想努力探寻解决发展问题的对策措施；带头查找分析问题，广泛征求群众意见，认真严肃地开展批评与自我批评，深刻分析产生问题的原因，把分析检查的着眼点放在总结经验、寻求共识、明确方向上；带头整改落实，坚持边学边改、边查边改、集中整改，按照轻重缓急和难易程度明确整改落实的目标、方式和要求，着力抓好落实，以整改的实际效果赢得群众的信任和满意。

深入开展学习实践活动，要立足解决突出问题，做到超前谋划，把查找和解决问题贯穿活动的始终，确保整个活动取得实效，为加快农业科技进步创造条件。要紧扣实

践，紧盯实效，防止空对空。中国农业科学院在学习实践活动的实施方案中提出，立足全局、开拓创新，从国民经济全局和世界农业科技发展方向中进一步明确推进农业科技发展的思路，这个定位很好。要在抓好学习调研和大讨论的基础上，对分析检查阶段的工作提前谋划。

部党组对我部学习实践活动第二阶段的工作已经作出具体安排，农科院要结合实际，按照中央的要求和部党组的部署，抓好学习实践活动下一阶段的各项工作，特别是要认真学习贯彻胡锦涛总书记在联系点陕西省安塞县调研时发表的重要讲话精神，进一步突出实践特色，切实做到让党员干部受教育，增强贯彻落实科学发展观的自觉性和坚定性；深入进行调查研究，解决发展中存在的突出问题；认真开展解放思想大讨论，努力在提高思想认识、创新体制机制上取得新进展，确保学习实践活动取得实效。要进一步梳理和细化分析检查阶段的工作安排，认真梳理、切实找准突出问题，深刻分析原因，研究提出解决问题的思路和对策，为开展好下一阶段工作做好准备。特别是要立足于更好地发挥农业科技领域国家队的作用，紧紧围绕部党组的中心工作，狠下工夫解决一批带有全局性、关键性、方向性的问题，加快农业科技创新步伐，使农科院真正成为服务“三农”的排头兵。希望农科院党组在现有工作基础上，进一步振奋精神，努力工作，把学习实践活动扎扎实实地引向深入，增强全院党员干部学习实践科学发展观的自觉性、主动性，提高贯彻落实科学发展观的能力，不断实现农业科技创新与推广的新胜利，为农业农村经济又好又快发展做出更大的贡献。

部党组将一如既往关心、支持农科院各项工作。各司局、各单位要加强对农科院各方面发展的支持，加强工作协调配合，帮助解决实际问题。

今天，我还要利用这个机会，特别讲一讲农产品质量标准工作。

确保国家粮食安全和主要农产品的有效供给，是党的十七届三中全会提出的目标任务，也是我们农业部门的职责所在。主要农产品供给得到有效保障，不仅包括农产品数量的充足，同时也包括农产品的质量安全有充分的保障。从某种意义上讲，随着人民群众物质文化生活水平的不断提高，对农产品质量的要求更为迫切。农产品质量安全如果出了问题，不仅会引发社会各界的广泛关注，影响社会稳定，还可能给相关产业发展造成严重的甚至是毁灭性的打击。农业部门必须始终在确保主要农产品数量有效供给的基础上，努力实现农产品质量安全。

当前，虽然我国农产品质量安全整体水平不断提高，农产品质量总体上是安全、放心的。但是，与城乡居民日益提高的消费要求相比，与技术性贸易壁垒日益加剧的国际贸易形势相比，我国农产品质量安全工作还存在一定差距。这方面我们工作的任务很重、压力很大。农产品质量安全存在的问题，既有我国农业生产经营小而分散，产加销环节比较多等客观因素的影响，也有农产品质量标准体系不健全、相关法律法规和执法体系不完善、质量安全执法监管还比较薄弱等方面的问题。农业部门必须不断强化质量安全意识，以对人民群众高度负责、对事业高度负责的精神，进一步增强大局意识、责任意识、忧患意识，切实做好农业标准化和农产品质量安全工作。要严格产地环境、投入品使用、生产过程、产品质量全程监控，切实落实农产品生产、收购、储运、加工、销售各环节的质量安全监管责任，杜绝不合格产品进入市场。

农业科技部门在农产品质量安全工作中，要重点解决农产品质量标准体系和检测技术支撑体系建设滞后的问题，努力夯实农产品质量安全基础。目前，农产品质量标准和检测方面的突出问题是，标准体系不健全，覆盖面较窄，检测手段整体落后，专业技术人员整体水平不高等。要充分认识到，质量标准和检测技术是农产品质量安全工作的基础，对农产品质量安全是否合格作出判定，首先必须有明确的判定标准和相对便捷的检测方法。否则，农产品质量检测就没有依据，农产品质量安全就只能是一句空话。在这方面，中国农业科学院有质量标准所等一批专门机构和科研技术队伍，有比较强的技术储备。要充分发挥人才和技术优势，加快技术创新，对农产品质量安全起到技术支撑和保障作用。要针对我国农产品质量安全现状，积极借鉴国外先进做法，加快研究制定农产品及各种投入品的质量标准，完善农产品的质量标准体系。要加强联合攻关，努力在检验检测技术和标准化生产技术上实现突破。同时，要进一步在农作物基因和遗传育种研究方面加大科研力度，从源头上为粮食安全和主要农产品有效供给提供基础保证。

关于印发《中国农业科学院深入学习实践科学发展观活动学习调研阶段工作安排》的通知

农科实践〔2008〕1号

院属各单位、机关各部门：

根据《中共中国农业科学院党组关于开展深入学习实践科学发展观活动的实施方案》的总体安排，院学习实践活动领导小组制定了《中国农业科学院深入学习实践科学发展观活动学习调研阶段工作安排》，现印发给你们，请结合实际抓好落实。

二〇〇八年十月二十一日

（代　章）

中国农业科学院深入学习实践科学发展观活动学习调研阶段工作安排

为保证中国农业科学院学习实践活动的有序开展，根据我院《关于开展深入学习实践科学发展观活动的实施方案》的总体安排，现就我院学习实践科学发展观活动学习调研阶段院内统一组织的活动安排如下。

一、组织院党组中心组学习

10 月 17 日上午，安排院党组中心组学习，重点学习胡锦涛总书记、温家宝总理在全党深入学习实践科学发展观活动动员大会暨省部级主要领导干部专题研讨班上的重要讲话精神，院党组成员、机关各部门等主要负责人参加。

二、组织召开专题报告会

10 月 17 日下午，举办院属京区各单位领导班子成员、党办主任，院机关处以上干部参加的会议，翟虎渠院长就“用科学发展观指导农业科技创新”作专题辅导报告。

三、开展深入学习实践科学发展观重大问题调研

10 月下旬开始，紧扣科学发展观主题，由院领导带队，机关各部门同志参加，开展学习实践科学发展观六大重大问题调研。

1. 农业科技创新团队建设问题调研，翟虎渠院长带队，人事局同志参加；
2. 国家级农业科研院所管理创新模式问题调研，薛亮书记带队，院办公室同志参加；
3. 科技创新条件保障问题调研，雷茂良副院长带队，财务局和基本建设局同志参加；
4. 科技创新和成果转化问题调研，刘旭副院长带队，科技局同志参加；
5. 科研经费监督体制机制问题调研，罗炳文副书记带队，监察与审计局同志参加；
6. 加强农业科技国际交流，促进我院科技事业发展问题调研，唐华俊副院长带队，国际合作局同志参加。

调研活动注重深入一线听取干部群众的意见，开展案例分析，形成调研报告，力争

通过调研，在学习实践科学发展观活动期间能够取得阶段性成果，多解决实际问题。

四、组织召开专题学习报告会

拟于10月下旬至11月上旬举办系列专题学习报告会，一是请雷茂良副院长就“以科学发展观为指导，为我院科技创新提供坚实的保障”作专题学习报告；二是请遗传育种专家刘旭副院长就“农业科研事业与科学发展观”作专题学习报告；三是请农业区域研究专家唐华俊副院长就“科学发展与国际合作”作专题学习报告。院属京区各单位领导班子成员、党办主任，院机关处以上干部参加。

五、召开系列座谈会

拟从11月上旬开始，分别召开党外人士座谈会、农业专家座谈会、离退休干部座谈会和工青妇干部代表座谈会。座谈会分别由院领导主持，机关党委、人事局、院办公室承办。

六、开展纪念农村改革30周年系列活动

拟从11月上旬开始，通过开展系列报道、举办农业科技成就展、理论研讨会等形式，开展农村改革30周年系列纪念活动，展示我国农业科技30年来的成就与辉煌。

七、开展主题实践活动

拟于11月上旬，组织院机关全体党员参观北京市周边新农村建设典型，感受科学发展带来的新变化。院属京区各单位的主题实践活动按照院里的部署，由各单位自行安排。

八、组织召开院属京区各单位联络员会议

拟于11月上旬，举办院属京区各单位联络员会议，了解各单位开展学习实践活动的安排，听取他们的意见和建议。同时，院学习实践活动领导小组将对下一步全院学习实践活动进行部署。

九、组织解放思想大讨论活动

拟于11月中旬，在院属京区各单位和机关各部门组织开展解放思想大讨论基础上，

举办院属京区各单位领导班子成员、党办主任，院机关全体党员参加的解放思想大讨论交流会。

十、广泛征求意见

拟从 11 月上旬开始，通过发放征求意见表、设立意见箱等形式，深入查找影响和制约农业科技自主创新和支撑现代农业科学发展的突出问题以及自身建设存在的突出问题，为分析检查阶段找准突出问题做好准备。

中国农业科学院深入学习实践科学发展观活动学习调研阶段工作安排

时间	名称	内　　容	地点	参加人员	负责部门	备注
10月17日上午	院党组中心组学习	1. 学习胡锦涛关于深入学习实践科学发展观的讲话 2. 学习温家宝关于深入学习实践科学发展观的讲话	办公大楼537会议室	院党组中心组成员、各局局长	机关党委	
10月17日下午	系列辅导报告会	农业科技专家谈科学发展观之一： 用科学发展观指导农业科技创新 主讲：中央候补委员　遗传育种专家翟虎渠教授（院长）	旧大楼六楼会议室	院属京区各单位领导班子成员 机关处以上党员领导干部	院学习实践活动办公室	
10月下旬		农业科技专家谈科学发展观之二： 以科学发展观为指导 为我院科技创新提供坚实的保障 主讲：雷茂良研究员（副院长）				
		农业科技专家谈科学发展观之三： 农业科研事业与科学发展观 主讲：遗传育种专家　刘旭研究员（副院长）				
11月上旬		农业科技专家谈科学发展观之四： 科学发展与国际合作 主讲：比利时皇家科学院通讯院士　农业区域研究专家唐华俊研究员（副院长）				

中国农业科学院深入学习实践科学发展观活动学习调研阶段工作安排

时间	名称	内　容	地点	参加单位	负责人	备注
10月下旬开始	开展学习实践科学发展观重大问题调研	农业科技创新团队建设	院属京区各单位	人事局	翟虎渠院长	
		国家级农业科研院所管理创新模式		院办公室	薛亮书记	
		科技创新条件保障		财务局 基本建设局	雷茂良副院长	
		科技创新和成果转化		科技局	刘旭副院长	
		科研经费监督体制机制		监察与审计局	罗炳文副书记	
		加强农业科技国际交流，促进我院科技事业发展		国际合作局	唐华俊副院长	

中国农业科学院深入学习实践科学发展观活动学习调研阶段工作安排

时间	名称	内　　容	地点	参加人员	负责部门	备注
11月上旬	系列座谈会	党外人士座谈会	待定	各相关人员	院学习实践办公室	
		农业专家座谈会				
		离退休干部座谈会				
		工青妇干部代表座谈会				
11月上旬开始	纪念农村改革30周年系列活动	系列报道	待定	院办公室	院学习实践办公室	
		举办农业科技成就展	办公大楼大厅	院全体党员	科技局	
		纪念农村改革开放30周年理论研讨会	办公大楼报告厅	各相关人员	院办公室	
11月上旬	主题实践活动	组织参观北京市周边新农村建设典型感受科学发展带来的新变化	待定	机关全体党员	机关党委	
		院属各单位的主题实践活动		院属各单位全体党员	院学习实践办公室	
11月上旬	各单位联络员会议	了解各单位学习调研阶段工作进展情况和部署下阶段工作安排	待定	各单位负责人和联络员	院学习实践办公室	
11月中旬	研讨	开展解放思想大讨论		待定	院学习实践办公室	

关于印发翟虎渠同志在中国农业科学院深入学习实践科学发展观活动报告会上讲话的通知

农科院党组发〔2008〕45 号

院属各单位、机关各部门：

10 月 17 日，我院召开了深入学习实践科学发展观活动报告会，院长翟虎渠同志作了题为“用科学发展观指导农业科技创新”的重要讲话，现将讲话印发给你们，请认真组织传达学习，全面贯彻落实。

二〇〇八年十月二十三日

用科学发展观指导农业科技创新

——在中国农业科学院深入学习实践科学发展观活动报告会上的讲话

院长 翟虎渠

（2008 年 10 月 17 日）

同志们：

中央决定，用一年半左右的时间在全党开展深入学习实践科学发展观活动。根据中央的安排，农业部被列入第一批开展学习实践活动的单位，整个活动是从 9 月下旬开始到明年 2 月底结束，历时半年左右。为迅速贯彻中央的部署，9 月 25 日，孙政才部长作了动员讲话，10 月 13 日我院也召开了深入学习实践科学发展观活动的动员大会，标志着我院学习实践活动正式全面启动。

胡锦涛同志在 2003 年党的十六届三中全会第二次会议上指出，树立和落实科学发观十分重要的环节就是怎样处理数量和质量、速度和效益的关系。中国是一个发展中大国，30 年来，改革开放取得了举世瞩目的成就，这是有目共睹的，是全体人民能够亲身体会到的。但是我们的发展也存在一些问题：首要的问题是可持续发展问题，改革开放 30 年，我国 GDP 年均增长率在 10% 左右，但在一些地区，一些行业增长的速度和效益并不协调。以环境问题为例，目前，在我国的一些地区，几乎没有一块净土，没有一方净水，土壤和水都有不同程度的污染；我国已探明的可利用资源，能允许以什么样的速度去开发？国家的资源承载力有限，要在保证 13 亿至 15 亿人口正常生活的情况下，进一步探索高效合理的利用。

另外一个突出的问题是社会和谐问题，在过去的 30 年中，1979 年到 1986 年，农民的相对收入最高，以后逐渐下降，2004 年开始，农民收入连续五年比较高。党的十七届三中全会决定要求，到 2020 年，农民收入要翻一番。2007 年，农民人均收入是 4 140元，按照到 2020 年翻一番的目标计算，大约 8 300 元左右。有人怀疑能否完成，回良玉副总理得出的结论是，从现在开始，如果农民人均年收入增长率达到 5.93%，那么 2020 年农民收入翻一番，也就是人均收入 8 300 元左右，翻一番是没有问题的。但问题是城市人均收入增长更快，在过去 20 多年里，城乡剪刀差在逐步地扩大，从可统计的数字得出，我们 2007 年城乡剪刀差是 1∶3.33，如果把教育、医疗、城市交通等什么都算在内，城乡差别在 1∶6 左右。2007 年底，我国有 1 400 万人口生活在绝对贫困线以下，人均收入不到 700 元/年。700～1 045 元/年之间还有 2 800 万人口，也就是 4 200 万农村人口人均收入不足 1 000 元/年。这里的人均收入还不是纯收入，而是包括所有的收入在内。

根据党的十七届三中全会精神和中央深入学习实践科学发展观活动安排，中国农业科学院已确定深入学习实践科学发展观活动要以“解放思想、自主创新、提升能力、服务‘三农’”为主题，今天就这个主题谈一些体会和认识，和大家一起讨论。

一、解放思想

从去年底到今年秋以来，党中央试图在某个方面提出解放思想的大讨论，首先是广东组织解放思想的大讨论，为学习实践科学发展观做了一些铺垫。改革开放 30 年就是不断地解放思想的过程，而改革开放的源头也就是解放思想。1980 年以前，我国一直是计划经济，农村实行人民公社、生产大队的经济运行管理体制，直到安徽省凤阳县小岗村的 19 户农民提出大包干，中国的经济体制才开始发生变化。当时我正在读研究生，江苏省部分地区的大包干行动还是比较缓慢的，落后于全国的形势，部分同志对包产到户也是心有疑虑的，但是人民公社的弊端大家有目共睹，不能充分调动广大人民群众的积极性和创造性。在这种形势下，怎样去解放和发展生产力，是我们经济发展特别是农村经济发展中要解决的一个重要问题。小岗村 19 户农民包产到户以后，中央内部的看法也是不完全一致。万里同志等领导人也是冒着极大的风险来支持的，通过一系列的实践和讨论，全党的思想逐渐统一了，这种经济模式到 1980 年左右就在全国铺开。在当时的历史条件下，这个举措是一个非常了不起的思想大变化。今天在新的历史条件下，我们进行思想解放大讨论，进行深入学习实践科学发展观，从中仍有很好的启发和体会。

2008 年 10 月 9 日到 12 日召开的十七届三中全会作出了《关于进一步推进农村改革发展若干重大问题的决定》。这个文件从去年就开始起草，今年 3 月份，党内一些同志认为应该回顾一下 30 年前农村问题是怎么提出来的，后来又怎么解决的，这对于我们进一步解放思想很有借鉴意义。经过二十几年的发展，我认为在“三农”问题上，特别是近几年中央和国务院采取了一系列的政策和措施来扶持农民、补助农民，但从总体来讲仍是不够的，农民需要更大的投入和更多的补助。温总理在省部级主要领导干部培训班的讲话中指出，中央政府补助农民的钱接近 1 050 亿元，以后随着财政的好转还要进一步增加。从上半年到年中，国家下了很大的精力财力来补助“三农”。但由于粮食价格没有完全放开，农民减少收入更多。目前，国内粮价比国际市场价格低 1 元左右。巴基斯坦粮价不到一年涨了 40% ~50%，而我国粮价不到一年只涨了 20% ~40%，国内 CPI 指数相对比较低，主要粮食大米、小麦基本没涨价。巴基斯坦一公斤大米大约是 1 美元，我们是他们的一半。最近美国粮价涨的也比较快，美国人也深受其害。胡锦涛同志、温家宝同志反复强调，《中共中央关于推进农村改革发展若干重大问题的决定》是中央的一项重大决策，对“三农”发展有进一步的促进作用。我认为十七届三中全会的决定主要有两个突破：第一个是关于土地经营权转让的突破。过去我们研究农业的同志一直思考如何解决我国大农业小生产的问题。小生产在一定时期起到了非常重要的作用，解放了生产力，但是小生产与现代农业是矛盾的，在小生产的情况下，不能发展成为现代农业，主要是我们人均资源少。我们的农业生产和美国、加拿大是不同的，根本的是自然资源不一样，美国的农场主少则几百公顷的土地，多则几百万公顷的土地。而我国大多人均1亩地，一家不到半公顷。加拿大农场主每亩地赚3元就行了，我们每亩赚100元也不行。在农业生产方面，小农经济和大生产、小农经济和现代农业存在很大的距离。中央文件决定，允许土地入股，允许经营权转让。讨论时对于允许经营权的转让还有不同意见。

第二个是关于农村金融改革的突破。农村金融是制约我们农村发展的一个“瓶颈”。如果农村金融没有一个正规的金融机构，农民的储蓄成千上万地流入银行，又转到城市，没人愿意在农村为农民放贷。农民贷钱找不到贷款银行。给农民贷款，从银行的角度来考虑或者说纯粹从商品经济的角度来讲，运行成本是偏高的，所以绝大多数银行不积极。但农民有需求，这就需要我们在政策上有大的突破。土地使用和金融服务是制约农村发展的两个“瓶颈”，解决好这两个问题，农民的收入会有大幅度的提高。作为科研单位，怎样结合三中全会精神，开展深入学习实践科学发展观的解放思想大讨论，我认为应主要围绕以下三个方面来进行：如何保证我们将来的发展目标更符合党和国家给我们的科研任务要求；如何把我们的思想和行动统一到为“三农”服务上来；如何实现本单位或本部门又好又快地发展。

学习的过程也是大讨论的过程。中央一再强调，发展是硬道理，发展是第一要务，要通过解放思想大讨论和学习实践活动，使我们的发展又好又快，使我们的发展能够实现可持续，使我们的发展能够以较小的代价取得较大的经济效益。这就要求我们破除迷信，解放思想，不要被某些特定思想所束缚，要按照科学发展是第一要务的指导思想来考虑问题。1992年以前，我们也曾经讨论过姓“资”姓“社”的问题，我们中的一些同志，没搞清楚资本主义，更别提社会主义了，总是拿概念讲问题，就会有很大的争论。我们一定要与时俱进。从这次美国的金融危机，大家可以看到，不要说我们共产党人要与时俱进，美国人，资本主义国家也得与时俱进，否则也会出大问题。资本主义国家也在谈解放思想、与时俱进，谈不要被本本和一些传统的观念所束缚。我们共产党员更要与时俱进，学习新东西，研究新问题，把我们自己的工作做好。根据中国农业科学院的情况，我们在2001年，就提出经过一定时间的努力，把中国农业科学院建设成为“三个中心、一个基地”的总体目标，即世界一流的农业科技创新中心、农业科技成果转化中心、农业国际交流和合作中心，中国农业高层次人才的培养基地。这“三个中心、一个基地”使我们中心任务有很好的定位，如果能够做好，就基本能够满足党和国家对我们的要求，就可以为“三农”做出我们应有的贡献。从“十五”到“十一五”，院党组紧紧抓住了这一目标。农业科技成果的转化中心，我们还有很大的距离；国际交流和合作中心，我们做了大量的工作，但还有一定的差距。就中国农业科学院来讲，国际交流和合作方面我们经历了三个历程：第一个是改革开放初期，大概是 1980 年左右，我们主要是想引进国外的一些资金，让我们到这些国家去学习，这是必要的也是必须的。后来，经济情况逐渐好了，希望引进西方的智力、技术来为我们国家的建设发展服务。我们也在做，并做了大量的工作。我们现在已经到了引进国外资源的阶段了，农业科学研究资源非常重要，虽然我们有最大的种质资源库，有三十几万资源，号称全球第一，但是我们的资源基本是国内的资源，国际资源很少。虽然我们在 20 世纪 80 年代做了一些工作，取得了一些成效，但远远不够。

我们在做工作时，要时刻牢记我们肩负的历史任务，要进一步解放思想，努力把我院建设成为世界一流的农业科技创新中心、农业科技成果转化中心、农业国际交流和合作中心、中国农业高层次人才的培养基地，尽快地把农科院建成现代的科研院所。

二、自主创新

创新是一个国家的灵魂，特别是自主创新。我们国家有过非常辉煌的历史，但近几百年以来，有人认为是鸦片战争以来，我认为还要早，中国的落后应该是在明朝开始，体现在清朝或清末。但是中国在农业科研方面取得了辉煌的成就，农业方面：齐民要术，天文方面：浑天仪，还有四大发明，这都是中国人民、古代科学家做出的杰出贡献。但是我们发明的很多东西没有很好地利用，有些是固步自封，我们的火药用来放烟花爆竹，西方人用来制洋枪洋炮；我们的指南针用来搞风水算命，而西方人用来航海。中国人的思想与西方人有差距，西方人一贯重视自然科学。我们中国不是特别重视自然科学，很长一段时间，我们讲的文人、知识分子就是能写几个好字，能吟几首诗而已。我们在自然科学的建树，除了刚才讲的以外，寥寥无几，我们在自然科学领域的贡献几乎为零。但是，我们农业科学技术是不错的。尽管国内一些技术与国外相差 40 年到 50 年，但是农业的科学技术，国家农作物的生产和国外的差距绝对没有四五十年。我们的杂交水稻世界领先，我们的 BT 抗虫棉世界公认，我们主要的粮食作物的栽培水平也是世界领先的，在发展中国家几乎没有哪个国家比我们更好，在发达国家某些领域我们可能差一些，总的来说，我们的农业科技与国外的差距在 5 ~ 10 年。我国的农业科学技术的研究比较晚，只有 110 年的历史。我们大部分的农业科学研究是在 20 世纪初，20 ~ 30 年代。而国外比我们起码要早 200 多年，例如：《物种起源》，在 150 年前就发表了。无论是欧洲做的一些农业科学技术，还是美国取得的成就都比我们早得多。近几年，中国的农业科学技术的确取得了非常大的进步，在 20 世纪 50 年代末，我国的科学家已经在育种的相关领域达到国际前沿水平，60 年代末，我国杂交水稻的技术是世界领先的。70 年代初，我国盐碱地的治理对提高农作物的产量已起到了非常大的作用。我们在棉花转基因方面，生物技术所做的研究是世界第二；我们在矮败小麦、禽流感疫苗方面，都是自主创新的研究成果。中国农业科学院自主创新在哪些领域呢？主要有以下几个方面：①动物植物的育种；②动物植物的保护：③环境和可持续发展；④食品加工和质量标准的检验检测。加入 WTO 以后，我第一个感觉就是中国农产品的质检跟不上去，所以争取成立农业质量标准与检测技术研究所，为农业科研做一点贡献。近几年来，从苏丹红到三鹿奶粉，越来越感到农产品质量的重要性。过去，我们的温饱问题还没解决，所以对质量问题有所忽略，但一旦温饱问题解决了，我们就要重点考虑质量问题了。我院在以下几个方面应重点突破：一是动植物的育种，我所担心的还是动物的育种，我希望我们不要跟着走国外的路子，要有效地利用国内的资源，比如：搞洋鸡洋猪搞不过国外，但我们可不可以在土鸡、土猪中做一些研究呢？要有自己的特色！再研究洋鸡洋猪，50 年也只可能达到国外现在的水平，而土鸡、土猪的经济效益不差，中国人讲究这个东西，应深入研究。农作物品种的改良，近几年国家很重视，投了不少钱，我们的研究人员也很重视，所以我对我们的研究很有信心。我们在小麦方面，最高的亩产量达到 750 公斤；玉米最高亩产量在 1 200 多公斤；棉花、大豆、油料都有相当一批高产品种。所以说，下一步，我们怎么把优良的品种整合在一起，进一步提高产量。第二个方面，在动植物保护方面，我们取得了很大的成就，但还是有很多问题。禽流感问题我们基本上解决了，口蹄疫也基本有效地控制了，但是一些新型的病毒我们还没有找到解决它的办法，所以我们要努力谋划、提高研究水平，加强自主创新。如果把应该做的基本都做了，对于保证中国人的吃饭和粮食安全问题就会非常有信心。在自主创新方面，我们提倡加强国际交流合作，吸收人家的宝贵成果，不要固步自封，进一步加强与国外以及省级农科院、大学合作，这也是我们国家队、领头羊应该做的。

三、提升能力

第三个问题是关于提升能力。在农业部、科技部、发改委和财政部的支持下，生命类，特别是兽医类，应该说中国农业科学院的能力有了很大的提高。目前我们有两个国家科学技术中心，一个是作物种质改良中心，另一个是预防外来生物入侵中心。我们现在有 5 个国家重点实验室，23 个农业部重点实验室，52 个农科院自己的实验室，13 个国家农作物与畜禽的改良中心和分中心，我们还有一大批的野外试验站与国家农作物种质库。近几年我们的发展思路有较大的变化，过去主要是谋生存，现在主要是谋发展。我们有几个所的发展是引人注目的，第一个是作物科学研究所，我认为起码在硬件方面目前是国际一流的，我们的工作也做得不错，也是令同行刮目相看；我们的棉花研究所，能用不到 3 年的时间，从一个落后的农村地区搬到了安阳开发区，极大地改善了我们的科研和生产条件，也极大地扩大了我们的国际影响——该所 2008 年夏天就举办了两次国际会议，7 月份一次，9 月份一次。此外还有武汉油料研究所，上海畜牧兽医研究所，特别是我们正在建设中的哈尔滨兽医研究所，我寄予很大的希望，哈尔滨兽医研究所一定会建成国际先进研究所。我们要有这样的信心。这些平台的建设为提升我院的知识创新能力，做出了应有的贡献。

在农业部、发改委的支持下，我们将在未来两三年内，在北京建设一个国家农业图书馆，2009年就要动工。植物保护研究所建一个国家生物安全中心，农产品加工研究所在建一个航天育种楼，还要争取建农产品加工研发中心，北京畜牧兽医研究所要建畜牧兽医大楼。我们在院部还要建微生物大楼，建国际马铃薯种质中心等。为了改善研究生院的住宿问题，最近还要动工建设研究生公寓。我想再经过2年到3年的发展，中国农业科学院的实力和能力将会进一步提升，我们希望在国家有关部委的支持下，把这个事情做得更好！

为了提高我们的能力，我们除了加强我们的硬件条件建设以外，更主要的是要加强人才队伍建设。办事情是要靠人去办的，大学之大不是楼房之大而是大师之大，所以人是第一位的，什么事情都是要靠人去办的。没有人，没有研究团队是办不成事的，所以我们在近4~5年里，下大力气加强人才队伍建设。我还要讲一句，我们2003年1月从国际水稻研究所引进了黎志康团队，第二年就得到了人事部的认可，人事部还支持了300万元。最近还申请到比尔·盖茨的基金1 800万美元，留在国内的大概有1 100万美元。这是我们院目前农业合作获得的最大的项目。取得科学技术的发展，单枪匹马是不行的，一定要有团队精神，一定要有团队意识，一定要引进人才。农科院近几年反复抓的就是这个问题，下个月的月底我们还要遴选院里的优秀团队，我们希望全院建100个左右的团队，如果院里有100支精干的队伍在那儿搞研究，我想我们一定会出很好的科技成果，一定会为我们的农业科技创新做出了不起的贡献。按既定的目标进行整合，形成拳头，这是我们有效利用资源，也是落实科学发展观的一个重要方面。

四、服务“三农”

在过去的51年里，中国农业科学院紧紧围绕“三农”的需要，一直以服务“三农”为己任，特别是近几年，我们和全国相当一部分省、市、地，共同举办了农业科学成就展。汶川大地震以后，我们马上派出队伍，积极去指导灾区农业方面的抗震救灾；在农业部科技兴农的建设中，我们派出大批的专家；所以我们一定要以服务“三农”为己任，多做一些群众欢迎的、农民欢迎的，卓有成效的好事实事。国家发改委提出粮食增产1 000亿斤的计划，我们将积极参与。包括吉林要增产100亿斤粮食，黑龙江要增产200亿斤粮食，河南要增产300亿斤粮食的计划，我们全程参与。吉林省下决心要建国家一流的、世界一流的农业科技园区，要求中国农业科学院参加，我们也有这个义务去帮助地方。

中国农业科学院一定要以农村经济的发展为己任，经常派出调查组，赴全国各地去调查研究。我们帮助海南三亚地区制定了城乡统筹发展的规划；帮助重庆市制定了“三农”问题的解决方案；还要帮助河南省实现增产300亿斤粮食的计划。所以，我们一定要认真学习贯彻十七届三中全会的决定，以服务“三农”为己任，进一步做好服务“三农”的各项工作。

党员干部特别是领导干部都负有一定的领导责任，对本地区、本部门工作思路，工作安排、工作政策、工作成效有重要影响。有没有牢固树立科学发展观的理念，是不是已具备推动科学发展观的能力，这很大程度上决定着本地区、本部门、本单位贯彻落实科学发展观的成效。因此，要具体落实科学发展观，需要造就一批自觉实践科学发展观，有能力推动科学发展的党员干部队伍。每一个党员干部，特别是领导干部，都要坚持正确的政治观，兢兢业业地干好本职工作，经得起历史和人民的检验。我们要着力提高各级党组织，领导干部贯彻落实科学发展观的本领，努力把各级党组织建设成为落实科学发展观的骨干力量，为推动科学发展观提供坚强的组织保证。全院的领导干部，广大党员一定要按照中央的统一要求，按照农业部党组和院党组的具体部署，在农业部指导检查组的指导下，积极参加深入学习实践活动，牢固树立科学发展观，为谋求农科院又好又快的发展，为推动自主科技创新，为努力服务“三农”贡献出自己的力量！

关于印发雷茂良同志在中国农业科学院深入学习实践科学发展观活动报告会上的讲话的通知

院属各单位、机关各部门：

10 月 31 日，我院召开了深入学习实践科学发展观活动报告会，副院长雷茂良同志作了题为“以科学发展观为指导，为我院科技创新提供坚实的保障”的重要讲话，现将讲话印发给你们，请认真组织传达学习，全面贯彻落实。

二〇〇八年十一月七日

（代　章）

以科学发展观为指导
为我院科技创新提供坚实的保障

——在中国农业科学院深入学习实践科学发展观活动报告会上的讲话

副院长　雷茂良

（2008年10月31日）

从2008年9月开始，用一年半左右的时间，在全党分批开展深入学习实践科学发展观活动，是党的十七大作出的战略决策，是坚持改革开放、推动科学发展、促进社会和谐的迫切需要，是提高党的执政能力、保持和发展党的先进性的必然要求。按照中央和农业部的统一部署，我院的学习实践科学发展观活动安排在今年9月到明年2月。按照院学习实践活动领导小组的安排，下面根据我前一阶段学习的一些初步体会，同大家交流。

一、充分认识、全面理解学习实践科学发展观的重大意义和深刻内涵

科学发展观是以胡锦涛同志为总书记的党中央，适应新的发展要求提出来的，是同马克思列宁主义、毛泽东思想、邓小平理论和“三个代表”重要思想既一脉相承又与时俱进的科学理论，是我国经济社会发展的重要指导方针，是中国特色社会主义理论体系的重要组成部分，是发展中国特色社会主义必须坚持和贯彻的重大战略思想。

科学发展观，第一要义是发展，核心是以人为本，基本要求是全面、协调、可持续发展，根本方法是统筹兼顾。

（一）发展是第一要义

“发展”是指事物由小到大，由简单到复杂，由低级到高级的变化过程。发展的主体大到整个世界，中到国家、地区和单位，小到个人。涉及经济、社会、政治、文化等诸多方面。发展是人类社会进步的根本动力，离开了发展，社会就会停滞，就会倒退，甚至走向毁灭。当然，由于世间事物的极端复杂性，在发展的进程中必然会出现许多困

难、问题和障碍，而解决这些因素的根本途径在于加快发展。因此可以说，人类的历史就是追求发展、实践发展、实现发展的历史。

中国是一个有着五千年灿烂文明历史的大国。到了近代，我们落后了。西方列强用洋枪洋炮轰开了中国的大门，使中国沦入半殖民地半封建的悲惨境地。根本原因在于腐朽的封建主义制度束缚了社会生产力的发展。从梁启超、谭嗣同到孙中山，革命的先行者在苦苦探求救国救民的道路。中国共产党人将马克思列宁主义与中国革命的具体实践相结合，领导中国人民推翻了三座大山，建立了新中国，开始了社会主义革命和建设的伟大实践。但是，正当全国人民意气风发建设新中国的时候，党的指导思想发生了扭曲，片面强调以阶级斗争为纲，将发展社会生产力摆到了次要地位，导致反右、大跃进和“文化大革命”十年浩劫，使我国的国民经济面临崩溃的边缘，被世界发展的历史潮流远远抛在后面。以邓小平为核心的中国共产党第二代领导集体，科学分析了世界发展的历史趋势，系统总结了正反两个方面的历史经验和教训，领导中国人民开始了解放思想、改革开放的伟大历史进程。改革开放 30 年来，尽管我国经历了“六四”风波和亚洲金融危机等严峻考验，但在党中央、国务院的正确领导下，我们始终坚持以经济建设为中心，坚持改革开放不动摇。经过 30 年的共同奋斗，我国的经济建设取得空前发展，社会取得巨大进步，人民的物质文化生活水平极大地提高，中华民族又重新屹立在世界东方。历史经验充分证明，什么时候我们坚持了发展这个第一要务，我们国家的经济就繁荣，社会就进步，国家就强大，人民就幸福。反之，经济就萧条，社会就倒退，国家就衰弱，人民就要吃苦头。正如邓小平同志深刻指出，发展是硬道理。尽管我国还将长期处在社会主义初级阶段，我们还面临着大量的困难和问题，但只要始终坚持党的基本路线，坚持走中国特色社会主义道路，坚持发展第一要务，聚精会神搞建设，一心一意谋发展，我们就一定能够克服前进道路上的重重艰难险阻，把中国建设成为繁荣、富强、民主、文明、和谐的国家，实现中华民族的伟大复兴。

（二）科学发展观的本质与核心是以人为本

我们所说的发展主要是指人类社会的发展。发展的主体是人民，发展的目的是为了不断满足人民不断增长的物质文化需求。发展为了人民，发展依靠人民，发展的成果由人民共享。判断发展的成效，最重要的是要看人民满意不满意，拥护不拥护，赞成不赞成。坚持以人为本，明确了发展的主体和目的，而要实现这一目的，首先要坚持以经济建设为中心，大力发展社会生产力，不断增加社会的物质财富。然而，人是高度进化的生物，按照马斯洛的需求层次理论，人类除了需要满足基本的物质需求以外，还要追求精神文化方面的需求以及健康和安全方面的需求。因此，在加快经济发展，实现人民物质富裕的同时，还要大力加强精神文明建设、政治文明建设和社会保障体系建设，切实尊重和保障人民群众的经济、政治、文化等方面的权利，不断满足人民多方面的需求，促进人的全面发展。坚持以人为本，把人的需求和全面发展作为经济社会发展的出发点和归宿，是对人类发展规律认识的一次飞跃，是推进各项事业发展必须遵循的本质要求。

（三）全面、协调、可持续发展是科学发展的基本要求

人类社会是一个有机整体，有着其自身发展的客观规律。从人类社会发展的整体看，有经济、社会、政治、文化等不同的方面，从经济发展层面上看，有工业、农业、商业等国民经济各大部类，而人类社会的外部，又与资源、环境、生态等要素密切相关。全面是指各个方面都要发展，协调是指各个方面的发展要相互适应，可持续是指发展进程的持久性和连续性。促进全面发展，就是要以经济建设为中心，全面推进经济、社会、政治、文化建设，实现经济发展和社会的全面进步。就是要推进农业、工业、商业、交通运输等国民经济各大部类全面发展，使整个国民经济发展基础更为坚实。这对于中国这样一个大国尤为重要。协调发展就是要使经济社会各方面的发展作为一个整体，使其相互适应，相互促进，共同发展，防止产生木桶效应，因某一方面的滞后，影响整体的发展，更不能因片面追求某一方面的高速发展而制约其他方面的发展。可持续发展就要充分考虑自然资源的节约、高效利用，严格保护人类赖以生存的自然生态环境，使人类与大自然和谐相处，为子孙后代保留永续发展的空间。

（四）要实现全面、协调、可持续发展，根本方法在于统筹兼顾

统筹兼顾，就是要总揽全局，科学筹划，协调发展，兼顾各方。由于种种原因，我国经济社会发展还不够全面，城乡二元经济结构局面亟待改变，区域发展很不平衡，经济的快速发展对资源环境的压力日益加大，社会各利益主体之间的关系愈趋复杂。如果我们不注意统筹兼顾，任由这些不全面、不平衡、不协调继续发展，就会逐步演化为矛盾、冲突，甚至严重干扰经济社会的发展，造成社会的动荡。这就要求我们把握全局，更加注重统筹兼顾。做到城乡协调发展、区域协调发展、经济社会协调发展、人与自然和谐发展，做到国内发展和对外开放相协调。处理好各方面的利益关系，调动一切积极因素，推进经济社会各方面全面、协调、可持续发展。

中国是一个拥有13亿人口的大国，农业、农村、农民问题始终是我国经济社会发展的重中之重。发展农业和农村经济，必须贯彻落实科学发展观，坚持以发展为第一要务，加快社会主义新农村建设和中国特色农业现代化建设，大力发展农业生产力，保障国家粮食安全，繁荣农村经济；必须坚持以人为本，增加农民收入，推进农村社会文化卫生事业，切实保障农民的各项合法权益；必须坚持农、林、牧、副、渔，产、加、运、销、服全面发展，大力发展优质、高效、生态农业，保护农业生态环境，实现可持续发展；必须打破城乡分割的二元经济格局，加快城乡统筹协调发展的步伐。

二、深入实践科学发展观，全面推进我院科技创新

（一）深刻认识我院肩负的重大历史使命

30 年前，以农村家庭联产承包责任制为突破口，开启了我国改革开放的伟大历史进程。30 年来，我国农业和农村经济发生了根本性变化。农民的积极性得到空前的解放，农业生产力得到极大的提高。粮食产量从 1978 年的 3 亿吨提高到 5 亿吨以上，畜禽、水产、蔬菜、水果等产品供应充足，农民年人均收入从 143 元提高到 4 000 多元。我国农业进入一个新的发展时期。在当前全球范围的粮食危机和金融危机中，中国经济一枝独秀，保持了平稳发展的良好势头，农业的基础性地位得到了充分的体现。30 年农业发展成果辉煌，科学技术在其中发挥了巨大的作用。广大农业科技工作者紧紧围绕保障国家食物安全和增加农民收入的战略目标，坚持自主创新，联合攻关，取得了举世瞩目的成就。30 多年来，全国共取得了近 4 万项农业科技成果，其中大多数应用性成果在生产中得到推广，大大促进了农业技术进步，为中国农业进入新的发展阶段做出了重大贡献。

但是我们也应该清醒地认识到，我国农业和农村经济发展还面临着大量深层次的问题：

粮食安全形势严峻。1999 年以来中国粮食连续减产，2003 年粮食总产降低到了 1990 年 4.3 亿吨的水平。虽然在 2004 年以后粮食生产有了恢复性增长，2007 年超过 5 亿吨，但粮食生产的基础还十分脆弱。预测表明，到 2030 年前后人口高峰期，中国必须具备 6.4 亿吨左右的粮食生产能力，在粮食播种面积保持在 1 亿公顷的基础上，粮食单产由目前的每公顷 4 650 公斤大幅度提高到 6 450 公斤左右的水平，才能养活 16 亿人口，满足全面小康的最低要求，任务十分艰巨。

农民增收缺乏后劲。农民收入长期低水平徘徊，尤其粮食主产区农民增收困难，城乡收入差距已从 20 世纪 80 年代初的 1.7：1，进一步扩大到 2007 年的 3.33：1。按照经济学家测算，到 2020 年中国要全面实现小康社会目标，农民人均收入要从 2007 年的 4 000元提高到 8 000 元，年均增长要达到 6.24%，难度很大。

农业生物安全面临威胁。全国新发生或国外传入的疫病多达 34 种，牛、羊的死亡率 5% ~9%，猪的死亡率 8% ~12%，家禽死亡率高达 20%。禽流感、非典型肺炎等重大动物疫病以及人畜共患病，严重威胁着畜产品及全社会公共卫生安全；目前至少有 400 多种外来生物入侵我国，最具威胁的多达 50 余种；每年农作物因病虫害损失达总产量的 20% 以上。

农产品质量问题日益突出。植物性农产品的农药、重金属、化肥污染，动物性农产品的抗生素、激素残留，转基因农产品的安全性等，都是非常突出的问题。近年来食品安全事件时有发生，对国内居民消费信心和国际农产品市场竞争力产生不良影响。

农业资源严重紧缺，生态环境趋于恶化。中国人多地少水少，人均耕地和淡水资源是世界平均水平的1/3和1/4。2005年中国耕地面积为1.22亿公顷，人均不足0.1公顷，以后每年还将净减少15万公顷以上。全国有40%的耕地退化，草原退化速度每年达到140多万公顷。70%的内陆河流受到污染，40%的湖泊呈富营养化，农业生态环境总体恶化的势头仍未扭转。

历史经验告诉我们，解决上述问题，还是一靠政策，二靠科技，三靠投入。而科学技术是第一生产力，最终还要靠科技解决问题。

党的十七届三中全会系统地总结了我国农村改革发展30年的历史经验，科学地分析了我国“三农”工作面临的形势和问题，以科学发展观为指导，对新时期“三农”工作的指导思想、目标任务和重大措施作出了全面部署。三中全会作出的“关于农村改革发展若干重大问题的决定”，把推进农业科技进步和创新摆在突出的地位，对农业科技工作面临的任务，发展的方向与重点，体制创新，投入保障等方面都提出了明确要求。遍读30年来中央关于农业问题的文件，其中科技的分量从来没有这次“决定”这么重，要求这么高，支持力度这么大。作为中国农业科学院的一员，我们深深感到肩上沉甸甸的责任。中国农业科学院作为农业科技的排头兵、国家队、主力军，在过去50余年的发展历程中为我国农业和农村经济发展做出了重要的贡献。在我院50周年院庆大会上，回良玉副总理代表党中央、国务院对我院50年来取得的成就、做出的贡献给予了高度肯定，对我院的工作提出了新的要求。在发展现代农业，建设社会主义新农村的新的征途上，我们要在党中央、国务院和农业部党组的领导下，认真学习和贯彻落实十七届三中全会精神，团结拼搏、求真务实、勇于创新、甘于奉献，进一步发挥国家队、主力军的作用，在关系我国农业和农村经济发展全局的重大关键技术领域取得新的突破。为实现农业现代化，保障国家粮食安全、食品安全、生态安全和农民增收提供可靠的技术支撑。这是每一个农科院人义不容辞的光荣任务。

（二）坚持第一要务，进一步强化农业科技自主创新

科学研究的本质在于创新。对于农业科研单位而言，坚持发展第一要务就是要坚持不懈地推进农业科技自主创新。这是我们的根本任务和永恒主题。关于在哪些方面创新，如何创新，其他主管领导还要专门讲。我仅从一个侧面谈一谈感想。

一要深入研究农业和农村经济发展对科学技术的需求，真正发挥科学技术对农业和农村经济发展的支撑作用。

科学研究的根本目的在于解决经济建设中的现实问题。中国农业科学院作为产业研究机构，要合理布局基础研究、应用研究和发展研究，将主要精力放在解决农业农村经济发展的关键技术问题。适当安排基础研究（主要是应用基础研究）的内容。即使是应用基础研究，也要考虑它对后续技术发展的意义。我们的科研选题一定要加强针对性，从实践中来，到实践中去，切实解决广大农民群众的科技需求。这方面孙政才部长

多次指出，需要引起我们高度重视。我国农业进入新阶段后，要加快现代农业建设步伐，建设社会主义新农村，仍然面临着大量迫切需要解决的深层次问题。需要我们农业科技人员深入生产第一线，进行深入分析，从中发现新问题，通过深入研究，提出解决的新办法，再应用于生产实践，解决实际问题，从而提高农业科技进步水平。我有一些担忧，科技体制改革前，科技人员心无旁骛，还能安心到第一线去找课题。科技体制改革初期，受转企的压力和创收的压力，我们还要认真考虑研究成果是否对路。这几年，一些单位经费多了，压力小了，是否也有一些科技人员不再那么注重去了解生产的实际需求，热衷于关在书斋里，研究所谓"马尾巴的功能"。当然，也许马尾巴的功能也有作用。我偶尔也翻一翻有关学术刊物，确实也发现有类似马尾巴的文章。

二要深入研究世界农业科技发展的趋势，努力跟踪和超越，不断增强我国农业科技的国际竞争能力。进入21世纪，一场世界范围的新的农业科技革命蓬勃兴起，新兴学科不断涌现。农业科研不断向新的深度和广度发展，深到农业生物体的超微观结构与功能，广到在太空环境研究农业生物的生长、发育与调控。在这样一个大背景下，一步赶不上就步步赶不上，就会丧失农业科技的国际竞争能力，从而也必然丧失农产品的国际市场竞争能力。要通过加强国际农业科技合作，及时了解国际农业科技发展的新动向。有的要积极主动介入国际性合作研究，在关键领域占有一席之地；有的要及时组织国内力量，开展自主创新，抢占科学的制高点。在这方面我们要有雄心壮志。我们的杂交水稻，矮败小麦，禽流感基因工程疫苗不都是世界首创吗？但是，我们有的科研课题，不用说跟踪世界趋势，连国内别人搞得如何都不清楚，埋头苦干，好不容易搞出来，又发现别人早就搞过了，很不值得。

三要大力弘扬求真务实的科学精神。科学研究就是一个求真的过程，科技工作者最宝贵的品质就是求真。只有潜心求真，才能自主创新。不可否认，当前科技界确实存在一些不良的风气。如浮躁、浮夸，为迎合权势而放弃坚持，甚至弄虚作假，剽窃他人学术成果等。我们必须同这些不良风气作坚决的斗争，努力保持科学技术的纯洁性。务实就是要脚踏实地，深入实践。特别是农业科技工作者，要树立论文写在大地上，成果留在农民家的观念，真正深入田间地头，猪圈鸡舍，扎扎实实搞科研，实实在在出成果，为农民增产增收实实在在做贡献。

四要加强团结协作，力争出大成果，出突破性成果。农业科技发展到今天，学科高度分化而又高度综合，仅靠一己之力，单枪匹马很难出突破性的成果。院党组提出要加强团队建设，这是加强我院科技创新能力的重大举措。学科内部要加强整合，相近学科之间也要加强联合，围绕创新目标，分工协作，形成合力。过去杂交水稻的突破就是大联合、大协作的成功范例。

（三）牢记宗旨，全心全意为"三农"服务

1. 强化意识，切实将为"三农"服务作为我们一切工作的出发点和归宿。为"三

农”服务是我院的办院宗旨和根本任务。要将服务“三农”具体落实到包括指导思想、研究方向、学科布局、研究与转化推广的联系、资源配置、工作部署、考核评价等诸多方面。

2. 坚持正确的研究方向，切实将解决农业农村经济发展和农民增收中的重大科学技术问题作为研究工作的重中之重。科学研究出成果是我院的主要职能，也是服务“三农”的主要手段。因此，在学科布局、课题设置、资源配置、考核评价方面都要紧密围绕“三农”的需求，围绕出成果，出人才，出经济社会效益。

3. 进一步加大科技成果转化推广力度，提高科技对农业农村经济发展的贡献率。科技成果必须经过转化推广过程，让广大农业劳动者掌握，才能成为第一生产力。科技成果转化推广是我院的重要职能之一。院党组确定的“三个中心、一个基地”中，科技成果转化推广中心是其中一个。我们要充分发挥我院技术、人才密集的优势，采用包括兴办科技产业、开展科技下乡、技术培训、成果展示等多种方式转化推广成果。事实上，我院各单位在成果转化推广方面一直比较重视，也取得了较好的效果。例如在今年抗击冰雪冷冻灾害和抗震救灾中，我院的专家就做了大量工作，取得了很好的效果。但总的说来，比较零散，集成度不够，显示度不够，宣传力度不够。需要进一步加强统筹规划，明确要求，落实措施，加强宣传。特别是农科院作为农业部最大的科研机构，要在农业部指导农业农村经济发展的重大举措中，充分发挥决策参谋和技术依托作用。做到有身影，有声音，有分量，有效果。

三、全力做好支撑保障工作，推进我院各项事业又好又快发展

中国农业科学院的主要任务是大力推进农业科技创新。要真正发挥农业科技创新的排头兵、国家队、主力军作用，关键要依靠全院科技人员的团结拼搏。财务基建工作的任务是为科技人员提供有力的物质保障。如果将全院比作一个人体，基本建设是为人体制造骨骼，财务是为人体提供血液。因此，我院从事财务基建的同志责任重大，任务光荣。要深入学习实践科学发展观，牢固树立责任意识，服务意识，通过自身的勤奋工作，为我院的各项事业又好又快发展贡献自己的力量。

（一）抓住机遇，进一步提高科技创新活动的资金保障能力

“十一五”以来，我院抓住中央财政对科研机构投入倾斜的难得机遇，开拓创新，努力工作，多渠道、多形式反映我院科研条件建设和经费不足的现状，得到上级部门的理解和支持，财政资金支持力度明显加大。2007 年我院财政资金共计达到 22.1 亿元，比较 2001 年的不到 5 亿元，短短 7 年时间已经翻了两番多。在总量大幅增加，特别是在各类科技专项资金大幅增加的同时，投入结构也有了初步改善。从 2006 年开始，财政部门新增了基本科研业务费，修缮购置专项和离退休人员经费补助等专项资金。3 年

来，中国农业科学院共获得修缮购置专项资金 8. 32 亿元，共计 333 个项目。共计获得基本科研业务费专项资金 2. 57 亿元。各单位共设立基本科研业务费专项 441 个。此外，国家还累计投入非营利性科研机构改革专项启动费，科研院所运转费、农业事业单位运转费、研究生院培养费和离退休人员经费共计约 5 亿元。财政资金的大幅增加，基本满足了科技创新活动的资金需求，基本解决了大多数单位日常公用经费不足的问题，初步改变了各单位基础设施破旧、科研仪器设备老化的状况，为科技人员特别是青年科技人员开展自主性研究提供了支持，保证了公益性机构离退休人员的开支，促进了科研单位的和谐稳定。

但是，我们必须清醒地认识到，我国的农业比世界任何一个国家都更加复杂，中国的农业现代化道路十分漫长，充满艰辛。作为农业科技的国家队，要引领中国农业科技的发展，突破农业农村经济发展中的重大科技难关，参与国际农业科技竞争，任务十分艰巨。况且，农业科技发展到今天，要想取得新的突破，需要的投入越来越大。由于经费的制约，我们科研工作的深度和广度都远远不够（与国际小麦玉米改良中心、先锋公司、丹麦比）。我们不能因为目前科研经费增长较快就固步自封，而要立足发展，着眼全局，开拓思路，进一步加大争取投入的力度。

第一，财务工作者要与科技人员密切配合。深入分析农业科技创新对经费投入的需求，提出增加投入的充分依据，发挥同财政部门业务联系比较密切的优势，加强宣传、汇报，争取国家对农业科技总体投入的盘子做大。

第二，要进一步反映投入结构不合理的问题。特别是科研单位基本事业费不足，已经严重影响到单位的正常运行，同时也必然影响到科研工作的正常开展。很难想象，在基本工资都不能保证的情况下，科研人员能够专心致志搞科研。要争取国家在稳步增加专项资金的同时，下决心调整投入结构，将基本事业费予以保证，使科技人员摆脱后顾之忧，潜心科学研究，早出成果，多出成果，出大成果。这也是科学发展观的具体体现。

第三，努力解决拟转企单位和农业事业单位经费困难问题。

（二）谋划发展，大力推进科研平台建设

科研平台是科技创新最重要的物质基础，是出成果、出人才、出效益的工作母机。大力加强科研平台建设是全面提升我院自主创新能力的迫切需要，也是我院基本建设工作的重中之重。

第一，要坚持发展第一要务，进一步解放思想，实现我院基本建设从生存型向发展型的跨越。经过 51 年的建设，特别是近 10 年来，中国农业科学院的科研基础条件建设得到了较快发展，目前，一批国家级、部级和院级科研平台已经初步建成。我院现建有 1 个国家重大科学工程，1 个国家农作物种质资源库，5 个国家重点实验室，23 个农业部重点实验室，14 个国家农作物改良中心、分中心以及一批国家级、部级质检中心，

野外观测试验站等。各单位的科研和科研辅助性基础设施已初具规模，形成了一定的保障能力。但是，客观地讲，我们与中国科学院系统和高等院校的条件相比还有很大差距，还远远不能适应国家队肩负的繁重科技创新任务的需要。必须加快发展的步伐。我们必须进一步解放思想，着眼国家的科技需求，顺应世界农业科技发展的潮流，超前谋划。一方面进一步提升现有平台的装备水平，另一方面要结合我院的学科优势，抓紧谋划新的重大平台。项目筹划要从科技发展战略出发，围绕科研方向搭建科研平台，通过平台凝聚人才、吸引人才；通过平台提升能力、提高层次；通过平台快出成果、积淀成果。平台建设要做到铁打的营盘流水的兵，建设一流的平台，吸引一流的人才。平台是固定的，人才是流动，平台建设要代表科研方向，要一代一代积累科研成果。

第二，要注重可持续发展。从“九五”开始，中国农业科学院基本建设投资整体呈增长趋势，特别是进入“十一五”增长较快，2006 年 2.1 亿元，2007 年 2.8 亿元，2008 年目前已达 3.4 亿元，随着投资持续增长，基本建设可持续发展问题也就逐渐显露，需要引起重视，加以解决。

一是要从可持续发展的角度筹划基本建设项目，选择题材要科学，不贪大，避免做小项目用大题材；建设内容上不要贪求大而全，在有限的投资规模下，建设内容要少而精，上标准上层次。总之，在题材上、内容上要为后续项目留有余地。

二是要整合提升研究内容，对传统的研究内容加以整合提升，形成项目，如利用原有的土壤肥料研究，整合提升一个国家耕地质量科学中心，利用农业气候与环境研究，提升一个国家农业环境与减灾技术创新中心等。

三是要增强前瞻意识。要在现有的研究领域的基础上，结合国家战略需求，拓宽研究范围，筹划新的平台项目。如已建成的农产品质量标准与检验检测中心，正在筹划的国家农业应用微生物研究中心等，没有前瞻意识和创新，也就没有这些基本建设项目。

第三，要统筹兼顾。要统筹生存与发展。基本建设以发展为重点，着力筹划重大科研基础设施项目，支撑科研平台建设，但要兼顾保障性的院所区基础设施建设，如水电气、科研辅助用房等。避免科研平台建成后，院区基础设施保障能力不足，影响项目运行和科研开展。

要统筹项目建设时序。基本建设是个系统工程，先建什么后建什么要统筹考虑，特别是新所区建设，一定要基础设施先行，一次建设到位，相关联的科研设施要同步建设。

要统筹科研布局。要完善四个科研条件体系：

一是建立完善的实验室体系：根据我国农业科技创新要求和我院学科建设的需要，要大力组建国家实验室，建设国家重点实验室，每个重点发展的学科至少要建设一个部门重点实验室；涉及动物医学的研究所至少具备一个生物安全三级以上（含）实验室。

二是构建布局合理的试验体系：作物科学研究在主要生态区和主产区有试验基地（站），动物科学研究在研究所所在地区具备一个实验动物基地，其他研究根据需要建设试验基地或车间。

三是完善资源保存体系：建设作物、动物、微生物保存库（或离体保存库）和资源圃以及保种场。

四是完善野外观测体系：建立资源、生态、环境、市场等观测站（点）。

（三）强化管理，实现又好又快发展

又好又快是科学发展观对发展质量和发展速度的要求，也是从我国社会主义建设的长期实践中总结出来的宝贵经验。对中国农业科学院财务基建工作而言，就是要做到资金使用效益好，基建工程质量好，工作推进速度快，预算执行进度快。

第一，资金使用效益要好。近年来，国家财政投入不断加大，如何让这些资金在创造科技成果，培养科技人才，服务经济建设方面充分发挥作用，这不仅是财务人员的责任，也是单位领导和科技人员共同的责任。需要我们进一步增强节约意识，法规意识，强化资金管理，严格执行各项规章制度，合理使用资金，拒绝奢侈浪费，提高使用效益。

第二，工程质量要好。基本建设是百年大计，质量第一。我说的质量包括两个方面，一是项目设计功能要好，既要美观，又要好用，还要经济；特别是科研设施，在项目内容设计和工艺设计时要充分调研，要深入科研一线，充分听取科研人员的意见，项目建成后能够真正满足科研工作的要求；二是项目施工质量要好，搞一个项目，要出一个精品，要让科研人员用得舒心。要严格施工管理，认真执行工程建设的有关规程，把好质量关。

第三，工作进度要快。快字既体现工作效率，也反映工作作风。当今科技竞争空前激烈，慢了就要被动。科技创新要求支撑保障部门进一步提高工作效率，加快发展。拿基建项目来说，不少项目一拖就是好几年。前期工作慢，施工过程慢，工程扫尾慢，竣工验收慢。大大拖了科研工作的后腿，也影响了我院基本建设项目和投资的争取。这与实践科学发展观要求很不适应，希望各单位要高度重视，要把加快项目建设进度作为落实科学发展观的具体行动，既要把项目做好，还要把项目做快。

第四，预算执行要快。2007 年以来，上级部门对加快预算执行非常重视，三令五申。但我院的预算执行一直较慢。到现在快 10 个月了，预算执行才到一半左右。除了外部体制机制原因外，主要还是我们的工作不力，主观上抓得不紧或者方法上不得当造成的。各单位领导和职能部门要进一步增强紧迫感和责任感，对影响预算执行进度的重点项目，制定详细的任务、目标和进度，要对工作任务层层分解，逐项落实，要及时解决工作中的难点，要在保证资金安全有效的前提下，确保预算执行工作按时、按质完成。

（四）搞好服务，为我院科技创新能力提升做出应有的贡献

财务基建工作是中国农业科学院工作全局的重要组成部分。财务基建工作的好坏，直接关系整个单位的发展。因此，进一步加强财务基建部门自身建设十分重要。

第一，要牢固树立服务意识。财务基建工作肩负着为全院科技创新提高支撑保障的重要任务。科研单位和科研人员是科技创新的主体，科研工作和科技人员的需要就是我们的需要。科技人员取得的成就也是我们的骄傲。要摒弃“衙门作风”，想科研人员之所想，急科研人员之所急，千方百计搞好服务，共同为科技事业做贡献。

第二，要不断提高服务能力。要搞好服务，光有良好的动机是远远不够的，还必须要有过硬的业务素质。一要提高业务能力，熟练掌握相关业务知识和政策法规；二要适当了解本单位的主体业务，增强服务的针对性；三要提高对内、对外的沟通能力，创造和谐宽松的内外工作环境。

第三，要进一步建立健全规章制度。要在国家和上级法律规章的基础上，结合本单位工作实际，制定相关实施细则。特别要制定内部控制制度和工作流程，形成良好的工作规范，用制度管人，用制度管事。

在这里，我也想呼吁一下，这几年来随着国家投入的大幅增长，相关规章制度也越来越多，事情越来越复杂，财务基建部门的同志工作非常忙碌。也希望各单位的领导和职工能理解、关心、支持他们的工作，为他们提供必要的工作条件。

同志们，学习实践科学发展观是一个长期的过程，通过学习，要努力实现提高思想认识、解决突出问题、创新体制机制、促进科学发展的目标。以上只是我的一些初步的体会，不对之处，请大家批评指正。今后还要进一步深入学习，认真领会，在工作中结合实际，努力实践，为中国农业科学院各项事业又好又快发展尽自己一份力量。

关于印发刘旭同志在中国农业科学院深入学习实践科学发展观活动报告会上的讲话的通知

农科实践办〔2008〕14 号

院属各单位、机关各部门：

11 月 7 日，我院召开了深入学习实践科学发展观活动报告会，中国农业科学院党组成员、副院长刘旭同志作了题为“深入贯彻落实科学发展观，推进我院农业科技自主创新工作又好又快发展”的重要讲话，现将讲话印发给你们，请认真组织传达学习，全面贯彻落实。

二〇〇八年十一月十八日

（代 章）

深入贯彻落实科学发展观
推进我院农业科技自主创新工作又好又快发展

——在中国农业科学院深入学习实践科学发展观活动报告会上的讲话

中国农业科学院党组成员、副院长　刘　旭

（2008年11月7日）

同志们：

党的十七大作出了“深入学习实践科学发展观”的重大战略部署，党中央决定从今年9月份开始，用一年半左右的时间在全党开展深入学习实践科学发展观活动。根据中央的统一部署以及部党组、院党组的要求，中国农业科学院作为第一批开展学习实践活动的单位，在10月13日召开了动员大会，翟虎渠院长代表院党组和学习实践活动领导小组作了全面动员，强调了学习实践活动的重要意义和基本要求；10月17日下午，翟院长还结合我院实际，作了一个高水平的学习辅导报告，全面阐释了我院深入学习实践科学发展观活动的主题，具有很强的思想性、针对性和指导性。

根据院党组的安排和要求，让我作一个学习报告。按照学习实践活动的统一安排，在学习调研阶段，要求我们以学习实践为契机，密切联系我院工作实际和自身思想状况，在解决制约和影响科学发展的突出问题上下工夫，使科学发展的思路更加明确，思想更加解放，科学发展的成效更加显著。考虑到我院是国家级农业科研机构，中心任务是自主创新，今天我就以“深入贯彻落实科学发展观，推进我院农业科技自主创新工作又好又快发展”为题，谈谈自己在深入学习实践科学发展观活动学习调研阶段所取得的一些收获，并就我院开展农业科技自主创新工作及其发展思路谈一点自己的认识和体会，与大家一起讨论。

我主要谈三个方面的问题：

一、深刻理解科学发展观的基本内涵，充分认识开展深入学习实践科学发展观活动的重大意义

胡锦涛总书记在党的十七大报告中，全面阐述了科学发展观的内涵，那就是必须坚持把发展作为党执政兴国的第一要务、必须坚持以人为本、必须坚持全面协调可持续发

展、必须坚持统筹兼顾。结合实际，我认为：

科学发展，是中央新一届领导集体在邓小平同志提出的“发展是硬道理”论断上的继承和升华。小平同志在改革开放的转折时期，提出了“发展是硬道理”的科学论断，具有时代背景和历史意义。“不管黑猫白猫，抓住老鼠就是好猫”，是基于我国经济基础不很扎实、经济发展速度不高、经济实力还不很强的基本国情而提出的经济发展动员令。经过30年的改革和开放，我国各行各业经济水平有了很大的提高，经济实力有了很大的提升，国家竞争力显著增强。因此，今后的发展是要求又好又快地发展。这一点我们要有深刻的理解。

以人为本，克服了以物为本的对立面，这是党的全心全意为人民服务宗旨的根本要求，是科学发展观的精髓，决定了我们工作的出发点和归宿点。在建设创新型国家的今天，要提高农业科技自主创新能力，就要坚持以研为本，实现好、维护好和发展好广大科技人员的根本利益，创造条件充分发挥科技人员的创新精神。管理部门要树立服务为本的工作作风，为研究所和科研人员的发展做出自己的贡献。

全面协调可持续，是我们党在总结长期以来的历史和教训后得出的一条基本经验，克服了我国在社会发展中存在的片面、失衡、人与自然不协调发展的根本问题，倡导经济、社会、人与自然的和谐发展，以及人的自身发展，建立城乡统筹、区域平衡发展、经济与社会事业同步、人与自然和谐、国内与国际平衡发展的新格局。农业科技也要在高效生产型和资源节约型、环境友好型技术创新上重点作文章，实现数量和质量的统一、技术与经济、社会的统一、当前与未来的统一，实现可持续发展。

统筹兼顾，是全面协调可持续发展的具体要求。反映到农业科技创新工作中，就是要统筹好基础研究、高技术发展、关键技术攻关、技术集成示范与转化以及产前、产中和产后，生产、生态和生活，农业、工业和服务业之间协调发展的关系，全面实现原始创新、集成创新和引进消化吸收再创新的共同进步。

实践证明，贯彻落实科学发展观，事关党和国家工作的全局。改革开放以来，我国农业农村经济实现了前所未有的巨大变化，农村面貌发生了翻天覆地的变化。特别是党的十六大以来，中央按照科学发展观的要求，坚持“工业反哺农业、城市支持农村”的城乡统筹发展方略，把解决好“三农”问题作为全党工作重中之重，出台了一系列强农惠农政策，实现粮食连年增产，农民收入持续增长，农村社会全面进步。

我们一定要从党和国家事业全局出发，着眼改革发展的时代要求和人民群众对发展现代农业、建设社会主义新农村的新期待，深刻理解科学发展观的科学内涵、精神实质、根本要求和重大意义，立足本职，做好农业科技创新工作。

二、贯彻落实科学发展观，全面推进农业科技自主创新

当前，我国正处于发展现代农业、建设社会主义新农村和创新型国家的重要历史时期，我院正处于加快实现“三个中心、一个基地”战略目标的关键时期。作为国家级

农业科研机构，在发展现代农业、建设社会主义新农村的伟大进程中，肩负着发展农业科学技术、培养高级农业科研人才、组织全国农业科研协作、开展国际合作与交流、代表国家参与国际竞争、服务宏观决策的历史使命，在农业科技基础性工作、基础与应用基础研究、前沿高技术发展、共性和关键技术创新以及重大技术集成、示范、推广与转化，解决农业与农村经济发展中的基础性、方向性、全局性、前瞻性重大问题和关键技术，引领我国农业科学技术发展等方面，行使“国家队”职责。我们必须紧紧抓住难得的发展机遇，加强学科建设、人才与创新团队建设、科研平台建设，不断强化自主创新能力，积极服务“三农”，为国家粮食安全、生态安全、农民增收及农业可持续发展提供强有力的科技支撑，做出应有的贡献。

（一）积极推动学科建设

学科建设是提高我们科研单位科研能力和水平的基础，是科研和事业发展的软平台，是衡量一个单位综合实力和竞争力的重要标志，也体现出一个单位的发展思路和整体水平，是个总纲。学科建设也是关系科研单位长远发展及全局性的重要工程，是农业科技创新体系建设的重要组成部分。可以说，学科建设工作处于引领我院科技事业全面发展的战略和龙头地位，对于我们农业科研的国家队来说，具有举足轻重的作用。中国农业科学院党组十分重视学科建设，从 2001 年开始，通过多次组织研究所领导、专家一起研究、讨论，提炼学科建设思路目标和方向，并经过三次院学术委员会的大讨论，历时 4 年时间，制定出了院级学科建设规划、研究所级学科建设规划及其实施方案。目前已经初步形成了传统学科、新兴学科、交叉学科、综合学科并举，科技基础性工作、基础与应用基础研究、高技术发展、关键技术攻关、技术集成示范与转化并重，学科、人才、团队、平台、项目五位一体，面向现代农业、纵横交叉、结构合理、门类齐全、重点突出的现代农业学科发展体系。主要表现在：

1. 传统优势学科得到巩固和加强

农作物种质资源、动物遗传资源、草类种质资源、农业微生物资源、作物遗传育种、畜禽遗传育种、农业区域综合治理、植物病理学、农业昆虫学、农药学、农业机械化、农业图书情报学、农业经济管理学等传统学科仍然具有很强的优势，并在新的学科体系建设中得到巩固和加强。

2. 新兴学科得到重视和发展

作物功能基因组与分子生物学、作物分子育种、基因工程学、园艺作物细胞工程育种、生物安全学、生物多样性保护与利用、农业环境控制工程、植物免疫学、动物免疫学、病原分子生物学、农产品加工与贮藏工程、农产品质量与农业标准、农村能源工程等一批新兴学科、交叉学科和综合学科，经过近几年的建设与发展，已经凸显出我院的学科特色和优势。

3. 建立了新时期学科建设与发展体系，学科布局不断优化

中国农业科学院党组从 2002 年开始，对作物科学、农业生物安全、资源与环境科学、动物科学、农业应用微生物、农产品加工和质量标准等学科领域的资源进行整合与重组，调整了学科布局，出台了《中国农业科学院重点学科建设方案》，确立了作物科学、畜牧兽医科学、应用农业微生物学、农业资源与环境学、食品科学与工程、农业质量标准与检测、农业经济与科技发展、农业信息、农业工程学“九大优势学科群、41 个一级学科、173 个二级学科”的学科建设战略框架和建设体系，学科设置更加合理，学科布局不断优化。

4. 优势学科的国内外学术影响力显著提升

作物分子育种、水稻功能基因组学、农业生态环境修复与调控等学科已居国内领先水平。一些优势学科，如作物功能基因组学、作物分子育种、种质资源学、生物安全与外来生物入侵、基础兽医学等已在国际上占有一席之地。

5. 学科建设促进了人才、团队、平台的建设

各研究所在院学科建设战略框架的推动下，人才、团队和平台建设取得了又好又快的发展。一方面通过实行杰出人才工程、培养在职人员、稳定优秀人才、引进高学历人才及人才资源重组、建设优秀创新团队等措施，进一步充实了重点学科带头人，促进了人才队伍的发展；另一方面，通过平台项目的争取和实施，推进研究所学科的整体发展。

尽管如此，我认为我院的学科建设工作仍然存在不少问题和差距。一是部分学科缺乏实质性内容，学科与课题间的关系不紧密。主要是没有很好地整合资源，课题组管理与学科建设结合不紧密。课题组往往研究方向单一，以一个研究方向涵盖一个学科是靠不住的。有的课题组因为队伍较弱、稳定性差、项目支撑较少或没有项目支撑，没有成果或成果层次很低，服务方向不明确，短期行为较重，根本无力建设优势学科，或者不能将学科做大、做强；二是学科发展不平衡，弱势、新兴学科发展艰难。现阶段，我院绝大多数科技资源集中在作物科学、畜牧兽医科学和资源环境科学三大学科群，其他学科群的建设任务还十分繁重。例如，食品科学与工程是新建立的学科群，科研积累少，科研基础设施不完善，而该领域竞争激烈，特别是中国农业大学、江南大学等食品科学经过多年发展，在该领域有很强的竞争力。而其他薄弱学科、新兴学科，由于自身基础薄弱，人、财、物等资源配置不足，发展很艰难。同时，科研资源配置在一定程度上不尽合理，存在研究工作同水平重复现象。例如牧草科学研究方面，涉及畜牧所、草原所、兰牧药所和资划所，很多研究方向、研究内容是相同的，学科资源分散，形成不了总体优势和竞争力，设施园艺学科也有类似的情况；三是学科发展缺乏系统性、完整性。我院某些研究所的研究工作往往只局限在学科中的某一个领域或方向，有的只开展技术创新，有的局限在应用基础研究，而一个完整的学科，应当系统地开展基础研究、高技术发展、共性与关键技术创新及其开发等，我院 41 个一级学科中部分学科的发展缺乏系统性、整体性，这样就很难形成优势学科。

根据《中国农业科学院“十一五”科学技术发展规划》，中国农业科学院“十一五”时期学科建设的任务是：力争通过5～10年的不懈努力，培育九大优势学科群，形成2～3个国际一流、30～40个国内一流、40～50个具有我院特色的重点学科（中心）；培育建设5个左右新兴或交叉学科；力争博士一级学科授权点8～10个，博士二级学科授权点60个左右，硕士授权点70个左右，博士后流动站10个左右。

因此，推动我院学科建设与发展，仍然要下大力气抓紧抓好。我认为，一要进一步整合资源，调整布局，优化学科结构。依据国家重大需求和已有学科的性质、类别和学科发展状况，按照“有利于学科高层突破、有利于整体发展”的标准，对学科结构进行适时调整，进一步整合资源，优化学科结构；二要多渠道筹措资金，为学科建设提供条件保证。通过各方面努力，争取国家在创新编制、事业费规模、科研投入强度和投入方式上取得突破；全力以赴争取国家科技计划、行业科技计划、重大科技专项以及科技部专项、农业部专项、教育部专项、财政部支农专项、国债基本建设项目等支持；鼓励研究所争取企业、协会、基层组织的横向资金，积极争取政府间国际合作项目和世界银行、国际组织、国家机构和国外民间团体的项目资金；积极推进农业科技成果转化中心建设，重点发展种子种苗、特产农产品及功能食品、兽用生物制品及兽药、饲料和饲料添加剂、科技信息传媒等产业，促进科技成果产业化、科技产业规模化，做强做大科技产业，以产业创收反哺学科建设；三要分层建设，强化优势，突出学科特色。坚持紧密结合经济建设和发展需要，不断培育新的学科增长点，尽快形成新的学科群；坚持既要注重学科个体的发展与突破，更要注重在大学科集群建设框架之下学科之间的交叉融合、资源共享，相互支撑，相互带动，共同发展；注重农学、近农与非农学科的交叉融合。对于有望取得重大突破的新兴、交叉和综合学科，要在学科带头人、创新团队、工作环境、建设经费等方面采取特殊政策，实现学科建设的重点突破；四要优化环境，注重培养，凝聚学科创新队伍。坚持“培养与引进并重、选拔与使用结合”的原则，通过提供良好的科研条件和营造浓厚的学术氛围，积极吸引人才、培养人才，做到“事业留人、待遇留人、感情留人和环境留人”。“十一五”后3年，要在前期“杰出人才工程”基础上，进一步重视院士级专家的培养，重点开展创新团队建设工作，充分发挥集团军联合优势，推动我院科技自主创新；五要完善评价、考核和激励机制，推进学科建设的跨越发展。进一步完善分类考核与评价制度，开展不同岗位类别的考核与绩效评价；完善专业技术职务评聘、专家人才推荐选拔、专业技术人员考核评价、高层次人才培养管理等制度；完善院科技成果奖评审办法、科技成果有偿转让与利益分配制度，重奖在自主创新与成果转化中有突出贡献的科技人员及高水平管理人员。

（二）重点加强人才与创新团队建设

当今世界，人才已成为最重要的战略资源。领军人才、战略科学家和优秀学科带头人等高层次科研人才在创新工作中的重要性日益凸显。以高层次科研人才为核心的创新团队是获取和整合资源的有效组织形式，是创新的重要载体。

为了加快培养领军人才、战略科学家、优秀学科带头人和青年后备人才，形成一支具有世界前沿水平的创新人才队伍，中国农业科学院于21世纪初实施了“人才强院”战略，于2002年启动了“杰出人才工程”。从2002年到2005年，通过连续4年实施，从国内外招聘到一级岗位杰出人才43人，二级人才124人，三级人才239人。在167名一级、二级岗位杰出人才中，45岁以下107人，占64.1%，具有博士学位的人才144人，占86.2%。从美国、日本等10多个国家的著名高校、科研单位和公司引进37人，占22.2%，从国内其他大学、科研单位引进24人，占14.4%。通过“杰出人才工程”的持续实施，我院高层次人才队伍的整体素质得到了提高，人员的学历结构、专业结构、年龄结构、梯队层次结构得到了改善，骨干人才队伍得到充实，科研实力和学术水平得到了提升，自主创新能力和竞争力显著增强。一级、二级、三级岗位杰出人才基本覆盖了全院9大学科群、41个一级学科和173个二级学科，形成了以杰出人才为主体的学科带头人队伍和学科专业优势明显的人才梯队。

为了提高创新效率，发挥团队作战能力，在“杰出人才工程”基础上，从2007年开始正式启动实施了“中国农业科学院创新团队建设工程”，先后出台了《中共中国农业科学院党组关于加强科技创新团队建设的意见》、《关于推进科技创新团队建设有关问题的通知》，明确了“创新团队建设工程”由院引领、以所为主的建设思路。2007年7月，我院在长春召开了科研管理和创新团队建设工作会，标志着我院“人才强院”战略从杰出人才个体转为创新团队群体建设。2008年2月份，印发了《中国农业科学院优秀科技创新团队管理办法》，3月份和7月份，我院在北京分别组织全院各研究所和12个重点研究所召开了科技创新团队和优秀创新团队建设汇报会，听取了相关研究所拟推荐的优秀创新团队整合、建设情况汇报，围绕各所推荐团队的研究方向、建设目标、科研项目、依托平台、人才梯队等方面逐一进行了分析评议；院里还计划在本月底正式遴选第一批院级优秀科技创新团队，目前各项工作正在积极准备之中。

人才和创新团队建设尽管已经取得了较大成绩，但由于受到政策、投入、机制等方面的影响，人才和创新团队建设工作也面临着越来越严峻的挑战。中国科学院“百人计划”、教育部属高校的“长江学者”计划、地方高校、科研机构的人才引进计划均得到国家、地方政府财政上的巨额支持，而我院人才建设经费仅靠自筹，力度远远不够。此外，杰出人才在各学科间的分配极不平衡，学科与学科间的科技资源量、发展水平极不平衡；对创新团队的概念、内涵的理解还不到位，团队建设工作还没有在全院上下形成自觉的意识、氛围和浓厚的环境，没有入脑、入心、上口和变成实际的行动，有的所认识上还有差距，不够重视，工作力度不够，没有使实劲。我们要抓住国家高度重视“三农”，重视农业科技自主创新的有利时机，积极向上级汇报、沟通，争取中央财政对我院人才、团队建设能有一个较大支持。

根据院“十一五”发展规划和创新团队建设工作任务、目标，要在全院范围内建设100个左右具有重点学科研究方向、特色鲜明、竞争有力、在国内外具有一定影响和发展潜力的科技创新团队，院里分批从中遴选20个左右进行大力扶持，培育成为本学科领域国际上处于领先地位、能够引领我国农业科学发展的优秀创新团队。创新团队建设是我院“十一五”后两年乃至今后一段时期人才队伍建设的重点工作，各单位、部门必须高度重视，将创新团队建设作为近几年本单位工作的中心任务来抓。

一是要加强领导。中国农业科学院机关各部门，要在院党组和院领导小组的统一领导下，根据本部门职责分工，主动配合、积极支持、统筹协调、热情服务，共同推进“科技创新团队建设工程”的实施；各研究所要认真做好组织推荐、重点扶持和日常管理服务工作，院里要把此项工作纳入所领导班子任期目标任务和年度考核指标中去落实；二是要加大投入。各研究所对于财政部下达的公益性科研院所基本科研业务费专项资金，要有相当比例用于支持科技创新团队的建设；有条件的研究所可设立“创新团队基金”；通过多渠道争取经费，加大对创新团队的经费支持力度；三是要集聚人才。积极培养和引进团队领军型人才，鼓励参加各类学术团体并担任一定的职务，扩大影响，提高知名度；打破人才的部门、单位界限，支持跨学科、跨部门、跨单位组建创新团队和聘任团队成员；允许团队带头人配备学术秘书，院里在进人指标上予以保障；院、所对创新团队的带头人及骨干人员在专家推荐、专业技术职务评聘、人才引进、辅助人员配备、研究生培养计划等方面给予重点支持和倾斜；四是要创新运行机制。团队首席科学家可根据学科发展和创新团队建设的需要，在研究所的统一领导下，公开招聘骨干人才、调整人员组成；根据有关政策，自主确定团队内部管理体制、运行机制和绩效工资分配制度；五是要营造良好环境。积极营造鼓励人才干事业、支持人才干成事业、帮助人才干好事业的氛围，努力形成尊重知识、尊重劳动、尊重人才、尊重创造的创新环境。注重发挥个人才干和团队整体效能，建立以品德、知识和能力为要素的评价体系，以团队的整体效能发挥为考核主体，以团队成员履行岗位职责为考核依据，促进团结协作；制定和实施人才和科技成果奖励办法，激发团队的创新积极性。

（三）突出强化科研平台建设

科技平台是保障和促进农业科技创新、培养和凝聚高层次人才与队伍、支撑现代农业发展与新农村建设的科技物质基础和条件，是国家农业科技创新与应用体系的重要组成部分。当今世界，学科快速分化与高度交叉融合都在加快，科学发现、技术发明与产业化的周期越来越短，科技创新对重大科技设施的依赖度越来越高，对自主创新能力及其基础设施建设、装备水平等提出了新的更高要求。科技基础设施条件和装备水平等，已经成为衡量一个国家科学技术发展水平、创新能力、综合国力和国际竞争力的重要标志之一。进入“大科学”时代以来，科技基础设施和条件能力建设出现了大规模、系统化、信息化、工厂化、流水线、网络化、矩阵式、大海量等新的特点和发展趋势。加快缩小我国与发达国家的差距，加强科技基础设施条件和装备建设，大幅度提升自主创新能力，是经济全球化背景下构筑我国农业科技国际竞争优势的迫切任务。近年来，国家相继出台了《2004～2010 年国家科技基础条件平台建设纲要》、《国家自主创新基础能力建设“十一五”规划》、《“十一五”国家科技基础条件平台建设实施意见》、《全国农产品质量安全检验检测体系建设规划》等，标志着国家对科技平台建设加大了支持和投入力度，中国科技平台建设已经进入了一个新的发展时期。

长期以来，中国农业科学院在农业部、国家发改委、财政部、科技部等上级有关部委的领导和支持下，在历届院党组、各级领导和全院上下共同努力下，经过 51 年的建设和发展，创新条件得到较大发展。截至 2008 年 10 月，依托我院建成了“农作物基因资源与基因改良国家重大科学工程”、“农产品质量标准与检测技术研究中心”、“中日农业技术研究发展中心”等重大项目，“国家农业生物安全科学中心”即将动工建设；拥有水稻生物学等国家重点实验室 5 个，部门重点开放实验室 32 个，院级重点开放实验室 52 个等创新平台；拥有国家动植物改良（育种）中心 15 个、分中心 1 个，国家农作物种质资源长期库 1 座、中期库 11 座，多年生种质资源圃 12 个，国家级野外台站 5 个，部门重点野外台站 24 个，科技部国家工程技术研究中心 5 个，国家发改委工程实验室 3 个、工程中心 2 个等支撑平台；承担了现代农业产业技术体系第一批现代农业产业技术研发中心 6 个、功能研究室 17 个、综合试验站 5 个，农业部第二批征求意见拟建研发中心 12 个、功能研究室 41 个、综合试验站 7 个，农产品加工研究中心 1 个、专业分中心 6 个，国家级质检中心 3 个、部门农产品质量监督与检验测试中心 36 个、筹建 2 个，农业部农产品质量安全检测机构 20 个，以及国家禽流感、口蹄疫参考实验室和血吸虫、饲料专业实验室 7 个等服务平台。已经构建了初具规模的科技创新、科技支撑和科技服务三级三类科技平台体系。

但是，由于历史的原因，我院条件平台建设仍存在一些问题和不足，主要表现在科技平台结构及其装备数量、质量不仅与国外发达国家、国际农业科研机构和国内中国科学院、部分高等院校相比差距甚远，而且与农业科研“国家队”极不相称，与农业科技自主创新的要求不相适应，已经成为严重制约我院科技自主创新的“瓶颈”。根据定位和使命，我院提出了用 8～10 年的时间建设成为具有国际先进水平的国家农业科技创新中心、国际农业科技交流与合作中心、国家农业科技转化中心与高级农业科研人才培养基地（“三个中心、一个基地”）的战略目标。要实现这一目标，必然要求建设一批一流的国家重大科学工程（科学中心）、国家与部门级重点实验室、国家工程技术（研究）中心、野外观测试验台站等科技设施与条件平台，使学科、人才、团队、平台、项目五位一体，形成一批开放有序、运转高效的创新基地、服务设施和支撑平台，才能不断地产出一流的成果、论文和人才。

未来 5～10 年，我院科研平台建设的发展目标及任务是：围绕我院九大优势学科群和 41 个一级学科以及院“十一五”科学技术发展规划确定的 12 个重点创新领域，优化配置、合理布局相关科技资源，重点建设和完善一批以重大科学工程/科学中心、重点实验室等科学研究试验基地为主体的科技创新平台，以品种改良中心、农业野外科学观测试验站、工程实验室/技术中心、农业技术中试基地等为主体的科技支撑平台，以农产品质量检测与监测、转基因产品检测中心、国家参考实验室等为主体的科技服务平台，基本建成我院布局合理、装备先进、开放流动、共享服务、运行高效的农业科技平台体系，使科技平台、学科建设、创新团队、杰出人才、自主创新的创新支撑链成龙配套、良性互动、提高效率，使我院的创新能力和国际竞争力显著增强，农业科技工作条件显著改善，高层次创新人才培养能力与凝聚力显著提高。

我们要紧紧抓住国家“十一五”启动并建设的科技基础条件平台建设计划、自主创新基础能力建设规划、国家工程实验室建设计划以及国家农业科技创新体系建设等契机，强化科研平台建设。一是要统筹规划、狠抓落实。院一级继续加强三级三类科技平台的统筹规划；各研究所建立所领导亲自抓科技平台建设的工作机制和组织机制，充分发挥科技创新人员、科技管理人员、科技服务人员的积极性和主动性，形成合力机制；二是要积极争取平台立项，加强平台的升级建设。紧密跟踪国家、部门科技平台立项动态，准确把握各类平台的定位和运行机制，加强新建平台的前期设计，提高平台申报的命中率；继续加强已建平台的建设工作，努力做强做大，把我院的平台建设成为全国同类行业的精品平台，在此基础上选拔、升级成为国家部门级平台；三是要多方争取经费，保障已建平台的高效运转。积极争取国家和有关部门的平台运转经费；在基本建设专项资金和中央公益性科学事业单位修缮购置专项资金中对科技平台予以重点支持，及时修缮平台的设备设施，添置科学仪器，满足科技创新的实时需要；努力争取国家专项资金的投入，改造提升科技平台整体的基础设施条件与仪器的装备水平；筹划建立院科技条件平台建设专项调控经费，保障已建平台的高效运转；四是要加强平台的动态管理。建立科技平台评估和考核体系，对评估为优秀的平台要予以表彰与资助。通过举办重点实验室、改良中心、质检中心等科技平台管理工作会议、经验交流会、研讨会等，加强科技平台的运行管理，促进科技平台之间相互交流，总结经验，及时发现并解决平台建设和运行过程中出现的问题。

（四）加快提升自主创新能力

自主创新能力是国家竞争力的核心。提高我国农业科技自主创新能力，不仅要紧紧扭住为国家发展服务这个中心任务，坚持贯彻经济建设必须依靠科学技术、科学技术必须面向经济建设的战略方针，着力提高解决当前和未来我国农业和农村经济社会发展的重大科技问题的能力，着力提高为落实科学发展观提供知识基础和技术支撑的能力，着力提高保障国家粮食安全、生态安全和农民增收的能力，努力攀登世界科技高峰，而且要继续创新农业科技机制，科学配置科技资源，积极培养和引进高层次创新人才，培养创新队伍，创造一流的成果。

实践证明，在实现我国主要农产品由供给不足到总量基本平衡、丰年有余的历史性转变，解决全国人民的温饱问题，推动我国农业生产进入新阶段，促进全国向小康迈进的历史进程中，农业科学技术发挥了不可替代的支撑作用，做出了重大贡献。刚刚结束的党的十七届三中全会，为我国农业现代化发展描绘了宏伟蓝图。到 2020 年，现代农业建设要取得显著进展，农业综合生产能力明显提高，国家粮食安全和主要农产品供给得到有效保障。实现这些目标，科学技术的支撑不可或缺，我们必须大力发展农业科技，用科技创新推动我国农业又好又快发展。

作为农业科研“国家队”，中国农业科学院全面贯彻落实党中央、国务院关于农业、农村与农业科技工作的方针政策，根据不同时期的国家需求，与时俱进，自主创新，在解决基础性、全局性、战略性和关键性农业科技问题上，发挥了主导作用，引领半个多世纪以来的全国农业科技发展，形成了鲜明的特色和明显的优势，取得了一批具有重要理论意义和应用价值的成果，在国内外产生了广泛而深远的影响。

农业科技基础性工作优势和特色更加突出。开展了长期、系统的农作物、畜禽、牧草、农业微生物等种质资源收集、保存、评价与利用研究，建立了农作物种质资源保存长期库、复份库各 1 座、中期库 10 座、多年生作物种质圃 32 个、农业野生植物原生境保护点 27 个，长期安全保存 180 种作物种质资源共 39 万份，居世界首位，建成了世界最大的畜禽遗传资源体细胞库，保藏农业微生物菌种 10 万余份。同时，建立了拥有全国最多农业科技文献信息资源和先进的信息处理设备及网络系统的农业信息平台。

基础研究取得重大突破。在农作物核心种质、骨干亲本、优良性状分子改良、病虫害发生规律、动物病原分子结构与功能、肥料高效利用、农业转基因生物安全、外来生物入侵、农业微生物功能基因组、土壤质量演变等重要研究方向，开展了大量基础与应用基础研究，形成了学科、队伍、平台优势，建立了理论、方法和技术发展体系，取得了一批有特色的重要成果，在《NATURE》、《SCIENCE》、《THE PLANT CELL》、《PNAS》等学术刊物上发表了多篇高水平论文【水稻所在水稻功能基因研究取得多项突破，研究成果相继发表在《NATURE》、《NATURE GENETICS》《THE PLANT CELL）、《THE PLANT JOURNAL》上发表，获得 2005 年国家自然科学二等奖；哈尔滨兽医研究所的“中国 H5N1 亚型禽流感病毒对哺乳动物致病性研究”论文发表在《美国科学院院刊》；作科所的“抗白叶枯病的复杂的遗传网络研究”论文发表在 2006 年《PNAS》；植保所的“烟粉虱入侵机制”论文 2007 年发表在《SCIENCE》上，“种植 Bt 棉花有效控制棉铃虫在中国多作物生态系统发生与为害”论文今年 9 月发表在《SCIENCE》上】，奠定了相关学科的中心地位，推动形成了我院与中国科学院、高等院校在农业基础研究领域“三足鼎立”的格局。

现代农业高技术研究的主体地位和作用不断提升。相继开展了动植物基因工程、植物遗传转化体系、分子标记辅助育种、动植物生物反应器等研究工作，重点突破了一批关键技术，获得专利近 1 000 项，特别是功能基因挖掘、优异种质创新、作物分子育种、资源高效利用、节水农业、农业环境控制与生态修复、植物反应器、工厂化农业、精准调控与数字农业等高技术领域取得一批具有自主知识产权的成果，形成了自己的优势和特色。

农业关键技术攻关保持了传统领域优势，结构进一步优化。我院的研究领域已经从农业种质资源与材料创新、作物遗传育种、农业区域综合治理、病虫草鼠害综合防治等传统优势领域，进一步拓展到农产品精深加工、现代奶业、农产品质量与标准、节水农业技术、环境控制与修复、生物质能源等新兴技术领域，研究方向与内容结构得到进一步调整和优化。涌现出超级稻、矮败小麦育种技术体系、西门塔尔牛、大通牦牛等一批具有自主知识产权、世界领先的成果，为农业和农村经济持续、稳定、健康发展提供了强有力的科技支撑。

宏观战略研究成效显著。通过开展“中国中长期食物发展战略研究”、“中国农业现代化的理论、道路与模式”、“我国粮食与经济作物发展战略研究”、“中国农业科技体制改革研究”等，提出了“走现代集约持续农业发展之路”、“粮—经—饲三元结构种植业”、“把粮食安全观念转变为食物安全观念”等一系列重要战略思路和政策建议，被中央宏观决策采用。

截至2007年底，中国农业科学院共取得各类科技成果4 746项，其中获奖成果2 420项（国家级成果269项，省部级成果1 354项）。这些成果，75%以上都在生产上大面积推广应用，并产生了巨大的社会经济效益。一批重大成果达到国际、国内领先水平，如“中单2号”玉米杂交种，“中棉12”棉花品种，“甘蓝不亲和系选育及其配制的七个系列品种”，“马传染性贫血病弱毒疫苗”等获国家发明一等奖；“汕优10”，“中棉所16”，“聚乙烯地膜及地膜覆盖栽培技术”，“H5亚型禽流感灭活疫苗的研制与应用”，“印水型水稻不育胞质的发掘及应用”，“中国农作物种质资源收集保存评价与利用”、“中国小麦品质评价体系建立与改良技术研究”等获国家科技进步奖一等奖；“籼型杂交水稻”获国家发明特等奖；“中国小麦条锈病流行体系”获国家自然科学二等奖；“中蔬5号、6号”番茄品种、甜研301甜菜品种、禽流感、新城疫重组二联活疫苗等获国家发明二等奖。

尽管如此，我院的科技创新工作仍然存在一些具体问题，例如：对科学前沿的敏锐性把握不够、科研活动与农业生产实际结合机制即“顶天立地”的问题仍未完全解决、有苗头重大成果不多、组织科研大协作有待进一步加强等。

未来5～10年，我院科技创新的发展目标与任务是：以科学发展观统领全局，以自主创新为主线，围绕我国“三农”发展重大需求，依托我院已有基础和优势，重点组织实施一批有望在未来5年内取得重大突破、对未来5～10年“三农”发展发挥关键支撑作用的重点项目，突破一批关键的科学问题，获得一批自主创新成果，支撑现代农业发展和社会主义新农村建设，引领农业科学技术发展，全面提高我院农业科技自主创新能力和国际竞争力。

要实现这些目标：一是要千方百计积极争取国家科技计划的立项支持。瞄准世界科技前沿和国家重大需求，抓好重大计划、项目的顶层设计工作；全力以赴争取国家自然科学基金、“973”计划、“863”计划、科技支撑计划、基础条件平台建设计划、政策引导类科技计划、国家自主创新能力建设计划、“948”计划、农业结构调整专项、跨越计划、农业科技成果转化资金、国家高技术产业化示范工程等项目，以及科技部专项、农业部专项、教育部专项、财政部支农专项、国债基本建设项目等经费投入；二是要加大成果培育力度。建立重大项目跟踪管理制度，对于取得突破性创新的项目，给予重点支持、指导、服务；加大对已有成果的挖掘、集成力度，通过集成创新培育重大成果：强化知识产权的保护和成果鉴定，在新品种、新技术、新产品以及专利、论文、著作等方面建立适合不同学科、专业、方向和岗位特点与规律的分类评价机制，及时组织成果鉴定，申请国家、国际专利保护或新品种权保护。各个研究所要按照院里的要求，结合承担的重大项目和优势学科，突出重点，集中人力、物力抓出 1 ~2 个有突出亮点、内容过硬的成果来。院里也将抓一批重大成果的培育，力争首先在转基因三系杂交棉、矮败小麦育种、超级稻育种、杂交油菜、基因工程疫苗和微生物农药等方面有所突破，随后带动其他领域相继培育出在全国乃至世界有影响力的科研成果；三是要继续组织开展农业科研大协作和合作，积极推进中国农业科学院及各研究所与地方农业科学院/大学共建综合研究中心；建立科技资源共享机制，组织国家创新基地、区域创新中心、国家试验站的创新力量联合攻关；鼓励和推进院、所、科学家三个层面与地方农业科学院、中国科学院、农业院校及综合性大学等开展科研协作；高效地运用学会、协会等学术平台，领衔组织各种形式的学术会议、研讨会、论坛等；四是要健全科研项目管理机制，推进科技创新工作。“十一五”以来，国家不断加大了对农业科研的投入，我院科研立项工作不断取得进步，各级科研计划项目及经费数量均有了显著增长，重大科研任务不断增多。与此同时，国家出台一系列的科技政策和配套管理制度，有效保障了各类科研项目的顺利开展。我们必须建立规范的管理制度和工作制度，尽快研究出台有关科研项目管理的具体指导意见，规范和指导院、所科研项目管理工作，建立科研工作新机制，加速推进我院科技创新工作。

（五）有效服务“三农”

强化科技兴农和成果转化应用工作，是贯彻落实党中央、国务院关于积极发展现代农业，扎实推进社会主义新农村建设战略决策的重要行动，是农业部组织实施发展现代农业“十大行动”的具体要求，也是中国农业科学院服务经济主战场、促进自身发展、培育重大成果、扩大社会影响的重要举措，是我院一项长期而重要的工作，也是自主创新工作的出发点和落脚点。

建院 50 多年来，我院坚持面向“三农”，鼓励支持广大科研人员深入生产第一线，不断探求农业科技成果转化和推广服务的有效方法和途径，加速科技成果的转化与推广。截至 2007 年底，全院选育农作物新品种 1 000 余个，累计推广面积 24 亿亩以上；培育畜禽新品种 32 个，累计推广 14 亿头（只）；研发各类新技术 1 000 余项，累计推广面积 37 亿亩，为我国农业和农村经济的发展提供了强有力的科技支撑。一批先进实用的科技成果得到快速转化应用，取得了显著的经济效益和社会效益。我院培育的国产转基因抗虫棉占全国种植面积比例，从“九五”末的 5% 上升到目前的 85% ，彻底取代了以往国外抗虫棉品种的地位；双低油菜新品种实现高产与优质的统一，推广面积占全国播种面积比例从“九五”末的30%提高到目前的40%，占湖北省油菜种植面积的80%以上；育成超级稻新品种10余个，百亩示范片亩产均超过800公斤，累计推广面积达2 000多万亩，占全国超级稻种植面积的11%；果树、蔬菜、西甜瓜等园艺作物的新品种、新技术的推广在种植业结构调整中发挥了重要作用，其中甘蓝新品种种植面积占全国年播种面积的50%以上，累计推广面积达1亿多亩；禽流感基因工程疫苗成为我国及东南亚等部分国家、地区防控高致病性禽流感的核心支撑技术，已累计应用65亿羽份，占全国用量的70%（其余30%均由中国农业科学院哈尔滨兽医研究所提供技术进行生产），其中出口到越南3.4亿羽份，产生重大的国际影响。围绕种子种苗、疫苗兽药、饲料及添加剂、蜂产品与功能食品等生产技术，积极发展高新技术产业，新组建各类科技型企业32个，其中注册资本3 000万元以上的5个，取得各类注册商标38个，拥有各种特许生产经营权证书27个，22个企业取得了高新技术企业资格认证，全院科技产业累计实现产业收入25亿元，收入年均增长28%，纯利润年均增长7%，促进了农业高新技术的中试和转化，科技产业开始步入规模化的稳定发展轨道。

围绕农业部发展现代农业“十大行动”，组织开展了形式多样的科技兴农活动：①加强科技兴农战略对策研讨。先后与农业部有关司局、地方政府联合举办了“全国马铃薯免耕栽培现场观摩暨产业发展研讨会”、“中国玉米产业峰会”、“环京南奶业发展高层论坛”等系列高层专题研讨会，明确了区域农业创新和技术推广方向。②多种形式积极开展推广服务活动。研究制定“中国农业科学院贯彻落实‘十大行动’实施方案”，组织专业技术人员，配合“科技入户工程”等科技下乡活动，深入重庆、新疆、河北、江苏等20多个省区市的农村，结合农时开展技术培训、咨询和科普活动，基本形成了以效益为根本，产量和质量为核心，农业专家为源头、技术指导员为纽带、示范户为中心、农业新闻媒介为载体、连接周边农产区的技术传播网络。积极参加农业部“送科技下乡，促农民增收”、“扶贫济困送温暖”等活动，提供强有力技术支持。同河北省政府共同组织“百名博士兴百县”、“送科技下乡建设现代农业—廊坊行”等大型科技推广活动。2008年启动了与宁夏的“院地合作、所县共建”科技合作活动，宁夏22个县与我院11个所签订了共建协议。通过组织开展各种类型的科技兴农、科技下乡、科技展览活动和科技合作，一批科技成果得到广泛推广应用，提升了我院在农业增产、增效和农民增收中的科技支撑力与影响力，促进了科技成果的转化与应用。

我院的科技兴农和成果转化与推广工作虽然取得了一定成绩，但是我院科研成果转化在思想观念、转化环节和宏观环境等方面仍存在着一些问题和障碍，科研成果的转化率仍然偏低。如：由于观念、理念、政策、体制等多方面的原因，长期以来受到重成果、轻实践，重水平、轻效益，重科研、轻转化，重成果、轻推广的思想束缚，使得科研成果高产出率的背后是低转化率。同时，科研体制和成果转化机制不健全，转化推广服务缺乏专门资金扶持，没有形成一支专业化的技术转化与推广队伍。

“十一五”时期，我院要围绕建设一流的农业科技转化中心的战略目标，以我院优势技术为依托，加大种子种苗、疫苗兽药、饲料及添加剂、特产与功能食品、灌溉与加工机械、农业软件与传媒等技术转化与应用力度，探索建立新时期农业科技成果转化应用和服务“三农”的新机制。因此，各研究所、机关各部门要提高服务“三农”的责任感，增强使命感，紧紧围绕现代农业和新农村建设，进一步重视加强服务“三农”工作。第一，要建立院所联动机制，充分发挥研究所在科技兴农工作中的主体作用，强化目标管理，调动科研人员深入基层开展成果转化和推广工作的积极性，鼓励科技人员“把论文写在大地上，让成果留在农民家”，努力实现高水平论文与重大成果推广应用的统一，在服务“三农”和建设现代农业的实践中建功立业。第二，要按照农业部的统一安排，积极参加农业部“十大行动”，积极配合农业部等上级部门做好“科技入户”、“百万大培训”等工作。第三，要深入基层深入农村，认真了解和掌握农业生产一线和农民的所需所想，有针对性地加大技术指导和培训力度，不断创新和完善机制，把科技成果产业化开发作为服务“三农”的重要形式，继续抓实抓好，做强做大。第四，要加强与地方和企业横向科技合作，推进与地方的科技性合作，加快新品种、新技术、新产品的宣传展示，加快农业科技成果的转化和先进实用种养技术的普及，努力扩大优良品种覆盖面，提高技术的到户率和到田率。第五，要积极主动地参与政府战略研究和规划制定，加强“三农”问题的调查与研究，围绕农业结构调整，为发展优势产品和特色产业、提高农业产业化和农产品加工业发展水平、增加农业效益和农民收入献计献策。

三、始终坚持实践科学发展观，全面推动我院科技创新工作又好又快发展

党的十七大报告明确指出，“提高自主创新能力，建设创新型国家。这是国家发展战略的核心，提高综合国力的关键”，同时把“提高自主创新能力，建设创新型国家”摆在国民经济又好又快发展的突出位置，体现了党中央的重大战略决策和决心。农业科技工作必须把握这个“核心”、“关键”，勇于钻研，积极创新，努力实现“整体实力率先进入世界先进行列”的战略目标。我们在学习实践科学发展观活动中，必须营造全面、协调、可持续发展的良好环境，实现全院又好又快发展。

我认为，为了推动中国农业科学院科技创新工作又好又快发展，当前应重点处理好院、所科学发展中的“五个关系”：

一是要处理好优势学科与一般学科间的平衡发展关系。不仅要巩固和加强传统优势学科，还要积极发展一批新兴、交叉学科，通过人才、团队、平台、项目的整合，重点扶持一批独具特色但又相对薄弱的学科，努力提升我院学科的影响力和国际地位。

二是要处理好应用研究与基础研究、开发研究间协调发展的关系。长期以来，我们围绕国家需求，坚持面向生产实际，不断创新出一批又一批的新品种、新技术、新产品，强有力支撑了农业和农村经济的发展，形成了应用研究和开发研究的传统创新优

势。但作为农业科研的国家队，还应当承担国家重要农业基础与应用基础研究、农业高技术发展以及农业科技基础性工作等任务，按照产业技术轨道的逻辑和要求，在基础研究的上游领域和产业链延伸技术领域等完整发展，科学布局科技资源，建立系统的理论、方法、技术、产品、标准、规程等创新的战略格局。

三是要处理好科技平台与创新活动的关系。我院已基本建成了适应农业科技发展需要的科研条件体系，主要包括科研创新、科技支撑和科技服务的三级三类平台体系，挂的都是国家平台的“帽子”。我们要努力把平台变成科学家创新的舞台，“学科、平台、人才、团队、项目”五位一体，整体推进。

四是要处理好院所、所所之间的和谐发展关系。中国农业科学院与各研究所是一种肌体与细胞之间的关系，研究所是这个肌体中最具活力的细胞，发展研究所就是发展中国农业科学院；院里要在跨所、跨学科和重大项目、重点平台、重点团队、重点成果等方面做好策划、申报工作，发挥好组织和协调作用。同时，要处理好京内所与京外所之间的关系，发挥京内所的优越条件，对京外所多花力气在科研项目立项、平台建设、人才队伍建设等方面给予倾斜，帮助京外弱所的发展，最终实现全院又好又快发展。

五是要处理好科学家与研究所的关系。研究所离不开科学家的奉献和贡献，依靠专家、发挥专家作用是研究所及科研管理部门的灵魂，必须紧紧依靠和充分发挥专家的创造精神，研究所才有希望，才有发展；随着国家科研管理体制的改革，科学家在顶层设计、项目立项、项目实施、成果培育等方面发挥了主体作用，专家有了极大的主动性，但科学家依然要树立集体观念和组织纪律意识，尊重研究所领导、尊重科技管理部门的工作。只有科学家领导的创新团队与研究所及管理部门高效协同起来，自主创新工作才能顺利发展、才有前途，科学家个人和研究所才有前途。

要重点抓好六方面的工作：一要以“科研立项”为抓手，推动基础研究、高技术发展、关键技术研究等科研项目和条件平台建设实现升级。院里要努力增加跨所、跨学科的大项目，树立我们学科和领域的优势地位，力争在国家自然科学基金、“973”、“863”、科技支撑、基础性专项等项目层次和数量上实现新突破，全面提高我院基础研究和应用研究及开发研究水平，实现项目层次的整体提升；同时在条件平台项目上实现升级，推进部分平台从院级提升到部级、从部级平台提升到国家级平台水平；二要积极培育重大科技成果，提高成果档次和水平。院里要突出抓好国家奖、尤其是一等奖成果的培育。同时鼓励研究所和科学家注重知识产权保护，利用专利、新品种保护权、著作权、软件注册权等形式保护自己的科技成果。对转化效益高的重大专利、成果等，要制定积极的奖励性措施；三要系统推进学科建设，实现学科整体发展。围绕院、所学科建设方案，对学科发展所需要的人才、团队、平台、项目以及学科发展的基础性工作等进行系统布局和配置。院里和所里都要积极筹措资金，重点支持学科带头人成长、团队建设、学科发展等工作；四要积极开展横向合作与交流，大力推广科技成果到村到户。积极推动已有成果的转化，是科技强所的重要手段。院里要通过引导与有关省、市、县的科研合作，通过建立科技示范县、示范户，以及百名博士科技行动计划等形式，把成果转化、推广应用到村到户。研究所也要制定激励政策，对成果转化效益好的学科团队、课题组创新人员、技术推广人员以及科技管理人员进行重奖，营造技术应用和转移的积极氛围；五要积极探讨和建立新时期现代农业科研院所制度和科技管理新机制。要组织科研人员和科研管理人员，重点研究新时期农业科研工作和科技管理工作的特点，以及科研管理体制与机制、科研管理方法和手段等，探讨科研立项与项目实施管理的重大问题，完善我院科研项目管理、成果培育、平台建设与管理等制度，努力提高管理人员的综合素质、工作能力，提高科研管理效能；六要深入研究“十二五”科技发展战略。2008 年即将过去，“十一五”只剩下 2 年，我们要组织开展相关领域科技发展和研究所整体发展的战略研究，为“十二五”国家科技计划制定做好充分准备。

同志们，农业科技自主创新工作是一项系统工程。党员干部特别是院、所领导干部，一定要牢固树立科学发展观的理念，深入研究本单位、本部门的实际问题，提出工作思路，做出工作安排，制定具体措施，取得工作成效。每一个党员干部，特别是领导干部，要坚持正确的世界观、人生观、价值观和政绩观，提高贯彻落实科学发展观的本领，尊重科技人员的首创精神，积极为科技人员创造良好的环境和条件，解决科技人员的实际困难和问题，为推动农业科技自主创新提供坚强的保障。我们要按照农业部党组和院党组的具体部署，在农业部指导检查组的指导下，积极参加深入学习实践活动，深入贯彻落实科学发展观，全面推进农业科技自主创新，为推动中国农业科学院“三个中心、一个基地”建设、实现全院有好又快发展，为发展现代农业、建设社会主义新农村和服务“三农”做出自己应有的贡献。

谢谢大家！

关于印发唐华俊同志在中国农业科学院深入学习实践科学发展观活动报告会上的讲话的通知

农科实践办〔2008〕16

院属各单位、机关各部门：

11 月 20 日，我院召开了深入学习实践科学发展观活动报告会，院党组成员、副院长唐华俊同志作了题为“全面深入贯彻落实科学发展观，开创我院国际合作工作新局面”的讲话，现将讲话印发给你们，请认真组织传达学习。

二〇〇八年十一月二十七日

（代　章）

全面深入贯彻落实科学发展观 开创我院国际合作工作新局面

——在中国农业科学院深入学习实践科学发展观活动报告会上的讲话

院党组成员、副院长　唐华俊

（2008 年 11 月 20 日）

从 1978 年到 2008 年，中国实行改革开放政策已有 30 年。在今年这个特定的历史时刻，党中央提出全面学习、深入贯彻科学发展观，对于我们系统总结农业、农业科技国际合作 30 年的历程、展望未来是一个重要契机；对于我们科学把握农业科技国际合作发展趋势、认真贯彻落实院党组部署、明确下一步工作目标任务、开创我院国际合作工作新局面，具有重大指导意义。

一、全面贯彻落实科学发展观的重大意义

（一）科学发展观提出的背景

科学发展观就是坚持以人为本，全面、协调、可持续的发展观。科学发展观的第一要义是发展，科学发展观的核心是以人为本，科学发展观的基本要求是全面协调可持续，科学发展观的根本方法是统筹兼顾。科学发展观就是用科学的精神、科学的方法和科学的态度确定正确的发展目标和思路，制定正确的方针政策和策略，实现经济社会更长时间、更高水平、更好质量的发展。

改革开放 30 年来，我国的经济发展取得了令人瞩目的成就，年均经济增长保持了近 10% 的快速水平（1979～2007 年，国内生产总值年均实际增长 9.8%，同期世界经济年平均增长 3.0%，日本经济起飞阶段国内生产总值年平均增长 9.2%，韩国经济起飞阶段国内生产总值年均增长 8.5%），国内生产总值居世界第四位（2007 年我国 GDP 总量达 32 508 亿美元，占世界 GDP 总量的 6%，美国 GDP 总量 138 438 亿美元，占世界的 25.5%）。外汇储备居世界第一位（2007 年我国外汇储备扩大到 15 282 亿美元）。2007 年主要农产品中，谷物（45 632 万吨）、肉类（6 866 万吨）、棉花（762 万吨）、花生（1 302 万吨）、油菜籽（1 057 万吨）、茶叶（117 万吨）、水果（18 136 万吨）等

产品产量已稳居世界第一位。主要工业产品中，钢（56 561 万吨）、煤（25.26 亿吨）、水泥（13.6 亿吨）、化肥（5 825 万吨）、棉布（675 亿米）居世界第一位。按 FAO 衡量消费发展阶段的恩格尔系数标准（40% ~49% 为小康型消费，30% ~39% 为富裕型消费），我国城市居民恩格尔系数由 1980 年的 58% 下降到 2007 年 36.3%，农村居民家庭恩格尔系数由 59% 下降到 43.1%，表明我国城乡居民全面进入了小康—富裕型消费社会。同时，我们要清醒看到，我国改革发展正处于关键时期，我国经济社会发展呈现出一系列新的阶段性特征。我国经济增长方式粗放的问题十分突出，资源环境面临的压力越来越大。我们的 GDP 是世界的 6%，消耗的能源约占世界能源消耗的 15%，钢材消耗量大约占世界钢材消耗的 30%，棉花消耗量占世界的 37%、水泥消耗占世界水泥消耗量的 50% 多，建材消耗全世界第一，原材料进口全世界第一。中国单位 GDP 能耗是发达国家的 8 倍到 10 倍，污染是发达国家的 30 倍，劳动生产率是发达国家的 1/30。

从资源环境尤其是农业生产所需的基本资源耕地和水看，1996 年我国耕地总面积为 19.51 亿亩，到 2007 年底，已降为 18.26 亿亩，10 年间净减少 1.25 亿亩，年均减少 1 150 万亩，人均耕地面积已降到 1.38 亩。预计随着工业化、城镇化发展，今后耕地面积还将继续减少。水资源短缺已成为制约中国经济社会可持续发展的“瓶颈”。2007 年我国人均淡水资源为 1 945 立方米，且水资源的时空分布极不均衡，80% 的水资源集中在南方地区。我们的江河水系 70% 受到污染，40% 严重污染，全国农村有 3 亿多农民喝不到干净的水，中国改革开放 30 年取得了西方 100 多年的经济成就，而西方 100 多年发生的环境问题在中国 20 多年里也集中体现了。

从城乡差距、地区差距和阶层差距看，根据世界银行公布的数据显示，中国居民收入的基尼系数已由改革开放前的 0.16 上升到 2007 年的 0.48，接近拉美地区水平。不仅超过了国际上 0.4 的警戒线，也超过了世界所有发达国家的水平和大多数发展中国家，也高于中国的历史高点。2007 年城乡居民收入差距达到 3.32：1，城镇居民中 20% 最高收入组（25 410.8 元）是 20% 最低收入组（4 567.1 元）的 6 倍；农村居民中 20% 最高收入组（8 474.8 元）是 20% 最低收入组（1 182.5 元）的 7.5 倍。

从中央与地方、地方与地方的关系看，计划经济时代，地方政府只是被动地执行中央的指示，中央与地方、地方与地方的关系比较简单，也比较容易处理。然而，现在的地方政府不仅要贯彻落实中央的政策，而且要更多地关注本地民众的利益诉求。与此同时，地方与地方之间的关系也不再是单纯的团结互助关系，而越来越呈现为“经济利益交换”关系。

从世界多极化和经济全球化趋势看，我国自加入 WTO 以来，与全球经济的联系进一步加深，综合国力的竞争日趋激烈，贸易保护主义有新的表现，经济贸易摩擦明显增多，影响和平与发展的不稳定不确定因素增多，尤其是近期的金融风暴和气候变化影响的不确定性。

综合国内国际的形势，以胡锦涛同志为总书记的党中央审时度势，高瞻远瞩，强调必须紧紧抓住和充分用好中华民族难得的重要战略机遇期。那么科学发展观这一重大战略思想，就是在这样的形势和背景下提出的。

（二）科学发展观的形成与发展

科学发展观的形成和提出经历了一个逐步深化的发展过程。从形成和发展的轨迹看，大致可以归纳为三个阶段：

酝酿形成阶段：1999 年 3 月至 2003 年 10 月，是科学发展观的酝酿形成的阶段。1999 年 3 月 10 日，胡锦涛同志参加九届全国人大二次会议福建代表团审议时指出，我们必须牢固树立发展是硬道理的思想，树立科学的发展观。这是在我们党的历史上最早提出科学的发展观这个新概念。2003 年 10 月，中共十六届三中全会通过的《中共中央关于完善社会主义市场经济体制若干问题的决定》，明确提出了“坚持以人为本，树立全面、协调、可持续的发展观，促进经济社会和人的全面发展”。强调要“按照统筹城乡发展、统筹区域发展、统筹经济社会发展、统筹人与自然和谐发展、统筹国内发展和对外开放的要求”，推进改革和发展。这是在党的文件中第一次提出科学发展观的概念。

成熟完善阶段：2003 年 11 月至 2007 年 5 月，是科学发展观的成熟完善阶段。2003 年 11 月 29 日，在中央经济工作会议上，胡锦涛总书记提出：“重要的是牢固树立和认真落实全面、协调、可持续的发展观。这既是经济工作必须长期坚持的重要指导思想，也是解决当前经济社会发展中诸多矛盾必须遵循的基本原则。”2006 年 10 月，十六届六中全会通过的《中共中央关于构建社会主义和谐社会若干重大问题的决定》指出，以科学发展观统领经济社会发展全局。科学发展观是推进社会主义现代化建设必须长期坚持的重要指导思想。从这个成熟完善阶段来看，一方面，十分注意强调抓住科学发展观的贯彻落实；另一方面，又紧紧围绕科学发展观的理论来源、实践基础、深刻内涵、基本要求等进行系统阐述，逐步形成和不断完善了科学发展观的理论体系。

丰富发展阶段：2007 年 6 月到党的十七大召开，是科学发展观的丰富发展阶段。6 月 25 日，胡锦涛总书记在中央党校省部级干部进修班作重要讲话时指出：“党的十六大以来，党中央继承和发展党的三代中央领导集体关于发展的重要思想，提出了科学发展观。科学发展观，第一要义是发展，核心是以人为本，基本要求是全面协调可持续，根本方法是统筹兼顾。”10 月 15 日，在十七大报告中进一步重申和阐发了科学发展观的基本内涵、历史地位、科学意义，以及深入贯彻科学发展观，要求我们积极构建社会主义和谐社会等四个基本要求和各方面的政策措施等。从这个阶段来看，虽然时间不长，但是，对科学发展观的论述，涉及经济、政治、文化、社会、生态等各个领域，既注重当前又着眼长远；既有马克思主义中国化、中国特色社会主义理论的升华和党的理论创新的重大意义，又有中国特色社会主义道路实践的经验提炼；而最为重要的还是将科学发展观与邓小平理论、“三个代表”重要思想一脉相承，成为中国特色社会主义理论的科学体系。中国特色社会主义理论体系是不断发展的开放的理论体系。科学发展观亦将随着经济社会发展和时代进步，进一步完善丰富发展它的思想内涵和持续发挥它的科学作用，彰显它的理论光辉。科学发展观对“什么是发展”、“靠谁发展”和“为谁发展”、“怎样发展”等发展观的基本问题，做出了科学的回答。

（三）以科学发展观为指导，提高我院国际合作水平

中国农业科学院农业科技国际合作事业，必须坚持第一要义是发展，以人为本。党的十七大报告指出要“扩大农业对外开放。坚持‘引进来’和‘走出去’相结合，提高统筹利用国际国内两个市场、两种资源能力，拓展农业对外开放广度和深度”，要“充分利用国际科技资源，进一步营造鼓励创新的环境，努力造就世界一流科学家和科技领军人才，注重培养一线的创新人才”，为农业科技国际合作的下一步发展指明了方向。发展农业科技国际合作事业要坚持全面协调可持续发展，在努力提高农业科技国际合作水平的同时，增强国际合作工作与农业科技发展、农业技术转移、人才培养储备等方面的协调性。发展农业科技国际合作事业要坚持统筹兼顾，妥善处理好农业科技国际合作中各方面重大关系，国际与国内、基础研究与应用研究、院所与部委、国家研究机构与地方研究机构的关系等。

农业科技国际合作要为我院“三个中心、一个基地”目标服务，要紧紧围绕院党组提出的学习实践科学发展观的主题“解放思想、自主创新、提升能力、服务‘三农’”，把科学发展观的普遍要求转化为谋划国际合作工作的正确思路，转化为促进工作的具体措施，转化为领导工作的实际能力，真正做到符合科学发展观的事情就全力以赴地去做、不符合科学发展观的事情就毫不迟疑地去改。通过国际农业科技合作，真正地帮助解决农业科技发展中面临的“常规技术多，重大关键技术和高新技术少；产量技术多，品质技术少；生产技术多，加工技术少；知识形态技术多，转化为现实生产力的技术少”的突出问题。

二、我院国际合作工作面临的机遇与挑战

（一）我院国际合作发展历程和现状

我院国际合作的发展历程可分为四个阶段，每个时期所处的国际国内环境不同，所采取的原则、工作方式和重点也有很大的区别。第一阶段，是建院初期到“文化大革命”前（1957～1966年），当时由于西方国家对我国实行“封锁、禁运”，主要与前苏联、罗马尼亚、保加利亚、波兰、朝鲜等社会主义国家开展科技合作与交流。奉行的原则是“平等互惠，互通有无，有来有往，等价交换”。第二阶段，是20世纪60年代中后期至改革开放（1966～1978年），当时由于“文化大革命”的影响，大量科研院所及研究人员下放农村劳动，国家农业科学研究停滞不前，国际交流与合作工作基本中

断，延续了 10 多年。随着我国和美国、日本关系的解冻以及联合国恢复我国的合法地位，中国农业科学院对外交往的范围也由以往的社会主义国家和第三世界国家发展到西方发达国家，与美国、西欧、澳大利亚、加拿大等国家和地区的交往逐步增多。第三阶段，是改革开放至 20 世纪 90 年代末（1978 ~ 1999 年），党的十一届三中全会以后，我国全面实施对外开放政策，依据“平等互利、互通有无、取长补短、共同提高”的原则，国际合作呈现出多元化和快速发展势头。我院的对外交往与合作也日益扩大，而合作对象主要为西方发达国家和国际农业研究磋商组织、世界银行、粮农组织、欧盟等国际组织。合作形式由一般的迎来送往逐步发展到开展合作研究、建立联合实验室、共同举办会议等，合作内容亦不断深化。第四阶段，是从进入 21 世纪至今，凭借雄厚的科技实力和得天独厚的人才优势，我院的对外合作与交流在“平等互利、成果共享和尊重知识产权”的基础上，紧密围绕国家经济以及中国农业与农村发展新阶段的中心任务，以“有所为有所不为”的原则，与世界各国和有关国际机构及民间组织开展了全方位、高层次、多形式、广领域的农业科技合作与交流，国际合作水平进入了一个新的发展阶段。

纵观这四个历史时期，可以发现，我院国际合作总体工作在不同时期既有相同之处，又有所不同。相同之处在于国际合作工作始终强调“平等互利或互惠”，不同之处在于不同阶段又各有特点，从被动的“有来有往、等价交换”到略为主动的“取长补短、共同提高”到目前更为主动的“有所为有所不为”，随着国家经济状况和国际地位的不断提高，我院国际合作与交流工作的性质和内容也发生了重大变化。

由原来的迎来送往为主，转变为争取和管理大项目为主线，争取和管理项目与请进派出并举；由单纯的科研项目合作扩展到打造合作平台建立国际组织分支机构和加强与跨国公司的经济技术合作；由单纯的引进技术人才到主动走出去寻找合作伙伴，有目的地开展国际合作与交流工作。目前，国际合作工作已经成为我院科技创新和产业发展不可缺少的重要支撑力量。

在农业部党组和农科院党组的领导下，凭借雄厚的科技实力和人才优势，经过全院的共同努力，截至目前，我院已与世界上 70 多个国家的农业科研机构、大学以及 30 多个国际组织建立了良好的合作关系，并在合作协议框架下开展了积极有效的合作。从“十五”以来到 2007 年底，我院共组织申请各类国际合作项目 700 余项，落实国际合作经费约 3.6 亿元人民币。请进专家近 7 000 人次，派出各类专家学者 5 200 多人次。举办各种大型国际会议、学术研究会和培训班 50 多个。从俄罗斯、巴西等国家以及国际农业研究中心等国际农业研究机构引进重要的战略性动植物品种资源 3 万多份。在牧草资源、水稻品质、小麦品质、生物多样性、食品安全、环境资源、生物分子学技术、奶业等不同领域，与世界上 6 个国家和 5 个国际组织联合建立了 15 个实验室研发中心。有 12 个国际组织和国外农业科研机构在我院建立了办事处。

（二）我院国际合作工作面临的机遇与挑战

总得来说，中国农业科学院的国际合作已逐步完成从单纯技术引进到技术与智力同步引进转变，从“接受援助型”逐步向以“我需为主”转变，从“引进来”到“引进来，走出去”并举，从数量型向质量型的转变。但是在取得成绩的同时，我院国际合作工作也面临着新的机遇与挑战。

一是我国农业发展对农业科技国际合作提出了新要求。我国农业进入由传统农业向现代农业转变的关键时期。现代农业本质上是科技农业，发展现代农业迫切需要提高我国农业科技的自主创新能力。强化原始创新和集成创新，进一步加快引进消化吸收再创新，深化农业科技国际合作，借鉴国际先进的管理理念和发展模式，引进国际适用的技术成果，是加速农业生产方式转变和技术转型的一条捷径，是走中国特色农业现代化发展道路的必然选择。

我国农业发展始终面临着粮食安全、生态安全和资源环境安全等重大问题。与解决这些重大问题的多元化技术需求相比，我国农业科技成果供给不足、技术储备不够，对外技术依存度较高。加强农业科技国际合作、引进先进技术是解决农业重大问题的关键。

二是科技全球化为农业科技国际合作创造了新机遇。世界各国因资源禀赋各异，经济水平不同，形成了以提高劳动生产率为主、以提高土地产出率为主、以劳动和技术密集型兼顾为主的各具特色的现代农业发展模式和技术发展道路。我国自然资源丰富，生态模式多样，东部、中部与西部生产力发展水平呈梯度分布。我国区域化的农业发展需求与国际多元化的农业发展模式具有很强的互补性，为广泛开展国际合作奠定了基础。

世界科技革命日新月异，以生物、信息技术为代表的农业高新技术快速发展，加快了农业技术的升级，丰富了农业产业的发展内涵。经济技术全球化推动了科技资源的合理流动，促进了农业科研的国际化，改变了世界农业科技的发展格局，为我国充分利用国际优势农业科技资源，实现农业科技的跨越式发展提供了可能。

改革开放30年，我国农业科技快速发展，科技队伍不断壮大，基础条件不断完善，国际地位与日俱增，基本具备了参与国际竞争与合作的实力。这为积极利用国际国内两个市场、两种资源，合理参与全球农业产业分工，实施农业科技“走出去”战略创造了条件。

三是经济一体化为农业科技国际合作带来了新挑战。世界农业面临共同的重大挑战。随着全球气候变化，干旱洪涝等自然灾害日益频繁，气候对农业的影响越来越大，严重威胁我国的粮食安全。随着国际贸易的一体化，跨国重大动植物疫病、外来物种入侵等生物灾害问题日益突出；随着生活质量的提高，农产品质量安全问题备受国际社会关注；随着能源短缺加剧和生物质能源产业的发展，粮食安全问题日趋严峻。应对这些重大挑战，迫切需要全球和区域间的技术交流与合作，建立国际社会的协调应对机制。

农业科技作为国际合作的一个重要组成部分，迫切需要从国家整体的外交战略大局出发，以更加积极的姿态输出更多的技术成果、产品和人力资源，做好对发展中国家的人员培训、技术援助和境外资源开发工作，逐步建立引进消化吸收、集成组装配套、自主创新输出三位一体的技术“走出去”模式，形成多渠道、多形式、多层次、全方位的对外合作格局。

四是我国经济实力和国际地位的上升为农业科技国际合作工作创造了新条件。随着我国经济实力和国际地位的上升，越来越多的国家和国际组织不再将我国作为发展中国家实施援助。我国农业领域的无偿援助和农业贷款项目在经历了上升阶段（1980～1990年）、快速发展阶段（1991～1999年）后，从2000年开始转为回落调整阶段，农业借用国外贷款资金总额度从1993年最高的12.30亿美元下降到2004年的2.14亿美元。英国国际发展部、加拿大国际开发署、日本发展基金、全球环境基金和欧盟等国际机构赠款也大部分改为竞争性资金，我国可申请的国外政府部门和国际组织的经费从数量上和方式上都发生了很大变化。

但是，我国政府部门用于国际合作工作的经费有大幅提高，例如农业部国际合作司国际交流与合作专项，科技部国际合作司国际合作重点项目，国家外专局引智专项，商务部、教育部和国家自然基金委员会的国际合作经费都有大幅度的增加。

国内经费总盘子的大幅增加，为我们主动开展国际合作工作提供了很多的便利条件。对于这一点，科研人员的感受应该是最深的，有些研究所开始有选择地开展国际合作项目，有些研究所对于经费较少、耗时较多的项目开始说“No”。

（三）存在的主要问题

上述这些变化，既为我院国际合作工作创造了条件，也为我院国际合作工作的整体发展带来了新问题、提出了新要求。当前我院国际合作工作中存在的比较突出的主要问题有以下方面。

一是外部情况跟踪了解不够

从国家外交政策变化来说，自2007年中非论坛后，我院对非洲的合作有了很大的起色。近年来中欧关系发展良好，欧洲地区和欧盟历来是我国技术引进的重要地区，也是科技合作的重要伙伴。我院对欧合作逐步进入稳固发展阶段并建立了友好的官方往来。由于美国对华签证手续难办，访美的科研人员逐年减少，2007年访美科研人员仅占全部出访人员的5%。从国际组织和国家地区的变化来说，国际组织和一些国家地区一直在不断地改革或对国际合作提出了新的要求。以国际农业研究磋商组织为例，近些年他们改革了资源交换的政策，严格规范了交换的规章制度并要求每次交换都要签署含有知识产权管理条例的材料交换协议。加大了项目资助力度但减少了项目资助的数量。

从国内同行来说，随着改革开放的进行，我院在国际合作方面面临的国内竞争压力也在逐渐加大，更多地综合性院校加入了农业科研领域。

面对国内外的压力和变化，整个国际合作队伍，必须继续努力，不断研究国内外形势，进行分析和调研，有针对性地制定中长期规划，挖掘潜力，不断保持并巩固国家队的优势，才能实现院党组对我院国际合作工作的期望。

二是体制机制有待进一步完善

1949 年 1 月，周恩来在西柏坡第一次外事工作会议上提出“外交无小事，切不可掉以轻心”。在此原则下，新中国外事工作逐步形成了一系列的详细规定和审批手续。但是在新的时期，特别是改革开放 30 年以来，我们国家的情况发生了很大的变化，这些规定和办事程序应该适时调整，以适应时代的发展。使科研人员能有更多的时间从事科学研究。据调查，从 1986～2004 年的近 20 年时间内，科研人员从事研究的时间下降了近 20%，而行政及其他时间增加了 9%，相当数量的课题组和科技人员没能够将宝贵的时间和精力投入科研创新活动中，造成了资源浪费。

三是欠缺世界眼光、全球化布局缺乏手段

国际合作工作的重要任务是保障农业科技创新能力的增强。“引进消化再创新”是我国农业科学技术发展的重要途径，地膜覆盖、生物技术、平衡施肥等在农业科技、农业生产中发挥重要作用的技术和工作内容都是通过国际合作工作引进后、再行消化创新的。结合当前国内外的形势，目前，中国农业科学院引进工作的重点是引进资源、引进智力和引进资金。引进工作很重要的是了解国外的情况并建立熟悉的工作网，在国外建立布局合理的联络办公室或联络点，收集、整理、联络当地的科研机构，会有利于开展“以我为主、为我所用”的国际合作工作，特别是在搜集国外遗传资源以及农业科技“走出去”方面会大有裨益，但我们还缺乏手段来实现这种布局。目前，在我院建立联络办事处的国际或国家机构已达到了 12 家，以巴西农科院为例，他们迄今为止已在非洲、欧洲和美国建立了 4 个联系点，正考虑在亚洲建立联系点。美国农业部海外农业局在全球 70 多个国家派驻农业参赞，其农业研究局在海外设立了 4 个实验室。

四是人力资源匮乏

我院实施了“杰出人才工程”，在加强人才的培养、培育，人才的引进，加强创新团队建设上，都做了大量的工作。通过实施国家重大专项和行业科技计划项目，在承担重大任务方面，在积极服务农业生产方面，培养和造就了一大批高水平的农业科技人才。从中央到地方，首席专家组、首席专家协作网络正在形成，一批科技领军人才、战略科学家、创新团队也正在形成，农业科技进步的人才基础越来越扎实，研究生院办的越来越好，连续七年获得农学第一，人才的培养建设迈出了新的步伐。但是我院国际合作人才仍显匮乏。

我院从事国际合作工作的人员共 110 人左右，其中大部分是兼职，在科研处担任多项工作，如果用“懂外语、通专业、会交往、形象好”的国际合作工作标准来要求，我院还有很大差距。另外，国际合作工作是一个系统工程，参与其中的领导、科学家和办事人员的共同素质决定了国际合作工作的成败。2008 年，人事局和国际合作局在国际合作人才队伍建设方面下了很大的工夫，举办了第一期所级领导和高级科研人员外语培训班。今天上午在北京举办的外事培训班，就是提高我院外事干部能力的举措之一。

三、全面落实科学发展观，开创我院国际合作工作新局面

树立和落实科学发展观，需要我们把理论学习成果转化为指导实际工作的动力，自觉把科学发展观的要求贯穿到工作中去。根据新时期国际农业科技合作的趋势和特点，紧紧抓住发展第一要务，明确目标和任务，努力开拓我院国际合作新局面，这是我们落实科学发展观最具体、最重要的实践。

中国农业科学院国际合作工作的目标是：用 5 ~ 10 年的时间把我院建设成为国际农业科技合作交流中心、全国农业科研单位对外交流的一个平台。今后一个时期，我们将重点抓好四项工作：

（一）制定“中长期规划”

在科技全球化进程不断加快的情况下，要提高自主创新能力，需要进一步扩大对外开放和国际合作，以宽阔的视野面向全球，加强对世界科技发展潮流的调研和判断，借鉴世界先进经验，充分利用全球创新资源和创新平台，提升我们的自主创新能力。

制定国际合作中长期规划，将把各研究所的国际合作中长期规划纳入其中，并将重点安排在对国际上的热点问题的调研和预测，特别是对我国农业生产、对外贸易等造成影响的问题，比如：动植物遗传资源的保护、交换和惠益分享；转基因技术的安全问题；跨国动物疾病问题等。

除了跟踪研究领域的发展变化，还将加强对科研活动组织方式的研究，近些年来越来越多的科研合作是通过“大协作、大联合”的方式完成，比如现代农业产业技术体系的组织，需要不同层面的机构共同工作，国际上已经开始进行的超大型项目，为我们提供了好的经验，可以借鉴。

将进一步加强对我院的主要战略合作伙伴、国别和地区跟踪调研，“知己知彼”，有针对性地开展国际合作，建立长期发展伙伴关系。

以上述工作为基础或内容，提出我院国际合作的中长期发展规划，为进一步加强我院科研水平、提高创新能力、增强国内外的影响力奠定基础。

（二）搭建“大平台”、谋划“大项目”

近年来，根据国家农业科技创新的现状、需求，结合国内外形势和农业科研资金的走向，在稳定和巩固原有合作渠道的基础上，我院一方面要积极推进、巩固和拓展与国际机构和国家地区的合作；另一方面要加强与跨国私营部门的合作和联系，以建立稳固、可持续发展的合作关系为目标，通过签订合作协议、建立联合实验室、引进国际机

构驻华代表处、成立国家联系点、联合设立基金等方式搭建平台。特别是要加强对我国有重要利用价值的国际组织分支机构的争取和建设工作，例如国际马铃薯中心亚太中心的谈判工作最近取得了突破性进展，有望2008年签署东道国协议。此外、国际水稻研究所、国际玉米小麦中心等也提出了相似的要求，我们要认真谋划和布局，真正做到以我为主，为我所用。

在巩固和发展双边和多边合作关系方面，结合国家外交政策，按照“大国是关键、周边是首要、发展中国家是基础、多边是重要舞台”的外交总体布局，注重新生国际组织，特别是上海合作组织等我国占主导地位的国际组织，分类筛选战略合作伙伴，加强与美国、日本、澳大利亚、加拿大等发达国家的合作，稳固与国际农业研究磋商组织、联合国粮农组织、欧盟、东盟等国际机构的合作。同时，逐步开拓与南美洲、亚洲周边国家、中东欧及非洲地区的合作渠道。

注重加强与私营部门的合作，与跨国公司和基金会，如比尔·盖茨基金会、先正达公司、孟山都公司、联合利华等开展多种形式的合作。但要坚持“以我为主、为我所用”的基本原则，在切实保护我国动植物遗传资源不受侵害、保证合作期间成果归属我方、保障合作收益和知识产权的前提下，积极推进合作。

积极争取国内有关部委（科技部、农业部、发改委、商务部、基金委、外专局等）的支持，谋划大项目，做好重大合作研究项目申报、跟踪和落实工作，国际合作基地/机构的争取工作。重点支持实质性、高水平的合作研究，努力为我院科学家参与国际科学前沿重大科学问题的合作研究营造良好环境。

中国农业科学院将下大力气，进一步落实开放式办院，联合全国省级农科院和农业大学力量，进一步加强全国农业科研机构外事协作网和信息平台的建设，丰富合作内容，整合优势资源，联合开展国际合作创新活动，计划今后以我院京外研究所为依托，在不同省（区）建设5～6个农业科技国际合作分中心，为国际合作项目的具体实施提供平台和场所。

（三）积极“走出去”

实施“走出去”战略，是我国未来农业发展和保障粮食安全的重要举措，农业科技“走出去”，是我院提高国际竞争力的战略选择。根据农业产业的特点和我院的现阶段发展状况，我院的“走出去”战略，有三个层面的含义。

一是成果走出去。我院与古巴在“马传贫”疫苗的生产技术方面开展了商业性合作；禽流感疫苗已在越南等亚洲国家使用；援建的越南种子加工机械工厂已进入运行阶段；生物防治技术用于古巴农作物害虫综合防治项目。我院的沼气和环境治理技术也已推广到许多发展中国家等。今后，还要挖掘更多能够走出去并且能够立得住的技术和成果，推向国际市场。

二是人才走出去。将建立合适的渠道并摸索出一套工作办法，将我院高级科技人员和高级科技管理人员输送到国际机构任职，在国际科技舞台上发挥引领作用，包括杂志编委、国际项目评审专家和大会发言、会议主持或主办等。并将联合外交部、农业部国际合作司等大力培育储备农业科技外交力量，包括农业科技参赞队伍。

三是机构走出去。我院将选择不同区域，通过各种方式逐步建立海外农业技术示范基地、联络办公室和分支科研机构，为我院的“引进来”和“走出去”活动奠定基础。

（四）人才队伍建设

以人为本，就能抓住根本。科学发展观强调人的因素。国际科技合作与交流，更是关键在人，并且在于队伍的整体素质和水平。中国农业科学院加强国际合作队伍建设，将着力从两个方面入手：

一是提高科研人员的国际合作意识和国际合作能力。我院将大力推动科研人员参与国际合作活动与项目，每年选派一定数量的年轻科研骨干和管理干部，到国际一流实验室或国际研究机构学习、研修和合作研究。便利出国手续办理以及通过举行大型国际合作活动将我方科学家推向国际舞台等。继续举办高级科研人员外语培训班，并将进行常识性的外事外交技能和礼仪培训等。建立外事情景模拟室，模拟训练高级科研人员的会议主持技巧和大会发言技巧等。

二是加强国际合作工作人员的能力和素质。制定我院国际合作工作人员行为规范，包括常见外事活动如接待外宾、宴会招待等，制定国际合作工作人员招聘标准。加强外事外交技能和谈判技巧的培训。提倡专业化服务机制，提高国际合作管理人员的服务水平和办事效率。

中国农业发展进入了一个全新的历史时期，中国农业科学院的国际合作与交流工作迎来了新的发展阶段。新的发展阶段给我们带来前所未有的机遇和挑战，每一位从事农业科技国际合作与交流工作的人员都应该在科学发展观的指导下，不断地更新观念，开拓进取，抓住一切有利时机，大力推进我院全方位、多层次、广领域的农业科技对外开放与合作，把我院的国际合作与交流工作提高到一个新的水平，为我院和我国的农业科技创新以及经济发展做出更大的贡献！

关于深入学习实践科学发展观活动分析检查阶段工作安排的通知

农科实践办〔2008〕15号

院属各单位、机关各部门：

按照农业部学习实践活动办公室《关于深入学习实践科学发展观活动分析检查阶段有关工作安排的通知》精神和院党组关于学习实践活动的部署，为扎实做好我院深入学习实践科学发展观活动分析检查阶段的工作，现就有关事项通知如下。

一、做好专题民主生活会的前期准备工作

根据院党组《关于开展深入学习实践科学发展观活动的实施方案》的总体安排，专题民主生活会可与年度民主生活会（详见直党字〔2008〕27号文）合并召开。各单位、各部门要结合实际，采取召开座谈会、设置意见箱等多种形式，广泛征求意见，并对征求到的意见进行归纳整理，原汁原味地反馈给领导班子。民主生活会前，领导班子成员之间要开展谈心，交换看法。领导班子成员要撰写发言材料，进行自我剖析。

二、开好专题民主生活会和组织生活会

在专题民主生活会上，每位班子成员都要结合职责分工，分析检查在贯彻落实科学发展观以及思想作风等方面存在的突出问题，明确今后的努力方向。院直属机关党委、人事局、监审局按照分工（分工安排详见附件2）派人列席，本单位列席领导班子专题民主生活会的人员范围要适当扩大。处及处以下党员干部都要参加以党支部或党小组为单位召开的组织生活会。处级党员干部要准备发言提纲。

三、认真撰写领导班子分析检查报告

各单位、各部门领导班子要紧密联系实际，在充分运用学习调研、征求意见和专题民主生活会成果的基础上，围绕检查分析问题、理清科学发展思路这个重点，撰写分析检查报告。分析检查报告一般包括如下内容：近年贯彻落实科学发展观的情况；存在的突出问题；存在问题的主客观原因分析；在学习实践活动中形成的新认识；今后贯彻落实科学发展观的主要方面、总体思路、工作要求和主要举措；加强领导班子建设的具体

措施。初稿形成后要以适当方式听取各方面意见，并召开领导班子扩大会议，讨论充实领导班子分析检查报告。主要领导要全程主持分析检查报告的撰写。

四、精心组织领导班子分析检查报告的群众评议

各单位领导班子分析检查报告形成后，要采取召开座谈会或书面评议等形式，广泛征求党员群众的意见，接受群众评议，并根据群众评议中提出的意见、建议，作进一步修改完善。于 12 月底前将分析检查报告和评议结果在一定范围内进行通报。

附件：1. 深入学习实践科学发展观活动分析检查阶段工作安排表
2. 党员领导干部民主生活会分工联系单位表

二〇〇八年十一月十九日

（代　章）

附件1：

深入学习实践科学发展观活动分析检查阶段工作安排表

（11月中旬至12月底）

时间	活动安排	具体要求	备　注
11月中旬至12月中旬	召开领导班子专题民主生活会	1. 通过召开座谈会、设置意见箱等形式，广泛征求意见，并反馈给领导班子成员； 2. 领导班子成员撰写专题民主生活会的发言材料，进行自我剖析；处级党员干部要准备参加组织生活会的发言提纲； 3. 领导班子成员之间开展谈心，交换看法； 4. 召开领导班子专题民主生活会和党员干部组织生活会，认真开展批评和自我批评，积极查找问题、分析原因、提出建议	联系单位（见附件2）要派人列席，本单位列席领导班子专题民主生活会的人员范围要适当扩大
12月中旬	形成领导班子分析检查报告	1. 在充分运用学习调研、征求意见和专题民主生活会成果的基础上，形成领导班子分析检查报告初稿； 2. 以适当方式征求有关方面对分析检查报告初稿的意见； 3. 召开领导班子扩大会，讨论修改分析检查报告	主要领导要全程主持分析检查报告的撰写
12月下旬	对领导班子分析检查报告进行群众评议	1. 采取召开座谈会或书面评议的方式，认真组织有关方面对分析检查报告进行评议； 2. 根据群众评议提出的意见、建议，对分析检查报告进行修改完善； 3. 领导班子分析检查报告和评议结果在一定范围内进行通报	

附件 2：

党员领导干部民主生活会分工联系单位表

<table>
<tr><td rowspan="8">人事局
联系处室：干部处
联系电话：82109436
82109435</td><td>院办公室</td></tr>
<tr><td>基本建设局</td></tr>
<tr><td>机关党委</td></tr>
<tr><td>农产品加工研究所</td></tr>
<tr><td>畜牧兽医研究所</td></tr>
<tr><td>农业质量标准与检测技术研究所</td></tr>
<tr><td>蔬菜花卉研究所</td></tr>
<tr><td>农业资源与农业区划研究所</td></tr>
<tr><td rowspan="8">直属机关党委
联系处室：组宣处
联系电话：82109481
82109463</td><td>财务局</td></tr>
<tr><td>国际合作局</td></tr>
<tr><td>监察与审计局</td></tr>
<tr><td>研究生院</td></tr>
<tr><td>出版社</td></tr>
<tr><td>后勤服务局</td></tr>
<tr><td>作物科学研究所</td></tr>
<tr><td>蜜蜂研究所</td></tr>
<tr><td rowspan="8">监察与审计局
联系处室：监察处
联系电话：82109502
82109488</td><td>科技管理局</td></tr>
<tr><td>人事局</td></tr>
<tr><td>饲料研究所</td></tr>
<tr><td>生物技术研究所</td></tr>
<tr><td>农业经济与发展研究所</td></tr>
<tr><td>农业环境与可持续发展研究所</td></tr>
<tr><td>农业信息研究所</td></tr>
<tr><td>植物保护研究所</td></tr>
</table>

关于对《中国农业科学院党组深入学习实践科学发展观分析检查报告（征求意见稿）》征求意见的函

农科实践办〔2008〕19 号

院属京区各单位、机关各部门，沼气科学研究所：

根据我院学习实践活动分析检查阶段的总体安排和有关要求，在广泛征求意见的基础上，形成了《中国农业科学院党组深入学习实践科学发展观分析检查报告》，现印发给你们，请提出书面修改意见，并于 12 月 26 日 17：00 前反馈到学习实践活动办公室。联系人：韩姝：联系电话：82109463。

二〇〇八年十二月二十四日

（代 章）

附件：中国农业科学院党组深入学习实践科学发展观分析检查报告（征求意见稿）

中国农业科学院党组深入学习实践科学发展观分析检查报告

（征求意见稿）

按照党中央的总体部署和农业部的安排，中国农业科学院党组在农业部第七指导检查组的具体指导下，认真开展了深入学习实践科学发展观的活动。中国农业科学院党组把这次学习实践活动作为推进农业科技事业长远发展和加强自身建设的难得机遇，坚持以“解放思想、自主创新、提升能力、服务‘三农’”为活动主题，以提高农业科技自主创新能力为实践载体，认真贯彻落实活动实施方案的各个环节各项要求，紧密联系工作实际，精心组织，周密安排，扎实推进。前段时间主要做了以下几个方面的工作：一是全面部署，及时启动。院党组先后召开3次会议，经历5次修改，研究制定了我院的《实施方案》。10月13日，我院召开动员大会和骨干培训班，对全院开展深入学习实践科学发展观活动进行全面动员和部署。会后，各单位、各部门迅速行动起来，对学习实践活动进行组织发动和具体安排，从而在全院范围内掀起了学习实践活动的热潮；二是强化学习，武装头脑。10月17日上午，院党组召开理论中心组学习，认真学习贯彻党的十七届三中全会精神以及胡锦涛、温家宝同志关于学习实践活动的重要讲话。下午翟虎渠院长结合贯彻十七届三中全会精神，以“解放思想、自主创新、提升能力、服务‘三农’”的主题给全院处以上领导干部作了专题辅导报告。10月下旬开始，我院举办了由院领导主讲的科学发展观3场系列报告会，帮助我院广大党员干部进一步全面理解、准确把握科学发展观的科学内涵和精神实质。各单位、各部门也积极组织开展了专题辅导、集中研讨和个人自学等多种方式的学习活动，着力用科学发展观武装干部头脑、推动工作；三是结合实际、加强调研。院党组围绕当前我院工作中迫切需要解决、对推动全局工作有重大意义的创新团队建设、科研院所管理模式、科技创新条件保障、科技创新和成果转化、科研经费监督体制机制、国际合作交流等重点难点问题，拟定6个调研题目，由院领导带队深入基层进行调研。10月下旬起，院领导分别深入研究所、科研一线和田间地头，通过现场走访、听取汇报、参与座谈等方式，加强对院属各单位学习实践活动的调查研究和工作指导，切实帮助各单位解决发展中的问题；四是解放思想、深入讨论。11月上旬，各单位、各部门紧密联系工作实际和思想实际，组织开展解放思想大讨论，研究探讨解决问题的办法和措施。11月24日，院党组围绕“解放思想、自主创新、提升能力、服务‘三农’”的主题开展解放思想大讨论，并对如何解决影响我院科学发展的问题进行了深入的讨论交流，提出了改革和创新的思路。12月3日，院机关各部门、院属京区各单位领导班子成员进行了解放思想大讨论集中交流，总结了各单位解放思想大讨论的成果和经验。

进入分析检查阶段以来，院党组通过进一步强化学习理论，召开集中交流会、座谈会、专题民主生活会、深入基层调研等多种活动形式，广泛征求各方面的意见和建议，认真查找制约农科院及农业科研科学发展的突出问题，深入分析问题的主客观原因，进一步理清发展思路，明确发展目标，提出改进措施。现将农科院党组深入学习实践科学发展观分析检查情况形成报告如下，请评议。

一、认真贯彻科学发展观，各项工作取得显著进展

近年来，中国农业科学院高举中国特色社会主义理论伟大旗帜，认真学习贯彻科学发展观，大力推进农业科技自主创新，各项工作取得了显著进展。

（一）“三个中心、一个基地”建设初见成效

中国农业科学院党组提出，力争用5～15年的时间，要把中国农业科学院建设成为“具有国际先进水平的国家农业科技创新中心、国内一流的农业科技成果转化中心、国际农业科技合作与交流中心和农业科研高层次人才培养基地”（“三个中心、一个基地”）的战略目标。这个战略的出发点和落脚点是要提高我院农业科学技术自主创新能力，夯实学科建设、人才与创新团队建设、基础设施与科研条件建设、管理制度与创新文化建设等基础，在优先领域、重点方向形成一批有优势的重点学科和突破性的重大成果。经过几年的努力，“三个中心、一个基地”的建设取得了很大进展。

1. 明确学科建设重点，构建新时期学科发展体系

我院于2002年初制定了重点学科建设方案，确立了“作物科学、畜牧兽医科学、应用微生物科学、农业环境与资源、食品科学、农业经济与农村发展、农业信息、农业质量标准与检测、农业工程”9大优势学科群、41个一级学科、173个二级学科的建设战略框架。经过近几年的建设与发展，目前已经初步形成了面向现代农业、重点突出的现代农业学科体系。农作物种质资源、动物遗传资源等传统学科保持优势，并在现代学科体系建设中得到巩固和加强；包括作物功能基因组与分子生物学、基因工程与转基因安全评价等在内的新兴学科发展迅速，已经凸显我院的学科中心地位和优势；植物基因组学、超级稻育种及理论、动物疫病防制等部分优势学科已在国际上占有一席之地，国内外学术影响力显著提升。

2. 狠抓农业科技自主创新，重大成果不断涌现

“十五”以来，中国农业科学院党组紧紧抓住难得的发展机遇，不断强化自主创新能力，加强重大项目的管理和重大科技成果的培育，一大批重大科研项目获得立项，一大批具有自主知识产权、世界领先的重大农业科技成果产生，为农业农村经济持续、稳定、健康发展提供了强有力的科技支撑。“十五”以来全院共承担国家及行业重大科技

项目（课题）4 160 项，获奖成果 437 项（其中国家级奖一等奖 4 项、二等奖 26 项，省部级奖 232 项）。

依托中国农业科学院建成的国家农作物品种资源库长期保存的种质资源 39 万份，居世界首位。由于我院对种质资源的广泛深入研究，于 2003 年获得国家科技进步一等奖：由我院主持的杂交稻研究达世界领先水平，参加单位——湖南省农科院袁隆平被誉为“杂交水稻之父”。我院通过对印水型水稻不育胞质的发掘及应用，选育出一批高产、优质的杂交稻新品种，把我国杂交水稻的研究与生产水平提高到一个新台阶，开创了杂交水稻超高产制种新时代，该成果获 2005 年国家科技进步一等奖；由我院主持的中国小麦品种品质评价体系建立与分子改良技术研究即将被授予 2008 年国家科技进步一等奖；禽流感等动物重大传染病防制技术研究达到世界先进水平，极大地提高了我国禽流感的预防控制能力和国际地位，2005 年获国家科技进步一等奖；培育出的具有国际领先水平的单价、双价抗虫棉，构建起了较为完善的国产转基因抗虫棉创新体系，使具有我国自主知识产权的转基因抗虫棉种植面积由 1998 年的 5% 上升到目前的 95% 以上；一批双低油菜新品种，综合性状突出，品质、产量和抗性达到国际先进水平：利用我国特有的遗传资源，在国际上首次创制出的小麦群体改良的理想工具——矮败小麦，实现了小麦育种方法的重大创新，被誉为“小麦育种的革命”；近年来，又在国际上首次成功创建出高产、高纯、高效、低成本的转抗虫基因三系杂交棉；转植酸酶基因玉米培育成功，使我国饲料添加剂研究进入了第二代新型环保型的阶段。

3. 着力加强人才队伍建设，打造一流创新团队

近年来，我院积极推进人才兴院战略。2002 正式启动“杰出人才工程”，连续 4 年共计从国内外聘任到位一级岗位杰出人才 43 人、二级岗位杰出人才 124 人、三级岗位杰出人才 246 人，极大地充实了全院科研力量，增强了创新力和竞争力。在“杰出人才工程”的基础上，院党组决定“十一五”及今后较长时期在全院实施“科技创新团队建设工程”，最近组织开展了首批优秀科技创新团队遴选工作，遴选出了黎志康等 13 个院级优秀团队。研究生教育进展显著，研究生院已连续七年以农学第一名蝉联“中国一流研究生院”。

4. 不断完善科技平台建设，为农业科技创新提供条件支撑

目前，我院已经初步构建了科技创新、科技支撑和科技服务三级三类科技平台体系。创新平台包括 2 个重大科学工程、5 个国家重点实验室、32 个农业部重点实验室和 54 个院级实验室；支撑平台包括国家改良中心（分中心）16 个，国家农作物种质资源长期库 1 座、中期库 11 座、多年生种质资源圃 12 个，国家级野外台站 5 个、部门台站 24 个，科技部国家工程技术研究中心 5 个、国家发改委工程实验室 3 个、工程中心 2 个等；服务平台包括国家级质检中心 3 个、部门质检中心 36 个，以及国家禽流感、口蹄疫参考实验室等。

5. 国际合作领域逐年扩大，国际地位和声誉日益提高

我院的国际合作已逐步从引进资金为主向引进智力、引进资源为主；由单纯技术引进到技术与智力同步引进转变。从“接受援助型”逐步向以“我需为主”转变；从“引进来”到“引进来，走出去”并举，实现了从数量型向质量型的转变。

6. 加快成果转化与应用，科技产业稳步发展

近年来，全院共育成农作物新品种（组合）1 000 多个，累计推广面积 25 亿亩以上；培育出畜禽新品种 32 个，累计推广 14 亿头（只）；获取新兽药证书 68 项，研发各类新技术 1 000 余项，累计推广面积 38 亿亩。

我院的科技产业从小到大，不断探索，逐步发展，取得了明显进展。科技产业规模化发展和产业收入的稳定增长，为院、所弥补事业费不足、吸引人才、改善工作和生活环境、加强基本建设等提供了有力的资金支持。

（二）围绕农业部中心工作，服务“三农”出成效

近年来，我院紧紧围绕农业部的中心工作，紧密配合“十大行动”，认真开展测土配方施肥行动、农业科技入户工程、科技下乡、科技扶贫、科技咨询、科技培训等工作。

制定了“中国农业科学院贯彻落实‘十大行动’实施方案”，组织专业技术人员，深入重庆、新疆、河北、江苏等 20 多个省区市，结合农时，开展技术培训、咨询和科普活动。积极参加农业部“科技之春”、“送科技下乡，促农民增收”等活动。

在重大疾病防控方面，我院自主研制开发出禽流感、口蹄疫高效疫苗及配套诊断和防制技术，为扑灭我国暴发的高致病性禽流感和口蹄疫疫情发挥了关键性的作用；向 2008 年受冰冻雨雪灾害袭击的灾区无偿提供了 80 余万头份、价值 200 余万元的猪蓝耳病疫苗，为大灾之后无大疫，提供了实实在在的技术支撑。

在测土配方施肥行动工作方面，先后派专家前往黑龙江等 23 个省（市、自治区）进行技术指导和调研。编写相关教材、举办培训班，培训了一大批各类农业技术推广人员和土壤测试化验人员，使我院先进的土壤测土施肥技术成果在全国得到推广应用。

在农产品质量安全方面，我院目前已建成 39 个国家和部级质检中心，覆盖了我国主要的农产品种类，检测能力不断提升，在保障国家农产品安全方面做出了重要贡献。围绕农业部“助奥行动”、三鹿婴幼儿奶粉事件的奶粉样品筛查、韩伟集团“佳之选鸡蛋”事件的样品检测、四川省广元市旺苍县柑橘大实蝇虫害防控对策的制定等方面做了大量工作。

在科技兴农方面，近几年已组织科技下乡 10 000 多人次，举办现场展示、观摩会、技术培训、讲座、咨询会等 1 800 多次，直接或间接培训基层技术人员和农民 20 余万人次，发放科技图书、资料等 125 万余份，建立各级各类科技示范基地、示范点 734 个。此外，与多个省、市、区政府或有关单位签订科技合作协议，建立了相应的新品种、新技术、新产品示范基地和产业化生产基地。大力配合农业部做好百万农技人员和农村实用人才培训活动，将在全国 100 个县开展以县、乡两级基层农技人员为主体的现

代农业技术培训活动。

（三）不断加强党建工作，深入开展创新文化建设，为实现我院农业科技创新事业又好又快发展和院所和谐提供坚强的政治、组织和思想保证

坚持党要管党、从严治党的方针，围绕中心、服务大局，以改革创新精神加强党的建设，不断加强思想建设、组织建设、作风建设、制度建设和反腐倡廉建设，充分发挥基层党组织推动发展、服务群众、凝聚人心、促进和谐的作用，坚持不懈提高党员素质，使党员真正成为牢记宗旨、心系群众的先进分子。坚持惩防并重，建立健全党风廉政建设机制，建立并坚持由中国农业科学院党组主要领导负责、机关各局主要领导为成员的党风廉政与反腐败工作联席会议制度，每年都召开党风廉政建设工作会议，对全院党风廉政建设工作进行全面部署和检查。

坚持把党的先进性建设作为主线，扎实开展保持共产党员先进性教育活动，建立健全了保持先进性的长效机制，形成了我院党员保持先进性“五个模范”的具体要求和党员领导干部要达到的“五种能力”，涌现出了以贾继增为代表的一批先进人物；不断增强基层党组织的凝聚力和战斗力，提高了广大党员干部围绕中心、服务大局的意识，为我院“三个中心、一个基地”的战略目标提供了坚强的政治、组织保证和思想保证。

深入开展了精神文明建设活动和创新文化建设。各级党组织坚持“两手抓、两手都要硬”的指导方针，深入扎实地开展精神文明建设工作，有力促进了各项工作的开展。院党组下发了《关于开展创新文化建设工作的指导意见》，在全院启动了创新文化建设，院（所）训、院（所）歌、院（所）旗等标识文化建设工作进展顺利，在干部职工中学唱、传唱《中国农业科学院之歌》活动蓬勃开展，新时期集中展示农业科技工作者主人翁精神的“祁阳站精神”得以大力宣传，我院《职工守则》和《科研道德规范》等制度的制定正在进行，院党组以建院 50 周年为契机，激励和引导广大党员干部职工，深入开展光荣传统教育和爱院、爱所、爱岗教育。通过开展创新文化建设，进一步统一了思想，凝聚了人心，继承了优良传统，发扬了创新精神，增进了团队意识，增强了协作精神，为我院农业科技自主创新及和谐院所建设营造了良好的氛围。

我院连续 13 年保持中央国家机关和首都文明单位标兵荣誉称号：2008 年被评为全国爱国拥军模范单位；先后有 5 人次当选为党的全国代表大会代表；11 人当选为全国人大代表和全国政协委员；6 人次被评为全国劳动模范、全国先进工作者或获得全国五一劳动奖章；24 人次被中央国家机关工委和农业部评为优秀共产党员；11 个基层党组织被中央组织部、中央国家机关工委和农业部评为先进基层党组织。此外，贾继增研究员还荣获“全国先进工作者”光荣称号，郭三堆研究员荣获中央国家机关五一劳动奖章，景蕊莲同志被评为中央国家机关优秀女科技工作者，陈化兰研究员荣获中国青年五四奖章和“中国青年女科学家奖”称号。

二、通过学习实践活动，对科学发展的认识不断深化

经过学习实践活动第一阶段的学习培训、调查研究和解放思想大讨论，中国农业科学院党组和广大党员干部对科学发展观的认识普遍有了新的提高，在思想观念上有了新的转变，对如何以科学发展观指导我院工作和农业科技事业形成了新的认识。

（一）贯彻落实科学发展观，必须更加注重深刻理解和正确把握科学发展观的基本内涵，进一步强化实践科学发展观的自觉性和坚定性

科学发展观，是党中央深刻总结我国改革开放以来的发展实践，立足社会主义初级阶段基本国情，借鉴国外发展经验，适应新的发展要求提出的创新理论。是对党的三代中央领导集体关于发展的重要思想的继承和发展，是马克思主义关于发展的世界观和方法论的集中体现，是发展中国特色社会主义必须坚持和贯彻的重大战略思想。贯彻落实科学发展观，对推动我国经济社会全面协调可持续发展，全面建设小康社会、构建和谐社会，对于从国民经济全局和世界农业科技发展趋势上正确把握我国农业科技事业科学发展的思路具有重大的现实意义和深远的历史意义。只有认真学习，深刻领会，准确把握科学发展观的内涵和精神实质，才能不断提高在全院工作中贯彻落实科学发展观的自觉性和坚定性，才能真正使科学发展观在农业科技事业中落地生根。

（二）贯彻落实科学发展观，必须更加注重围绕中心、服务“三农”，进一步推动农业科技发展，为现代农业建设提供坚强的支撑

党的十六大以来，中央按照科学发展观的要求，坚持城乡统筹发展方略，把解决好“三农”问题作为全党工作重中之重，出台了一系列强农惠农和科技兴农政策，实现粮食连年增产，农民收入持续增长、农村社会全面进步。但我们同时也应看到，我国农业依然是国民经济最薄弱的环节，农村依然是全面建设小康社会最大的难点，现代农业建设仍然面临着很多硬约束。我国国情、农情决定了解决“三农”问题必须把科技进步作为强有力的支撑。因此，中国农业科学院必须坚决落实党中央、国务院和农业部的决策部署，紧紧围绕科技支撑“三农”这个宗旨，从战略和全局的高度坚持不懈地加强农业科技自主创新这个根本，为现代农业的发展提供强大支撑。

（三）贯彻落实科学发展观，必须更加注重解放思想、深化改革，立足我院实际，进一步推动自身建设的不断加强

近年来，院党组坚持围绕“三个中心、一个基地”的战略目标，加快现代科研院

所建设并取得了明显成效，为支撑我国农业农村经济发展做出了应有的贡献。很重要的一条经验就是院党组坚持解放思想、与时俱进，不断围绕国家农业发展的战略需求进行改革创新、科技创新。面对新的形势和要求，按照科学发展观的标准全面衡量，我们在思想观念、领导水平、工作方法、工作作风等方面，还存在着不适应、不符合科学发展观要求的地方。因此，要坚持贯彻落实科学发展观，就要求我们各级领导班子和广大党员干部必须始终坚持以研为本、以人为本，坚持解放思想、深化改革，注重加强自身建设，使我们的思想观念、工作思路、重大措施更加符合科学发展观的要求，更加符合农业科技工作性质和农业科技创新规律，更加符合广大党员、干部和群众的现实需要。把科学发展观落实到我们的思想观念和思维方式中去，转化为谋划可持续发展的农业科技创新思路，转化为推动现代农业科研院所建设与科学发展的实际能力。

三、在学习实践活动中广泛征求各方面意见，认真查找影响我院科学发展的突出问题

为了确保我院的学习实践活动不走过场，真正取得实效，院党组根据中央提出的“三个着力于”的要求，始终把查找和解决突出问题作为学习实践活动的出发点和落脚点，努力在学习中找差距、在工作中找问题、在调研中找思路、在讨论中找不足。并把广泛征求意见作为发动群众、发扬民主的重要举措，坚持开门搞活动，通过多种方式，向基层问计、向群众请教、向实践求知，认真查找问题，研究解决办法，为形成高质量的分析检查报告，确保分析检查阶段工作取得实效奠定了坚实基础。

多种渠道、多种形式，广泛深入征求意见。一是围绕农业科技自主创新、服务“三农”、平台、团队建设、作风建设、自身建设等方面，向院属京区 25 个单位和部门发放了《关于在深入学习实践科学发展观活动中征求意见的函》，共征求各单位对院党组工作意见建议 108 条；二是围绕“如何加快我院‘三个中心、一个基地’建设，促进我院科技创新又好又快发展”的主题召开系列座谈会，直接听取各方面、各领域对院党组的意见建议。11 月 28 日、12 月 1 日，翟虎渠院长亲自主持召开 2 个座谈会，分别听取离退休院领导、离退休党组织负责人以及院士、各方面有关专家代表对院党组工作的意见建议；12 月 2 日上午和下午，罗炳文副书记分别主持召开民主党派负责人和无党派知名人士以及基层工青妇组织负责人和群众代表座谈会，征求意见建议。征集到意见建议经汇总整理后共计 124 条；三是通过在新办公楼设置征求意见箱，在院网设置网络信箱等方式，广泛地征求干部职工对院党组工作的意见。截至目前，院党组征集到各单位和广大群众的意见建议共计 232 条。

高度重视、正确对待，认真梳理意见建议。12 月 1 日和 16 日，院党组两次召开专门会议，对征求到的意见和建议，逐条进行分析研究。期间，翟院长于 12 月 10 日亲自召集有关部门主要负责人参加的会议，研究群众反映突出的问题。

深入剖析、明确思路，召开专题民主生活会。12 月 16 日在前期认真学习、深入调

研、解放思想大讨论、广泛征求意见的基础上，中国农业科学院党组召开了贯彻落实科学发展观专题民主生活会，翟虎渠院长代表领导班子和个人进行了发言，每位班子成员紧密联系实际，积极开展批评和自我批评，分析问题、查找原因、提出建议，进一步明确了推动农业科技自主创新的工作思路和努力方向。会上又对学习实践活动中查找出的突出问题进行了研究。

院深入学习贯彻科学发展观领导小组经过认真梳理，将征求到的意见建议分类归纳为体制、机制等 11 个方面，共 52 项。

（一）体制方面

①建议继续推进农业科技创新体系建设，争取启动国家农业创新中心试点建设工作。② 2002 年实施的农业科技体制改革中，我院 12 个拟转企研究所和 4 个农业事业单位的职能定位不准，遗留问题一直没有得到解决，严重制约了这些研究所的发展。③拟转企研究所建议增加科技创新编制和相应科技创新经费，并在修购经费、院所长基金等方面继续支持。④科研立项没有充分考虑到科研机构和科研人员的特点和积极性，同时来自生产一线需求的科研课题偏少，造成科研成果与生产需求有不一致的地方。⑤科研经费投入体制不科学，竞争性选题过多，基础性研究缺乏相对稳定的投入。

（二）机制方面

①对杰出人才以及科研人员的管理、评价体系和促进科研成果转化的激励机制有待进一步完善。②要引导科技人员深入一线、解决农业生产实际问题，防止只注重发表论文，忽视田间试验和试验示范工作的现象。③完善院所两级科研管理机制，强化院的组织、协调和引导能力，研究出台有关科研项目管理的具体指导意见。④部分科研骨干忙于项目申报、应付评估和检查等工作的时间过多，而用于研究的时间不足。⑤科研人员出国的审批手续繁琐，影响了对外科研合作的效率。

（三）经费支持方面

我院事业费严重不足，2007 年，全院财政拨款 18. 63 亿元，但其中事业费仅为 3. 43 亿元，占整个财政拨款的 18. 4%。在事业费中，用于工资性支出的人员经费拨款 2. 75 亿元，而 2007 年我院离退休人员（5 453 人）工资实际支出达 1. 56 亿元，占 56. 7%。事业费可用于在职职工（7 141 人）的工资支出仅 1. 19 亿元，年人均仅为 1. 67 万元，拟转企研究所人均人员费用更低。

（四）科技创新方面

①尽快制定中国农业科学院中长期科技发展规划。②重大创新型成果不多，突出表现为科研活动与农业生产实际结合机制即“顶天立地”的问题仍未完全解决、重大成果储备不足。③研究所不能越分越粗，学科设置和调整要遵循科学发展规律，适应研究所发展需要；学科之间建设要避免趋同化，避免内部竞争带来的无谓消耗。④要进一步加强我院部分学科的建设。加大对于新兴学科、起步较晚的学科、有特色的学科和交叉学科的支持力度。加强我院的动物育种研究，建议组建一个团队专门搞动物育种，保持持续、稳定投入，做10～20年，使我院成为此领域国内最强；加大对生物技术、质量安全等新兴学科的支持力度；加强地学、生态环境、食品安全等方面的研究；在重视应用基础研究的同时，还应加强对具有长效和推动农业发展的常规应用技术的研究与创新，如常规动植物品种繁育技术、各类快速检测技术等。⑤加强学科及研究所之间的合作，优势互补。如转基因专项工作涉及的研究所与其他研究所的合作、涉及资源环境领域中土肥水气等研究所间的合作、农业政策研究与生物技术等农业科研的结合、生物技术与常规研究的结合、土肥研究与其他研究项目如主要农作物的研究相结合，发挥综合优势。

（五）科研条件与平台建设方面

①从平台建设支撑科技发展来看，我院科研基础条件建设长期以来形成的历史欠账问题并未完全解决，落后的科研基础条件制约自主创新能力提升的问题依然存在。②部分科技平台缺乏运转经费，平台的规范化管理尚需加强。③国家级重点实验室数量还不多，希望能创造条件多申报国家级重点实验室。④目前我院的有关试验站、农场非常缺乏，现有的试验站与农场面积、功能均不能满足科技创新工作的需求，希望加强我院综合试验、示范场地建设，加快我院科研成果集成。⑤加强农产品质量安全方面的建设，多建相应的实验室。⑥希望建立平台的评估与考核及奖励的激励机制。

（六）人才建设方面

①从人才队伍建设支撑发展来看，高端人才总量偏少，年龄偏大，领军型人才不足。②新兴特色学科人才匮乏。③创新团队建设亟待加强，创新团队的结构与人员构成要搭配合理。④院里要更多地关心、关注我院各个层次党政管理人员，在全院建立起“管理出效益，管理出成果”的理念。⑤要加强对青年干部的培养与实践锻炼，增加他们参与实践的能力。⑥研究生招生指标及培养经费不足，师资队伍力量亟需增强。⑦缺乏一支稳定的科研辅助人员队伍。⑧应尽快出台编外聘用人员管理办法。

（七）科技产业方面

①科技产业发展滞后，现有产业规模偏小、没有形成院级龙头企业和知名品牌。②中国农业科学院的无形资产尚未得到充分开发利用，没有实现本身巨大的品牌价值，无法形成市场竞争力。③缺乏能引领我院产业开发发展方面的高端人才。④相关研究所在科技成果转化与开发方面的合作不够，如生物所和棉花所应共同促进转基因棉花的产业化。⑤农业部扶持科技成果转化资金少，希望得到院里的支持。

（八）工作作风建设方面

①院领导要经常深入基层，广泛联系基层群众和职工，直接听取大家对院各项工作的意见和建议。②院党组要继续加强党风廉政建设，对重大事项进一步加强民主决策、增加工作透明度；要抓好领导班子，尤其是"一把手"这个党风廉政建设的第一责任人，要抓好分管领导，要把反腐倡廉的各项工作任务和要求进行细化分解，逐条逐项落实到各单位各部门及每个具体责任人的身上。③要加强对院规章制度的执行考核力度和监督检查。④建议减少会议和文件，提高工作效率。⑤希望院里与离退休人员在重大问题上加强沟通，定期通报情况。

（九）事关群众切身利益的具体问题方面

①住房资源不足，京区职工中尚有380个无房户。希望院党组切实关心院无房户的住房问题，与农业部研究马连洼住宅分房方案时，院党组应反映我院职工住房困难，要求部、院职工均等享受分房权利，在我院住房较农业部困难的情况下，不能接受部里其他事业单位参加我院分房；在马连洼新建住宅的分配上希望能考虑马连洼三所职工的实际情况给予适当政策倾斜。②部分研究所和院机关收入偏低，建议增加岗位津贴；农科院离退休职工4年没增加工资或补贴，生活水平下降，希望院领导从关心离退休职工生活待遇出发，多关心离退休老同志的困难，增加老干部的收入。③希望要关心职工健康，开辟职工锻炼身体的场地，增加离退休老同志体检次数，解决新办公大楼的饮用水源问题，改善青年职工住宿、就餐、洗浴条件。

（十）院所建设方面

①建议成立中国农业科学院发展战略研究咨询委员会，或专门组建一个农业发展战略研究机构。②要扶持弱所、小所、出版社及京外所的建设。③马连洼三所希望设立三所食堂和老干部活动场地，希望加大对三所科技产业开发的支持力度。④出版社希望尽

快恢复出版基金以更好地出版学术专著，继续大力支持出版社工作。⑤希望加强对我院的宣传，提高中国农业科学院在社会上的影响。

（十一）大院环境综合治理方面

①建议对院内及周边建设、环境有一个切实可行的总体规划，使我院的整体形象发展与周边环境相适应。②目前办公区与家属区混杂，无法保证办公区域的安静与整洁；大院内的治安管理、公共卫生、绿化美化、安全保卫、房屋出租、出租车进院收费、职工食堂伙食、车辆停放等管理需要进一步加强。③加强对科研安全生产的监管，强化对试验废弃物的管理。④资源区划所两个办公楼之间的钉子户问题建议尽快解决。⑤为保障儿童活动场所的使用安全，请权威部门对幼儿园的房屋进行检查。

这些意见和建议表明了我院广大干部群众对深入学习实践科学发展观活动的积极参与，体现了广大科技人员对我院建设与发展的热情关注。查摆出的这些意见与建议，为我院明确解决问题的对策思路奠定了良好的基础。

四、产生问题的原因分析

经过认真分析产生上述问题的原因，主要有客观和主观两个方面。

在客观原因方面，一是转为农业事业单位和拟转企的研究所改革定位不准确，致使这些单位在发展过程中遇到许多矛盾；二是中国科学院有知识创新工程，高等院校有“211”、“985”等“工程”的支持，而国家对农业科研单位没有类似工程项目的支持，农业科研单位投入不足、投入结构不合理、事业费严重短缺；三是现行管理体制机制与现代农业科研院所建设要求不适应；四是历史欠账问题较多，致使我院科研平台建设与职工住宅建设等与客观需求差距较大。

在主观原因上，主要表现在以下几个方面。

一是对理论学习的系统性不强、深度不够，创新意识不够强，运用科学发展观的思想，系统思考农业科技发展的重大问题，并指导现代院所建设不够。

二是对新形势下科研院所发展中出现的新情况、新问题研究不够。一方面，对世界农业发展动态的研究不够。在经济全球化和科技发展日新月异的背景下，世界农业与农业科技出现了新的动向。在科研院所的建设中，只有不断跟踪世界科技最新动态和国家战略目标，不断进行自我调整，适应发展潮流，才能为国家发展做出更大贡献；另一方面，对国家相关政策变化对我院建设与发展影响的研究不够。如国家预算体制、投资体制、人事管理等制度都发生了较大的变化，如何适应这些新的变化，指导全院各单位加快发展步伐，值得深入研究。

三是对存在的一些问题抓落实不够。有些工作虽然已经作出了决定，但是执行过程中遇到困难后进展缓慢，落实不到位。如在建设“三个中心、一个基地”方面，科技创新中心的建设进展明显，但成果转化中心建设的进展和预期差距较大；大院环境综合治理工作，虽曾多次下决心推进，但在实际执行过程中遇到困难后，实际落实的进展缓慢；还比如，院党组注意到加强自主创新，就必须有一流的高层次人才，“杰出人才工程”的实施成效明显，但遇到缺乏专项财政资金支持的困难，高层次人才的引进与培养力度与我院发展对高层次人才的需求还有一定差距。

四是内部管理制度建设不够。随着我国改革开放的不断深入，中国农业科学院在发展过程中出现了不少新的情况，有些工作在一定时期内缺乏管理制度的规范和有效指导，在一定程度上影响了发展。

五是院党组自身方面的原因。如我院科研事业发展过程中遇到的有关体制方面的问题，院党组多次向上反映，但效果不明显，院领导也产生过畏难情绪；在经费方面，各个研究所之间的差异较大，难以获得平衡，目前还没有找到更加合适的解决方法；同时，在经费有限的情况下，院党组把能支配的资金主要用在了科技创新与人才引进工作上，无法照顾到需要支持的各个方面；还有，由于平时忙于事务性工作较多，对有关问题的深入研究还不够。

五、认真落实科学发展观，努力寻求破解突出问题的对策思路

用理论武装头脑，提高贯彻科学发展观的能力，努力破解一批影响我院科学发展的突出问题，是学习实践活动的主要目的。针对查找出的问题以及产生这些问题的原因分析，院党组经过反复讨论和认真研究，根据我院的实际情况与特点，提出了破解突出问题，加快我院发展的对策。

（一）加强学习，提高能力

深入学习科学发展观和中国特色社会主义理论，增强自身理论修养，不断提高院党组的执政能力、发展能力、创新能力、联系群众能力、实践能力、廉洁自律能力“六种能力”，通过这些能力的建设，努力提高院党组科学决策水平和解决突出问题的能力，推进我院各项事业的全面发展。

（二）加强研究，明确思路

院党组将根据国家重大战略需求和科学发展的要求，结合我院实际，认真研究，进一步理顺和明确我院的发展思路。一是加强农业发展宏观研究，谋划农业科技发展战略；二是进一步完善评价、考核机制和激励机制，推进农业科技自主创新，深化国际合作交流，加大农业科技成果转化力度，加强人才培养和队伍建设，特别是人才团队建设；三是进一步加强学科建设，紧密结合经济建设和科学发展需求，不断培育新的学科

增长点，尽快形成科研优势。同时，要优化学科结构；四是努力争取国家在创新编制、科研投入强度和投入方式上取得突破；五是继续加强创新文化建设，构建和谐院所；六是继续呼吁和反映我院在农业科研体制方面存在的问题，进一步明确农业科研机构的社会公益性质，按照非营利性科研机构的性质调整拟转企研究所和部分农业事业单位的改革定位；七是力争在群众关心的热点问题诸如大院环境综合治理、职工住房建设与分配、离退休干部健康体检等方面逐步加以解决。

（三）认真整改，破解难题

院里将根据深入学习实践科学发展观的总体部署，在第三阶段尽快制定针对影响科学发展突出问题的整改方案，将任务落实到责任部门和责任人，根据问题的轻重缓急，将采取有效措施，分步、分批、逐步努力破解一批影响我院科学发展的突出问题和职工关心的热点问题。对具备条件能解决的问题立即行动加以解决；对需要一定时间和过程能解决的问题，要想方设法创造条件，争取早日解决；对超出我院能力的问题，将积极向上级反映和呼吁，力争取得进展；对当前不具备条件，难以解决的问题，将认真作出解释，获得干部群众的理解。

院党组相信，通过这次深入学习实践，全院上下一定会进一步深化对科学发展观精神实质和基本要求的理解和认识。有科学发展观的指导，有全院广大干部群众的参与和支持，中国农业科学院一定能不断克服在发展过程中出现的各种困难，使影响和制约科学发展的突出问题逐步加以破解，不断加快我院“三个中心、一个基地”建设步伐，为我国现代农业建设做出更大贡献！

关于印发《中国农业科学院深入学习实践科学发展观活动整改落实阶段工作安排》的通知

农科实践〔2009〕5号

院属各单位、机关各部门：

现将《中国农业科学院深入学习实践科学发展观活动整改落实阶段工作安排》印发给你们，请结合实际贯彻执行。

二〇〇九年一月十三日

中国农业科学院深入学习实践科学发展观活动整改落实阶段工作安排

按照农业部深入学习实践科学发展观活动领导小组整改落实阶段工作安排和《中共中国农业科学院党组关于开展深入学习实践科学发展观活动的实施方案》的总体安排，现就我院学习实践活动整改落实阶段的工作安排如下。

一、认真制定整改落实方案

2009 年 1 月 16 日 ~2 月 3 日，为制定整改落实方案环节。各单位要根据分析检查报告中查找到的突出问题以及提出的整改思路和措施，制定整改落实方案。整改落实方案要以分析检查报告为依据，把解决问题和完善制度的工作具体化，并注重可操作性，使整改落实工作有章可循、群众满意度测评有据可依，确保整改工作落到实处。整改落实方案要按照习近平同志的要求，切实做到“四明确一承诺”。一要明确整改落实项目。对征求意见和分析检查出来的突出问题，要进行全面分析和归纳梳理，一项一项列出来，纳入整改落实项目；二要明确整改落实的目标和时限要求。对查摆出来的突出问题和需要完善的制度，要按照轻重缓急和难易程度，分别提出整改落实的目标、方式和时限要求；三要明确整改落实措施。对需要整改落实的问题，要逐项分析，提出解决问题的有效措施和具体办法；四要明确整改落实责任。建立健全整改落实责任制，逐项明确责任领导、承办部门，把任务分解细化，把责任落实到人；五要对整改落实作出承诺。采取适当方式，在一定范围内公布整改落实方案，对重要事项作出承诺，落实情况要向党员、群众通报。各单位的整改落实方案在征求分管院领导意见后，于 2009 年 2 月 10 日前报院学习实践活动办公室备案。

二、集中解决突出问题，创新体制机制

2009 年 1 月 16 日 ~2 月底，为集中解决突出问题、创新体制机制环节，要着重抓好三个方面的工作。一要抓好整改措施的落实。各单位要根据《中共中国农业科学院党组深入学习实践科学发展观活动整改落实方案》和本单位分析检查出的突出问题，切实抓好整改落实工作，集中力量解决好影响和制约科学发展的突出问题，办几件看得见、摸得着、促进科学发展的实事；二要做好调研成果的转化运用。各相关单位要抓好学习实践活动期间院领导牵头开展的六个重大课题研究成果和本单位调研成果的转化运

用，努力把研究成果转化为具体的工作措施，切实推动实际问题的解决；三要着力创新体制机制。各单位要结合实际，在统一认识、深入调研、分析检查的基础上，从农业科技事业和科技支撑农业发展的实际需要出发，建立健全体现科学发展要求的规章制度，努力推动制度创新。

在解决突出问题和创新体制机制过程中，对迫切需要解决、经过努力能够解决的突出问题，集中时间和精力整改；对短期内无法解决的问题，要明确解决的思路和方法，制定工作计划，分步抓好整改落实；对一些长期得不到解决的老大难问题和涉及多个层面的系统性问题，要从最易突破的环节入手，提出阶段性整改措施，逐步寻求突破。要通过集中整改、建章立制工作，制定、完善一批制度，解决一批突出问题，确保学习实践活动取得扎扎实实的实践成果，促进院所各项事业又好又快发展。

各单位整改落实的情况，应及时向广大干部群众通报，并于 2009 年 2 月底前，以书面形式将本单位集中解决突出问题和创新体制机制情况及制度性成果报送院学习实践活动办公室。

三、搞好群众满意度测评

整改落实阶段基本结束时，要认真总结整个学习实践活动的情况，采取适当方式向党员群众通报。在此基础上，采取座谈会和书面评议的方式，组织对各单位开展学习实践活动的情况进行满意度测评。主要测评对解决影响和制约中国农业科学院科技事业科学发展的突出问题的满意度和开展学习实践活动情况的满意度。我院学习实践活动情况的测评主要在院属京区各单位领导班子和机关各部门处以上干部范围内进行。我院学习实践活动群众满意度测评结果要在院总结大会上公布，院属各单位的测评结果也要在中层以上干部大会上公布。根据测评情况，进一步完善整改落实方案，确保在学习实践活动期间未能及时解决的突出问题得到有效解决。

四、做好学习实践活动的总结工作

在学习实践活动结束时，各单位要对学习实践活动情况进行全面总结，并于 2009 年 2 月底前，向院学习实践活动领导小组报送书面总结报告。院学习实践活动领导小组适时召开总结大会，对我院学习实践活动进行总结。

关于印发《中共中国农业科学院党组深入学习实践科学发展观整改落实方案》的通知

农科实践〔2009〕8号

院属各单位、机关各部门：

按照我院学习实践活动实施方案的总体部署，依据《中国农业科学院党组深入学习实践科学发展观分析检查报告》，制定了《中共中国农业科学院党组深入学习实践科学发展观活动整改落实方案》，经农业部学习实践活动第七指导检查组审阅同意，院党组2009年第二次会议审议通过，现予以印发，请根据责任分工认真抓好落实。

二〇〇九年二月十一日

中共中国农业科学院党组深入学习实践科学发展观活动整改落实方案

按照农业部深入学习实践科学发展观活动领导小组整改落实阶段工作安排和《中共中国农业科学院党组关于开展深入学习实践活动的实施方案》的总体安排，我院在广泛征求意见的基础上，对照科学发展观的要求，针对分析检查报告中查找到的突出问题，现制定如下整改落实方案。

一、整改落实工作的思路与目标

坚持以科学发展观统一全院思想认识，针对在贯彻落实科学发展观方面存在的问题，以《中国农业科学院党组深入学习实践科学发展观分析检查报告》为依据，制定切实可行的整改措施，按照问题的轻重缓急和难易程度，分门别类提出整改意见，明确整改重点，确定整改时限，落实整改责任。整改工作由院学习实践活动领导小组组长负总责，院领导根据工作分工对口负责，相关部门处室具体落实。坚持高标准、严要求，边整边改，早改快改，能改的立即改，一时难以解决的制定措施加快整改，把集中整改与坚持不懈地抓整改结合起来，进一步制定和完善相关制度，真正从长远和根本上解决问题。

通过整改，进一步巩固和扩大全院学习实践科学发展观成果，切实解决存在的突出问题，努力提高院党组实践科学发展观能力，进一步增强我院工作的主动性、针对性、前瞻性和科学性，推动思想更加解放，作风更加务实，制度更加完善，措施更加得力，为发展现代农业和建设创新型国家做出新的贡献。

二、整改的主要内容与措施

（一）科技创新问题

1. 科学制定我院中长期科技发展规划

根据国家和部门工作的整体部署，2009 年我院启动“十二五”科技发展战略研究工作，在此基础上，研究制定《中国农业科学院中长期发展规划（2010～2020）》。进一步明确我院“十二五”及今后 10 年科学技术发展的战略定位、发展思路、目标任务和工作重点，提出有效对策与措施，全面提升自主创新能力，提高对发展现代农业、建设社会主义新农村和创新型国家的支撑能力，引领我国农业科学技术发展。

牵头院领导：翟虎渠、刘旭

责任部门：科技管理局

整改落实时间：2009 ~ 2010 年

2. 加强科研创新团队建设

一是推动院属各单位的创新团队建设。进一步整合科技资源，明确各所重点建设的团队，2009 年上半年完成组建和报院备案工作；二是组织举办团队首席科学家培训班。通过培训，提高首席科学家的战略思维能力和对学科建设的宏观把握能力，提高他们的组织协调和带领团队协作创新攻关的能力，树立他们的形象并扩大对外影响力；三是加强高层次人才和优秀学科带头人的选拔、引进和培养，重点加强院级优秀创新团队的人才梯队建设。

牵头院领导：翟虎渠、贾连奇

责任部门：人事局

整改落实时间：2009 年起

3. 协调各方关系，集中全院力量申报国家重大项目

积极与各级主管部门沟通联系，及时了解和掌握各类科技计划的发展动态，着力提高新兴、交叉学科的项目支撑，加速形成学科优势。做好选题建议与推荐工作，积极与相关研究所和专家进一步凝练项目选题，及时向上级主管部门提出选题建议。院里将加强对科技立项工作的审核把关力度，组织、协调跨所、跨院、跨部门等重大项目的申报工作，协调各方利益，集中全院力量，尽量避免无序竞争。研究所要发挥相应学科专业组的主体作用，联合相关单位的人力、研究基础、科技平台等资源，以提升我院项目申报的竞争实力。

牵头院领导：刘旭

责任部门：科技管理局

整改落实时间：2009 年起

4. 花大力气培育重大科技成果

研究提出“十一五”后两年重点成果培育目标，制定出具体工作措施。完善研究所推荐申报成果奖机制，全面建立起研究所依靠学术委员会评审推荐制度。加强对报奖备选项目的管理，提前介入，重点培育，强化组装，提高奖项的分量与质量。重点抓好国家奖的申报，努力拓展申报渠道，加强组装与集成，协调同类成果联合申报，增强整体竞争力。邀请专家把关，帮助研究所认真审核申报材料，提高申报质量。组织做好答辩预演工作，提高申报水平，增加我院成果初评入选比例。加强省部级成果奖申报的组织管理，重点组织好神农中华农业科技奖、北京市及相关省科学技术奖和中国农业科学院科技成果奖申报管理工作，全面提高奖项的质量和水平，为组装集成重大科技成果奠定基础。

牵头院领导：刘旭

责任部门：科技管理局

整改落实时间：2009～2010年

5. 引导研究所重视学科全面发展

学科建设要从基础研究、高技术研究和应用研究三个方面进行部署，从项目、团队、平台和成果等方面加强建设，努力促进学科全面发展，既要重视学科理论和方法的发展，又要有关键技术和重大产品等解决生产中实际问题的能力和水平，努力做到“顶天立地”，为形成重大科技成果和解决农业生产中关键技术问题奠定基础。

牵头院领导：刘旭

责任部门：科技管理局

整改落实时间：2009年起

（二）科研项目管理问题

2008年12月，院出台了《中国农业科学院关于加强科研项目管理工作的指导意见》，进一步明确了院所两级科研管理部门在项目管理方面的职责，从科研项目统筹布局、选题建议与立项、项目实施与管理以及服务与协调等几个方面提出具体管理措施，强化对重点、重大项目的跟踪管理，提高管理水平和产出效能。2009年将全面启动54个院重点跟踪项目管理，进行全程跟踪服务，组织召开项目执行进展汇报会，监督检查执行情况。对取得重大突破性进展的项目召开现场观摩会、工作汇报会、学术研讨会等，提高显示度和影响力。协助每个研究所确定3个左右所级重点管理项目，制定管理措施，加强跟踪管理。投入使用科研项目管理信息系统，对全院项目实行信息化管理，带动提升项目管理水平，提高管理工作效率。强化以高效的应用、高影响因子的论文、高水平授权专利等为主要指标，探索引导项目高效产出的新途径，提高项目的产出效能。加强项目的评估、验收、成果鉴定等环节的管理和服务，提高项目执行质量。

牵头院领导：刘旭

责任部门：科技管理局

整改落实时间：2009年6月底前

（三）科研平台管理问题

建立健全科技平台运行与管理机制，促进平台作为相对独立科研实体的运转，实行平台与学科、人才团队的实质性结合；重点对第五批农业部重点实验室进行指导督促，观摩交流。加强优势平台的升级准备，有序推进有关国家重点实验室的争取和验收：出台院级野外台站管理办法，评选命名一批院级野外台站。加强科技平台动态管理，建立评估和考核体系，提高运行效率。定期根据各类科技平台的研究工作、成果水平、队伍建设、人才培养、合作交流与运行管理等情况进行考核，对优秀和良好的科技平台给予适当的奖励。

牵头院领导：刘旭

责任部门：科技管理局

整改落实时间：2009 年起

（四）科研条件与平台建设问题

1. 着力加强重大项目和试验基地建设

“九五”以来，中国农业科学院科研条件在很大程度上得到改善，科研用房和仪器设备已在一定程度上满足科研需求。目前我院正在加强调研，编制《中国农业科学院基本建设规划（2010 ~ 2020）》、《中国农业科学院修缮购置专项规划（2009 ~ 2012）》，着力加强重大项目和试验基地建设。根据国家新增千亿斤粮食生产能力建设规划，我院近期将重点推进黑龙江、吉林、河南等粮食主产省的综合试验示范基地建设。2 月 20 日前院领导、机关有关部门及有关研究所首先去河南落实综合试验示范基地（站）的建设工作。

牵头院领导：雷茂良

责任部门：基本建设局

整改落实时间：2009 年

2. 进一步加大实验室条件建设力度

“十一五”以来，结合科研用房，已立项在建的实验室建设项目有 20 个。通过全国农产品质量安全检验检测体系规划，我院已立项在建的质检中心项目 18 个，总投资达 3.53 亿元，实验室条件和检测能力得到极大的提升。2008 年 12 月，我院下发通知，要求未申报质检中心建设项目的单位加快项目筹划和申报。财政部已设立修缮购置专项，实验室仪器设备购置项目将由修缮购置专项渠道解决。下一步我院重点是结合重大项目、科研用房建设或系统改造对实验室条件进行升级。通过改善条件，争取将更多的部重点实验室升级为国家重点实验室。

牵头院领导：雷茂良、刘旭

责任部门：基本建设局、科技管理局

整改落实时间：2009 ~ 2010 年

（五）科技推广问题

结合国家和农业部重大科技兴农活动，制定我院统一的科技兴农行动计划，为农业生产服务。

1. 启动实施科技支撑行动计划

在黑龙江、吉林、河南等粮食主产省的 100 个粮食主产县，以水稻、小麦、玉米、大豆、马铃薯等主要农作物为主要实施对象，以为国家增产1 000亿斤粮食提供科技支撑为目标，组装、集成一批重大科技成果，建立试验、示范、推广体系和科技成果示范展示基地。会同吉林省农科院继续举办玉米产业峰会，发挥科技优势，推动玉米产业发展。

牵头院领导：唐华俊

责任部门：科技管理局

整改落实时间：2009年

2. 深入开展科技示范行动计划

在原有的试验示范基地的基础上，重点选择100个县建设科技示范基地，加快科技成果转化，扩大良种良法和先进实用技术的覆盖面。推进与河北省特别是廊坊市等地的科技合作，实施好科技示范推广项目。做好与北京市大兴区第二期合作总结验收，启动实施第三期合作项目。继续做好与宁夏的“院地合作，所县共建”工作，推进我院宁夏综合示范基地建设。认真履行与青海、新疆等西部地区签订的科技合作协议，继续为青海省培训科技人员。

牵头院领导：唐华俊

责任部门：科技管理局

整改落实时间：2009年

3. 继续推进科技服务行动计划

选择100个院地合作县开展科技服务行动，重点组织好与锦州、廊坊、运城、寿光等地方政府共同举办的博览会、对接会和展示交易会活动，扩大我院的社会影响。配合农业部做好“十大行动”和“科技下乡”等活动，精心组织推动“科技支疆”和“科技援藏”工作。继续开展抗震救灾科技支撑行动，组织做好四川震后恢复重建科技特派团对口帮扶工作。同时要通过编印小册子、报刊新闻报道、网上专栏、刊发专题、报送材料等方式，扩大宣传影响。

牵头院领导：唐华俊

责任部门：科技管理局

整改落实时间：2009～2010年

（六）领导班子及作风建设问题

1. 进一步加强理论学习

一是坚持理论中心组学习制度。每次学习要有主题，同时，要创新学习方式，提高学习效果，采取报告会、研讨会、专题辅导、集中学习、观看录像等多种形式强化学习，切实做到既能保证学习时间，又能增强学习效果。院党组成员除积极参加理论中心组学习外，还要以普通党员身份参加所在支部的政治学习。要系统学习，认真撰写学习体会，充分发挥表率作用，挤出时间抓自学，带动党员干部共同学，努力创建学习型机关；二是坚持学用结合，把学习科学发展观同系统思考农业科技发展、指导现代院所建设实践结合起来，同树立正确的世界观、人生观、价值观、政绩观结合起来，不断提高院党组的执政能力、发展能力、创新能力、联系群众能力、实践能力和廉洁自律能力。

牵头院领导：罗炳文

责任部门：直属机关党委

整改落实时间：2009 年起

2. 进一步加强党风廉政建设

一是严格实行责任制度，明确分工责任，把贯彻落实党风廉政建设责任制、建立健全惩防体系作为一项战略性、全局性工作紧抓不放。对不履行或不正确履行职责范围党风廉政建设责任的人员，实行责任追究；二是完善议事程序，保证重大事项科学民主决策，进一步健全决策权、执行权、监督权既相互制约又相互衔接的机制，把对权力的科学配置与对领导干部的有效监督结合起来。凡涉及重大决策、重要干部任免、重大项目安排和大额度资金的使用，必须经集体讨论作出决定，严格按规定程序运作；三是加强反腐倡廉和政风作风建设，认真落实中央《建立健全惩治和预防腐败体系 2008 ~ 2012 年工作规划》，以全面落实党风廉政建设责任制为总抓手，深入开展廉政教育，提高党员干部思想和党性修养，研究加强党性修养和作风养成的制度环境、组织氛围问题，提出具体意见，切实解决思想和作风等方面存在的突出问题；四是强化监督制约，进一步加强对领导干部特别是各级领导班子主要负责人的监督，强化对权力运行过程的监督，不断健全完善党风廉政建设和反腐败工作体制机制。

牵头院领导：罗炳文

责任部门：监察与审计局

整改落实时间：2009 年起

3. 深入开展调研活动

为促进院属各单位更好更快地发展，院党组班子成员将在 2 ~ 3 月份深入各单位进行调研。调研内容包括学科建设、团队建设、平台建设、制度建设、党建及精神文明建设等，并与各单位领导班子研究发展措施，调研结束后形成调研报告。通过调研，针对各单位事业发展的重大问题，研究提出发展思路和解决办法，督促各单位深入学习实践科学发展观活动整改方案的进一步落实，促进全院科学发展。在调研活动中，要注重听取基层职工的意见。

牵头院领导：翟虎渠、薛亮

责任部门：院办公室

整改落实时间：2009 年 3 月

4. 加强会议、文件及规章制度的管理工作

加强会议管理，严格执行会议审批制度，提倡少开会、开短会，进一步减少会议数量、时间和规模，尽量节省会议费支出。加强公文管理，严格按照公文处理办法的要求，少发文、发短文、发务实有用的文。利用计算机网络技术，创新公文处理机制，进一步加强与机关各部门、院属各单位的信息沟通与交流工作，力争形成高效完善的公文处理机制。清理、制定、完善中国农业科学院规章制度，对不符合科学发展观要求的规章制度予以废止，对不完善的规章制度进行修改和调整。切实加强和完善新形势下的保密制度建设。以实际行动提升工作作风，以好的机关作风推动形成有利于科学发展的体制机制，推动全院各项工作。

牵头院领导：薛亮

责任部门：院办公室

整改落实时间：2009 年起

（七）人事管理问题

1. 加强管理干部队伍建设

进一步加大宣传的力度，提高各单位领导班子对加强管理人员队伍建设重要性的认识，树立起“管理出成果、管理出效益”的理念。举办专题业务培训班、所级领导干部培训班和组织人事干部培训班，着力强化政治建设、能力建设和作风建设。同时，要有计划地开展管理人员轮岗交流工作，切实提高管理队伍的整体素质和管理水平。

牵头院领导：翟虎渠、贾连奇

责任部门：人事局

整改落实时间：2009 年起

2. 深化人事制度改革，完善用人管理

认真组织实施岗位设置管理，探索并制定编外聘用人员管理办法，规范聘用管理制度。在岗位设置、聘任、考核评价等方面注重加强科研辅助人员队伍建设，使他们安心本职工作。

牵头院领导：翟虎渠、贾连奇

责任部门：人事局

整改落实时间：2009 年起

3. 加强青年科技人才培养

着眼于科技创新人才的梯队建设，加强对青年科技人才的培养提高，支持他们承担自然科学基金、院所长基金等项目，在科研实践中提高创新意识和能力。同时在参与重大项目、国内外培训等方面给予倾斜。

牵头院领导：翟虎渠、贾连奇

责任部门：人事局

整改落实时间：2009 年起

（八）院所建设方面问题

1. 加强对科技产业的重视与支持

院里将努力为各所的产业发展提供更多的资源条件和更周到全面及时的服务，加快科技成果的转化和转移，积极实施品牌经营战略，充分发挥与整合中国农业科学院科技成果、品牌、人才等无形资产优势，并努力将优势资源转化为市场竞争力。我院将进一步促进全院支柱产业的形成和发展，加大对支柱产业的支持和整合力度，积极创造条件，引导与促进研究所之间产业合作和资源共享。院里将积极筹建国家农业技术转移中心，总结提炼各所产业发展的成功经验和模式，整体推进全院科技产业的升级和发展。

牵头院领导：雷茂良

责任部门：财务局（科技产业发展办公室）

整改落实时间：2009 年起

2. 加强我院发展战略研究，切实提高实现科学发展的能力

一是成立发展顾问委员会。在广泛征求意见的基础上，与目前我院成立的国际顾问委员会并列，成立以国内社会各界相关知名人士为主体的“中国农业科学院发展顾问委员会”，重点就我院发展的战略问题提供咨询和指导工作。同时，加强院学术委员会有关全院发展战略的研究咨询功能，切实提高我院科学发展的能力；二是加强宏观战略研究的组织工作。由院基本科研业务费提供经费支持，加强专业研究所战略研究能力，组织有关力量，开展农业经济与农业科技发展战略研究，为上级部门提供决策参考依据。

牵头院领导：薛亮

责任部门：院办公室

整改落实时间：2009 年起

3. 协调平衡院属各研究所发展

除院基本科研业务费项目外，按现行项目审批体制，我院难以独立确定项目立项。为均衡各研究所发展，目前我院将加大对院属相关研究所的调研，帮助筹划和申报项目，协调上级部门支持相关研究所的发展。

牵头院领导：雷茂良

责任部门：基本建设局

整改落实时间：2009 年起

（九）切实解决事关群众切身利益的具体问题

1. 改善住房条件

住房问题是职工最关心、最直接、最现实的热点问题，院党组一直高度重视。目前中国农业科学院正在积极推进马连洼住宅项目的前期工作，近期将立即开展施工招投标工作，工程预计在2009年5月开工。就马连洼住宅分配比例问题，院领导将继续加强与农业部领导和有关司局的沟通协调工作，争取尽快改善职工住房条件。

牵头院领导：雷茂良

责任部门：基本建设局

整改落实时间：2009～2010年

2. 解决院机关新办公楼饮用水问题

关于院机关新办公楼的饮用水问题，已于2009年1月10日得到解决，目前楼内水源为市政自来水。

牵头院领导：雷茂良

责任部门：基本建设局

整改落实情况：已完成

3. 增加老同志体检次数

院里决定，退休老同志的体检次数由原来的每两年一次，改为一年一次。

牵头院领导：翟虎渠、贾连奇

责任部门：人事局

整改落实情况：已解决

4. 解决马连洼三所老干部活动场地问题

马连洼三所离退休老干部活动场地的改造方案已制定，目前正在做初步设计，即将进行装修改造。

牵头院领导：雷茂良

责任部门：基本建设局

整改落实时间：2009年6月底

（十）大院环境综合治理问题

1. 做好大院规划工作

2004年，我院已委托北京市建筑设计研究院编制院部大院规划，该规划于2008年得到农业部批复。规划后的院部大院功能分区更加合理，科研办公及生活环境质量大幅提高，国家级科研单位的整体形象将得到充分体现，并与快速发展的周边环境相适应。目前，该规划已报北京市规划委员会，争取尽早得到批准。

牵头院领导：雷茂良

责任部门：基本建设局

整改落实时间：2009～2010年

2. 加大大院环境治理力度

2008年12月，院党组明确大院的日常管理职能由院后勤服务中心负责。2009年1

月 12 日，后勤服务中心成立了大院环境管理小组，具体负责大院卫生保洁、绿化美化、院容管理、车辆通行及停放等日常管理工作。管理小组成员明确了职责分工，并安排专人在大院内进行巡视，发现问题及时解决。目前，院内已经关闭了科研办公核心区出租的门面房、餐厅等，在卫生保洁、停车秩序整顿等方面做了大量工作，大院环境得到了进一步的改善。今后中国农业科学院将制定科学的车辆进出大院管理办法，下更大决心推进大院环境综合治理工作，切实改善大院环境状况，使我院整体形象与周边环境相适应。

牵头院领导：翟虎渠、薛亮

责任部门：后勤服务中心、财务局

整改落实时间：2009 年

3. 切实解决幼儿园房屋安全问题

幼儿园北楼是 20 世纪 50 年代建筑，已使用多年。近期，我院将安排房屋鉴定部门进行安全鉴定，根据鉴定结果，提出解决方案，切实保障安全。

牵头院领导：雷茂良

责任部门：基本建设局、后勤服务中心

整改落实时间：2009 ~ 2010 年

三、需要向上级反映力争解决的问题

（一）科技体制改革问题

针对农业科技体制改革遗留问题，我院将通过多种渠道，进一步向科技部、财政部、农业部等部门反映目前我院 12 个拟转企研究所和 4 个农业事业单位面临的职能定位不准确及发展受制的现状和问题，争取恢复拟转企研究所非营利研究机构的公益性质。

考虑到农业科研的特殊性，建议扩大对农业科研非竞争性投入比例，以非限制性定向委托为主，使科研院所有一笔相对固定、经费相对充裕的稳定经费，为研究所前瞻性、战略性的学科发展、人才培育和前沿探索研究服务。

牵头院领导：翟虎渠、薛亮

责任部门：院办公室、人事局、科技管理局

（二）科研环境问题

针对科研人员忙于项目申报、评估和检查等工作的时间过多，而用于研究的时间不足的问题，我们积极利用各种渠道和机会向上级主管部门进行呼吁，改革项目管理机制，简化项目申报与过程管理程序，把科研人员从过多的事务性工作中解脱出来，集中精力做好科研工作。

为加强国际科研合作交流，缩短科研人员出国审批时间，中国农业科学院国际合作局已进行了调研，并起草了《关于中国农业科学院普通科研人员外事审批问题的调研汇报》的调研报告，于2008年12月初呈送农业部国际合作司等相关司局。

牵头院领导：刘旭、唐华俊

责任部门：科技管理局、国际合作局

（三）研究生招生指标及经费等问题

1. 妥善解决招生指标不足问题

研究生院已经农科院向农业部部长写出报告，请部长向教育部和中央沟通，争取博士年招生指标稳定在500人。

2. 积极争取增加研究生培养经费数额

我院正在积极向财政部和教育部争取，在现有给予1年培养费基础上，同其他高校一样享受国民教育系列优惠政策，给予3年的研究生培养费；目前各类科研经费没有研究生培养费项目，导师给学生劳务费不好支出，希望能得到科技部支持，在各类课题中列支研究生培养项目。中科院、社科院和农科院已联合起草了《关于对国家中长期教育规划纲要制定工作的意见和建议》，争取三院享受国民教育系列优惠政策。

牵头院领导：翟虎渠、贾连奇

责任部门：研究生院、人事局

（四）收入问题

近年来，国家行政机关和北京市相继调整了津贴补贴标准，收入明显提高，而我院自2005年清理津贴补贴后，国家有关事业单位绩效分配的政策一直没有出台，在国家政策出台前，各单位不允许提高津贴补贴标准、不允许新增补贴项目。广大职工特别是离退休人员对此反映很多，强烈要求提高津贴补贴标准。我院将积极向上级有关部门反映，尽快进行事业单位绩效工资改革。

牵头院领导：翟虎渠、贾连奇

责任部门：人事局

四、加强组织领导和责任落实

（一）提高认识，加强领导

整改落实阶段是学习实践活动见成效的关键阶段，任务重、要求严、标准高，事关学习实践活动成果的实现和巩固，事关中国农业科学院科技创新和科学发展大局，必须切实加强领导，强化措施，抓出成效。要建立健全整改落实工作领导责任制，院长翟虎渠同志负总责，其他院党组成员按分工具体抓好落实。院党组成员在做好分管工作的同时，要立足全院大局，坚持分工不分家，加强协作，齐抓共管，形成合力。

（二）明确责任，狠抓落实

根据本方案确定的整改落实责任分工，各相关部门要迅速行动起来，细化分解整改落实任务，明确分管领导和责任处室，按照方案规定的整改任务、时限进度和工作要求，一级抓一级，层层抓落实。责任部门要在主管院领导的指导下，切实负起责任，落实整改任务。

（三）强化监督，积极推进

对整改情况，院学习实践活动办公室要加强督促检查，掌握整改落实工作的进展情况，及时发现问题，认真研究解决。对重点、难点问题及时进行督促，促其尽快落实。对院党组的整改措施，由全院广大干部职工给予严格监督，对能够整改而没有整改的可直接向院党组反映。要把握好时间，掌握好进度，做到质量和进度相统一，集中时间和精力进行整改，争取取得一批实实在在的成果。

（四）统筹兼顾，务求实效

坚持两手抓、两不误、两促进，将整改落实工作与当前业务工作有机结合起来，一手抓好整改落实，一手抓好当前重点业务工作，用整改落实推动农业科技发展，用各项工作的实际成果来衡量和检验整改落实的成效。整改落实工作要充分发扬民主，坚持群众路线，认真倾听群众的意见和建议，在整改中多为群众办看得见、摸得着、促进科学发展的实事好事，使整改落实工作真正体现科学发展要求，体现群众意愿。

关于报送《中共中国农业科学院党组关于集中解决突出问题和创新体制机制情况及制度性成果的报告》的报告

农科实践〔2009〕10号

部学习实践活动办公室：

现将《中共中国农业科学院党组关于集中解决突出问题和创新体制机制情况及制度性成果的报告》报上，请审阅。

二〇〇九年二月二十三日

（代　章）

附件：中共中国农业科学院党组关于集中解决突出问题和创新体制机制情况及制度性成果的报告

中共中国农业科学院党组关于集中解决突出问题和创新体制机制情况及制度性成果的报告

深入学习实践科学发展观活动开展以来，院党组认真贯彻中央和农业部党组的部署要求，坚持把解决突出问题作为衡量学习实践科学发展观活动成效的重要标准，把创新体制机制作为体现学习实践科学发展观活动成果的重要方面。在整改落实阶段，院党组以领导班子分析检查报告为依据，多次召开会议研究制定了整改落实方案，确定了科技创新、科研条件与平台建设、大院环境综合治理等十个方面作为重点整改落实项目。在整改落实中，提出了切实做到明确整改落实项目，明确目标和时限，明确措施，明确责任，公开承诺为内容的“四明确一公开”的工作要求。2009 年 2 月 11 日，院深入学习实践科学发展观活动领导小组向院属各单位、机关各部门印发了整改落实方案。院党组在制定整改方案中，坚持边整边改，在制定整改方案后，坚持重点问题重点改，整改落实工作取得阶段性成果，现报告如下。

一、着力解决影响农科院发展的重大问题

努力破解影响和制约我院农业科技事业发展中的重大问题，是进一步推动、实现我院科学发展的关键所在。院党组在整改落实中突出抓住三项重点开展工作：

（一）不断加快科技创新

科技创新我院科学发展的重中之重，为加快科技创新，我院已确定围绕“一个规划，一批团队，三项工作”进行整改。一是制定中长期发展规划。根据国家和部门工作的整体部署，2009 年我院启动“十二五”科技发展战略研究工作，在此基础上，研究制定《中国农业科学院中长期发展规划（2010 ~ 2020）》。二是加强科技创新团队建设。主要抓院所两级 100 个左右重点团队的建设、团队首席科学家培训、高层次人才和优秀学科带头人的选拔、引进、培养。三是做好三项工作。第一做好国家重大项目的申报工作。积极与各级主管部门沟通联系，及时了解和掌握各类科技计划的发展动态，着力提高新兴、交叉学科的项目支撑，加速形成学科优势。联合相关单位的人力、研究基础、科技平台等资源，以提升我院项目申报的竞争实力。第二做好重大科技成果的培育工作。研究提出“十一五”后两年重点成果培育目标，制定具体工作措施。重点抓好国家奖的申报，努力拓展申报渠道，加强组装与集成，协调同类成果联合申报，增强整

体竞争力。加强省部级成果奖申报的组织管理，全面提高奖项的质量和水平。第三做好重点学科全面发展工作。从基础研究、高技术研究和应用研究三个方面部署学科建设，促进学科全面发展。既要重视学科理论和方法的发展，又要有关键技术和重大产品，为形成重大科技成果和解决农业生产中关键技术问题夯实基础。

（二）大力开展科技推广

结合国家和农业部重大科技兴农活动，中国农业科学院已提出了科技兴农的三大行动计划：一是启动实施科技支撑行动计划。在黑龙江、吉林、河南等粮食主产省的100个粮食主产县，以水稻、小麦、玉米、大豆、马铃薯等主要农作物为实施对象，以为国家增产1 000亿斤粮食提供科技支撑为目标，组装、集成一批重大科技成果，建立试验、示范、推广体系和科技成果示范展示基地。二是深入开展科技示范行动计划。在原有的试验示范基地的基础上，重点选择100个县建设科技示范基地，加快科技成果转化，扩大良种良法和先进实用技术的覆盖面。三是继续推进科技服务行动计划。选择100个院地合作县开展科技服务行动，重点组织好与锦州、廊坊、运城、寿光等地方政府共同举办的博览会、对接会和展示交易会活动。按照农业部统一部署做好“科技下乡”、“科技支疆”和“科技援藏”等工作。

（三）切实推进条件与平台建设

已开始编制《中国农业科学院基本建设规划（2010～2020）》、《中国农业科学院修缮购置专项规划（2009～2012）》，着力加强重大项目和试验基地建设。根据国家新增千亿斤粮食生产能力建设规划，近期将重点推进黑龙江、吉林、河南等粮食主产省的综合试验示范基地建设，2009年2月中旬，院领导、机关有关部门及有关研究所领导首先去河南落实综合试验示范基地（站）的建设工作。进一步加大实验室条件建设力度。在充分利用修缮购置专项资金改善实验室条件的同时，结合重大项目、科研用房建设或系统改造对实验室条件进行升级，2008年12月，我院已下发通知，组织未申报质检中心建设项日的单位加快项目筹划和申报。通过改善条件，争取将更多的部重点实验室升级为国家重点实验室。

二、进一步明确创新体制机制的重点

院党组高度重视我院院所两级创新体制机制工作，在不断总结创新经验、分析存在问题的基础上，提出了创新的重点和思路：

（一）完善科研项目管理机制

我院为进一步加强科研项目管理工作，出台了《中国农业科学院关于加强科研项目管理工作的指导意见》，明确了院所两级科研管理部门在项目管理方面的职责，强化了对重点、重大项目的跟踪管理。2009 年将全面启动 54 个院重点项目跟踪服务，对取得重大突破性进展的项目要通过召开现场观摩会、工作汇报会、学术研讨会等，提高显示度和影响力。同时，加强项目的评估、验收、成果鉴定等环节的管理和服务，提高项目执行质量。

（二）健全科研平台运行与管理机制

开展建立健全科技平台运行与管理机制，促进平台作为相对独立科研实体的运转，实行平台与学科、人才团队的实质性结合的研究。拟出台《院级野外台站管理办法》，评选命名一批院级野外台站；拟对科技平台实行动态管理，定期对各类科技平台的研究工作、成果水平、队伍建设、人才培养、合作交流与运行管理等工作情况进行考核，通过评估和考核提高运行效率。

（三）构建科技创新团队管理机制

为满足国家农业科技发展需求，我院将进一步创新科研组织体制，优化整合现有资源。拟在全院范围内建设 100 个左右科技创新团队，并从中遴选 20 个左右作为院级优秀科技创新团队给予重点支持，目前，已确定了 13 个院级优秀科技创新团队。已制定了《中国农业科学院优秀科技创新团队管理办法》，明确了优秀科技创新团队、团队首席科学家的遴选标准以及团队的管理、支持保障措施等。力求通过进一步构建团队内部管理和评价机制，为推进科技创新，培育重大科技成果和高层次人才提供保障。

（四）强化目标考核激励机制

为提高各单位、各部门工作质量和效率，规范对院属各单位、院机关各部门的工作业绩和任务目标完成情况的考核，制定了《中国农业科学院院属单位年度任务目标考核暂行规定》，建立健全了目标考核激励机制。

三、分批完善有关规章制度

院党组在推进体制机制创新的同时，坚持从制度层面解决农业科技自主创新发展的需要，积极做好规章制度的废、改、立工作，注重原有制度的完善和不合适宜制度的废止，做到该废止的废止，需要修订的及时完善。目前，我院已确定：废止《中国农业科学院处级干部聘任制暂行管理办法》等3项规章制度；修订或计划修订《中国农业科学院工作规则》、《中国农业科学院关于加强因私出境人员审查管理的有关规定》、《中国农业科学院机关财务管理实施细则》等12项规章制度；同时根据科学发展的需要，制定并已颁布《中国农业科学院管理岗位聘用暂行办法》、《中国农业科学院本级预算执行规范》、《中国农业科学院计算机信息网络安全管理规定》等8项规章制度；正在起草制定《中国农业科学院机关工作人员考勤管理办法》、《中国农业科学院对台农业科技交流管理办法》、《中国农业科学院本级基本建设项目管理实施细则》等13项新的规章制度。通过不断加强制度建设，进一步创造了良好的制度环境，形成有利于科技创新的制度体系，为农业科技自主创新提供制度保障。

四、切实办好群众关心的实事

在学习实践活动中，针对群众关心的突出问题，我院已办成或基本完成五件事关群众切身利益的实事：

（一）积极改善住房条件

住房问题是职工最关心、最直接、最现实的热点问题，院党组一直高度重视。目前我院正在积极推进马连洼住宅项目的前期工作，近期将开展施工招投标工作，预计在2009年5月开工。该项目建成后将使我院职工的住房条件有较大改善。

（二）解决了院机关新办公楼职工饮用水水质问题

农科院新办公楼建成后，职工饮用自采地下水，由于水质不够稳定，大家反映强烈。经多方协调，上下沟通，已于2009年1月10日接通市政自来水，解决了职工饮用水水质问题。

（三）解决离退休职工反映的问题

农科院马连洼三所有近500名离退休职工，由于各种原因，老干部活动场地一直没有得到较好解决，群众反映强烈。为尽早解决问题，院领导直接听取情况汇报，研究解决办法，目前，马连洼三所离退休老干部活动场地的改造方案已制定，正在做初步设计，即将进行装修改造。院里还决定，院机关退休老同志的体检次数由原来的每两年一次，改为一年一次。

（四）解决幼儿园房屋安全问题

幼儿园北楼是 20 世纪 50 年代建筑，已使用多年。近期，我院已责成有关部门组织进行安全鉴定，根据鉴定结果，提出解决方案，切实保障安全。

（五）解决大院环境综合治理问题

一是积极做好大院规划工作。2004 年，我院已委托北京市建筑设计研究院编制院部大院规划，该规划于 2008 年得到农业部批复。目前，该规划已报北京市规划委员会，争取尽早得到批准。规划实施后，院部大院功能分区将更加合理，科研办公及生活环境质量会大幅提高。二是我院成立了大院环境管理小组，指定由后勤服务中心具体负责大院卫生保洁、绿化美化、院容管理、车辆通行及停放等日常管理工作。管理小组成员职责分工明确，发现问题及时解决。三是加大大院环境的综合治理，院内已经关闭了科研、办公楼核心区出租的门面房、餐厅等，在卫生保洁、停车秩序整顿等方面做了大量工作，大院环境得到了进一步的改善。并将制定科学的车辆进出大院管理办法，继续推进大院环境综合治理工作，切实改善大院环境状况。

五、继续向上级有关部门反映问题

（一）科技体制改革遗留问题

继续向科技部、财政部、农业部等部门反映目前我院 12 个拟转企研究所和 4 个农业事业单位面临的职能定位不准确及发展受制的现状和问题，争取恢复拟转企研究所非营利研究机构的公益性质。考虑到农业科研的特殊性，建议扩大对农业科研非竞争性投入比例，以非限制性定向委托为主，使科研院所能有一部分相对稳定的科研经费，为研究所前瞻性、战略性的学科发展、人才培育和前沿探索研究服务。

（二）科研人员工作环境问题

针对科研人员忙于项目申报、评估和检查等工作的时间过多，而用于研究的时间不足的问题，我院已责成有关部门积极研究对策，同时利用各种渠道和机会向上级主管部门建议改革项目管理机制，减少竞争性项目比重，简化项目申报与过程管理程序，把科研人员从过多的事务性工作中解脱出来，集中精力做好科研工作。为加强国际科研合作交流，缩短科研人员出国审批时间，我院国际合作局已进行了调研，并起草了《关于中国农业科学院普通科研人员外事审批问题的调研汇报》，于 2008 年 12 月初呈送农业部国际合作司等相关司局。

以上是中国农业科学院在集中解决突出问题、创新体制机制方面的一些成果。今后我院将根据农业部的总体部署，继续不断深化学习，提高认识，狠抓落实。继续不断巩固学习实践科学发展观活动的成果，用科学发展观的理念和方法指导实践，推动工作，进一步提高我院科技自主创新的能力和水平。

中共中国农业科学院党组开展深入学习实践科学发展观活动总结

农科实践〔2009〕11 号

农业部学习实践活动领导小组：

我院自 2008 年 10 月 13 日全面启动深入学习实践科学发展观活动以来，按照中央要求和农业部的部署，在农业部第七指导检查组的具体指导下，以“解放思想、自主创新、提升能力、服务‘三农’”为活动主题，以提高农业科技自主创新能力为实践载体，严格按照《中共中国农业科学院党组关于开展深入学习实践科学发展观活动的实施方案》的部署整体推进。经过各级党组织和全体党员同志的共同努力，我院广大党员干部特别是领导干部在贯彻落实科学发展观的理解力、执行力和创新力方面得到了明显提高，切实解决了一批事关提升农业科技自主创新能力和影响我院科学发展的实际问题，构建了一些有利于科学发展的体制机制和规章制度，实现了干部受教育、发展上水平、群众得实惠的活动目标，取得了明显成效。

一、我院开展深入学习实践科学发展观活动的主要做法和特点

（一）高度重视，全面部署

中国农业科学院党组把深入学习实践科学发展观活动作为党建工作的头等大事，作为当前工作的重中之重。农业部深入学习实践科学发展观活动动员大会后，院党组迅速行动。2008 年 9 月 25 日召开院党组会议，传达学习中央领导同志的讲话精神以及孙政才部长在农业部深入学习实践科学发展观活动动员大会上的讲话精神，成立了中国农业科学院深入学习实践科学发展观活动领导小组，同时建立党组成员联系点制度，及时启动了我院的学习实践活动。此后，院党组先后召开三次会议，认真研究制定《中共中国农业科学院党组关于开展深入学习实践科学发展观活动的实施方案》，并对其进行了 5 次修改。10 月 13 日，召开深入学习实践科学发展观活动动员大会及骨干培训班，对全院开展深入学习实践科学发展观活动进行全面动员和部署。院领导、离退休院领导，院属京区各单位领导班子成员、党办主任（综合处长、办公室主任），院机关全体党员，院离退休党总支委员共 300 多人参加了会议，农业部第七指导检查组组长刘平同志及全体成员出席大会。动员大会之后，我院机关各部门、京区各直属单位高度重视，切实把开展学习实践活动作为首要政治任务，迅速成立学习实践活动领导小组和工作机

构，召开党员大会或全体会议，对学习实践活动进行具体安排和组织发动，全院范围内迅速掀起了一场学习实践科学发展观的热潮。

（二）深入学习，武装头脑

2008年10月17日上午，院党组进行理论中心组学习，认真学习贯彻党的十七届三中全会精神以及胡锦涛、温家宝同志关于学习实践活动的重要讲话。下午翟虎渠院长结合贯彻十七届三中全会精神，以“解放思想、自主创新、提升能力、服务‘三农’”为主题，给全院处以上领导干部作了专题学习报告。强调了农科院要以服务“三农”为己任，要为农业农村的科技发展做出新贡献，这是时代赋予的使命，也是农业科研国家队的职责。从10月下旬起，雷茂良、刘旭、唐华俊三位院领导分别围绕“加强科研条件建设”、“推动科技自主创新工作”、“开创国际合作新局面”的主题，进行了3场科学发展观学习报告会，帮助我院广大党员干部进一步全面理解、准确把握科学发展观的科学内涵和精神实质，进一步明确推动我院各项事业又好又快发展的工作思路。各单位、各部门在学习调研阶段也积极组织开展了专题辅导、集中研讨和个人自学等多种方式的学习活动，着眼于提高广大党员干部理论水平，着力用科学发展观武装干部头脑、推动工作。在学习实践活动中，全院共举办集中学习培训136场次，学习交流研讨会101场次，中心组学习42场次，专场学习报告会36场次，累计参加达9 735人次。

（三）结合实际，加强调研

中国农业科学院党组从全院各项事业科学发展的实际出发，围绕当前我院工作中迫切需要解决、对推动全局工作有重大意义的创新团队建设、科研院所管理模式、科技创新条件保障、科技创新和成果转化、科研经费监督体制机制、国际合作交流等重点难点问题，拟定七个调研题目，由院领导带队、机关各局参与，分头深入院属各单位进行调研。从10月下旬起，院领导同志分别深入研究所、科研一线和田间地头，通过现场走访、听取汇报、参与座谈等方式，了解影响我院科学发展的突出问题，加强对院属各单位学习实践活动的调查研究和工作指导，切实帮助各单位解决发展中的问题。各单位、各部门也结合自身实际，围绕“三农”工作面临的突出问题和农业科技事业发展中的薄弱环节，积极拟定调研方向，深入基层、深入实践，组织开展专题调研。

（四）注重实践，强化指导

一是注重突出实践特色。全院各单位、各部门坚持把开展学习实践活动与贯彻落实党的十七大一系列重大部署结合起来，与纪念改革开放30周年、回顾总结30年来农村改革发展以及农业科技事业的光辉历程和宝贵经验结合起来，与研究和解决农业科技创新中的重大问题结合起来，在学习中推动实践，在实践中深化认识。二是注重加强指导和督促。组织召开联络员会议，通报各阶段活动开展情况，掌握全院活动进度，深入总结，发现问题，改正不足，确保了我院学习实践活动的顺利进行。深入一线调研指导、督促检查。2008 年 12 月 29 日，部第七指导检查组组长刘平、院党组副书记罗炳文等一行到沼气科学研究所，了解学习实践活动情况，督促检查、具体指导研究所学习实践活动的开展。三是注重舆论宣传和引导。院党组高度重视对开展学习实践活动的舆论引导和宣传报道工作。截至目前，院学习实践活动领导小组办公室已印发领导小组文件 11 份，领导小组办公室文件 24 份，编印简报 41 期，召开联络员会议 4 次，发布通信稿件 122 份。

（五）解放思想，深入讨论

中国农业科学院党组高度重视、率先垂范，同时坚持典型引路、以点带面，有力推进了全院范围内“解放思想大讨论”活动的开展。在前期调研的基础上，11 月 24 日，院党组围绕“解放思想、自主创新、提升能力、服务‘三农’”的主题，着重就如何解决影响科学发展的认识问题进行解放思想大讨论。会上，院长、院党组副书记翟虎渠同志结合在华西村开展调研工作的体会并就我院如何解放思想、加快实现“三个中心、一个基地”的战略目标作了深入阐述。其他院领导也分别围绕如何加快实现上述战略目标，以及影响和制约我院各项事业科学发展存在的一些突出问题，进行了深刻阐述和重点分析。从 11 月上旬开始，院属各单位、各部门也都围绕中心工作，紧密联系工作实际和思想实际，组织开展解放思想大讨论。在作物科学研究所解放思想大讨论活动中，院党组书记薛亮同志参加讨论并指导工作，及时总结成功经验，为院属各单位、各部门扎实开展大讨论活动树立了典型，奠定了基础。通过深入开展解放思想大讨论活动，院党组进一步梳理出影响我院科学发展的一系列关键、重大问题，统一了思想，明确了方向；广大党员和领导干部进一步开阔了眼界，开阔了思路，开阔了胸襟，切实转变了不符合科学发展的思想观念，形成了科学发展的共识。

（六）开门纳谏，汇集民意

一是围绕农业科技自主创新、服务“三农”、平台建设、团队建设、作风建设、自身建设等方面，向院属京区 25 个单位和部门发放了《关于在深入学习实践科学发展观活动中征求意见的函》，共征求各单位对院党组工作意见建议 108 条。二是围绕“如何加快我院‘三个中心、一个基地’建设，促进我院科技创新又好又快发展”的主题召开系列座谈会，直接听取各方面对院党组的意见建议。11 月 28 日、12 月 1 日，翟虎渠院长主持召开 2 场座谈会，分别听取离退休院领导、离退休党组织负责人以及院士、各方面有关专家代表对院党组工作的意见建议；2008 年 12 月 2 日上午和下午，罗炳文副书记主持召开民主党派负责人和无党派知名人士以及基层工青妇组织负责人和群众代表座谈会，征求意见建议。征集到意见建议经汇总整理后共计124条。三是通过在新办公楼设置征求意见箱、在院网设置网络信箱等方式，广泛地征求干部职工对院党组工作的意见。在分析检查阶段，院党组征集到各单位和广大群众的意见建议共计232条。

（七）深刻剖析，认真检查

在前期认真组织学习、深入一线调研、开展解放思想大讨论、广泛征求意见等一系列工作的基础上，12月16日，中国农业科学院党组召开了贯彻落实科学发展观专题民主生活会。会上，翟虎渠院长代表领导班子和个人进行了发言，每位班子成员紧密联系实际，积极开展批评和自我批评，分析问题、查找原因、提出建议，进一步明确了推动农业科技自主创新的工作思路和努力方向。在起草分析检查报告时，院党组高度重视，多次对征求到的意见和建议进行梳理，逐条认真分析，深入讨论这些问题存在的主客观原因，研究解决办法，并将征求到的意见建议分类归纳为体制、机制等11个方面，共52项。在此期间，翟虎渠院长、薛亮书记全程主持、深入研究，组织召集有关部门会议，研究并落实一些群众反映突出的问题，坚持边整边改，组织召开领导小组办公室会议讨论分析检查报告的撰写，其他院党组成员也积极参与讨论。集中集体的智慧和力量，为形成我院科学发展的共识和合力，构建起科学发展的体制机制，形成高质量、高水平，符合我院科学发展要求和广大群众满意的分析检查报告奠定了坚实的基础。经农业部第七指导检查组审核和农业部领导同意，我院的《分析检查报告》于2009年1月6日至9日在全院范围内进行了群众评议工作。其中，在“总体评价”的评议结果中，认为“好”和“较好”的比例达92.4%。

（八）明确措施，落实责任

一是按缓急难易划分整改时限。在制定整改落实方案时，院党组按照问题的轻重缓急和难易程度，明确了整改进程和时限。对于群众反映强烈的，具备整改条件的问题，院党组坚持边学边改、边议边改、边整边改。对于通过努力、创造条件，能够整改的问题，确定为近期整改的重点。对于涉及我院长远发展和群众长远利益的问题，列为中长期整改内容。对于超出我院能力，需要向上级反映，力争解决的问题，院党组明确时限，落实责任，积极呼吁。二是按问题内容划分整改类别。院党组从我院的实际出发，注重整改措施的针对性和可操作性，将影响我院科学发展的突出问题分类研究，主要包括了科技创新问题、科研项目管理问题、科研平台管理问题、科研条件与平台建设问题、科技推广问题、领导班子及作风建设问题、事关群众切身利益的问题、人事管理问题以及院所建设问题、大院综合治理问题10个方面。针对每个问题提出切实可行的整改措施，同时明确责任领导、责任部门和整改时限，保证工作的落实。三是按责任归属落实整改层次。按照“谁的问题谁承担，谁的问题谁整改”的原则，院党组把整改方案中需要整改的问题，按照职能分工，明确了责任层次。从而建立起了一个由翟院长负总责，院领导根据工作分工对口负责，机关各部门有关处室具体落实的整改方案落实工作责任机制。

（九）扎实整改，促进发展

在整改实践中，中国农业科学院党组结合实际，坚持做到“三个结合”：一是坚持边整边改与集中整改相结合。比如针对大院环境的治理、职工住房条件改善、院机关新办公楼饮用水、退休老同志体检以及马连洼三所老干部活动场地等群众最急需、最关心的问题，院党组立即采取措施解决，使群众真切体会到了活动所带来的成效。二是坚持近期整改与长期整改相结合。在集中整改阶段，院党组把当前具备条件能够整改的问题和需要一段时间才能见到整改成效的问题分别列出来，既让群众看到学习实践活动的成果，又兼顾整改的长期性和长效性。比如，加强领导班子及作风建设，现代农业科研院所建设等。三是坚持治标与治本相结合。在解决问题时，院党组从问题产生的根源上下工夫，从构建体制机制上下工夫，做到治标与治本相结合，重在治本。比如，针对我院“十二五”及今后 10 年科学技术发展的战略定位、发展思路、目标任务和工作重点，着手制定了《中国农业科学院中长期发展规划（2010～2020）》；针对院所两级科研管理部门在项目管理方面存在的问题，出台了《中国农业科学院关于加强科研项目管理工作的指导意见》。

二、我院开展深入学习实践科学发展观活动取得的主要成效

总的看，经过全院上下的共同努力，我院学习实践活动基本达到了中央提出的统一认识、提高能力、解决问题、完善机制的目标要求，取得了较好的成效。

（一）形成贯彻落实科学发展观的重要共识

通过深入学习实践科学发展观活动，我院领导干部和全体党员对科学发展观的认识普遍有了新的深化提高，思想观念有了新的转变，对如何以科学发展观指导我院工作和农业科技事业形成了重要共识：

1. 贯彻落实科学发展观，必须更加注重深刻理解和正确把握科学发展观的基本内涵，进一步强化实践科学发展观的自觉性和坚定性

科学发展观，是党中央深刻总结我国改革开放以来的发展实践，立足社会主义初级阶段基本国情，借鉴国外发展经验，适应新的发展要求提出的创新理论。是对党的三代中央领导集体关于发展的重要思想的继承和发展，是马克思主义关于发展的世界观和方

法论的集中体现，是发展中国特色社会主义必须坚持和贯彻的重大战略思想。贯彻落实科学发展观，对推动我国经济社会全面协调可持续发展，全面建设小康社会、构建和谐社会，对于从国民经济全局和世界农业科技发展趋势上正确把握我国农业科技事业科学发展的思路具有重大的现实意义和深远的历史意义。只有认真学习，深刻领会，准确把握科学发展观的科学内涵和精神实质，才能不断提高在全院工作中贯彻落实科学发展观的自觉性和坚定性，才能真正使科学发展观在农业科技事业中落地生根。

2. 贯彻落实科学发展观，必须更加注重围绕中心、服务“三农”，进一步推动农业科技发展，为现代农业建设提供坚强的支撑

党的十六大以来，中央按照科学发展观的要求，坚持城乡统筹发展方略，把解决好“三农”问题作为全党工作重中之重，出台了一系列强农惠农和科技兴农政策，实现粮食连年增产，农民收入持续增长、农村社会全面进步。但我们同时也应看到，我国农业依然是国民经济最薄弱的环节，农村依然是全面建设小康社会最大的难点，现代农业建设仍然面临着很多硬约束。我国国情、农情决定了解决“三农”问题必须把科技进步作为强有力的支撑。因此，中国农业科学院必须坚决落实党中央、国务院和农业部的决策部署，紧紧围绕科技支撑“三农”这个宗旨，从战略和全局的高度坚持不懈地加强农业科技自主创新这个根本，为现代农业的发展提供强大支撑。

3. 贯彻落实科学发展观，必须更加注重解放思想、深化改革，立足我院实际，进一步推动自身建设的不断加强

近年来，中国农业科学院党组坚持围绕“三个中心、一个基地”的战略目标，加快现代科研院所建设并取得了明显成效，为支撑我国农业农村经济发展做出了应有的贡献。很重要的一条经验就是院党组坚持解放思想、与时俱进，不断围绕国家农业发展的战略需求进行改革创新、科技创新。面对新的形势和要求，按照科学发展观的标准全面衡量，我们在思想观念、领导水平、工作方法、工作作风等方面，还存在着不适应、不符合科学发展观要求的地方。因此，要坚持贯彻落实科学发展观，就要求我们各级领导班子和广大党员干部必须始终坚持以研为本、以人为本，坚持解放思想、深化改革，注重加强自身建设，使我们的思想观念、工作思路、重大措施更加符合科学发展观的要求，更加符合农业科技工作性质和农业科技创新规律，更加符合广大党员、干部和群众的现实需要。把科学发展观落实到我们的思想观念和思维方式中去，转化为谋划可持续发展的农业科技创新思路，转化为推动现代农业科研院所建设与科学发展的实际能力。

（二）取得一批促进我院科学发展的调研成果

学习实践活动开展以来，由院领导带队、机关各局参加的调研组，结合自身职能和工作实际，围绕当前我院工作中迫切需要解决、对推动全局工作有重大意义的问题深入一线开展调研，形成了高质量、高水平的调研报告，为指导我院各项事业科学发展奠定了坚实的基础。院属各单位、机关各部门也都根据院党组的部署和要求，把调研作为进一步理清发展思路、推动重点工作的过程，围绕制约本单位、本部门科学发展的突出问题，发扬求真务实的作风，深入基层实际，加强调查研究。科技管理局为了促进我院农业科技自主创新能力的提高，通过研究重点实验室与学科建设之间的关系，明确国家、部门、院三级重点实验室的建设标准，提出了不同层次重点实验室建设布局的思路、建设目标和重点方向，为我院重点实验室的建设和发展提供了有益的思路。人事局围绕加强我院人才和团队建设，为农业科技创新提供更好的人才保障等问题进行了专题调研。提出了要解决我院在科技人才队伍建设中存在的问题，必须深入贯彻落实科学发展观，全面加强学科领军人才、骨干人才、青年后备人才和科研辅助人才队伍建设，推动我院科技人才队伍健康持续发展的工作思路。通过开展调研活动，各单位加深了对科学发展观的理解和认识，增强了推进农业科技事业科学发展的使命感、责任感和紧迫感。截至目前，院属京区各单位、院机关各部门领导班子和党员领导干部共开展调研 249 次，形成调研报告 132 篇。

（三）着力解决影响我院科学发展的重大问题

1. 不断加快科技创新

科技创新问题是影响农科院科学发展的重中之重，对此，中国农业科学院确定围绕“一个规划，一支队伍，三项重点”工作展开整改。一是根据国家和部门工作的整体部署，2009 年我院启动“十二五”科技发展战略研究工作，制定中长期发展规划。二是加强科研创新团队建设。主要抓院所两级 100 个左右重点建设的团队、团队首席科学家培训班和高层次人才和优秀学科带头人的选拔、引进和培养。三是做好三项重点工作。积极与各级主管部门沟通联系，及时了解和掌握各类科技计划的发展动态，着力提高新兴、交叉学科的项目支撑，加速形成学科优势，做好国家重大项目的申报工作；研究提出“十一五”后两年重点成果培育目标，制定具体工作措施，做好重大科技成果的培育工作；从基础研究、高技术研究和应用研究三个方面部署学科建设，从项目、团队、平台和成果等方面加强建设，做好重点学科全面发展工作。

2. 大力开展科技推广

结合国家和农业部重大科技兴农活动，我院提出了科技兴农的三大行动计划：一是启动实施科技支撑行动计划。在黑龙江、吉林、河南等粮食主产省的 100 个粮食主产县，以水稻、小麦、玉米、大豆、马铃薯等主要农作物为实施对象，以为国家增产 1 000亿斤粮食提供科技支撑为目标，组装、集成一批重大科技成果，建立试验、示范、推广体系和科技成果示范展示基地。二是深入开展科技示范行动计划。在原有的试验示范基地的基础上，重点选择 100 个县建设科技示范基地，加快科技成果转化，扩大良种良法和先进实用技术的覆盖面。三是继续推进科技服务行动计划。选择 100 个院地合作县开展科技服务行动，重点组织好与锦州、廊坊、运城、寿光等地方政府共同举办的博览会、对接会和展示交易会活动。配合农业部做好“科技下乡”、“科技支疆”和“科技援藏”等工作。

3. 切实推进条件与平台建设

已开始编制《中国农业科学院基本建设规划（2010～2020）》、《中国农业科学院修缮购置专项规划（2009～2012）》，着力加强重大项目和试验基地建设。根据国家新增千亿斤粮食生产能力建设规划，近期将重点推进黑龙江、吉林、河南等粮食主产省的综合试验示范基地建设。2009年2月中旬，院领导、机关有关部门及有关研究所领导首先赴河南落实综合试验示范基地（站）的建设工作。进一步加大实验室条件建设力度。在充分利用修缮购置专项资金改善实验室条件的同时，结合重大项目、科研用房建设或系统改造对实验室条件进行升级，2008年12月，我院已下发通知，组织未申报质检中心建设项目的单位加快项目筹划和申报。通过改善条件，争取将更多的部重点实验室升级为国家重点实验室。

（四）逐步构建保障我院科学发展的体制机制

1. 创新科研项目管理机制

我院为进一步加强科研项目管理工作，出台了《中国农业科学院关于加强科研项目管理工作的指导意见》，明确了院所两级科研管理部门在项目管理方面的职责，强化了对重点、重大项目的跟踪管理。2009年将全面启动54个院重点项目跟踪服务，对取得重大突破性进展的项目要通过召开现场观摩会、工作汇报会、学术研讨会等，提高显示度和影响力。同时，加强项目的评估、验收、成果鉴定等环节的管理和服务，提高项目执行质量。

2. 健全科研平台运行与管理机制

确定由科技局负责，开展建立健全科技平台运行与管理机制，促进平台作为相对独立科研实体的运转，实行平台与学科、人才团队的实质性结合的研究。拟出台《院级野外台站管理办法》，评选命名一批院级野外台站；拟对科技平台实行动态管理，定期对各类科技平台的研究工作、成果水平、队伍建设、人才培养、合作交流与运行管理等工作情况进行考核，通过评估和考核提高运行效率。

3. 构建科技创新团队管理机制

为满足国家农业科技发展需求，我院将进一步创新科研组织体制，优化整合现有资源。拟在全院范围内建设100个左右科技创新团队，并从中遴选20个左右作为院级优秀科技创新团队给予重点支持，目前，已确定了13个院级优秀科技创新团队。已制定了《中国农业科学院优秀科技创新团队管理办法》，明确了优秀科技创新团队以及团队首席科学家的遴选标准以及团队的管理、支持保障措施等。力求通过进一步构建团队内部管理和评价机制，为推进科技创新，培育重大科技成果和高层次人才提供保障。

4. 强化任务目标考核激励机制

为提高各单位、各部门工作质量和效率，培养求真务实的良好作风，规范对院属各单位、院机关各部门的工作业绩和任务目标完成情况的考核，制定了《中国农业科学院院属单位年度任务目标考核暂行规定》，建立健全了目标考核激励机制。

（五）切实解决群众关心的热点难点问题

1. 积极改善住房条件

住房问题是职工最关心、最直接、最现实的热点问题，院党组一直高度重视。目前我院正在积极推进马连洼住宅项目的前期工作，近期将尽快开展施工招投标工作，预计在 2009 年 5 月开工。该项目建成后将使我院职工的住房条件有较大改善。

2. 解决了院机关新办公楼职工饮用水水质问题

农科院新办公楼建成后，职工饮用自采地下水，由于水质不够稳定，大家反映强烈。经多方协调，上下沟通，已于 2009 年 1 月 10 日接通市政自来水，解决了职工饮用水水质问题。

3. 解决离退休职工反映的问题

农科院马连洼三所有近 500 名离退休职工，由于各种原因，老干部活动场地一直没有得到较好解决，群众反映强烈。为尽早解决问题，院领导直接听取情况汇报，研究解决办法，目前，马连洼三所离退休老干部活动场地的改造方案已经制定，正在做初步设计，即将进行装修改造。院里还决定，院机关退休老同志的体检次数由原来的每两年一次，改为一年一次。

4. 切实解决幼儿园房屋安全问题

幼儿园北楼是 20 世纪 50 年代建筑，已使用多年。近期，我院已责成有关部门进行安全鉴定，根据鉴定结果，提出解决方案，切实保障安全。

5. 解决大院环境综合治理问题

一是积极做好大院规划工作。2004 年，我院已委托北京市建筑设计研究院编制院部大院规划，该规划于 2008 年得到农业部批复。目前，该规划已报北京市规划委员会，争取尽早得到批准。规划实施后，院部大院功能分区将更加合理，科研办公及生活环境质量会大幅提高；二是我院成立了大院环境管理小组，指定由后勤服务中心具体负责大院卫生保洁、绿化美化、院容管理、车辆通行及停放等日常管理工作。管理小组成员职责分工明确，发现问题及时解决；三是加大大院环境的综合治理，院内已经关闭了科研、办公楼核心区出租的门面房、餐厅等，在卫生保洁、停车秩序整顿等方面做了大量工作，大院环境得到了进一步的改善。并将制定科学的车辆进出大院管理办法，继续推进大院环境综合治理工作，切实改善大院环境状况。

（六）把学习实践活动转化为推动中心工作的强大动力

中国农业科学院开展学习实践科学发展观活动，始终坚持与全面贯彻党的十七届三中全会精神和我院科研实际工作有机结合，做到学习实践与推动工作两不误、两促进。

一是围绕服务“三农”的重点工作，做好科技支撑和保障。三鹿婴幼儿奶粉事件发生后，我院按照部里的统一部署和要求，迅速行动，积极应对，组织有关质量标准研究的专家第一时间分赴北京各大超市采集奶粉样品，积极组织筛查，为农业部制定三聚氰胺检测工作方案提供了第一手参考数据，并切实配合农业部三聚氰胺专项整治行动，完成了千余个批次牛奶和饲料样品的检测及两次飞行检查任务。韩伟集团“佳之选鸡蛋”事件发生后，我院相关单位在第一时间内紧急响应，在各类市场上采购了数十批次鸡蛋样品进行检测方法的研究和样品的检测，并牵头在短短6天时间里，组织对全国21个省的8种饲料产品和对应的饲料蛋白原料样品进行抽样、检测。四川省广元市旺苍县柑橘大实蝇虫害发生后，我院组织柑橘所、植保所专家及时制定了防控对策等技术报告上报农业部有关部门，选派专家通过媒体讲解柑橘病虫害相关知识，消除公众疑虑，尽快恢复消费者信心，同时紧急启动了相关研究课题，研究防控措施，防止大实蝇虫害对柑橘产业的毁灭性影响。为配合农业部搞好百万农技人员和农村实用人才培训活动，我院经过研究，认真制定了培训方案，并从2008年11月起，在全国100个县开展以县、乡两级基层农技人员为主体的现代农业技术培训活动。

二是推进创新团队和科技平台建设。围绕国家农业科技发展需要和农业生产实际需要建设创新团队，通过团队建设形成合力，带动自主创新能力的提升。抓好国家“十一五”启动的科技基础条件平台建设计划、创新能力建设计划、农业产业技术体系建设等有利时机，强化科技创新平台建设，增强我院的科技创新支撑能力与保障能力。

三是增强自身建设，提高管理水平。深化内部运行机制改革，强化激励与约束机制，推动以科研为中心、以管理为基础的各项工作。基本建设局在学习实践活动期间，加紧实施好大院基本建设工作，节约成本达1 000多万元。人事局致力于加强人才与队伍建设，努力培养“眼界宽、思路宽、胸襟宽”的管理骨干，努力培养“专业精、观点精、成果精”的学术骨干。财务局不断健全管理制度，落实各项责任，加强跟踪与督办，克服决而不行、行而不果的问题，增强为科研服务的自觉性与主动性。

四是加强创新文化建设，构建和谐院所。引导和树立科技创新所必须的献身科学的精神和团结协作、积极进取的团队意识，营造激励创新、崇尚创新、勇于创新、善于创新并宽容失败的创新文化氛围；加强院所环境改造治理，为广大职工创造舒心的科研环境和生活环境。

2009年2月23日，我院在认真总结学习实践活动情况、采取集中和书面方式通报的基础上，组织党的十七大代表、全国政协委员，京区各单位、机关各局领导班子成员、部分处以上干部，离退休干部和群众代表进行群众满意度测评。共发放测评表157份，收回157份。其中，对中国农业科学院开展学习实践科学发展观活动情况的评价为“满意”的有147份，占93.6%，“比较满意”的有9份，占5.8%，“不太满意”的有1份，占0.6%，“不满意”的0份。测评结果表明，广大党员干部职工对我院开展深入学习实践科学发展观活动情况的总体评价是满意的。

三、进一步巩固和深化学习实践科学发展观活动的成果

在看到中国农业科学院学习实践活动取得成绩的同时，也要清醒地认识到还存在着一些不足之处。例如：学习实践活动总体进展还不平衡，个别单位联系实际不够紧密，对事关科学发展和全局工作等重大问题的研究还不够深入：个别单位解放思想、改革创新、解决突出问题的成效不够明显，在如何把学习、实践、建制有机结合起来方面研究得不深；对于受国家体制机制制约、整改难度大、需要时间长的问题信心不足等。这些问题都需要我们在今后的学习实践活动中着力加以解决。深入学习实践科学发展观是一项长期的任务，必须持之以恒、常抓不懈。下一步，我们要进一步巩固和深化学习实践活动成果，努力使我院各项工作更加符合科学发展观的要求，进一步增强我院工作的主动性、针对性、前瞻性和科学性，为发展现代农业和建设创新型国家做出新的贡献。

（一）继续抓好学习，坚持不懈地用科学发展观武装头脑

理论学习是我们增强党性、提高能力、做好工作的重要前提。我院的学习实践活动之所以能够取得比较好的成效，一个重要的方面就是把学习贯彻始终。要充分运用这次学习实践活动加强学习的好经验、好方法，进一步加强理论学习，深入学习领会中国特色社会主义理论体系，深入学习党中央对以改革创新精神全面推进科研事业特别是农业科技工作所提出的一系列新要求，特别要在用科学发展观武装头脑、指导实践、推动工作上狠下工夫，努力把科学发展观的要求转化为正确的工作思路，落实到工作中、体现到行动上。要大力加强学习型农业科研院所建设，在全院范围内形成爱学习、重实践、求创新的良好风气。院党组和院属各单位领导班子要从自身做起，勤于学习、勤于研究、勤于思考、勤于实践，以高度的政治责任感和紧迫感，自觉地作学习贯彻科学发展观的表率。

（二）继续坚持改革创新，不断提高服务科学发展的水平

解放思想、改革创新永无止境。全面建设小康社会，建设社会主义新农村、构建社会主义和谐社会，我国农业科技进步与创新所面临的机遇前所未有，面临的挑战也前所未有。对于中国农业科学院来讲，发展的根本出路就是科技创新。只有坚持改革创新，才会有更新的发现、更多的创造和更高的突破，才能接受各种新的挑战。2009 年是落实《国家中长期科学和技术发展规划纲要》的关键时期，也是“十一五”科技工作的关键时期。我们要认真贯彻落实“自主创新、重点跨越、支撑发展、引领未来”的方针，不断增强以科学发展观推动农业科技事业发展的责任感和使命感，进一步增强践行科学发展观的坚定性和自觉性。力争在现代农业高技术领域、农业共性关键技术领域取

得新的突破，显著增强中国农业科学院的科技自主创新能力，力争获得一批具有自主知识产权的重大成果，为全面提升我国农业与农村科技的整体水平，努力实现我国农业科技率先跨入世界先进行列的奋斗目标贡献力量。

（三）继续加强自身建设，着力提升领导科学发展的能力

深入贯彻落实科学发展观，构建农业科技事业又好又快发展的新机制，不断提升领导我院各项事业科学发展的能力，必须进一步加强自身建设。要着力加强领导班子思想政治建设，自觉把思想和行动统一到科学发展观的要求上来，不断提高分析形势、把握大局、服务大局的能力。着力加强民主集中制建设，不断完善领导班子民主科学决策的体制机制，进一步增强抓大事、议大事的能力。着力推动人才和干部队伍建设，坚持正确的用人导向，努力营造鼓励人才想干事业、帮助人才干好事业、支持人才干成事业的良好环境。着力加强能力建设，不断提高党员领导干部的执政能力、发展能力、创新能力、联系群众能力、实践能力、廉洁自律能力这“六种能力”。通过这些能力的建设，提升提高各级领导干部科学决策水平和解决突出问题的能力，推进我院各项事业的全面发展。

（四）继续抓好督促检查，把整改方案和制度机制落到实处

学习实践活动中，院党组、院属各单位党委都围绕更好地促进事业科学发展提出了整改方案，制定完善了相关的制度机制，取得了初步成效。同时，也要看到，由于时间还比较短，许多整改落实的工作刚刚开头，也还有一些工作属于长期任务，下一步需要我们毫不放松地抓好落实。各单位要充分认识解决问题、落实制度的长期性和艰巨性，以扎实的工作作风和科学的工作方法，继续下大力气抓好整改方案和有关制度的落实，对于已经整改的要切实抓好巩固和扩大成果工作；对正在整改的要一抓到底，抓出成效；对需要一段时间整改的要明确进度和责任人，加强督促检查，确保取得实效。近期，由院领导亲自带队的七个调研组已经分赴各单位开展调研工作，此次调研工作，就是要深入科研一线去了解情况、发现问题，广泛听取群众意见，了解一线同志的最直接、最关心、最现实的问题。帮助研究所制定有针对性的思路、对策，采取有效的措施和办法指导实践，着力解决各项工作中存在的突出问题，把整改措施和制度机制真正落到实处。

二〇〇九年二月二十五日

（代　章）

关于印发翟虎渠院长在中国农业科学院深入学习实践科学发展观活动总结大会上讲话的通知

农科实践〔2009〕12 号

院属各单位、院机关各部门：

3 月 3 日，我院召开深入学习实践科学发展观活动总结大会，翟虎渠院长代表院党组对我院深入学习实践科学发展观活动进行了全面总结。现将翟虎渠院长的讲话印发给你们，请认真学习，全面贯彻落实。

二〇〇九年三月九日

（代　章）

在中国农业科学院深入学习实践科学发展观活动总结大会上的讲话

院长　翟虎渠

（2009 年 3 月 3 日）

同志们：

今天，我们召开中国农业科学院深入学习实践科学发展观活动总结大会。

按照中央的要求和农业部的部署，我院从 2008 年 10 月开展了深入学习实践科学发展观活动。5 个多月来，在院党组的统一领导下，在农业部第七指导检查组的具体指导下，经过各级党组织和全体党员同志的共同努力，圆满完成了各个阶段的任务，达到了预期目的，取得了明显的成效。

2 月 27 日，中央召开了深入学习实践科学发展观活动第一批总结暨第二批动员会议，习近平同志作了重要讲话；当天下午，农业部也召开大会，全面总结部学习实践科学发展观活动的情况，孙政才部长作了重要讲话，我们一定要认真学习，深刻领会，抓好落实。农业部第七指导检查组今天到会指导工作，组长刘平同志还要作重要讲话，我们要认真学习落实。下面，我受院党组的委托，对我院学习实践活动做一总结。

一、学习实践活动的主要做法和特点

（一）高度重视，全面部署

中国农业科学院党组把深入学习实践科学发展观活动作为党建工作的头等大事，作为当前工作的重中之重。在农业部深入学习实践科学发展观活动动员大会后，院党组迅速行动。2008 年 9 月 25 日召开院党组会议，传达了动员大会精神，成立了中国农业科学院学习实践活动领导小组，及时启动了我院的学习实践活动。此后，院党组先后召开三次会议，认真研究制定《中共中国农业科学院党组关于开展深入学习实践科学发展观活动的实施方案》，并对其进行了 5 次修改。10 月 13 日，召开深入学习实践科学发展观活动动员大会及骨干培训班，对全院开展深入学习实践科学发展观活动进行全面动员和部署。动员大会后，我院机关各部门、京区各直属单位高度重视，切实把开展学习实践活动作为首要政治任务，迅速成立领导小组和工作机构，召开动员大会，对学习实践活动进行具体安排和组织发动，在全院范围内迅速掀起了一场学习实践科学发展观的热潮。

（二）深入学习，武装头脑

2008 年 10 月 17 日上午，中国农业科学院党组召开理论中心组学习，认真学习贯彻党的十七届三中全会精神以及胡锦涛、温家宝同志关于学习实践活动的重要讲话。下午翟虎渠院长结合贯彻十七届三中全会精神，以“解放思想、自主创新、提升能力、服务‘三农’”为主题，给全院处以上领导干部作了专题学习报告。强调了农科院要以服务“三农”为己任，要为农业农村的科技发展做出新贡献，这是时代赋予的使命，也是农业科研国家队的职责。从 10 月下旬起，雷茂良、刘旭、唐华俊三位院领导分别围绕“加强科研条件建设”、“推动科技自主创新工作”、“开创国际合作新局面”的主题，进行了 3 场专题报告会，帮助我院广大党员干部进一步全面理解、准确把握科学发展观的科学内涵和精神实质，进一步明确推动我院各项事业又好又快发展的工作思路。各单位、各部门在学习调研阶段也积极组织开展了专题辅导、集中研讨和个人自学等多种方式的学习活动，着眼于提高广大党员干部理论水平，着力用科学发展观武装干部头脑、推动工作。在学习实践活动中，全院共举办集中学习培训 136 场次，学习交流研讨会 101 场次，中心组学习 42 场次，专题学习报告会 36 场次，累计参加达 9 735 人次。

（三）结合实际，加强调研

院党组从全院科学发展的实际出发，确定了创新团队建设、科研院所管理模式、科技创新条件保障、科技创新和成果转化、科研经费监督体制机制、国际合作交流等七个调研题目，由院领导带队、机关各局主要领导参与，分头深入院属各单位进行调研。从 10 月下旬起，院领导同志又分别深入研究所、科研一线和田间地头，通过现场走访、听取汇报、参与座谈等形式，了解影响我院科学发展的突出问题，帮助各单位解决发展中的问题。各单位、各部门也结合自身实际，围绕“三农”工作面临的突出问题和科学发展中的薄弱环节，确定调研方向，深入基层、深入实践，组织开展专题调研。学习调研阶段，院属京区各单位、院机关各部门领导班子和党员领导干部共开展调研 249 次，形成调研报告 132 篇。

（四）注重实践，强化指导

一是注重突出实践特色。全院各单位、各部门坚持把开展学习实践活动与贯彻落实党的十七大一系列重大部署结合起来，与纪念改革开放 30 周年、回顾总结 30 年来农村改革发展以及农业科技事业的光辉历程和宝贵经验结合起来，与研究和解决农业科技创新中的重大问题结合起来，在学习中推动实践，在实践中深化认识。二是注重加强指导和督促。及时召开联络员会议，及时通报各阶段活动开展情况，及时掌握全院活动进度，及时深入总结经验，发现问题，改正不足，确保了我院学习实践活动的顺利进行。2008 年 12 月 29 日，部第七指导检查组组长刘平、院党组副书记罗炳文等一行专程到地处四川成都的沼气科学研究所，了解学习实践活动情况，督促检查、具体指导研究所学习实践活动的开展。三是注重舆论宣传和引导。院党组高度重视对开展学习实践活动的舆论引导和宣传报道工作。截至目前，院学习实践活动领导小组办公室已印发领导小组文件 11 份，领导小组办公室文件 24 份，编印简报 41 期，召开联络员会议 4 次，发布通信稿件 122 份。

（五）解放思想，深入讨论

中国农业科学院党组高度重视、率先垂范，同时坚持典型引路、以点带面，有力推进了全院“解放思想大讨论”活动的展开。11 月 24 日，院党组围绕“解放思想、自主创新、提升能力、服务‘三农’”的主题，着重就如何解决影响科学发展的认识问题进行解放思想大讨论。会上，院长翟虎渠同志就我院如何解放思想，加快实现“三个中心、一个基地”的战略目标作了深入的阐述，并对建设过程中取得的主要成绩和存在的突出问题进行了点评。其他院领导也分别围绕如何加快实现上述战略目标，加快解决影响和制约我院各项事业科学发展存在的突出问题，进行了阐述和分析。从 11 月上旬开始，院属各单位、各部门也都围绕中心工作，紧密联系工作实际和思想实际，组织开展解放思想大讨论。在作物科学研究所解放思想大讨论活动中，院党组书记薛亮同志亲自参加讨论并指导工作，及时总结成功经验，为院属各单位、各部门扎实开展大讨论活动树立了典范，奠定了基础。截至目前，全院共组织解放思想大讨论 74 场次，交流发言 1 518 人次。

（六）开门纳谏，汇集民意

一是围绕农业科技自主创新、服务“三农”、平台建设、团队建设、作风建设、自身建设等方面，向院属京区 25 个单位和部门发放了《关于在深入学习实践科学发展观活动中征求意见的函》，共征求各单位对院党组工作意见建议 108 条。二是围绕“如何加快我院‘三个中心、一个基地’建设，促进我院科技创新又好又快发展”的主题召开系列座谈会，直接听取各方面对院党组的意见建议。11 月 28 日、12 月 1 日，翟虎渠院长主持召开 2 场座谈会，分别听取离退休院领导、离退休党组织负责人以及院士、各方面有关专家代表对院党组工作的意见建议；12 月 2 日上午和下午，罗炳文副书记主持召开民主党派负责人和无党派知名人士以及基层工青妇组织负责人和群众代表座谈会，征求意见建议。征集到意见建议经汇总整理后共计 124 条。三是通过在新办公楼设置征求意见箱、在院网设置网络信箱等方式，广泛地征求干部职工对院党组工作的意见。在分析检查阶段，院党组征集到各单位和广大群众的意见建议共计 232 条。

（七）深刻剖析，认真检查

在前期认真组织学习、深入一线调研、开展解放思想大讨论、广泛征求意见等一系列工作的基础上，2008 年 12 月 16 日，中国农业科学院党组召开了贯彻落实科学发展观专题民主生活会。会上，翟虎渠院长代表领导班子和个人进行了发言，薛亮书记和其他班子成员也都紧密联系实际，积极开展批评和自我批评，分析问题、查找原因、提出建议，进一步明确了推动农业科技自主创新的工作思路和努力方向。在起草分析检查报告时，院党组高度重视，多次对征求到的意见和建议进行梳理，逐条认真分析，深入讨论这些问题存在的主客观原因，研究解决的办法。有关意见建议已分类归纳为体制、机制等 11 个方面，共 52 项。经农业部第七指导检查组审核和农业部领导同意，我院的《分析检查报告》于 2009 年 1 月 6 日至 9 日在全院范围内进行了群众评议。

（八）明确措施，落实责任

一是按缓急难易划分整改时限。对于群众反映强烈，具备整改条件的问题，院党组坚持边学边改、边议边改、边整边改。对于通过努力、创造条件，能够整改的问题，确定为近期整改的重点。对于涉及我院长远发展和群众长远利益的问题，列为中长期整改内容。对于超出我院能力，需要向上级反映，力争解决的问题，院党组明确时限，落实责任，积极呼吁。二是按问题内容划分整改类别。从我院的实际出发，将影响科学发展的突出问题分类研究，主要包括科技创新、科研项目管理、科研平台管理、科研条件与平台建设、科技推广、领导班子及作风建设、事关群众切身利益、人事管理以及院所建设、大院综合治理 10 个方面。三是按责任归属落实整改层次。按照“四明确一公开”的工作要求，院党组把整改方案中需要整改的问题，按照职能分工，明确责任层次，建立起由翟院长负总责，院领导根据工作分工对口负责，机关各部门有关处室具体落实的整改方案落实工作责任机制。

（九）扎实整改，促进发展

在整改实践中，院党组结合实际，坚持做到“三个结合”：一是坚持边整边改与集中整改相结合。比如针对大院环境的治理、职工住房条件改善、院机关新办公楼饮用水、退休老同志体检以及马连洼三所老干部活动场地等群众最急需、最关心的问题，院党组立即采取措施解决，使群众真切体会到了活动所带来的成效。二是坚持近期整改与长期整改相结合。在集中整改阶段，院党组把当前具备条件能够整改的问题和需要一段时间才能见到整改成效的问题分别列出来，既让群众看到学习实践活动的成果，又兼顾整改的长期性和长效性。比如，加强领导班子及作风建设，现代农业科研院所建设等。

三是坚持治标与治本相结合。在解决问题时，中国农业科学院党组从问题产生的根源上下工夫，从构建体制机制上下工夫，做到治标与治本相结合，重在治本。比如，针对我院“十二五”及今后10年科学技术发展的战略定位、发展思路、目标任务和工作重点，着手制定了《中国农业科学院中长期发展规划（2010～2020）》；针对院所两级科研管理部门在项目管理方面存在的问题，出台了《中国农业科学院关于加强科研项目管理工作的指导意见》。

二、学习实践活动取得的成效

总的看，经过全院上下的共同努力，我院学习实践活动基本达到了中央提出的目标要求，全院广大党员干部特别是党员领导干部在贯彻落实科学发展观的理解力、执行力和创新力方面得到了明显提高，切实解决了一批事关提升农业科技自主创新能力和影响我院科学发展的实际问题，构建了一些有利于科学发展的体制机制和规章制度，实现了干部受教育、发展上水平、群众得实惠的活动目标，取得了较好的成效。

（一）形成贯彻落实科学发展观的重要共识

1. 贯彻落实科学发展观，必须更加注重深刻理解和正确把握科学发展观的基本内涵，进一步强化实践科学发展观的自觉性和坚定性

科学发展观，是党中央深刻总结我国改革开放以来的发展实践，立足社会主义初级阶段基本国情，借鉴国外发展经验，适应新的发展要求提出的创新理论。是对党的三代中央领导集体关于发展的重要思想的继承和发展，是马克思主义关于发展的世界观和方法论的集中体现，是发展中国特色社会主义必须坚持和贯彻的重大战略思想。贯彻落实科学发展观，对推动我国经济社会全面协调可持续发展，全面建设小康社会、构建和谐社会，对从国民经济全局和世界农业科技发展趋势上正确把握我国农业科技事业科学发展的思路，都具有重大的现实意义和深远的历史意义。只有认真学习，深刻领会，准确把握科学发展观的科学内涵和精神实质，才能不断提高在全院工作中贯彻落实科学发展观的自觉性和坚定性，才能真正使科学发展观在农业科技事业中落地生根。

2. 贯彻落实科学发展观，必须更加注重围绕中心、服务“三农”，进一步推动农业科技发展，为现代农业建设提供坚强的支撑

党的十六大以来，中央按照科学发展观的要求，坚持城乡统筹发展方略，把解决好“三农”问题作为全党工作重中之重，出台了一系列强农惠农和科技兴农政策，实现粮食连年增产，农民收入持续增长、农村社会全面进步。但我们同时也应看到，我国农业依然是国民经济最薄弱的环节，农村依然是全面建设小康社会最大的难点，现代农业建设仍然面临着很多硬约束。我国国情、农情决定了解决“三农”问题必须把科技进步作为强有力的支撑。因此，中国农业科学院必须坚决落实党中央、国务院和农业部的决策部署，紧紧围绕科技支撑“三农”这个宗旨，从战略和全局的高度坚持不懈地加强农业科技自主创新这个根本，为现代农业的发展提供强大支撑。

3. 贯彻落实科学发展观，必须更加注重解放思想、深化改革，立足我院实际，进一步推动自身建设的不断加强

近年来，中国农业科学院党组坚持围绕“三个中心、一个基地”的战略目标，加快现代科研院所建设并取得了明显成效，为支撑我国农业农村经济发展做出了应有的贡献。很重要的一条经验就是院党组坚持解放思想、与时俱进，不断围绕国家农业发展的战略需求进行改革创新、科技创新。面对新的形势和要求，按照科学发展观的标准全面衡量，我们在思想观念、领导水平、工作方法、工作作风等方面，还存在着不适应、不符合科学发展观要求的地方。因此，要坚持贯彻落实科学发展观，就要求我们各级领导班子和广大党员干部必须始终坚持以研为本、以人为本，坚持解放思想、深化改革，注重加强自身建设，使我们的思想观念、工作思路、重大措施更加符合科学发展观的要求，更加符合农业科技工作性质和农业科技创新规律，更加符合广大党员、干部和群众的现实需要。把科学发展观落实到我们的思想观念和思维方式中去，转化为谋划可持续发展的农业科技创新思路，转化为推动现代农业科研院所建设与科学发展的实际能力。

（二）取得一批促进我院科学发展的调研成果

学习实践活动开展以来，由院领导带队、机关各局参加的调研组，结合自身职能和工作实际，围绕当前我院工作中迫切需要解决、对推动全局工作有重大意义的问题深入一线开展调研，形成了高质量、高水平的调研报告，为指导我院各项事业科学发展奠定了坚实的基础。院属各单位、机关各部门也都根据院党组的部署和要求，把调研作为进一步理清发展思路、推动重点工作的过程，围绕制约本单位、本部门科学发展的突出问题，发扬求真务实的作风，深入基层实际，加强调查研究。比如，科技管理局为促进我院农业科技自主创新能力的提高，通过研究重点实验室与学科建设之间的关系，明确国家、部门、院三级重点实验室的建设标准，提出了不同层次重点实验室建设布局的思路、建设目标和重点方向，为我院重点实验室的建设和发展提供了有益的思路。人事局围绕加强我院人才和团队建设，为农业科技创新提供更好的人才保障等问题进行了专题调研。提出了要解决我院在科技人才队伍建设中存在的问题，必须深入贯彻落实科学发展观，全面加强学科领军人才、骨干人才、青年后备人才和科研辅助人才队伍建设，推动我院科技人才队伍健康持续发展的工作思路。通过开展调研活动，各单位加深了对科学发展观的理解和认识，增强了推进农业科技事业科学发展的使命感、责任感和紧迫感。

（三）着力解决影响我院科学发展的重大问题

1. 不断加快科技创新

科技创新问题是影响农科院科学发展的重中之重，对此，中国农业科学院明确围绕“一个规划，一支队伍，三项重点”工作展开整改。一是根据国家和部门工作的整体部署，2009 年我院启动“十二五”科技发展战略研究工作，制定中长期发展规划。二是加强科研创新团队建设。主要抓院所两级 100 个左右重点建设的团队、团队首席科学家培训班和高层次人才和优秀学科带头人的选拔、引进和培养。三是做好三项重点工作。积极与各级主管部门沟通联系，及时了解和掌握各类科技计划的发展动态，着力提高新兴、交叉学科的项目支撑，加速形成学科优势，做好国家重大项目的申报工作；研究提出“十一五”后两年重点成果培育目标，制定具体工作措施，做好重大科技成果的培育工作；从基础研究、高技术研究和应用研究三个方面部署学科建设，从项目、团队、平台和成果等方面加强建设，做好重点学科全面发展工作。

2. 大力开展科技推广

结合国家和农业部重大科技兴农活动，我院已提出了科技兴农的三大行动计划：一是启动实施科技支撑行动计划。在黑龙江、吉林、河南等粮食主产省的 100 个粮食主产县，建立试验、示范、推广体系和科技成果示范展示基地。二是深入开展科技示范行动计划。在原有的试验示范基地的基础上，重点选择 100 个县建设科技示范基地，加快科技成果转化，扩大良种良法和先进实用技术的覆盖面。三是继续推进科技服务行动计划。选择 100 个院地合作县开展科技服务行动，重点组织好与锦州、廊坊、运城、寿光等地方政府共同举办的农业博览会、对接会和展示交易会活动。

3. 切实推进条件与平台建设

已开始编制《中国农业科学院基本建设规划（2010～2020）》、《中国农业科学院修缮购置专项规划（2009～2012）》，着力加强重大项目和试验基地建设。根据国家新增千亿斤粮食生产能力建设规划，近期将重点推进黑龙江、吉林、河南等粮食主产省的综合试验示范基地建设。2009 年 2 月中旬，院领导、机关有关部门及有关研究所领导已经赴河南落实综合试验示范基地（站）的建设工作。将进一步加大实验室条件建设力度，在充分利用好修缮购置专项资金改善实验室条件的同时，要结合重大项目、科研用房建设或系统改造对实验室条件进行升级。2008 年 12 月，我院已下发通知，组织未申报质检中心建设项目的单位加快项目筹划和申报。通过改善条件，争取将更多的部重点实验室升级为国家重点实验室。

（四）逐步构建保障我院科学发展的体制机制

1. 完善科研项目管理机制

我院为进一步加强科研项目管理工作，出台了《中国农业科学院关于加强科研项目管理工作的指导意见》，明确了院所两级科研管理部门在项目管理方面的职责，强化了对重点、重大项目的跟踪管理。2009 年将全面启动 54 个院重点项目跟踪服务。

2. 健全科研平台运行与管理机制

确定由科技局负责，开展建立健全科技平台运行与管理机制，促进平台作为相对独立科研实体的运转，实行平台与学科、人才团队的实质性结合的研究。拟出台《院级野外台站管理办法》，评选命名一批院级野外台站；拟对科技平台实行动态管理，定期对各类科技平台的工作情况进行考核，通过评估和考核提高运行效率。

3. 构建科技创新团队管理机制

为满足国家农业科技发展需求，我院将进一步创新科研组织体制，优化整合现有资源。拟在全院范围内建设 100 个左右科技创新团队，并从中遴选 20 个左右作为院级优秀科技创新团队给予重点支持，目前，已确定了 13 个院级优秀科技创新团队。已制定了《中国农业科学院优秀科技创新团队管理办法》，力求通过进一步构建团队内部管理和评价机制，为推进科技创新，培育重大科技成果和高层次人才提供保障。

4. 强化目标考核激励机制

为提高各单位、各部门工作质量和效率，培养求真务实的良好作风，规范对院属各单位、院机关各部门的工作业绩和任务目标完成情况的考核，制定了《中国农业科学院院属单位年度任务目标考核暂行规定》，建立健全了目标考核激励机制。

（五）切实解决群众关心的热点难点问题

1. 积极改善住房条件

住房问题是职工最关心、最直接、最现实的热点问题，院党组一直高度重视。目前我院正在积极推进马连洼住宅项目的前期工作，近期将尽快开展施工招投标工作，预计在 2009 年 5 月开工。该项目建成后将使我院职工的住房条件有较大改善，基本能解决我院无房户的住房问题。

2. 解决了院机关新办公楼职工饮用水水质问题

农科院新办公楼建成后，职工饮用自采地下水，由于水质不够稳定，大家反映强烈。经多方协调，上下沟通，已于 2009 年 1 月 10 日接通市政自来水，解决了职工饮用水水质问题。

3. 努力解决离退休职工反映的问题

农科院马连洼三所有近 500 名离退休职工，由于各种原因，老干部活动场地一直没有得到较好解决，群众反映强烈。为尽早解决问题，院领导直接听取情况汇报，研究解决办法，目前，马连洼三所离退休老干部活动场地的改造方案已经制定，正在做初步设计，即将进行装修改造。院里还决定，院机关退休老同志的体检次数由原来的每两年一次，改为一年一次。

4. 切实解决幼儿园房屋安全问题

幼儿园北楼是20世纪50年代建筑，已使用多年。近期，我院已责成有关部门进行安全鉴定，根据鉴定结果，提出解决方案，切实保障安全。

5. 加快解决大院环境综合治理问题

一是积极做好大院规划工作。2004年，我院已委托北京市建筑设计研究院编制院部大院规划，该规划于2008年得到农业部批复。目前，该规划已报北京市规划委员会，争取尽早得到批准。规划实施后，院部大院功能分区将更加合理，科研办公及生活环境质量会大幅提高。二是我院成立了大院环境管理小组，指定由后勤服务中心具体负责大院日常管理工作。三是加大大院环境的综合治理，院内已经关闭了科研、办公楼核心区出租的门面房、餐厅等，在卫生保洁、停车秩序整顿等方面做了大量工作，大院环境得到进一步的改善。同时，将制定科学的车辆进出大院管理办法，继续推进大院环境综合治理工作，切实改善大院环境状况。

（六）把学习实践活动转化为推动中心工作的强大动力

中国农业科学院的学习实践活动，始终坚持与全面贯彻党的十七届三中全会精神和我院科研实际工作有机结合，紧紧围绕服务“三农”的重点工作，做好科技支撑和保障，实现了学习实践与推动工作两不误、两促进。特别是三鹿婴幼儿奶粉事件发生后，我院按照部里的统一部署和要求，迅速行动，积极应对，组织有关质量标准研究的专家第一时间分赴有关单位采集奶粉样品，积极组织筛查，为农业部制定三聚氰胺检测工作方案提供了第一手参考数据。韩伟集团“佳之选鸡蛋”事件发生后，我院相关单位在第一时间内紧急响应，在各类市场上采购了数十批次鸡蛋样品进行检测方法的研究和样品的检测，并组织对全国21个省的8种饲料产品和对应的饲料蛋白原料样品进行抽样、检测。四川省广元市旺苍县柑橘大实蝇虫害发生后，我院柑橘所、植保所专家及时制定了防控对策等技术报告上报农业部有关部门，选派专家通过媒体讲解柑橘病虫害相关知识，努力消除公众疑虑，恢复消费者信心。同时紧急启动了防控措施研究，防止大实蝇虫害对柑橘产业的毁灭性影响等相关课题研究。为配合农业部搞好百万农技人员和农村实用人才培训活动，我院从2008年11月起，已在全国100个县开展以县、乡两级基层农技人员为主体的现代农业技术培训活动。

2009年2月23日，院学习实践活动领导小组办公室组织进行了学习实践活动的群众满意度测评工作，我院党的十七大代表、全国政协委员，京区各单位、机关各局领导班子成员、部分处以上干部，离退休干部和群众代表共计157人参加了测评。从测评的结果来看，对我院开展学习实践科学发展观活动情况的评价为“满意”和“比较满意”的达99.4%。

学习实践活动期间，农业部党组书记、部长孙政才同志，中央第22指导检查组组长张福森同志分别到中国农业科学院考察指导工作，对我院学习实践活动给予了充分肯定。孙政才部长指出：农科院领导班子坚持以科学发展观统领各项工作，围绕部里的中心任务做出了重要贡献。农科院的学习实践活动行动迅速、部署到位、措施扎实、开局良好，取得了阶段性成果。农业部范小建副部长、张桃林副部长、陈晓华副部长以及科技部张来武副部长在学习实践活动期间也分别到我院听取汇报并指导工作，对我院学习实践活动也给予了充分肯定。上级领导同志的关心和鼓励，进一步坚定了我们扎实开展好学习实践活动、实现我院科学发展的信心。

特别需要指出的是，以刘平同志为组长的农业部第七指导检查组，对我院学习实践活动各个环节精心指导，提出了很多很好的指导意见，为我院学习实践活动的开展，为完成各项工作任务发挥了重要作用。在此，我代表院党组和全体党员干部向农业部第七指导检查组的全体同志表示诚挚的感谢和深深的敬意！

三、进一步巩固和深化学习实践活动成果

在看到我院学习实践活动取得成绩的同时，也要清醒地认识到还存在着一些不足之处。例如：学习实践活动总体进展还不平衡，个别单位联系实际不够紧密，对事关科学发展和全局工作等重大问题的研究还不够深入；个别单位在解放思想、改革创新、解决突出问题上取得的成效不够明显，在如何把学习、实践、建制有机结合起来研究得不深；对于受国家体制机制制约、整改难度大、需要时间长的问题信心不足等。这些问题都需要我们在今后的学习实践活动中着力加以解决。

下一步，我们要进一步巩固和深化学习实践活动成果，努力使我院各项工作更加符合科学发展观的要求，进一步增强我院工作的主动性、针对性、前瞻性和科学性，为发展现代农业和建设创新型国家做出新的贡献。

（一）继续抓好学习，坚持不懈地用科学发展观武装头脑

理论学习是我们增强党性、提高能力、做好工作的重要前提。我院的学习实践活动之所以能够取得比较好的成效，一个重要的方面就是把学习贯彻始终。要充分运用这次学习实践活动加强学习的好经验、好方法，进一步加强理论学习，深入学习领会中国特色社会主义理论体系，深入学习党中央对以改革创新精神全面推进农业科研事业所提出的一系列新要求，特别要在用科学发展观武装头脑、指导实践、推动工作上狠下工夫，努力把科学发展观的要求转化为正确的工作思路，落实到工作中、体现到行动上。要大力加强学习型农业科研院所建设，在全院范围内形成爱学习、重实践、求创新的良好风

气。院党组和院属各单位领导班子要从自身做起，勤于学习、勤于研究、勤于思考、勤于实践，以高度的政治责任感和紧迫感，自觉地作学习贯彻科学发展观的表率。

（二）继续坚持改革创新，不断提高服务科学发展的水平

解放思想、改革创新永无止境。全面建设小康社会，建设社会主义新农村、构建社会主义和谐社会，我国农业科技进步与创新所面临的机遇前所未有，面临的挑战也前所未有。对于中国农业科学院来讲，发展的根本出路就是科技创新。只有坚持改革创新，才会有更新的发现、更多的创造和更高的突破，才能接受各种新的挑战。我们要认真贯彻落实“自主创新、重点跨越、支撑发展、引领未来”的方针，不断增强以科学发展观推动农业科技事业发展的责任感和使命感，进一步增强践行科学发展观的坚定性和自觉性。

（三）继续加强自身建设，着力提升领导科学发展的能力

深入贯彻落实科学发展观，构建农业科技事业又好又快发展的新机制，不断提升领导我院各项事业科学发展的能力，必须进一步加强自身建设。要着力加强领导班子思想政治建设，自觉把思想和行动统一到科学发展观的要求上来，不断提高分析形势、把握大局、服务大局的能力。着力加强民主集中制建设，不断完善领导班子民主科学决策的体制机制，进一步增强抓大事、议大事的能力。着力推动人才和干部队伍建设，坚持正确的用人导向，努力营造鼓励人才想干事业、帮助人才干好事业、支持人才干成事业的良好环境。着力加强能力建设，不断提高党员领导干部的执政能力、发展能力、创新能力、联系群众能力、实践能力、廉洁自律能力这“六种能力”。通过这些能力的建设，提升、提高各级领导干部科学决策水平和解决突出问题的能力，推进我院各项事业的全面发展。

（四）继续抓好督促检查，把整改方案和制度机制落到实处

学习实践活动中，院党组、院属各单位党委都围绕更好地促进事业科学发展提出了整改方案，制定完善了相关的制度机制，取得了明显成效。同时，也要看到，由于时间还比较短，许多整改落实的工作刚刚开头，也还有一些工作属于长期任务，下一步需要我们毫不放松地抓好落实。各单位要充分认识解决问题、落实制度的长期性和艰巨性，以扎实的工作作风和科学的工作方法，继续下大力气抓好整改方案和有关制度的落实，对于已经整改的要切实抓好巩固和扩大成果工作；对正在整改的要一抓到底，抓出成效；对需要一段时间整改的要明确进度和责任人，加强督促检查，确保取得实效。近期，由院领导亲自带队的七个调研组已经或将要分赴各单位开展调研工作。此次调研工

作，就是要深入科研一线去了解情况、发现问题，广泛听取群众意见，了解一线同志的最直接、最关心、最现实的问题。帮助研究所制定有针对性的思路、对策，采取有效的措施和办法指导实践，着力解决各项工作中存在的突出问题，把整改措施和制度机制真正落到实处。

同志们，中国农业科学院京区单位集中学习实践科学发展观活动将要告一段落了，但深入学习实践科学发展观是一项长期的任务，必须持之以恒、常抓不懈。我们要继续高举中国特色社会主义的伟大旗帜，紧密团结在以胡锦涛同志为总书记的党中央周围，深入贯彻落实党的十七大、十七届三种全会精神，坚持解放思想、实事求是、与时俱进，紧紧围绕服务科学发展观这条主线，牢牢把握改革创新这个总要求，切实抓好提升科技自主创新能力这个关键，把农业科研事业放在国际国内的大局中去思考，把我院科研工作放在党和国家工作大局中去谋划，一步一个脚印地把我国的农业科技事业推向前进，以优异的成绩迎接新中国成立 60 周年！

十一、中国农业科学院首批优秀科技创新团队简介

团队创新助力中国农业科研

——水稻优质、抗逆分子设计育种创新团队

2003年8月，作为中国农业科学院国外引进人才，黎志康带领他实验室的团队一起回国，成为近年来中国农业科学院团队整体引进回国的杰出代表。5年来，以黎志康博士为首席科学家，万建民、王健康、赵开军、徐建龙等农科院一级、二级岗位杰出人才为骨干队伍的“水稻优质、抗逆分子设计育种创新团队”，集中优势研究力量和科技资源，充分发挥多学科综合交叉优势，围绕国家重大需求，以近年来国内外备受关注的“分子育种理沦与技术”为生长点和切入点，重点攻克优质、抗逆分子育种理论与技术体系，对水稻优质、抗逆等复杂性状进行深层次基因挖掘和种质创新，分离重要功能基因和进行品种分子设计，取得一系列突破性进展。

团队还充分发挥骨干成员在知识结构上的互补性，以及研究方向相对集中的特点，开展水稻抗逆复杂性状的遗传网络解析和植物分子育种新方法等研究。提出的种质资源大规模回交导入结合DNA分子标记技术高效发掘优异隐蔽基因的分子育种策略，已成为国内外种质资源有利基因挖掘和育种利用的主导方法，居国际领先水平。

该团队依托于农作物基因资源与遗传改良国家重大科学工程，拥有分子育种和分子设计的高效平台及全国水稻分子育种协作网；目前主持国家“973”、“863”、农业部“948”、转基因专项、支撑计划、行业科技及盖茨基金、国际挑战计划等国内外重大项目32项，年均合同经费达5 034万元。在北京昌平和海南南滨建有规模化试验场，为本团队研究工作顺利的开展提供全方位的保障。

团队力争在3～5年内在多方面取得重要进展，创建水稻优质、抗逆的分子育种理论与技术体系，研制选择导人系QTL和品种分子设计的计算机软件，克隆优质、抗逆基因，通过分子设计培育高产、优质、抗逆新品种，大力促进我国水稻分子育种的发展和进一步提升我国在这一领域的国际竞争优势，将团队建设成为一支在国内外有影响的一流团队。

“宝剑锋从磨砺出，梅花香自苦寒来”。水稻优质、抗逆分子设计育种创新团队将继续发扬“严谨、勤奋、开放、创新”的团队精神，在复杂数量性状遗传机理剖析及分子设计改良上勇于创新，从而在育种实践中向“知其然，又知其所以然”的方向迈出重要的一步。

粒粒新种凝结晶，株株壮苗映晚霞

——作物种质资源保护与创新团队

作物种质资源具有涉及面广、历时长久和基础性、公益性的特点，是农业科学原始创新、基因组学等基础研究、作物育种及其生物技术产业的物质基础，是实现农业可持续发展、保障国家粮食安全、能源安全、生态安全、农村稳定的战略性资源，具有极其重要的战略地位。

作物种质资源保护与创新团队由著名作物种质资源专家董玉琛院士任学术顾问，"新世纪百千万人才工程"国家级人选、农业部有突出贡献的中青年专家、国家"973"项目首席科学家、中国农业科学院一级岗位杰出人才李立会研究员任团队首席科学家。

该团队根据种质资源本身具有"群体"或"团队"的特征，围绕资源保护、利用效应和种质创新等研究方向，以本团队为主体，组织全国优势单位，主持承担了国家"973"、"863"、科技支撑计划、国家自然基金、基础性工作重大专项等项目，并通过长期的密切协作，不仅形成了一支中国农业科学院一级、二级、三级岗位杰出人才配套的相对科学合理的研究队伍，而且积累了雄厚的工作基础，创造性提出作物种质资源原位保护理论与技术策略，在保护中利用物理与自然隔离相结合等保护策略，指导全国野生近缘植物原位保护区（点）建设；建立异位保护理论与技术体系，提出了野生近缘植物收集考察和战略性种质资源国外引进策略，完成了 5 000余份野生资源收集和 1 万余份国外优异种质资源的引进；建立了库存种质资源遗传完整性、种质携带病原物检测和种质活力丧失监测预警技术体系，确保 35 万份库存种质资源长期安全保存，并完成了 25 万份中期库种质资源的更新和重新入库保存；初步建立育种家参与式高效创新技术体系，让育种家直接参与创新种质的目标性状选择和筛选，并通过利用新种质培育出一批重要的新品种。

由该团队组织全国力量完成的"农作物种质资源收集保存评价与利用"项目获国家科技进步一等奖。目前，该团队已逐步成为国家作物资源研究项目的牵头组织者、作物种质资源保护和创新理论及其技术研发中心、学术交流中心和人才培养基地以及国家作物种质资源政策制定的技术咨询依托主体。

瞄准水稻育种的第三次突破

——水稻遗传育种创新团队

20世纪50年代的水稻矮化育种和70年代的杂种优势利用，使水稻单产取得了两次重大突破。中国水稻研究所水稻遗传育种创新团队紧紧围绕21世纪水稻学科发展趋势和国家对水稻产业的需求，瞄准水稻育种的第三次突破，系统开展水稻育种理论创新、技术创新、材料创新和品种创新工作；以育种理论指导育种实践，加快育种新技术的应用，加速新品种转化为现实生产力。

团队成员年富力强，骨干人员平均年龄42.6岁，拥有博士学位达一半以上。团队首席科学家程式华博士，现任中国水稻研究所所长、国家水稻改良中心主任和园家水稻产业技术体系首席科学家，获国家自然科学三等奖和国家科技进步奖二等奖各1项，培育水稻新品种12个，获发明专利2项，品种权3项。

该团队长期在水稻遗传育种领域耕耘，积极进取、勇于探索，在水稻遗传育种领域，特别是在超级稻育种和优质稻育种方面取得了居国际领先的成果。已审定品种50个，获奖成果52项，发表学术论文150余篇，出版《现代中国水稻》等专著6部。育成6个超级稻品种，为国内育成超级稻品种最多的团队。“超级稻协优9308的选育”获2004年度国家科技进步奖二等奖，为首个获国家奖的超级稻品种；“印水型不育胞质的发掘与利用”获2005年度国家科技进步奖一等奖，开创了杂交水稻高产优质高效新时代。超级杂交稻国稻1号人选2005年中国十大自主创新技术，国稻6号创造了我国单个水稻新品种1 000万元的最高转让价。

目前，该团队正依托于水稻生物学国家重点实验室、国家水稻改良中心和国家水稻产业技术体系，立足国内一流、世界领先，培育高产优质多抗水稻新品种，开拓杂交水稻国际市场，为实现水稻育种的第三次突破而不懈努力！

与时俱进、不断创新的棉花团队

——棉花育种新技术研究与新品种选育创新团队

棉花育种新技术研究与新品种选育创新团队首席科学家、著名棉花育种专家喻树迅和全体团队成员一直与时俱进、不断创新、引领我国棉花育种新潮流，与全国育种界一起，改变了从20世纪60年代引入美国岱子棉品种一统天下的局面，到目前全部种植我国自育品种，总产为世界第一，单产为中国、美国、前苏联、印度、巴西五大国之首。

为解决我国人多地少、粮棉争地的矛盾，喻树迅和他的团队先后育成中棉所16等12个短季棉品种，缓解了我国粮棉争地矛盾，产生了重大的社会经济效益。

20世纪80年代率先培育出早熟短季棉中棉所10、16，累计推广2.5亿亩，获国家科技进步奖一等奖；中早熟中棉所17、19，累计推广2.5亿亩，获国家科技进步奖一等奖。棉花生育期缩短20～40天，使北方棉区一熟变为两熟，形成独特的麦棉两熟新耕作制度；80年代育成高抗棉花枯萎病品种中棉所12，累计推广2亿亩，使我国病区重新植棉，获国家发明一等奖。90年代，面对世界生物技术的兴起，创新团队开展转基因抗虫棉育种，通过建立大规模转化体系和生化辅助育种，率先选育出转基因抗虫棉中棉所29、30、37、50、41、45等新品种，与全国育种界一起将转基因抗虫棉市场占有率从5%提高到99%，皮棉产量比国外抗虫棉增产20%以上，使国外抗虫棉基本从中国消失。

目前，该团队通过分子标记育种，有效将海岛棉优质基因通过陆海分子标记图谱定位并转育到陆地棉品种中，培育出纤维长度33mm、比强度44cN/tex的优质棉花新品系，同时克隆到优质纤维基因并进行转化，获得优质转基因植株。主持“973”、“863”棉花纤维品质功能基因克隆与分子改良和中美陆地棉基因组测序，向分子设计育种迈进。

致力于国家食用油安全

——油菜遗传改良创新团队

中国农业科学院油菜遗传改良创新团队以服务我国油菜产业发展、保障国家食用油安全、增加农民收入为宗旨，主要开展油菜种质资源、功能基因组和遗传育种研究，是一支既能“顶天”又能“立地”的团队。

团队由26人组成，其中具有高级职称17人、博士学位12人，是一支结构合理、力量雄厚的高素质队伍。首席科学家王汉中研究员获得2007年中国科协“求是”杰出青年奖和八项国家级和省部级科技成果奖，同时担任国家油菜产业技术体系首席科学家。此外，还有数名科学家在全国同行中享有较好的声誉。

为让美丽的油菜花开遍更多的地方，让小小的油菜籽在保障国家食用油供给安全中发挥更重要的作用，这支团队特别能吃苦、特别能战斗、特别能奉献。团队长期主持承担了国家“863”、科技攻关和科技支撑计划等一大批油菜研究课题，已选育出油菜新品种40多个，覆盖全国油菜面积的35%以上。分别获得国家科技进步奖二等奖的中双7号、中油杂2号、中双9号贡献尤为突出。近年，围绕国家和社会需求，首席科学家王汉中研究员带领团队让小小的菜籽越来越“油”。培育出的中油0361含油量高达54.72%、连续多年稳定在50%以上。于2008年通过国家审定的高油新品种中双11号含油量高达49%以上，成为通过国家审定的含油量最高的油菜品种，开启了我国高油油菜产业化道路。团队在高油功能基因克隆研究方面也取得重要进展。

经过5年左右的努力，该团队将力争引领全国油菜科研和产业发展方向，不断发掘出突破性油菜优异种质资源和功能基因，建立起现代高效油菜育种技术体系，不断选育并广泛推广优异新品种，为保障国家食用油供给安全和农民增收做出更大贡献。

千禾万苗露笑脸，万家农人庆丰登

——粮棉作物重大害虫监测预警与控制技术创新团队

粮棉作物重大害虫监测预警与控制技术创新团队依托单位为中国农业科学院植物保护研究所。团队顾问为郭予元院士，首席科学家为吴孔明研究员，主要科研骨干有程登发研究员、王振营研究员、张杰研究员、何康来研究员和戴小枫研究员等10余人。该团队对小麦、玉米和棉花害虫防治的研究工作始于20世纪50年代，具有长期合作的传统与经验。近20年来，在国内外科技刊物上发表研究论文500余篇，获得国家和省部级科技奖励10余项。主持完成的“棉铃虫区域性迁飞规律与监测预警技术的研究与应用”2007年获国家科技进步奖二等奖，论文“种植Bt棉花有效控制棉铃虫在中国多作物生态系统的发生与为害”于2008年发表于SCIENCE杂志，在国内外产生了较大的影响。

该团队依托植物病虫害生物学国家重点实验室、农业部生物防治重点实验室和农业部廊坊有害生物野外试验观测站等科研平台，承担国家“973”、“863”、科技支撑计划和国家自然科学基金多项课题，利用3S技术、生物技术和常规研究方法等手段，重点研究粮棉作物重大害虫区域性暴发的监测预警技术、害虫对Bt抗虫作物的抗性机理及治理技术和重大害虫区域性治理技术体系，旨在通过研究阐明棉铃虫、盲蝽象、麦蚜和玉米螟等我国粮棉作物重大害虫的灾变机制，发展害虫区域性监测预警与控制新理论与技术，提高我国农作物重大害虫的防控能力，为我国粮棉安全生产提供技术支撑。

宏篇写在大地上，成果受益千万家

——作物分子生物学创新团队

“求实、创新、进步、服务”是中国农业科学院生物技术研究所作物分子生物学创新团队一贯坚持的理念，在该理念的指导下，国产转基因抗虫棉、转基因抗虫三系高产杂交棉这两项农业高新技术产品相继问世，并取得了产业化的巨大成功。

以促进国家粮食、食品和生态安全以及农业生产可持续发展为团队发展的长期目标，瞄准作物分子生物学国际发展前沿，坚持学科发展目标和产业发展目标相结合、生物技术与传统技术相结合的创新原则，重点开展作物分子育种、作物抗逆分子生物学、作物功能基因组学和作物代谢工程方面的研究工作，解析作物重要农艺性状形成的分子机理与代谢途径，进行基因资源的系统挖掘，并最终应用于棉花、水稻、玉米等重要农作物的基因工程与分子设计育种，实现高产、优质、高效及可持续农业的发展。

国产转基因抗虫棉研发的领军人物、国家有突出贡献的中青年专家郭三堆是团队首席科学家，因工作成绩突出，先后获得“全国优秀科技工作者”、“全国十大科技新闻人物”、“中国十大科技英才”、何梁何利基金奖等荣誉和称号。该团队聘请学术造诣精深的范云六院士担任学术顾问，思维活跃、勇于创新的路铁刚研究员、黄荣峰研究员、王志兴研究员、赵军研究员等组成了团队的科研骨干，多学科配套、富于开拓精神和严谨、勤奋的20多名青年科技人员共同奠定了团队坚实的创新基础。团队将继续在三系杂交棉分子育种技术、作物抗虫抗逆优异新种质创制、水稻突变体创制和功能基因筛选等平台上，上下求索、辛勤耕耘，继续为“宏篇写在大地上、成果受益千万家”而努力。

站在禽流感阻击战前沿

——动物流感研究创新团队

动物流感研究创新团队是我国动物流感，尤其是禽流感防控的科技主力军，因对禽流感研究及防治的突出贡献，受到国际科学界和相关国际组织的广泛关注和认可。

团队首席科学家、中国青年女科学家奖获得者陈化兰和她的全体团队人员，认真履行着国家禽流感参考实验室职能，主持研制了多种禽流感疫苗。正是这些被源源不断地运往全国各地的疫苗为我国 2004 年防控禽流感疫情的扩散和蔓延提供了极为关键的科学技术保障。

该团队建立了系统完整的禽流感病毒毒株资源库及其流行病学信息数据库，研制并改进一系列禽流感诊断技术，在国内、外推广应用。在 H5 禽流感病毒的基础研究方面取得重要进展，发表一系列具有国际影响的研究论文。有关禽流感病毒跨种属感染哺乳动物及其分子遗传与分子致病机制的系列研究成果发表在《美国科学院学报》等国际学术刊物上，受到国际学术界的高度评价和关注。

该团队完成了一系列高效安全新型禽流感疫苗的研制与推广，在国、内外应用超过 450 多亿羽份。其中，H5N1 禽流感灭活疫苗克服了制约我国 H5 高致病力禽流感疫苗研制的关键技术“瓶颈”，并解决了水禽禽流感疫苗免疫的重大难题，是国际上第一个实现产业化应用的反向遗传技术流感病毒疫苗；研制的禽流感、新城疫重组二联活疫苗，首次实现一种活疫苗有效预防两种家禽重大烈性传染病，是国际上第一个实现生产应用的基因重组 RNA 病毒活载体疫苗。这两种具有国际领先技术水平的新型禽流感疫苗，分别获得了 2005 年国家科技进步奖一等奖和 2007 年国家技术发明二等奖。

该团队取得的研究成果极大提高了我国防控禽流感的能力，为我国乃至其他有关国家禽流感防控提供了极为关键的科技支持，最大限度阻断高致病力禽流感病毒向人的传播，产生巨大社会经济效益。

引领口蹄疫防控技术，为畜牧业发展保驾护航

——口蹄疫研究创新团队

口蹄疫研究创新团队以引领口蹄疫防控技术发展为目标，依托中国农业科学院兰州兽医研究所创新平台，深入开展病原生物学、流行病学、免疫学、病理学研究，开创知识创新、方法创新和产品创新的新局面，为我国畜牧业可持续发展保驾护航。

创新团队聚集了三代口蹄疫科技精英，承载积累50年的科技成果、生物资源和成功与失败的研究经验，是历经长期磨合而自然形成的紧密型研究群体。国际口蹄疫权威谢庆阁先生是团队的旗帜；团队首席科学家刘湘涛和学科领衔专家年富力强，是策划创新的主将；青年才俊技能突出，是实践创新的先锋。

创新团队依托于综合实力居世界口蹄疫专业实验室三强之列的中国国家口蹄疫参考实验室。我国现行口蹄疫疫苗、战略储备疫苗、诊断检测技术试剂、国家行业标准基本都源自本实验室，研制的猪口蹄疫、Asia1型口蹄疫、基因工程疫苗国际领先优势明显。疫苗技术转让移植企业，年产疫苗60亿毫升；诊断检测技术覆盖全国，试剂占有量85%以上，支撑了国家动物疫病防控。该团队进行的重大理论成果“流行病学研究方法的创新”，构建了我国第一个动物病毒——口蹄疫病毒分子进化树，为国家防疫决策提供了科学依据；疫苗制造技术的创新形成了重大科技发明成果，研制出世界领先水平的猪用口蹄疫疫苗；分子疫苗关键技术的突破创制出重大新产品，在世界上首次研制成功家蚕表达口蹄疫基因工程空衣壳疫苗。

口蹄疫研究创新团队将保持已有研究优势，积极开展跨学科、跨国界交流合作，推进基础研究向纵深发展，大力研发高端技术，将本团队打造成为一支国际顶尖水平的口蹄疫研究创新队伍。

开辟种质创新天地

——家畜基因资源与种质创新团队

家畜基因资源与种质创新团队依托于中国农业科学院北京畜牧兽医研究所，以李奎研究员为首席科学家，马月辉、储明星、朱化彬等为骨干人员，通过分子育种、转基因育种和常规育种相结合，进行种质创新。该团队将努力建设成为有明确的创新性学术思想、较高的学术造诣、较强的组织协调能力和科研能力、结构合理的科技创新团队，形成优秀人才的团队效应和资源优势，提升科技创新能力、学术水平和核心竞争实力，争取在家畜基因资源与种质创新方面取得重要突破。

该团队经过近几年的努力建设，已取得显著成效。培育的"中国西门塔尔牛新品种"获国家科技进步奖二等奖，"五指山猪实验用近交系培育及分子遗传学基础研究"2007 年获中华农业科技奖一等奖，"小尾寒羊优良种质资源的遗传研究与利用"获北京市科技进步奖二等奖，"应用胚胎生物技术建立良种家畜繁育体系和生产体系"获得北京市科技进步奖二等奖，建成世界最大的畜禽遗传资源体细胞库，入选"2006 年度国内十大科技新闻"，获得 23 头转 ω-3 脂肪酸去饱和酶基因猪，并已获准进行转基因生物安全中间试验，此外还成功制备转 HLA 基因克隆五指山猪。2005～2008 年度发表 SCI 论文近 60 篇，近 5 年完成省部级以上科研项目 50 多项，目前在研项目 33 项（国家自然科学基金重点项目、"973"、"863"、科技支撑、基础平台），总经费达 4 856万元。

该团队将进一步形成优秀人才的团队效应和资源优势，不断挖掘优质基因资源，建立全基因组和转基因种质创新技术体系，在家畜基因资源与种质创新方面取得重要突破，获得生长快速、品质优良家畜新种质。

平衡营养粮满仓，保育耕地富万民

——植物营养与肥料研究创新团队

土壤是农业的基础，肥料是作物的“粮食”。肥料在保证我国粮食安全和农业可持续发展中发挥着不可替代的支撑作用，然而肥料的不科学施用，同样会造成资源浪费、环境污染和农田生产力下降。在我国人地矛盾极为突出、农田高强度利用的条件下问题更为严重。植物营养与肥料创新团队站在本领域科学技术的前沿，紧扣国家需求，在植物营养生理与分子生物学、农田养分循环与高效利用、营养诊断与精准施肥、肥料资源与新型肥料创制等方面开展创新研究。

团队的科学顾问是刘更另院士，首席科学家是金继运研究员，团队共有固定人员23人，其中长江学者奖励计划特聘教授1人、新世纪百千万人才工程国家级人选1人，中国农业科学院杰出人才5人，骨干人员平均年龄40岁，形成了年龄结构合理、专业方向齐全、创新能力强的研究群体。

团队依托“农业部作物营养与施肥重点开放实验室”、“国家化学肥料质量检测中心”和“中国农业科学院国家测土施肥中心实验室”等，有国内最先进的技术和仪器设备，在各主要农业区设有一批国际一流的野外试验台站和试验基地，形成了全国性的合作研究网络。

团队自形成以来，承担或组织实施了本领域的大部分重大科研项目。目前，团队成员共承担国家“973”项目1项、“973”课题2项、“863”项目2项（含重点项目1项）、国家科技支撑计划项目2项，支撑计划课题5项、国家基金5项、其他省部级项目7项，合同金额3 603.76万元，人均经费156万元。

团队获得国家科技进步奖二等奖3项，发表论文500多篇，出版论著30余部，授权国家发明专利15项，制定行业标准8项，为我国肥料的研究与应用做出了重要贡献。

“平衡营养粮满仓，保育耕地富万民”，团队依托国家“973”、“863”和支撑计划等重大科研项目，组织全国性的协同攻关和广泛的国际合作，在植物营养与肥料资源高效利用的理论和技术方面都有创新性的研究进展，可望近年内在养分高效利用理论和技术方面有新的突破，获得国际领先的科技成果，打造形成国内领先国际先进的植物营养与肥料领域研究的平台，推动植物营养与肥料科学的进步，为我国作物持续增产和农田可持续利用提供技术支撑。

只为满园春色浓，化作神奇富万家

——蔬菜遗传育种研究创新团队

我国是蔬菜生产大国，蔬菜产业已成为支撑农村经济发展、农民增收的支柱产业。蔬菜产业要发展，优良品种是关键。中国农业科学院蔬菜花卉研究所的蔬菜遗传育种研究创新团队以最大限度地满足蔬菜生产的需求为使命，通过科技创新，创建新的育种技术，培育各类专用的优良品种，为我国蔬菜产业的可持续发展提供强有力的科技支撑。

该团队聘请我国著名蔬菜育种专家方智远院士为学术顾问，农业部有突出贡献的中青年专家、蔬菜产业技术体系首席专家杜永臣研究员为团队的首席科学家。团队的骨干专家有农业部有突出贡献的中青年专家张宝玺研究员、顾兴芳研究员，中国农业科学院二级岗位杰出人才刘玉梅研究员、孙日飞研究员、王晓武研究员和黄三文研究员。团队人员结构配置合理，互补性强，整体研究实力雄厚，在国内同研究领域中具有明显的团队优势。该团队先后育成了近 100 个优良的甘蓝、番茄、甜椒、黄瓜、大白菜等蔬菜新品种，共获得国家级奖励成果 10 项。其中国家发明一等奖 1 项，发明二等奖 1 项。这些新品种的推广应用为千家万户的农民带来了重大的经济效益，对于保障和均衡蔬菜市场供应做出了重要的贡献。

团队拥有较完善的研究条件。依托的主要科技创新平台有作物细胞育种国家工程实验室、农业部园艺作物遗传改良重点开放实验室、国家蔬菜改良中心、中荷园艺作物生物技术实验室等。目前承担的国家科技支撑、“863”计划、“973”计划、国家自然基金项目、“948”项目、行业科技项目等各类科研项目约 70 项，总经费约 6 000万元。团队与国内外同行建立有广泛的交流与合作关系。特别是最近组织发起了国际黄瓜基因组计划项目，完成了黄瓜全基因组测序，引起了国内外同行的高度关注。

“只为满园春色浓，化作神奇富万家”。蔬菜遗传育种研究创新团队将继续发扬“创新、求实、协作”的团队精神，勇攀科技高峰，不断培育出更多、更优良的蔬菜新品种，让科技化为神奇，为农民增收致富、为农村经济发展、为市场供应的不断改善做出更多的贡献。

甘当“三农”孺子牛，只为富裕万农家

——农业政策分析创新团队

1958 年，国务院批准设立中国农业科学院农业经济研究所，这是新中国设立最早的专门从事农业经济和政策研究的国家级公益性研究机构。农业政策分析创新团队就是依托具有悠久历史和光荣传统的农业经济研究所，以服务我国“三农”政策研究需求为己任，以人才建设和学科建设为载体，加强理论与方法研究创新，运用理论和实践相结合、宏观和微观相结合、自然科学和社会科学相结合、技术分析和经济分析相结合的研究理念和方法，着力提升学术研究水平和政策服务能力。目前，在农业政策研究领域，已经形成了人才优势明显、团队结构合理、研究方向稳定、应用对象明确、特色优势突出、学术影响显著的高层次研究创新团队，开创了农业经济与政策研究生动活泼的新局面。

近年来，两大平台的建设有力地促进了农业政策分析创新团队的形成和跨越式发展。一是 2003 年的“国家农业政策分析与决策支持系统开放实验室”，争取到世界银行第四期贷款项目支持，这是到目前为止我国农业经济与政策研究领域单项支持强度最大的研究项目。通过该项目的实施，建成了农业经济与政策分析的开放性公共平台，形成了完整的农业经济与政策研究分析与报告系统，已有 30 余项研究成果在农业部、商务部等决策支持中发挥了重大作用。二是 2005 年成立的“农业经济与政策顾问团”，增强了农业经济与政策研究的科学性与针对性，进一步提升了为国家和地方“三农”问题的重大问题的决策服务能力，研究成果通过简报《判断与思考》，及时向党中央国务院提出政策建议报告，受到党和国家领导人的重视和批示，产生了重大的政策影响。

回顾过去，成绩斐然；展望未来，任重道远。在农业部和中国农业科学院党组的正确领导下，农业政策分析创新团队将始终坚持面向我国农业农村经济发展的实际需求，着力开展公益性、基础性、前瞻性研究工作；始终坚持面向国际农业政策研究学术前沿，着力提高我国农业政策研究的创新能力和学术水平；始终坚持面向我国农业政策需求第一线，着力提高研究成果的实践应用和决策服务水平。可以预见，创新团队将秉承深入实际、开拓创新的优良传统，团结协作，努力工作，为我国发展现代农业、建设社会主义新农村不断做出新贡献。

十二、大事记

中国农业科学院2008年大事记

一　月

1月2日　经中央国家机关工委推荐，中国农业科学院北京畜牧兽医研究所副所长王加启同志通过北京奥组委资格确认，被确认为北京奥运会火炬手，将参加北京地区火炬传递活动。奥运圣火传递是奥运会中最具影响力的重要活动之一。据悉，中央国家机关共推选出17名火炬手，均是努力工作在各条战线上的优秀代表。

1月4日　中国农业科学院被全国双拥工作领导小组、中华人民共和国民政部和中国人民解放军总政治部授予“爱国拥军模范单位”称号。中国农业科学院与解放军艺术学院1992年正式签订协议，结为共建对子。通过开展形式多样的拥军活动，中国农业科学院在支持部队建设和爱国拥军方面取得明显成效，连续15年被评为海淀区军民共建先进单位，2000年被评为首都军（警）民共建先进单位，2002年被评为首都军（警）民共建标兵单位，2008年新年伊始，又被授予全国“爱国拥军模范单位”称号。

1月7日　经部党组会议研究决定，唐华俊任中国农业科学院副院长、党组成员；免去章力建的中国农业科学院副院长、党组成员职务；侯向阳任中国农业科学院草原研究所所长；王育青任中国农业科学院草原研究所党委书记；免去苏和的中国农业科学院草原研究所党委书记职务。

1月8日　由中国农业科学院哈尔滨兽医研究所主持的“禽流感、新城疫重组二联活疫苗”荣获2007年度国家技术发明奖二等奖，植物保护研究所主持的“棉铃虫区域性迁飞规律和监测预警技术的研究与应用”、兰州畜牧与兽药研究所主持的“大通牦牛新品种及培育技术”、油料研究所主持的“油料低温制油及蛋白深加工技术的研究与应用”荣获2007年度国家科学技术进步奖二等奖。

1月9日　中国农业科学院院长翟虎渠会见了来院访问的挪威农业和食品部秘书长佩尔·哈拉德·告尔先生等一行10人，双方就动物育种、农村发展等领域深入交换了意见。

1月14～16日　中国农业科学院2008年工作会议在北京召开。会议以“深入贯彻落实十七大精神，加强农业科技自主创新，强化服务‘三农’工作”为主题，对2007年各项工作进行了全面总结，同时部署了2008年工作任务。院党组全体成员，院老领导，院属各单位、机关各部门主要领导及职工代表共500多人参加了会议开幕式。翟虎渠院长代表院党组作工作报告。

1月15日　中国农业科学院科技创新团队建设工作汇报会在京举行。院科技创新团队建设工作领导小组组长翟虎渠院长、副组长刘旭副院长、贾连奇局长，小组成员雷茂良副院长、屈冬玉副院长、罗炳文副书记、唐华俊副院长出席会议，各研究所所长以及机关各部门负责人参加了会议。翟虎渠院长主持会议。

1月16日 中国农业科学院召开2008年党风廉政建设工作会议。会议的主题是：深入贯彻党的十七大精神，落实十七届中央纪委二次全会和农业部关于加强党风廉政建设和反腐败工作的总体要求，总结中国农业科学院2007年党风廉政建设和反腐败工作，部署2008年主要任务。中纪委驻农业部纪检组组长朱保成，中纪委驻农业部纪检组副组长、监察部驻农业部监察局局长董涵英，农业部直属机关纪委书记陶永平应邀出席会议。翟虎渠院长主持会议并讲话。

1月16日 中国农业科学院落实农业部“十大行动”和“科技兴农”工作座谈会在北京召开。刘旭副院长和院机关、院属研究所的负责人参加了座谈会。屈冬玉副院长主持座谈会。

1月17日 中国农业科学院2007年度高级专业技术职务评审会议在北京召开。在全体评审委员大会上，院长、院高评委会主任委员翟虎渠教授作重要讲话。会议通过晋升正高级专业技术职务51人，晋升副高级专业技术职务106人。

1月18～19日 中国农业科学院召开“公共财政与中国农业科研发展战略研讨会”。会议的主题是总结近年来财政科技经费投入机制改革对推动我国农业科技发展发挥的重要作用，研究农业科研发展现状、发展思路与重点，探讨财政支持农业科研发展的重点领域、重点环节，以及投入方式和机制。翟虎渠院长、雷茂良副院长、刘旭副院长、屈冬玉副院长、党组成员兼人事局长贾连奇及院机关各部门、院属各单位的主要领导出席大会。雷茂良副院长主持会议。

1月18日 农业部国际合作系统工作总结会暨联欢会在中国农业科学院召开。农业部牛盾副部长出席了会议并作重要讲话。本次会议的主题是深入贯彻落实中央农村工作会议和全国农业工作会议精神，总结2007年农业国际合作工作，并研究部署2008年工作。农业部国际合作司、农业部外经中心、贸促中心、国际交流服务中心全体人员及“全国农业外事外经处长座谈会”的代表共约310人参加了会议。会议由农业部国际合作司主办，中国农业科学院国际合作局协办。

1月20日 “国家农业政策分析与决策支持系统重点开放实验室”专家顾问组与博士后指导团2008年第一次会议在中国农业科学院举行。专家顾问组组长与博士后指导团团长、全国人大农业委员会副主任万宝瑞，河北省省长郭庚茂，吉林省人大常委会副主任杨庆才，海南省委常委、三亚市委书记江泽林，中国农业科学院原院长、中国工程院院士卢良恕，中国农业科学院原常务副院长刘志澄等出席会议。中国农业科学院院长翟虎渠出席会议并致词。

1月20日 由547名两院院士投票评选的2007年中国十大科技进展和世界十大科技进展新闻揭晓。我国著名大豆育种家、中国农业科学院原院长王连铮研究员主持育成的高产高油大豆新品种“中黄35”入选2007年中国十大科技进展新闻。“中黄35”在新疆农垦科学院作物所实验地上，实收1.2亩，亩产达371.8公斤，这是21世纪我国大豆的最高产纪录。

1月25日 经中国人民政治协商会议第十届全国委员会常务委员会第20次会议通过，中国农业科学院果树研究所刘凤之研究员、资源区划所黄鸿翔研究员、生物所黄大昉研究员、环发所林而达研究员、植保所彭于发研究员当选为中国人民政治协商会议第十一届全国委员会委员。

1月25~31日 中国农业科学院院领导翟虎渠、雷茂良、刘旭、屈冬玉、罗炳文、唐华俊、贾连奇带着党组的关怀和全院职工的问候，分别看望了中国农业科学院的两院院士、老领导、老红军、老干部遗属和困难职工，亲切询问了他们的身体情况和家庭生活状况，并向他们及全家致以节日的慰问。

二　月

2月1日 中国农业科学院与中国农业发展集团总公司科技合作协议签订仪式在中国农业科学院举行。中国农业科学院院长翟虎渠、中国农业发展集团总公司董事长刘身利先后在签字仪式上讲话，并分别代表双方在协议上签字。根据“中国农业科学院—中国农业发展集团总公司科技合作协议书”，中国农业科学院和中农发集团将在优势互补、互惠互利、共同发展的基础上开展农业科技合作，建立农业技术研发与产业化合作关系，以更好地促进我国农村经济发展、推进实施我国农业“走出去”发展战略。雷茂良副院长主持签字仪式。

2月1日 屈冬玉副院长受翟虎渠院长委托，召集京内院直属单位负责人及中国农业科学院担任农业部“科技入户示范工程”和“现代农业产业技术体系建设”的首席专家，再次联系实际学习贯彻中共中央政治局常委、书记处书记习近平同志在获悉水稻所荣获“十五”全国农业科研机构综合科研能力评估总分第一名后的贺信和孙政才同志批示精神。院党组成员、人事局局长贾连奇出席了会议。

2月7日 农历正月初一，中国农业科学院院长、党组书记翟虎渠一行到中国农业科学院海南（三亚）综合实验基地考察、慰问。翟虎渠代表院党组向长期工作在南繁基地的科研人员和工作人员表示亲切的慰问和衷心的感谢，并向他们及他们的家人致以新春的祝福和节日的问候。

2月16~20日 农业部科技救灾和技术服务第四小组在中国农业科学院屈冬玉副院长的带领下，一行7人利用4天时间，先后到江西省婺源县、乐平市走访了茶场、茶苗繁育圃、蔬菜大棚、温室以及露天蔬菜地等，了解农作物受灾情况和市场情况，有针对性地进行技术指导和服务；同时通过座谈会、交流谈话等形式，对省救灾工作提出建议，并传达了孙政才部长在广西视察时的讲话要点。

2月25日 经部党组会议研究决定，叶志华任中国农业科学院农业质量标准与检测技术研究所所长（农业部农产品质量标准研究中心主任）；李恩普任中国农业科学院农业质量标准与检测技术研究所（农业部农产品质量标准研究中心副主任）党委书记；免去郑友民的中国农业科学院农业质量标准与检测技术研究所党委书记职务；吴杰任中国农业科学院蜜蜂研究所所长；王勇任中国农业科学院蜜蜂研究所党委书记；王元英任中国农业科学院烟草研究所所长；管辉任中国农业科学院烟草研究所党委书记；易中懿任农业部南京农业机械化研究所所长；曹曙明任农业部南京农业机械化研究所党委书记。

三　月

3月4日　中国农业科学院科技创新团队建设工作会议在京举行。会议的主要任务是听取院属各单位科技创新团队建设情况汇报，研究部署下一步团队建设工作。全体院领导、各研究所及机关各部门主要负责人约80人参加了会议。

3月5日　中国农业科学院第六届学术委员会第三次会议在北京召开，来自全国有关省（市）农业科学院、高等院校、中国科学院以及中国农业科学院直属单位的116位委员出席了会议。会上，翟虎渠主任委员作了题为“强化自主创新，推进团队建设，服务‘三农’发展”的工作报告，回顾了2007年中国农业科学院开展的学术活动及取得的成效，对2008年创新团队建设、科技自主创新、科技成果转化和服务“三农”等工作提出了发展目标和工作任务。

3月6日　韩国农村经济研究院北京代表处揭牌仪式暨研讨会在中国农业科学院举行，中国农业科学院唐华俊副院长出席揭牌仪式。来自农业部、中国农业经济学会、国务院发展研究中心农村部、农业部信息中心、农业部农村经济研究中心、中国社会科学院农村发展研究所、中国科学院地理研究所、中国农业大学、韩国驻华大使馆、韩国有关机构驻华代表以及韩国农村经济研究院等单位的代表共计70余人出席了揭牌仪式和研讨会。

3月6日　院妇女工作委员会召开“三八”国际劳动妇女节暨“绿色生活在我家”主题活动启动仪式。院党组副书记、直属机关党委书记罗炳文出席大会并讲话。院妇工委委员、院属各单位妇女组织负责人和妇女代表近160人出席了仪式。

3月7日　中国农业科学院召开2008年度党的工作会议，总结2007年院直属机关党的工作，研究部署2008年直属机关党的工作。中国农业科学院党组副书记罗炳文同志代表直属机关党委常委会向大会作了工作报告。院直属机关党委、纪委委员，各单位党组织主要负责人、纪委书记、党办主任，直属机关党委、纪委全体工作人员共60余人参会。

3月8日　CCTV－2《经济半小时》特别节目——“小丫跑两会”的著名主持人王小丫来到中国农业科学院蔬菜花卉研究所，就两会代表们关心的“怎么样进行受灾地区农业的生产恢复，保障农民收入”的问题进行专题采访报道。2008年发生雨雪冰冻灾害以来，蔬菜花卉研究所在向灾区发送蔬菜良种的同时，还先后派遣了40多位专家深入灾区蔬菜生产一线，为蔬菜恢复生产提供技术支持和服务，关键时刻真正发挥了国家级研究所的作用。

3月9～20日 中国农业科学院翟虎渠院长率代表团访问了澳大利亚、新西兰和菲律宾的国家农业研究机构、国际农业研究组织、大学、农业公司和农场。访问取得圆满成功，为今后的合作奠定了良好的基础。

3月21日 中国农业科学院与新疆昌吉回族自治州科技合作对接会在北京举行。新疆昌吉回族自治州马雄成副州长及有关部门负责人，中国农业科学院翟虎渠院长，办公室、科技局、基建局等院机关有关领导，以及作物科学所、蔬菜花卉所、植保所、畜牧所、环境发展所、蜜蜂所、农产品加工所、资源区划所、棉花所9个研究所的领导参加了会议。会议围绕昌吉州提出的包括种子工程项目、高产高效栽培技术、主要病虫害防治技术、安全农产品生产技术等10个重点农业技术推广领域及项目进行了交流。各有关研究所根据昌吉州的需求，结合自身的优势，对合作项目逐项进行了讨论落实。屈冬玉副院长主持对接会。

3月26～28日 屈冬玉副院长率领由51名专家组成的中国农业科学院参展团赴辽宁省锦州市参加“第十二届中国（锦州）北方农业新品种新技术展览会”。会议期间，屈冬玉副院长应邀作了题为“培育支柱产业，发展现代农业”的主题报告，锦州市政府领导、市政府各部门负责人以及从事农业管理、农业科研工作的领导和专家100多人听取了报告。

3月27日 中国农业科学院邀请京内部分院士、专家召开座谈会，通报中国农业科学院科技创新团队建设工作进展情况，听取院士、专家意见建议。会议由翟虎渠院长主持。刘旭副院长、唐华俊副院长出席座谈会，卢良恕、刘更另、方智远、张子仪、范云六、董玉琛等院士、专家，部分研究所领导及机关部门负责人参加了座谈会。

3月28日 中国农业科学院召开传达贯彻落实全国农业和粮食生产工作电视电话会议和农业部3月27日常务会议精神座谈会。刘旭副院长、屈冬玉副院长、唐华俊副院长和科技局相关人员专题研究，安排部署会议精神的贯彻和各项工作的落实。翟虎渠院长高度重视此项工作，专门提出要求。

3月29日 翟虎渠院长会见来访的比尔·盖茨基金会项目官员 David Bergvinson 博士，双方就农业科技合作有关问题进行了深入交谈。

3月29日 “中国农业科学院农业传媒与传播研究中心”揭牌仪式暨首届全国农业传媒与传播学术研讨会在京举行。中国农业科学院副院长唐华俊，党组成员、人事局局长贾连奇，国家农业部、科技部、新闻出版总署等有关司局负责人，中国版协科技出版工作委员会、中国科协科技传播委员会、中国科学院研究生院科学传播中心等单位负责人，清华大学、北京大学、中国人民大学、中国农业大学相关院系教授专家，人民日报、科技日报、经济日报、中国新闻出版报等媒体资深记者，UNDP驻华办事处，CABI驻华办事处项目官员，中国农业科学院相关部门中农科社主要负责人，全国各地农业科技新闻传播媒体代表共100余人参加了会议。

四　月

4 月 1 日　由中国农业科学院举办、南京农业大学外国语学院承办的“中国农业科学院英语培训班”开班仪式在南京农业大学图书馆报告厅举行。中国农业科学院院长、党组书记翟虎渠出席了开班仪式并用英文作了培训动员讲话，南京农业大学校长郑小波致欢迎词。院党组成员、人事局局长贾连奇主持开班仪式。来自院属 20 个单位的 40 名学员将参加为期 3 个月的脱产培训。

4 月 2 日　中共中央政治局常委、全国人大常委会委员长吴邦国在中央政治局委员、北京市市委书记刘淇，市长郭金龙等陪同下，到北京顺义三高科技农业试验示范区考察。吴邦国在考察中看到中国农业科学院环境与可持续发展研究所展示的一批设施农业科技成果时指出，设施农业前景广阔，今后要进一步加强自主创新研究，推出一批高效设施农业成果，为我国现代农业的发展做出更大贡献。

4 月 3 ~ 6 日　第三届国际马铃薯晚疫病大会在北京召开。这是由中国农业科学院与国际马铃薯中心、全球晚疫病防治协作网、国际园艺学会共同举办的一次高层学术研讨会。农业部科技教育司副司长石燕泉、中国农业科学院副院长屈冬玉、国际马铃薯中心主任 Pamela Anderson、全球晚疫病防治协作网主任 Harold Platt 博士在开幕式上致辞。中国农业科学院副院长唐华俊和国际马铃薯中心副主任 Charles Crissman 共同主持开幕式。

4 月 6 日　为促进更多的中外科学家及业界人士了解我国马铃薯科研与产业的发展动态，推动我国马铃薯研发与国际同步进行，实现中国马铃薯产业“更快、更高、更强”地发展，由中国作物学会马铃薯专业委员会举办的“2008 年中国马铃薯大会”在北京召开。农业部副部长危朝安，中国作物学会马铃薯专业委员会主任、中国农业科学院副院长屈冬玉出席大会并讲话。

4 月 14 日　中国农业科学院反腐败联席会议总负责人屈冬玉副院长主持召开了中国农业科学院 2008 年第一次反腐败联席会议。会上，联席会议各成员单位按照《中国农业科学院贯彻落实 2007 年反腐倡廉工作部署的分工意见》要求，汇报了 2007 年承担任务的完成情况，并审议通过了《中国农业科学院贯彻落实 2008 年反腐倡廉工作部署的分工意见》。

4 月 22 日　中华农业英才奖表彰大会在北京举行。中国工程院院士、中国农业科学院茶叶所研究员陈宗懋获此殊荣，并作为获奖代表在大会上发言。中共中央政治局委员、国务院副总理回良玉出席会议并为获奖者颁奖。来自全国的 10 位农业科技工作者荣获本届中华农业英才奖。

4 月 22 ~ 24 日　为落实温家宝总理在第六次亚欧首脑会议上提出的倡议，农业部组织召开了“亚欧会议乡村发展论坛”。作为此次论坛的重要内容之一——“乡村发展考察活动”在中国农业科学院廊坊产业园举行，来自亚欧会议 35 个成员国的中外代表共70多人参加了考察活动。活动的开幕式上，刘旭副院长代表中国农业科学院和翟虎渠院长致词。

4月24~25日 中国农业科学院党的建设和思想政治工作研究会理事会会议暨创新文化建设工作会议在山东青岛召开，院党组书记、院长翟虎渠，院党组副书记罗炳文，院党组成员、人事局局长贾连奇出席会议。在理事会会议上，通过了罗炳文副书记作的研究会工作报告，通过了研究会理事名单，选举产生了研究会会长、副会长、秘书长、副秘书长，表决通过了研究会章程。

4月27日 中国农业科学院与北京市昌平区人民政府科技合作框架协议签约仪式在北京小汤山国家农业科技示范园隆重举行。科技部、农业部、北京市及昌平区有关部门领导，中国农业科学院科技管理局、作物科学研究所、蔬菜花卉研究所、畜牧兽医研究所、蜜蜂研究所、饲料研究所等单位的负责人出席了签字仪式。中国农业科学院院长、党组书记翟虎渠，北京市昌平区人民政府区长金树东分别代表双方在协议上签字。签约仪式结束后，翟虎渠院长作了题为“面向未来的农业科技”的主题报告。

4月29日 由全国政协常委、科教文卫体委员会副主任、中国科协副主席、原国防科工委副主席兼国家航天局局长、嫦娥工程总指挥栾恩杰任团长，中国工程院副院长、党组成员、中国工程院院士邬贺铨任副团长的全国政协科教文卫体委员会委员考察团一行20人，视察了中国农业科学院。院长兼党组书记翟虎渠博士在农作物基因资源与基因改良国家重大科学工程报告厅接待了考察团，方智远、范云六和董玉琛院士，中国科学院遗传发育所副所长朱桢研究员，以及中国农业科学院有关专家20余人参加了汇报交流活动。

五　月

5月7日 中国农业科学院召开党政负责干部大会，翟虎渠院长主持会议。会上，农业部党组成员、人事劳动司梁田庚司长宣读了中央关于任命薛亮同志担任中国农业科学院党组书记（副部长级）的决定和农业部党组关于翟虎渠同志兼任中国农业科学院党组副书记的决定。孙政才部长到会并作重要讲话。农业部科技教育司巡视员白金明、中国农业科学院院领导班子成员、京区直属单位主要负责人、院机关各部门领导班子成员等参加了会议。

5月14日 四川地震灾情牵动着党中央和全国人民的心。“一方有难，八方支援”。为帮助灾区群众抗震救灾，中国农业科学院积极响应农业部的号召，在全院范围内组织开展了向地震灾区捐款献爱心活动。院领导带头、广大党员和干部职工踊跃捐款，中国农业科学院京区广大干部职工个人捐款63.4038万元；资源区划所捐款8万元，研究生院捐款5万元；总计76.4038万元。

5月15日 中国农业科学院党组书记薛亮主持召开院党组会议，专题研究院领导分工等有关情况。

5月16日　中国农业科学院院长翟虎渠会见美国俄勒冈州立大学（OSU）农学院院长Thayne Dutson博士等一行4人。

5月19日　院领导翟虎渠、薛亮、雷茂良、刘旭、屈冬玉、罗炳文、唐华俊、贾连奇等同全院干部职工一起向四川汶川大地震遇难同胞默哀。院部大院和有独立院落的院属各单位均降半旗志哀。

5月25日　按照农业部直属机关党委《关于做好党员交纳“特殊党费”用于支援抗震救灾工作的通知》精神，中国农业科学院各级党组织积极响应，组织党员开展交纳“特殊党费”活动。院领导和机关各部门、各单位党员领导干部率先垂范，广大党员积极参加，踊跃交纳“特殊党费”，据统计，中国农业科学院仅京区党员就交纳“特殊党费”364.67万元。

5月26~27日　中国农业科学院院长翟虎渠与院党组成员兼人事局局长贾连奇同志前往四川，到成都沼气研究所和四川省农业科学院了解灾区地震受灾情况，研究抗震救灾措施。在四川省农业科学院，翟院长一行听取了省院受灾和开展救灾情况的介绍以及灾区对农业科技指导的需求，表示中国农业科学院将根据需要派遣专家组配合四川省农业科学院指导灾区抗震救灾。

5月26~30日　根据国务院抗震救灾指挥部第13次会议决定精神，国家汶川地震专家委员会灾害评估组赴四川地震灾区进行考察调研。中国农业科学院农产品加工研究所所长魏益民教授作为国家汶川地震专家委员会灾害评估组专家，到四川灾区进行了实地考察。

5月28日　中国农业科学院院长翟虎渠主持召开院常务会议，研究部署汶川大地震农业科技抗震救灾工作，以及派专家组赴灾区实地指导农业生产恢复重建有关事宜。

5月29~31日　由中国农业科学院、中国科学院、国际玉米小麦改良中心、澳大利亚面包研究所和利马格兰产业集团联合举办，由中国农业科学院作物科学研究所承办的“国际小麦品质学术研讨会”在京举行。来自20多个国家的140多名代表出席了会议。翟虎渠院长出席开幕式并致欢迎词。

六　月

6月2日　中国农业科学院召开专家组赴川行前紧急动员会。院长翟虎渠、党组书记薛亮、副院长唐华俊以及在京的即将赶赴灾区的所有专家参加了会议。

6月2日　中国农业科学院党组书记薛亮到作物科学研究所调研，并与该所领导及中层干部20余人座谈。

6月3日　中国农业科学院派出首批由水稻、果树、玉米、蔬菜、马铃薯、资源环境、食用菌等15名科研人员组成的7个专家组，由唐华俊副院长带队前往四川地震灾区，与四川省农业科学院专家联合编组，深入灾区一线，实地考察，制定农业生产恢复重建方案并提供技术支撑。

6月5日 中国农业科学院翟虎渠院长会见来访的国际水稻研究所（IRRI）所长Robert Zeigler博士和IRRI发展中心主任Duncan Macintosh先生。宾主友好地回顾了双方过去的合作，商讨了优先合作领域，并就世界热点农业问题交流了意见。

6月14日 中国农业科学院2008年财务工作会议在上海召开。会议主题是总结"十一五"以来全院财务管理工作，明确中国农业科学院财务管理的重点及发展方向、探讨财务管理体制改革的思路和方法。中国农业科学院翟虎渠院长、雷茂良副院长、院属各单位分管领导和业务人员以及院机关各部门代表参加了会议。雷茂良副院长主持会议。

6月15~16日 中国农业科学院2008年基本建设管理现场交流会在上海召开，中国农业科学院院长翟虎渠、副院长雷茂良和院属单位130余人参加了会议。国家发改委投资司农林水处处长吴玉和、农业部计划司副司长隋斌等领导也应邀出席会议并讲话。翟虎渠院长作了题为"立足创新能力提升，加强基建项目筹划，加快科研平台建设"的重要讲话。

6月19日 中国农业科学院召开京内各单位党政一把手和机关各部门领导班子会议。会上，院党组书记薛亮传达了中共中央、国务院召开的省区市和中央部门主要负责同志会议以及农业部党组扩大会议精神，研究部署贯彻落实工作。翟虎渠院长结合中国农业科学院的工作，要求全院职工要以高度责任感和使命感做好科技工作，为农业农村经济发展提供强有力的科技支撑。

6月23日 中国农业科学院翟虎渠院长、刘旭副院长、唐华俊副院长会见俄罗斯瓦维洛夫植物栽培研究所所长Dzyubenko Nikolay先生等一行7人。

6月26日 中国农业科学院在学术报告厅隆重召开纪念建党87周年暨"两优一先"、"十佳青年"表彰大会。院领导翟虎渠、薛亮、雷茂良、刘旭、罗炳文、唐华俊，院党组成员、人事局局长贾连奇出席大会。院党组书记薛亮在大会上讲话，院党组副书记罗炳文主持大会。

6月27日 为期3个月的中国农业科学院英语培训班结业典礼在南京农业大学举行，大会表彰了14位优秀学员，给40位学员颁发了结业证书。南京农业大学党委副书记庄娱乐教授出席了结业典礼并作了热情洋溢的讲话，院党组成员、人事局长贾连奇代表院党组作了总结讲话。

七　月

7月3日 中国农业科学院党组书记薛亮到农业资源与农业区划研究所调研。调研期间，薛亮书记听取了研究所工作汇报，并同科研人员进行了座谈。

7月4日 中国农业科学院2008届研究生毕业典礼暨学位授予仪式在京隆重举行。中国农业科学院院长兼研究生院院长翟虎渠、副院长唐华俊、党组成员兼人事局局长贾连奇等出席毕业典礼，研究生院2008届全体毕业生和教工代表参加了典礼。

7 月 6～8 日　中国农业科学院技术预测与战略研究培训班在京举办。来自院属 33 个研究所的部分所领导、科研管理人员、科研骨干等共 82 人参加了培训学习。刘旭副院长代表院党组出席开幕式并作讲话。

7 月 7 日　中国农业科学院召开京内部分院士、专家座谈会，结合学习贯彻胡锦涛总书记在 2008 年两院院士大会上的讲话精神，听取院士、专家对中国农业科学院今后发展的意见和建议。院长翟虎渠，院党组书记薛亮，院党组成员、人事局局长贾连奇出席座谈会。庄巧生、卢良恕、董玉琛、张子仪、郭予元、范云六、方智远等院士、专家参加了座谈会。翟虎渠院长主持会议。

7 月 7 日　由中国农业科学院与拜耳集团公司联合举办的“中国农业科学院—拜耳集团公司合作战略研讨会”在京召开。拜耳作物科学公司生物科学部全球总裁 Joachim Schneider 率领的、由 27 名专家学者组成的大型代表团参加了研讨会，唐华俊副院长出席会议并致开幕词。

7 月 11 日　中国农业科学院唐华俊副院长到烟草研究所调研，旨在全面了解研究所的科研状况以及对院国际合作工作的需求和建议。烟草研究所领导班子全面介绍了科研、科技成果转化、创新平台建设、国际合作等情况。

7 月 14 日　中国农业科学院雷茂良副院长召开专门会议，对京区单位奥运期间的基建安全工作进行了详细布署，京内有基建项目的院属单位和院基本建设局相关同志参加了会议。

7 月 16 日　中国农业科学院唐华俊副院长会见来访的南非农业研究委员会（ARC）首席执行官 Shadrack Moephuli 博士一行 2 人。会谈后，双方签署了农业科技合作协议，这是中国农业科学院近 3 年来与非洲国家签署的第四份双边科技合作协议。

7 月 17 日　中国农业科学院哈尔滨兽医研究所举行了建所 60 周年庆祝大会。全国政协副主席杜青林为该所题词：“欢庆六十华诞，续写世纪华章！共商发展大计，共创美好未来！”黑龙江省省长栗战书、农业部副部长高鸿宾、中国农业科学院院长翟虎渠等领导出席庆典大会并致辞，对哈兽研 60 年的发展成就给予了高度评价。

7 月 18 日　兽用生物制品高技术产业化示范基地、国家禽流感疫苗抗原储备库、国家实验禽类种子中心在中国农业科学院哈尔滨兽医研究所新所区落成。据悉，这是目前亚洲最大的动物疫苗产业化基地。科技部副秘书长郑国安、黑龙江省人大常委会副主任申立国、中国农业科学院雷茂良副院长等出席落成典礼。

7 月 25 日　中国农业科学院党组书记薛亮主持召开院党组会议，传达农业部安全生产委员会第四次会议有关精神。

7 月 29 日　中国农业科学院在京召开了优秀科技创新团队建设汇报会。会议听取了作科所、哈兽所等 12 个研究所拟推荐的优秀科技创新团队整合、建设情况汇报，进行了分析评议，进一步统一了思想、明确了今后工作的思路和重点。中国农业科学院院长翟虎渠，院党组书记薛亮，副院长刘旭、唐华俊，院党组成员兼人事局局长贾连奇出席了会议，院机关及有关研究所负责人参加了会议。

7月30日 中国农业科学院召开学习贯彻《建立健全惩治和预防腐败体系2008~2012年工作规划》辅导报告会，邀请中央纪委法规室监察法规处处长周鹏飞作辅导报告。院党组书记薛亮主持会议并讲话，院长翟虎渠等院领导以及京内所领导班子成员、所纪检监察干部、院机关处级以上干部等参加了辅导报告会。

八 月

8月4~7日 2008年新职工岗前培训班在中国农业科学院举办。院党组书记薛亮、院党组成员兼人事局局长贾连奇出席培训班开幕式并讲话。京区14个单位和院机关2008年新接收高校毕业生、博士后、留学生等共计85人参加了此次培训。

8月12日 中国农业科学院翟虎渠院长到农业信息研究所调研，听取了信息所主要领导关于研究所发展情况的汇报，并与职能部门负责人以及部分研究处室的室主任进行了座谈。

8月15日 农业部2007年度“西部之光”访问学者培养工作总结座谈会在中国农业科学院召开。院党组书记薛亮，中组部人才工作局栾成杰副局长，农业部人事劳动司李昌健副司长等领导出席了总结座谈会，院党组成员、人事局局长贾连奇主持会议。薛亮书记代表培养单位就“西部之光”培养工作作了总结，栾成杰副局长和李昌健副司长分别作了重要讲话。

8月15日 “国家茶产业工程技术研究中心”在中国农业科学院茶叶研究所正式启动。该“中心”是浙江省农业系统第一家获国家科学技术部批准的国家级工程技术研究中心。浙江省人民政府金德水副省长、中国农业科学院刘旭副院长、浙江省科学技术厅、农业部科技教育司有关领导出席了“中心”启动会。

8月19日 中国农业科学院唐华俊副院长赴农业经济与发展研究所调研，了解将于2009年8月在我国举办的第27届国际农业经济大会的筹备进展汇报。

8月26日 中国农业科学院唐华俊副院长陪同农业部高鸿宾副部长赴中国农业科学院北京畜牧兽医研究所调研。

九 月

9月1日 中国农业科学院翟虎渠院长、唐华俊副院长会见阿根廷科技和生产创新部部长何塞·巴拉尼奥先生（José Lino Barañao）一行4人，宾主双方进行了亲切友好的会谈。

9月5日 中国管理科学研究院《中国大学评价》课题组最近完成了《2008年中国大学研究生院评价》，中国农业科学研究生院连续第七年以农学第一名荣列中国一流研究生院。

9月5日 中国农业科学院兰州畜牧与兽药研究所迎来建所50周年华诞。甘肃省副省长泽巴足、农业部国家首席兽医师贾幼陵、农业部原副部长路明、中国农业科学院院长翟虎渠等领导和专家出席大会并致辞，来自全国各省（市、区）畜牧兽医科研、教学、管理单位和企业以及中国农业科学院有关单位负责人参加了庆典活动。

9月7~8日 中国农业科学院党的建设和思想政治工作研究会第三届理事会第二次会议在甘肃省兰州市召开。“两研会”会长、中国农业科学院院长翟虎渠出席会议，甘肃省委组织部副部长蔡保成到会表示祝贺，甘肃省农科院院长宋尚有代表承办单位致欢迎词，“两研会”常务副会长、院党组副书记、直属机关党委书记罗炳文代表理事会作工作报告。

9月10日 中国农业科学院研究生院2008级新生开学典礼在京隆重举行，中国农业科学院院长兼研究生院院长翟虎渠出席开学典礼并讲话。2008级全体新生、在校生代表近750人参加了开学典礼。

9月12日 “中国农业科学院农业知识产权研究中心”在京揭牌。农业部科教司副司长石燕泉、科技发展中心副主任刘平、中国农业科学院副院长唐华俊以及来自全国有关单位的领导和专家出席了揭牌仪式。

9月16日 中国农业科学院与孟加拉国农业研究委员会签署了《中国农业科学院与孟加拉国农业研究委员会农业科技合作谅解备忘录》，翟虎渠院长与孟加拉国驻华大使孟什·法亚兹·艾哈麦德先生分别代表双方在谅解备忘录上签字。

9月17日 中国农业科学院召开院属京区各单位主要负责人会议，专题学习研讨、贯彻落实胡锦涛总书记在河南考察农业生产和农村改革发展时的重要讲话精神。院党组书记薛亮强调，要深刻领会胡锦涛总书记重要讲话对“三农”工作的要求，认真总结我国农村发展和农业科技改革开放30年的经验，围绕国家战略目标和任务，加强科技创新和成果转化，以优异成绩迎接党的十七届三中全会召开。

9月17日 在第十届中国科协年会上，中国农业科学院与河南省人民政府签订了《科技合作协议》，中国农业科学院院长翟虎渠与河南省代省长郭庚茂代表双方在协议上签字，双方商定共同开展科技决策和咨询活动，开展农业科技协作攻关研究，加强农业科技产业对接，加强农业科技人才培训合作等。

9月17日 经部党组会议研究决定，舒文华任中国农业科学院农产品加工研究所党委书记；免去林定根的中国农业科学院农产品加工研究所党委书记职务；李谦任农业部沼气科学研究所所长；免去邓光联的农业部沼气科学研究所所长职务；方向任农业部沼气科学研究所党委书记；刘凤之任中国农业科学院果树研究所所长；免去沈贵银的中国农业科学院果树研究所所长职务；高尚宾任农业部环境保护科研监测所所长；免去王小虎的农业部环境保护科研监测所所长职务。

9月19日 中国农业科学院唐华俊副院长会见保加利亚农业与食品部副部长兼农业科学院院长 Svetla Batchvarova 女士一行4人，双方就加强中保两国农科院之间的农业科技合作等有关事宜进行了友好会谈。

9月25日 中国农业科学院党组书记薛亮主持召开院党组会议，传达农业部学习实践科学发展观活动动员大会有关精神。

十　月

10 月 6 日　中国农业科学院党组书记薛亮主持召开院党组会议，审议中共中国农业科学院党组关于开展深入学习实践科学发展观活动的实施方案。

10 月 8 日　中国农业科学院果树研究所在辽宁省兴城市举行纪念活动，喜庆建所 50 周年。中国农业科学院党组书记薛亮出席纪念活动并致辞，向果树所建所 50 周年表示祝贺，向长期奋斗在科研生产第一线的果树所广大职工表示问候。来自农业部、辽宁省、中国农业科学院、全国各兄弟科教单位以及有关部门（单位）共 500 多位来宾参加了庆祝活动。

10 月 13 日　中国农业科学院召开深入学习实践科学发展观活动动员大会，对全院开展深入学习实践科学发展观活动进行全面动员和部署。院长、院学习实践科学发展观活动领导小组组长翟虎渠同志在会上作了动员讲话，农业部第七指导检查组组长刘平同志作了重要讲话，院党组书记、院学习实践科学发展观活动领导小组副组长薛亮同志主持会议。

10 月 15 日　中国农业科学院与巴基斯坦农业研究理事会在人民大会堂签署了《中国农业科学院与巴基斯坦农业研究理事会农业科技合作谅解备忘录》。翟虎渠院长和巴基斯坦外交部长 Makhdoom Shah Mahmood Qureshi 先生代表双方在谅解备忘录上签字。根据该谅解备忘录精神，双方将在水资源管理、杂交棉、玉米、园艺及其他转基因作物等领域开展合作。

10 月 20 日　中国农业科学院翟虎渠院长会见来访的巴西农科院（EMBRAPA）院长 Silvio Crestana 博士一行 3 人，宾主双方就如何进一步促进农业科技领域的交流与合作，深入交换了意见，并达成广泛共识。

10 月 20～24 日　中国农业科学院与山西省运城市人民政府共同举办的第八届农业新技术新产品展示展销会暨第二届苹果文化节在山西运城举行，刘旭副院长率团参加了农展会并在开幕式上致辞。

10 月 21 日　中国农业科学院党组书记薛亮赴农田灌溉研究所调研。薛书记一行首先实地考察了洪门地中渗透仪试验场、作物需水量试验场、节水农业工程中心等试验研究基地，随后听取了研究所科技创新、学科与人才队伍建设、科研基础平台建设等方面情况，并与灌溉所中层以上领导进行了座谈。

10 月 23 日　中国农业科学院党组书记薛亮赴棉花所调研。考察了棉花所成果陈列室、转基因实验室、农业部棉花遗传改良重点实验室和农业部棉花品质监督检验测试中心，随后听取了工作汇报，并与棉花所中层以上干部进行了座谈。

10 月 27 日　中国农业科学院党组书记薛亮主持召开院党组会议，传达学习农业部保密工作会议精神。

10月28～11月8日　应拜耳集团作物科学公司、欧盟总部、匈牙利德布勒森大学和国际原子能机构的邀请，中国农业科学院翟虎渠院长率团一行5人对比利时、匈牙利和奥地利进行了为期12天的友好访问，圆满完成出访任务。

十一月

11月4日　中国农业科学院唐华俊副院长率队参加了由科技部在四川成都召开的“地震灾后恢复重建科技特派团对口帮扶工作实施启动会”。20个支援省市和11个中央所属高等院校和科研院所的代表，以及涉及四川省、陕西省、甘肃省3个受援省的20个受灾县的县领导和科技局领导共200多人参加了会议。科技部副部长张来武、四川省副省长陈文华参加会议并作了重要讲话。唐华俊副院长代表中国农业科学院作了题为“发挥综合优势，对口帮扶崇州”的大会发言。

11月5日　应陕西省人民政府的邀请，中国农业科学院刘旭副院长参加了第十五届中国杨凌农业高新科技成果博览会开幕式、中国—以色列农业合作周开幕式暨高层论坛、中国—澳大利亚农业合作项目推介会等系列活动。

11月6日　中国农业科学院唐华俊副院长会见来访的哥斯达黎加科技部副部长杜阿尔特先生（Carlos Cascante Duarte）一行，宾主双方进行了亲切、友好的会谈，并就中国农业科学院与哥斯达黎加科技部之间的科技合作协议内容交换了看法。

11月8日　中国农业科学院麻类研究所在长沙召开庆祝建所50周年大会。农业部党组成员、人事司司长梁田庚，湖南省人大常委会副主任蔡力峰，湖南省人民政府副省长徐明华，湖南省政协副主席、中国工程院院士袁隆平，湖南省政协副主席龚建明，中国农业科学院副院长雷茂良，中国农业科学院党组成员、人事局局长贾连奇等领导出席了大会。

11月9日　丁颖教授诞辰120周年纪念大会在华南农业大学隆重举行，中国农业科学院党组书记薛亮出席大会并致辞，副院长刘旭出席了会议。丁颖先生是中国农业科学院首任院长，是我国近代农业的开拓者，中国近代农业科学的先驱，中国人民优秀的农业科学家，我国现代稻作科学的奠基人，他发表的多部专著和170多篇学术论文在中国水稻的起源、生态类型，以及新品种培育、丰产栽培技术等理论和实践方面都有重大贡献。丁颖先生卓著的科学成果在国际国内产生了很大影响，1955年被选聘为中国科学院学部委员，被喻为“中国稻作学之父”。

11月11日　中国农业科学院与澳大利亚联邦科学与工业研究组织（CSIRO）签署了《中国农业科学院与澳大利亚联邦科学与工业研究组织科技合作谅解备忘录》，唐华俊副院长与澳大利亚联邦科学与工业研究组织副总裁Alastair Robertson博士分别代表双方在谅解备忘录上签字。

11月12日　科技部副部长张来武、农村司司长贾敬敦等一行来中国农业科学院考察。张来武一行参观了中国农业科学院国家农作物种质资源长期库和国家基因资源与基因改良重大科学工程，听取了中国农业科学院翟虎渠院长关于中国农业科学院“十五”以来的主要工作以及“十一五”期间主要目标的工作汇报，并与有关专家进行了座谈。参加座谈的还有中国农业科学院副院长雷茂良、刘旭、唐华俊，院党组成员、人事局局长贾连奇等有关领导和专家。

11月14日 农业部党组书记、部长，部深入学习实践科学发展观活动领导小组组长孙政才来中国农业科学院考察指导工作。孙部长一行先后到蔬菜花卉研究所、农业质量标准与检测技术研究所考察，听取了翟虎渠院长的工作汇报，与有关专家围绕学习实践科学发展观和贯彻落实十七届三中全会精神开展座谈，并看望了中国农业科学院卢良恕院士。

11月15日 中国农业科学院烟草研究所建所50周年庆祝大会在青岛举行。中国农业科学院院长翟虎渠、山东省原副省长张昭福、农业部科教司副司长石燕泉等领导出席大会并讲话，对烟草所多年来促进我国烟叶质量和烟草科研水平的提高，为传统烟草农业向现代烟草农业迈进提供强大科技支撑给予了充分的肯定。

11月18日 中国农业科学院茶叶研究所建所50周年庆祝大会在杭州举行。中共中央政治局委员、国务院副总理回良玉发来贺信，浙江省政协主席周国富，中共中央候补委员、中国农业科学院院长翟虎渠，浙江省副省长茅临生，中国工程院院士陈宗懋等领导和专家到会祝贺。

11月18日 中国农业科学院蜜蜂研究所建所50周年庆祝大会在北京举行。农业部牛盾副部长、中国农业科学院雷茂良副院长、庞国芳院士、匡廷云院士、郑光美院士、魏江春院士等领导、专家及来自全国20个省（区、市）的业内人士参加了大会。

11月20~23日 为全面贯彻落实科学发展观，提升国际合作管理队伍的能力和水平，实现国际合作事业又好又快跨越式发展，中国农业科学院第一期外事培训班在北京召开。唐华俊副院长出席会议，并作了重要讲话。来自31个研究所的55名分管外事的处级领导和外事项目官员参加了此次培训。

11月21日 中国农业科学院唐华俊副院长会见来访的美国科罗拉多州立大学校长Anthony Frank博士一行5人，宾主双方就如何进一步促进农业科技领域的交流与合作，深入交换了意见，并达成了广泛共识。

11月25日 “实践八号”航天育种工程项目中期进展汇报会在中国农业科学院作物科学研究所召开。中国农业科学院翟虎渠院长、雷茂良副院长、刘旭副院长及国家发改委、国家国防科工局、农业部等有关部门领导出席会议。来自全国16个科研院校的航天育种工程项目重点课题负责人等40多名科技工作者参加了会议。

11月25日~12月4日 为进一步加强棉花育种、节水灌溉、设施农业等领域与埃及和以色列两国农业科研机构之间的交流与合作，应埃及农业研究中心（ARC）和以色列本－古里安大学沙漠研究所的邀请，中国农业科学院党组成员、人事局贾连奇局长率代表团一行6人对埃及和以色列两国进行了为期10天的友好访问，圆满完成出访任务，为今后进一步加强与上述两国在有关农业领域的交流与合作奠定了良好的基础。

11月27日　中国农业科学院重点实验室工作研讨会在北京举行。刘旭副院长作了题为“狠抓重点实验室体系建设，大幅度提高农业科技自主创新能力”的主题报告。来自中国农业科学院34个研究所的领导、三级重点实验室主任和实验室秘书（科研处处长）共140人参加了会议。

11月28日　按照中国农业科学院深入学习实践科学发展观活动的总体部署和安排，翟虎渠院长主持召开离退休干部代表座谈会，听取老领导、老同志对院党组工作的意见建议。离退休院级领导、所局级领导以及院深入学习实践科学发展观活动领导小组办公室负责人、院机关各局局长参加了会议。院党组薛亮书记出席会议并向大家介绍有关情况。

11月29日　中国农业科学技术出版社编辑出版的《农业本体论研究与应用》继荣获国家首届“三个一百”原创图书出版工程奖之后，该社编辑出版的《黄土高原径流农业》、《动物及动物产品标识技术与可追溯管理》两种学术专著又荣获国家第二届“三个一百”原创图书出版工程奖，定于2009年1月9日在国家新闻出版总署隆重召开颁奖表彰大会。

11月30日~12月11日　应国际农业研究磋商组织（CGIAR）、国际应用生物科学中心（CABl）和北爱尔兰农业食品与生物科学研究院（AFBI）的邀请，中国农业科学院唐华俊副院长率团一行3人参加了在莫桑比克首都马普托召开的2008年CGIAR年会，并访问了位于英国的CABI和位于北爱尔兰的AFBI。

十二月

12月1日　按照院深入学习实践科学发展观活动的总体部署和安排，翟虎渠院长主持召开农业专家代表座谈会，听取各领域的专家代表对院党组工作的意见建议。座谈会围绕“我院如何深入贯彻落实科学发展观，促进农业科技创新又好又快发展，为‘三农’工作提供科技支撑”这一主题展开。院党组薛亮书记、雷茂良副院长、刘旭副院长、院党组罗炳文副书记、院属京区各单位专家代表、院机关各局局长参加了会议。

12月1日　中国农业科学院党组书记薛亮主持召开院党组会议，审议通过院首批优秀科技创新团队、《中国农业科学院京区大院房屋出租管理暂行办法》及《院部大院出租房屋治理方案》。

12月3日　中国农业科学院在全国开展“百县农技人员和农村实用人才培训活动”。该活动的首个培训班—中国农业科学院—廊坊市广阳区农技人员和农村实用人才培训班的开班仪式在廊坊市广阳区举行。农业部科技教育司司长白金明，中国农业科学院副院长雷茂良，河北省廊坊市人民政府副市长肖双胜等出席了开班仪式。

12月8~9日　中国农业科学院人事劳动工作会议在青岛市召开。会议以“深入学习实践科学发展观，扎实做好我院人事劳动工作”为主题，深入学习落实党的干部人事工作政策，总结回顾中国农业科学院人事人才工作，研究明确2009年工作重点，同时对全院岗位设置工作进行部署。院属各单位，院机关各部门人事工作负责人40余人参加了会议。院党组成员、人事局局长贾连奇同志出席会议并讲话。

12月9～19日 应澳大利亚联邦科学与工业研究组织（CSIRO）和新西兰皇家研究院（CRI）的邀请，中国农业科学院刘旭副院长率代表团一行4人对澳大利亚和新西兰两国进行了为期10天的友好访问，圆满完成出访任务。此次出访旨在学习和借鉴澳大利亚和新西兰相关农业科研单位和大学在公共实验室等科研平台建设方面的经验，了解上述两个国家在园艺植物细胞育种技术等领域的先进技术，为今后进一步加强与上述两国在有关农业领域的交流与合作奠定基础。

12月11～12日 中国农业科学院农业经济与发展研究所在北京召开纪念农村改革30周年学术研讨暨建所50周年庆祝大会。国务院副总理回良玉发来贺信，中农办主任陈锡文，农业部副部长陈晓华，河南省代省长郭庚茂，中国农业科学院院长翟虎渠，农业部原常务副部长、全国人大农业与农村委员会原副主任委员万宝瑞，中国农经学会会长、中央财经领导小组原副主任段应碧等分别出席学术研讨和纪念活动并发表重要讲话。

12月11日 中国农业科学院翟虎渠院长会见了来访的法国驻华使馆科技参赞缪奕和乡村工程、水利和林业总工程师龙安德，双方就当前形势下如何进一步加强两国间农业科技领域的交流与合作交换了意见，达成了广泛共识。

12月12日 中国农业科学院党组副书记罗炳文出席了由中国农业科学院与解放军艺术学院联合举办的赴海淀区苏家坨镇科技文化双下乡活动。

12月20日 由中央国家机关团工委和中央国家机关青联共同主办的中央国家机关青年纪念改革开放30周年论坛暨第八届中央国家机关“十大杰出青年”颁奖典礼在北京举行，中国农业科学院农业资源与农业区划研究所研究员何萍获得第八届中央国家机关“十大杰出青年”称号。

12月23日 共青团中国农业科学院第十次代表大会胜利召开。院党组副书记、直属机关党委书记罗炳文出席大会。

12月24日 中央党校省部级干部进修班学员来中国农业科学院参观考察并进行了座谈。中国农业科学院院长翟虎渠、院党组书记薛亮、副院长刘旭、院党组副书记罗炳文、院党组成员兼人事局局长贾连奇以及院机关有关部门和相关研究所的领导参加了座谈会。翟虎渠院长向进修班学员介绍了中国农业科学院的机构设置、学科领域、近年来所取得的科技成就和科技创新等情况。

12月26日 农业部副部长张桃林、科教司司长白金明、副司长石燕泉等一行来中国农业科学院考察调研。张桃林副部长一行在中国农业科学院院长翟虎渠、院党组书记薛亮、副院长屈冬玉等领导陪同下考察了国家作物种质资源长期库和数据信息库、农作物基因资源与基因改良国家重大科学工程楼的小麦基因资源实验室、区划所测土配方施肥重点实验室，并认真地听取了中国农业科学院有关工作情况汇报。

12月26日 第十三届全国农科院外事协作网会议暨中国农业科技国际交流协会第四届代表大会在中国农业科学院召开，会议选举产生了交流协会第四届理事会，翟虎渠院长被选为新一届理事会理事长，唐华俊副院长被选为常务副理事长。翟虎渠院长出席会议并作了重要讲话。

12月28日　中国农业科学院在由中央人才工作协调小组主持的，在北京召开的“引进海外高层次人才工作会议”上被授予第一批“海外高层次人才创新创业基地”。翟虎渠院长出席会议并参加了首批“海外高层次人才创新创业基地”的授予揭牌仪式。

12月29日　在中央农村工作会议和农业部全国农业工作会议召开之际，中国农业科学院在京举办了纪念改革开放30年中国农业科技论坛。来自全国农业科研机构和重点农业高等院校的领导和专家代表共聚一堂，畅谈改革开放30年来我国农业农村发生的翻天覆地的巨大变化，共叙农业科技事业取得的辉煌成就，交流科技体制改革的经验体会。翟虎渠院长主持论坛并发言。

12月29日　农业部学习实践科学发展观活动第七指导检查组组长刘平、中国农业科学院党组副书记、院学习实践科学发展观活动领导小组副组长罗炳文等一行赴沼气科学研究所检查指导学习实践科学发展活动。

十三、附　　录

中国农业科学院科技期刊及报纸一览表

序号	主办单位	主管单位	刊物名称	创刊时间	类别	主编	编辑部主任	刊号	电话	电子邮件	网址	刊期
1	中国农业科学院	农业部	中国农业科学	1960	学术类	翟虎渠	路文如	CN11-1328/SISSN0578-1752	82106282/82109808	zgnykx@mail.caas.net.cn	www.chinaagrisci.com	月
2	中国农业科学院	农业部	Agricultural Science in China	2002	学术类	翟虎渠		CN11-4720/S	82106282	zgnykx@nail.caas.net.cn		月
3	中国农业科学院	农业部	农业质量标准	2003	综合类	翟虎渠		CN11-4863/S	82106522	aqs@caas.net.cn		双
4	中国农业科学院	农业部	农业科技通讯	1972	技术类	侯连德		CN11-2395/S	82109664	tongxun@caas.net.cn		月
5	中国作物学会/作科所	中国科学技术协会	作物学报	1962	学术类	辛志勇	程维红	CN11-1809/S ISSN0496-3490	82108548	xbzw@chinajournal.net.cn	www.chinacrops.org	月
6	中国作物学会/作科所	中国科学技术协会	作物杂志	1985	技术类	赵　明	姚　杰	CN11-1808/SISSN1001-7283	82108790	zwzz304@mail.caas.net.cn zwzz@chinajournal.net.cn	zwzz.chinajournal.net.cn zwzz.periodicals.net.cn	双
7	作科所	农业部	中国种业	1982	技术类	王述民		CN11-4413/S	82105795	chinaseedqks@Sina.com		月
8	作科所	农业部	植物遗传资源学报	2000	学术类	刘　旭		CN11-4996/S	82105794	zwyczyxb2003@sina.com		季
9	中国植物保护学会	中国科学技术协会	植物保护	1963	技术类	吴孔明	高洪荣	CN11-1982/SISSN0529-1542	62819059	zwbhl963@263.net		双

续表

序号	主办单位	主管单位	刊物名称	创刊时间	类别	主编	编辑部主任	刊号	电话	电子邮件	网址	刊期
10	环发所/中国植物保护学会	农业部	中国生物防治	1985	学术类	杨怀文	张希玲	CN11-3515/SISSN1005-9261	82109774	zgswfz@ hotmal. com		季
11	蔬菜花卉所	农业部	中国蔬菜	1981	技术类	祝 旅	龚一帆	CN11-2326/SISSN1000-6346	82109550	zgsc@ mail. caas. net. cn		月
12	中国园艺学会	中国科学技术协会	园艺学报	1962	技术类	方智远	赵 华	CN11-1924/SISSN0513-353X	82109523	ivfyyxb@ nail. caas. net. cn	yyxb@ chinajournal. net. cn	双
13	环发所	农业部	中国农业气象	1979	学术类	雷水玲	梅旭荣	CN11-1999/SISSN1000-6362	82109774	leisl@ cjac. org. cn	www. ami. ac. cn	季
14	中国畜牧兽医学会	中国科学技术协会	畜牧兽医学报	1956	学术类	文 杰	任 鹏	CN11-1985/SISSN0366-6964	62815987	xmsyxb@ 263. net		月
15	畜牧所	农业部	中国畜牧兽医	1974	技术类	李 刷	秦浩肄	CN11-4843/SISSN1671-7236	62816020	gwxm@ 263. net	www. chinaahvm. com	月
16	蜜蜂所	农业部	中国养蜂	1934	科技类	李海燕		CN-5358/S	82591536	zgyf2008@ 126. com		月
17	农产品加工所	农业部	核农学报(自办)	1987	学术类	徐步进		CN11-2265/S	62815961	hnxb5109@ 263. net		双
18	中国农业经济学会/农经所	农业部	农业经济问题	1980	学术类	秦 富		CN11-1323/FISSN1000-6389	82108705	nyjjwt@ mail. caas. net. cn	www. iaecn. com	月
19	中国农业技术经济研究会/农经所	农业部	农业技术经济	1982	学术类	朱希刚		CN11-1883/SISSN1000-6370	82109791	nyjjwt@ mail. caas. net. cn		双
20	资划所/中国植物营养与肥料学会	农业部	中国土壤与肥料	1964	技术类	黄鸿翔		CN11-5498/S	82108656	trfl@ caas. net. cn	trfl. chinajournal. net. cn	双

续表

序号	主办单位	主管单位	刊物名称	创刊时间	类别	主编	编辑部主任	刊号	电话	电子邮件	网址	刊期
21	中国植物营养与肥料学会	中国植物营养与肥料学会	植物营养与肥料学报	1994	学术类	金继运	张成娥	CN11-3996/SISSNi008-505X	82108653	zwyf@ caas. ac. cn		双
22	资划所	农业部	中国农业资源与区划(自办)	1980	学术类	唐华俊		CN11-3513/SISSN1005-9121	82109637	Quhuabjb0141@ 126. com		双
23	资划所	农业部	中国农业信息	1989	技术类	唐华俊		CN11-4922/S	82109637	zgnyxx001@ 126. com		月
24	信息所	农业部	农业图书情报	1984	学术类	贾善刚		CN11-2711/G2	82109667	xuekan@ caas. net. cn		月
25	信息所	农业部	中国乳业	2002	技术类	冯艳秋		CN11-4768/S	62110897/8919890	zhgry@ mail. caas. net. cn		月
26	信息所	农业部	生物技术通报	1985	学术类	黄大昉	孙国凤	CN11-2396/QISSN1002-5464	82109925	biotech@ mail. caas. net. cn		双
27	信息所	农业部	农业网络信息	1986	技术类	刘世洪		CN11-5065/TP	82109657	nywlxx@ caas. net. cn		月
28	信息所	农业部	农业展望	2005	学术类	许世卫		CN11-5343/S	82109904-2414	nyzy@ caas. net. cn		月
29	信息所	农业部	中国园艺文摘	1985	技术类	赵瑞雪		CN11-4921/S	82109886	zgyywz@ mail. caas. net. cn		双
30	信息所	农业部	中国猪业	2006	技术类	冯艳秋		CN11-5435/S	62143579	zhuye@ caas. net. cn		双
31	信息所	农业部	中国畜牧兽医文摘	1985	技术类	赵颖波		CN11-4919/S	82109897	zyxmsywz@ 126. com		双

续表

序号	主办单位	主管单位	刊物名称	创刊时间	类别	主编	编辑部主任	刊号	电话	电子邮件	网址	刊期
32	信息所	农业部	中国畜禽种业	2005	技术类	孟宪学		CN11-5342/S	82100471	yang16@ caas. net. cn		月
33	国家食物与营养咨询委员会	农业部	中国食物与营养	1995	综合类	许世卫	李哲敏	CN11-3716/TSISSN1006/9577	82109761	foodandn@ 263. net	www. sfncc. org. cn	月
34	中国农学会农业科技经济管理分会		农业科研经济管理(自办)	1993	学术类	史志国		CN11-3801/S	82109637	nykygl@ 126. com		季
35	水利部/灌溉所	水利部/农业部	灌溉排水学报	1982	学术类	段爱旺	段爱旺	CN41-1337/SISSN1672-3317	0373-3393346	ggpsh@ public. xxptt. ha. cn		双
36	水稻所	农业部	中国水稻科学	1986	学术类	程式华	李　建	CN33-1146/SISSN1001-7216	0571-63370480	cjrs@ 263. net	www. ricescience. org	双
37	水稻所	农业部	中国稻米	1994	技术类	李西明	庞乾林	CN33-1201/SISSN1006-8082	0571-63370271	zgdm@ 163. com	www. zgdm. net	双
38	水稻所		CRRN-中国水稻科学英文(自办)	1990	学术类	程式华		CN33-1317/S	0571-63370278	cjrs@ 263. net		季
39	棉花所	中国农业科学院	中国棉花	1958	技术类	喻树迅	刘全义	CN41-1140/SISSN1000-632X	0372-2525361	jcotton@ vip. 371. netjournal @ cricaas. com. cn	journal. cricaas. com. cn zmzz. chinajournal. net. cn	月
40	中国农学会	中国科学技术协会	棉花学报	1989	学术类	喻树迅	刘全义	CN41-1163/S	0372-2525361	Jcotton@ vip. 372. netjournal @ cricaas. com. cn	mhxb. chinajournal. net. cn journal. cricaas. com. cn	双
41	油料所	油料所	中国油料作物学报	1979	学术类	王汉中	肖唐华	CN42-1429/SISSN1007-9084	027-86813832	ylxb@ public. wh. hb. cn		季
42	麻类所		中国麻业科学	1979	学术类	熊和平		CN43-1467/S	0731-8998521	csibfc@ sina. com		双

续表

序号	主办单位	主管单位	刊物名称	创刊时间	类别	主编	编辑部主任	刊号	电话	电子邮件	网址	刊期
43	果树所	农业部	中国果树	1959	技术类	米文广		CN21-1165/SISSN1000-8047	0429-5111625	zggsbjb@ vip. 163. com		双
44	果树所		果树实用技术与信息	1994	科普类	张静茹		CN21-1342/S	0429-5126953	gssyjs2007@ sohu. com		月
45	郑州果树所	农业部	果树学报	1984	学术类	王宇霖	陈新平	CN41-1308/SISSN1009-9980	0371-65330927	chinagsxb@ 163. com		双
46	郑州果树所		中国瓜菜	1988	技术类	王　坚		CN41-1374/S				双
47	郑州果树所		果农之友	2000	科普类	陈新平		CN41-1343/S	0371-65330928			月
48	茶叶所		中国茶叶	1979	技术类	鲁成银		CN33-1117/S	0571-86650241	chinatea@ mail. hz. zj. cn		双
49	中国茶叶学会	中国科学技术协会	茶叶科学(自办)	1964	学术类	陈宗懋	朱永兴	CN33-1115/SISSN-1000-369X	0571-86651902	zyx@ mail. tricaas. com cykx@ vip. 163. com	www. tea-science. com	季
50	茶叶所		茶叶世界	1987	信息类	梁国彪		CN33-1341/S	0571-86650590			半
51	哈尔滨兽医所	农业部	中国预防兽医学报	1979	学术类	孔宪刚	杨　滨	CN23-1417/SISSN1008-0589	0451-85935050	zgyfsyxb@ vip. sina. com. cn	www. hvri. com. cn	双
52	哈尔滨兽医所		畜牧兽医科技信息(自办)	2002	技术类	童光志		CN23-1501/SISSN1671-6027	0451-85935051	xmsykjxx2004@ sohu. com		月
53	兰州兽医所	农业部	中国兽医科学	1971	学术类	才学鹏	左翠萍	CN62-1192/SISSN1673-4696	0931-8342195	zgsykx@ zgsykx. com	www. zgsykx. com	月

续表

序号	主办单位	主管单位	刊物名称	创刊时间	类别	主编	编辑部主任	刊号	电话	电子邮件	网址	刊期
54	兰州牧药所	农业部	中国草食动物	1981	技术类	杨耀光	丰友林	CN62-1134/QISSN1007-9726	0931-2656124	xumuehj@0931mail.com xumuchj@163.com	zgcsdw.periodicals.net.cn	双
55	兰州牧药所	农业部	中兽医医药杂志	1982	学术类	杨志强	赵四喜	CN62-1063/RISSN1000-6354	0931-2656034 13919078833	zsyyyzz@periodicals.net.cn	zszz.chinajournal.net.cn	双
56	上海兽医所		中国兽医寄生虫病(自办)	1993	学术类	黄　兵		CN31-1629/S	021-54081080	zsjb@chinajournal.net.cn		季
57	草原所	农业部	中国草地学报	1979	学术类	王宗礼	刘天名	CN15-1344/SISSN1673-5021	0471-4926880	journal@grassland.net.cn		双
58	特产所		特产研究	1962	技术类	沈育杰		CN22-1154/S	0432-6513069	tcyjbjb@126.com		季
59	特产所		特种经济动植物	1982	技术类	杨福合		CN22-1155/S	0432-6513067	tzjjdzw@163.com		
60	环保所/中国农业生态环境保护协会	农业部	农业环境与发展	1984	综合类	王锡吾	胡　梅	CN12-1233/SISSN1005-4944	022-23674336	caed@vip.163.com	www.aed.org.cn	双
61	中国农业生态环境保护协会	农业部	农业环境科学学报	1982	综合类	石元春	李无双	CN12-1347/SISSN1672-2043	022-23674336	caed@vip.163.com	www.aes.org.cn	双
62	中国沼气学会/沼气所	农业部	中国沼气	1983	技术类	王锡吾 邓光联		CN51-1206/SISSN1000-1166	028-85230681	cbso@mail.sc.cninfo.net		双
63	农机化所		中国农机化	1984	学术类	易中懿		CN32-1123/S	025-84346296/6270	zgnjh@163.com		双

续表

序号	主办单位	主管单位	刊物名称	创刊时间	类别	主编	编辑部主任	刊号	电话	电子邮件	网址	刊期
64	农机化所		农业开发与装备	1995	科普类	杨正梅 易中懿		CN32-1542/TH	025-84346220	njjzy2189@ sina. com		双
65	烟草所	农业部	中国烟草科学	1979	学术类	王元英	徐宜民	CN37-1277/SISSN1007-5119	0532-88703238	zgyckx@ tric. cn zgyckx@ 21cn. com	www. tric. cn	季
66	柑橘所	农业部	中国南方果树	1972	技术类	王应旭	周常勇	CN50-1112/SISSN1007-1431	023-68349196	citrusin@ cta. Cq. cn gj@ southfruit. com. cn		双
67	柑橘所		中国果业信息	1985	综合类	邓　烈		CN50-1173/S	023-68349196			月
68	甜菜所		中国糖料	1979	技术类	陈连江		CN23-1406/S	0451-86609497	ZGTI@ chinajournal. net. cn		季
69	中国蚕学会/蚕业所	中国科学技术协会	蚕业科学	1963	学术类	郭锡杰	魏幼平	CN32-1115/SISSN0257-4799	0511-	cyke@ chinajournal. net. cn		季
70	蚕业所		中国蚕业	1995	技术类	庄大桓		CN32-1421/S				季
71	农业遗产室		中国农史	1981	学术类	王思明		CN32-1061/S	025-84396605	zgns@ njau. edu. cn		季
72	中国草学会/草原生态所		草业科学	1984		任继周	陈盈盈	CN62-1069/SISSN1001-0639	0931-4865889	cykx@ chinajournal. net. cn cykx@ lzu. edu. cn	cykx. chinajournal. net. cn	月
73	中国畜牧业协会/家禽所		中国家禽	1979		周新民	杨恒东	CN32-1222/SISSN1004-6364		zgjq@ pub. yz. jsinfo. net		半
	直属机关党委		思想政治工作和人才建设	1992	综合类	罗炳文						季
	直属机关党委		中国农业科学院(报)	1995		罗炳文						旬

中国农业科学院通信录

单位名称	通信地址	邮政编码	区号	电话	传真
院办公室	北京市海淀区中关村南大街 12 号	100081	010	82109398	82105105
科技管理局	北京市海淀区中关村南大街 12 号	100081	010	82109427	82105534
人事局	北京市海淀区中关村南大街 12 号	100081	010	82109437	82105563
财务局	北京市海淀区中关村南大街 12 号	100081	010	82109461	62151095
国际合作局	北京市海淀区中关村南大街 12 号	100081	010	82109477	62174060
基本建设局	北京市海淀区中关村南大街 12 号	100081	010	82109471	62188061
直属机关党委	北京市海淀区中关村南大街 12 号	100081	010	82109484	82109463
监察与审计局	北京市海淀区中关村南大街 12 号	100081	010	82109502	82109502
后勤服务中心	北京市海淀区中关村南大街 12 号	100081	010	82109668	82109668
作物科学研究所	北京市海淀区中关村南大街 12 号	100081	010	82109715	82105819
植物保护研究所	北京海淀区圆明园西路 2 号	100094	010	62815905	62895365
蔬菜花卉研究所	北京市海淀区中关村南大街 12 号	100081	010	82109522	62146160
农业环境与可持续发展研究所	北京市海淀区中关村南大街 12 号	100081	010	82109567	82106029
畜牧研究所	北京海淀区圆明园西路 2 号	100094	010	62815851	62895372
蜜蜂研究所	北京香山北沟一号	100093	010	82590332	62591473

续表

单位名称	通信地址	邮政编码	区号	电话	传真
饲料研究所	北京市海淀区中关村南大街12号	100081	010	82106054	82106054
农产品加工研究所	北京海淀区圆明园西路2号	100094	010	62815836	62895382
农业质量标准与检测技术研究所	北京市海淀区中关村南人街12号	100081	010	82106515	82106500
生物技术研究所	北京市海淀区中关村南大街12号	100081	010	82109847	82109847
农业经济与发展研究所	北京市海淀区中关村南大街12号	100081	010	82109801	62187545
农业资源与农业区划研究所	北京市海淀区中关村南大街12号	100081	010	82109640	82106225
农业信息研究所	北京市海淀区中关村南大街12号	100081	010	82109915	82103127
研究生院	北京市海淀区中关村南大街12号	100081	010	82109689	82106609
中国农业科学技术出版社	北京市海淀区中关村南大街12号	100081	010	82109706	82109700
农田灌溉研究所	河南省新乡市建设路173号	453003	0373	3393184	3393354
中国水稻研究所	杭州市体育场路359号	310006	0571	63370235	63370989
棉花研究所	河南省安阳市开发区黄河大道西段	455000	0372	2562248	2562256
油料作物研究所	湖北省武汉市徐东二路2号	430062	027	86811837	86816451
麻类研究所	湖南省长沙市岳麓区咸嘉湖西路348号	410205	0731	8998505	8998528
果树研究所	辽宁省兴城市兴海路三段	125100	0429	3598108	3598288
郑州果树研究所	郑州市航海东路63中学南	450009	0371	65330900	65330987
茶叶研究所	杭州市云栖路1号	310008	0571	86650180	86650056
哈尔滨兽医研究所	哈尔滨市南岗区马端街427号	150001	0451	85935006	82733132

续表

单位名称	通信地址	邮政编码	区号	电话	传真
兰州兽医研究所	兰州市盐场徐家坪1号	730046	0931	8342489	8340977
兰州畜牧与兽药研究所	兰州市小西湖硷沟沿211号	730050	0931	2115192	2115191
上海兽医研究所	上海市石龙路345弄3号	200232	021	50481818	50481818
草原研究所	内蒙古呼和浩特市新城区乌兰察布东路120号	010010	0471	4961330	4961330
特产研究所	吉林省吉林市左家镇	132109	0432	6513402	4701260
环境保护科研监测所	天津南开区康复路31号	300191	022	23003820	23003820
沼气科学研究所	成都市人民南路四段13号	610041	028	85227610	85230691
南京农业机械化研究所	江苏南京市中山门外柳营100号	210014	025	84346001	84342672
烟草研究所	山东省青岛市崂山区科苑经四路11号	266101	0532	88701806	88702056
柑橘研究所	重庆市北碚区歇马镇柑橘村15号	400712	023	68349709	68349712
蚕业研究所	江苏镇江市四摆渡	212018	0511	85616572	85628183
甜菜研究所	黑龙江省哈尔滨市南岗区学府路74号	150080	0451	86609312	86609312
农业遗产室	南京中山门外南京农业大学院内	210095	025	84396771	84396771
水牛研究所	广西南宁市邕武路24—1号	530001	0771	3338589	3338814
草原生态研究所	兰州市61号信箱	730020	0931	8913074	8910979
家禽研究所	江苏省扬州市桑园路46号	225003	0514	87204858	87209132
甘薯研究所	江苏省徐州市东郊东贺村	221211	0516	82189208	82189209

各省、自治区、直辖市农(牧、林)业科学院通信录

单位名称	通信地址	邮政编码	区号	电话	传真
北京市农林科学院	北京西郊板井曙光花园中路11号农科大厦A座1518	100097	010	51503241	51503247 51503300
天津市农业科学院	天津市南开区白堤路268号	300192	022	23678666	23678667
河北省农林科学院	石家庄市和平西路598号	050051	0311	87652019	87066140
山西省农业科学院	太原市长风街2号	030006	0351	7073032	7040092
内蒙古自治区农牧业科学院	呼和浩特市玉泉区昭君路22号	010031	0471	5971068 5903873	5971068
辽宁省农业科学院	沈阳市东陵区东陵路84号	110161	024	31027396 31023112	31027397
吉林省农业科学院	吉林省长春市净月经济开发区彩宇大街1363号	130033	0431	87063030	87063028
黑龙江省农业科学院	哈尔滨市南岗区学府路368号	150086	0451	86662295	86677473
黑龙江省农垦科学院	黑龙江省佳木斯市安庆街382号	154007	0454	8359120 8359320	8359120 8359320
上海市农业科学院	上海市北翟路2901号	201106	021	62208660 62208550	62201221
江苏省农业科学院	南京市孝陵卫钟灵街50号	210014	025	84390069 84390000	84392233
浙江省农业科学院	杭州市石桥路198号	310021	0571	86404011	86400481
安徽省农业科学院	合肥市西郊农科南路40号	230031	0551	5160537	5145829
福建省农业科学院	福州市五四北路51号	350003	0591	87866391	87884262
江西省农业科学院	南昌市南昌县莲塘镇	330200	0791	7090310	5717185
山东省农业科学院	济南市工业北路202号	250100	0531	8670723	8604644
河南省农业科学院	郑州市农业路1号	450002	0371	65723784	65711374
湖北省农业科学院	武汉市武昌南湖瑶苑特1号	430064	027	87389499	87389545

续表

单位名称	通信地址	邮政编码	区号	电话	传真
湖南省农业科学院	长沙市芙蓉区马坡岭	410125	0731	4691212	4691124
广东省农业科学院	广州市天河区金颖路29号	510640	020	85514254	87503358
广西壮族自治区农业科学院	南宁市大学西路44号	530007	0771	3243463	3244521
海南省农业科学院	海口市海府大道流芳路165号	571100	0898	65314996	65134898
四川省农业科学院	成都市外东静居寺路20号	610066	028	84504198	84104003
重庆市农业科学研究所	重庆市巴南区走马一村	400055	023	62558545	62553599
贵州省农业科学院	贵阳市小河区金农社区	550006	0851	3761026	3761504
云南省农业科学院	昆明市白云路761号江岸小区	650231	0871	5136637	5136633
西藏自治区农牧科学院	拉萨市金珠西路153号	850002	0891	6862174	6862750
西北农林科技大学(陕西省农业科学院)	陕西省杨凌示范区	712100	029	87080027	87082811
甘肃省农业科学院	兰州市安宁区农科院新村1号	730070	0931	7616187	7666758
青海省农林科学院	西宁市宁张路83号	810016	0971	5311192	5318044
宁夏农林科学院	银川市黄河东路590号	750002	0951	6886707	5049204
新疆农业科学院	乌鲁木齐市南昌路38号	830000	0991	4502057	4516057
新疆畜牧科学院	乌鲁木齐市克拉玛依东街151号	830000	0991	4832351	4832351
中国热带农业科学院（华南热带农业大学）	海南省儋州市宝岛新村	571737	0898	23300227	23300544

农业部有关司局电话号码

单位	电话	单位	电话	单位	电话
办公厅	59192305	财务司	59191651	乡镇企业局	59192718
部值班室	59192316	科技教育司	59193024	渔业局	59192936
人事劳动司	59192510	国际合作司	59192440	机关党委	59192416
产业政策与法规司	59192730	种植业管理司	59192806	驻部监察局	59192419
农村经济体制与经营管理司	59193113	农业机械化管理司	59192821	离退休干部局	59192411
市场与经济信息司	59193146	畜牧业司 兽医局	59192844 59193307	机关服务中心	59192228
发展计划司	59192532	农垦局	59192657	信息中心	59192709

有关单位通信录

单位	通信地址	邮政编码	区号	电话	电子邮件
科学技术部	北京市复兴路乙 15 号	100862	010	58881800 58881888	
国家发展和改革委员会	北京市西城区月坛南街 38 号	100824	010	68502000	bgt@ ndrc. gov. cn
国务院机关事务管理局	北京市西城区西安门大街 22 号	100017	010	63096382	
中国农业大学	北京市海淀区圆明园西路 2 号	100094	010	62736518	xbglq@ cau. edu. cn
中国农学会	北京市朝阳区麦子店街 20 号	100026	010	59194203 59194202	
中国科学技术协会	北京市海淀区复兴路 3 号	100038	010	68518822